PILGERWEGE IN BRANDENBURG

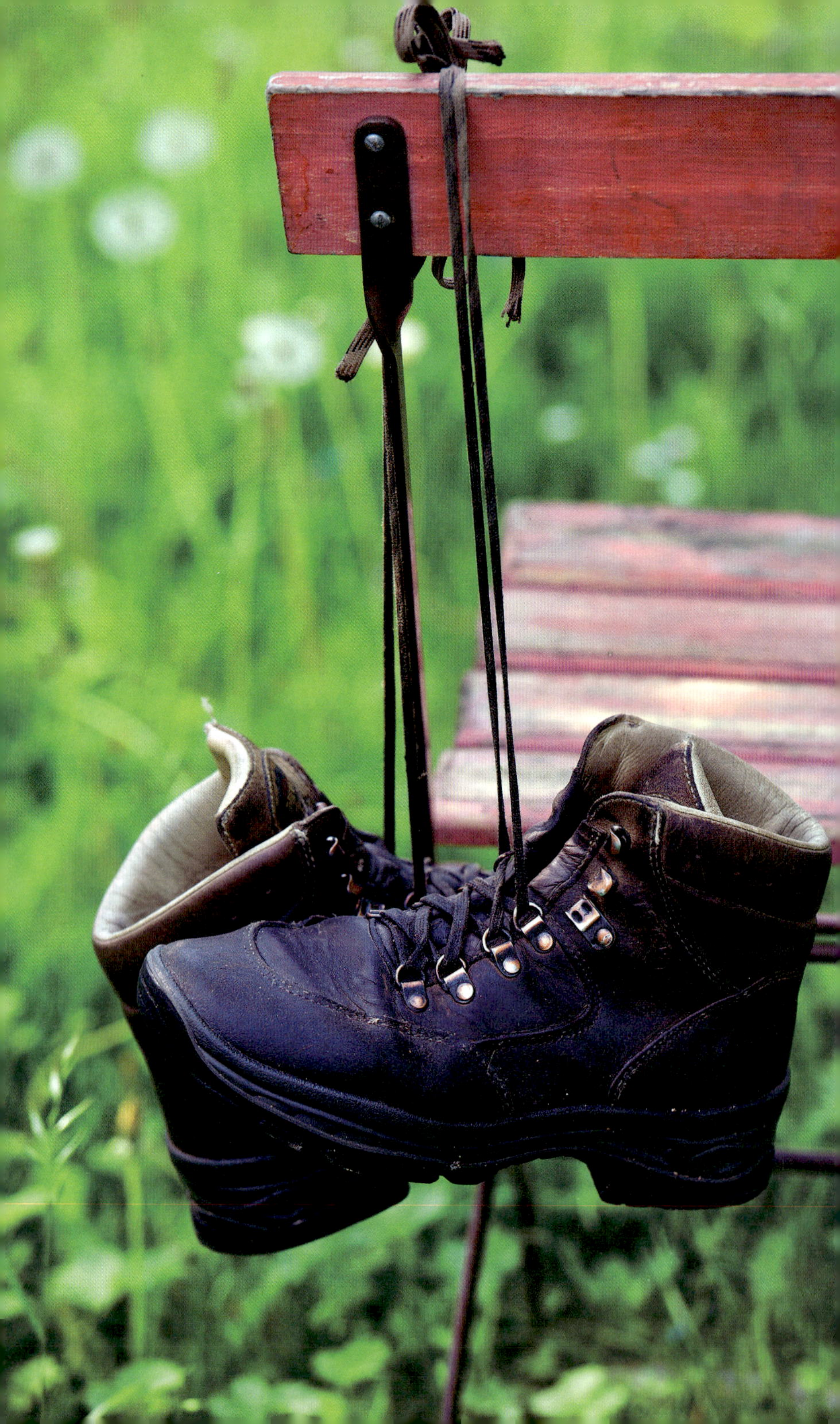

Frank Goyke

Pilgerwege in BRANDENBURG

Die schönsten Routen für beglückende Wanderungen

BeBra Verlag

INHALT

VORWORT 6

EINLEITUNG 10

A AUF DER VIA IMPERII VON SZCZECIN NACH BERLIN VIA GARTZ UND ANGERMÜNDE

Historischer Hintergrund 18
1. Etappe: Von Szczecin nach Gartz (Oder) 23
2. Etappe: Von Gartz (Oder) nach Schwedt/Oder 33
3. Etappe: Von Schwedt/Oder nach Angermünde via Pinnow 43
4. Etappe: Von Angermünde nach Eberswalde via Chorin 57
5. und 6. Etappe: Von Eberswalde nach Bernau und von Bernau nach Berlin 67

B AUF DER VIA IMPERII VON BERLIN NACH LUTHERSTADT WITTENBERG VIA BEELITZ UND TREUENBRIETZEN

Historischer Hintergrund 80
1. Etappe: Von Berlin-Mitte nach Saarmund 83
2. Etappe: Von Saarmund nach Beelitz 101
3. Etappe: Von Beelitz nach Treuenbrietzen 107
4. Etappe: Von Treuenbrietzen in die Lutherstadt Wittenberg 115

C VON FRANKFURT (ODER) NACH TORGAU ÜBER BEESKOW, LÜBBEN, LUCKAU UND HERZBERG

Historischer Hintergrund 126
1. Etappe: Von Frankfurt (Oder) nach Müllrose 133
2. Etappe: Von Müllrose nach Beeskow 139
3. Etappe: Von Beeskow nach Lübben 147
4. Etappe: Von Lübben nach Walddrehna 159
5. Etappe: Von Walddrehna nach Herzberg a. d. Elster 171
6. Etappe: Von Herzberg a. d. Elster nach Torgau 181

D VON FRANKFURT (ODER) NACH BERLIN DIE NORDROUTE

Historischer Hintergrund 190
1. Etappe: Von Frankfurt (Oder) nach Sieversdorf 197
2. Etappe: Von Sieversdorf nach Müncheberg 209
3. Etappe: Von Müncheberg nach Strausberg 221
4. Etappe: Von Strausberg nach Bernau 231

E VON FRANKFURT (ODER) NACH BERLIN DIE SÜDROUTE

1. Etappe: Von Frankfurt (Oder) nach Briesen (Mark) 241
2. Etappe: Von Briesen (Mark) nach Fürstenwalde/Spree 249
3. Etappe: Von Fürstenwalde/Spree nach Erkner 257

F VON BERLIN-MITTE NACH BAD WILSNACK UND WEITER NACH HAVELBERG

Historischer Hintergrund 266
1. Etappe: Von Berlin-Mitte nach Bötzow via Hennigsdorf 271
2. Etappe: Von Bötzow nach Fehrbellin 281
3. Etappe: Von Fehrbellin nach Kyritz 291
4. Etappe: Von Kyritz nach Bad Wilsnack 303
5. Etappe: Von Bad Wilsnack zur Domstadt Havelberg 313

G VON (BERLIN)-POTSDAM NACH KLOSTER JERICHOW VIA LEHNIN UND BRANDENBURG

Historischer Hintergrund 320
1. Etappe: Von (Berlin)-Potsdam nach Kloster Lehnin 323
2. Etappe: Von Kloster Lehnin nach Brandenburg/Havel 333
3. Etappe: Von Brandenburg/Havel nach Jerichow 343

ANHANG 354

VORWORT

Wandern gehört zu den Freizeitaktivitäten, die unter der Corona-Pandemie nicht gelitten haben, sondern die im Gegenteil einen Aufschwung erlebten. Eine Branchenbefragung des Deutschen Wanderverbands ergab bereits für den Herbst 2020, also während des harten Lockdowns, ein deutlich gestiegenes Interesse am Wandern. Und dieser Trend hielt und hält bis heute weiterhin an. Die Gründe dürften vielfältig sein: Die ruhige Bewegung an der frischen Luft und in der Natur ist ein Labsal für Körper und Geist. Der Kopf wird freier, Stresshormone werden abgebaut, Glückshormone ausgeschüttet. Jede Wanderin und jeder Wanderer hat es schon erlebt, wie man auf einer Wandertour die Zeit vergisst und in einen Zustand der Übereinstimmung mit sich selbst gerät. Darüber hinaus kann das Wandern auch bildend sein, wenn man interessante Orte durchquert, an historischen Denkmälern und wichtigen Bauwerken vorbeikommt – oder auch an womöglich weniger wichtigen, dafür umso schöneren wie Dorfkirchen oder alten Herrenhäusern. Oder indem man sich mit der Natur beschäftigt, vielleicht versucht, eine Pflanze oder einen Vogel zu bestimmen, sich von den Sagen und Mythen der durchwanderten Gegend(en) faszinieren lässt, die Wasserbauwerke von Bibern oder die des Menschen bewundert … und so vieles mehr.

Pilgern nun ist mit dem Wandern nicht gleichzusetzen. Es hat mit dem Wandern das Vorwärtsschreiten gemein, doch tritt hier noch eine spirituelle Dimension hinzu (die man aber dem »bloßen« Wandern deshalb nicht absprechen darf!). Allein schon das Wissen, auf einem Pfad unterwegs zu sein, den Menschen auf der Suche nach Erleuchtung oder Erlösung oder beidem vor Jahrhunderten und über Jahrhunderte beschritten haben, hat einen psychischen Effekt. Es stellt sich ein Gefühl der Verbundenheit über alle Zeiten hinweg ein, das Empfinden, Teil der Geschichte zu sein.

Insbesondere über das Pilgern auf dem Jakobsweg gibt es inzwischen einen Berg an Büchern, die den Trend aber kaum ausgelöst haben dürften, wenn sie vielleicht auch ihr Scherflein beitrugen, dass aus bescheidenen Anfängen ein Massenphänomen wurde. Diese Entwicklung begann in den 1980er-Jahren ziemlich zaghaft: 1982 besuchte Papst Johannes Paul II. Santiago de Compostela, 1985 wurde die galizische Stadt von der UNESCO zum Weltkulturerbe

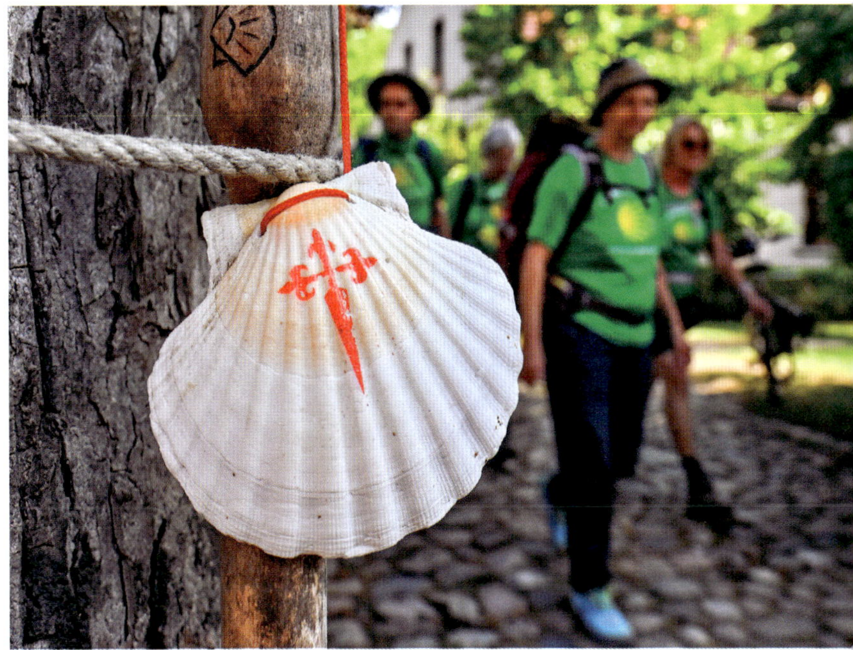

Eine Pilgergruppe im brandenburgischen Sieversdorf

erhoben, 1987 erklärte der Europarat den Jakobsweg zum ersten europäischen Kulturweg, 1989 fand der IV. Weltjugendtag in Santiago statt, im Jahr 2000 wurde es Kulturhauptstadt Europas. So viele Ehren für eine im Grunde nicht übermäßig interessante Stadt – und die Pilgerzahlen schossen in die Höhe. 2015 waren es knapp 200.000 Menschen, die in Santiago als Pilger registriert wurden, 2019 waren es schon fast 250.000. Das Corona-Jahr brachte einen spürbaren Einbruch der Pilgerzahlen (nicht einmal 50.000), was sicher mit den erheblich eingeschränkten Reise- und Unterbringungsmöglichkeiten zu erklären ist, doch bereits ein Jahr später kam schon wieder eine registrierte Anzahl von über 150.000. Dieser Trend wird sicher anhalten, trotz oder vielleicht sogar wegen all der Krisen, die die Welt in Atem halten.

Doch was ist die Ursache? Handelt es sich um einen Hype, eine Mode, eine Ausgeburt des Zeitgeists? Eines jedenfalls ist klar: »Die moderne Hinwendung zu dieser spirituellen Erfahrung ist nicht zu vergleichen mit dem Pilgern im Mittelalter, das eine geradezu existenzielle Bedeutung für die Gläubigen hatte«, schreibt die Kunsthistorikerin Susanne Gloger in dem Buch Offene Kirchen. Niemand erwartet mehr einen Ablass von den Sündenstrafen im Fegefeuer. Aber Abkehr von der Alltagshektik und innere Einkehr, zur Ruhe gelangen und den Kopf frei bekommen, den Einklang mit sich und der Natur

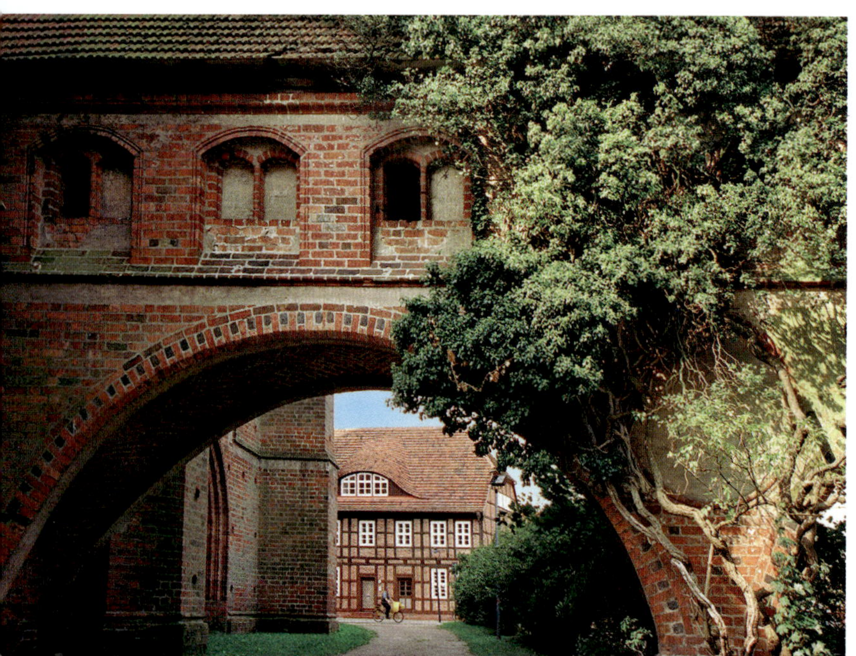

Torbogen an der Wunderblutkirche in Bad Wilsnack

genießen – sind das nicht durchaus wichtige Motive? Und mancher mag beim Aushalten von Strapazen und dem Überwinden des inneren Schweinehundes vor allem von sportlichem Ehrgeiz angetrieben werden. Aber auch Selbstfindung und Spiritualität sind Gegenstand moderner Pilgerberichte. Nun, warum nicht? Und warum nicht auch die irdische Heilung der Seele statt jenseitigen Seelenheils? Noch einmal sei aus dem Geleitwort der Offenen Kirchen zitiert: »Für diejenigen, die in unserer Zeit unterwegs sind, ist vielmehr der Weg das Ziel (...). Nicht immer sind es rein spirituelle Beweggründe, die Menschen dazu bringen, für einige Tage aus dem Alltag auszusteigen, auf den gewohnten Lebensstandard zu verzichten. Vielleicht aber finden einige, die der zunehmenden Hektik und Unübersichtlichkeit des Alltags entfliehen, zurück zu sich selbst.«

Auch durch das Land Brandenburg wurde – und wird – gepilgert. Inzwischen gibt es ein Netz ausgeschilderter Pilgerwege, und in den letzten Jahren noch vorhandene Lücken wurden geschlossen. Das vorliegende Buch schildert die Brandenburger Pilgerwege in zwei Teilen, einmal von Norden nach Süden, im zweiten Teil diejenigen vom Osten nach Westen. Die Länge aller beschriebenen Wege beträgt mehr als 1.000 Kilometer, es kann also ausgiebig gepilgert – oder »nur« kreuz und quer gewandert werden.

Ob wir wirklich immer auf dem Jakobsweg unterwegs waren, wird in der Einleitung erörtert. Wir gingen zu Fuß oder nahmen das Fahrrad – hier mag mancher fragen, ob denn »Radpilgern« überhaupt »authentisch« sei, Pilgern nicht zwangsläufig Fußmarsch bedeute. Doch auch zu den Zeiten, als das Pilgern noch religiösen Zielen diente, durfte der Weg mit dem Pferd zurückgelegt werden. Die Tradition erforderte lediglich, die letzte Meile vor Santiago zu Fuß zurückzulegen. Wir haben also nur das Pferd durch den Drahtesel ersetzt.

Die Frage, ob denn die ausgeschilderten, in Ausschilderung befindlichen sowie die anderen von uns empfohlenen »Wege der Jakobspilger« für Radfahrer geeignet sind, möchten wir mit einem diplomatischen »Im Prinzip ja, aber …« beantworten. Viele der Pfade sind Feld- und Waldwege, hin und wieder finden sich holprige Plattenwege, ganz selten geht es auch mal über eine Wiese. Es kommt also häufig darauf an, was man sich selbst und dem Material zutraut und zumuten möchte, und Schiebestrecken sind auch einzuplanen. Dort, wo wir der Meinung sind, dass der Weg ungeeignet ist, haben wir immer eine Alternativroute dargestellt. Dabei ist die Einschätzung der Tauglichkeit für Radler natürlich höchst subjektiv. Aber jeder kennt ja die Wald- und Feldwege der märkischen Streusandbüchse, wobei es mitunter schwer zu entscheiden ist, welches die größeren Feinde des Radfahrers sind: Trockenheit und Nässe oder schweres forstwirtschaftliches Großgerät sowie Reiter.

Die größeren Abschnitte dieses Buches enthalten eine historische Einführung, in der immer auch die Wahl eines bestimmten Weges oder bestimmter Wege begründet wird. Wo wir zitieren, wurde die Rechtschreibung den heutigen Gepflogenheiten und Regeln angepasst, mit einer Ausnahme: dem Zitat im Zitat.

El camino comienza en su casa, heißt es, der Weg beginnt vor der Haustür – dem Aufbruch ab der Haustür steht nun eigentlich nichts mehr im Wege. Welche Motive uns leiten mögen und ob wirklich Jakobspilger auf den beschriebenen Wegen unterwegs waren, ist eigentlich gar nicht so entscheidend: Viel wichtiger ist doch, dass das Wandern und die Begegnung mit Natur und Landschaft, mit Kultur und Geschichte, mit Adebar, Reinicke und den Menschen am Wegesrand die Seele hebt und den Verstand bereichert – nur darum geht es. Und damit: Adelante! Auf geht's!

Frank Goyke

EINLEITUNG

Wer war Jakobus der Ältere?

Nach dem Matthäus-Evangelium war Jakobus der Ältere (Jacobus Maior) ein Sohn des Zebedäus und der Maria Salome und Bruder des Johannes Evangelist; gemeinsam mit diesem Bruder wurde er von Christus zum Jünger berufen. Sowohl bei der Verklärung Christi als auch bei dessen Gefangennahme im Garten Gethsemane war Jakobus anwesend. Als Apostel steht er für die Hoffnung. Nach legendären Aufzeichnungen seiner Apostelreisen soll er auch in Spanien gepredigt haben, allerdings erfolglos. Jakobus gilt als erster Blutzeuge des neuen christlichen Glaubens unter den Aposteln: Unter Herodes Agrippa erlitt er den Märtyrertod und wurde in Jerusalem enthauptet. Sein Festtag ist der 25. Juli.

Jakobus der Ältere ist der Schutzheilige Spaniens sowie der Patron der Hospize, Spitäler, Waisenkinder und Pilger, der Apotheker und Drogisten, der Hutmacher, Kettenschmiede, Krieger, Ritter, Lastträger, Strumpfwirker und Wachszieher. Außerdem ist er für das Getreidewachstum verantwortlich, und es gibt Ritterorden und Bruderschaften, die sich seinem Schutz unterstellten.

Wie entstand die Wallfahrt nach Santiago de Compostela?

Pilgerreisen, also Reisen zu Heiligtümern aus religiösen und spirituellen Gründen, aber auch, um Heilung von Krankheiten zu finden, hat es bereits in der Antike gegeben: »Das Phänomen des Pilgerns an einen als heilig erachteten Ort reicht zurück bis in die vorchristliche Zeit«, schreibt Ina Eichler vom Römisch-Germanischen Zentralmuseum Mainz in ANTIKE WELT 3/15.

Die Peregrinatio ad limina beati Iacobi, die Pilgerfahrt zu den Schwellen des seligen Jakobus, erfolgt(e) bekanntlich nach Nordspanien, in einen nach dem Apostel (Heiliger Jakob = Sant' Iago) benannten Ort, und so fragt man sich natürlich: Wie kamen die Gebeine des in Jerusalem getöteten Jüngers Christi eigentlich dorthin?

Zwei seiner Anhänger sollen den Leichnam des Jakobus entwendet und in ein führerloses Boot oder Schiff gelegt haben, das sie den Winden und Wellen des Meeres anvertrauten, und die brachten es prompt nach Spanien. Dort

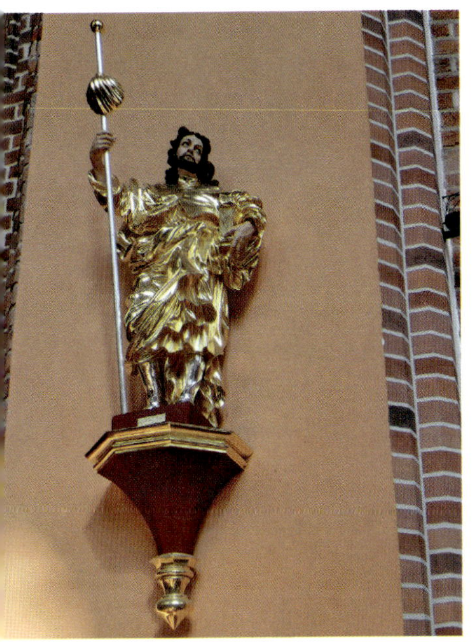

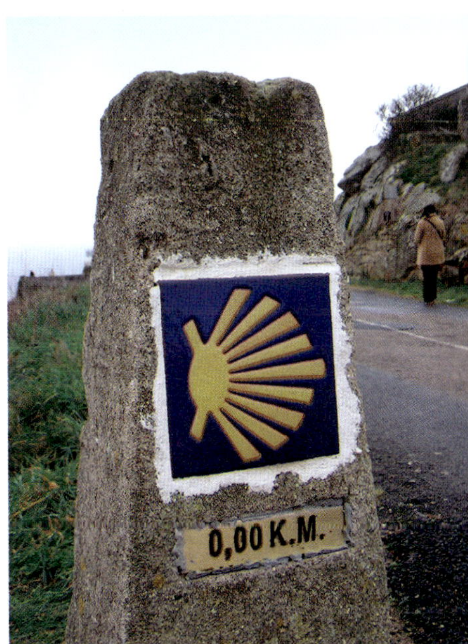

Jakobus-Statue in der Jakobskirche von Szczecin (li.) und internationales Jakobswegsymbol

wurden die sterblichen Überreste, von wem auch immer, bestattet und harrten ihrer Wiederentdeckung, die nicht ganz so rasch erfolgte. Im Jahr 813 soll der Hirtenjunge Pelagius eine Vision gehabt haben: Ihm erschien ein Engel und verkündete ihm, auf einem Felde, über dem ein heller Stern leuchte (campo stela), befinde sich das Grab des Santiago. Man rief den Bischof von Iria Flavia herbei, und dieser entdeckte tatsächlich die prophezeiten Reliquien (von denen der sehr respektlose Luther meinte, man wisse doch gar nicht, ob es sich vielleicht nur um einen toten Hund oder ein totes Pferd gehandelt habe). Für den Bischof und auch für den König von Asturien Alfons II. stand jedenfalls fest, dass sie es mit dem Leichnam des heiligen Jakob zu tun hatten.

Zum Begründer der Wallfahrt zum hl. Jakobus machten die Legende und eifrige Biografen Karl den Großen. Während der Kaiser wach lag, erschien ihm der Apostel und forderte ihn auf, nach Galizien zu ziehen, um »das Grab meiner Gemeinde (zu) sichern«, also wohl aus den Händen der Mauren zu befreien. Bei der Schlacht von Rinceval 778 – als vor der Entdeckung der Gebeine – soll Jakobus dann an der Seite Karls den Sieg über die Mauren und ihre Vertreibung aus Galizien erfochten haben. Wie dem auch sei, als historisch gesichert kann, wie Klaus Herbers in »Der Jakobuskult in Ostmitteleuropa« schreibt, gelten, »dass wohl im 9. Jahrhundert ein frühchristliches

Grab gefunden wurde und dass dieses Grab als Ruhestätte des hl. Jakobus angesehen wurde. Der anfangs noch lokale Kult verbreitete sich rasch, in Deutschland seit dem 9. Jahrhundert; in der ersten Hälfte des 10. Jahrhunderts sind erste nichtspanische Pilger belegt, und seit dem 12./13. Jahrhundert stand Santiago de Compostela weitgehend auf einer Stufe mit den beiden großen Pilgerzielen Rom und Jerusalem, zählte im kanonischen Recht zu den *peregrinationes maiores*.«

Welche Bedeutung hatte das Pilgern in seinen Hoch-Zeiten?

Im Mittelpunkt einer Wallfahrt stand zumeist das Seelenheil, wenn auch nicht immer das des Pilgers, aber auch andere Motive kamen infrage. Der Erlass von Sündenstrafen war für den mittelalterlichen Menschen von existenzieller Bedeutung, denn groß war die Furcht vor dem Fegefeuer, in dem die Seele nach dem Tod bis zum Jüngsten Gericht »schmoren« musste, und der Zeitpunkt dieses Gerichts stand ja keineswegs fest. So strebte jeder Gläubige an, möglichst viele Jahre im Purgatorium erlassen zu bekommen, bis hin zu einem Totalerlass. Dazu Susanne Gloger in *Offene Kirchen 2013*: »Den vollkommenen Ablass erhielt man zunächst nur in Jerusalem, seit 1300 anlässlich der Heiligen Jahre auch in Rom und wenig später konnte er ebenso in Santiago erworben werden.«

Aber auch Fernweh und Begeisterung für andere Länder sowie Bildungsinteressen – heute würde man das eine touristische Motivation nennen – dürfen als Gründe für eine Pilgerreisen nicht unterschätzt werden.

Grob kann man Bitt-, Dank-, Buß-, Sühne- und Strafwallfahrten voneinander unterscheiden. Beispielsweise konnte eine Pilgerfahrt unternommen werden, weil man um Heilung von einem Gebrechen bitten oder für die Genesung danken wollte, nicht nur für sich selbst, sondern womöglich auch für einen Auftraggeber: Wie schon erwähnt, gab es Stellvertreterwallfahrten und damit verbunden auch Berufspilger. Nicht um das Seelenheil des Pilgers war es bei den Strafwallfahrten zu tun, zu denen z.B. Totschläger auch von weltlichen Gerichten verurteilt werden konnten; hierbei ging es ausschließlich um die Seele des Opfers. Übrigens, war jemand zu einer solchen Strafe verurteilt, konnte auch er einen Stellvertreter schicken.

Pilgern war keineswegs ungefährlich, wie das Reisen damals überhaupt vielfältigen Risiken unterlag. Und obwohl die Pilger unter besonderem kirchlichen Schutz standen und auch von allen Zöllen befreit waren, kam es doch immer wieder zu Gewalttätigkeit ihnen gegenüber ebenso wie zu unrechtmäßigen Zollerhebungen.

Vor der großen Pilgerfahrt galt es also, sich zu wappnen. Die Beichte musste abgelegt werden, man sollte Vorsorge treffen für den Fall, dass man nicht zurückkehrte, mit anderen Worten: Die Abfassung eines Testaments war dringend geboten. Die Ausstattung war zu beschaffen: Mantel, Stab, Hut und Tasche. Pilgerstab und Pilgertasche wurden von einem Priester vor dem Aufbruch gesegnet.

Gibt es überhaupt Jakobspilgerwege in Brandenburg?

Der Kirchenhistoriker Hartmut Kühne äußert in *Offene Kirchen 2013*: »Straßen, die ihre Anlage oder Erweiterung dem Pilgerverkehr verdankten und daher als reine Pilgerstraßen anzusprechen wären, gibt es freilich nur im näheren Umfeld der großen Pilgerzentren. Und um solche Straßen zu besitzen, dafür ist Brandenburg von Rom und Santiago gleichermaßen zu weit entfernt.«

Grundsätzlich sollte man also für Brandenburg nicht von Jakobswegen, sondern von Wegen der Jakobspilger sprechen. Es versteht sich von selbst, dass die Pilger allein schon wegen der beschriebenen Gefahren auf den viel befahrenen Hauptstraßen reisten, wo sie neben Sicherheit auch eine bessere Infrastruktur vorfanden – und natürlich auch die Gesellschaft anderer Reisender, seien es Fuhrmänner oder Kaufleute, fahrende Schüler, Gesellen oder gar Ritter. Insofern dürfen wir davon ausgehen, dass alle wichtigen Handelsstraßen der Mark Brandenburg auch von Pilgern benutzt wurden, selbst wenn es darüber keine expliziten Dokumente gibt. Der Nachweis, ob ein Weg nun tatsächlich von Pilgern und im Speziellen von Jakobspilgern in erheblichem Umfang genutzt wurde, ist schwer zu führen – in Gräbern gefundene Pilgerzeichen oder Pilgerzeichen auf Glocken sind höchstens Indizien, denn über die Zahl der Wallfahrer sagen sie nichts aus.

Sind die in diesem Buch dargestellten Routen nun »authentische« Wallfahrtswege, ja sogar Wege der Jakobspilger? Sagen wir so: Die Wahrscheinlichkeit, dass auf diesen Wegen Menschen gepilgert sind, ist hoch. Eine Garantie gibt es nicht. Es gilt, was Gerhard Graf in »Der Jakobuskult in Ostmitteleuropa« schreibt: »(…) die zumeist rasch gestellte Frage nach möglichen Routen eines Jakobsweges wird man, solange nicht eine solide Forschung stattgefunden hat, notgedrungen nur zurückhaltend zu beantworten haben.«

Was aber, wenn die Forschung eine Bundesstraße als Weg der Jakobspilger identifiziert hat? Hier gilt außer »Jedem Tierchen sein Pläsierchen« – wer mag, darf natürlich auch an einer viel befahrenen mehrspurigen Asphaltpiste entlangpilgern – ein weiteres Kriterium der Deutschen St. Jakobusgesellschaft, ein sehr sympathisches, wie wir meinen: »Die Wegeführung muss ein ungestörtes Pilgern ermöglichen. Verkehrsreiche Straßen sind zu meiden, unbefestigte Wege erhalten gegenüber Asphaltstrecken den Vorrang.«

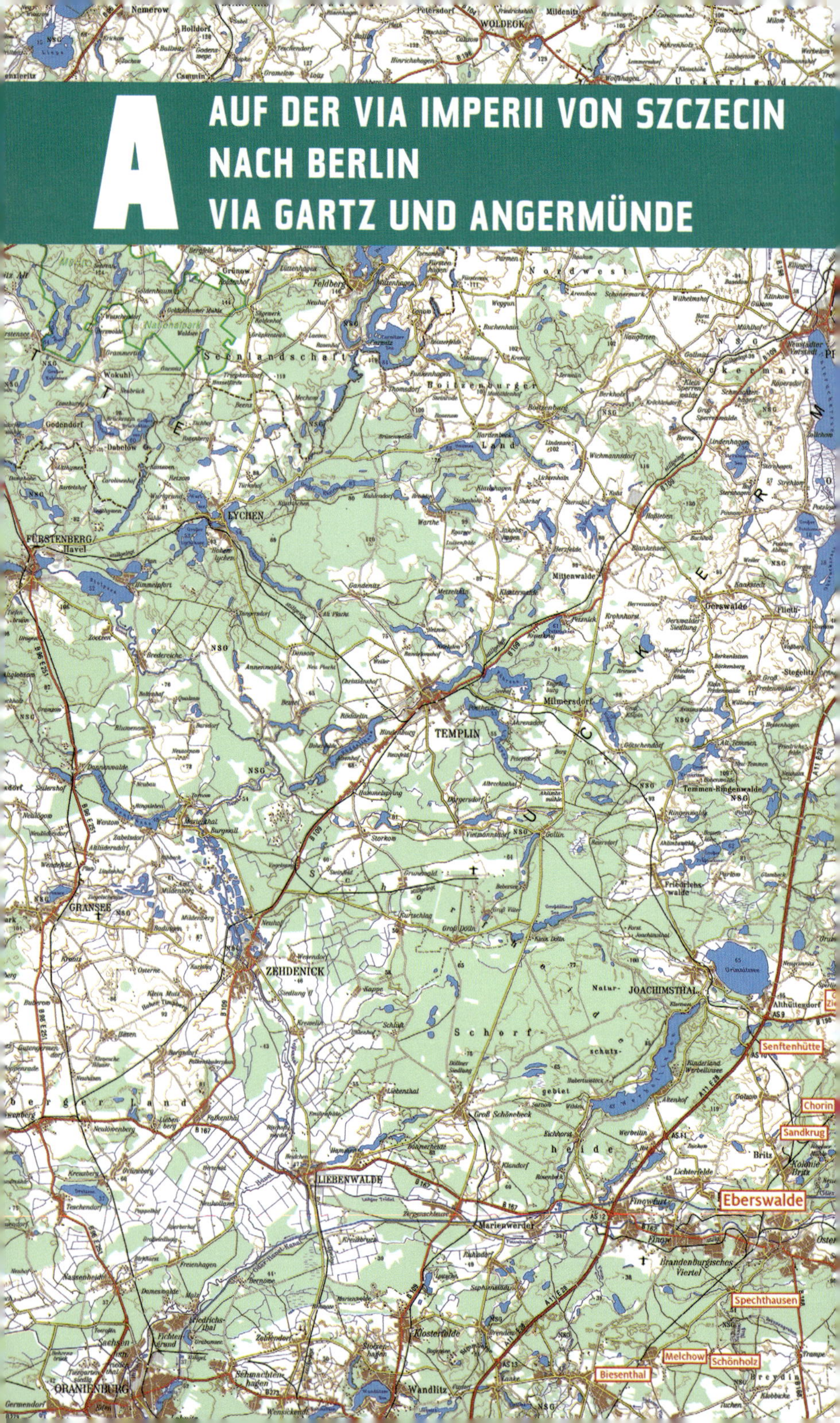
A
AUF DER VIA IMPERII VON SZCZECIN
NACH BERLIN
VIA GARTZ UND ANGERMÜNDE
WOLDEGK
Feldberg
LYCHEN
FÜRSTENBERG/Havel
TEMPLIN
Milmersdorf
Gerswalde
GRANSEE
ZEHDENICK
JOACHIMSTHAL
Grimnitzsee
Senftenhütte
Chorin
Sandkrug
LIEBENWALDE
Eberswalde
Spechthausen
Melchow
Schönholz
Biesenthal
ORANIENBURG
Wandlitz
Klosterfelde

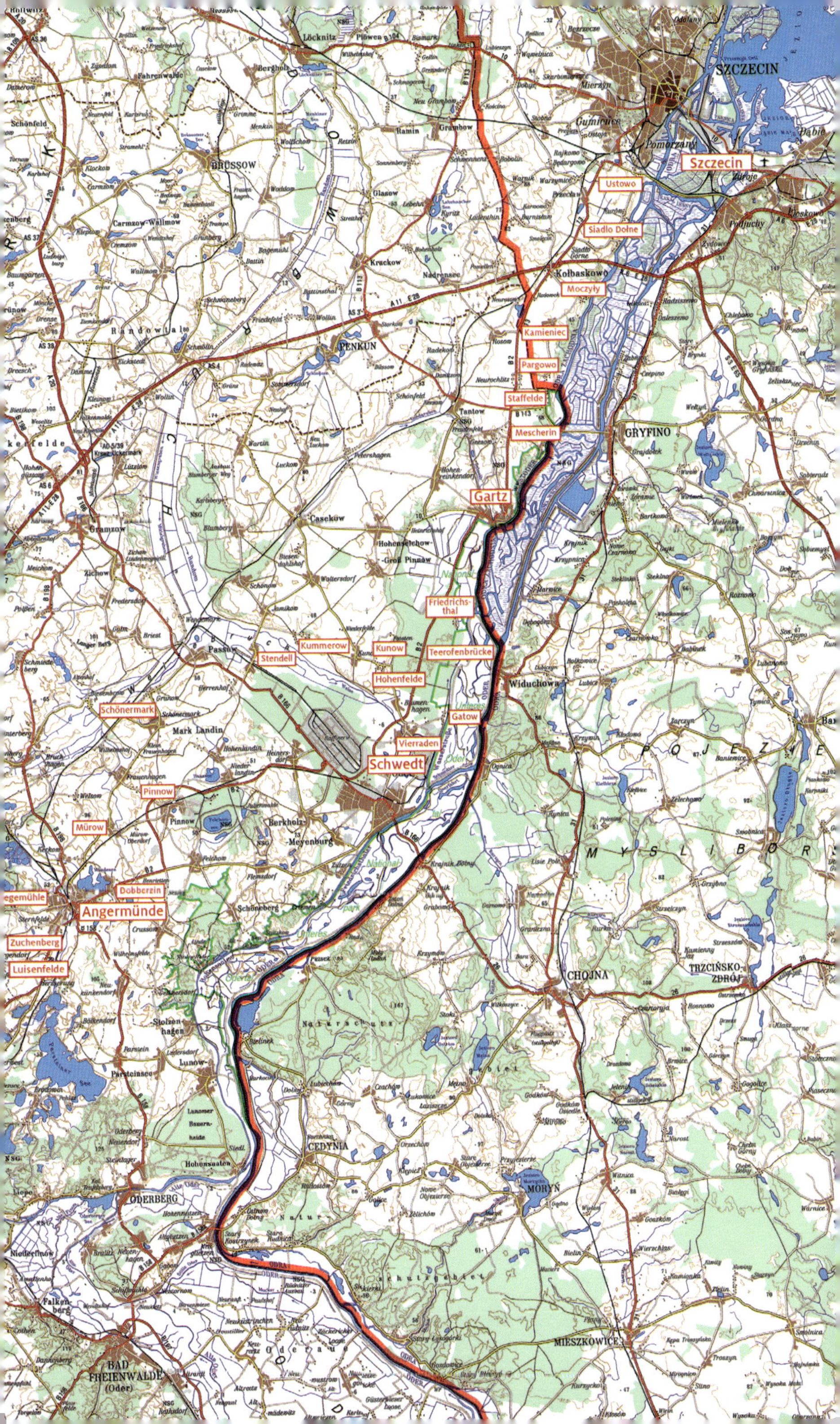

Szczecin
Ustowo
Sìadlo Dolne
Moczyły
Kamieniec
Pargowo
Staffelde
Mescherin
Gartz
Friedrichs-thal
Kummerow
Kunow
Stendell
Teerofenbrücke
Hohenfelde
Schönermark
Gatow
Vierraden
Schwedt
Pinnow
Mürow
Dobberzin
Angermünde
Zuchenberg
Luisenfelde
SZCZECIN
GRYFINO
PENKUN
BRÜSSOW
Widuchowa
CHOJNA
TRZCIŃSKO-ZDRÓJ
CEDYNIA
MORYŃ
ODERBERG
MIESZKOWICE
BAD FREIENWALDE (Oder)

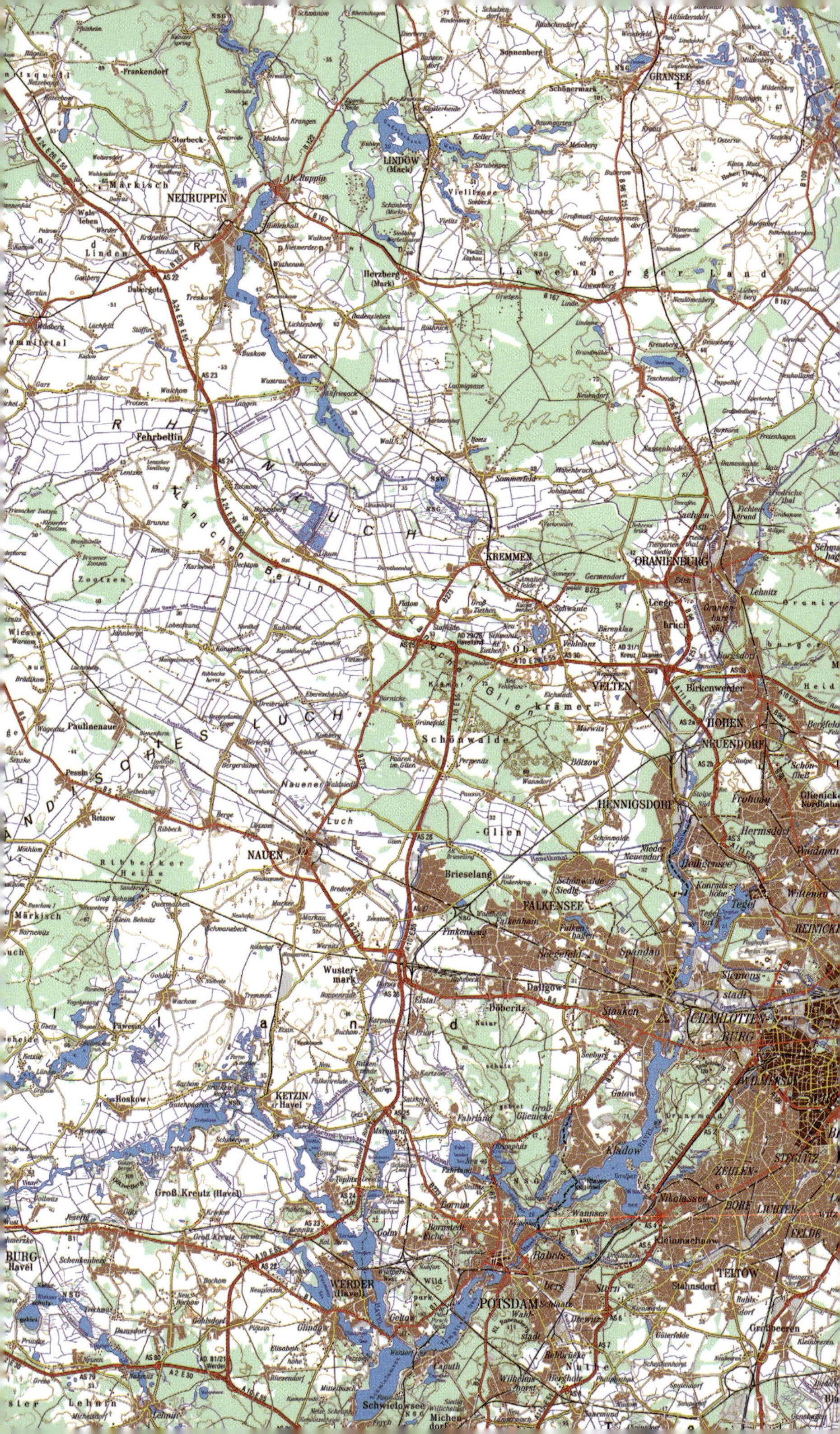

GRANSEE
Schönermark
Sonnenberg
Lindow (Mark)
Vielitzsee
NEURUPPIN
Alt Ruppin
Märkisch
Linden
Storbeck
Molchow
Krangen
Herzberg (Mark)
Löwenberger Land
Löwenberg
Rüthnick
Radensleben
Buskow
Karwe
Wustrau
Walchow
Protzen
Fehrbellin
Langen
Tarmow
Hakenberg
Linum
Dechtow
Brunne
Betzin
Karwesee
Lentzke
Kremmen
Sommerfeld
Beetz
Oranienburg
Germendorf
Lehnitz
Leegebruch
Schwante
Vehlefanz
Velten
Birkenwerder
Hohen Neuendorf
Hennigsdorf
Bötzow
Marwitz
Schönwalde
Paulinenaue
Pessin
Retzow
Ribbeck
Nauen
Brieselang
Falkensee
Finkenkrug
Seegefeld
Dallgow
Spandau
Staaken
Charlottenburg
Wilmersdorf
Steglitz
Zehlendorf
Tegel
Reinickendorf
Hermsdorf
Wittenau
Siemensstadt
Wustermark
Elstal
Döberitz
Ketzin
Paretz
Roskow
Päwesin
Groß Kreutz (Havel)
Golm
Kladow
Gatow
Wannsee
Nikolassee
Kleinmachnow
Stahnsdorf
Teltow
Babelsberg
Potsdam
Werder (Havel)
Geltow
Caputh
Schwielowsee
Glindow
Michendorf
Wilhelmshorst
Güterfelde
Großbeeren
Lehnin
Damsdorf
Havel

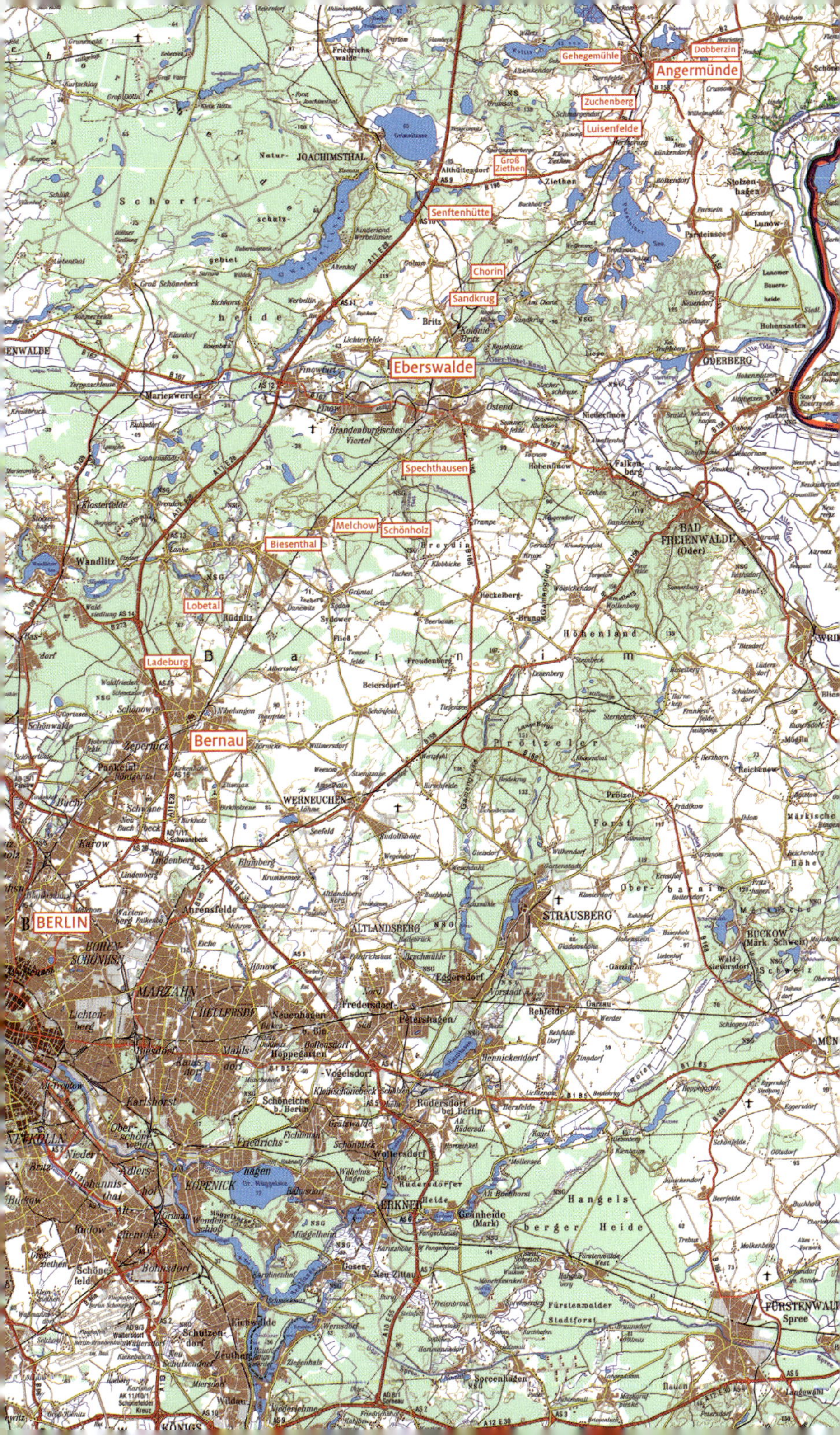

Dobberzin
Gehegemühle
Angermünde
Zuchenberg
Luisenfelde
Groß Ziethen
Senftenhütte
Chorin
Sandkrug
Eberswalde
Spechthausen
Melchow
Schönholz
Biesenthal
Lobetal
Ladeburg
Bernau
BERLIN
JOACHIMSTHAL
ODERBERG
BAD FREIENWALDE (Oder)
WERNEUCHEN
STRAUSBERG
ALTLANDSBERG
MARZAHN
KÖPENICK
ERKNER

Historischer Hintergrund

Der bekannte Berliner Historiker Winfried Schich schreibt in seinem Aufsatz »Das mittelalterliche Berlin« über die askanischen Markgrafen von Brandenburg: »Ein wesentliches Ziel ihrer Maßnahmen war die Beherrschung des Spreeüberganges, über den der Verkehr von Südwesten her weiter in nordöstlicher Richtung, nach Stettin, geführt wurde. Stettin war lange Zeit ein bevorzugtes Ziel der askanischen Expansionsbestrebungen.« Bei der Straße von Berlin nach Stettin handelt es sich also um einen bedeutenden alten Handelsweg, wobei für die nach Süden orientierten Pilger natürlich der Verlauf von Stettin in Richtung auf Berlin wichtiger ist. Auf der Romwegekarte des Erhard Etzlaub aus dem Heiligen Jahr 1500 wird ein Pilgerweg von Stettin nach Berlin mit den Zwischenstationen Gartz, Angermünde und Bernau verzeichnet, wobei man davon ausgehen kann, dass Pilgerweg und die auch als *via imperii* (Reichsstraße) bezeichnete Handelsstraße von Stettin über Berlin, Leipzig und Nürnberg nach Rom identisch sind. Die Frage ist, ob diese Straße auch Schwedt an der Oder berührte.

Der Altstraßenhistoriker Hans Mundt, der den Wegeverlauf von Berlin aus denkt, schreibt in seinem Buch »Die Heer- und Handelsstraßen der Mark Brandenburg« dazu: »Von Schwedt ging nun der Odertalweg über Vierraden weiter, wie es 1269 heißt: inter villam Blumenhagen et civitatem zuetz, ubi transitus regiae extat. Er blieb zunächst in der Talaue, verließ diese nördlich Heinrichshof und erstieg bis Hohenreinkendorf die Höhe, um auf ihr über Tantow-Rochow-Colbitzow-Pritzlow nach Stettin weiterzugehen. Diese auf keinen Fall älteste Wegführung, die vielmehr ursprünglich bis Gartz den Talauenweg, dann den Salby-Bach bis Tantow benutzt hatte, falls der Odertalhang unbenutzbar war, wurde nun 1302 nach Gartz verlegt, also wahrscheinlich rückverlegt. Diese Führung wurde 1328 und 1339 wieder bestätigt.« Bei der Person, die diese Straße Anno 1269 als *via regia*, also als königliche Straße, bezeichnet hatte, handelt es sich um den Pommernherzog Barnim I., der in jenem Jahr dem Zisterziensernonnenkloster bei Stettin eine in der Nähe von Vierraden gelegene Mühle schenkte. Ein weiterer Herzog von Pommern, Bogislaw X., reiste bzw. pilgerte 1496–98 ins Heilige Land. Sein Itinerar enthält auf dem Weg nach Süden die Orte Stettin, Gartz/Oder, Angermünde, Newsatt (vielleicht Neustadt, also das spätere Eberswalde?) und Berlin, für den Rückweg führt es Berlin, Spandau, Vierraden, Gartz und Stettin auf.

Zusammenfassend schreibt Mundt: »Die Odertalstraße ist also vom Eberswalder Tal ab betrachtet bis 1302 über Niederfinow-Oderberg-Angermünde-Schwedt-Vierraden-Hohenreinkendorf-Tantow gegangen, in diesem Jahr wird sie über Gartz und 1317 über Eberswalde-Chorin-Angermünde verlegt.«

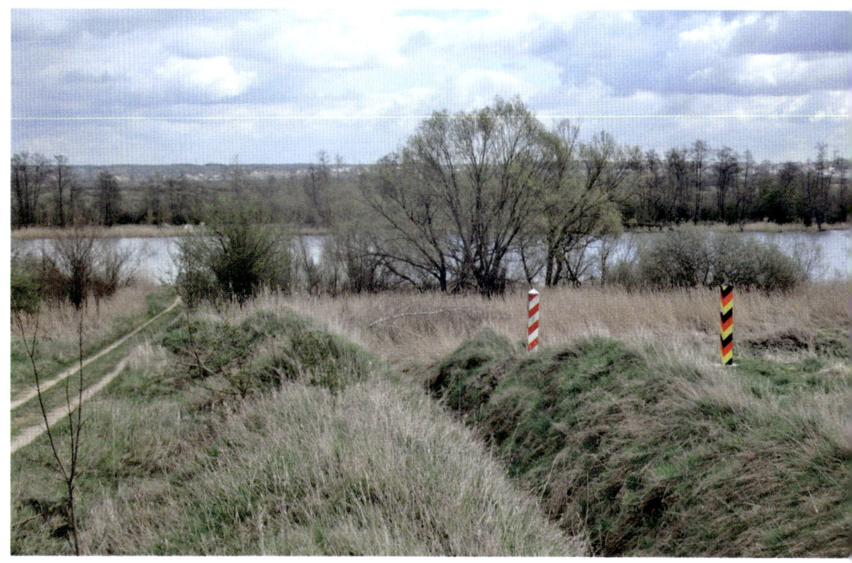

An der polnisch-deutschen Grenze, im Hintergrund die Oder

Auf Kartenmaterial, das die Jakobusgesellschaft Brandenburg-Oderregion veröffentlicht hat, finden wir den Weg über Gartz und Schwedt führend, während eine Karte der Via imperii im Internet eine andere Wegführung beschreibt, nämlich über Hohenreinkendorf und unter Umgehung von sowohl Vierraden als auch von Schwedt. Wir haben uns entschlossen, hier beide Wege darzustellen, da sie beide eine Wanderung lohnen.

Hier und da wird in der Literatur und auf Karten noch auf einen weiteren möglichen Pilgerweg von Stettin nach Süden hingewiesen, nämlich eine Straße östlich der Oder. Da sich dieses Buch wesentlich auf Brandenburg beschränkt, soll dieser »Jakobsweg« von Stettin nach Słubice und Frankfurt (Oder) hier nur erwähnt werden: Er verläuft über Gryfino, Widuchowa, Choijna, Cedynia, Boleszkowice, Kostrzyn, Górzyca und Nowy Lubusz nach Słubice (ehemals Greifenhagen, Fiddichow, Königsberg/Neumark, Zehden, Fürstenwelde, Göritz, Neu Lebus nach Dammvorstadt), wobei in Słubice Anschluss an einen ausgeschilderten Jakobsweg Richtung Berlin besteht; darüber hinaus ist der Abschnitt Górzyca – Nowy Lubusz – Słubice Teil einer Alternativroute des von Ośno Lubuskie kommenden Pilgerwegs.

Szczecin

Die Hauptstadt der Wojewodschaft Westpommern (Województwo Zachodniopomorskie) mit ihren etwas mehr als 400.000 Einwohnern ist eine junge und quirlige Stadt, in der sich auch ein mehrtägiger Aufenthalt lohnt. Die an der

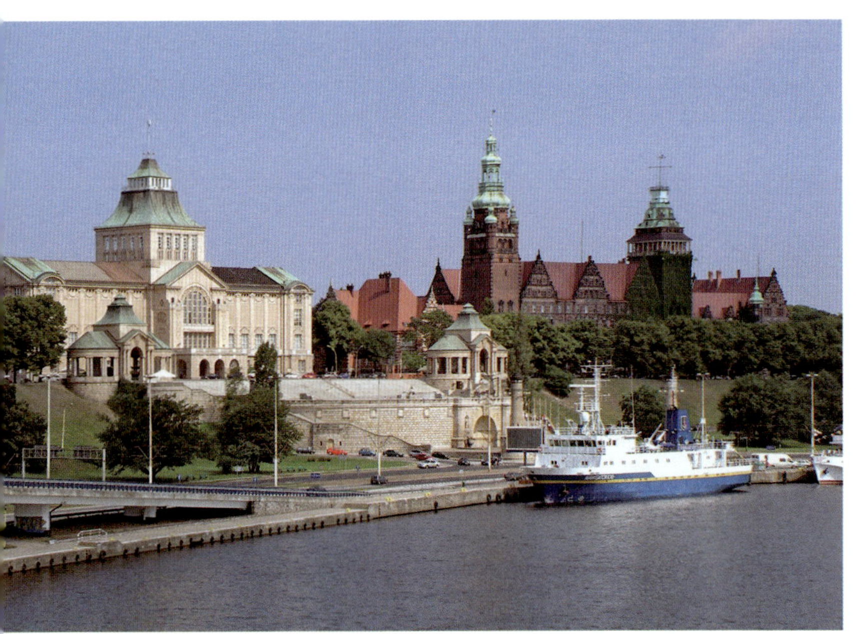

Das beliebteste Fotomotiv Szczecins: die Hakenterrasse

Mündung der Oder in das Stettiner Haff – auch Oderhaff oder Pommersches Haff genannt – gelegene Stadt geht auf eine wendische Siedlung zurück, bei der sich nach und nach zwei deutsche Kolonien ansiedelten; im Jahr 1243 erhielt dieses Gebilde vom Pommernherzog Barnim I. das Stadtrecht. Lange Zeit war Stettin Residenz der Herzöge von Pommern und als wichtige Handelsstadt Mitglied der Hanse, infolge des Dreißigjährigen Krieges gab es ein schwedisches Intermezzo, nach dem Wiener Kongress kam es 1815 zu Preußen und wurde Hauptstadt der Provinz Pommern. Die Eisenbahnverbindung nach Berlin, die bereits 1843 eröffnet wurde, und natürlich auch der Ausbau der Wasserwege führten dazu, dass man Stettin auch als Hafen Berlins bezeichnete. Die Stadt entwickelte sich zu einem wichtigen Industrie- und Hafenstandort, der sie bis heute trotz vielfältiger Krisen geblieben ist: Szczecin verfügt über einen der größten Häfen im Bereich der Ostsee. Nach 1945 wurde Szczecin Teil des sozialistischen Polens. Bekannt als Industriebetrieb ist vor allem die Werft im Zusammenhang mit der Unabhängigen Selbstverwalteten Gewerkschaft »Solidarność«.

Obwohl die Spuren der Zerstörungen des Zweiten Weltkrieges noch überall im Stadtbild zu erkennen sind, gibt es gleichwohl eine Menge von Sehenswertem. An der Spitze steht natürlich das wiedererrichtete Schloss der Pommerschen Herzöge, das die Altstadt überragt. Das Wahrzeichen Szczecins sind die nach einem verdienstvollen Bürgermeister benannten und viel fotografierten Hakenterrassen (Wały Chrobrego) oberhalb der Anlegestellen der Fahrgastschifffahrt. In der Altstadt sollte man wenigstens das Alte Rathaus, gelegen zwischen dem Neuen Markt (Rynek Nowy) mit einigen rekonstruierten herrschaftlichen Bürgerhäusern und dem Heumarkt (Rynek Sienny), der gerade modern bebaut wird, und natürlich die Jakobikathedrale anschauen. Ebenso sehenswert sind die beiden gotischen Kirchen St. Johannes-Evangelist (Kościół św. Jana Ewangelisty) und St. Peter und Paul (Kościół św. Piotra i Pawła) sowie die beiden erhaltenen barocken Tore der Stadtbefestigung, darüber hinaus das aus der Gründerzeit stammende Pariser Viertel rund um den Plac Grunwaldzki, der moderne Hochhauskomplex PAZIM oder der Zentralfriedhof (Cmentarz Centralny). Zwei markierte Routen – die Goldene Route und die 7 km lange Rote Touristenroute – führen zu wichtigen Sehenswürdigkeiten.

- Centrum Informacji Turystycznej, 71-603 Szczecin, ul. Jana z Kolna 7, Tel.: +48(0)91/434 04 40
- Zu Szczecin siehe Centrum Informacji Turystycznej und das Internet.
- Schloss, Altes Rathaus, Hakenterrassen, barocke Festungstore, PAZIM-Gebäude, Pariser Viertel, Zentralfriedhof, Bunker-Touren u.v.m.
- Jakobskathedrale, Świętego Jakuba Apostoła 1, Tel.: +48(0)91/433 05 95
- Das Nationalmuseum Szczecin (Muzeum Narodowe w Szczecinie) hat vier Standorte. Mehr unter: www.muzeum.szczecin.pl
- Schloss der Pommerschen Herzöge (Zamek Książąt Pomorskich), ul. Korsarzy 34, 70-540 Szczecin, Tel.: +48(0)91/434 83 42
- Szczecin: RE4, RB66
- In Szczecin gibt es 33 Fahrradleihstationen mit Self-Service.

In Świnoujście (Swinemünde), 57 km Luftlinie von Szczecin entfernt, hat man Anschluss an den Pommerschen Jakobsweg von Gdańsk (Danzig) die Ostseeküste entlang bis zur polnisch-deutschen Grenze, wo er als Via Baltica weiterführt über Wolgast und Greifswald nach Rostock.

1. ETAPPE

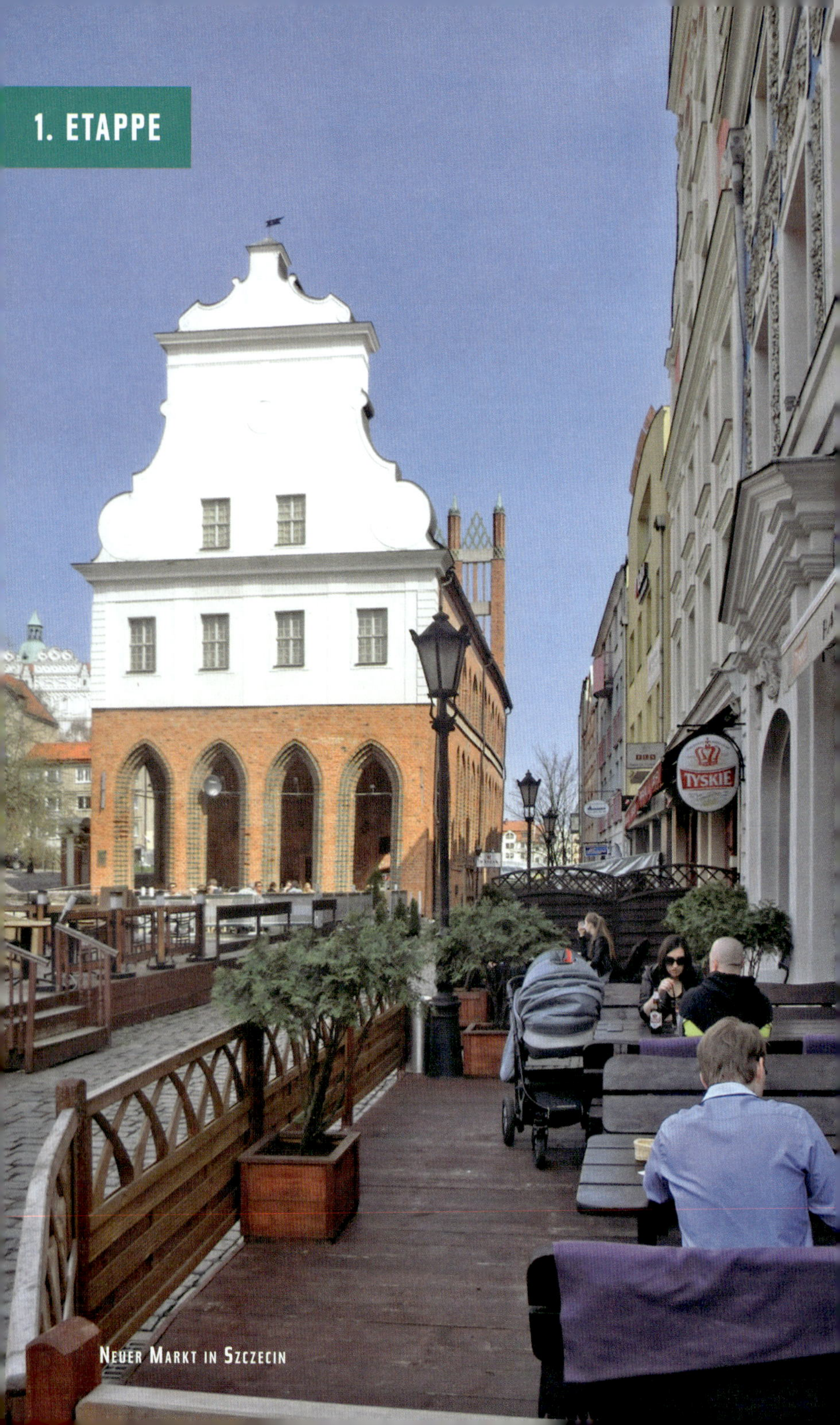

NEUER MARKT IN SZCZECIN

VON SZCZECIN NACH GARTZ (ODER)

Ausgangspunkt: St. Jakobus-Kathedrale Szczecin
Zielpunkt: St. Stephankirche Gartz

Unsere Wanderung beginnt an der St. Jakobus-Kathedrale (Archikatedra Świętego Jakuba, Księdza Kardynala Stefana Wyszyńskiego 19), deren Anfänge bis in das 12. Jh. zurückreichen, als deutsche Siedler eine erste hölzerne Kirche errichteten. Die mächtige gotische Hallenkirche, aus Backstein errichtet, ist ein Werk aus der Zeit des 14. und 15. Jhs. An ihrem Bau war der berühmte Baumeister Hinrich Brunsberg (um 1350–1428/35) beteiligt, zu dessen Werken auch die Peter-und-Paul-Kirche in Szczecin gehört und dem wir auf unseren Touren noch häufiger begegnen werden. Im Zweiten Weltkrieg fast vollständig zerstört, wurde das Gotteshaus ab den 1970er-Jahren wieder aufgebaut.

Außer dem Namen der Kirche findet man noch zwei deutliche Hinweise auf den Pilgerheiligen, nämlich eine Sandsteingruppe mit Jakobus an der Fassade und eine vergoldete Holzfigur aus dem 17. Jh. an einem Pfeiler, die ursprünglich von einer nicht erhaltenen barocken Kanzel stammt. Vor dem Westturm weist ein mit drei Tafeln versehener moderner Steinblock auf den Pommerschen Jakobsweg hin. Ebenfalls im Westen befindet sich der Eingang zu einem Lift, der einen zur Aussichtsterrasse auf dem Turm bringt (2 Euro).

Unser Weg führt von der Jakobikirche in westlicher Richtung an der viel befahrenen Magistrale Księdza Wyszyńskiego entlang zum barocken Fes-

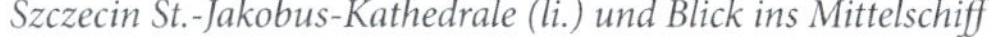

Szczecin St.-Jakobus-Kathedrale (li.) und Blick ins Mittelschiff

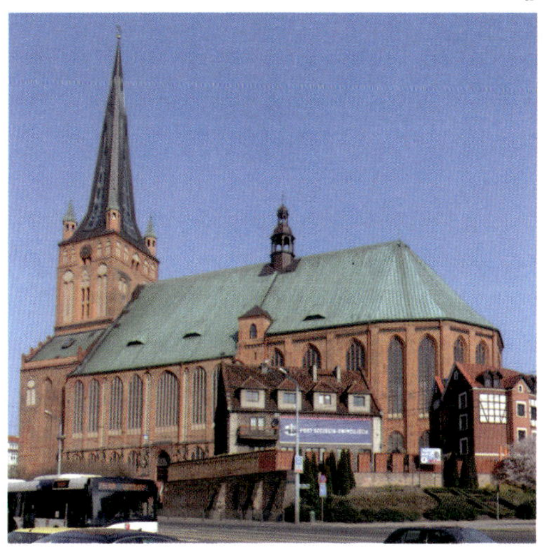

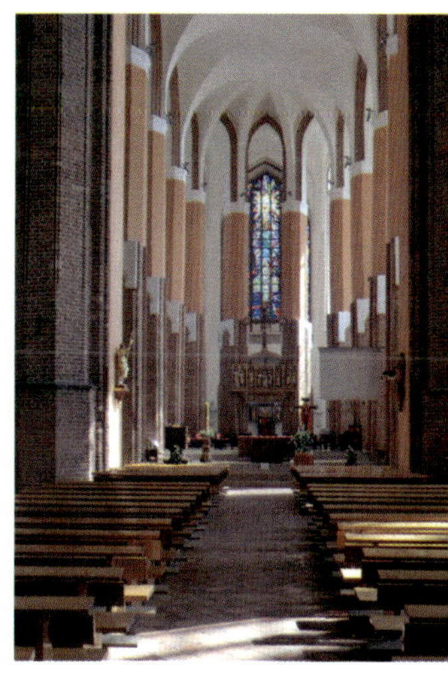

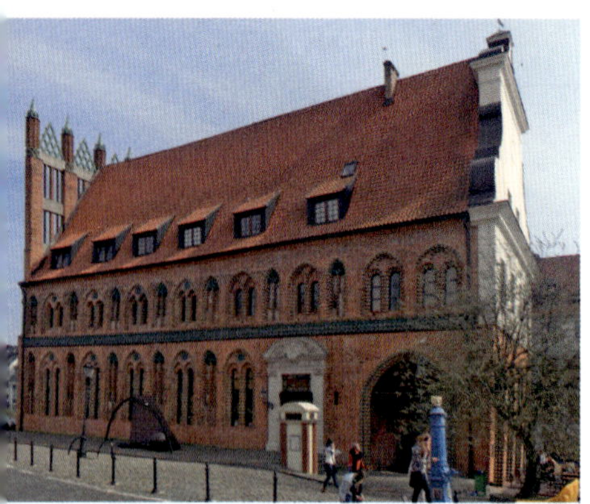
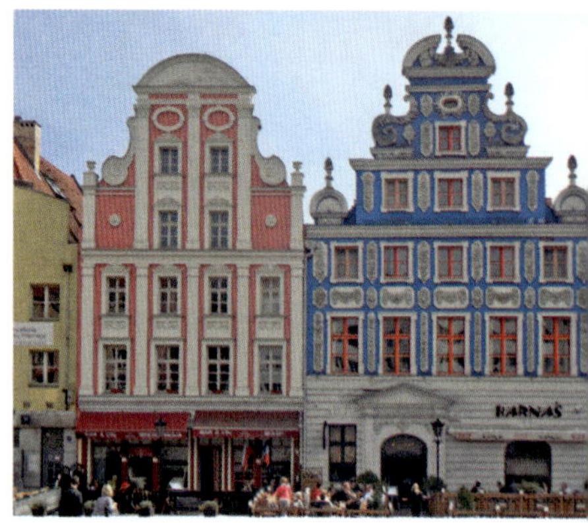

Szczecin Altes Rathaus (li.) und Neuer Markt (Rynek Nowy)

tungstor Brama Portowa (Berliner oder Hafentor) und weiter über den großen begrünten Platz Plac Zwycięstwa bis zur ul. Potulicka. Hier fallen zwei Kirchen auf: direkt vis-à-vis die Bugenhagenkirche (Kościół Garnizonowy pw św Wojciecha), die nach dem auch in Pommern tätigen Reformator und Luther-Freund Johannes Bugenhagen benannt und 1909 geweiht wurde, sowie rechter Hand die Garnisonkirche (jetzt Herz-Jesu-Kirche, polnisch: Kościół Najświętszego Serca Pana Jezusa), deren ungewöhnliche Architektur mit dem grünen Kupferdach sie unübersehbar macht. Die Kirche wurde 1913/19 als erstes deutsches Gotteshaus in Stahlbauweise erbaut.

Wir gehen nach links durch die ul. Potulicka in südlicher Richtung vorbei an Kasernen im typischen preußischen Backsteinstil, von denen eine ein Hotel beherbergt. Dieser Straße folgen wir bis zu einem Hochhausviertel auf einem Berg, an dessen Ende Treppe hinabführen zur Straßenunterführung unter der Eisenbahn; Radfahrer benutzen talwärts die ul. Piekary und biegen dann nach links in die ul. Jana Henryka Dąbrowskiego. Durch die Unterführung gelangt man zu einer Straße mit Straßenbahnschienen, der ul. Kolumba, also Kolumbusstraße. Dort gehen (oder radeln) wir nach rechts, um kurz hinter der Tram-Haltestelle Tama Pomorzańska links in die Straße gleichen Namens einzubiegen. Der ul. Tama Pomorzańska und der anschließenden Szczawiowa folgen wir bis zu einer Straße namens Ustowka. In diese biegen wir nach links und überqueren dann eine mehrspurige Autostraße – wir benutzen die schräg nach links in die Höhe führende Ausfahrt und erreichen ein Ortsausgangsschild von Szczecin sowie das Eingangsschild von **Ustowo**. Hier sind wir auf dem Land.

Da die Straßen Tama Pomorzańska und Szczawiowa etwa 3 km durch ein wenig attraktives Industrie- und Gewerbegebiet führen, kann man Ustowo auch mit öffentlichen Verkehrsmitteln erreichen. Der Tourauftakt an der Jakobikirche bleibt unverändert. Von der Straße Księdza Wyszyńskiego fährt der Bus der Linie 70 direkt bis Ustowo, allerdings verkehrt er nur sehr selten in den Morgen-, Nachmittags- und Abendstunden und zwischen 9 und 13 Uhr gar nicht (Bus in Richtung Pargowo). Bei Benutzung der Straßenbahn 3 oder 6: Bis zur Haltestelle Pomorzany fahren, dann durch die Straße Budziszyńska bis zur Eisenbahnbrücke, diese überqueren, bei der nächsten Straße (Przy Ogrodach) nach links halten, unter der Bahn hindurch erreicht man schließlich die Ustowka.

Ustowo (dt. Güstow) ist ein Dorf an der Stadtgrenze zu Szczecin, das 1240 erstmals urkundlich erwähnt wurde und das Herzog Barnim I. 1243 dem Kloster der Zisterzienserinnen in Stettin schenkte. Auf einer kaum befahrenen Landstraße geht es weiter nach Kurów (dt. Kurow), einem ebensolchen Dorf. Hier erreichen wir eine nach rechts abbiegende Hauptstraße, während gerade vor uns eine Sackgasse mit einem Spielstraßenschild markiert ist – wir halten uns nach links, nehmen eine Straße mit 10 Prozent Gefälle, halten uns an deren Ende nach rechts und erreichen schließlich die West-Oder (Odra Zachodnia). Dieser folgen wir nun bis zur polnisch-deutschen Grenze bei Pargowo.

Die Nähe zum Fluss ermöglicht dabei immer wieder schöne Blicke über das Wasser hinüber zum Zwischenoderland, einem Naturreservat zwischen West- und Ost-Oder mit Überschwemmungsland und Moorgebieten und der entsprechenden Fauna und Flora. Dieses Gebiet ist der nördliche Teil des internationalen Landschaftsschutzparks Unteres Odertal. Der nächste Ort

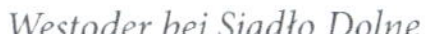

Westoder bei Siadło Dolne

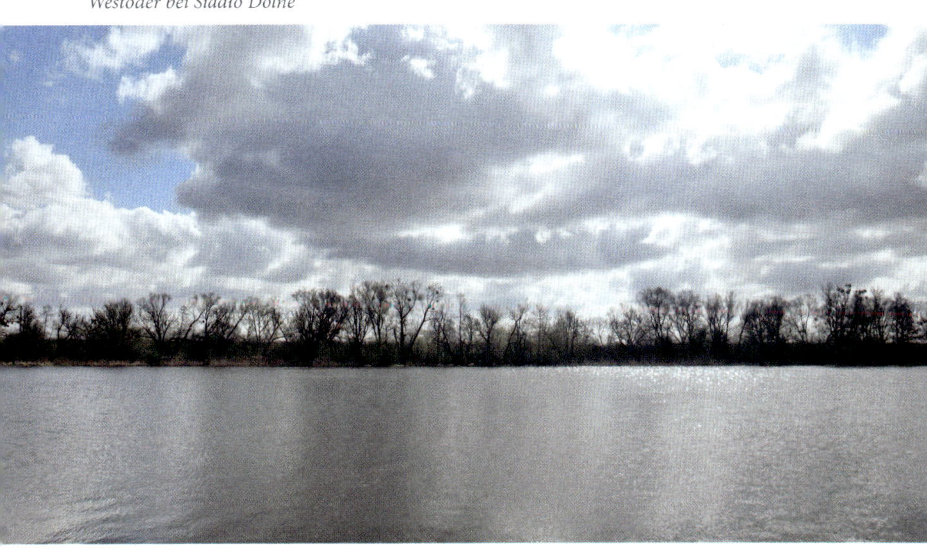

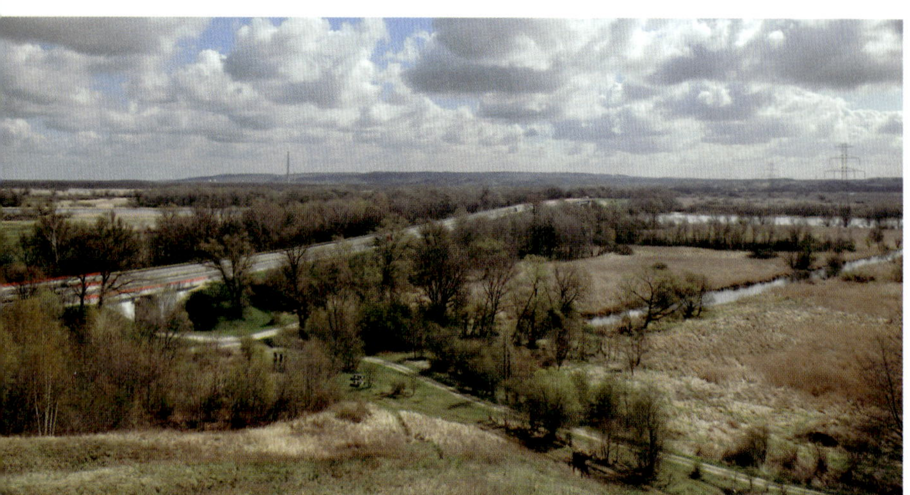

Blick über die Oder nach Osten

ist **Siadło Dolne** (dt. Hohenzahden), wo es einen kleinen Kaufmannsladen (poln. sklep) bei einem Rastplatz für Wasserwanderer gibt, an dem natürlich auch Fuß- und Radwanderer biwakieren können. Ausgewiesen ist der Weg entlang des Flusses nunmehr als Zubringer zum ebenfalls ausgeschilderten Fahrradweg (Slak Bielika), der hier im sogenannten »Stettiner Zipfel« gerade mit EU-Förderung eingerichtet wird und kurz hinter Siadło Dolne offiziell beginnt. Dieser Radweg, der bis zur Grenze führt und dort in den Oder-Neiße-Radweg mündet, ist auch ein schöner Fußwanderweg, mit anderen Worten. Er ist für beide Fortbewegungsarten, Rad wie Schusters Rappen, geeignet, allerdings ist er wegen einiger erheblicher Steigungen für Radler sehr anspruchsvoll. Unmittelbar hinter der Autobahn A 6/E 28 kann man einen Hügel erklimmen, von dem man einen bombastischen Blick ins Odertal hat. Am Fuße des Hügels stehen einige Schautafeln des Landschaftsschutzgebietes »Rezerwat przyrody Wzgórze Widokowe nad Międzyodrzem«, allerdings enthalten sie nur Erläuterungen auf Polnisch.

Nach kurzer Wanderung erreichen wir **Moczyły** (dt. Schillersdorf), wo uns wie überall am Wege Hunde mit ihrem Gebell oder auch persönlich ein Willkommen entbieten. Der schön gestaltete Ortseingang mit einem Rastplatz lädt ein, hier etwas zu verweilen. Übrigens werden Autofahrer durch ein Schild aufgefordert, doch bitte auf die frei herumlaufenden Hunde zu achten. Aber wer achtet auf die Hunde mit ihrem Interesse für Wanderer- und Radlerbeine?

Ein Innehalten empfiehlt sich bei der ehemaligen Dorfkirche: Eine zweisprachige Schautafel macht in knappen Worten mit der Geschichte des Or-

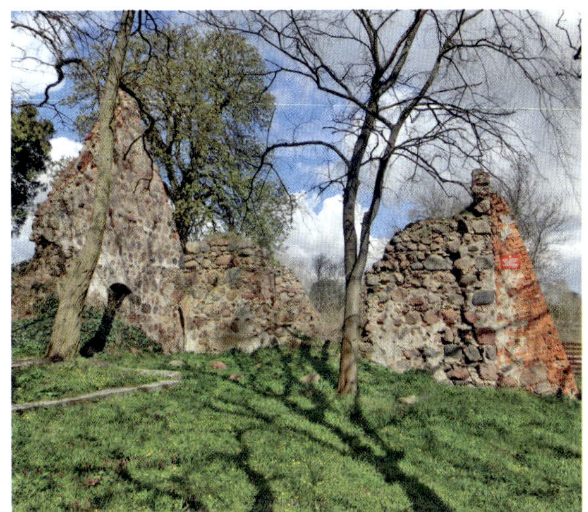

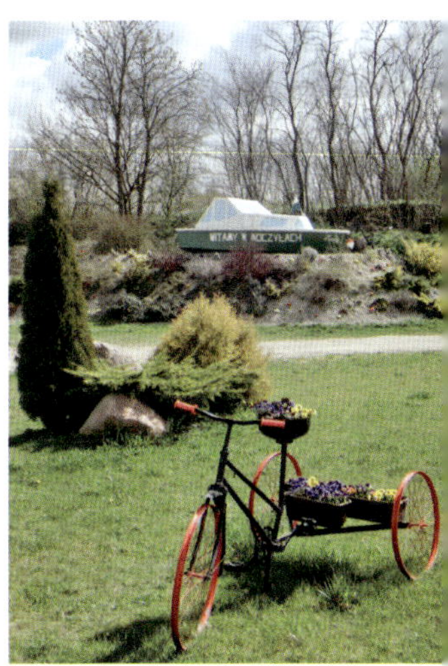

Moczyły Kirchenruine (li.) und Ortseingang

tes und eben dieser Kirche bekannt. Schillersdorf wurde erstmals 1325 als Eigentum der Marienkirche Stettin erwähnt. Die Dorfkirche geht auf einen Bau vom Ende des 13. Jhs. zurück, wurde im 17. Jh. umgebaut und erweitert und diente bis 1945 als evangelische Kirche. Nach dem Krieg verfiel das ungenutzte Bauwerk und ist heute eine Ruine. Von 1933 bis 1939 war Kurt Meschke Pfarrer in Schillerdorfs. Weil er mit einer Jüdin verheiratet war, wurde er 1933 in Danzig entlassen, fand aber im entlegenen Winkel eine neue Anstellung. Doch war der Druck am Ende zu groß und das Ehepaar emigrierte nach Schweden.

Nach wie vor geht es weiter auf dem ausgewiesenen Radweg. Zwischen Moczyły und dem nächsten Ort **Kamieniec** (dt. Schöningen) führt er ein paar Hundert Meter über eine kaum befahrene asphaltierte Straße, von der sich erneut ein weiter Blick ins Odertal ergibt, und kurz vor Kamieniec biegen wir in einen abschüssigen Hohlweg, hinab zum Auenwald nahe der Oder. Bei **Pargowo** (dt. Pargow) gibt es am Fluss eine Naturschutzstation mit zahlreichen, leider nur polnisch beschrifteten Tafeln, und schließlich ist man – nach ca. 25 km ab der Jakobikirche Szczecin – an der deutsch-polnischen Grenze angekommen.

Wir nehmen den steilen Sandweg, der nach rechts führt, erreichen die vom Dorf Pargowo kommende Asphaltstraße, die in eine weitere Straße mündet: die nach Staffelde. Hier steht auch eine Schautafel zum Unteren Odertal, diesmal mit deutschem, polnischem und englischem Text. Wir haben den Oder-Neiße-Radweg erreicht und halten uns nach links, um ihm bis nach Schwedt/Oder zu folgen.

TIPP für Bewegungsfaule: Durch alle genannten Ortschaften bis Pargowo fährt Bus Nr. 70, z.B. ab Szczecin Hbf (Szczecin Główny).

Staffelde, das nördliche Tor zum Nationalpark Unteres Odertal, wurde 1251 erstmals erwähnt. Es ist ein typisches Kolonistendorf mit einer Feldsteinkirche, die ein kurioses Schicksal hat: Nach der Zerstörung im Dreißigjährigen Krieg wurde sie wiederaufgebaut und bis 1816 genutzt, dann wurden, vielleicht wegen eines Brandes, keine Gottesdienste mehr gefeiert, und die Staffelder besuchten die Kirche im benachbarten Pargow. Die Kirche wurde zu einer Scheune umgebaut, die heute noch existiert – die kirchlichen Wurzeln sind nicht mehr erkennbar. Der Baukomplex steht aber inzwischen unter Denkmalschutz. Von 1945 bis 1951 war Staffelde nicht bewohnt, erst nach Festlegung des Grenzverlaufes zwischen der DDR und Polen kehrten die ersten Einwohner zurück. Das Dorf empfängt den Wanderer mit einem Hügelgrab aus der Zeit um 1500 v.u.Z., das allerdings 2000/03 nachgebaut wurde.

TIPP für Neugierige: Von Mescherin bietet sich ein Abstecher über die Oderbrücke nach Gryfino, dem früheren Greifenhagen, an; die Entfernung beträgt ca. 4,5 km. Die Stadt mit heute über 20.000 Einwohnern ist Kreisstadt des Kreises Gryfino (Powiat Gryfiński). 1254 wurde Greifenhagen von Herzog Barnim I. das Stadtrecht verliehen. Die Lage an der Oder und an einem Verkehrsweg über den Fluss ermöglichte sowohl die Kontrolle der Oderschifffahrt als auch des Landverkehrs, was erhebliche Zolleinnahmen in die Stadtkasse spülte. Im Zuge der preußischen Verwaltungsreformen ab 1815 wurde Greifenhagen Hauptort des gleichnamigen Landkreises, zu dem bis 1945 alle von uns bisher durchquerten Orte einschließlich der Stadt Gartz an der Oder gehörten. In den letzten Tagen des Weltkrieges wurde insbesondere die Altstadt Greifenberg/Gryfino fast völlig zerstört. Sehenswert sind heute noch die gotische Backsteinkirche (ehem. Stadtpfarrkirche St. Nikolaus) und als Teil der früheren Stadtbefestigung das Bahner oder St. Georgs-Tor (poln. Brama Bańska). Für Wasserratten empfiehlt sich ein Besuch des Aquapark Laguna.

Wir folgen jetzt einfach den Wegweisern des Oder-Neiße-Radweges nach **Mescherin**. Leider muss man ein längeres Stück an der viel befahrenen B 113 entlanglaufen, die zur Brücke über die Oder führt, einem Grenzübergang, der als solcher aber nicht mehr zu erkennen ist. Die Nationalparkgemeinde Mescherin ist dann aber eher ein stiller Ort mit nicht einmal 800 Einwohnern, jedoch einer guten touristischen Infrastruktur. Wichtigste Sehenswürdigkeit in dem 1297 erstmals erwähnten Ort ist die Kirche, die auf das 13. Jh. zurückgeht, in den folgenden Jahrhunderten aber viele Um- und Anbauten über sich ergehen lassen musste. Dazu gehört auch der verbretterte Turmaufbau mit Barockhelm von 1734. Die Kirche wurde im Zweiten Weltkrieg stark zerstört, in den Nachkriegsjahren aber wieder instandgesetzt und 1992–94 umfassend saniert. In Mescherin gibt es mehrere Einkehr- und auch Übernachtungs-

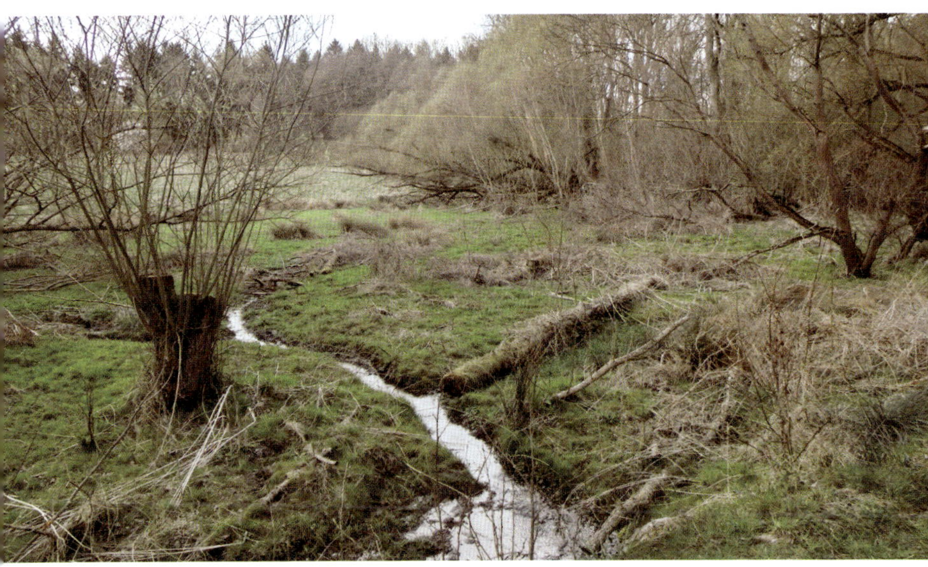

Im polnischen Teil des Nationalparks Unteres Odertal

möglichkeiten sowie einen naturbelassenen Campingplatz in einer Oderbucht.

Ob mit oder ohne Abstecher nach **Gryfino**, von Mescherin setzen wir unseren Weg auf dem Oder-Neiße-Radweg fort, der auch für Fußwanderer gut geeignet ist, und erreichen schließlich das Tagesziel: die Stadt **Gartz (Oder)**. Nach wie vor befinden wir uns im Nationalpark Unteres Odertal.

Der Nationalpark Unteres Odertal

Er ist der einzige Flussauen-Nationalpark in Deutschland. Das jetzige untere Odertal, die sich über ca. 60 km erstreckende Flussniederung zwischen Hohensaaten und Szczecin, ist vorwiegend ein Werk des Menschen. Zwischen 1906 und 1928 wurde hier ein Poldersystem geschaffen, einerseits zur Flutregulierung, andererseits auch zur Gewinnung von Nutz- und Siedlungsfläche. Sowohl die Nass- als auch die Trockenpolder sind inzwischen Lebensraum wertvoller und/oder seltener Pflanzen- und Tierarten. Vor allem dient der Nationalpark verschiedenen Vögeln als Brut-, Rast- und Überwinterungsgebiet, so Gänsen und Enten. Auch mehrere Tausend Kraniche rasten auf ihrer Wanderung im Oktober in der Oderniederung. Doch Seeadler, Schreiadler, Schwarzstorch und Eisvogel können mit etwas Glück ebenso beobachtet werden. Fischotter und der wieder angesiedelte Biber fühlen sich hier wohl, und auch die Flora verdient Beachtung.

Tourismusverein Nationalpark Unteres Odertal e.V.
Vierradener Straße 31, 16303 Schwedt/Oder
Tel.: 03332/25 590

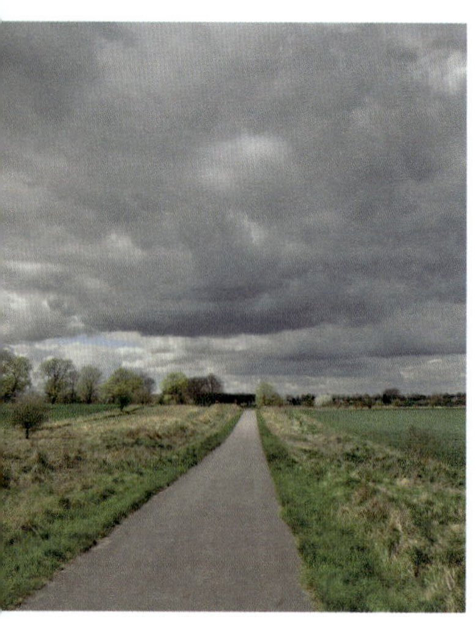

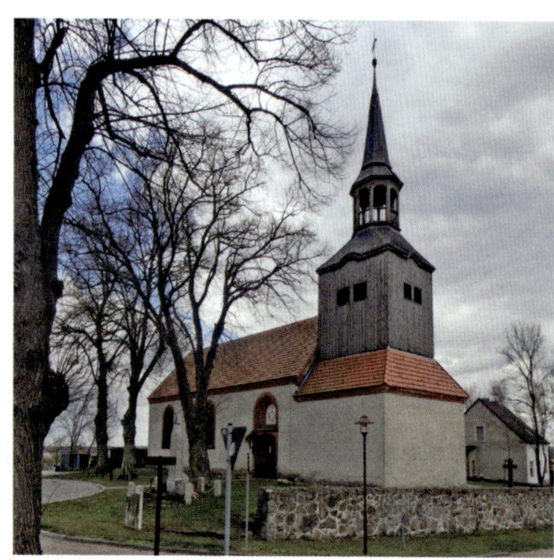

Polnisch-deutsches Grenzland (li.) und Mescheriner Kirche

Die an der West-Oder gelegene Kleinstadt Gartz hatte heftig unter den Kriegshandlungen am Ende des Zweiten Weltkrieges zu leiden und sich bis heute nicht erholt. Dabei war die Stadt in ihrer Geschichte durchaus kein unbedeutender Ort: 1249 erhielt die Marktsiedlung am linken Oderufer von Herzog Barnim I. von Pommern Magdeburger Stadtrecht verliehen, schon 1305 soll es eine Brücke über den Fluss gegeben haben, und bereits im Mittelalter war Gartz eine wichtige Station im Verkehrswegenetz, verlief doch seit 1302 die Handelsstraße Berlin-Stettin über Gartz. Von 1302 bis 1345 bauten die Bürger schließlich einen Damm nach Schwedt, und auch die 1825 vollendete Chaussee Berlin-Stettin lief über die Ackerbürgerstadt. Im 19. Jh. dann war Gartz dank des Dampfschiffsverkehrs nicht nur mit anderen wichtigen Handelsstädten an der Oder verbunden, es wurde auch zu einem beliebten Ausflugsziel der Stettiner.

Auf einem Rundgang durch die Stadt lassen sich noch einige Spuren der Geschichte finden, deren wichtigste ist die Stadtkirche St. Stephan. Dieses zur Backsteingotik gehörende Bauwerk besitzt einen wahrscheinlich von Hinrich Brunsberg errichteten Chor, der zu den bedeutendsten Bauten Norddeutschlands des 15. Jhs. gezählt werden darf. Nach dem Krieg wurde die Kirche nur teilweise wiederaufgebaut, es finden seit 1993 alljährlich Konzerte statt. Im Norden der Stadt sind noch größere Teile der Stadtmauer erhalten, auch einige Türme und das Stettiner Tor, das letzte erhaltene von einstmals vier Stadttoren – sein Name verweist auf den Verlauf der Straße, die Gartz an dieser Stelle verließ. Neben dem Stettiner Tor befinden sich die Touristeninformation und das kleine, aber sehenswerte Ackerbürgermuseum. Ein weiteres wich-

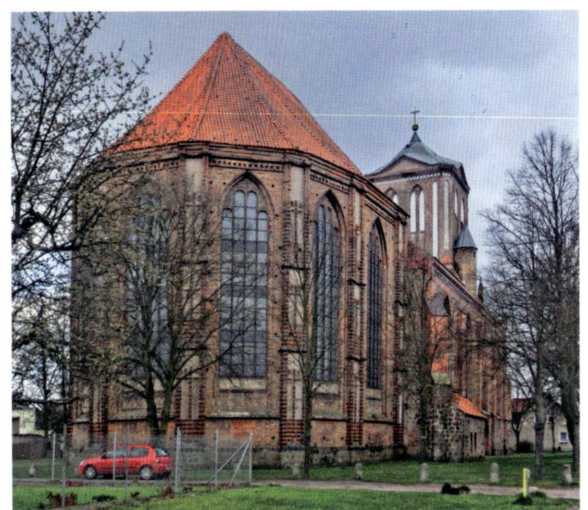

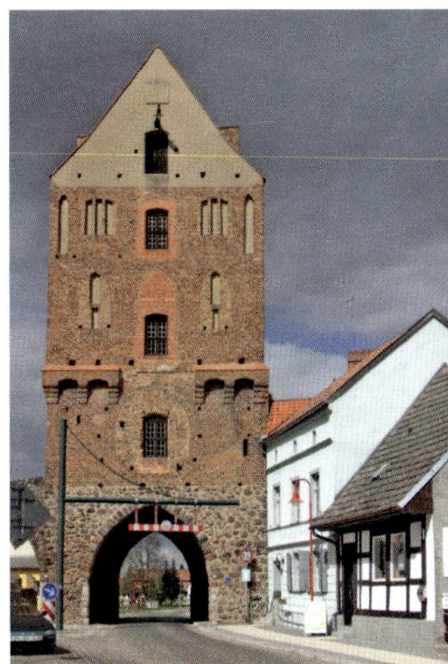

Gartz, Chor der St.-Stephan-Kirche (li.) und Stettiner Tor

tiges historisches Gebäude ist die Kirche des ehemaligen Heilig-Geist-Hospitals, die der Heimatverein nach der Sanierung als Veranstaltungsort nutzt. Ein besonderes Interesse dürfte der jüdische Friedhof in der Heinrichsdorfer Straße finden.

Entfernung St. Jakob Szczecin → St. Stephan Gartz: ca. 37 km

- Touristeninformation & Ackerbürgermuseum Gartz, Stettiner Str. 14 a, 16307 Gartz (Oder), Tel.: 033332/87 82 24
- Altes Zollhaus Mescherin, Untere Dorfstraße 9, 16307 Mescherin, Tel.: 033332/87 05 35, auch
- Gaststätte und Pension Pommernstube, Pommernstr. 1, 16307 Gartz (Oder), Ansprechpartner: Herr Kruse, Tel.: 033332/864 00 oder 0151/23 47 74 09, auch
- Hügelgrab Staffelde, Aussichtspunkt Stettiner Berg bei Mescherin, Altstadt Gartz mit Resten der ehemaligen Stadtbefestigung u. a.m.
- Dorfkirche Mescherin, Anfragen an das Pfarramt Gartz/Oder (s. u.)
- Gartz, Pfarrkirche St. Stephan, geöff. zu vielen Anlässen u. auf Anfrage, Tel.: 033332/256
- Ackerbürgermuseum Gartz/Oder, siehe unter
- Von Tantow – gelegen an der Bahnstrecke (Berlin-)Angermünde-Szczecin – verkehrt Buslinie 473 nach Gartz und Mescherin (hier Umsteigen in Geesow, Mitte) als Rufbus nach telef. Voranm. unter Tel.: 03332/44 27 55, mind. 60 min vor Fahrtbeginn.
- Durchgehend befahrbar, einige schwierige Passagen (Anstiege) im polnischen Nationalpark.

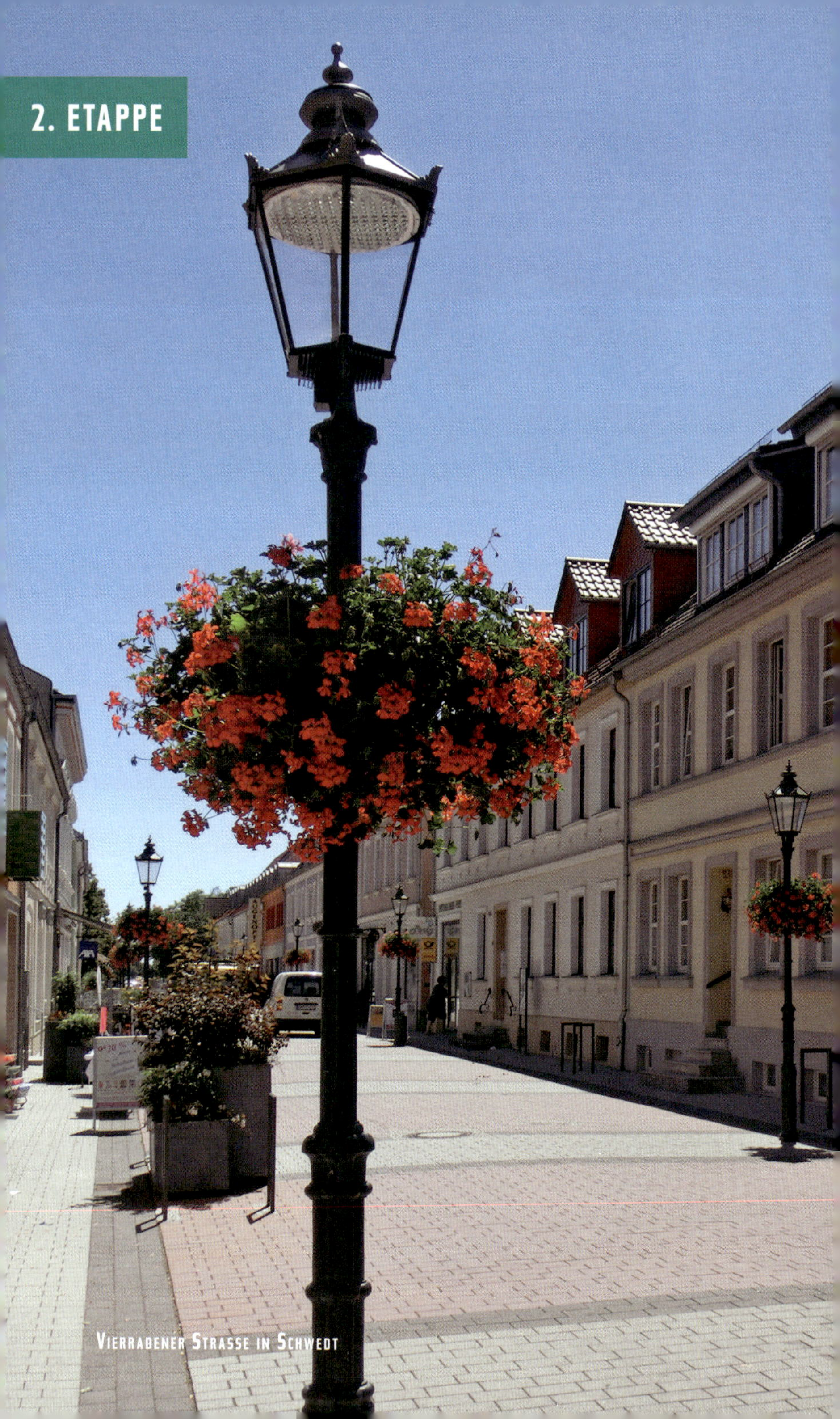

Vierradener Strasse in Schwedt

VON GARTZ (ODER) NACH SCHWEDT/ODER

Ausgangspunkt: St. Stephan Gartz
Zielpunkt: Berlischky-Pavillon Schwedt

Den einfachsten und schnellsten Weg, um von Gartz in die größte Stadt des Landkreises Uckermark zu gelangen, bildet der auch für Fußwanderer ideale Oder-Neiße-Radweg. An der West-Oder entlang wandernd oder radelnd erreicht man zunächst **Friedrichthal**, das mit seinen knapp über 100 Einwohnern zur Stadt Gartz gehört. Bei dem langgestreckten Straßendorf mit Blick auf die Oderpolder handelt es sich um ein 1751–55 angelegtes Kolonistendorf mit einer 1756 erbauten Kirche, ein rechteckiger Putzbau mit Walmdach. Zu deren Ausstattung gehört eine hölzerne Kanzel aus dem 18. Jh., die aus der Marienkirche zu Szczecin stammt.

Weiter geht es auf dem zugleich als Kranichtour ausgeschilderten Weg zur Wildnisschule **Teerofenbrücke**, eine Umweltbildungs- und Erholungseinrichtung direkt an der Hohensaaten-Friedrichsthaler-Wasserstraße, in der man nicht nur Platz findet für Klassen- und Projektfahrten, sondern auch einen erholsamen Familienurlaub in der Natur verbringen kann. Der Weg führt nun nach **Gatow**, seit 1993 ein Ortsteil von Schwedt. Die Gegend war schon zur Bronze- und zur Eisenzeit besiedelt, und bevor der Ort 1347 erstmals urkundlich erwähnt wurde, siedelten hier bereits Slawen. Sehenswert sind hier mehrere alte Tabakscheunen sowie einige der historischen Gatower Fischerhäuser.

Vierraden Burgruine (li.) und Kirche

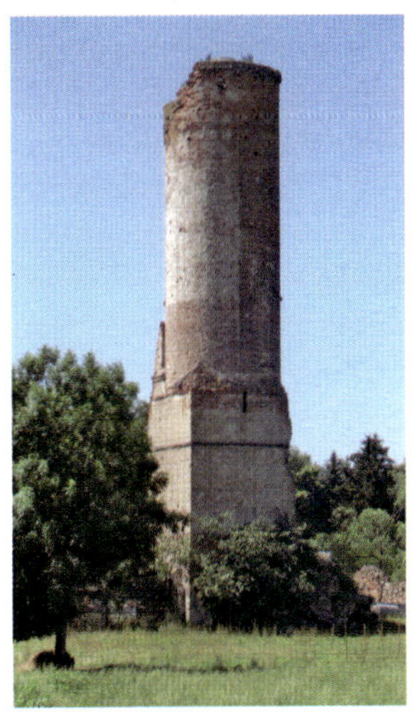

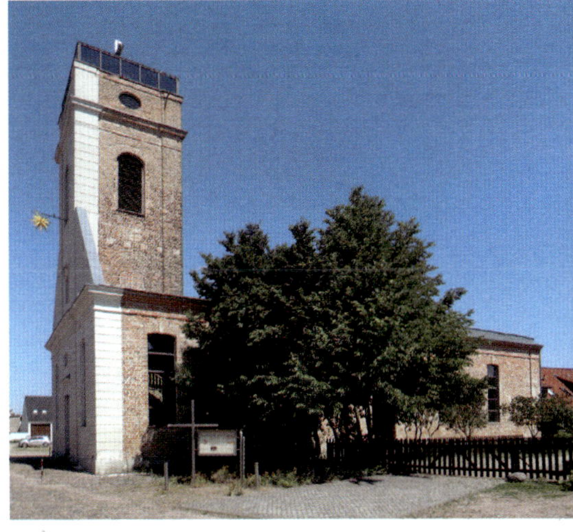

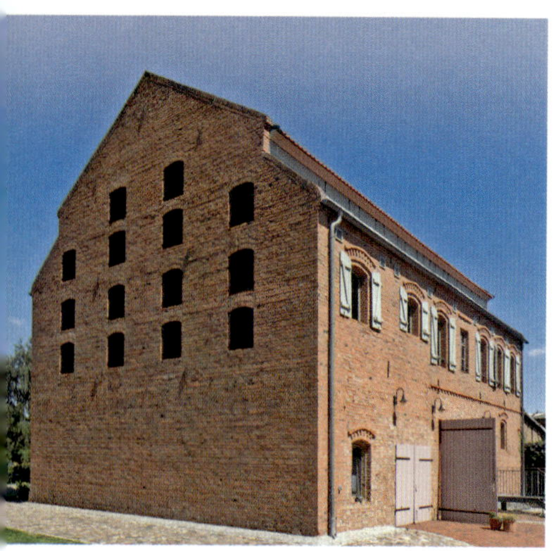

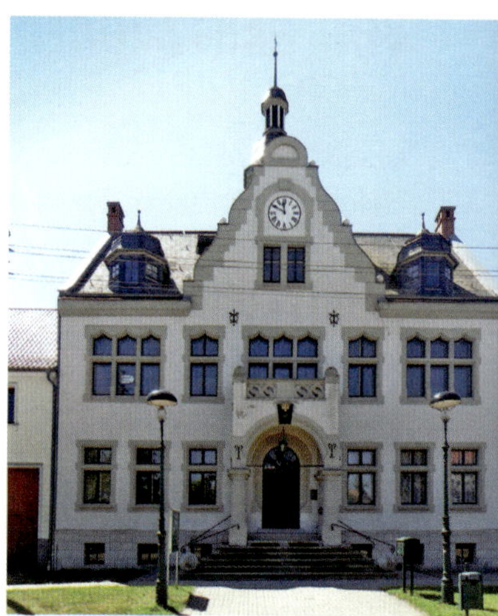

Vierraden Tabakmuseum (li.) und Rathaus

Der Oder-Neiße-Radweg – hier auch als Uckermärkischer Radrundweg – führt weiter an der Oder nach Schwedt, wir aber verlassen ihn in Gatow, um nach Vierraden zu gelangen; wir gehen oder fahren auf der Gatower Dorfstraße aus dem Ort (bei der Bushaltestelle Gatow, Mitte nicht die Brunnenstraße oder Am Ring benutzen!); aus der Gatower Dorfstraße wird in Vierraden die Schwedenstraße. Wir passieren die große Milchviehanlage, überqueren die Hafenstraße, gehen immer noch die Schwedenstraße entlang und erreichen die Gartzer Straße. Hier sehen wir schon die Ruine des ehemaligen Burgturmes vor uns.

Vierraden, an einer Furt der Straße von Schwedt nach Szczecin nahe der Mündung der Welse in die Oder gelegen, spielte als Grenzfeste eine große Rolle in den Auseinandersetzungen zwischen Pommern, Mecklenburg und Brandenburg um die Uckermark. Die Vierrademühle wurde 1269 erstmals in der genannten Urkunde Herzogs Barnim I. von Pommern erwähnt. 1515 wurde Vierraden zur Stadt erhoben. Ab 1691 gab es hier eine französische Kolonie, und die in der Uckermark angesiedelten Hugenotten widmeten sich oft dem Tabakanbau – was die entsprechenden Scheunen erklärt. Auch in Vierraden gibt es als Denkmäler noch eine Tabakscheune und eine Tabakfabrik zu sehen. Darüber hinaus kann man sich im Tabakmuseum, das in einer dreigeschossigen Trockenscheune untergebracht ist, sowie an Schaubeeten über den Anbau der Rauschpflanze informieren. Des Weiteren sind im Rathaus am Markt die Heimatstuben Vierraden untergebracht, die sich unter anderem dem Tabakanbau widmen. Jährlich im August gibt es dann auch noch ein Tabakblütenfest. Erwähnenswert: die im Krieg schwer zerstörte Kreuzkirche, die dank der Initiative eines Freundeskreises nach und nach wieder aufgebaut wird, und der in der Nähe der Neuen Welse gelegene jüdische Friedhof.

Wir verlassen Vierraden Richtung **Schwedt** auf der Chausseestraße – ein straßenbegleitender Fuß- und Radweg ist vorhanden –, kommen am Neuen Friedhof vorbei und erreichen schließlich die Stadt der Petrochemie, die seit 2013 den offiziellen Beinamen »Nationalparkstadt« führt. David Gilly, der im Zusammenhang mit dem Szczeciner Schloss erwähnte Baumeister, erblickte hier 1748 das Licht der Welt.

Nachdem die DDR-Führung 1958 ein Chemieprogramm beschlossen hatte, das die Verdoppelung der Chemieproduktion bis 1965 vorsah, bekam Schwedt ein großes Erdölverarbeitungswerk, das 1964 den Probebetrieb aufnahm; verarbeitet wurde sowjetisches Erdöl. Aber nicht nur der gewaltige Werkkomplex entstand, sondern auch eine sozialistische Arbeiterstadt mit den entsprechenden Plattenbauten. Das hat den Ruf Schwedts geprägt, aber es gibt hier viel mehr zu entdecken als architektonische Tristesse.

Wer von der Vierradener Chaussee kurz vor dem Bahnübergang nach rechts in die Passower Chaussee abbiegt, erreicht den Park Montplaisir. In diesem befindet sich das ehemalige Jagdhaus Montplaisir, das von dem Schwedter Landbaumeister Georg Wilhelm Berlischky (1741–1805) errichtet wurde, und zwar als eines der letzten Bauten aus einer Zeit, als Schwedt eine Residenzstadt war: Von 1689 bis 1788, also genau 99 Jahre, hatten die Markgrafen von Brandenburg-Schwedt hier ihren Sitz, bis ihre Nebenlinie erlosch.

Auch in Schwedt siedelten sich Ende des 17. Jhs. Glaubensflüchtlinge aus Frankreich an, für die in den Jahren 1777/79 eine französisch-reformierte Kirche errichtet wurde, die auch als Grablege der Markgrafenfamilie diente; das nach dem Baumeister heute Berlischky-Pavillon genannte Gotteshaus an der Lindenallee, Ecke Bahnhofsstraße.

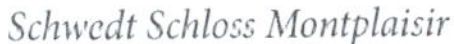

Schwedt Schloss Montplaisir

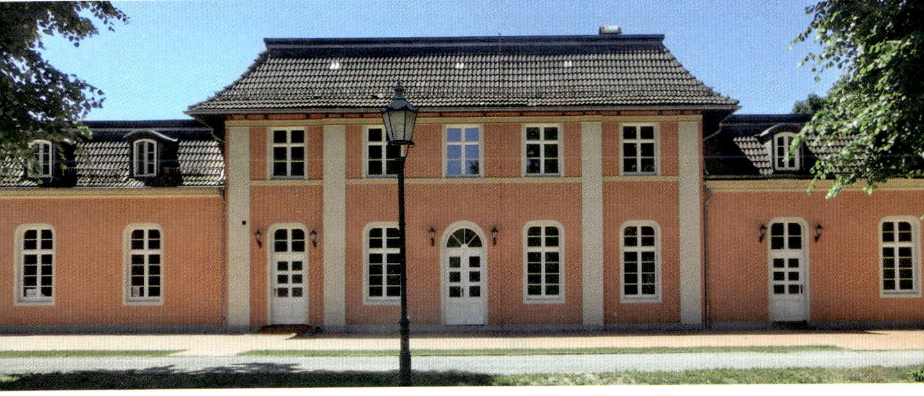

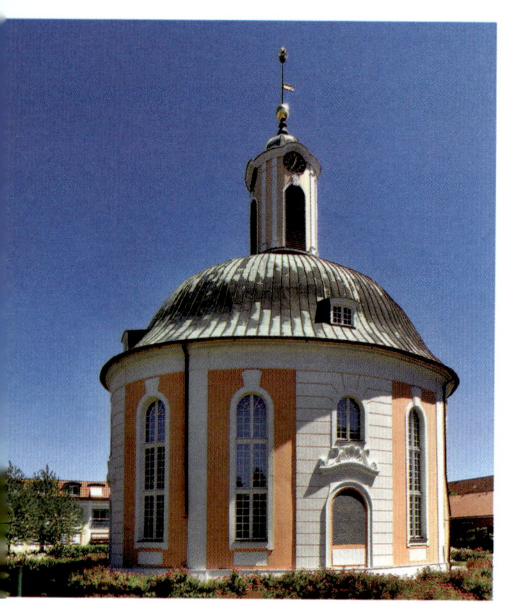
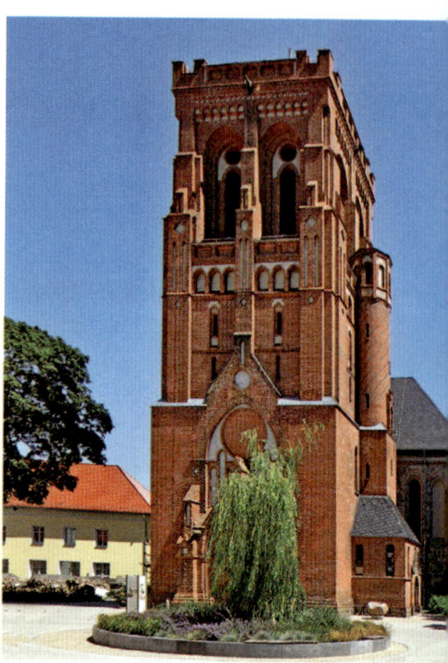

Schwedt Berlischky-Pavillon (li.) und St. Katharinenkirche

Ebenfalls an die Hugenotten erinnert der Europäische Hugenottenpark, der ehemalige Schlosspark von Schwedt direkt an der Hohensaaten-Friedrichsthaler Wasserstraße. Das Schloss selbst existiert nicht mehr, nach schweren Kriegszerstörungen wurde es Anfang der 1960er-Jahre abgetragen, an seiner Stelle die Uckermärkischen Bühnen errichtet. Kunst, Natur und Geschichte verbinden sich im Hugenottenpark auf eine sehenswerte Weise.

Eng mit der Verkehrsgeschichte und damit auch mit dem Pilgerwesen verbunden ist die Vierradener Straße, heute die Schwedter Fußgängerzone und eine der ältesten Straßen der Stadt. Ehedem führten durch sie die Wege von Berlin nach Stettin und von Prenzlau nach Königsberg in der Neumark, dem heutigen Chojna. Ihre Bedeutung verlor die Straße dann mit der Eröffnung der Chaussee Berlin-Stettin 1828, die einen anderen Weg nahm. Sie verbindet den Vierradener Platz, wo sich die katholische Kirche Mariä Himmelfahrt von 1895–98, der Tabakbrunnen und das Amtsgericht befinden, mit der Berliner Straße und der Auffahrt zur Oderbrücke, wobei eine weitere Kirche ins Blickfeld gerät: St. Katharinen, das älteste erhaltene Bauwerk der Stadt. Von ihrem Turm kann man über die Dächer Schwedts, aber auch weit ins Land und nach jenseits der Oder blicken.

270 Jahre – von 1672 bis 1942 – gab es auch jüdisches Leben in Schwedt, doch wurde die jüdische Gemeinde von den Nationalsozialisten komplett aus-

gerottet. Jüdische Spuren finden sich noch in Form eines unterirdischen Ritualbades, einer sogenannten Mikwe, und des Synagogendienerhauses – beide wurden inzwischen restauriert, und es gibt auch eine Ausstellung zum NS-Terror gegen die Juden. Des Weiteren besitzt Schwedt einen jüdischen Friedhof.

TIPP für verliebte Grenzgänger: Von Schwedt aus erreicht man auf der grenzüberschreitenden Brückenstraße (B 166) den polnischen Ort Krajnik Dolny (dt. Niederkränig). Südlich von ihm, zwischen Krajnik Dolny und Zatoń Dolna (dt. Niedersaathen), erstreckt sich das Tal der Liebe mit vielen Aussichtspunkten und romantischen Winkeln. Das Dorf Krajnik Dolny ist von Schwedt aus auch mit dem Bus 492 zu erreichen, es gilt VBB-Tarif.

Entfernung St. Stephan, Gartz → Berlischky-Pavillon, Schwedt: ca. 22 km

- Tourismusverein Nationalpark Unteres Odertal e.V., Berliner Str. 46/48, 16303 Schwedt/Oder, Tel.: 03332/255 90
- Zu Schwedt/Oder siehe den Tourismusverein sowie das Internet. Hier nur die Einkehr- und Übernachtungsmöglichkeiten an den Zwischenstationen auf dem Weg von Gartz nach Schwedt.
- Ferienhäuser Wildnisschule Teerofenbrücke, Teerofenbrücke 2, Buchung über Internationalpark Unteres Odertal GmbH, Park 3 Schloss Criewen, 16303 Schwedt/Oder, Tel.: 03332/83 88 40
- StroamCamp, Regattastr. 1, 16303 Schwedt/Oder, Ansprechpartner: Herr Diesterweg, Tel.: 03332/44 94 28 oder 0176/55 95 33 81
- Hotel Altstadtquartier/Pilgerbereich, Louis-Harlan-Straße 1, 16303 Schwedt/Oder, Ansprechpartner: Herr Miezlowski, Tel.: 03332/83 57 90 oder 0172/316 84 31
- Neben den im Text genannten Sehenswürdigkeiten: Stadtpark mit Skulpturen, Uckermärkische Bühnen Schwedt
- † Kirche Friedrichsthal, keine offene Kirche, Anfragen an das Pfarramt Gartz (Oder), Tel.: 033332/256
- † Kreuzkirche Vierraden, Freundeskreis Kirchruine Vierraden, Führungen u. Turmbesteigungen nach Absprache mit Petra Fischer, Grüne Straße 14a, Tel.: 0152/08 76 93 25, oder mit Pfarrer Hoffmann, Tel.: 03332/529 23 27
- Stadtmuseum Schwedt, Jüdenstr. 17, 16303 Schwedt/Oder, Tel.: 03332/234 60
- Jüdisches Ritualbad und Tempeldienerhaus, Gartenstr. 8, 16303 Schwedt/Oder, Info siehe Stadtmuseum
- Schwedt: RE3, RB61 und diverse Busse
- Durchgehend gut befahrbar.

Alternativroute von Szczecin nach Schwedt/Oder über Pritzlow (Przecław), Kolbitzow (Kołbaskowo), Tantow und Hohenreinkendorf

Die im Folgenden beschriebene Route kommt der Streckenführung der alten Handelsstraße näher, bietet allerdings einen zu größeren Teilen weniger natur-

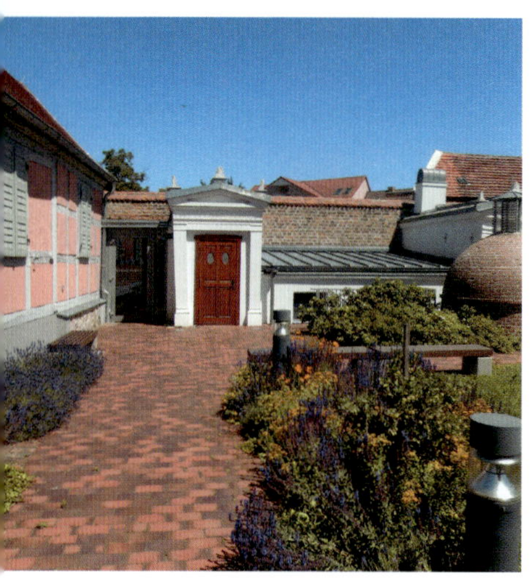

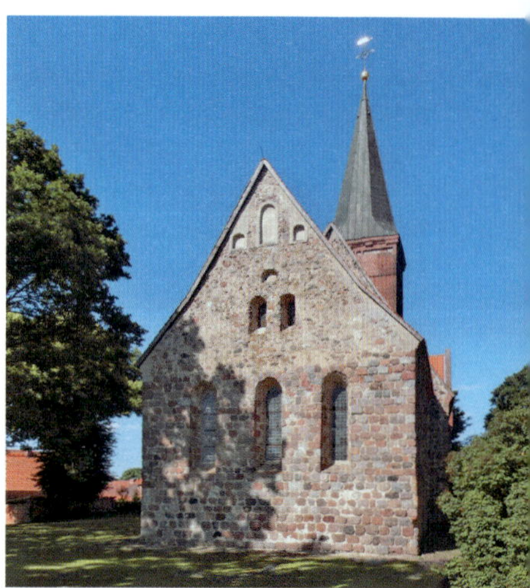

Schwedt Mikwe (jüdisches Ritualbad, li.) und Hohenreinkendorfer Kirche, Ostgiebel

nahen Weg. Beginn ist ebenfalls die Jakobikirche in Szczecin, und der Weg verläuft bis Ustowo wie beschrieben. In Ustowo jedoch, kurz nach dem deutlich sichtbaren Zajazd (Gasthaus) Ustowo, geht es nunmehr nach rechts in die Straße Kasztanowa, die nach Przecław führt. Seit März 2014 verbindet ein kombinierter Geh- und Radweg Przecław mit Neu-Rosow kurz vor der Grenze; er verläuft parallel zu der viel befahrenen Nationalstraße 13 – der verlängerten B 2 – über die Ortschaften **Smętowice** (Marienhof) und **Kołbaskowo** (Kolbitzow). Das alte Kirchdorf wird in einer Urkunde von 1303 erstmals genannt; in diesem Dokument stiftet Bischof Heinrich die Einkünfte der Kirchen von Pomellen, Rosow und eben Kolbitzow dem Nonnenkloster in Stettin. Einen Blick verdient die Kirche mit dem aus Feldsteinen erbauten Langhaus. Auf dem Weg gibt es zwei Fahrradparkplätze und weitere Rastplätze mit Sitzbänken.

Von **Rosówek** (Neu-Rosow) bis zur polnisch-deutschen Grenze muss man derzeit noch die viel befahrene Nationalstraße benutzen bzw. als Fußgänger deren Rand, was kein Vergnügen ist. Nach Passieren der Grenze begeben wir uns jedenfalls nach **Rosow**, einem erstmals 1243 erwähnten Ort, und zwar anlässlich einer Stiftung des Herzogs Barnim I. an das offenbar gut dotierte Jungfrauenkloster Stettin. Heute ist er vor allem für die Gedächtniskirche bekannt: Die mittelalterliche Feldsteinkirche brannte am Ende des Zweiten Weltkrieges aus, auch der einst höchste Kirchturm der Gegend fiel den Zeitläuften zum Opfer. Als »Gedächtnis-Kirche Rosow – Deutsch – Polnische Gedenkstätte für Flucht, Vertreibung und Neuanfang« 2007 neu eingeweiht, überragt nun ein beeindruckender Turm aus Stahlgerüsten nicht nur das Gotteshaus, sondern den ganzen Ort.

Nachdem wir die Kirche in Augenschein genommen haben, gehen wir durch die Tantower Straße in Richtung **Tantow** den Rosower Plattenweg entlang. Als der Bischof von Cammin 1255 dem Zisterzienserinnenkloster in Stettin den Zehnten des Ortes verlieh, wurde Tantow erstmalig erwähnt. Einen Einschnitt für die ökonomische Entwicklung des Ortes und seines Umlandes stellte die Eröffnung des Bahnhofs Tantow an der Berlin-Stettiner Eisenbahn im Jahr 1843 dar – bis heute ist das Dorf ans Bahnnetz angeschlossen. Vom einstigen Gut ist noch die Gutskapelle zu besichtigen. Einen Abstecher lohnt der Ortsteil Damitzow mit Kirche, Gutshaus und alter Dorfstruktur sowie auch die Salveymühle III am Salveybach, eine von einst fünf Wassermühlen, die heute als Ferienhof dient.

Wir wandern auf der Bahnhofstraße in Richtung Hohenreinkendorf, wobei wir den Salveybach überqueren und wenig später eine Straße Am Bahndamm, ein Name, der an die Stichbahn von Tantow nach Gartz erinnert; heute ist dies ein Wanderweg, auf dem man an der Salveymühle vorbeikommt und schließlich Gartz erreicht – noch eine Alternativroute!

Nach ungefähr 4 km haben wir **Hohenreinkendorf** erreicht. Das Dorf, das zur Stadtgemeinde Gartz gehört, ist ein deutsches Kolonistendorf, doch die Gegend war bereits in der Jungsteinzeit besiedelt. Das langgestreckte Angerdorf mit zwei Teichen wurde 1230 erstmals erwähnt, etwas später dürfte dann

Hohenreinkendorf, Dorfplatz mit historischer Schmiede, Rastplatz und Kirchturm

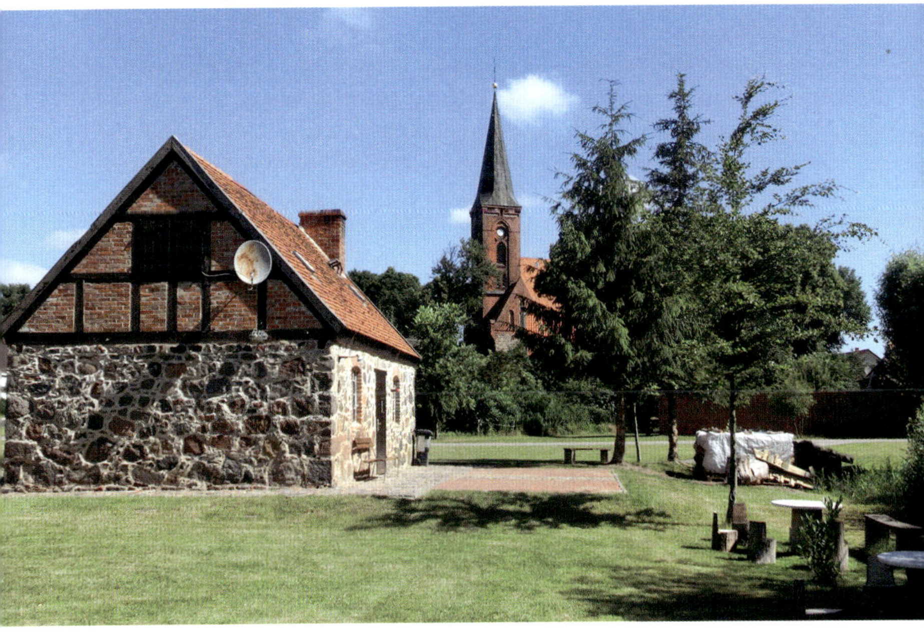

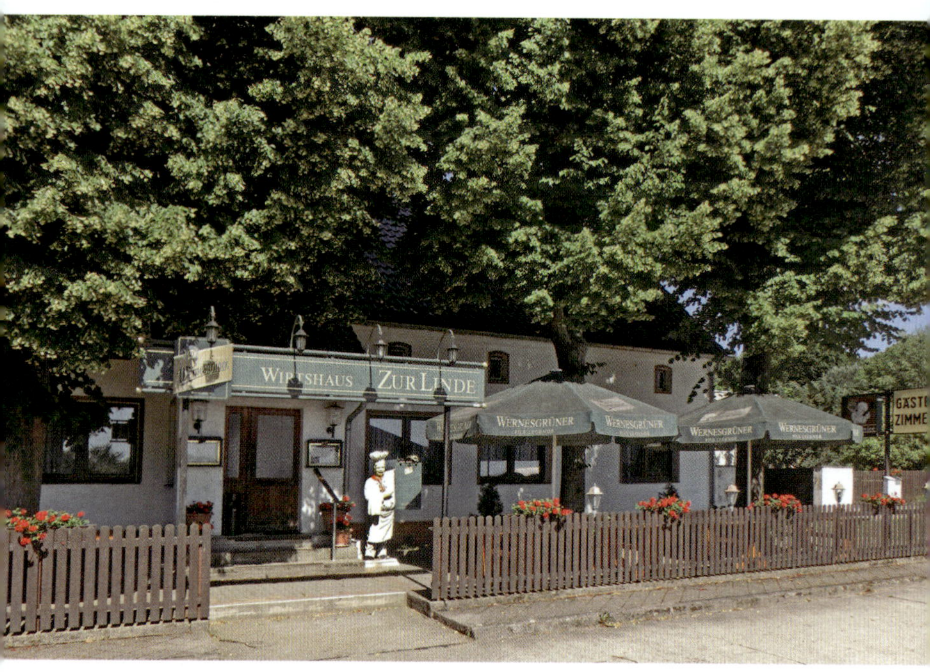

Heinrichshof, Gasthaus zur Linde

die Feldsteinkirche entstanden sein. Es handelt sich um eine Saalkirche mit eingezogenem Rechteckchor, an dessen Ostwand sich eine Dreifensteranlage befindet, darüber abermals zwei schießschartenartige Fenster und im Giebel Blenden. Der relativ hohe Turm wurde nach einem Brand 1896 erbaut. Außer der Kirche steht auch die alte Schmiede unter Denkmalschutz, ein Feldsteinbau mit einem aufgesetzten Dachgeschoss aus Fachwerk, der sich am größeren der Teiche befindet. Dort gibt es auch einen Rastplatz.

Am südlichen Ortsausgang benutzten wir den baumgesäumten Feldweg rechts neben der Asphaltstraße Richtung Gartz, der später durch ein Gehölz nach **Heinrichshof** führt und als Märkischer Landweg mit einem blauen Kreuz ausgeschildert ist.

Wir verlassen Heinrichshof in südlicher Richtung auf der verlängerten Gartzer Straße (nicht der L 27 folgen!), passieren noch ein paar Häuser und gehen auf dem Sandweg am Feld entlang, bis wir den Wald erreichen, durch den wir bis Blumenhagen wandern, die letzten Kilometer auf der Landstraße L 272. Der Weg führt dabei nicht durchgehend durch Wald, sondern manchmal auch am Waldrand entlang, während sich rechter Hand Acker- und Weideflächen erstrecken und die Silhouetten von Dörfern wie Groß Pinnow, Frostenwalde und Hohenfelde auftauchen. Wenn man Glück hat, hört man die Rufe der Kraniche, und noch mehr Glück bedarf es, um einen plötzlich auffliegenden Kauz zu sehen.

Ungefähr 10 km liegen zwischen Heinrichshof und Blumenhagen. Von Hohenreinkendorf bis auf die Höhe von Hohenfelde benutzen wir übrigens immer den Märkischen Landweg, einen schönen und sehr empfehlenswerten Wanderweg, der die Uckermark von Fürstenberg/Havel bzw. Feldberg bis nach Mescherin durchquert und am blauen Kreuz auf weißem Grund zu erkennen ist.

Dort, wo der Feld- und Waldweg auf die asphaltierte Landstraße trifft, befindet sich ein Schild mit der Aufschrift »Willkommen in der Nationalparkregion Unteres Odertal«. Es gibt zwei Möglichkeiten, entweder dem Märkischen Landweg über Hohenfelde weiter zu folgen oder die relativ wenig befahrene Straße über Blumenhagen zu benutzen – das Ziel ist jedenfalls Vierraden. Ausgewiesen ist die Straße nach Blumenhagen übrigens als Teil des Radweges Kranichtour.

Blumenhagen gehört bereits zur Stadtgemeinde Schwedt. 1269 wurde der Ort erstmals erwähnt, und zwar im Zusammenhang mit der Übertragung von Einkünften durch den Herzog Barnim I. an das Jungfrauenkloster Stettin. Einst war Blumenhagen ein slawisches Fischerdorf, und der Ort gehörte zu Pommern, lag allerdings an der Grenze zu Brandenburg. So wurde beim Übergang über die Welse nahe der Blumenhagener Wassermühle nördlich des Gewässers die pommersche Burg Zweiraden angelegt, während sich südlich das später wüst gefallene brandenburgische Neuendorf befand. Mit der Verlegung des Handelsweges 1302 verlor die Burg an Bedeutung und wurde nach und nach abgebrochen.

Über die Landesstraße L 272 und den Blumenhagener Weg erreicht man schließlich Vierraden und von dort wie schon beschrieben die Oderstadt Schwedt.

Entfernung St. Jakob Szczecin →Bahnhof Tantow: ca. 25 km

Entfernung Bahnhof Tantow: →Berlischky-Pavillon, Schwedt: ca. 27 km

- Wirtshaus Zur Linde Heinrichshof, Gaststätte & Pension, Gartzer Str. 3, 16303 Hohenselchow-Groß Pinnow, OT Heinrichshof, Tel.: 033331/642 88
- Die Kirchen in Tantow und Hohenreinkendorf sind keine Offenen Kirchen. Sie gehören zum Pfarrsprengel Hohenselchow, https://www.pfarrsprengel-hohenselchow.de/
- Tantow: RB66, Bus 473, 474
  Schwedt: RE3, RB61 und diverse Busse
- Durchgehend befahrbar, allerdings sind die Wegeverhältnisse teilweise schwierig.

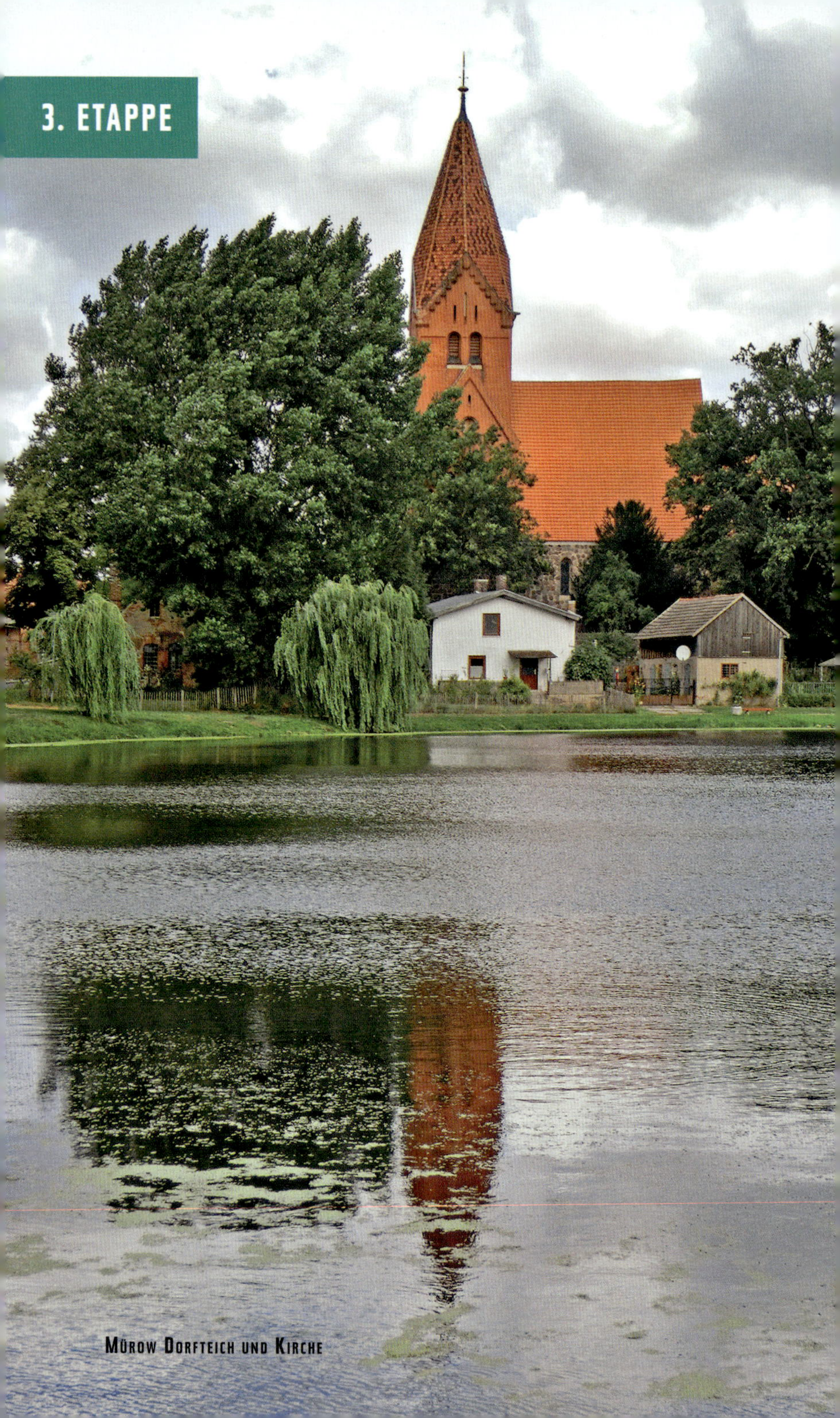

Mürow Dorfteich und Kirche

VON SCHWEDT/ODER NACH ANGERMÜNDE VIA PINNOW

Ausgangspunkt: Berlischky-Pavillon Schwedt
Zielpunkt: St. Marien Angermünde

Anfang Februar 2012 fand in Groß Pinnow eine Konferenz statt, deren Teilnehmer sich für die Wiederbelebung des Pilgerweges von Szczecin nach Berlin einsetzen wollten. In der *Märkischen Oderzeitung* vom 10. Februar 2012 hieß es: »Für die Zuhörer war es spannend zu erfahren, dass die Route durch die Region von Stettin über Staffelde, Geesow, Hohenreinkendorf, Kunow, Pinnow und Angermünde nach Kloster Chorin und Eberswalde bis Bernau führen könnte.« Die Zeitung zitierte eine Vertreterin der im Jahr zuvor gegründeten Jakobusgesellschaft Brandenburg-Oderregion mit den Worten: »Die Region muss sagen, ob die Route so gewollt ist. Wichtig sind Wege, die begehbar und landschaftlich schön sind. Die Pilger wollen nicht auf der B 2 laufen.«

Soweit, so gut: Wandern auf der B 2 ist wahrlich kein Vergnügen. Es wird aber auch deutlich, dass bei der in Aussicht genommenen Wegeführung neben historischen und landschaftlichen auch pragmatische Gesichtspunkte eine Rolle spielen. Überspitzt formuliert: Wenn eine Gemeinde den Jakobsweg will und bereit ist, sich an der Ausschilderung zu beteiligen, dann kriegt sie ihn auch. Entgegen anderen Veröffentlichungen genannter Jakobusgesellschaft führt der vorgeschlagene Weg allerdings nicht über Schwedt, höchstens

Dorfkirchen in Kummerow (li.) und Hohenfelde

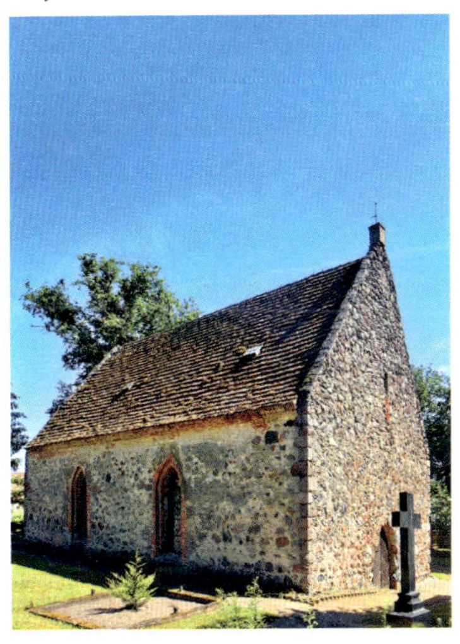

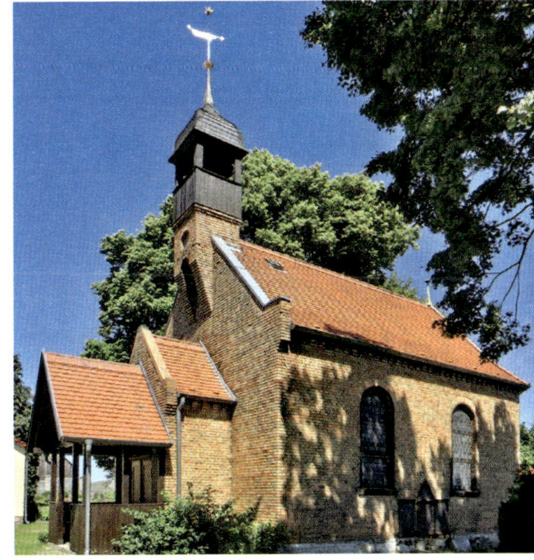

durch eingemeindete Dörfer. Die Frage ist also: Wenn man Schwedt einbezieht, wie geht es dann weiter nach Angermünde?

Besondere Schwierigkeiten bereitete den Straßenbauern früherer Zeiten die Überwindung feuchter oder sumpfiger Niederungen, und dieses gilt teilweise noch bis in die heutige Zeit. Schaut man sich etwa den Verlauf der Welse an, jenes Oder-Nebenflusses, der nördlich von Schwedt in die Hohensaaten-Friedrichsthaler Wasserstraße mündet, so wird man gewahr, dass es auf dem uns interessierenden Abschnitt nur drei Möglichkeiten gibt, ihn zu überqueren: in Vierraden, bei Neue Mühle und nördlich von Stendell. Und dem Werk des Altstraßenforscher Hans Mundt kann man Folgendes entnehmen: »Im Süden wird bei Vierraden die Senke ohne Dammbauten überschreitbar«, während bei »Stendell (...) im Unteren Welsetal (...) eine Talsandinsel die Anlage des Dammes erleichterte.« Mit der Senke bei Vierraden ist ebenfalls das Tal der Welse gemeint. In Vierraden haben wir bereits die Welse in südlicher Richtung überschritten. Was liegt also näher, den Weg nun auch südlich des Flusses fortzusetzen?

Aus dem Grund, dass in nächster Zeit damit zu rechnen ist, dass der oben beschriebene Weg als Jakobsweg mit dem entsprechenden Symbol ausgeschildert werden wird, haben wir uns entschieden, eben diesem Weg zu folgen. Allerdings möchten wir auf eine schöne Alternative verweisen: Wer südlich der Welse bleiben will, dem bietet sich der Märkische Landweg zur Fortsetzung der Pilger- oder Wandertour an. Er führt nämlich von Schwedt durch Criewen, einst Sitz eines Zweiges der Familie von Arnim, heute der Nationalparkverwaltung mit Schloss und Landschaftspark, und durch Stolpe, bekannt für den Grützpott genannten Turm einer alten Burg, aber es gibt auch ein Schloss mit Park, auf 38,5 km nach Angermünde.

Unserem Entschluss gemäß begeben wir uns wieder nach Norden, Vierraden entgegen, benutzen aber auf jeden Fall den Märkischen Landweg. Hinter Vierraden geht es eine Weile an der Welse entlang, dann erreichen wir Neue Mühle. Hier, wo wir die Welse überqueren, befand sich tatsächlich einst eine Wassermühle. Bis in die 1970er-Jahre wurde sie noch als Schrotmühle genutzt, dann abgerissen.

Durch die Müllerberge geht es weiter nach **Hohenfelde**, einem nach Schwedt eingemeindeten Dorf. Bis 1479 gehörte es zu Pommern und lag wüst. 1564 legte der Besitzer der Herrschaft Vierraden, Graf Martin von Hohenstein, hier eine Schäferei und einen Ackerhof an. Durch Hohenfelde führen die Radwege Kranichtour und der Uckermärkische Radrundweg.

Über Jahrhunderte waren die Hohenfelder genötigt, zum Gottesdienst nach Vierraden zu gehen, und so ist ihr Wunsch verständlich, eine eigene Kirche zu besitzen. Um 1900 erfüllte er sich. Das auf einer Anhöhe gelegene Kirchlein mit einem Dachreiter besteht aus gelblichem Backstein, im Türm-

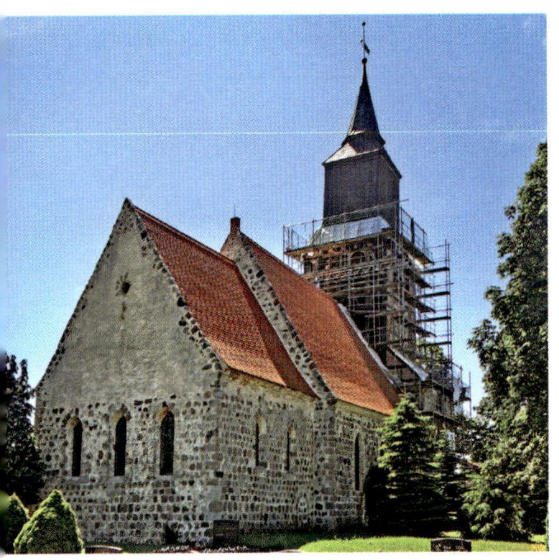
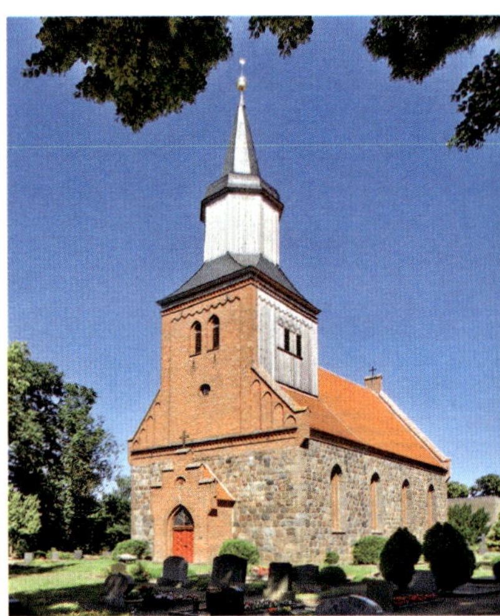

Dorfkirchen Kunow (li.) und Stendell

chen hängt eine der 1866 in Stettin gegossenen Glocken der ehemaligen Golgatha-Kapelle in Berlin. Nach dem Zweiten Weltkrieg wurde vor den Eingang eine hölzerne Laube gebaut, die wie eine Veranda wirkt und dem Gotteshaus etwas Wohnliches verleiht.

Wir verlassen Hohenfelde auf der Landstraße und erreichen nach ca. 800 m **Kunow**, ebenfalls ein Ortsteil von Schwedt. Auch hier gibt es eine Kirche im Dorf, einen Feldsteinsaal mit eingezogenem Rechteckchor aus der zweiten Hälfte des 13. Jhs. Beim Chorabschluss fällt die Dreifensteranlage auf, ebenso der Okulus, das kleine Rundfenster, im Giebelfeld. Der Turmaufbau aus Fachwerk stammt aus dem 18. Jh. An den Außenseiten gibt es einige zugesetzte alte Portale. Von der Innenausstattung verdienen der Altaraufsatz von 1719, der riesige Taufengel, ebenfalls aus dem 18. Jh., sowie die naiven Ölmalereien auf Holztafeln Erwähnung.

Auch Kunow war einst pommerscher Besitz und vor der Christianisierung ein slawisches Dorf. 1281 bestätigte Herzog Bogislaw IV. von Pommern die Übertragung der Patronatsrechte der Kirche an das Nonnenkloster in Gartz. Nach 1478 wurde Kunow geteilt, es war halb pommersch, halb brandenburgisch. Mit der Bildung des preußischen Kreises Randow 1818 gehörte das Angerdorf dann aber mit aller Haut und allem Haar zu Brandenburg. Unbedingt sehenswert ist die Gutsanlage, die unter Denkmalschutz steht.

Kunow verlassen wir auf einem Plattenweg, der durch das Ortsausgangsschild als »Straße« nach Kummerow ausgewiesen ist. Es bietet sich ein schöner Blick über die Felder bis zu einem sehr weiten Horizont, bevor der Weg in einem Gehölz verschwindet. Nach dem Wäldchen halten wir uns nach rechts in die Schotterpiste, gehen nicht geradeaus weiter auf dem immer schlechter werdenden Plattenweg, denn dieser endet an der Welse, unserem heutigen Reisebegleiter.

Kummerow in der Uckermark, das lässt sofort an Ehm Welks Roman »Die Heiden von Kummerow« denken, aber das Vorbild für Kummerow ist der Heimatort des Schriftstellers, Biesenbrow. Da Biesenbrow nur eine Tageswanderung von Kummerow entfernt ist, kann man natürlich nicht ausschließen, dass Welk bei der Titelwahl an »unser« Kummerow dachte, andererseits gibt es jedoch gerade im norddeutschen Raum noch mehr Dörfer dieses Namens. Da wir gerade bei Ehm Welk (1884–1966) sind: Der Dichter liefert uns eine schöne Beschreibung des »Wunderlandes«, das wir gerade durchstreifen: »Dort oben, wo die Uckermark ihre nördlichste Spitze weit ins vorpommersche Gebiet vorstößt und an ihrer rechten Flanke ein Bruch mit nach Norden zieht, liegt mein Land: eine meilenweite, rechteckige Schale, deren saatengrüner Boden auf der östlichen Längsseite vom schwarzen Rand eines Höhenzuges, auf der Westseite von hohen Wäldern eingefasst ist und deren Schmalseiten im Süden und Norden die Ferne als ein samtenes Blau aufwellen lassen. Der silberne Zierrat der Bäche, Teiche und Seen und das Riesenkinderspielzeug in Gestalt der kleinen Dörfer, ackernden Bauern und weidenden Herden liegt auf dem grünen Grunde dieser Schüssel.« (Ehm Welk, Mein Land das ferne leuchtet)

Der Ortsname Kummerow basiert auf dem Slawischen und bedeutet ungefähr »Ort, an dem es viele Mücken gibt«. Das Angerdorf wurde 1318 erstmals erwähnt und ist heute ebenfalls Teil der Naturparkstadt Schwedt. Sowohl die Kranichtour als auch der Uckermärkische Radrundweg verlaufen durch den kleinen Ort. Die am Ortsrand, an der Straße nach Stendell, und hinter einem Tor versteckt liegende Kirche besteht auch aus dem Hauptbaumaterial der Region, also aus Feldstein. Die Kummerower Kirche stammt vom Ende des 13. Jhs. und ist außen wie innen ein recht schlichter Bau. Auch die Ausstattung ist einfach; hervorgehoben werden soll jedoch der wertvolle polygonale Kanzelkorb vom Beginn des 17. Jhs. und der vermutlich sehr alte Taufstein.

Auf Asphalt geht es nun nach **Stendell**, wobei wir auf dem von Mundt genannten Damm durch den Welsebruch die Welse und damit die frühe Grenze zwischen Pommern und Brandenburg erneut überqueren. 1302 kam es hier zu einer Schlacht zwischen Markgraf Otto IV. von Brandenburg (der mit dem Pfeil) und Herzog Otto I. von Stettin, in der die Pommern den Sieg davontrugen. Über den Welsepass verlief schon im Mittelalter ein bedeutender Handelsweg.

Die Ähnlichkeit des Ortsnamens mit dem Namen der bedeutenden Altmärker Hansestadt ist nicht zufällig, sondern beruht auf einer Namensübertragung: Am 20. Februar 1318 wurde das zuvor slawisch besiedelte »Nyen

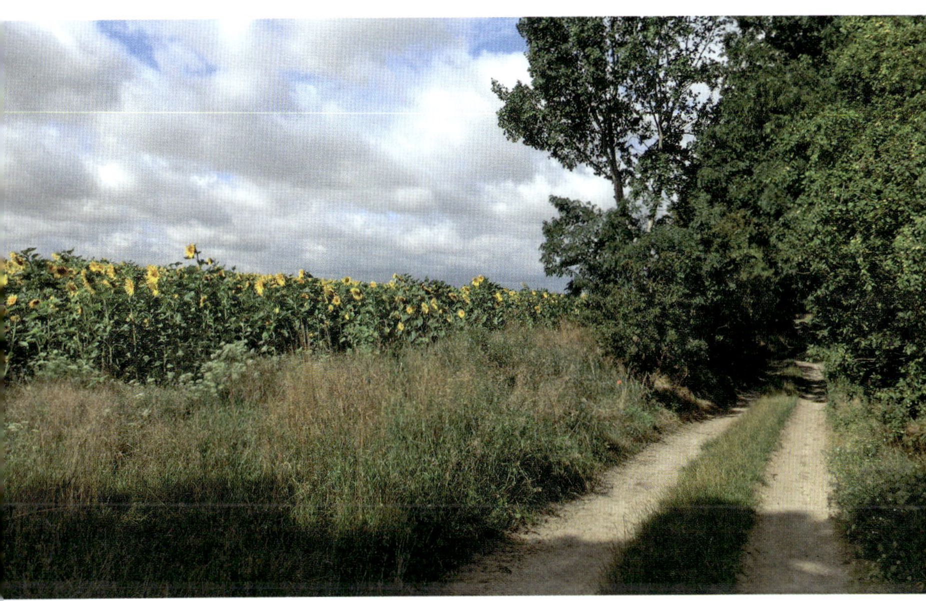

Jakobsweg von Stendell nach Schönermark

Stendal« erstmals urkundlich erwähnt. Das Angerdorf verfügt über ein Gotteshaus, das um 1250 aus Granitquadern errichtet wurde. Der Feldsteinsaal erhielt später eine Apsis und wurde 1876 im zeittypischen Stil der Neogotik umgebaut, wobei eine Apsis und ein Turm aus Backstein angefügt wurden. Die hinter der Kirche befindliche Siedlung Stendeller Ring mit Pfarrhaus, Bauerngehöften, Anger und Bäumen weckt durchaus romantische Empfindungen.

Wir verlassen »Neu-Stendal« auf der Hauptstraße in südlicher Richtung, wobei wir eine Brücke passieren müssen, die über Bahngleise führt; hierbei handelt es sich nicht um die Nebenbahn von Angermünde nach Schwedt, sondern um die Trasse Passow-Schwedt, die Anfang der 1960er-Jahre von der Deutschen Reichsbahn errichtet wurde, um das Petrolchemische Kombinat an das Eisenbahnnetz anzuschließen. Ab Güterbahnhof Stendell, den wir von der Brücke sehen können, gehören die Bahnanlagen dem PCK, zuvor ist die Deutsche Bahn Eigentümer.

Etwa 1 km nach der Brücke stoßen wir auf die B 166, die wir überqueren. Auf der anderen Seite beginnt der Oder-Welse-Rundweg, nach 2,8 km knickt der in südöstlicher Richtung verlaufende Rundweg mehr nach Süden ab – unser Weg aber führt geradeaus! Und zwar nicht nach Landin, sondern nach Schönermark: Auf einem unbefestigten romantischen Hohlweg geht es in eine wahrhaftige Idylle.

In **Schönermark**, dessen Ersterwähnung 1287 erfolgte, befand sich einst eine Grangie – ein wirtschaftlicher Eigenbetrieb – des Klosters Chorin, eine der nächsten Stationen unserer Pilgerreise. Auch dieser Ort hat slawische Wurzeln. Von 1846 bis zur Enteignung 1945 gehörte das Gut Schönermark der Familie von Redern, einem Geschlecht aus märkischem Uradel; das Gut erworben hat Graf Friedrich Wilhelm von Redern, der Generalintendant der Königlichen Schauspiele zu Berlin. 1881 wurde an der Bahnstrecke Berlin-Stettin ein Bahnhof Schönermark eröffnet, der allerdings abseits des Dorfes lag und 1996 geschlossen wurde. Ab 1905 gab es einen direkteren Eisenbahnanschluss: Die Angermünder Kreisbahn verband den Ort mit Damme, einem Bahnhof der Prenzlauer Kreisbahn, und es gab sogar zwei Halte in Biesenbrow (Haltestelle und Ladestelle). Ehm Welk jedoch wird sie nicht benutzt haben, lebte er doch 1905 in Stettin.

Überraschend ist auch, dass es in Schönermark, im denkmalgeschützten Schulhaus, ein fast täglich geöffnetes Schul- und Heimatmuseum gibt, sowie die Existenz einer Preußischen Whiskydestillerie, die zum kalauernden Alliterieren anregt: Schottisches in Schönermark. Übrigens: Eine Gutsbrennerei richtete der Theatergraf von Redern bereits 1850 ein.

Über das Baumaterial der Dorfkirche schweigen wir. Das frühgotische Gotteshaus aus der zweiten Hälfte des 13. Jhs. ist ein Saalbau mit einer Dreifenstergruppe, einem Okulus und Zwillingsblenden an der Ostfassade, die ebenso wie das zugesetzte Gemeindeportal an der Südseite noch aus der Entstehungszeit stammen dürften. Ansonsten wurde die Kirche im 19. Jh. neogotisch umgebaut; aus dieser Zeit datiert auch der Fachwerkturm. Eine Be-

Dorfkirche Schönermark (li.) mit Schachbrechtstein (re.)

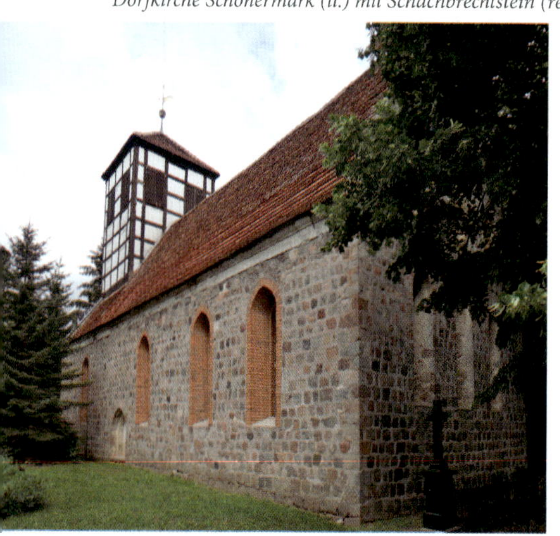

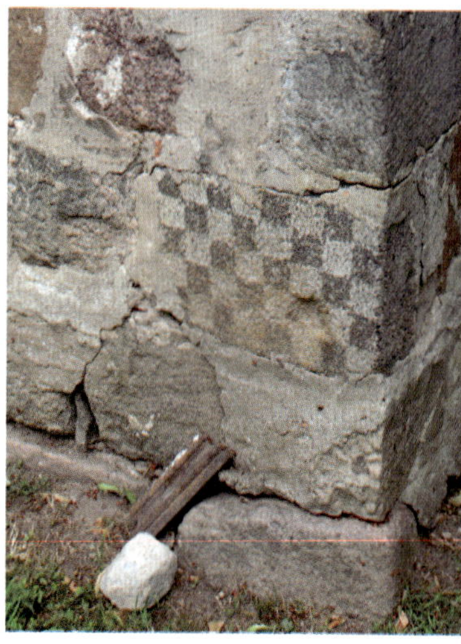

sonderheit findet sich an der Südostecke, denn dort wurde ein sogenannter Schachbrettstein vermauert. Diesem Bauelement werden wir auf dem Weg nach Angermünde und auch später wiederbegegnen. Seine Bedeutung ist (noch) nicht geklärt.

Exkurs: Schachbrett- und Rautensteine

»Im östlichen Brandenburg, dem unmittelbar benachbarten polnischen Gebiet und in Mecklenburg-Vorpommern befinden sich an einigen spätromanischen Kirchen in für diese Zeit typischem Quadermauerwerk einzelne Steine mit Schachbrettmuster. In der Regel sind dazu Steine mit einer von Natur aus ebenen Fläche ausgewählt. Indem man nur jede zweite Fläche eines Quadratrasters bearbeitete, entstand ein Muster, dessen dunkle Felder mit verwitterter Oberfläche sich wirkungsvoll im Wechsel von den hellen gespitzten abhoben. (...) Schachbrett- oder Rautensteine befinden sich ausschließlich an Granitquaderkirchen des 13. Jahrhunderts. (...) Die Frage nach der Bedeutung dieser eigenartigen Schachbrett- und Rautenmuster liegt auf der Hand.«

Eberhard Bönisch: Zwischen Spydeberg und Stradow. Schachbrettsteine von Skandinavien bis zur Niederlausitz, in: Denkmalpflege in Berlin und Brandenburg. Kirchen des Mittelalters

TIPP für Kirchenenthusiasten: Keine 2 km nördlich von Schönermark, an der L 28 nach Passow, befindet sich das Dorf Grünow, in dem die einzige Chorturmkirche der Uckermark bewundert werden kann. Es gibt auch ein Gutshaus und verschiedene Gutsgebäude, die allerdings noch wachgeküsst werden müssen.

Wir verlassen Schönermark auf dem Pinnower Weg, der anfangs unter Kirschbäumen entlangführt, deren Früchte man reif genießen kann, und erreichen nach einer Stunde Fußweg oder einer Viertelstunde mit dem Rad das in verschiedenen Dorfwettbewerben vielfach preisgekrönte **Pinnow**. Hier lohnt es sich, ein wenig zu verweilen, gibt es doch einiges zu sehen. Das Straßendorf Pinnow wurde am 5. April 1354 erstmals im Oderberger Grenzvertrag zwischen Ludwig dem Römer und Herzog Barnim III. von Pommern unter den Orten erwähnt, die an Pommern abgetreten wurden. 1472 wurde es wieder brandenburgisch und blieb es. Im Dreißigjährigen Krieg fiel es wüst, wurde dann aber wieder besiedelt. 1931 wurde bei Pinnow ein Munitionswerk errichtet, dessen Anlagen nach 1945 gesprengt wurden; die NVA übernahm das Gelände und richtete ein Instandsetzungswerk (IWP) ein, in dem u. a. Flugabwehrraketen gewartet, aber auch Funk- und Messtechnik instandgesetzt wurden. Das erklärt die Existenz eines Telefon- und Raketenmuseums auf dem jetzigen Industriegelände.

Aber es gibt sogar ein zweites Museum: das Landwirtschaftsmuseum auf dem ehemaligen Gutshof. In einige Gebäude ist die Verwaltung des Amtes Oder-Welse eingezogen, so in das ehemalige Gutshaus, ein zweigeschossiger rechteckiger Putzbau mit dreiachsigem Mittelrisalit und Treppenturm aus

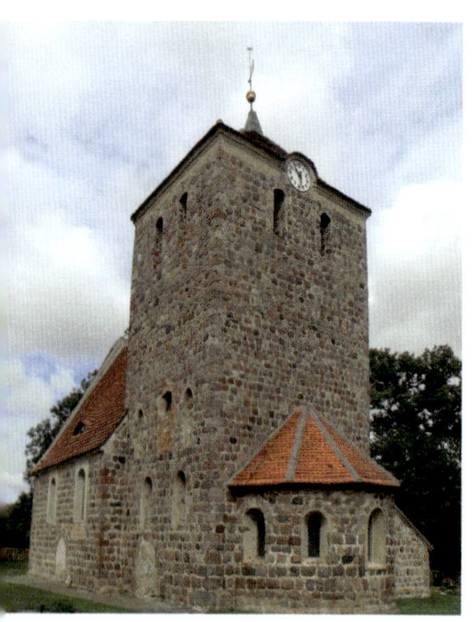

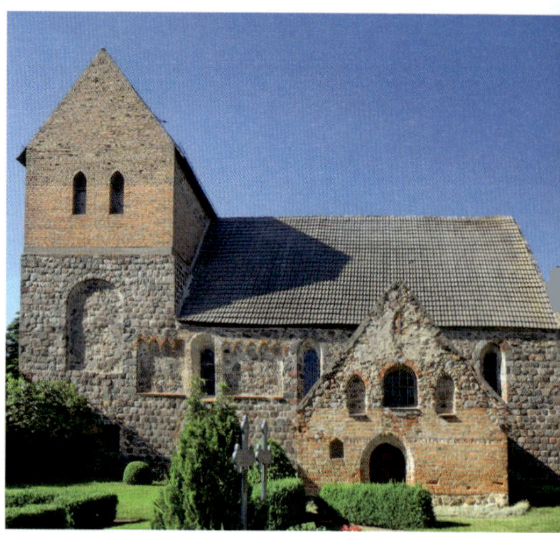

Dorfkirche Grünow mit Chorturm (li.) und Dorfkirche Pinnow

dem 17. Jh., der in der Folgezeit jedoch vielfach umgebaut wurde. Dieses Ensemble sollte man sich ebenso anschauen wie den Landschaftspark und die Dorfkirche. Der frühgotische Feldsteinbau aus dem 13. Jh. war einst wegen seines 1736 entstandenen Turmes das höchste Gebäude der Gegend, doch dieser wurde 1969 abgetragen. Das Bauwerk mit seinen Anbauten hat eine stark mittelalterliche Anmutung, es fallen zahlreiche Schmuckelemente ins Auge wie das dreifach gestufte Kreisfenster im Turm, die Blendrosette, eine große Rundbogenblende an der Turmsüdseite und Bogenfriese – diese für eine Dorfkirche ungewöhnliche Üppigkeit wird mit der Nachbarschaft des Prämonstratenserklosters Gramzow erklärt. Auch eine typische Dreifenstergruppe am Ostabschluss finden wir. Kurz, das Gotteshaus ist ein Muss für jeden Liebhaber mittelalterlicher Kirchen. Die Innenausstattung stammt vorwiegend aus dem 17./18. Jh. Den Kirchhof umfasst eine Feldsteinmauer mit einem Backsteinportal.

Im Ort gibt einen Haltepunkt an der 1873 eröffnete Bahnstrecke Angermünde-Schwedt, den Nationalparkbahnhof Pinnow.

Entfernung Berlischky-Pavillon, Schwedt →Bahnhof Pinnow: ca. 36 km

TIPP für Drahteselpilger: Radfahrer können auch auf dem Schwedter Rundweg durch das Felchowseegebiet von Schwedt nach Pinnow gelangen.

Von Pinnow geht es weiter auf dem Mürower Weg, später Oberdorf, durch eine stark landwirtschaftlich genutzte Gegend nach Mürow, das bereits ein

Ortsteil von Angermünde ist. Beim Blick in die Landschaft fällt uns ein Satz aus Gerhard Drexels »Klöster und Kirchen in Brandenburg. Himmlische Touren durch die Mark« ein: »Die hügelige Endmoränenlandschaft der Uckermark straft das Vorurteil Lügen, ganz Norddeutschland sei eine einzige flache Ebene. Wälder, Seen, Bäche und Moore machen die Uckermark zu einer abwechslungsreichen Landschaft.«

TIPP für Prähistoriker: An der Straße nach Frauenhagen befindet sich ein Megalith- oder Großsteingrab aus der Zeit um 2600 v. Chr. Dieses »Hünengrab« erreicht man, wenn man Mürow auf der Hauptstraße in nördlicher Richtung verlässt (L 28). Nach ca. 650 m ab Ortsausgang führt nach rechts ein Hohlweg zu dem Grabbau unserer Altvorderen.

Der Name **Mürows** hat eine slawische Wurzel, »morawa« bedeutet Wiese oder Aue. Sehenswert in dem ebenfalls 1354 im Grenzvertrag von Oderberg erstmals erwähnten Ort ist die Dorfkirche, abermals Feldstein und wieder aus der zweiten Hälfte des 13. Jhs., wobei das Turmoberteil aus Backstein und der Helm von 1897 stammen. Aus der Bauzeit sind schmale Lanzettfenster, das Westportal und die Priesterpforte im Chor fast original erhalten. Im Innern sind vor allem die Renaissancekanzel von 1612 und der barocke Altaraufsatz von 1728 zu nennen. In Mürow gibt es ein Gutshaus aus dem 17. Jh., 1871 umgebaut und 1998 restauriert, das auch Schloss genannt wird und an das sich ein kleiner Park anschließt. Von den alten Gutsgebäuden hat sich u. a. die Brennerei erhalten. Sehr schön ist der Blick über den Dorfsee.

Dorfmuseum in Schönermark (li.) und Jakobsweg zwischen Mürow und Dobberzin

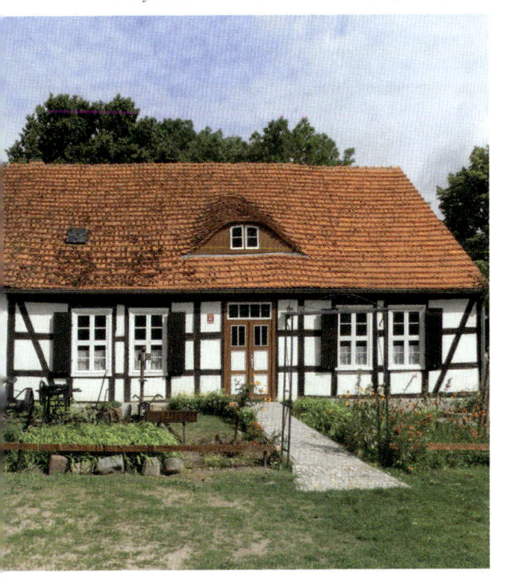

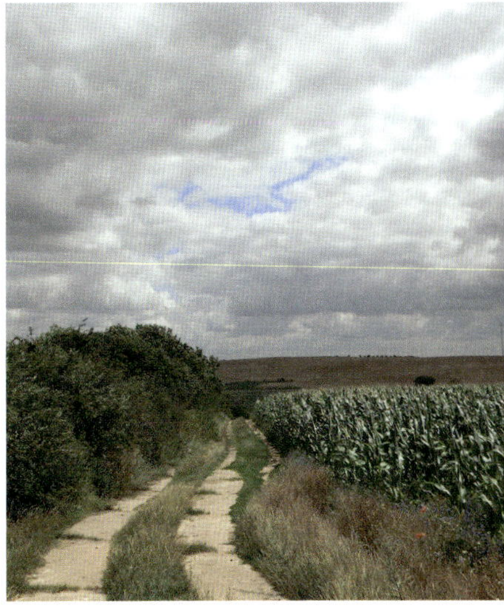

Auf der Hauptstraße verlassen wir den anheimelnden Ort und überqueren die Bahnstrecke Angermünde-Schwedt, an der es auch einmal einen Haltepunkt Mürow gab, der von 1888 bis zum 27. Mai 1995 bedient wurde. Ab dem Übergang heißt die Straße Dobberziner Weg. Nach etwa 1,5 km biegen wir nach rechts in den Feldweg, der nach Dobberzin führt. Ausgewiesen ist die Route als Uckermärkischer Rundweg.

In **Dobberzin** wollen wir der Kirche unsere Referenz erweisen. (Feldstein? Und ob. Gotischer Saal? Auch das. Zweite Hälfte des 13. Jhs.? Natürlich.) Es gibt hier nämlich an der Südwestecke einen Quaderstein mit Rautenornament. Und angesichts des Gotteshauses kommt uns ein Zitat in den Sinn: »Etliche Regionen, wie zum Beispiel der Barnim oder die Uckermark, besitzen noch immer 70 bis 80 Prozent Kirchen aus der Zeit des Landesausbaus der mittelalterlichen deutschen Ostsiedlung.« (»Kirchen des Mittelalters«) Das erklärt die vielen Ähnlichkeiten und Übereinstimmungen bei den bisher gesehenen Kirchenbauten.

Bei Gelegenheit sollte man auch einen Blick in die Dobberziner Kirche werfen, in der es einen Taufengel und einen sehr schönen Kanzelaltar zu sehen gibt, der als einer der bedeutendsten der Uckermark gilt.

Dann aber geht es an den Mündesee, quasi den Haussee von **Angermünde**. Am Südufer des 117 ha großen Gewässers verläuft der Radweg am Mündesee, auf dem wir in den staatlich anerkannten Erholungsort gelangen, der das Vorbild für die Stadt Randemünde in Ehm Welks Roman »Die Heiden von Kummerow« geliefert hat: »Wie eine Weltstadt lag Randemünde da, mit seiner mächtigen Marienkirche, dem Kloster, dem Pulverturm, und überhaupt.« Durch Eingemeindungen – ein Großteil des ehemaligen Kreises wur-

Dorkirche Dobberzin (li.) mit Schachbrettstein (re.)

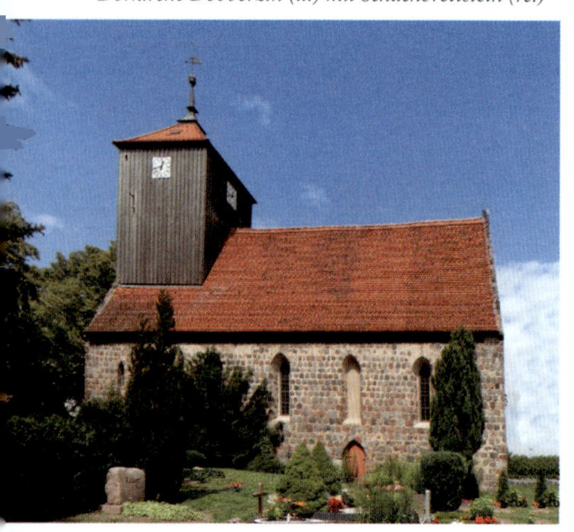

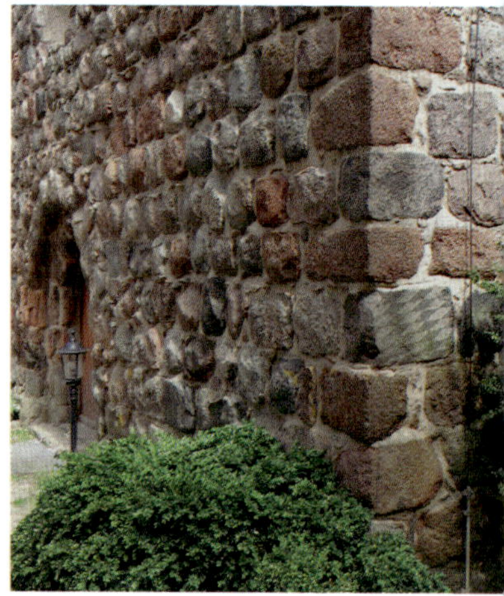

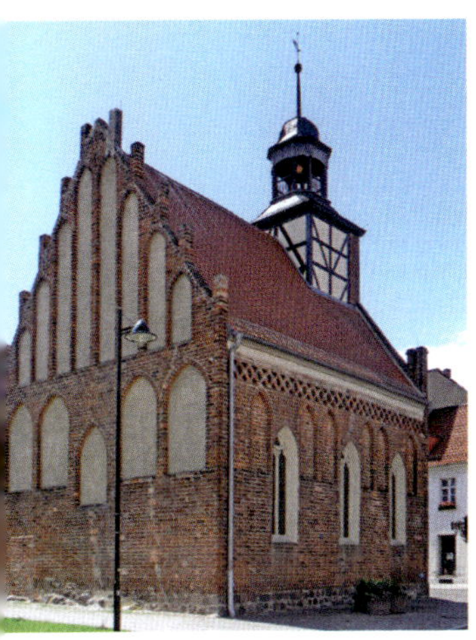

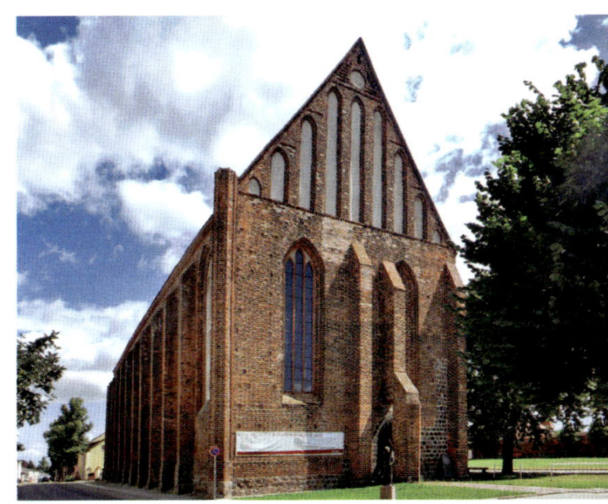

Angermünde Heilig-Geist-Kapelle (li.) und Franziskanerkirche

de zum Stadtgebiet – ist Angermünde heute eine der flächenmäßig größten Städte Deutschlands, zugleich aber eine der am dünnsten besiedelten. Ihre Entstehung verdankt die ansehnliche Ackerbürgerstadt wohl einer Burg, und zwar der nach dem Erwerb der südlichen Uckermark durch die Askanier 1232 errichteten Grenzburg, die eine Befestigung gegen die Pommern war. Reste dieser Burganlage finden sich noch heute in der Nordwestecke der Altstadt. Angermünde gehört zu den Städten, die von den Markgrafen Johann I. und Otto III. gegründet wurden, und zwar vor 1267 als »Novin Tangermunde« bzw. dort, wo sich eine Marktsiedlung diesen Namens befand. Die Stadtstruktur, ein gitterförmiges Netz von Straßen um einen zentralen Markt, ist typisch für viele Stadtgründungen der damaligen Zeit.

Wenig Ruhm gewann die Stadt durch das erste märkische Inquisitionsverfahren, dem 1336 14 Einwohner zum Opfer fielen. Übrigens war Angermünde eine der Münzprägestätten in der Mark, was für eine gewisse politische und ökonomische Bedeutung spricht.

1817 wurde Angermünde Kreisstadt in der preußischen Provinz Brandenburg, 1826 wurde die Chaussee Berlin-Stettin via Angermünde errichtet, 1830 die Chaussee nach Prenzlau. Von größerer Bedeutung waren aber der frühe Eisenbahnanschluss an die Berlin-Stettiner Eisenbahn, die Eröffnung der Angermünde-Stralsunder Eisenbahn 1863, der Angermünde-Schwedter Eisenbahn 1873 und der Bahn nach Freienwalde 1877: Angermünde wurde zu einem wichtigen regionalen Knotenpunkt. Dass dies keinen großen wirtschaftlichen und bevölkerungsmäßigen Entwicklungsschub brachte, ist für uns Heutige ein Glücksfall, denn dadurch hat die Stadt innerhalb der teilweise noch erhaltenen Mauern ihr Bild aus dem 18. und 19. Jh. großenteils bewahrt.

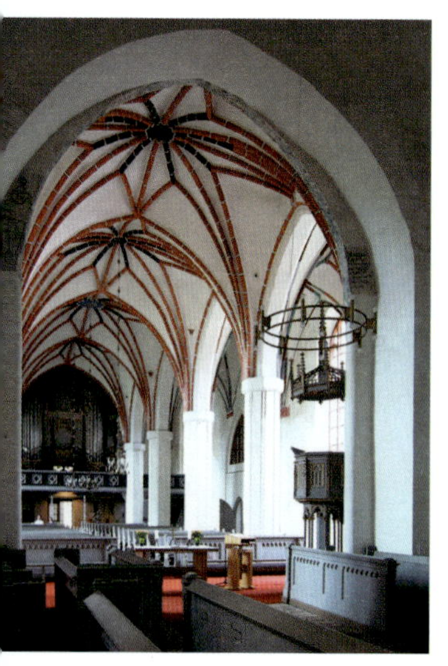

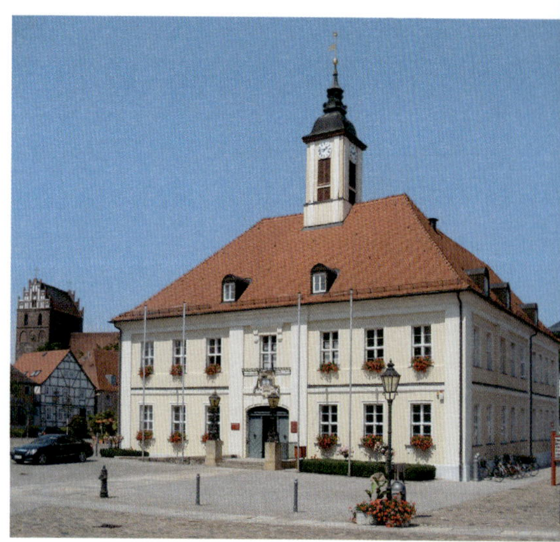

Angermünde, Marienkirche (li.) und Rathaus

Wichtigstes Bauwerk ist natürlich die Stadtpfarrkirche St. Marien, eine dreischiffige Hallenkirche mit zweischiffigem, polygonal geschlossenem Chor. Der wehrhaft anmutende Westbau aus Feldsteinen repräsentiert noch die romanische Architektur, im 15. Jh. erhielt er eine spätgotische Aufstockung aus Backstein mit bemerkenswerten Stufengiebeln. Auch Langhaus und Chor gehören in die Zeit der späten Gotik. Im Innern fallen die achteckigen Pfeiler, die hohen Arkaden und die Sterngewölbe im Mittelschiff auf. Die Ausmalung stammt aus dem späten 15. und frühen 16. Jh., sie wurde glücklicherweise erst 1978 freigelegt und entging so der Neugotisierung im Jahr 1868. Die Angermünder Marienkirche gehört zu den wertvollsten Kirchenbauen im nördlichen Brandenburg und sollte daher unbedingt besichtigt werden. In dem 1992 erschienenen Buch »Baukunst in Brandenburg« schreibt Peter Goralczyk: »Die Stadtkirche St. Marien in Angermünde vermittelt trotz späterer Umbauten heute noch einen Eindruck davon, wie die Pfarrkirchen in der frühen Zeit der Stadtentwicklung ausgesehen haben. Vor allem der Westquerbau, errichtet in einem regelmäßigen Granitquader-Mauerwerk, später erhöht mit zwei Geschossen in Backstein mit reich gestalteten Giebel über den Schmalseiten, beherrscht in seiner herben Schönheit die Stadtsilhouette. Auch das Langhaus hat mit den hohen Umfassungswänden in Granitquader-Mauerwerk noch die Gestalt aus dem 13. Jahrhundert. (…) Diese frühe Phase des Pfarrkirchenbaus ist nur noch an wenigen Bauten bzw. Bauwerksteilen nachzuvollziehen.«

Weitere Sehenswürdigkeiten sind die Reste der Burg und der Stadtmauer, das ehemalige Franziskanerkloster (um 1260), die Heiliggeistkapelle, die sogleich an Pilger denken lässt, und das Rathaus von 1828, die ehemalige Ratswaage in der Brüderstraße 20. Aber auch die Skulpturenpromenade am Mündesee oder der Tierpark lohnen eine Visite. Es ist also durchaus möglich, einen ganzen Tag in Angermünde zu verbringen – oder mehr.

Entfernung Bahnhof Pinnow →Markt Angermünde: ca. 11 km

Entfernung Berlischky-Pavillon, Schwedt →Markt Angermünde: ca. 47 km

- Tourismusverein Angermünde e.V., Hoher Steinweg 17/18, 16278 Angermünde, Tel.: 03331/29 76 60
- Für Angermünde siehe die Touristinformation oder das Internet. Erwähnt werden nur die Einkehr- und Übernachtungsmöglichkeiten auf dem Weg von Schwedt/Oder.
- Ferienwohnungen Renate Mundt, Kunower Dorfstr. 22, 16303 Schwedt/Oder, OT Kunow, Tel.: 033331/660 78
- Ferienwohnungen im Schönermarker Pferdeparadies, Am Dorfanger 7, 16278 Mark Landin, OT Schönermark, Tel.: 033335/76 70, auch
- Uckermärkische Werkstätten gGmbH, Schmiedeweg 2–12, 16278 Pinnow, Tel.: 033335/415 30
- Tag der offenen Tür in der Preußischen Whiskydestillerie Schönermark, Angermünder Skulpturenpromenade, Tierpark Angermünde, Kulturzentrum Klosterkirche, NABU-Zentrum Blumberger Mühle u.v.a.
- Dorfkirche Hohenfelde, Schlüssel bei Eleonore Ziesing, Tel.: 03332/51 02 74
- Dorfkirche Kunow, Besichtigung möglich nach Tel.: Absprache mit Pfarrer Hoffmann, Tel.: 03332/529 23 27 oder Pfarramt Schwedt, Tel.: 03332/22 083
- Dorfkirche Kummerow, Info Pfarramt Schwedt, Tel.: 03332/26 72 59
- Dorfkirche Stendell, Schlüssel nach vorheriger Anmeldung bei Rüdiger Lüdtke, Hauptstr. 4 a, Tel.: 033336/552 21
- Dorfkirche Schönermark, Info Pfarramt Schönermark, Tel.: 033335/423 28
- Dorfkirche Pinnow, Besichtigung n. Vereinb. mit dem Pfarramt Criewen, Tel.: 03332/51 46 63 oder mit Frau Brigitte Konitzer, Tel.: 033335/22 95
- Dorfkirche Mürow, Pfarramt Schönermark, s. dort
- Dorfkirche Dobberzin, Schlüssel bei Herrn Eickenjäger, Tel.: 03331/216 37
- Angermünde, Stadtpfarrkirche St. Marien, Anmeldung zur Besichtigung oder Führung über den Tourismusverein, Brüderstr. 20, Tel.: 03331/29 76 60. Absprachen über das Kirchenbüro, Tel.: 03331/210 20
- Telefon- und Raketenmuseum Pinnow, Industrie- und Gewerbegebiet 9, 16278 Pinnow, Anm. erforderlich unter Tel.: 03335/303 88
- Landwirtschaftsmuseum Pinnow, Gutshof 5, 16278 Pinnow, Anm. erforderlich, Tel.: 033335/719 22
- Pinnow: RE3, RB61 und diverse Busse
  Angermünde: RE3, RE66, RB61, RB62 , RB66 und diverse Busse
- Durchgehend befahrbar, teilweise Sand- und Schotterpisten, Kopfsteinpflaster und Betonplattenwege.

4. ETAPPE

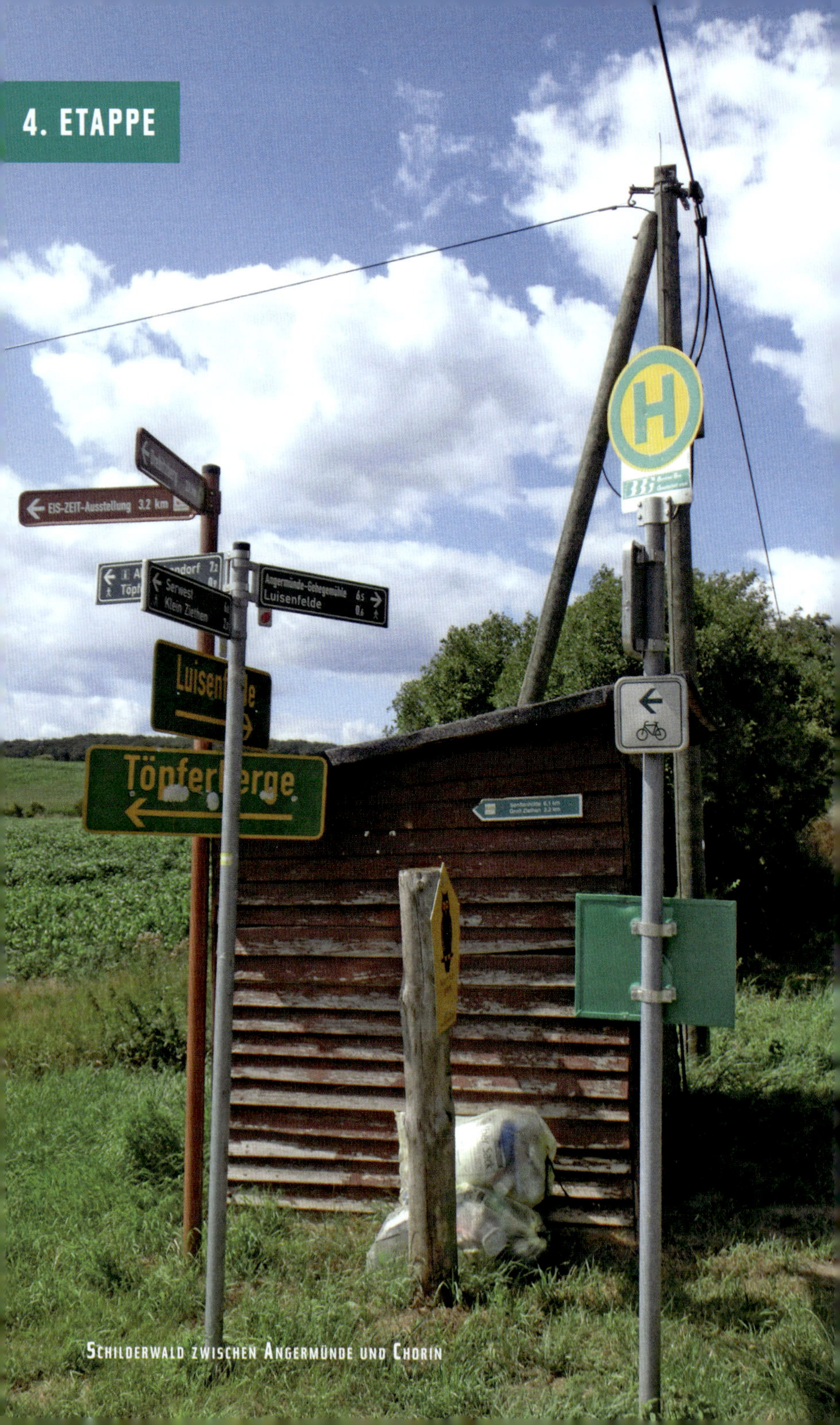

Schilderwald zwischen Angermünde und Chorin

VON ANGERMÜNDE NACH EBERSWALDE VIA CHORIN

Ausgangspunkt: St. Marien Angermünde
Zielpunkt: St. Maria Magdalena Eberswalde

Von der Marienkirche begeben wir uns zum Bahnhof, benutzen die Unterführung und wandern auf dem Märkischen Landweg zum Wolletzsee, der von Ost nach West von unserer Freundin, der Welse, durchflossen wird und wo man ein erfrischendes Bad nehmen kann. Auf der Straße Zum Wolletzsee folgen wir dem mit einem roten Buchenblatt ausgeschilderten Wanderweg Buchenwald Grumsin – Route 2 (Großer Rundweg), auf dem wir **Gehegemühle** erreichen. Der ausgeschilderte Weg setzt sich hinter der Bushaltestelle mit einem steilen Anstieg fort und führt dann über Felder nach **Zuchenberg**, seit 2003 Ortsteil von Angermünde. Das Dorf entstand 1840/41 als Stadtgut durch das Abholzen des Stadtforstes, heute leben etwa 100 Einwohner in dem sehr ruhigen »Heidevorwerk«, in dem es zweifellos mehr Pferde, Rinder und Schafe als Menschen gibt.

Unser Pfad ist weiterhin mit rotem Buchenblatt gekennzeichnet und führt nach **Luisenfelde**, und zwar sehr nahe am Buchenwald Grumsin vorbei, der zu den Alten Buchenwäldern Deutschlands gehört und von der UNESCO in das Buchenurwald-Erbe der Welt aufgenommen wurde. In der Kernzone des Schutzgebietes kann sich die Natur ohne jeglichen menschlichen Eingriff entwickeln (für spezielle Touren wende man sich an den Tourismusverein Angermünde). Am Kleinen und am Großen Plunzsee geht es vorbei, am Großen Plunzsee kam man eine Ferienwohnung oder einen Bungalow mieten, und nach ca. 3,5 km erreicht man Luisenfelde, einen Gemeindeteil von Klein-Ziethen. Hier kann man im Bio-Hofladen des Milchschafhofes »Milchmädels« frischen Joghurt und Käse, produziert aus Schafsmilch, probieren oder auch als Proviant auf den weiteren Weg mitnehmen (geöff. allerdings nur Fr–So, 15–18 Uhr oder auf Anfrage unter 033364/34 987).

Immer weiter geht es den mit rotem Buchenblatt gekennzeichneten Weg entlang bis zur Bushaltestelle Luisenfelde, Abzweig Töpferberge, wo ein wahrer Schilderwald Orientierung bietet. Unser Ziel heißt Groß-Ziethen, das wir nach etwa 2,5 km erreichen.

Das Steinschläger- und Hugenottendorf, wie sich **Groß Ziethen** selbst nennt, wurde 1275 erstmals erwähnt; der Name ist vermutlich vom slawischen »sit« für Binse oder Riedgras abgeleitet. Ab 1686 wurden französische Glaubensflüchtlinge angesiedelt, die das Steinschlägergewerbe und den Tabakanbau mitbrachten. Heute leben ca. 250 Menschen in dem Dorf, das

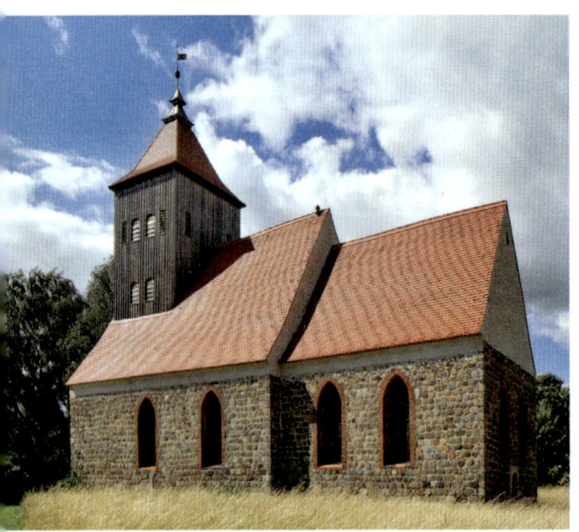

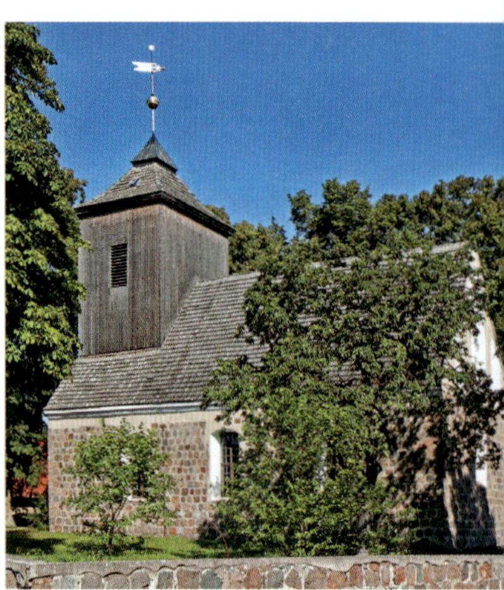

Dorfkirche Groß Ziethen (li.) und Dorfkirche Chorin

einen schönen Anger und eine Feldsteinkirche aus der Mitte des 13. Jhs. besitzt, der Dachturm stammt von 1717. Auffallend sind die zugesetzten rundbogigen Fenster und Portale, die einen Einblick in die Bauhistorie geben. Bis 1813 wurden die Gottesdienste in französischer Sprache zelebriert, und die Kirchengemeinde gehört – wie die von Klein-Ziethen – bis heute zum französisch-reformierten Kirchenkreis der evangelischen Kirche Berlin-Brandenburg. In Groß-Ziethen befindet sich auch das Eingangstor zum Nationalen GeoPark »Eiszeitland am Oderrand«, und die alte Dampfmühle von 1890, selbst sehenswert, beherbergt das Besucherzentrum.

Wir verabschieden uns von dem freundlichen Hugenottendorf, biegen in die Joachimsthaler Straße, aus ihr wird dann der Senftenhütter Weg. Zuerst handelt es sich um eine dieser alten, teilweise von Sand bedeckten Kopfsteinpflasterstraßen, die an Theodor Fontane denken lassen, denn auf solchen Wegen dürfte er sich seinerzeit fortbewegt haben. Schließlich verschwindet das Pflaster, und der letzte Abschnitt des sandigen Weges bietet eine Herausforderung für Radfahrer. Per pedes ist er leicht zu bewältigen, und so erreichen wir das Dorf **Senftenhütte**. Wir laufen durch eine Straße mit der ungewöhnlichen Bezeichnung »Ärmel«, die an den nicht minder neugierig machenden Ortsnamen gemahnt: 1705 errichtete der Berliner Christian Puhlmann hier eine Glashütte, wie es sie in der Gegend häufiger gab. Ihm folgte 1718 der Pächter J.G. Senf nach, und ihm verdankt das Hüttendorf seinen Namen. Die Hütte wurde Mitte des 18. Jhs. aus Effizienzgründen an die Heerstraße (!) nördlich des Choriner Amtssees verlegt, Hugenottenfamilien wurden angesiedelt. Die Kirche auf dem Dorfplatz besteht aus gespaltenem Feldstein, wurde aber erst 1804 ebenfalls für eine reformierte Gemeinde erbaut. Den Turm erhielt sie 1931.

Choriner Ende heißt die Straße, auf der wir Senftenhütte verlassen. Es geht nun auf Asphalt durch einen Wald in Richtung Bahnhof Chorin, den wir nach etwa 5 km erreichen.

Entfernung Marienkirche Angermünde →Bahnhof Chorin: ca. 23,5 km

Bahnhof Chorin →Kloster Chorin: je nach gewähltem Weg ca. 2 bis 2,5 km

Chorin ist vor allem für das Kloster berühmt, das zu den schönsten Werken der norddeutschen Backsteingotik gezählt wird, und das sehr zu recht; außerdem gilt es als der erste vollständig in Backstein errichtete gotische Sakralbau Nord- und Mitteleuropas. Die Askanier Johann I. und Otto III. stifteten dem Kloster Lehnin umfangreichen Besitz, damit auf dem heutigen Pehlitzwerder im Parsteiner See ein Kloster errichtet werde: Mariensee. Ab 1260 erfolgte die Besiedlung des Tochter- vom Mutterkloster Lehnin aus. Nach der Teilung der Mark zwischen den Brüdern Johann und Otto erhielt die ottonische Linie Kloster Lehnin als Hauskloster und Grablege, die johanneitische Linie Mariensee. Aus nicht geklärten Gründen wurde das Kloster 1273 an seinen jetzigen Ort verlegt und hieß fortan Chorin. Bereits im 14. Jh. begann der wirtschaftliche Niedergang. Nach der Reformation, am 29. September 1543, verpfändete Kurfürst Joachim II. das Kloster als Kammergut, es diente anschließend landwirtschaftlichen Zwecken. Auch wurde es als Steinbruch verwendet, und ein beklagenswerter Verfall setzte ein. Mit der »Entdeckung« der Gotik geriet die Ruine des Klosters Chorin in den Blick der damaligen, oft-

Kloster Chorin, Amtssee (li.) und Klosterkirche von Westen

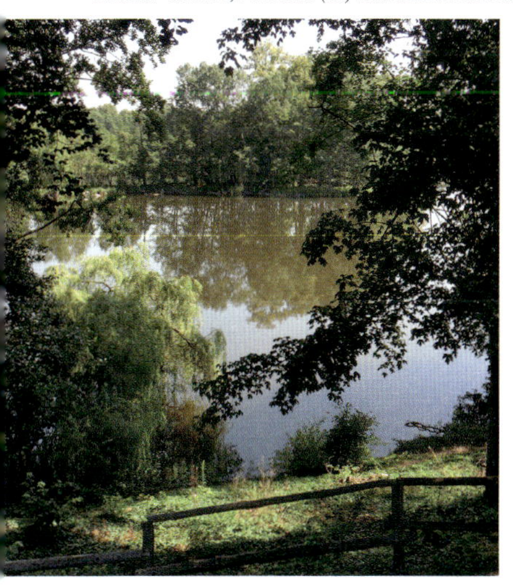

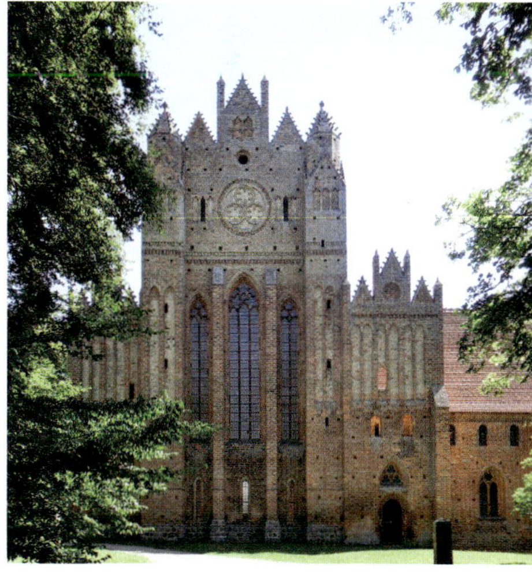

mals von romantischer Vergangenheitsverklärung getriebenen Denkmalschützer, und kein Geringerer als Karl Friedrich Schinkel setzte sich für den Erhalt und die Überarbeitung des seit 1861 in der Zuständigkeit der Forstverwaltung befindlichen Bauwerkes ein.

Eine Beschreibung der Baugeschichte und der jetzigen Anlage würde unseren Rahmen sprengen, aber es gibt hierzu eine Reihe von Publikationen für jeden Geldbeutel. Allerdings soll auf eine uns bereits bekannte Besonderheit aufmerksam gemacht werden: An der Außenmauer südlich der Brauhauses befindet sich ein kaum noch zu erkennender Rautenstein, der von einer spätromanischen Vorgängerkirche des Klosters stammt.

TIPP für Radrundfahrer: Chorin ist der mit der Bahn erreichbare Ausgangs- und Endpunkt der komplett ausgeschilderten Zisterziensertour, die durch einen Bereich führt, in dem Kloster Chorin einst wichtige Liegenschaften hatte. Dabei geht es auch am Ursprungsort des Klosters (Mariensee) sowie am Nettelgraben vorbei, der den Mönchen als Transportweg diente. Auch anders Sehenswertes liegt an dem 66 km langen Rundweg, z.B. die Alte Oder und der Finowkanal, das Niederoderbruch, Oderberg mit seinem Binnenschifffahrtsmuseum und das Schiffshebewerk Niederfinow.

Verwiesen werden soll aber auch auf den sehenswerten Ort Chorin, vor allem den renovierten historischen Bahnhof und die Dorfkirche, ein rechteckiger Feldsteinsaal aus der zweiten Hälfte des 13. Jhs. Der verbretterte Turm wurde erst im 18. Jh. auf das Dach gesetzt.

Die Ortschaft bzw. das Amt Chorin sind auch Namensgeber des Biosphärenreservates Schorfheide-Chorin, durch dessen östlichen Teil wir praktisch seit dem Wolletzsee gewandert sind.

Biosphärenreservat Schorfheide-Chorin

Das Biosphärenreservat wurde 1990 im Rahmen des Nationalparkprogramms der letzten DDR-Regierung unter Ministerpräsident Lothar de Maizière gegründet, es umfasst eine Fläche von 1.291 qm. Es gibt mehrere Totalreservate, in denen sich die Natur vollkommen selbst überlassen wird und die nicht betreten werden dürfen, z.B. das Totalreservat Plagefenn südlich des Öko-Dorfes Brodowin und nicht weit von Chorin gelegen. Auch das UNESCO-Weltnaturerbe Grumsiner Forst und damit die größten zusammenhängenden Buchenwälder Mitteleuropas gehört zum Reservat. Die Schorfheide als zweite Namensgeberin gilt als das größte zusammenhängende Waldgebiet Deutschlands. Im Biosphärenreservat leben zahlreiche geschützte Tierarten, von denen einige auf der Roten Liste stehen, darunter zahlreiche (seltene) Fledermaus- und Vogelarten. Biber und Fischotter kommen im gesamten Reservat vor, außerdem ist es Lebensraum der letzten deutschen Vorkommen der Europäischen Sumpfschildkröte. Ebenso beachtenswie schützenswert ist aber auch die vielfältige Fauna.

Schorfheide-Info Joachimsthal

Töperstraße 1, 16247 Joachimsthal, Tel.: 033361/646 46

Tourismusinformation Schorfheide-Chorin im Bahnhof Chorin, 16230 Chorin, Bahnhofstr. 2, Tel.: 033366/53 00 53

Besucher- und Informationszentrum Geopark, Zur Mühle 51, 16247 Ziethen, OT Groß-Ziethen, Tel.: 01573/135 90 23

Alte Klosterschänke, Am Amt 9, 16230 Chorin, Tel.: 033366/53 01 00

Ferienhaus am Großen Plunzsee, Familie Hemme, Waldweg 8, 16278 Schmargendorf, Tel.: 03331/25 25 27 (privat), 03331/25 25 25

Ferienwohnung Am Weltnaturerbe Grumsin, Kirchstr. 15, 16247 Groß Ziethen, Tel.: 033364/50 90 80

VCH-Hotel Haus Chorin, Neue Klosterallee 10, 16230 Chorin, Tel.: 033366/500, auch

Schwedenhauswohnwagen, An der Mühle 2, 16230 Neuehütte/Chorin, Ansprechpartner: Georg Werdermann/Katja Ziebarth, Tel.: 0179/740 73 46

Weltnaturerbe Grumsiner Buchenwald, auf Pehlitzwerder im Parsteiner See die Reste des Klosters Mariensee, Choriner Sommerkonzerte

† Französisch-reformierte Kirche Groß Ziethen, Kirchstr. 10, 16247 Ziethen, Führungen nach Vereinbarung, Tel.: 0160/850 99 35 (auch Pilgerherberge unter dieser Telefonnummer und 033364/506 00, Ansprechpartnerin: Pfarrerin Cornelia Müller)

† Dorfkirche Chorin, Ostern bis Erntedank, Anmeldung u. Schlüssel im Hotel »Haus Chorin«, Neue Klosterallee 10, Tel.: 033366/500, oder bei Christa Winkler, Hüttenweg 11, Tel.: 033366/703 10

† Kloster Chorin, Amt Chorin 11 a, 16230 Chorin, Tel.: 033366/70 377, www.kloster-chorin.org

Chorin: RE3, RB62 und Bus 912

Der Abschnitt Gehegemühle-Zuchenberg-Luisenfelde ist für Fahrräder nicht tauglich. Am besten fährt man auf der K 7346 von Gehegemühle Richtung Altkünkendorf und biegt am Abzweig nach Zuchenberg nach links ab. Über Schmargendorf (schöne Dorfkirche) und Klein-Ziethen weiter Richtung Luisenfelde, die empfohlene Radroute vereinigt sich mit dem oben beschriebenen Wanderweg bei der Bushaltestelle Abzweig Töpferberge. Von dort wie für Fußwanderer beschrieben nach Groß-Ziethen. Fahrradweg Senftenhütte-Bahnhof Chorin.

Vom Kloster gehen wir auf dem straßenbegleitenden Radweg neben der Angermünder Straße (L 200) in südlicher Richtung nach **Sandkrug**. Seine Entstehung verdankt der Ort einem Gasthaus, denn nachdem der Amtskrug in Chorin 1753 abgebrannt war, entstand zwei Jahre später an der Handelsstraße Berlin-Stettin der »Neue Amtskrug«. Um den Gasthof mit Ausspannung für die Pferde, der wenig später in »Sandkrug« umbenannt wurde, entwickelte sich allmählich der gleichnamige Ort. Vor allem Land- und Forstarbeiter siedelten sich an.

Wir wandern bis zur Straße Ragöser Mühle, dort, wo sie nach rechts zum Hotel am See »Das Mühlenhaus« abzweigt: Die Wassermühle an der Ragöse wurde bereits 1258 als Choriner Klosterbesitz erwähnt und ist auch als der Ort bekannt, an dem die Mönche den (vielleicht) Müllergesellen Jakob Rehbock in den Markgrafen Woldemar »verwandelt« haben sollen, jenen Hochstapler, der als Falscher Woldemar oder Waldemar in die Geschichte einging.

Wir halten uns an dieser Stelle nach links und gehen in den steingepflasterten Weg, der mit einem grünen Querbalken als Wanderweg ausgeschildert ist. Die alte Straße führt unter hohen Kronen durch den Wald, allerdings verlassen wir sie nach ca. 1 km und folgen dem Pfeil, der uns zum Oder-Havel-Kanal und nach Eberswalde/Nordend weist. In Höhe des Ragöser Fließes erreichen wir den Kanal, der Anfang des 20. Jh. errichtet wurde, weil der Finowkanal an seine Kapazitätsgrenzen gestoßen war. Am 17. Juni 1914 wurde der künstliche Schifffahrtsweg als »Hohenzollernkanal« eingeweiht. Wir kommen vorbei am Ragöser Damm und dem Durchlass Ragöse, neben der Kanalbrücke über die Berlin-Stettiner Eisenbahn und neben dem Schiffshebewerk zwei der ingenieurtechnischen Meisterleistungen ihrer Zeit; der Damm, einst der höchste Kanaldamm der Welt, ist heute immerhin noch der höchste Europas. Damm und Durchlass stehen unter Denkmalschutz, eine Schautafel informiert über ihre Bedeutung und Geschichte.

Wir laufen am Kanal entlang und stellen fest, dass hier im Sommer gebadet wird, sowohl im Wasser als auch in der Sonne. Wenig später erreichen wir eine moderne Brücke, die Wassertorbrücke, und hier beginnt ein etwas öder Weg Richtung Innenstadt **Eberswalde**: ein parallel zur Breiten Straße (L 200) geführter Rad- und Fußweg. Kurz vor Erreichen der Brücke über den Finowkanal dann ein erstes Highlight: Auf der linken Seite der Breiten Straße fällt eine kleine Kapelle aus Backstein ins Auge. Es handelt sich um die 1359 erstmals erwähnte Kapelle des St. Georg-Hospitals, eines der beiden vor

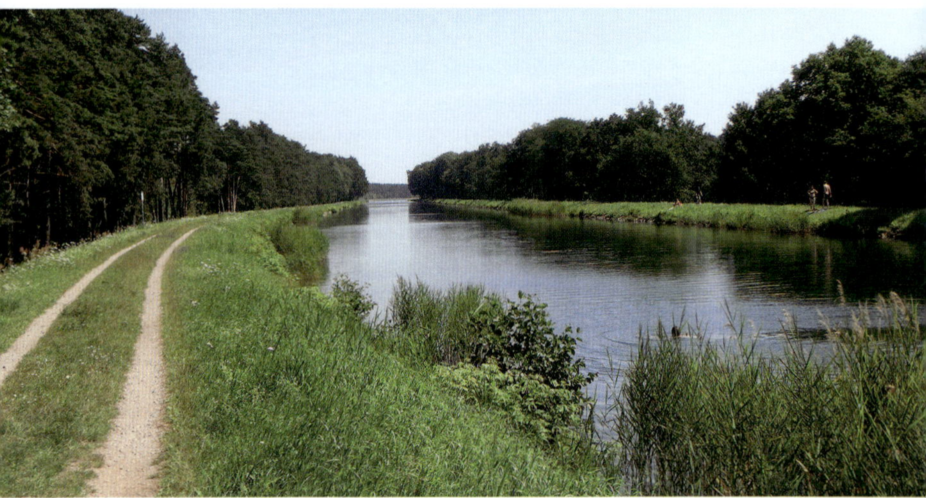

Am Oder-Havel-Kanal

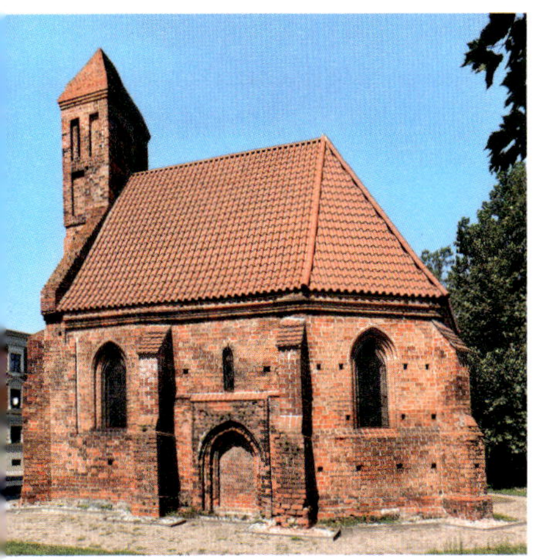
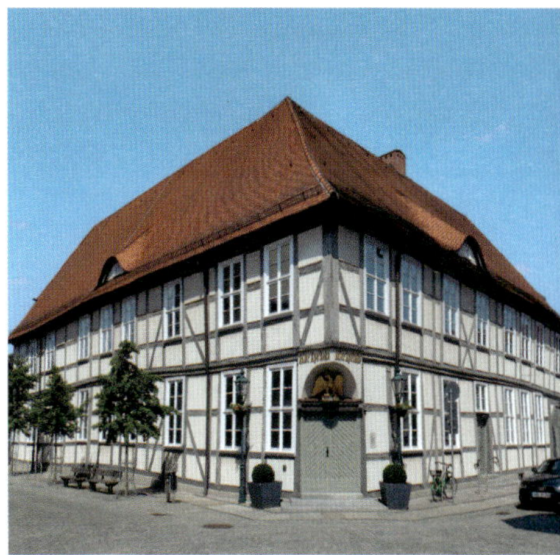

Eberswalde, St. Georgkapelle (li.) und Stadtmuseum (ehem. Adler-Apotheke)

den Mauern gelegenen Eberswalder Hospitäler, von denen sonst nichts erhalten ist, wo aber sicher auch Pilger beköstigt wurden und übernachtet haben. Heute dient die Kapelle als kleine Konzerthalle.

Über die Friedensbrücke erreichen wir die alte Stadt. Unser Blick fällt auf ein stattliches Fachwerkhaus, die frühere Adler-Apotheke und das älteste erhaltene Fachwerkhaus der Stadt, das heute das Museum und die Touristinformation beherbergt. Durch das Altstadtkaree gelangen wir schließlich auf den neugestalteten Marktplatz, ein echtes »Schaufenster« Eberswaldes.

Als hier 1797 die Lötlampe erfunden wurde, hieß die Stadt noch Neustadt-Eberswalde, und die Gegend des Finowkanals nannte man »märkisches Wuppertal«. Die Bezeichnung resultiert daraus, dass in Neustadt-Eberswalde die Wiege der preußischen Industrie stand. Schon 1532 nahmen zwei Kupferhämmer ihren Betrieb auf, nach und nach folgten weitere Betriebe, die teilweise Industriegeschichte schrieben: Gießereien, Walzwerke, Ziegeleien, Schneidemühlen, Dachpappenfabriken etc., und neben der schon erwähnten Lötlampe wurden die endlosen Dachpappen und die Asphaltfilzplatten erfunden. Aber auch für die forstliche Lehre und Forschung ist Eberswalde berühmt: Hier wurde 1830 die Höhere Forstlehranstalt gegründet, die spätere Forstakademie und heutige Hochschule für nachhaltige Entwicklung, die einen internationalen Ruf genießt. 1832 ließ sich Gustav Louis Zietemann als Konditor nieder und buk eine weithin bekannte örtliche Spezialität: den Eberswalder Spritzkuchen. Und sogar eine Karriere als Bade- und Luftkurort in den ersten Jahrzehnten des 19. Jhs. hat Eberswalde hinter sich, die mit der Entdeckung eines Gesundbrunnens – einer heilsamen Mineralquelle – verbunden war.

In der um 1300 erstmals als Stadt erwähnten heutigen Kreisstadt des Landkreises Barnim gibt es auf einem Stadtspaziergang vieles zu entdecken. Hier soll nur die wichtigste Sehenswürdigkeit erwähnt werden: die Kirche St. Maria Magdalena, die als eine der bedeutendsten hochgotischen Stadtpfarrkirchen der Mark Brandenburg gilt und wohl zwischen 1284 und 1300 errichtet worden ist. Es handelt sich um eine dreischiffige Basilika nach Choriner Vorbild, die 1874/76 von dem Berliner Stadtbaurat Hermann Blankenstein und dem Barnimer Kreisbaumeister Theodor Düsterhaupt umfassend gotisierend restauriert wurde; so stammt auch der achteckige Turmaufsatz mit dem hohen Spitzhelm von ihnen. Von den Ausstattungstücken sind die Bronzetaufe aus dem 13. Jh. und der Spätrenaissancealtar von 1606 von besonderer (kunst-) historischer Bedeutung. Dies gilt noch mehr für den Figurenschmuck an den Portalen, insbesondere am Westportal, der gerade für märkische Verhältnisse außergewöhnlich ist und für manche Historiker die – wenn auch nur kurze – Residenzfunktion Eberswaldes am Ende des 13. Jhs. belegt.

TIPP für Fans der Industriekultur und des Wasserbaus: Eine Wanderung entlang des Finowkanals, wo der ehemaligen Treidelweg für Rad- und Fußwanderer ausgebaut wurde, oder auch eine Kanu- oder Floßpartie auf dem Kanal sind wie eine Zeitreise durch die Industriegeschichte der Region. Der sogenannte Industriekulturpfad im Finowtal bietet aber auch Informationen zur Geschichte des Kanals und seiner Schleusen, deren älteste, die Eberswalder Stadtschleuse, 1831 erbaut wurde. Schautafeln machen auf gut verständliche Weise mit dem Wasserbau und dem Kanal sowie seiner Geschichte bekannt.

Entfernung Kloster Chorin → St. Maria Magdalena Eberswalde: ca. 9,5 km

Entfernung Marienkirche Angermünde → St. Maria Magdalena Eberswalde: ca. 35 km

Eberswalde, Hochschulbibliothek (li.) und Altstadt

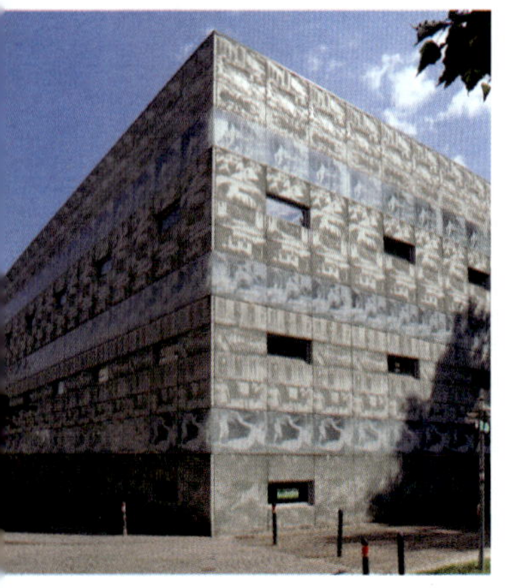

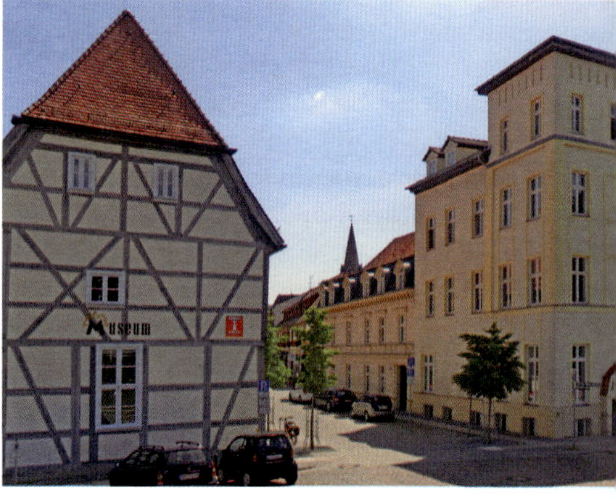

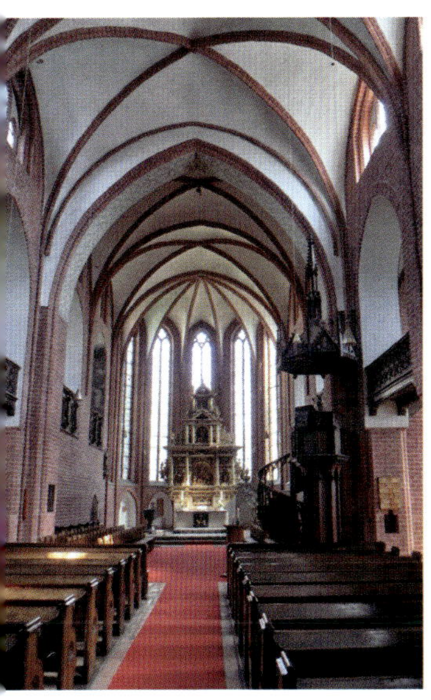

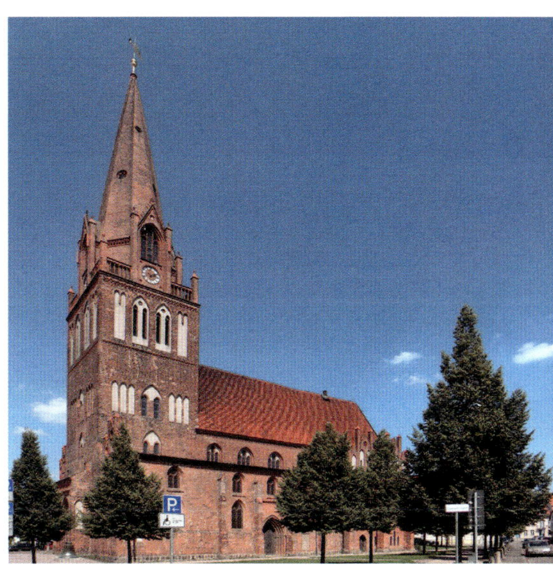

Maria-Magdalena-Kirche Eberswalde, Mittelschiff (li.) und Außenansicht

- Touristinformation im Museum Eberswalde, Steinstr. 3, 16225 Eberswalde, Tel.: 03334/645 20
- Für Eberswalde siehe die Touristinformation und das Internet. Nur am Weg Chorin-Eberswalde liegende Unterkünfte und Restaurants werden erwähnt:
- Seehotel Mühlenhaus Sandkrug, Ragöser Mühle 1, 16230 Chorin, OT Sandkrug, Tel.: 033366/523 60
- Pension & Bungalows Sandkrug, Seestr. 34, 16230 Chorin, OT Sandkrug, Tel.: 033366/228
- St. Maria Magdalena Eberswalde, https://www.kirche-eberswalde.de/
- Zoo, Familiengarten, Finowkanal mit seinen Schleusen, Forstbotanischer Garten; Eberswalder Filmfest »Provinziale«, Eberswalder Jazz-Festival; Dorffest Chorin
- Museum Eberswalde, Steinstr. 3, 16225 Eberswalde, Tel.: 03334/644 15
- Regionalmuseum Finower Wasserturm, Am Wasserturm 2, 16227 Eberswalde, Tel.: 03334/38 94 42, wasserturm-finow.de
- Luftfahrtmuseum Finowfurt, Museumsstr. 1, 16244 Schorfheide, OT Finowfurt, Tel.: 03335/72 33
- Ständige Ausstellung mit Werken von P. Wunderlich im Paul-Wunderlich-Haus, Am Markt 1, 16225 Eberswalde, Tel.: 03334/214-0
- Eberswalde: ICE, RE3, RB24, RB60, RB63, RB66 und diverse Busse
- Beschriebener Weg Chorin-Eberswalde durchgehend befahrbar.

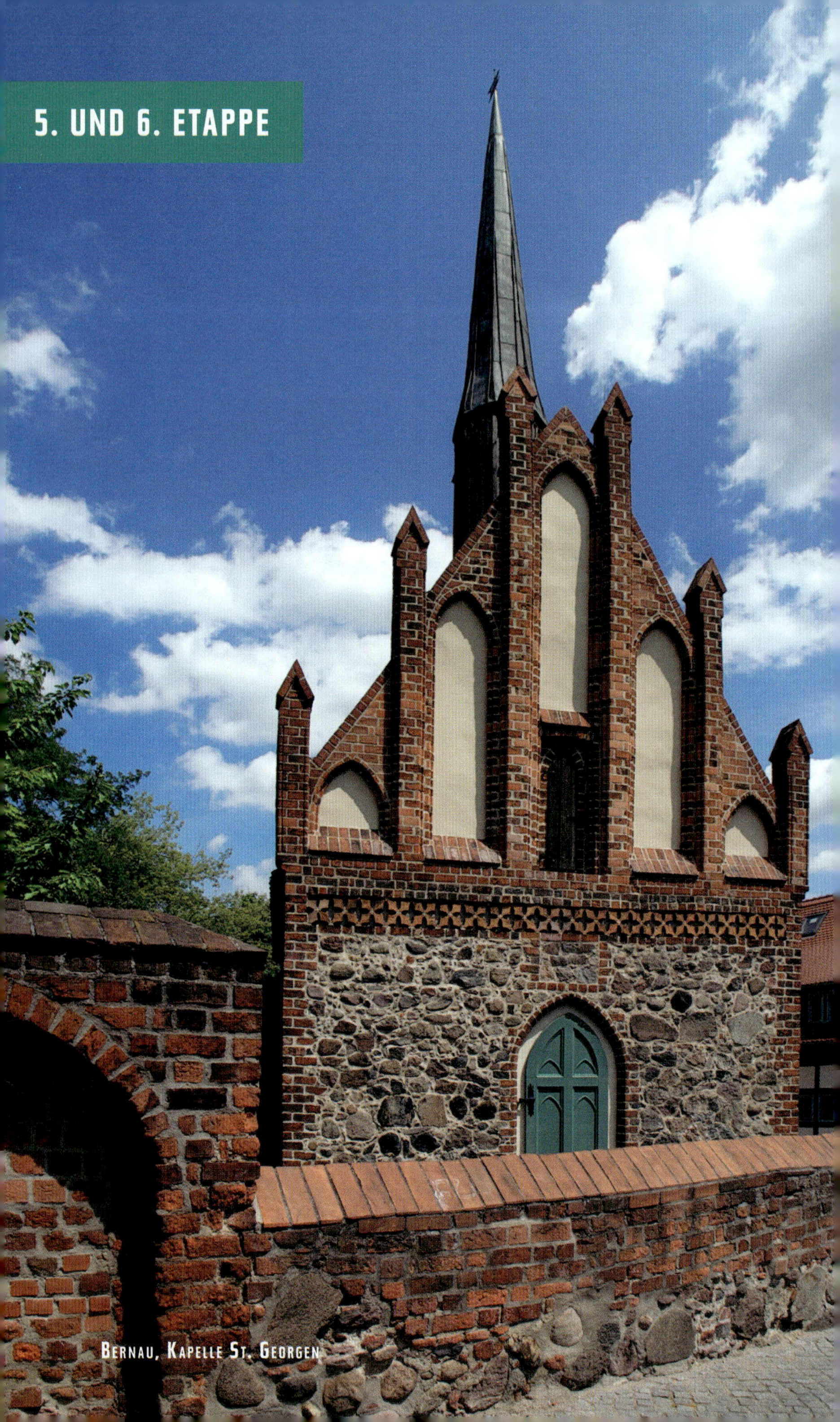

5. UND 6. ETAPPE

Bernau, Kapelle St. Georgen

VON EBERSWALDE NACH BERNAU UND VON BERNAU NACH BERLIN

Ausgangspunkt: St. Maria Magdalena Eberswalde
Zielpunkte: Marienkirche Bernau/Marienkirche Berlin

Von der Eberswalder Pfarrkirche pilgern wir an der Schwärze entlang und durch den Schwappachweg zum Forstbotanischen Garten, der bereits seit 1830 existiert und damit zu den ältesten botanischen Gärten Europas zählt. Er ist ganzjährig von 9 Uhr bis zur Dämmerung geöffnet. Ein Abstecher sollte schon sein, wobei man sich aber auch mehrere Stunden hier aufhalten, die Gehölze, die Heil- und Gewürzpflanzen und die weiteren Sammlungen betrachten oder einfach auf einer Bank die Muße genießen kann. Ebenfalls in der Nähe der Schwärze befindet sich der Zoo, ein weiteres lohnendes Besuchsziel.

Wir wandern weiter durch das Schwärzetal nach **Spechthausen**, wo sich die Schwärze, die im Schwärzesee nahe dem Flugplatz Finow entspringt, mit dem Nonnenfließ vereinigt, aber unter dem ursprünglichen Namen weiterfließt, bis das Flüsschen nach 9,5 km in den Finowkanal mündet.

Spechthausen ist seit 2006 Ortsteil von Eberswalde und verdankt seinen Namen dem Hammerschmiedemeister Johann Georg Specht, der 1708 an der Schwärze ein Hammerwerk errichten ließ, das bereits 1724 zu einer Schneid- und Mahlmühle umgebaut wurde. Auf Veranlassung Friedrichs II. wurde diese 1781 in eine Papiermanufaktur umgewandelt; der Preußenkönig wollte damit eine wirtschaftliche Hebung der östlichen Teile Brandenburgs erreichen. Als der Papierhändler Johann Gottlieb Ebart (1746–1805) die Papiermühle erwarb, begann ihr Aufstieg zu einer Papierfabrik von Weltruf. Vor allem die Herstellung von Sicherheitspapieren für Banknoten, Tresorscheine, Obligationen, Pfandbriefe und Aktien machte das Werk bekannt. Auch das Papier für die von den Nazis im KZ Sachsenhausen zur Destabilisierung der britischen Wirtschaft gefälschten Pfundnoten stammte aus Spechthausen. Ab 1956 wurde die Produktion in die Papierfabrik Wolfswinkel verlegt, das heute noch vorhandene Werksgelände wurde von der NVA als medizinisches und topografisches Lager verwendet. Von den historischen Gebäuden hat sich die Fabrikantenvilla vom Anfang des 20. Jhs. erhalten (Dorfstr. 26), ein mehrgeschossiges Bauwerk mit Fachwerkoberteil und viel Schnitzwerk.

Spechthausen liegt im FFH-Gebiet (Fauna-Flora-Habitat) »Nonnenfließ-Schwärze«, und wir wollen dem Wanderweg entlang des Fließes durch die Barnimer Heide folgen bis nach **Schönholz**. Der kleine Fluss, dessen Wasser Trinkwasserqualität besitzt, schlängelt sich durch wertvolle Buchenbestände; wir kommen am Forsthaus vorbei, das um 1800 erbaut wurde. Später legen wir eine Pause beim Liesenkreuz (lokal: Liesenkrüz) ein, wo sich eine ungewöhnliche Rasthütte mit einem hölzernen Vogelkopf über dem Schlupfloch befindet. Mit dem Ort verbindet sich eine Sage: Hier soll einst ein Nonnenkloster gestanden haben, bis ein Ritter eine der Nonnen raubte. Statt Widerstand zu leisten, gab sie sich ihm hin, und so kam ein Fluch über das Kloster: Es wurde von einer Flut fortgerissen – wohl in die Hölle. Die einzige Nonne, die das an diesem Flüsschen unmögliche Ereignis überlebte, errichtete das Kreuz. Von der Rasthütte an der Vier-Wege-Kreuzung bis nach Schönholz sind es noch ca. 2 km. (Der auf www.deutsche-jakobswege.de/via-imperii.html eingezeichnete Weg verläuft abweichend nicht die ganze Zeit am Nonnenfließ entlang und er trifft vor Schönholz auf die Bernauer Heerstraße, damit man auf dieser historischen Trasse noch ca. 1 km laufen kann. Ein Exkurs zur Bernauer Heerstraße und zu Heerstraßen allgemein folgt später.)

Schönholz ist ein langgestrecktes Straßendorf mit einer Dorfstraße aus Kopfstein und mit einem angerähnlichen Dorfplatz. Der Ort, der seit 1960 zur Gemeinde Melchow gehört, wurde 1375 erstmals erwähnt, 1432 durch die Hussiten vollständig zerstört, und erst ungefähr ein Vierteljahrtausend später siedelten sich wieder Menschen hier an. Schönholz hat keine Kirche, aber dafür eine andere Sehenswürdigkeit: den Dorfgasthof. Bereits 1848 baute Wilhelm Voigt ein Gasthaus als »Treffpunkt der Wanderer und Touristen«, und in diesen Räumen befand sich bis vor Kurzem noch das Restaurant »Sempf's Landgasthaus«.

Von Schönholz nach **Melchow**, 1324 erstmals urkundlich erwähnt, sind es etwa 3 km, und nach einem weiteren Kilometer auf der Schönholzer Straße geht es nach rechts in die Alte Dorfstraße. Diese führt vorbei an der Kirche, einem früheren Stallgebäude, wie deutlich zu erkennen ist; drei Seiten des Bauwerkes sind verputzt, an der vierten sieht man das Feldsteinmauerwerk. Weil es seit dem Hussitenüberfall keine Kirche mehr gab, stellte der Bauer Hermann Kosse 1931 einen Stall für den Umbau zum Gotteshaus zur Verfügung. Seit dem November 2013 hat das Bauwerk dank eines engagierten Vereins auch einen stählernen Glockenturm.

Unser Weg führt zum Bahnhof, der 1904 an der Berlin-Stettiner Eisenbahn eingerichtet wurde, der heute einem Verein für Veranstaltungen dient und sich »Naturparkbahnhof« nennt. Wir überqueren die Gleise und biegen gleich nach links in einen Wanderweg neben den Bahnanlagen ein – es gibt drei Kennzeichen: blauer Punkt, blauer Querstrich und gelber Querstrich. (Der auf http://www.deutsche-jakobswege.de/via-imperii.html eingezeichnete Weg endet nach dem sogenannten Buxpfuhl auf einer Wiese bzw. einer

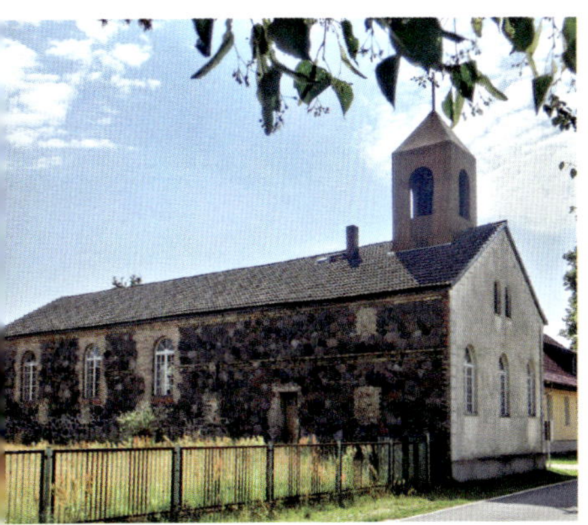

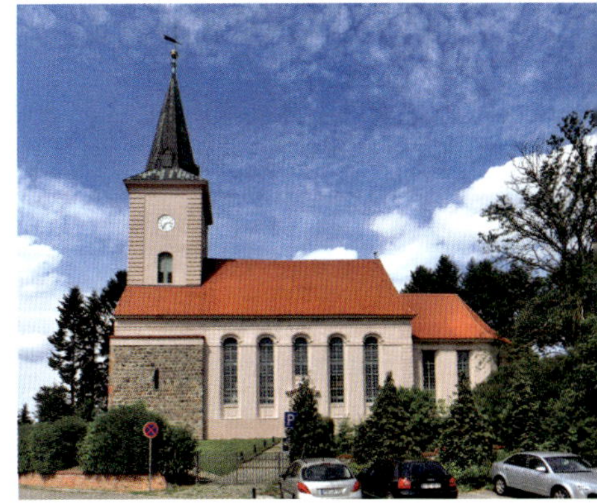

Dorfkirche Melchow (li.) und Kirche Biesenthal

landwirtschaftlich genutzten Fläche. Man kann diese natürlich überschreiten, wir raten aber zu den von uns geschilderten Wegen – zwar ist der Verlauf der Wege der Jakobspilger durchaus Auslegungssache, aber man sollte auch nicht jede x-beliebige Wiese zum Jakobsweg erklären.) Die Wege führen uns nach **Biesenthal**: Die am Sydower Fließ gelegene Kleinstadt mit ca. 5.500 Einwohnern erstreckt sich über mehrere Kilometer entlang einer in west-östlicher Richtung verlaufenden Hauptstraße. In dem durch die Askanier eroberten slawischen Siedlungsgebiet wurde um 1230 eine Burg angelegt, 1258 wurde »Bysdal« zum ersten Mal in einer Urkunde erwähnt. Für uns von besonderem Interesse ist die Tatsache, dass eine Heer- und Handelsstraße von Berlin »via Bysdal« 1267 Erwähnung findet.

Wie so oft entwickelte sich im Schutz der Burg ein Marktflecken, möglicherweise wurde ihm bereits im 13. Jh. das Stadtrecht verliehen. Über fast zwei Jahrhunderte befand sich Biesenthal in wechselndem Pfandbesitz. Der Dreißigjährige Krieg und mehrere Feuersbrünste zerstörten die Stadt fast vollständig, sodass sie in der zweiten Hälfte des 18. Jhs. komplett wiederaufgebaut werden musste. Alles Mittelalterliche ist daher verloren.

Das älteste Gebäude ist das einzige Haus, das die beiden (!) Stadtbrände von 1764 überstanden hat: das Fachwerkhaus in der Schulstraße 10, 1707 erbaut. 1760 errichtet wurde das Rathaus am Markt, ebenfalls ein Fachwerkbau, in dem sich die Touristinformation befindet. In den Jahren 1764–67 folgte die auffallend große Stadtpfarrkirche, ein barocker Putzbau mit einem Turmunterteil aus Feldsteinen im Westen. Es gibt noch eine zweite Kirche, die katholische Kirche St. Marien in der Bahnhofstr. 162, ein stattlicher neubarocker Zentralbau von 1908/09. Seit 1843 gibt es einen Haltepunkt an der Strecke Berlin-Stettin, das Empfangsgebäude wird heute als »Kulturbahnhof Biesenthal« für Veranstaltungen genutzt.

Entfernung St. Maria Magdalena, Eberswalde →Markt Biesenthal: je nach gewähltem Weg ab ca. 20 km

Vom Markt verläuft nach Süden die Berliner Straße, die wir benutzen, um durch das Biesenthaler Becken, ein knapp 1.000 ha großes Naturschutzgebiet, nach Bernau zu gelangen. Von der Berliner Straße zweigen nach 300 m, wir haben soeben das Sydower Fließ passiert, der Friedhofsweg und die Berliner Chaussee ab: Neben dem von ihnen quasi in die Zange genommenen Städtischen Friedhof befinden sich die Reste des in der NS-Zeit zerstörten jüdischen Friedhofs (seit 1720) mit einigen Grabsteinen und der erhaltenen Feierhalle.

Aus der Berliner Straße wird der Langerönner Weg, auf dem es durch eine Wald- und (Feucht-)Wiesenlandschaft nach Süden geht. Wir überqueren das Pfauenfließ, passieren die Langerönner Mühle, eine leider verfallen(d)e ehe-

Jakobsweg zwischen Biesenthal und Lobetal

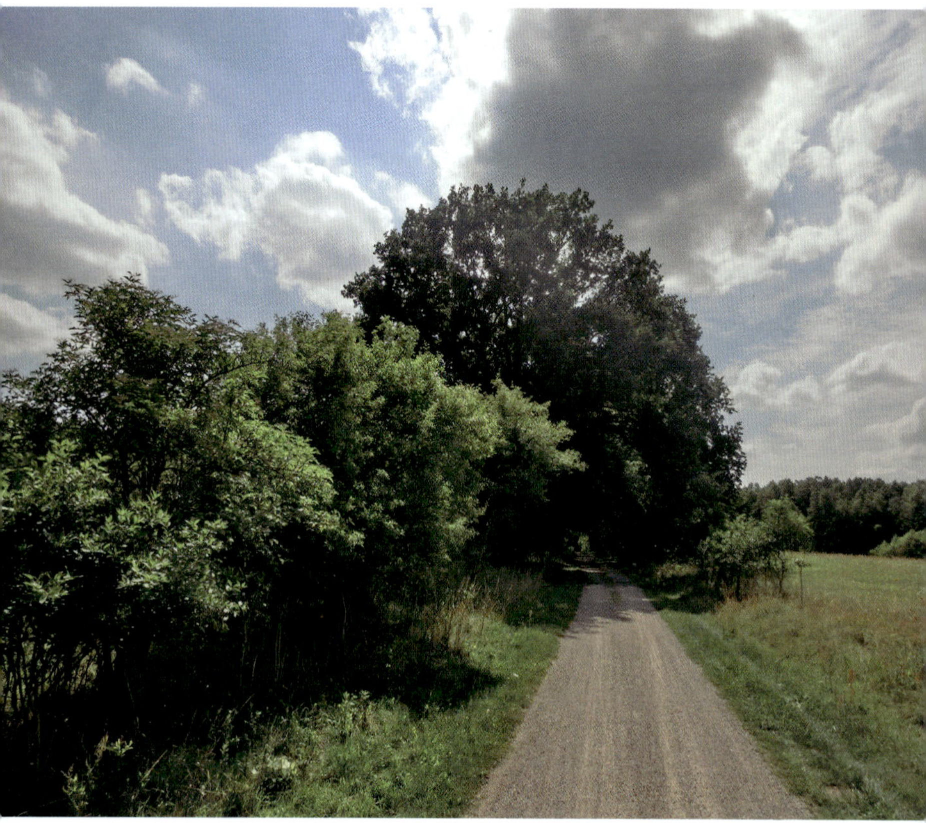

malige Wassermühle, die als Schneidmühle diente, und erreichen schließlich Lobetal.

Im Jahr 1906 gründete der Pfarrer und Theologe Friedrich von Bodelschwingh (1831–1910) **Lobetal** als eine Arbeitskolonie für Obdachlose aus dem benachbarten Berlin; heute befindet sich hier die Hoffnungstaler Stiftung Lobetal, eine Einrichtung der Diakonie für Alte, Behinderte, Epilepsie- und Suchtkranke, die inzwischen auch anderswo Standorte hat. 1990 fanden Erich und Margot Honecker im Haus des seinerzeitigen Leiters der (damals noch) Hoffnungsthaler Anstalten ein etwas mehr als zweimonatiges Asyl. In dem Gebäude, das von 1926 bis 1992 eine Schmiede war und wo noch entsprechende Ausstattungstücke zu sehen sind, bieten die ehrenamtlichen Mitarbeiter des Vereins ALTE SCHMIEDE einen Touristentreff mit Kaffee und Kuchen und Informationen rund ums Wandern und Radeln.

Der Biesenthaler Weg verbindet Lobetal mit **Ladeburg**, wie Lobetal inzwischen Teil der Stadt Bernau. Wichtigstes Baudenkmal des Dorfes ist die Kirche, ein Feldsteinbau aus der Mitte des 13. Jhs., der sich auf dem dreieckigen Dorfanger befindet; der Backsteinturm und die Südvorhalle aus Backstein stammen von einem 1853 durchgeführten Umbau, der polygonale Feldsteinchor ist aber möglicherweise in Teilen ursprünglich. Eine der wichtigsten Besonderheiten der Kirche verschwand mit der Erneuerung: Der Turm über dem Chor wurde abgetragen. Ladeburg war nämlich bis 1853 die einzige Chorturmkirche des Barnim und neben Grünow in der Uckermark eine der beiden Kirchen dieses Typus östlich der Elbe. Grünow hat diesen »Ruhm« nun allein. Aber die hiesige Kirche besitzt trotzdem noch einen Superlativ, nämlich den ältesten Kirchendachstuhl in Brandenburg.

Eine mit Linden bestandene Allee führt von Ladeburg nach **Bernau** direkt zum Stadtpark. »Deutsche Siedlung an der Heer- und Handelsstraße Berlin-Stettin«, lesen wir im »Handbuch der deutschen Kunstdenkmäler« – nach dem Begründer dieser Publikation auch »Dehio« genannt – über Bernau, »von den askanischen Markgrafen wohl um 1230 gegr(ündet)«. Es waren die Wege von Spandau und Berlin an die Oder und in die Uckermark, denen Bernau seine Entstehung als Marktort verdankt. Die Askanier legten eine planmäßige Stadt an, mit dem üblichen gitterförmigen Straßennetz, das nur »in der höhergelegenen Stammsiedlung bei der Kirche unregelmäßig« ist (Dehio). Der ursprüngliche Stadtgrundriss ist heute noch erkennbar, denn obwohl Bernau innerhalb der Stadtmauern dem Verfall preisgegeben und nach großflächigem Abriss mit Plattenbauten vollgestellt wurde, nahm man auf die alte Straßenführung Rücksicht.

Hauptanziehungspunkt ist zweifellos die Marienkirche. Sie ist sicher eine der schönsten und dank ihrer Ausstattung wertvollsten Kirchen Brandenburgs. Es handelt sich um eine spätgotische Hallenkirche, die aus Backstein

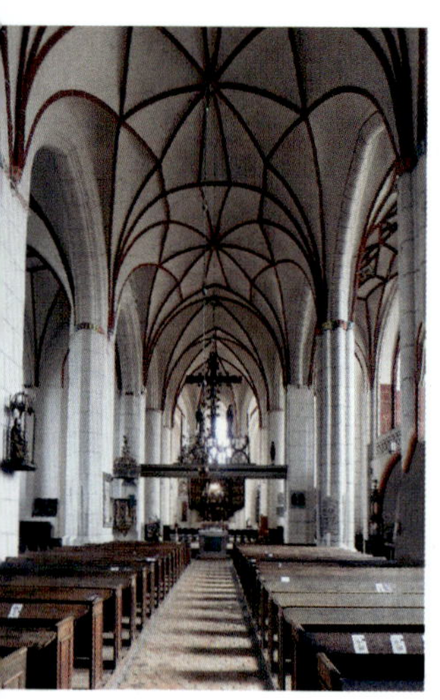

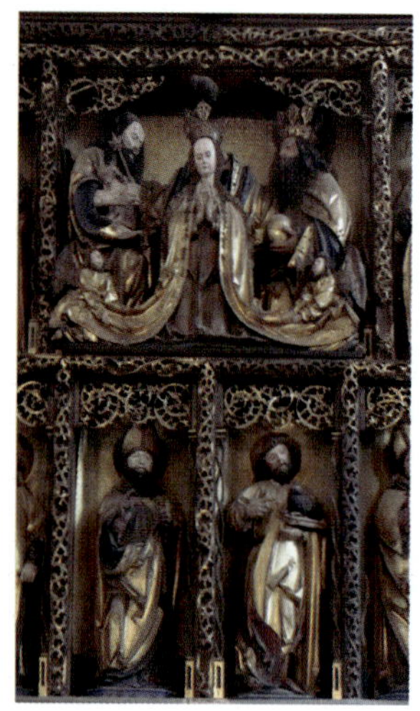

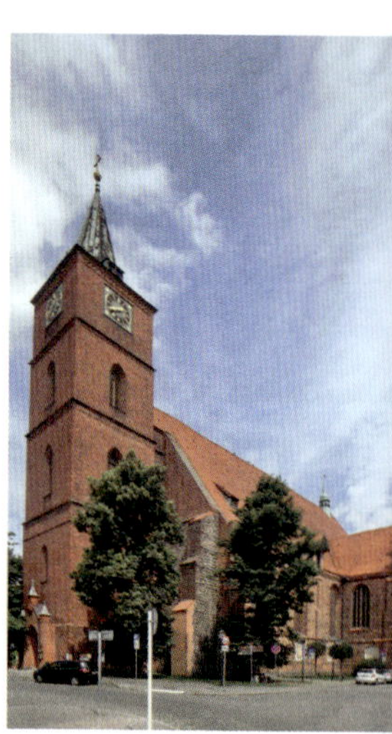

Marienkirche Bernau, Blick nach Osten (li.), Altar (Detail) und Außenansicht (re.)

errichtet wurde und daher der Backsteingotik zugeordnet werden kann. Gemäß einer Inschrift soll der Bau 1519 beendet gewesen sein. Neueren Datums ist nur der Westturm, der 1846 anstelle eines baufällig gewordenen Turmes errichtet wurde. Wer die Kirche betritt, kann sich der Raumwirkung kaum entziehen. Auch die Einrichtung lässt den Freund mittelalterlicher und frühneuzeitlicher Kunst aufseufzen: Da sind Reste von Wandmalerei aus dem frühen 15. Jh., es gibt ein Sakramentshaus von 1480 und altes Chorgestühl, aber am meisten fesseln wohl der Schnitzaltar von ca. 1520, der dem Umkreis von Lukas Cranach d. Ä. zugeschrieben wird, und die Triumphkreuzgruppe aus dem 15. Jh. mit lebensgroßen Figuren. Etwas abseits auf dem Balken steht eine Jakobusfigur, die nicht zu der Triumphkreuzgruppe gehört, ihr aber später zugeordnet wurde: Eine Anspielung auf die Jakobspilger, die Bernau passierten?

Es gibt in der Kirche viel mehr zu entdecken, aber auch die Stadt bietet noch einiges, so die zu großen Teilen erhaltene Stadtbefestigung mit Pulverturm, Hungerturm und Steintor, in dem 1882 das erste Hussitenmuseum der Welt eröffnet wurde (heute Heimatmuseum): 1432 konnten die Bürger einen Angriff der Hussiten abwehren. Dabei soll das Bernauer Bier eine entscheidende Rolle gespielt haben; neben der Tuchherstellung war das Braugewerbe der wichtigste Exportzweig der Stadt, das Bier galt als das Beste der Mark. Nach der Legende sollen die Bernauer mit dem heißen Braurückstand die Hussiten in die Flucht geschlagen haben, und so heißt es seither: »Der Bernau'sche heiße Brei macht die Mark hussitenfrei.«

Entfernung Markt Biesenthal → St. Marien Bernau: ca. 11 km

Entfernung St. Maria Magdalena, Eberswalde → St. Marien Bernau: je nach gewähltem Weg ab ca. 31 km

Exkurs I: Mittelalterliche Straßenbezeichnungen/Heerstraße

»Die (...) wichtige Durchgangsstraße von Stettin nach Berlin nennt der pommersche Herzog Barnim I. bei Vierraden 1269 regia via. Sinngemäß steht dem ›des heiligen Reiches freie Straße‹ nahe. Mit dem Übergang der Gerichtsbarkeit über die Straßen an die Territorialherren kamen Bezeichnungen wie unse strate, unser gnedigen heren strate (1484), ›herzogliche Straße‹ auf (...).

Ebenso zuverlässig wie die ›Königsstraße‹ kennzeichnet die ›Heerstraße‹ oder der ›Heerweg‹ (seltener lateinisch via militaris) einen Hauptverkehrsweg. So wird 1350 der Abschnitt Schwedt-Eberswalde der Stettin-Berliner Straße herstrate genannt (...). Bis ins 16., teilweise auch ins 17. Jahrhundert ist die Bezeichnung ›Heerstraße‹ (...) als Beweis für eine Durchgangsstraße benutzbar (...).«

Friedrich Bruns/Hugo Weczerka, Hansische Handelsstraßen

Exkurs II: Bernauer Heerstraße

Im Mittelalter verlief eine wichtige Straße von der askanischen Burg Spandau in Richtung der Oder, wobei diese Straße anfangs vor allem eine große Rolle bei der Kolonisation der östlich Spandaus gelegenen Gebiete spielte, später wurde sie auch ein bedeutender Handelsweg. Diese Straße führte über Bernau nach Oderberg und weiter nach Stettin; erst als sich Eberswalde zu einem wirtschaftlichen Zentrum mauserte, verlief die Straße durch die Stadt an der Finow. Dass diese Straße auch von Pilgern benutzt wurde, ist anzunehmen, und da sich bis heute Spuren der Bernauer Heerstraße erhalten haben, kann auch der moderne Wanderer zumindest teilweise diese alte Straßenverbindung benutzen – allerdings ist anzumerken, dass nicht immer die heute »Heerstraße« heißenden Straßen auch dem ursprünglichen Verlauf folgen.

Südlich der Altstadt von Eberswalde zweigt von der Breiten Straße (B 168) die Bernauer Heerstraße ab und führt, am Landeskriminalamt Brandenburg vorbei, in die Barnimer Heide. Wandert man konsequent in südwestlicher Richtung, erreicht man die schon erwähnte Bernauer Heerstraße bei Schönholz (von hier ging die von Spandau kommende Straße ursprünglich weiter über Hohenfinow nach Oderberg).Von Schönholz wandert man nach Grüntal, heute Teil der Gemeinde Sydower Fließ, und dann nach Rüdnitz, wo es eine Straße mit der Bezeichnung »Alte Heerstraße« gibt, von Rüdnitz schließlich nach Bernau. Von dort über Schönow, Schönerlinde nach Blankenfelde – in den ehemaligen Rieselfelder nördlich von Hobrechtsfelde gibt es den unbefestigten »Bernauer Heerweg« –, von Blankenfelde auf dem Alten Bernauer Heerweg nach Lübars, dann via Tegel nach Spandau.

- ℹ Tourismusverein Naturpark Barnim e.V., Touristinformation, Am Markt 1, 16359 Biesenthal, Tel.: 03337/49 07 18
- ℹ Touristinformation Bernau bei Berlin, Bürgermeisterstr. 4, 16321 Bernau bei Berlin, Tel.: 03338/37 65 91
- Restaurant & Café Waldhof Spechthausen, Spechthausen 39, 16225 Eberswalde, OT Spechthausen, Tel.: 03334/23 65 60

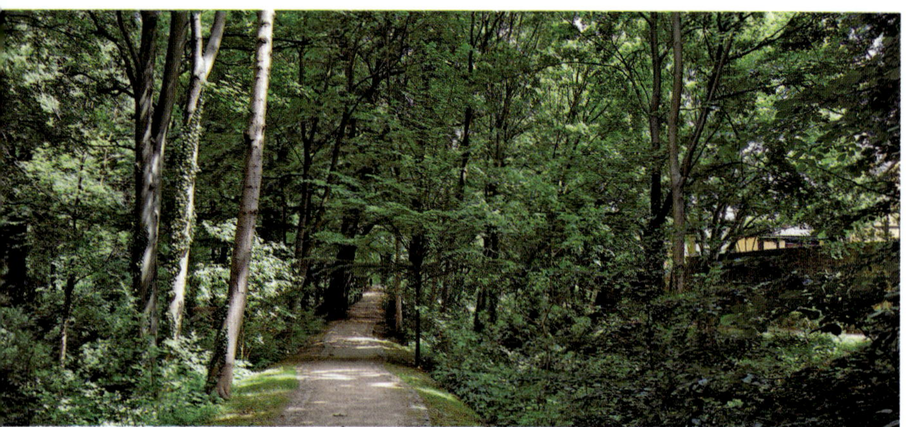

Die Wallanlagen von Bernau

- Gasthof zur alten Eiche, August-Bebel-Str. 5, 16359 Biesenthal, Tel.: 033 37/45 01 00
- Für Bernau nur gastronomische Einrichtungen in der historischen Altstadt:
  Café Mühle, Mühlenstr. 4–6, 16321 Bernau, tgl. ab 9 Uhr, Tel.: 033 38/39 84 00
  Café zum Hussiten, Bürgermeisterstr. 6, 16321 Bernau, Tel.: 03338/458 27
  Hotel & Restaurant Zum Zicken-Schulze, Brauerstr. 2, 16321 Bernau,T el.: 03338/70 45 80, auch
  Restaurant & Pension Hofgeflüster, Brüderstr. 14, 16321 Bernau, Tel.: 03338/338 98 98, auch
- Gästezimmer im Touristischen Begegnungszentrum »Lindengarten«, Eberswalder Str. 9, 16230 Melchow, Tel.: 03337/42 56 99
- Hotel Pension Am Wukensee, Akazienallee 5, 16359 Biesenthal, Tel.: 03337/45 770, auch
- Zimmer im Blumengarten, Hannelore Baumann, Hegeseestr. 2, 16359 Biesenthal, Tel.: 03337/25 12
- Gästehaus im Bonhoeffer-Haus Lobetal, Bonhoefferweg 1, 16321 Bernau, OT Lobetal, Tel.: 03338/663 33
- Privatquartier, An der einsamen Kiefer 34, 16321 Bernau OT Lobetal, Ansprechpartnerin: Grit Balk, Tel.: 0172/384 87 84
- Unterkünfte in Bernau bitte über die Touristinformation erfragen.
- Jahresfest der Hoffnungstaler Stiftung, Naturschutzgebiet Ladeburger Schäferpfühle, Hussitenfest Bernau, Handwerkermarkt im Stadtpark am Pulverturm, Bauhausdenkmal Gewerkschaftsschule Bernau, Henkerhaus, Rathaus, Gründerzeithaus am Markt, Georgskapelle, ehem. Siedlung Waldfrieden des ZK der SED u. a.
- ✝ Ev. Kirche Biesenthal, Anm. bei Pfarrer Christoph Brust, Tel.: 03337/33 37 (auch Pilgerherberge unter dieser Telefonnummer und 0172/603 05 82)
- ✝ Kath. Kirche Biesenthal, nach Anm. im Pfarramt, Tel.: 03337/21 32
- ✝ Dorfkirche Ladeburg, nach Absprache mit Rosel Wunderlich-Marsing, Tel.: 03338/75 50 95, www.foerderverein-dorfkirche-ladeburg.de
- ✝ Marienkirche Bernau, Ostern–Erntedank, Führungen nach Anmeldung in der Küsterei, Tel.: 03338/702 20, www.kirche-bernau.de

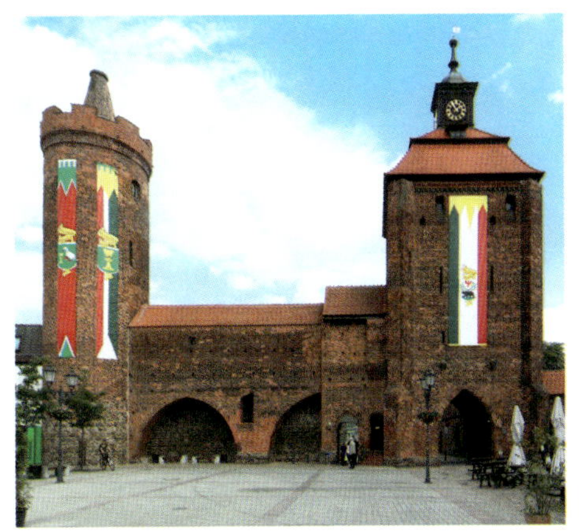

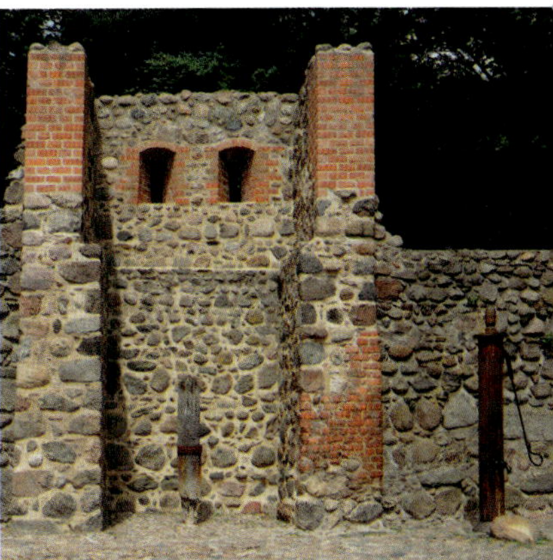

Bernau, Steintor (li.) und Stadtmauer

🏛 Heimatmuseum im Alten Rathaus Biesenthal, Am Markt 1, 16359 Biesenthal, www.heimatverein-biesenthal.de

🏛 Bunker Ladeburg. Gefechtsstand der 41. Fla-Raketenbrigade »Hermann Duncker«, Biesenthaler Weg 24, 16321 Bernau bei Berlin, OT Ladeburg, Führungen siehe: bunker-ladeburg.de/fuhrungen/

🏛 Museum Henkerhaus (Heimatmuseum), Am Henkerhaus 1, 16321 Bernau, Tel.: 03338/22 45

🏛 Museum im Steintor, Berliner Str., 16321 Bernau, Tel.: 03338/29 24

🚆 Bernau: ICE, RE3, RE66, RB24, RB60, S2 und diverse Busse
Biesenthal: RE3, RB24 und diverse Busse
Melchow: RE3, RB24

🚲 Ausgeschilderter Radweg Eberswalde-Melchow-Biesenthal, vom Markt in Biesenthal verbindet der Radweg Berlin-Usedom Biesenthal mit Bernau und Berlin.

Von Bernau nach Berlin

Hinter dem Bahnhof von Bernau und erreichbar durch die Eisenbahnbrücke beim Busbahnhof befindet sich der Fahrradknotenpunkt 60. Hier beginnt ein Weg die Panke entlang bis ins Stadtzentrum von Berlin, der Teil des Radweges Berlin-Usedom ist; der gut ausgebaute Weg kann natürlich auch von Fußwanderern benutzt werden. Eine Beschreibung dieses Weges mit seinen Sehenswürdigkeiten und der Geschichte der einzelnen Orte und Ortsteile kann hier nicht gegeben werden, daher verweisen wir auf die Webseite www.panke.info, die sehr ausführliche Informationen zu diesem interessanten Weg enthält.

Entfernung Marienkirche Bernau → Marienkirche Berlin: ca. 31 km

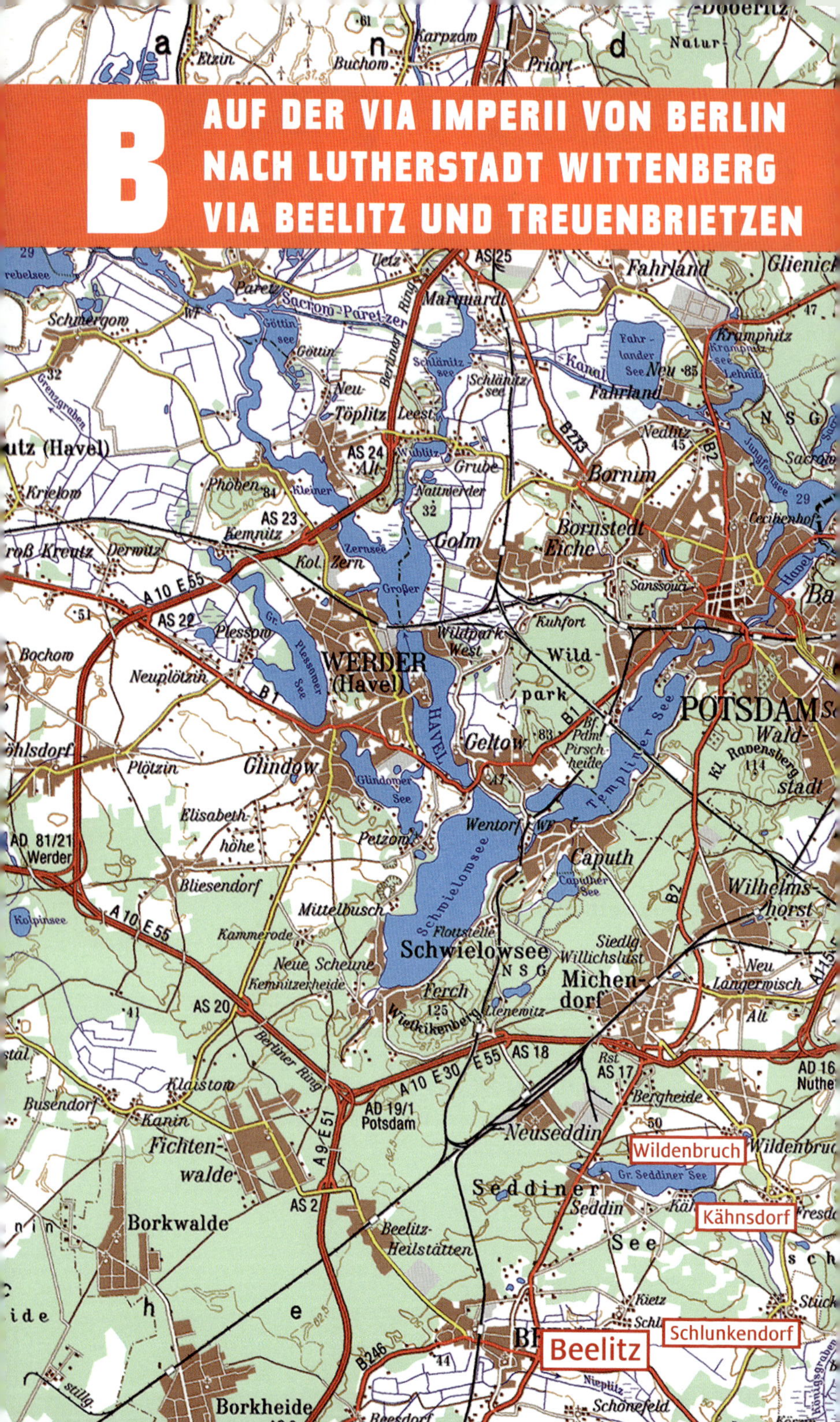
B
AUF DER VIA IMPERII VON BERLIN
NACH LUTHERSTADT WITTENBERG
VIA BEELITZ UND TREUENBRIETZEN
Wildenbruch
Kähnsdorf
Schlunkendorf
Beelitz
POTSDAM
WERDER (Havel)
Schwielowsee
Michendorf
Caputh
Geltow
Glindow
Golm
Bornim
Marquardt
Fahrland
Seddiner See
Beelitz-Heilstätten
Borkwalde
Borkheide
Fichtenwalde
Neuseddin

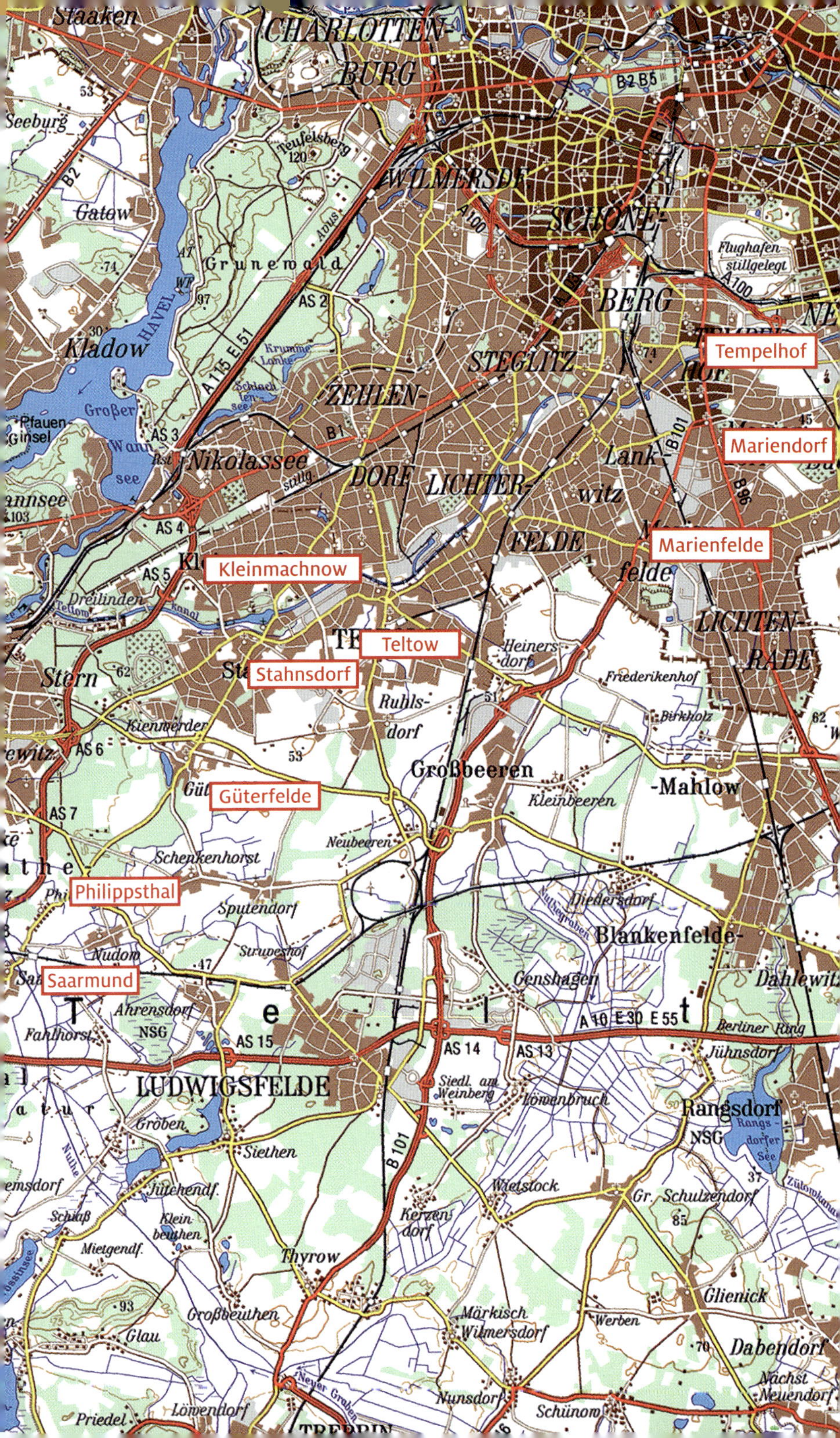

Tempelhof
Mariendorf
Marienfelde
Kleinmachnow
Teltow
Stahnsdorf
Güterfelde
Philippsthal
Saarmund
CHARLOTTEN-BURG
WILMERSDF
SCHÖNE-BERG
STEGLITZ
ZEHLEN-DORF
LICHTER-FELDE
Lankwitz
LICHTEN-RADE
Flughafen stillgelegt
Staaken
Seeburg
Gatow
Kladow
HAVEL
Großer Wannsee
Pfauen-insel
Grunewald
Teufelsberg
Krumme Lanke
Schlachtensee
Nikolassee
Dreilinden
Teltowkanal
Stern
Kienwerder
Heinersdorf
Friederikenhof
Birkholz
Ruhlsdorf
Großbeeren
Kleinbeeren
Mahlow
Neubeeren
Schenkenhorst
Sputendorf
Struveshof
Nudow
Diedersdorf
Blankenfelde
Genshagen
Dahlewitz
Ahrensdorf
Fahlhorst
NSG
LUDWIGSFELDE
Siedl. am Weinberg
Löwenbruch
Jühnsdorf
Rangsdorf
Rangsdorfer See
Gröben
Siethen
Jütchendf.
Wietstock
Gr. Schulzendorf
Kerzendorf
Klein-beuthen
Mietgendf.
Thyrow
Glienick
Großbeuthen
Glau
Märkisch Wilmersdorf
Werben
Dabendorf
Nunsdorf
Schünow
Nächst Neuendorf
Löwendorf
Priedel
Nuthe
Nuthegraben
Neuer Graben
Berliner Ring
A 10 E 30 E 55
A 115 E 51
A100
B 101
B96
B1
B2
AS 2
AS 3
AS 4
AS 5
AS 6
AS 7
AS 13
AS 14
AS 15

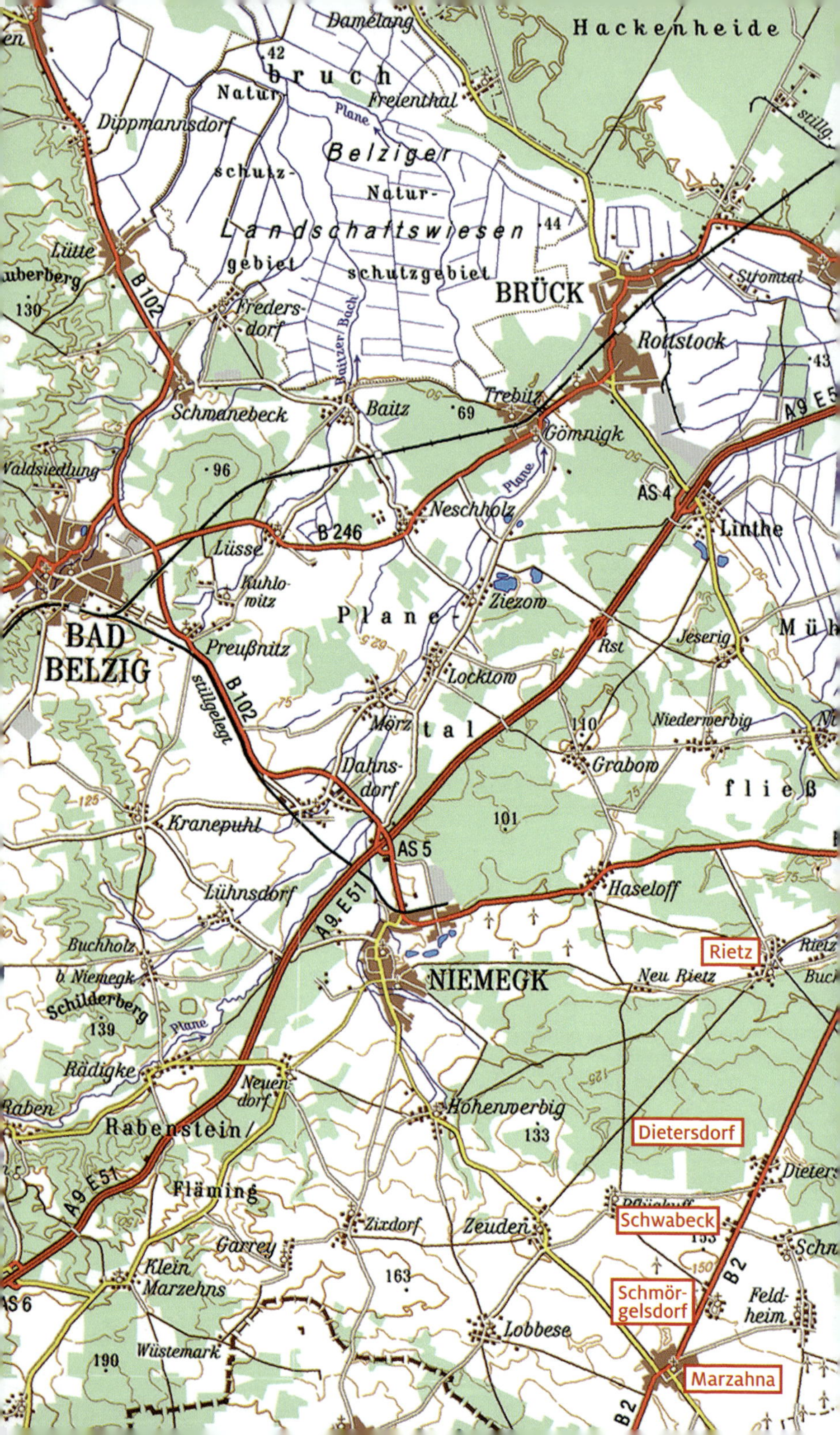

Damelang
Hackenheide
Belziger Landschaftswiesen
Naturschutzgebiet
Freienthal
Dippmannsdorf
Lütte
Fredersdorf
BRÜCK
Rottstock
Stromtal
Schwanebeck
Baitz
Trebitz
Gömnigk
Neschholz
Lüsse
Kuhlowitz
Ziezow
Linthe
BAD BELZIG
Preußnitz
Plane-
Mörz tal
Locktow
Jeserig
Niederwerbig
Grabow
Dahnsdorf
Kranepuhl
Haseloff
Lühnsdorf
Buchholz b. Niemegk
NIEMEGK
Rietz
Neu Rietz
Schilderberg
Rädigke
Neuendorf
Rabenstein/ Fläming
Hohenwerbig
Dietersdorf
Zixdorf
Zeuden
Schwabeck
Garrey
Klein Marzehns
Lobbese
Schmörgelsdorf
Feldheim
Wüstemark
Marzahna
B 102
B 246
A9 E51
AS 4
AS 5
AS 6
B2

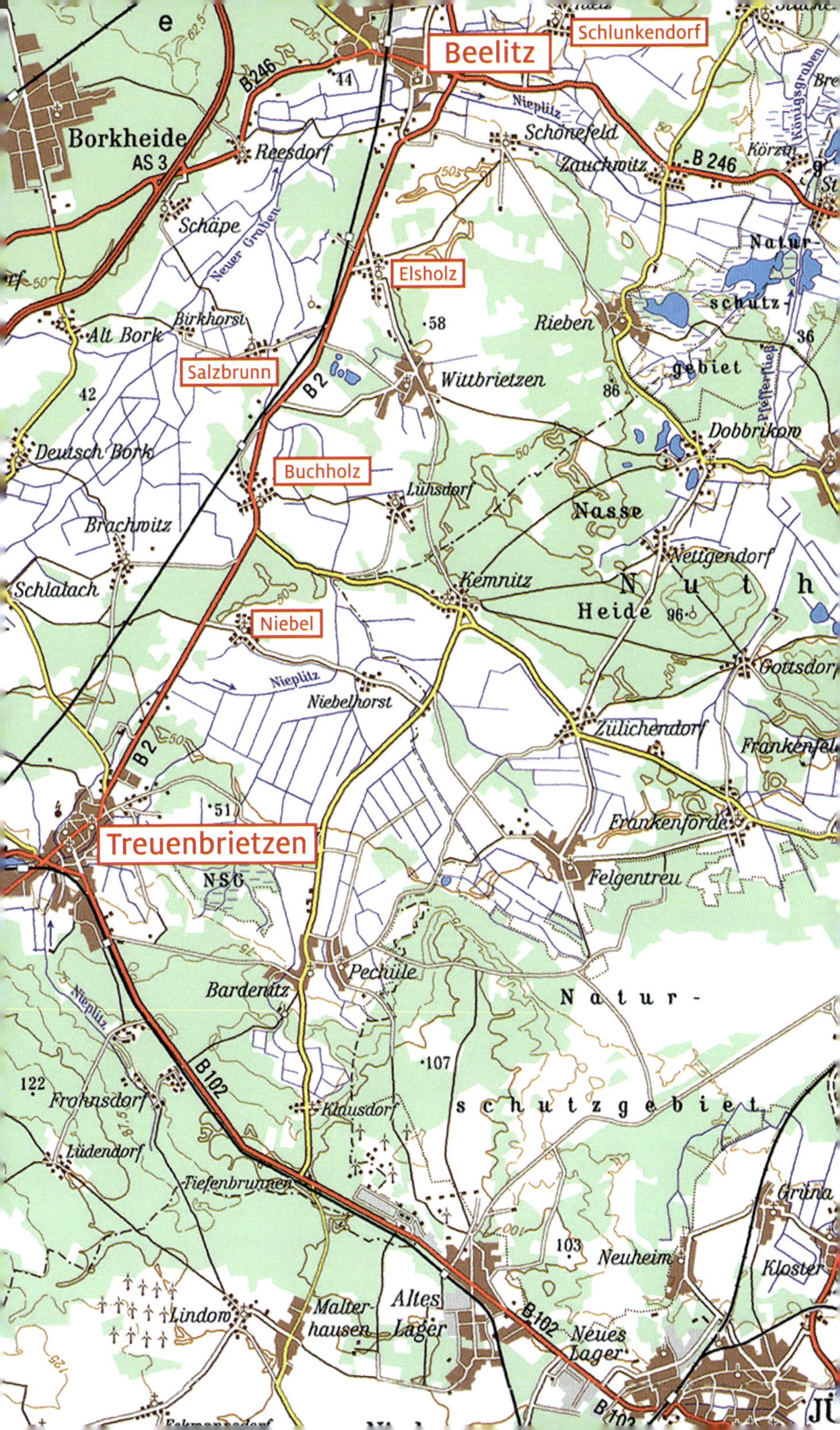

Beelitz
Schlunkendorf
Borkheide
AS 3
B 246
Reesdorf
Schäpe
Neuer Graben
Nieplitz
Schönefeld
Zauchwitz
Körzin
Königsgraben
Elsholz
Natur-
schutz-
gebiet
Rieben
Alt Bork
Birkhorst
Salzbrunn
Wittbrietzen
Pfefferfließ
Deutsch Bork
Buchholz
Lühsdorf
Dobbrikow
Nasse
Brachwitz
Nettgendorf
Kemnitz
Schlalach
N u t h
Heide
Niebel
Gottsdorf
Niebelhorst
Zülichendorf
Frankenfelde
B 2
Treuenbrietzen
Frankenförde
Felgentreu
NSG
Pechüle
Bardenitz
N a t u r -
s c h u t z g e b i e t
B 102
Frohnsdorf
Klausdorf
Lüdendorf
Tiefenbrunnen
Gröna
Neuheim
Kloster
Lindow
Malter-
hausen
Altes
Lager
Neues
Lager

Historischer Hintergrund

Bereits kurz nach der Stadtwerdung von Berlin und Cölln verlief ein bedeutender Handelsweg über Teltow und Saarmund zum Elbübergang bei Wittenberg. Der Historiker Winfried Schich schreibt in seinem Aufsatz »Das mittelalterliche Berlin«: »Auf der Cöllner Seite hatte, wie schon die Straßenführung nahelegt, die in Richtung Südwesten über Teltow und Saarmund nach Halle oder in die Mark Meißen führende Fernstraße gegenüber der nach Südosten in die Niederlausitz gerichteten Straße eine größere Bedeutung. Sie nahm weiter zu mit dem Aufschwung Leipzigs als Handelsstadt. 1364 und 1365 wurde für die Warenzüge der Berliner und Cöllner Kaufleute die Befreiung vom Durchgangszoll zu Saarmund bestätigt.« Zu den hier transportierten Gütern zählte vor allem Fisch. Schich weiter: »Salzhering, Stockfisch und sonstiger gesalzener und ungesalzener (*gesolten und ungesolten*) Fisch standen 1365 noch vor Tuch an der Spitze der Liste der Waren, die die Berliner und Cöllner Kaufleute auf der wichtigen Straße über Saarmund beförderten – z.T. weit in das Binnenland, d.h. in die Mark Meißen (Leipzig) und nach Thüringen (Erfurt). Erfurter und Leipziger Kaufleute holten auch selbst Fisch aus Berlin.«

Der in diesem Kapitel beschriebene Weg ist sozusagen der zweite Teil der Via Imperii von Szczecin nach Hof innerhalb der Grenzen des heutigen Bundeslandes Brandenburg – mit einem kleinen Sprung über die Landesgrenze nach Sachsen-Anhalt. In der schon erwähnten Romwegekarte von Etzlaub aus dem Jahr 1500 erscheint er, aber es werden nur die Orte Berlin und Wittenberge dargestellt, keine Zwischenstationen. Der Pommernherzog Bogislaw X., der von 1496 bis 1498 ins Heilige Land reiste, nahm diesen Weg, aber die Berichte erwähnen für die Hinreise ebenfalls nur Berlin und Wittenberg, für die Rückreise darüber hinaus Belzig. (Jedenfalls laut »Europäische Reiseberichte des späten Mittelalters«. Thomas Kantzow – er lebte von 1505 bis 1542 – berichtet in seiner Chronik von Pommern, der Herzog sei über Treuenbrietzen und Beelitz gereist.)

Genaueres über den Verlauf der Straße erfahren wir aus »Hansische Handelsstraßen«, wo zu lesen ist: »1578 nahm der Erbherr auf Kranzow, Lupold von Wedel, auf seiner Fahrt nach dem Heiligen Land seinen Weg über Berlin, Teltow, Saarmund, Treuenbrietzen, Wittenberg, Kemberg, Düben und Leipzig.« Und weiter: »Von Berlin nach Wittenberg führten zwei Straßen: die in fast gerader Linie verlaufende wichtigere über Beelitz und Treuenbrietzen und eine weitere über Trebbin und Jüterbog. Die erstere ist als Handelsstraße vornehmlich durch die Kunde zahlreicher Raubüberfalle bezeugt.« Und auch Mundt verweist in seinem Buch »Die Heer- und Handelsstraßen der Mark

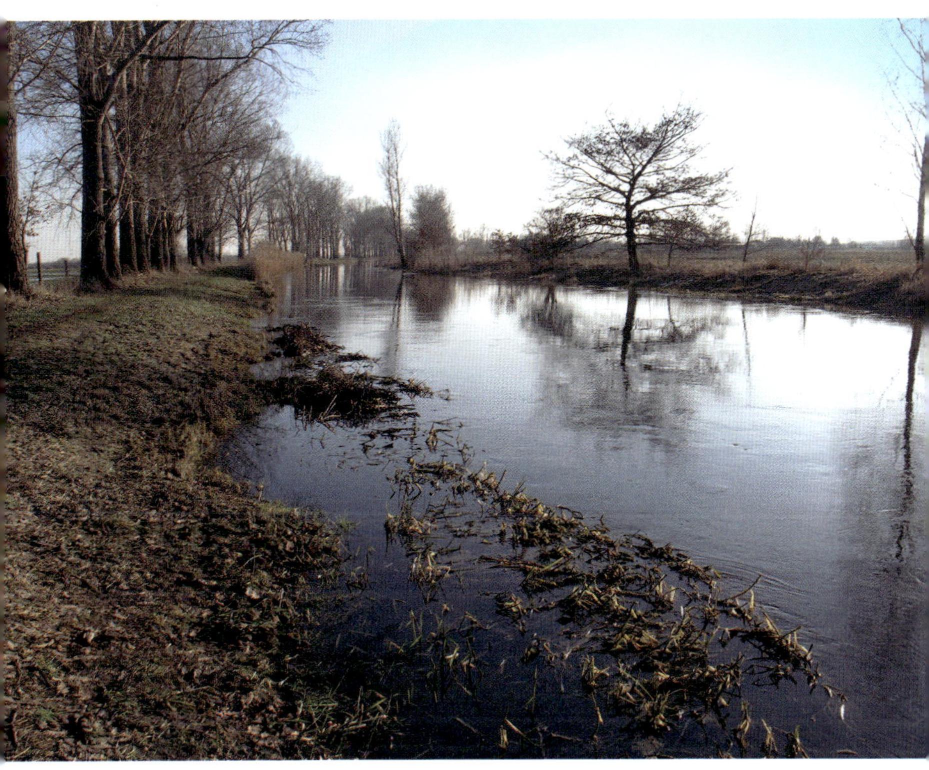

Wanderweg an der Nuthe

Brandenburg« auf das Folgende: »1514 und 1534 wird in dem Vertrag des Kurfürsten Joachim mit der Kaufmannschaft von Posen ausgemacht, dass alle Wagen die Straßen über Treuenbrietzen-Beelitz-Saarmund-Berlin-Frankfurt zu halten haben (…).« Es kann also keinen Zweifel über Bedeutung und Verlauf dieser Straße geben, deren Benutzung auch durch (Jakobs-)Pilger daher ebenfalls wahrscheinlich ist. Im Übrigen ist dieser Weg inzwischen auch über große Strecken von der Jakobusgesellschaft Brandenburg-Oderregion e.V. ausgeschildert, wobei der Wegeverlauf an einigen Abschnitten noch diskutiert werden soll.

Die erste Frage lautet nun: Wo beginnen? Natürlich wären das Heiliggeistspital oder die Marienkirche abermals ideale und auch historisch »richtige« Ausgangspunkte für diese Pilgerreise, und so wollen wir hier starten – später aber auch andere Varianten vorschlagen. Für unsere Wanderung durch Berlin orientieren wir uns dabei erst einmal vor allem an dem KOMPASS-Kartenset »Berlin und Umgebung«, Karte 1, die tatsächlich einen Jakobsweg durch Berlin ausweist. (Dieser ist realiter nicht ausgeschildert!)

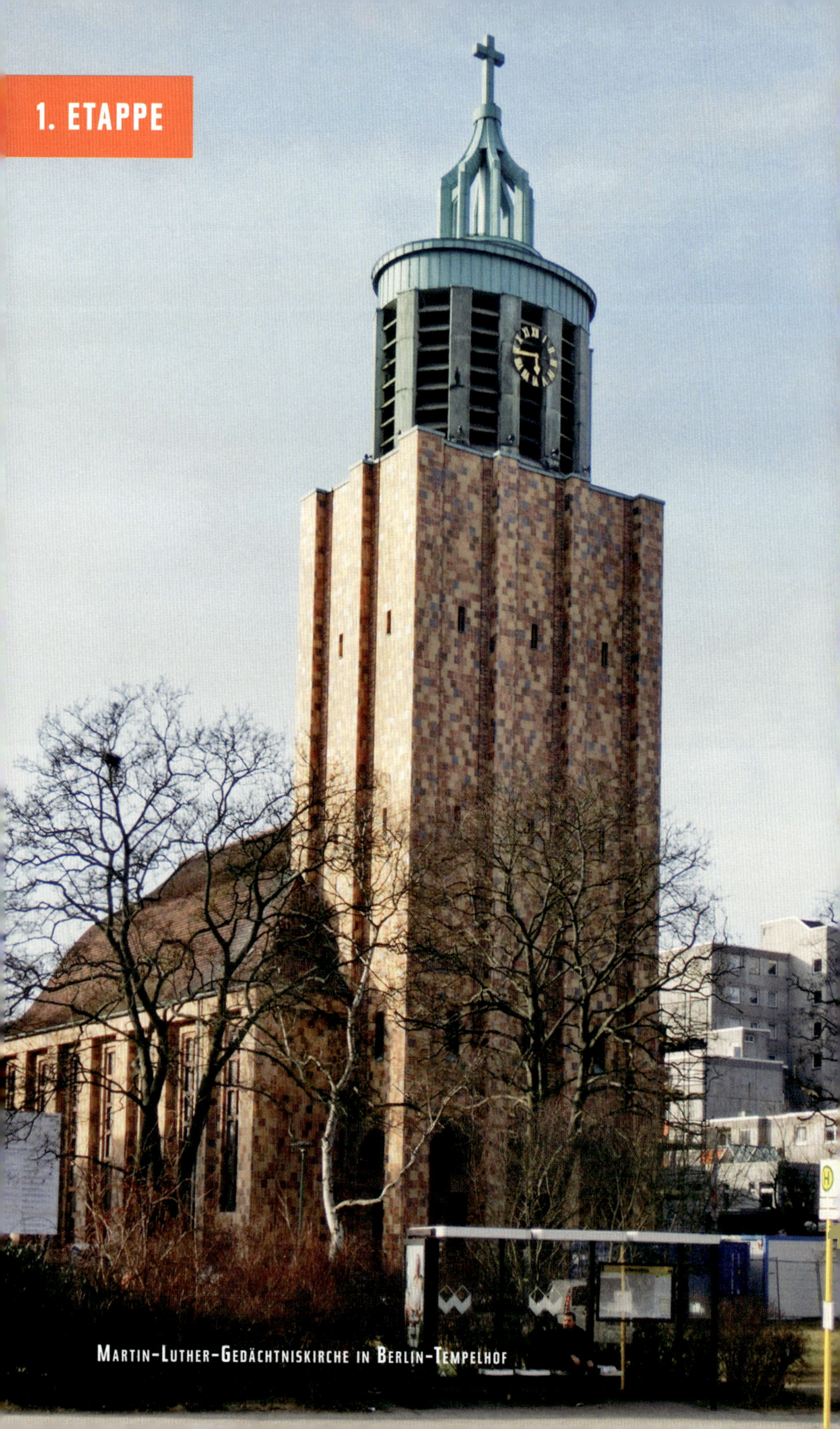

Martin-Luther-Gedächtniskirche in Berlin-Tempelhof

VON BERLIN-MITTE NACH SAARMUND

1. Abschnitt: Berlin-Mitte – Teltow

Ausgangspunkt: Heilig-Geist-Kapelle Berlin, Spandauer Straße
Zielpunkt: St. Andreaskirche, Teltow – Verbindungspunkt zum Pilgerweg von Frankfurt (Oder) – Erkner – Potsdam und weiter durch das westliche Brandenburg

Wir lenken unsere Schritte – oder unser Fahrrad – für einige Zeit durch das historische Berlin, das heißt, auch durch das Nikolaiviertel, um schließlich den Mühlendamm zu erreichen. Die Brücke, die hier die Spree überquert, war im Mittelalter zugleich die Verbindung zur Schwesternstadt Cölln. Deren zentraler Platz war seinerzeit der Petriplatz, auf dem nur noch eine archäologische Ausgrabungsstätte von der einstigen Bedeutung kündet. Nicht ohne Grund heißt die Straße, der wir nun folgen, Getraudenstraße, führt sie doch zum damals vor den Toren der Stadt gelegenen Getraudenspital – neben dem Heiliggeist- und dem Georgenspital das dritte Hospital der Doppelstadt Berlin-Cölln. Im Mittelalter musste man zuerst das auch Gertraudentor genannte Teltower Tor passieren, das bereits die Ausrichtung der Straße angibt, dann einen Nebenarm der Spree überqueren – über die heutige Gertraudenbrücke –, um schließlich das Spital zu erreichen. Benannt wurde es nach der Heiligen Getrud von Nivelles, von der es eine Skulptur auf der Gertraudenbrücke gibt, 1896 von Rudolf Siemering geschaffen. Bemerkenswert ist der Umstand, dass Gertrud auch eine Heilige der Reisenden und der Pilger ist. Und noch eine weitere Anmerkung: Der Spittelmarkt ist nach dem *extra muros* gelegenen Spital benannt.

Unser Weg führt durch die Axel-Springer- und dann Lindenstraße bis zum Landwehrkanal und zum Halleschen Tor (U-Bahnstation), das eines der Tore der Akzisemauer war und von dem sich nichts erhalten hat. Von hier geht es den Mehringdamm und den Tempelhofer Damm gen Süden. Die breite Ausfallstraße hat ihren Ursprung in dem alten Feldweg von Berlin nach Tempelhof, der im Jahr 1836 zur Kunststraße nach Cottbus via Zossen ausgebaut wurde: Die Berlin-Cottbuser Chaussee war lange Zeit die einzige befestigte Straße, die von Berlin nach Süden führte. Die erste Station auf diesem Weg ist Alt-Tempelhof, das mit der U6 von der Stadtmitte aus bequem zu erreichen ist. Wer sich das Wandern an viel befahrenen und lauten Straßen ersparen will, möge hier beginnen.

Die Angerdörfer Tempelhof, Mariendorf und Marienfelde wurde im 13. Jh. angelegt und gehörten zum Kreis Teltow der Provinz Brandenburg, ehe sie 1920 Teil von Groß-Berlin wurden. Sie liegen auf dem Teltow, einer in der

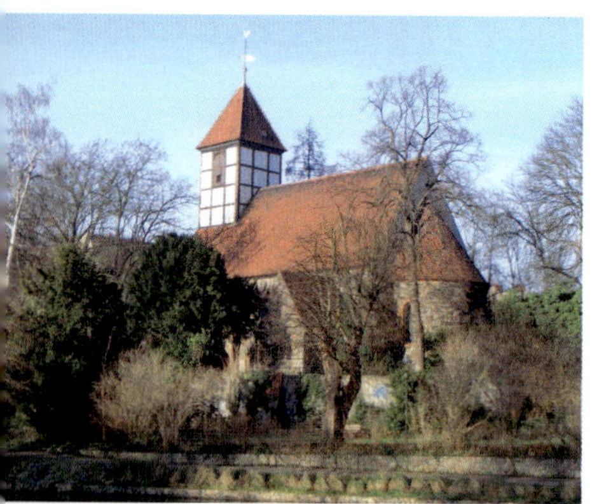
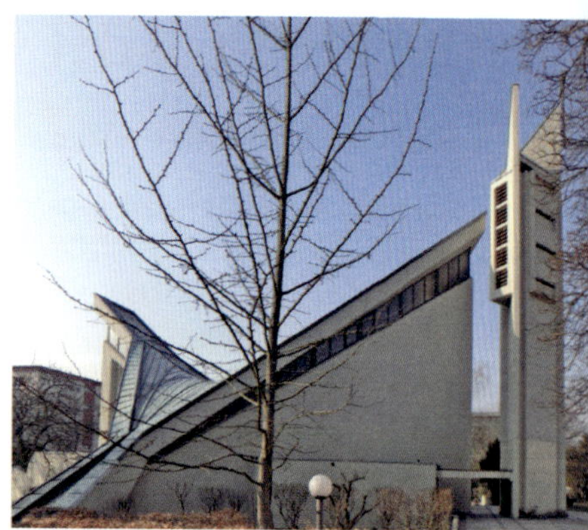

Dorfkirche Alt-Tempelhof (li.) und Kirche Maria Frieden in der Kaiserstraße

Eiszeit entstandenen Hochfläche, und sind Gründungen des Templerordens. An der Stelle der heutigen Dorfkirche Tempelhof entstand im frühen 13. Jh. eine Komturei, die erste Niederlassung der Templer östlich der Elbe. Tempelhof war damals mit Berlin und mit Mariendorf durch eine unbefestigte Straße verbunden, die über Marienfelde nach Großbeeren führte – auch eine Variante für das Pilgern in heutiger Zeit (s. unten).

Unser Weg führt jedenfalls vom U-Bahnhof Alt-Tempelhof nach rechts in die Straße Alt-Tempelhof und dann gleich nach links in die Reinhardtstraße, wo ein Schild den Weg zur Dorfkirche weist. Es lohnt sich, hier ein wenig zu verweilen, die historischen Grabmäler auf dem Kirchhof zu betrachten und an einem Donnerstagnachmittag (14 bis 18 Uhr) das Gotteshaus zu betreten: Es handelt sich um eine Feldsteinkirche aus dem zweiten Viertel des 13. Jhs. mit einem Fachwerkturm aus dem 18. Jh. Das Innere ist ein schlichter Saal mit einer flachen Decke, an den sich eine gewölbte Apsis anschließt. Das heutige Erscheinungsbild ist vor allem eine Folge des Wiederaufbaus in den 1950er-Jahren, denn die Kirche wurde im Zweiten Weltkrieg erheblich zerstört. Der einem kleinen Park ähnelnde Kirchhof weist einige interessante historische Grabmäler auf. Relativ neu und erschütternd: das Denkmal für die 47 Berliner und Brandenburger Opfer des Tsunami vom 26. Dezember 2004.

Insbesondere seit dem Bau des Teltowkanals (1900–06) ist das Wegenetz so verändert, dass man die mittelalterliche Wegeführung nur selten noch erahnen kann. Im Mittelalter und bis weit ins 19. Jh. hinein verließ der Feldweg nach Mariendorf zwar Tempelhof ungefähr in der Dorfmitte, er verlief aber nicht so wie der heutige Tempelhofer und Mariendorfer Damm, sondern er erreichte Mariendorf an seinem westlichen Ende, also dort, wo aus der Rathaus- die Großbeerenstraße wird. Der Weg, den wir nun vorschlagen, folgt im weitesten Sinne diesem historischen Verlauf.

Von der Dorfkirche Tempelhof wandern wir durch Lehne- und Alter Park zur Parkstraße, wo wir nach links in die Blumenthalstraße biegen. Nun geht es immer geradeaus über den Friedensplatz und die später folgende Werderstraße bis zur Wolframstraße, durch diese bis zum Alarichplatz und durch die Alarichstraße, den Teltowkanal querend, in die Rathausstraße. An der Ecke Rathaus-/Kaiserstraße fällt der Blick dann auf einen modernen Kirchenbau mit hohem Turm auf quadratischem Grundriss, mit einem expressiv geschwungenen Dach und mit einer Fassade, die komplett mit Keramikplatten verkleidet ist: die Martin-Luther-Gedächtniskirche. Mit dem Bau der vom Architekten Curt Steinberg (1880–1960) 1929 entworfenen Kirche wurde 1933 aus Anlass des 450. Geburtstag des Reformators begonnen, 1935 wurde sie geweiht. Der radikale Umschwung der gesellschaftlichen Verhältnisse hatte auf den Außenbau keine Auswirkungen mehr, wohl aber im Innern: Es finden sich sowohl Zeichen der »Volksgemeinschaft« als auch NS-Symbole.

Wer sich für Kirchenarchitektur und ihre Entwicklung vom Mittelalter über die Zwischen- bis in die Nachkriegszeit interessiert, sollte den Weg durch die Kaiserstraße fortsetzen, ansonsten geht es die Rathausstraße entlang bis nach Alt-Mariendorf. In der Kaiserstraße fällt kurz vor dem Mariendorfer Damm ein interessanter Kirchenbau mit einem gefalteten Dach auf, das entfernt an ein Zelt erinnert: die katholische Kirche Maria Frieden, von Architekt Günter Maiwald entworfen und 1967–69 erbaut. Der freistehende, 40 m hohe Glockenturm sorgt dafür, dass dieses Gotteshaus nicht übersehen werden kann.

Dorfkirchen Alt-Mariendorf (li.) und Alt-Marienfelde

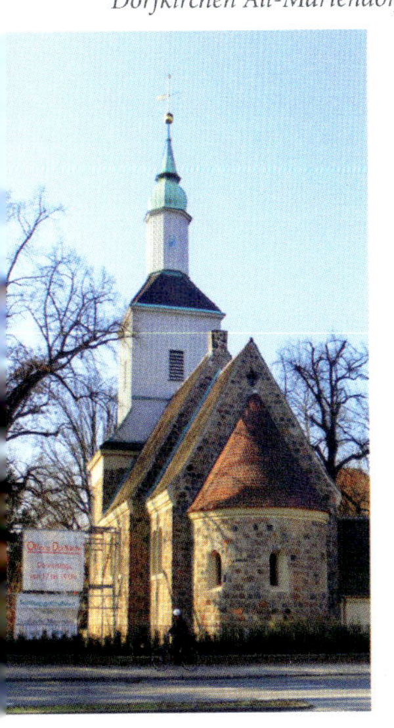

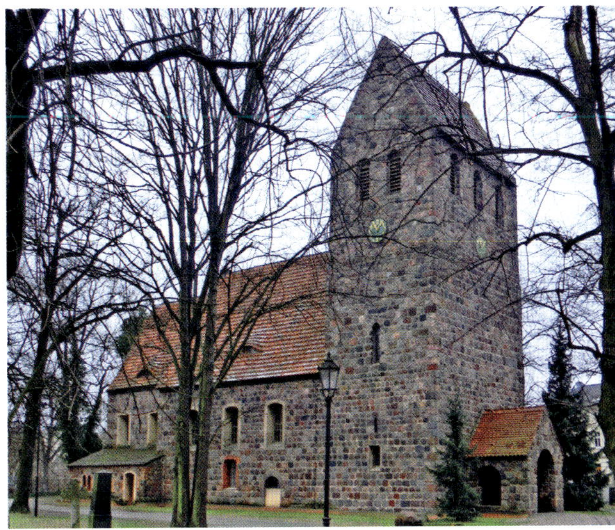

Welchen Weg man auch nimmt, die aus Feldsteinen errichtete Dorfkirche Mariendorf ist das nächste Zwischenziel. Auch sie wurde Anfang des 13. Jhs. errichtet, und zwar aus unbekannten Gründen nicht auf dem Anger, sondern südlich davon. »Die rechteckige Saalkirche mit einem nicht vollständig erhaltenen Westturm, einem eingezogenen, nahezu quadratischen Chor und einer halbkreisförmigen Apsis repräsentiert als ›vollständige Anlage‹ den Standardtypus märkischer Dorfkirchen.« (Denkmale in Berlin. Bezirk Tempelhof-Schöneberg. Ortsteile Tempelhof, Mariendorf, Marienfelde und Lichtenrade) Die schöne, frisch restaurierte Kirche und der Gottesacker mit zahlreichen historischen Grabmalen kann zu bestimmten Zeiten besichtigt werden. In der Straße Alt-Mariendorf befindet sich im Übrigen auch das Heimatmuseum Tempelhof.

Wir setzen unseren Weg fort, indem wir ein Stück die Friedenstraße entlanggehen und dann nach links in die Fritz-Werner-Straße biegen. Nach etlichen Hundert Metern geht es nach rechts in die Wilhelm-von-Siemens-Straße, schließlich nach links in die Großbeerenstraße. Dieser Teil des Weges führt durch Industriegebiet, das Auge findet nicht viel, woran es sich erfreuen kann. Nach Passieren der Straßenunterführung erreichen wir die Bahnstraße (linker Hand), die uns zum S-Bahnhof Marienfelde führt. Wer die Stadtwanderung gänzlich scheut, kann hier beginnen, wie es Elisabeth Bröhl und Klaus Krum in ihrem Wegführer für Jakobspilger »Von Berlin nach Magdeburg« vorschlagen – auf die Alternativroute wird später eingegangen.

Entfernung Heilig-Geist-Kapelle → Alt-Tempelhof: ca. 7,5 km

Entfernung Alt-Tempelhof → Marienfelde: ca. 6,5 km

Wer schon eine Pause braucht: Direkt gegenüber vom S-Bahnhof in der Bäckerei »Morgenfrische« kann man sich mit Kaffee und Backwerk versorgen, aber auch mit einem kleinen Sortiment von Lebensmitteln und Getränken für den weiteren Weg. Während man draußen in der Sonne sitzt, fällt womöglich der Blick auf einen runden, schildähnlichen Gedenkstein, der nähere Betrachtung lohnt: Am 28. Oktober 1903 erreichte ein Schnelltriebwagen bei einer Versuchsfahrt auf den Gleisen der Königlich Preußischen Militär-Eisenbahn mit 210,2 km/h den Geschwindigkeitsweltrekord aller Verkehrsmittel; dieser Rekord blieb bis 1931 bestehen. Am Empfangsgebäude des Militärbahnhofs in Zossen gibt es dazu eine Gedenktafel.

Wir gehen weiter die Bahnstraße entlang und am Kiepertplatz vorbei, wo ein Hinweisschild auf das 400 m entfernt befindliche ehemalige Notaufnahmelager Marienfelde verweist, und dann in die Kirchstraße, der wir folgen bis zu einer kleinen Parkanlage zwischen Sportanlagen und Friedhof. Durch diese Anlage gelangen wir zur Dorfaue von Marienfelde (heute Alt-Marien-

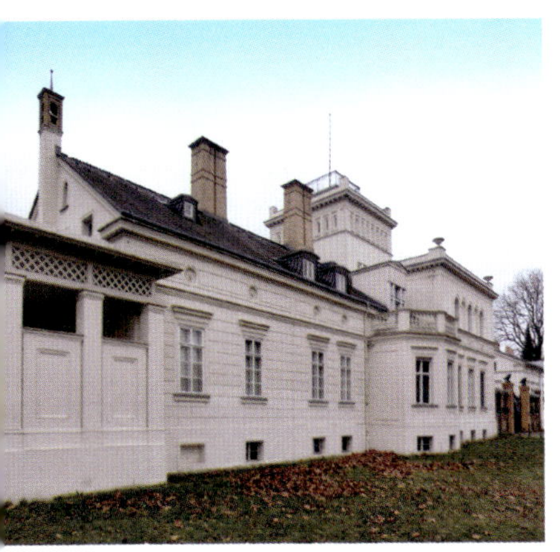

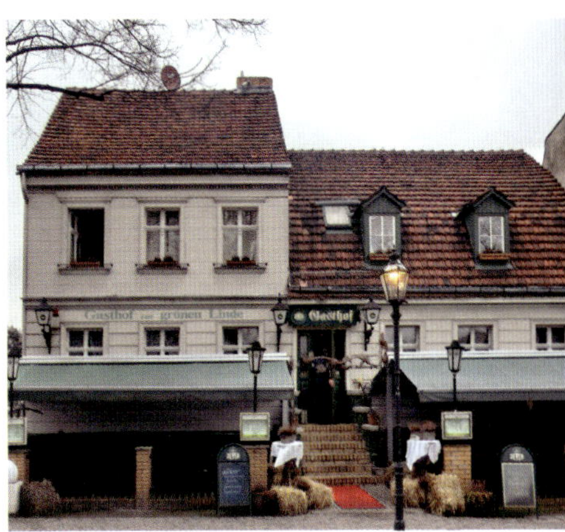

Alt-Marienfelde, ehem. Herrenhaus (li.) und Gasthof »Zur Grünen Linde«

felde). Hier steht die im 13. Jh. entstandene Feldsteinkirche wirklich auf dem Anger, umgeben vom Kirchhof mit einigen alten Grabsteinen und der Grabanlage der Familie Kiepert. 1844 kam das hiesige Gut in den Besitz von Adolf Kiepert, der es nach modernen Gesichtspunkten bewirtschaftete. Das Gutshaus und der Hof, heute Teil des Bundesinstituts für Risikobewertung, sind ebenso sehenswert wie einige der alten Häuser am Anger.

Doch weiter: Am westlichen Ausgang des Dorfes geht es nach links in die Marienfelder Allee, dann nach rechts in die Hildburghausener Straße. Wir durchqueren nun das Wohngebiet Marienfelde-West, eine 1968–73 erbaute Plattenbausiedlung – immer noch der von KOMPASS als Jakobsweg vorgeschlagenen Trasse folgend. Durch die Waldsassener Straße und den Lichterfelder Ring erreichen wir beim Jenbacher Weg die Stadtgrenze. Wir durchqueren ein kleines Gehölz und erreichen den Mauerweg, dem wir in Richtung Teltow folgen. Bei der Osdorfer Straße kann man einen Abstecher zum Gut Osdorf machen, das bereits zu Großbeeren gehört. Die Bauern Heiko und Marius Windmüller betreiben dort nachhaltige Landwirtschaft mit glücklichen Rindern und frohen Schweinen; was dabei herauskommt, kann im Hofladen überprüft werden. Osdorf wurde übrigens nach dem Mauerbau 1961 geräumt und 1970 komplett geschleift.

Nach der Osdorfer Straße beginnt die Japanische Kirschallee, die bis zum Ostpreußendamm verläuft; der Mauerweg macht nach einiger Zeit einen 90-Grad-Knick nach rechts, und dort steht auch ein Gedenkstein. Die über 10.000 Zierkirschbäume wurden 1996–98 von Japanern aus Freude über den Mauerfall und die deutsche Wiedervereinigung gespendet und hier angepflanzt; die Initiative ging vom Fernsehsender TV ASAHI aus. Insbesondere während der Kirschblüte ist dieser Weg ein Erlebnis.

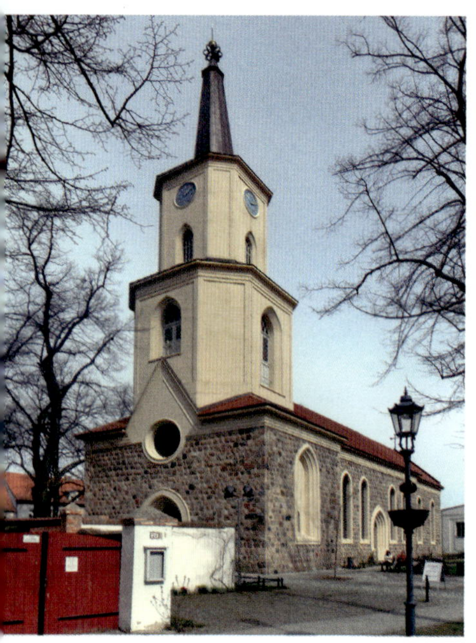

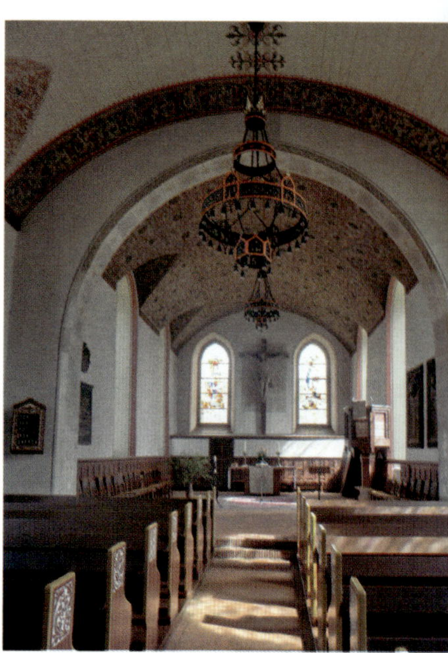

Teltow, Andreaskirche Außenansicht (li.) und Blick zum Chor

An seinem Ende überqueren wir den Damm und gehen durch die Paul-Gerhardt-Straße bis zu ihrem Ende am Teltowkanal, um hier die erste Ausschilderung als Jakobsweg durch die Jakobusgesellschaft Brandenburg-Oderregion zu finden. Von nun ab können wir den Schildern mit der Jakobsmuschel folgen. Aber Vorsicht! Die Ausschilderung erfolgt teilweise in sehr großen Abständen, und gelegentlicher Vandalismus kann einen ganz schön ins Schwitzen bringen, daher braucht es auch eine gute Nase – und ebensolches Kartenmaterial.

Der Weg geht erst einmal am Teltowkanal entlang, und es ist jedem klar, dass hier niemals Pilger entlanggezogen sind. Die Alternative wäre die viel befahrene Lichterfelder Allee, und da ist es am Wasser natürlich allemal schöner, zumal man sich vorstellen kann, dass hier einst die Treidellokomotiven die Binnenkähne zogen. Wenn wir den Schildern folgen, erreichen wir nach kurzer Zeit die Stadt Teltow, genauer: ihre liebenswerte kleine Altstadt.

Entfernung Heilig-Geist-Kapelle → Marktplatz Teltow: ca. 25 km

Entfernung Alt-Tempelhof → Marktplatz Teltow: ca. 17,5 km

Entfernung S Marienfelde → Marktplatz Teltow: ca. 11 km

Gaststätte und Pension »Alte Dorfaue«, Alt-Marienfelde 41, 12277 Berlin, Tel.: 030/721 80 00

Gasthof »Zur grünen Linde«, Alt-Marienfelde 28, 12277 Berlin, Tel.: 030/721 48 47

Historische Dorfensembles und Dorfkirchen Alt-Tempelhof, Alt-Mariendorf, Alt-Marienfelde

Dorfkirche Alt-Tempelhof, https://alt-tempelhof.kw01.net/page/4710/dorfkirche

Dorfkirche Alt-Mariendorf, https://mariendorf-evangelisch.de/startseite.html

Dorfkirche Alt-Marienfelde, https://marienfelde-evangelisch.de/

Tempelhof Museum, Alt-Mariendorf 43, 12107 Berlin, Tel.: 030/902 77 61 63

U 6 von Friedrichstraße Richtung Alt-Mariendorf nach Alt-Tempelhof und Alt-Mariendorf; S 2 von Friedrichstraße Richtung Lichtenrade und Blankenfelde nach Marienfelde

Die gesamte Strecke ist radtauglich und teilweise als Radweg ausgewiesen.

2. Abschnitt: Teltow – Saarmund

Ausgangspunkt: Markt Teltow
Zielpunkt: Evangelische Kirche Saarmund

Die Stadt **Teltow**, fast 25.000 Einwohner zählend, konnte vor wenigen Jahren ihre 750-Jahrfeier begehen. Das Jubiläum gründet sich auf die Stadtrechtsverleihung durch den askanischen Markgrafen Otto III., worüber dieser am 6. April 1265 urkundete. Teltow entstand im Tal der auch Bäke genannten Telte, eines Fließes, das von 1900 bis 1906 zu einem Teil des Teltowkanals ausgebaut wurde, der für die Entwicklung von der Ackerbürgerstadt zum Industriestandort von großer Bedeutung war. Die Initiative zum Kanalbau ging maßgeblich vom Landrat Ernst von Stubenrauch aus, der auf dem Marktplatz der Altstadt mit einem Denkmal geehrt wird. Von 1815 bis 1871 war Teltow Landratssitz des gleichnamigen Kreises, der aber nach der Reichseinigung nach Schöneberg verlegt wurde, damals noch eigenständige Stadt. Der Mantel der Geschichte streifte Teltow mehrfach, historisch bedeutsam war zum Beispiel die Teltower Einigung: Beim Teltower Vogt Joachim von Schwanebeck trafen sich im April 1539 die Adligen des Teltow, um mit dem Bischof Matthias von Jagow über Fragen der Religion zu beraten und sich nach dem Gespräch schließlich zum Luthertum zu bekennen. Diese Einigung muss großen Einfluss auf den Kurfürsten von Brandenburg gehabt haben, der am 1. November desselben Jahres in der Kirche von Spandau gemeinsam mit den Teltower Adligen das Abendmahl in der von Luther geforderten Gestalt nahm.

Im Bild der Altstadt zeigt sich noch das Gitterschema der mittelalterlichen Stadtgründung. In wenigen Minuten hat man alle Sehenswürdigkeiten erreicht: die Andreaskirche, die im Kern auf das 13. Jh. zurückreicht, die nach Bränden 1811/12 unter Mitwirkung von Karl Friedrich Schinkel neu gestaltet

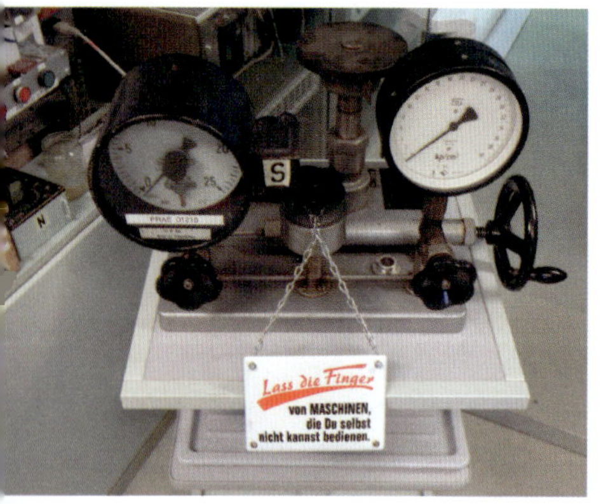

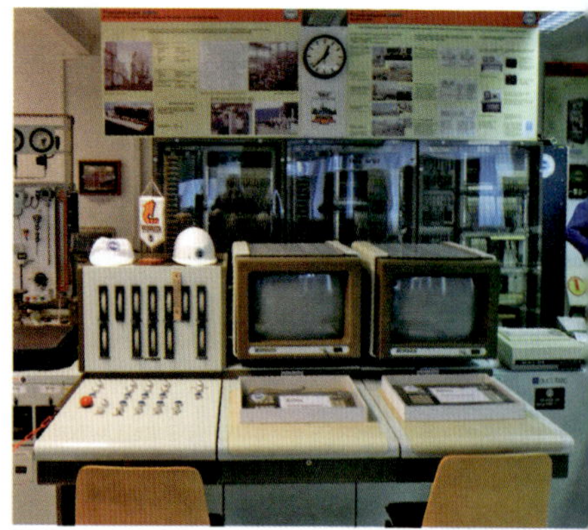

Im Industriemuseum Teltow

wurde; der Markt mit Altem und Neuem Rathaus, Bürger- und Pfarrhaus. Die »Rübchenstadt« verfügt über zwei sehenswerte Museen: das liebevoll eingerichtete Heimatmuseum im Hohen Steinweg und das unbedingt einen Besuch lohnende Industriemuseum in der Oderstraße: Alte Telefonanlagen und erste Fernsehgeräte werden dort ebenso präsentiert wie Schautafeln zur Industriegeschichte der Region sowie Produkte der DDR-Industrie, etwa das Kofferradio »Spatz baby« von 1962 oder die Computer von Robotron.

Der ausgeschilderte Jakobsweg führt vom Markt in die Neue Straße, wo sich an der Ecke zur Bäckerstraße tatsächlich eine Bäckerei befindet: Bäcker Neuendorff backt herausragende Käsetorten, also sollte man ein Stück probieren und dazu einen Kaffee trinken. Dann geht es durch Neue Straße, Hoher Steinweg und Alte Potsdamer Straße zum Puschkinplatz, dort auf der Potsdamer Straße durch einen kleinen Park vorbei am Sportplatz zum Verlängerten Striewitzweg, der in die Oderstraße mündet. Nach links führt der Weg dann nach Stahnsdorf, wobei man längere Zeit durch ein unansehnliches Gewerbegebiet muss. So ist die Ausschilderung; schöner ist es aber, zur Knesebeckbrücke zurückzukehren und von dort am nördlichen Ufer des Teltowkanals entlangzuwandern (Kanalauenweg), und zwar bis zum Zehlendorfer Damm in **Kleinmachnow.** Der ausgeschilderte Jakobsweg erreicht über Oderstraße und Am Weinberg ebenfalls diesen Ort, nämlich die Brücke über den Teltowkanal kurz vor dem Machnower See. An dessen Südufer geht es nun weiter bis zur Dorfkirche Kleinmachnow. Linker Hand fällt ein altes Landarbeiterhaus ins Auge, das den Kunstverein »Die Brücke« Kleinmachnow beherbergt, wo auch Ausstellungen gezeigt werden.

Auf Kleinmachnower Gebiet muss es einst eine slawische wie dann auch eine zusätzlich angelegte deutsche Siedlung gegeben haben, denn es gilt, was Rolf Schneider in seinem Buch »Ritter, Ketzer, Handelsleute. Brandenburg und Berlin im Mittelalter« schreibt: »Häufig existierten deutsche und slawische Dörfer direkt nebeneinander. Die deutsche Siedlung behielt den slawischen Flurnamen, lediglich ergänzt durch vorgesetztes Groß-, während das slawische Dorf den Zusatz Klein- erhielt, wie bei Groß- und Kleinmachnow.«

Der Ort wurde 1375 im Landbuch Kaiser Karls IV. erstmals erwähnt. Die Familie von Hake erhielt 1435 das Lehnsrecht über Machnow, Stahnsdorf und weitere Güter, und für die folgende Jahrhunderte war diese Familie – die märkischen Hake – prägend für die Region. Sowohl die alte Burg derer von Hake als auch das »Schloss« wurden im Zweiten Weltkrieg beschädigt und nach 1945 geschleift. Aber es gibt noch Spuren der Rittergutsbesitzerfamilie auf dem Kirchhof der 1598 erbauten Dorfkirche, und zwar in Gestalt der an die Nordmauer gebauten Grablege. Und vom Gut ist noch das Medusentor, vis-à-vis vom Kirchturm, zu sehen.

Was schreibt Fontane?

»Kleinmachnow ist ein reizend gelegenes Dorf, das sich an einem vom Teltefließ gebildeten See hinzieht. Die Häuser sind ärmlich, aber schöne Kastanienalleen, wie sie während des vorigen Jahrhunderts fast überall in den Nachbardörfern Berlins entstanden, geben dem Ganzen ein sehr malerisches Ansehen.«

(Theodor Fontane, Wanderungen durch die Mark Brandenburg, Kleinmachnow oder Machnow auf dem Sande)

Wir setzen unseren Weg fort am Machnower See entlang bis zur Machnower Schleuse, einem technischen Denkmal; Informationstafeln setzen einen sowohl über den Teltowkanal als auch über die Schleuse ins Bild. Ein alter Straßenbahnwaggon der Linie 96 steht auf Stahnsdorfer Seite: Im Jahr 1888 wurde eine Dampfstraßenbahn zwischen Groß-Lichterfelde und Teltow eröffnet, die 1891 nach Stahnsdorf und 1905 bis zur Machnower Schleuse verlängert und vom Volksmund »Lahme Ente« getauft wurde. 1907 wurde die Strecke elektrifiziert, die eine wichtige Ausflugslinie für die Berliner Bevölkerung darstellte. 1961 wurde der Betrieb auf der Reststrecke in der DDR endgültig eingestellt.

Weiter entlang des ausgeschilderten Jakobsweges geht es durch **Stahnsdorf** bis zum Wilmersdorfer Waldfriedhof und zum bekannten Stahnsdorfer Südwestkirchhof, der ein Flächendenkmal darstellt und auf dem man sich gut und gern einen halben Tag aufhalten kann, oder länger. Es ist eine der größten Begräbnisstätten Deutschlands mit sehr vielen sehenswerten Grabdenkmälern. Auch die Stabholzkirche in norwegischem Stil zählt zu den Besonderheiten.

Der Ort Stahnsdorf verfügt über eine Dorfkirche, einen spätromanischen Feldsteinbau aus der ersten Hälfte des 13. Jhs. Bemerkenswert ist das Innere: Die Wandmalereien mit floralen Mustern wurden rekonstruiert, es gibt einen

Schnitzaltar von 1430, einen Kruzifix aus dem 14. Jh. und das Patronatsgestühl derer von Hake zu bewundern. Die Kirche liegt nicht am ausgeschilderten Jakobsweg, aber der Umweg lohnt sich.

Vom Südwestkirchhof gehen wir, die Potsdamer Allee überquerend, in Richtung Güterfelde, wobei der Weg seit der Schleuse mit dem Fontaneweg identisch ist, einem regionalen Rundwanderweg. Durch Weiden und Felder erreichen wir über Heidestraße und Seematenweg nach ca. 1,5 km das Dorf **Güterfelde**, das als Gütergotz 1228 erstmals genannt wurde. Da den Nationalsozialisten der slawische Ursprung von *-gotz* missfiel, wurde der Ort 1937 im Zuge der allgemeinen Germanisierungspolitik umbenannt. Schön ist die alte Dorfkirche aus regelmäßigem Feldsteinmauerwerk (erste Hälfte 13. Jh.), außerdem gibt es in Güterfelde ein prächtiges ehemaliges Gutshaus, dessen Park zugänglich ist.

Südlich vom Güterfelder Haussee biegt der Weg ein in die Parforceheide, und den Ausschilderungen folgend, erreichen wir das kleine Straßendorf **Philippsthal**. Das Dorf wurde 1754 als Weber- und Seidenspinnerkolonie gegründet, als sogenanntes Spinnerdorf; mit der Bildung von Textilmanufakturen sollte Preußen in diesem Bereich autark gemacht werden. In der Dorfstraße 1 befindet sich ein auffallendes, zweigeschossiges Bauwerk mit Krüppelwalmdach, das für den Feldpropst Johann Christoph Decker errichtet wurde (Haus Friedrichshuld), außerdem fällt eine kleine Dorfkapelle ins Auge, die erst 1904 fertiggestellt wurde. Sie ist ein Werk des Zimmermeisters Wilhelm Kuhlmey aus Gütergotz.

Der Jakobsweg führt nun über die Felder zum Bahnhof **Saarmund** und von dort weiter zur Saarmunder Kirche, aber man kann auch direkt über die

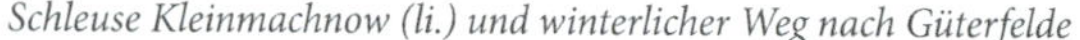

Schleuse Kleinmachnow (li.) und winterlicher Weg nach Güterfelde

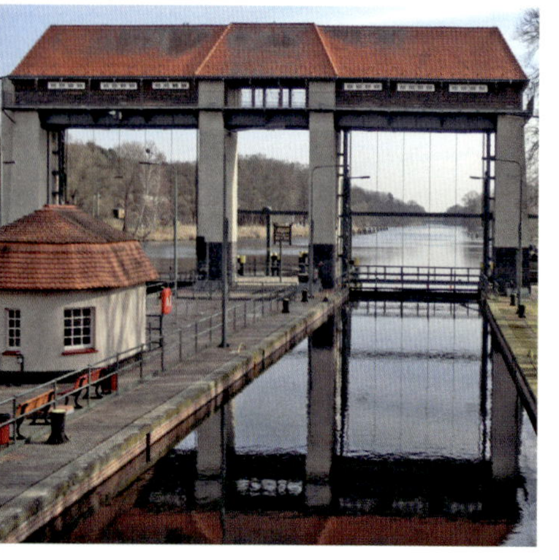

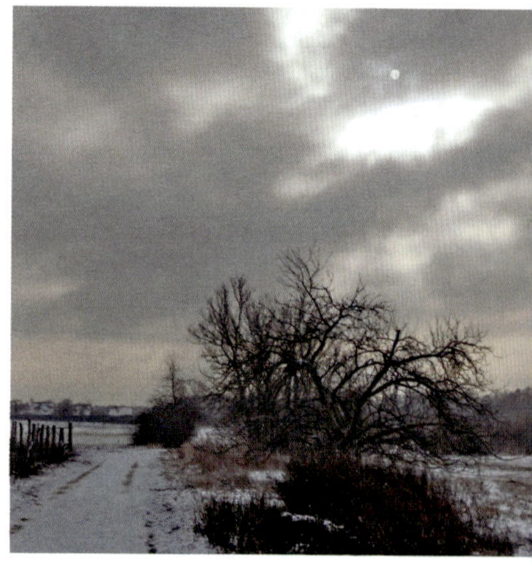

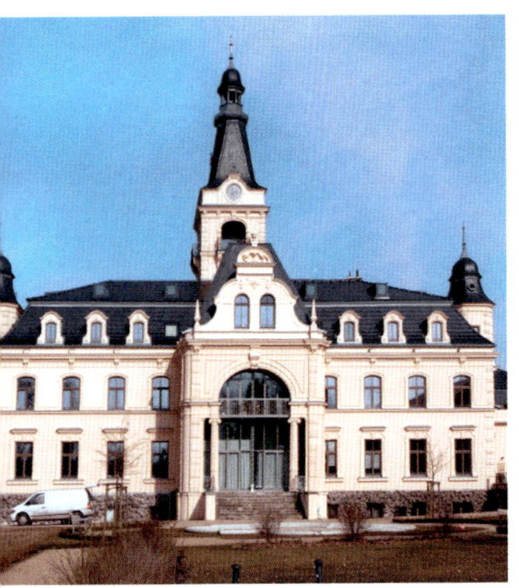
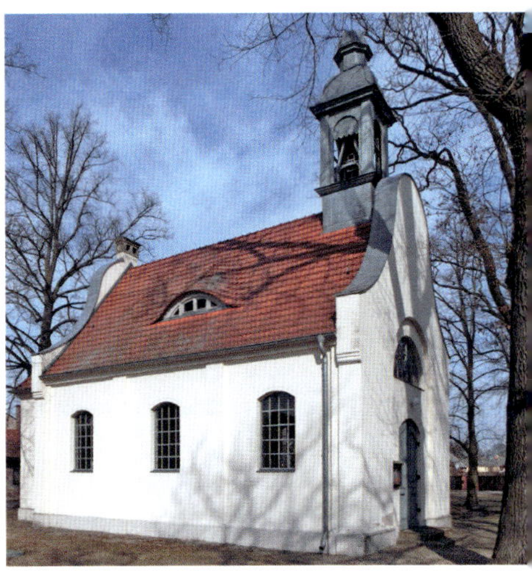

Herrenhaus Güterfelde (li.) und Kirche in Philippsthal

L 77 zu diesem Gotteshaus gelangen. Auf halbem Weg zwischen der Eisenbahnunterführung und der Kirche überqueren wir die Nuthe. Mit Saarmund haben wir den Naturpark Nuthe-Nieplitz erreicht. Bis Treuenbrietzen werden wir ihn durchqueren. Übrigens: In Saarmund gibt es eine einfache Pilgerherberge mit drei Schlafplätzen.

Entfernung Alt-Tempelhof → Kirche Saarmund: ca. 42 km

Naturpark Nuthe-Nieplitz

Wegen der im Fläming entspringenden Flüsse Nuthe und Nieplitz wird diese Gegend auch »märkisches Zweistromland« genannt. Der Naturpark erstreckt sich über eine Fläche von 62.323 ha, davon sind 13.265 ha Natur- und 40.500 ha Landschaftsschutzgebiete. Der Naturpark ist dünn besiedelt, die Bewohner leben vor allem in Dörfer und kleinen Städten. »Weithin von Schilf umgebene Seen, feuchte Wiesen und trockene Wälder prägen den Naturpark«, heißt es auf den Schautafeln im Park. »Eine extensive Wirtschaftsweise auf den Wiesen und Weiden der Niederung erhält eine Kulturlandschaft, die noch Kranichen, Graugänsen und Kiebitzen eine Brutheimat bietet, Orchideen und Lungenenzian wachsen lässt. Die Rast Tausender Zugvögel im Herbst ist ein Schauspiel besonderer Art.«

Zahlreiche Fuß- und Radwanderwege durchziehen den Park und ermöglichen eine enge Begegnung mit der Natur. 20 Landwirtschaftshöfe der Region haben sich zu der Organisation »Offene Höfe« zusammengeschlossen, einen Blick hinter die Kulissen ermöglichen sie im Mai und November beim Tag der Offenen Höfe.

NaturParkZentrum am Wildgehege Glauer Tal

Glauer Tal 1, 14959 Trebbin, Tel.: 033731/70 04 62

Touristinformation Teltow, Marktplatz 1/3, 14513 Teltow, Tel.: 03328/478 12 93

Bäckerei & Konditorei Thomas Neuendorff, Bäckerstr. 1, 14513 Teltow, Tel.: 03328/414 61

Restaurant Böfflamott, im Rathaus Teltow, 14513 Teltow, Marktplatz 1/3, Tel.: 03328/35 12 22

Zum Mühlengrund – Landappartements, Mühlenstr. 6, 14558 Nuthetal, OT Saarmund, Ansprechpartnerin: Antje Behrend, Tel.: 033200/552 00 oder 0176/80 41 14 14. Hier gibt es auch einen Pilgerstempel.

Pilgerherberge im Gemeinderaum Saarmund, Pfarramt Saarmund, Am Markt 18, 14558 Nuthetal, OT Saarmund, Ansprechpartner: Frau Fröhlich und Pfarrer Roy Sandner, Tel.: 033200/854 48. Bitte möglichst drei Tage vorher anmelden, um Schlüssel erhalten zu können.

Pension Fröhlich, Potsdamer Str. 33, 14558 Nuthetal, OT Saarmund, Tel.: 033200/50 12 69

Historische Altstadt Teltow, Vogelpark Teltow, Schleuse Kleinmachnow, Südwestkirchhof Stahnsdorf

Andreaskirche Teltow, Breite Str., 14513 Teltow, Apr–Okt geöffnet, https://kirche-teltow.ekbo.de/startseite.html

Dorfkirche Kleinmachnow, Ostern–Okt, Auskünfte bei Frau Heike Gehrke, Tel.: 0177/834 97 48

Dorfkirche Stahnsdorf, Pfingsten–Sep geöffnet, https://kirchengemeinde-stahnsdorf.de/

Offene Kirche Saarmund, Juni–Aug, Schlüssel über das Pfarrbüro, Am Markt 9, Tel.: 033200/854 48, www.kirchengemeinde-saarmund.de

Heimatmuseum Teltow, Hoher Steinweg 13 (»Ältestes Haus«), 14513 Teltow, Tel.: 03328/47 41 20

Industriemuseum Teltow, Oderstr. 23–25, 14513 Teltow, Tel.: 03328/336 90 88

Teltow (Stadt): S25, S26 und diverse Busse
Saarmund: RB22 und Bus 624

Bis Güterfelde ist die beschriebene Strecke mit dem Fahrrad problemlos zu bewältigen. Problematisch ist der Abschnitt Güterfelde-Philippsthal durch die Parforceheide, besonders bei schlechtem Wetter: viel märkischer Sandboden. Unmöglich ist das Radfahren auf dem Jakobsweg von Philippsthal nach Bhf Saarmund, da der Weg hier über Wiesen geht. Empfehlung: Von Güterfelde via Philippsthal nach Saarmund die L 77 benutzen (7 km).

Alternativroute
Berlin-Marienfelde – Großbeeren – Saarmund

Ausgangspunkt: S-Bahnhof Marienfelde
Zielpunkt: Evangelische Kirche Saarmund

In ihrer Broschüre »Von Berlin nach Magdeburg. Wegführer für Jakobspilger« empfehlen die Autoren einen anderen Weg von Berlin (Marienfelde) nach Saarmund, nämlich via Großbeeren. Da dieser Weg durchaus Interessantes bietet, soll er hier als Alternative zu der ausgeschilderten Route dargestellt werden. Ob sie wirklich von Pilgern benutzt wurde? Hier gilt, was das Autorenduo in der Einleitung schreibt: »Es gibt in der Region Brandenburg keine wirklich gesicherten historischen Erkenntnisse über die Existenz von Jakobswegen, was in erster Linie daran liegt, dass in der Blütezeit des Pilgerwesens der Berliner Raum noch nicht einmal vollständig christianisiert war.«

Vom S-Bahnhof Marienfelde geht es zur Dorfkirche, dann weiter auf der Straße Alt-Marienfelde und Marienfelder Allee bis zum Nahmitzer Damm. Dieser wird überquert. Weiter die Marienfelder Allee entlang, dann noch ein Stück B 101, schließlich nach links abbiegen und auf das Bundesinstitut für Risikobewertung zugehen. Den Diedersdorfer Weg bis zum Ende wandern (Stadtgrenze), dann nach links in den Mauerweg biegen und diesem auch fol-

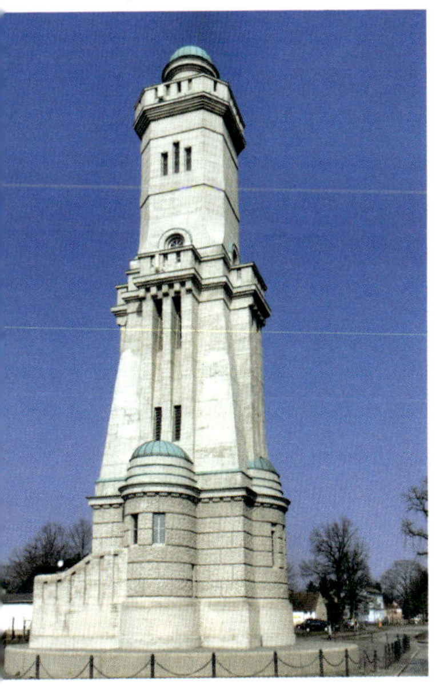

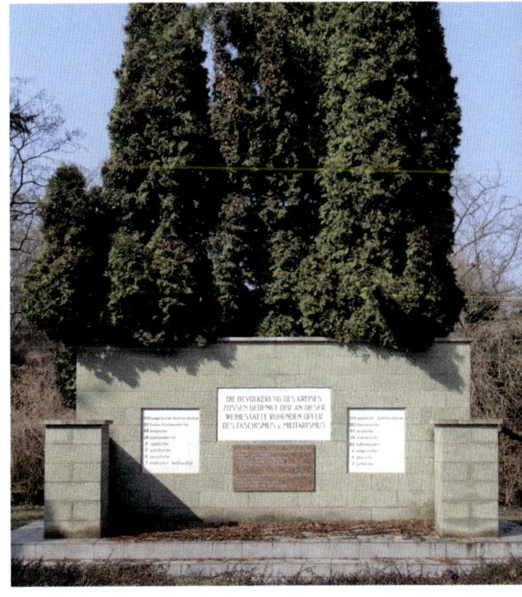

Großbeeren Gedenkturm (li.) und Gedenkstätte für Opfer des Gestapo-Lagers

gen, wenn er sich 90 Grad nach rechts wendet. Schließlich erreicht man einen mit (noch) kleinen Bäumen bepflanzten Feldweg, die Berlin-Brandenburger Allee, die nach Birkholz führt (Wegweiser: Schloss Diedersdorf, diesem folgen). Nach Verlassen von Birkholz und dem Überqueren der vierspurig ausgebauten Landesstraße 76 geht es durch die Diedersdorfer Heide nach Kleinbeeren, wobei wir immer noch der Richtung Schloss Diedersdorf folgen.

Zunächst erreichen wir **Kleinbeeren** mit einer Feldsteinkirche aus der zweiten Hälfte des 13. Jhs., die aufmerksamer Betrachtung lohnt, lassen sich an ihr doch Bau- und Umbaumaßnahmen gut nachvollziehen. Vom Grundstück des benachbarten ruinösen Gutshauses aus erkennt man, dass die Dreifensteranlage des Chores vermauert wurde, und auch an der Südseite fallen vermauerte Fenster und Pforten auf. Und wer genau hinschaut, vermag am Übergang vom backsteinernen Turm zur Halle aus Feldsteinen einen Schachbrettstein auszumachen.

Von der Dorfstraße biegen wir nach knapp 300 m nach links in die Nussallee und erreichen auf diesem Wege **Großbeeren** fast genau am Gedenkturm für die Schlacht von Großbeeren im Jahr 1813. Man kann sagen, dass die gesamte Gemeinde im Bann dieses kriegerischen Ereignisses steht, durch das die Herrschaft Napoleons in der Mark beendet wurde. Der Gedenkturm von 1913 trägt denn auch die Inschrift: »Hier wurde am 23. August 1813 die französische Armee von den preußischen Truppen unter General von Bülow ge-

Großbeeren Bülowpyramide

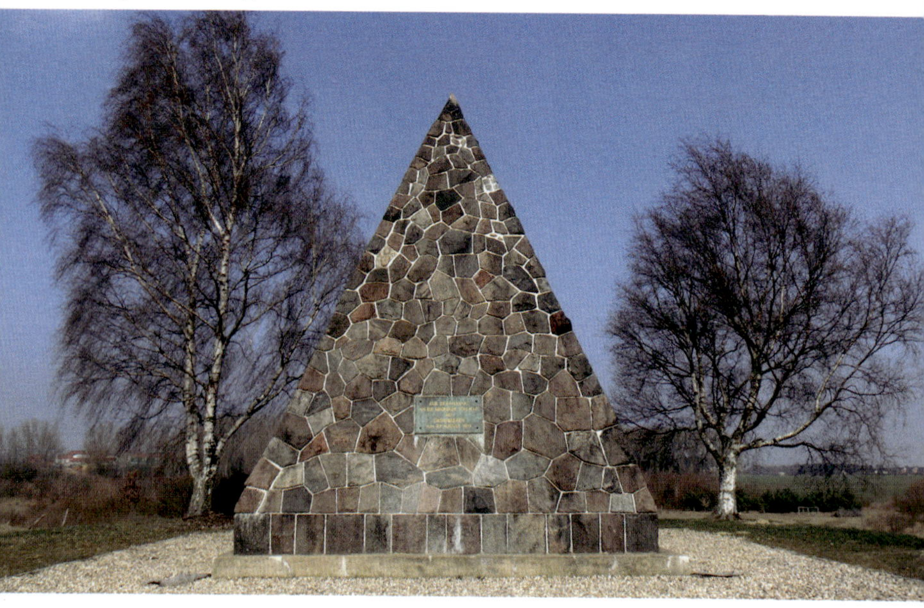

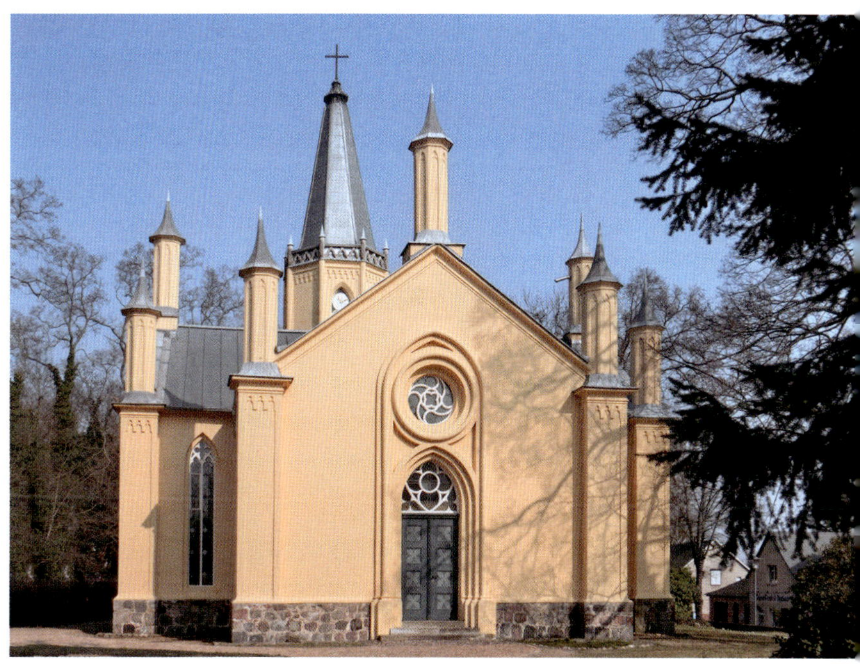

Großbeeren Schinkelkirche

schlagen. Der Sieg bewahrte Berlin vor drohender französischer Besetzung.« Im Erdgeschoss des Turmes befindet sich ein kleines Museum. Sehenswert sind auch die nach einem Entwurf von Schinkel errichtete Dorfkirche, auf deren Friedhof ein gusseisernes Denkmal, ebenfalls nach einem Entwurf von Schinkel, an die berühmte Schlacht erinnert, sowie die Bülowpyramide. Von der Kirche gehen wir durch die Ruhlsdorfer Straße, passieren eine Gedenkstätte für die Opfer des Gestapodurchgangslagers Großbeeren, die zum Innehalten auffordert, und erreichen schließlich die 1906 aufgetürmte Pyramide aus Findlingen. Linker Hand entdecken wir eine Wasserskianlage, und auf dem Fontanewanderweg F5 geht es nach links bis zu einem opulenten Kreuzungsbauwerk zwischen L 40 und B 101. Auf dem Radweg gelangen wir hinüber zum Bahnhof Großbeeren und weiter auf der Landstraße zum Gemeindeteil **Neubeeren**. Der von der Sputendorfer Chaussee abzweigenden Neubeerener Straße folgt man bis zum Koppelweg, dort dann links einbiegen in einen namenlosen Feldweg, der am Golfplatz vorbei in den Wald führt. Hier braucht man etwas Glück und eine gute Karte, um schließlich Sputendorf zu erreichen.

Dort fällt sofort der schöne Dorfkern mit den beiden Teichen ins Auge, des Weiteren gibt es eine Feldsteinkirche aus der zweiten Hälfte des 13. Jhs. mit einem Bretterturm aus dem 18. Jh. Um 1700 entstand der Kanzelaltar. Auch der nächste Ort, **Schenkenhorst**, hat eine Feldsteinkirche aus etwa der gleichen Zeit, allerdings ist es eine Saalkirche ohne eingezogenen Chor, die im 18. und 20. Jh. sehr verändert wurde; es fallen daher abermals vermauerte Fenster bzw. Pforten auf. Der Turm besteht aus Fachwerk, interessant ist ein alter Grabstein aus dem 16. Jh. Schenkenhorst ist von Sputendorf auf einem 2 km langen straßenbegleitenden Rad- und Fußweg zu erreichen.

Die Autoren des Wegführers schlagen einen anderen Verlauf vor als wir, nämlich über Feld, Wald und Steg nach Philippsthal. Auf unserem Weg – dem straßenbegleitenden Rad- und Fußweg – ist die nächste Station **Nudow**, das man andernfalls versäumen würde, und das wäre schade. Denn zum 650. Jubiläum ihres Ortes 2009 haben die Bewohner einen historischen Rundgang durch ihr Dorf konzipiert und Schautafeln aufgestellt, die wichtige Gebäude und ihre Geschichte vorstellen: das Kirchlein aus dem 18. Jh., Schule, Gasthof und wichtige Bauernhöfe. Von Freitag bis Sonntag kann man sich nach einer Dorfbesichtigung im Gasthaus stärken. In Nudow findet man übrigens auch einen sogenannten »Meilenstein« (korrekt: Wegweiserstein), und da das Jakobspilgern ja etwas mit Wegen und Wegenetzen zu tun hat, soll er ausdrücklich erwähnt werden.

Wir verlassen Nudow auf der Landstraße in westlicher Richtung und biegen kurz nach dem Ortsausgang nach links in einen Weg, der zum Bahn-

Nudow Dorfkirche (li.) und Meilenstein

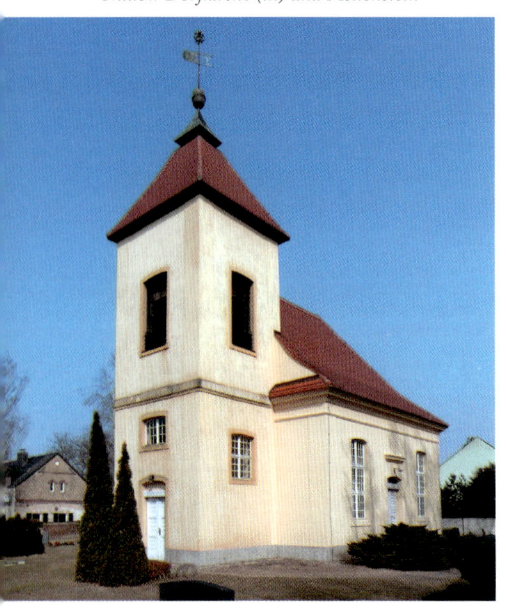

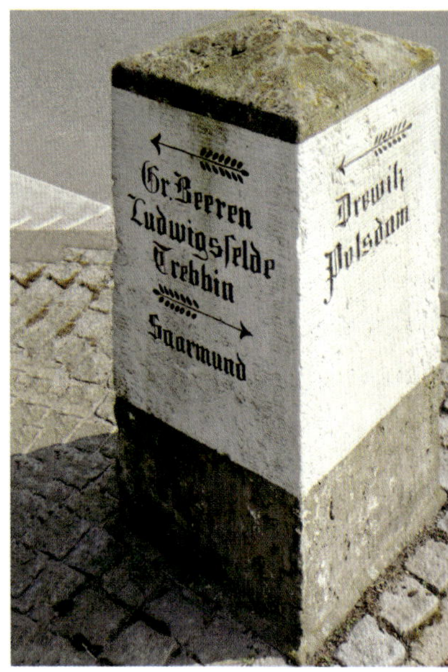

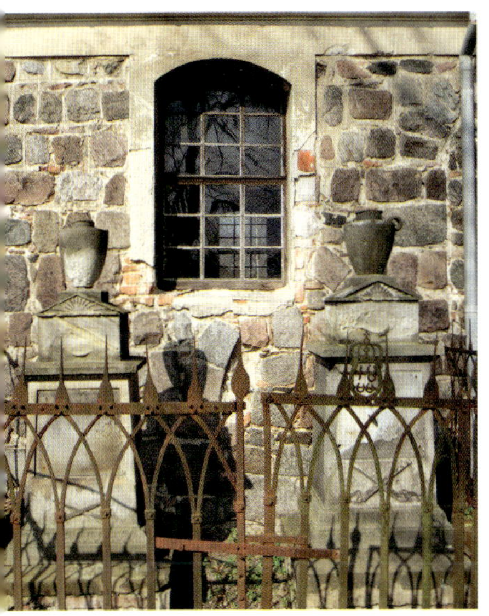

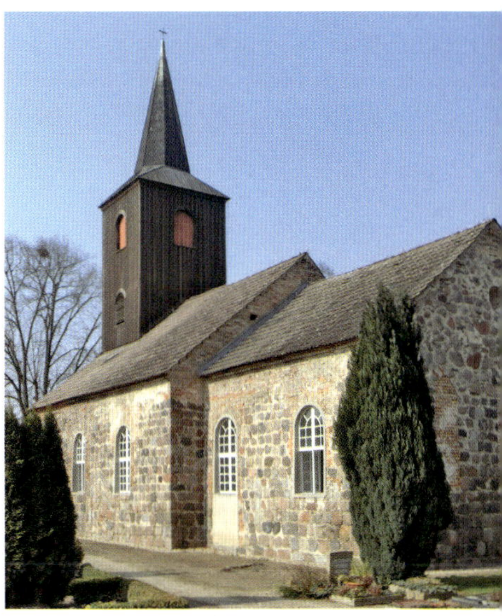

Schenkenhorst, Klassizistische Urnengrabdenkmale (li.) und Kirche Sputendorf

damm führt. Dort gibt es eine Unterführung, und wenn wir uns nach rechts halten, gelangen wir zum Bahnhof Saarmund. Von dort ist es dann 1 km bis zur Saarmunder Kirche.

Entfernung S Marienfelde → Kirche Saarmund: ca. 28 km

- Tourismusbüro Großbeeren, Am Rathaus 2, 14979 Großbeeren, Tel.: 033701/32 88 61
- Trattoria Toscana, Dorfaue 12, 14979 Großbeeren, Tel.: 033701/909 55
- Gedenkturm, Schinkelkirche, Bülowpyramide in Großbeeren, historischer Dorfkern Nudow
- Dorfkirche Kleinbeeren, Ostern–Erntedank, https://www.ev-kirche-grossbeeren.de/startseite.html
- Schinkelkirche Großbeeren, Ostern–Erntedank, sonst Besichtigungen vereinbaren unter Tel.: 033701/554 13 (Webseite s. Dorfkirche Kleinbeeren)
- Großbeeren: RE3, Bus 600, 703, 711
- Bis Neubeeren durchgehend gut geeignete Wege. Der Weg von Neubeeren nach Sputendorf ist für Fahrrad nur sehr bedingt geeignet, vor allem nur bei trockenem Wetter, wird auch von Reitern benutzt, entsprechend schlechter Zustand. Empfehlung: Zwischen Neubeeren und Sputendorf die Sputendorfer Chaussee benutzen (L 794, dann K 6903). Entfernung ca. 3 km.

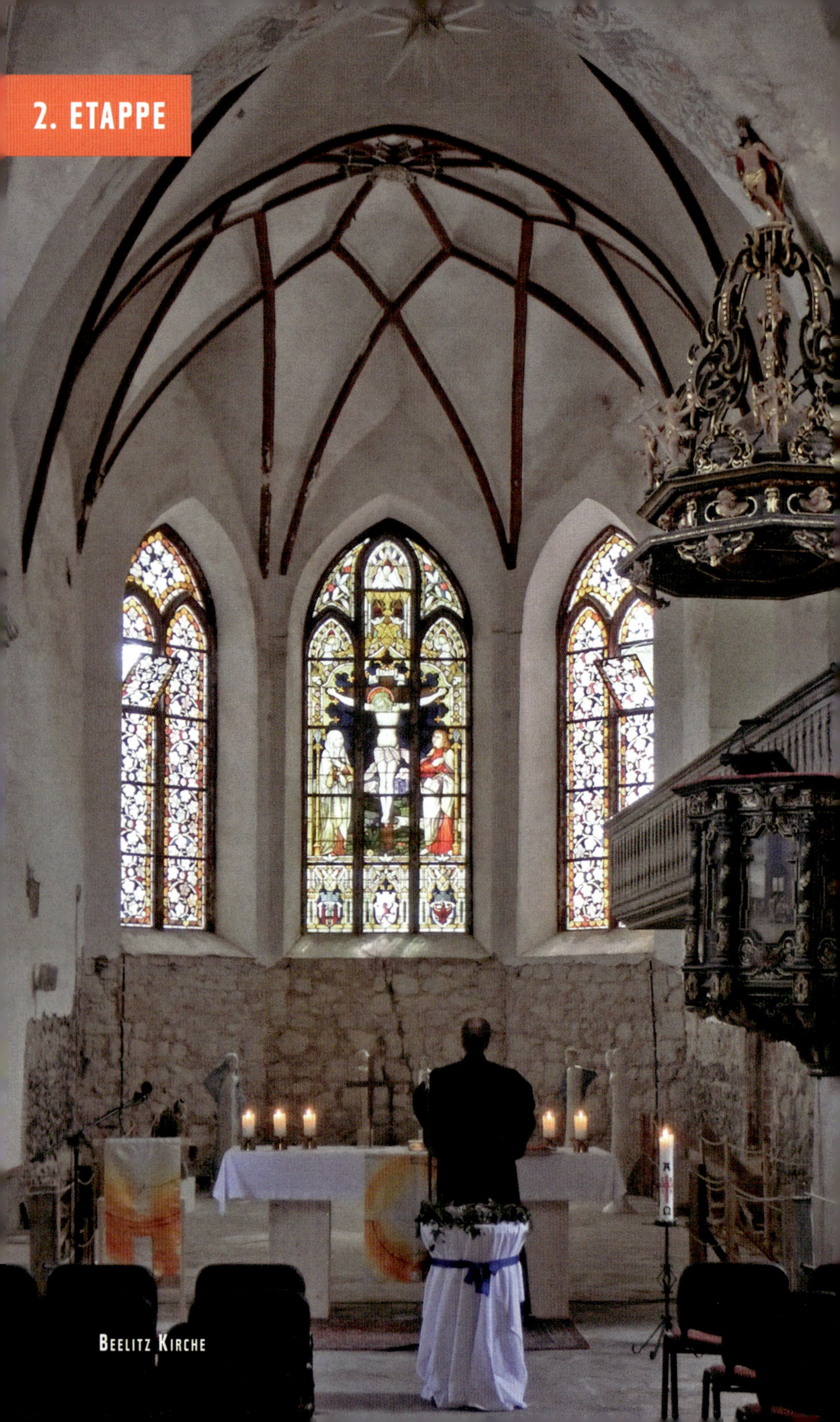
2. ETAPPE
BEELITZ KIRCHE

VON SAARMUND NACH BEELITZ

Ausgangspunkt: Ev. Kirche Saarmund
Zielpunkt: Stadtpfarrkirche Beelitz

Saarmund wurde 1217 erstmals urkundlich erwähnt, und im Landbuch Kaiser Karls IV. (1375) taucht es als Städtlein mit Burg und Zollamt auf. Ob der Name wirklich auf die Lage des Ortes an der Mündung der Saare in die Nuthe zurückzuführen ist, wie Fontane behauptet? Die Nuthe fließt jedenfalls gemächlich an Saarmund vorbei. Der Ort hatte einst einige Bedeutung – eben wegen der Burg, die als Grenzbefestigung zwischen Zauche und dem slawischen Teltow diente, und später gab es hier auch ein Schloss, das u. a. den »wilden« Quitzows gehörte. Vor allem jedoch die Rolle als Zoll- und auch als Geleitstätte an der wichtigen Handelsstraße Berlin-Wittenberg-Leipzig verschaffte Saarmund besondere Geltung. Nach dem Bau der Chaussee von Potsdam nach Beelitz ging es allerdings bergab, Saarmund wurde zum einfachen Marktflecken.

Was schreibt Fontane?

»Der Eindruck des Öden, den die ganze Stadt macht, an dieser Stelle (gemeint ist der Platz, der Freiheit heißt – d. Verf.) steigert er sich, denn hier war einmal Leben. Unter den Fenstern des ersten Stockes ziehen sich lange Wirtshausschilder: ›Stadt Halle‹, ›Stadt Leipzig‹, die sich fast wie Grabschriften lesen über einer Zeit, die nicht mehr ist. Hier führte vor fünfzig oder hundert Jahren die große Straße von Sachsen vorüber, hier war ein Hauptzollamt (...). Ein eignes Geschick ist um gewisse Städte wie um gewissen Menschen. Sie sind anmutig, alles scheint für sie zu sprechen, und sie können es nichtsdestoweniger zu nichts bringen. So Saarmund. Einer der vielen Orte, die nicht leben und nicht sterben können und nur dazu da sind, im Herzen des Vorüberfahrenden ein sentimentales Gefühl zu wecken.«

(Theodor Fontane, Wanderungen durch die Mark Brandenburg, Saarmund und die Nutheburgen)

Ganz unsentimental beginnen wir unsere Wanderung zur Spargelstadt Beelitz an der Saarmunder Kirche, einem italienisierenden Backsteinbau, 1846–49 nach Entwürfen von Ludwig Persius errichtet. Wir folgen dem Schild mit der Jakobsmuschel und entdecken an der Kreuzung Beelitzer Straße/Nuthestraße/Weinbergstraße Einkaufsmöglichkeiten mit Backshop und Landfleischerei; wer möchte, kann sich hier noch mit Wegzehrung versorgen. Weiter geht es auf der Straße nach Tremsdorf, aber der Verkehr ist gering. Trotzdem sind wir froh, nach der Autobahnbrücke nach rechts in den Wald biegen zu

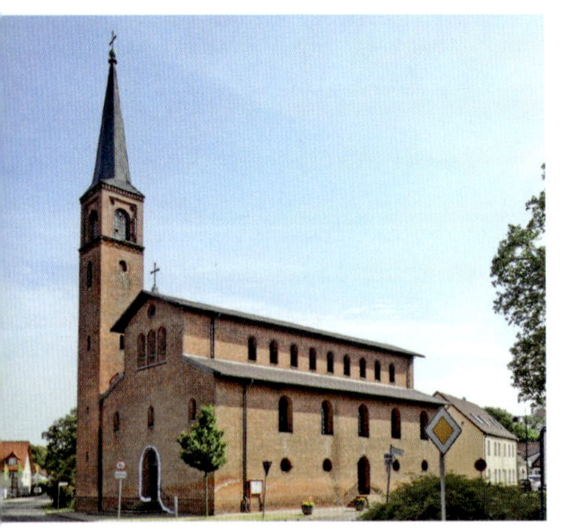

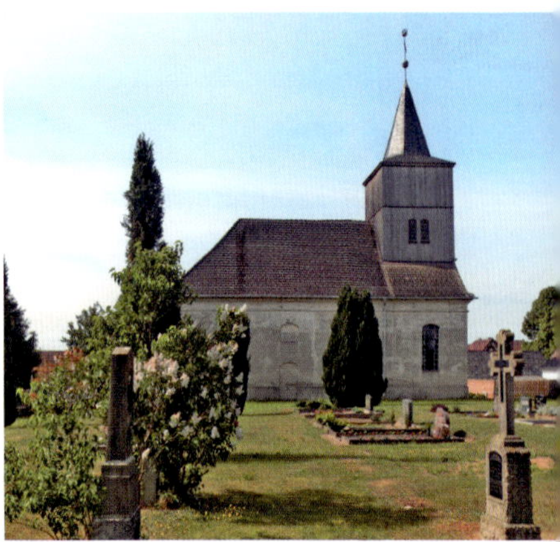

Kirche in Saarmund (li.) und Dorfkirche Schlunkendorf

können. Etwas später muss man an dem endlosen Gelände einer Firma für Bauzuschlagstoffe und Baustoffrecycling vorbei, hier ist der Weg überhaupt nicht schön, aber später wird man entschädigt. Auch sind die Wegmarkierungen für den Jakobsweg sehr weit voneinander entfernt, sodass man neben einem Adlerblick auch etwas Glück benötigt, um schließlich den charmanten Ort **Wildenbruch** zu erreichen, in dessen historischem Dorfkern sich mehrere denkmalgeschützte Bauwerke befinden. Besonders schön ist die aus Feldsteinen errichtete alte Wehrkirche (zweites Viertel 13. Jh.) mit ihrem Fachwerkturm. Eine kleine Heimatstube mit einer Ausstellung über das frühere bäuerliche Leben kann nach telefonischer Anmeldung besichtigt werden. Für die beiden prominent besetzten Fernsehfilme »Liebling, bring die Hühner ins Bett« (2002) und »Liebling, weck die Hühner auf« (2009) bildete Wildenbruch die Dorfkulisse.

In Richtung Seddiner See und Kähnsdorf benutzen wir die Alte Poststraße; bis 1804 führte tatsächlich die Poststraße von Treuenbrietzen, Beelitz, Kähnsdorf und weiter über Saarmund und Michendorf nach Potsdam über Wildenbruch. Dieser alten Postverbindung folgen wir denn auch bis **Kähnsdorf**. Wir passieren eine Badestelle und dann den Damm zwischen Kähnsdorfer und Seddiner See, wo sich einst eine Handels- und Poststation befand. Es ist ein romantischer Wegabschnitt zwischen den beiden Seen hindurch.

Kähnsdorfs größte Sehenswürdigkeit dürfte der Findlingsgarten Seddiner See sein, ein großes Freilichtmuseum, in dem unter freiem Himmel auch Skulpturen zeitgenössischer Künstler ausgestellt sind. Das letzte rohrgedeckte Haus in Kähnsdorf steht unter Denkmalschutz und dient heute als Heimat- und Kulturstube. Der Jakobsweg führt am Findlingsgarten vorbei und geht weiter nach **Schlunkendorf**, einem Ortsteil von Beelitz. Hier erstrecken sich die ersten Spargelfelder, auf denen – häufig unter Plastikfolien – der bekannte Beelitzer Spargel angebaut wird. Er ist dermaßen prägend für die Region, dass es in Schlunkendorf nicht nur ein Spargelmuseum gibt, es existiert auch ein Spargelrundweg mit zahlreichen Schau- und Informationstafeln. 1370 wurde Schlunkendorf erstmals urkundlich erwähnt, aber besiedelt war es schon um die 1.500 Jahre früher, denn sowohl eine germanische als auch eine spätere slawische Siedlung konnten nachgewiesen werden. Die Dorfkirche ist ein einfacher verputzter Saalbau aus der ersten Hälfte des 18. Jhs. mit einem verbretterten Westturm unter geknicktem Helm. Ab Schlunkendorf ist der Jakobs- zugleich der Spargelrundweg. Nach einem Stück Asphaltstraße führt er durch die Spargelfelder und an der Beelitzer Bockwindmühle vorbei in die Spargelstadt **Beelitz**.

Die Stadt hat mehr zu bieten als das Edelgemüse, für das sie so bekannt ist. Gelegen an einem Übergang über die Nieplitz, hatte sie lange Zeit Bedeutung für den Verkehr von Norden nach Wittenberg und weiter nach Leipzig bzw. umgekehrt. Möglicherweise geht die Stadt auf die Gründung einer Ansiedlung in der Nähe einer Burg zurück, die aber nicht nachgewiesen werden konnte. Beelitz war schon früh ein Ort für Pilger: 1247 wurde ein Wunder erwähnt, das mehrere Ablassbriefe zur Folge hatte, ab 1370 als Hostienwunder präzisiert wurde und zu einer Wallfahrt führte. Spätestens im 16. Jh. wurde das Hostienwunder mit einer Legende von einer Hostienschändung durch

Heiligblutkapelle Beelitz (li.) und Stadtkirche Beelitz

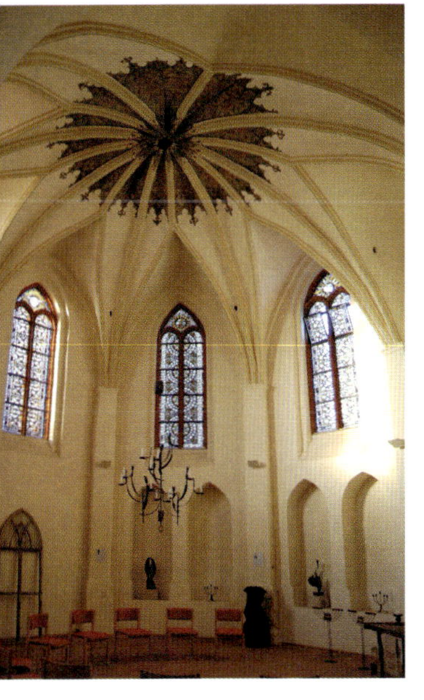

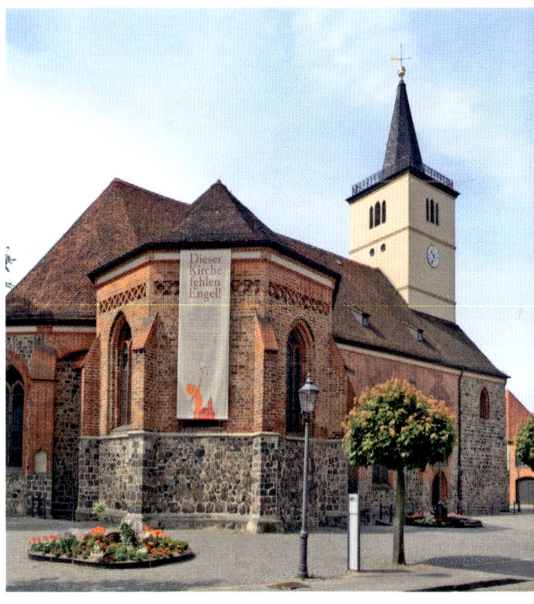

Juden in Verbindung gebracht. Dabei handelte es sich aber um eine rüde »PR-Maßnahme«, mit der wohl vor allem die Wallfahrt angekurbelt werden sollte. Die Heiligblutkapelle an der Chornordseite der Stadtpfarrkirche zeugt bis heute von dem Wunderblut, das hier einst verehrt wurde.

Die Stadtkirche St. Marien und St. Nikolai ist die Hauptsehenswürdigkeit der Stadt. Der Kern stammt aus dem 13. Jh., doch handelt es sich um eine spätgotische Hallenkirche aus Backstein, die 1889, dem Zug der Zeit folgend, neogotisch »verbessert« wurde. Die aus dem Innern erreichbare Heiligblutkapelle wurde 1370 erstmals erwähnt. Wenn die Möglichkeit besteht, sollte man den Turm besteigen, bietet sich doch von dort oben eine gute Sicht ins Land um Beelitz, wobei man auch ein Gefühl für die überschaubaren Dimensionen der mittelalterlichen Stadt bekommt. Die Kirche steht auf dem Marktplatz, in dessen Umgebung es eine Reihe von sehenswerten Bauten gibt, u. a. die Alte Posthalterei, die 1789 vom Postmeister Gottlieb Ferdinand Kaehne – späterer Beelitzer Bürgermeister – im Stil des spätbarocken Klassizismus errichtet wurde. In dem sorgfältig sanierten Gebäude, das die Bedeutung von Beelitz im preußischen Verkehrssystem belegt, befindet sich ein Heimatmuseum, das sich vor allem der Geschichte des Postwesens widmet. Beelitz war Relais-Station an dem Postkurs Berlin-Potsdam-Treuenbrietzen-Wittenberg-Leipzig. Eine Besonderheit: Im Durchgang des Hauses existiert noch der originale Abfertigungsschalter. In Zeiten vor der Post war Beelitz so wie Saarmund Zollstätte.

Entfernung Kirche Saarmund → Stadtpfarrkirche Beelitz: ca. 17 km

Beelitz Museum Alte Posthalterei (li.) und Blick vom Kirchturm

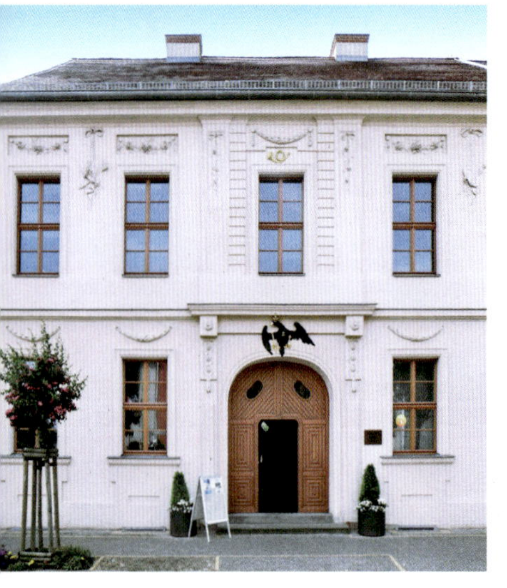

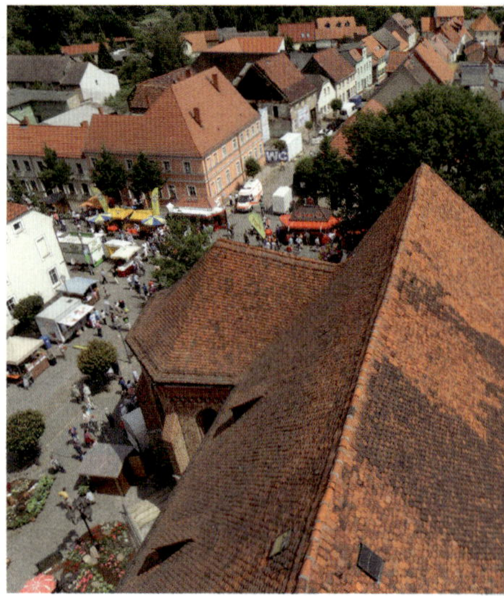

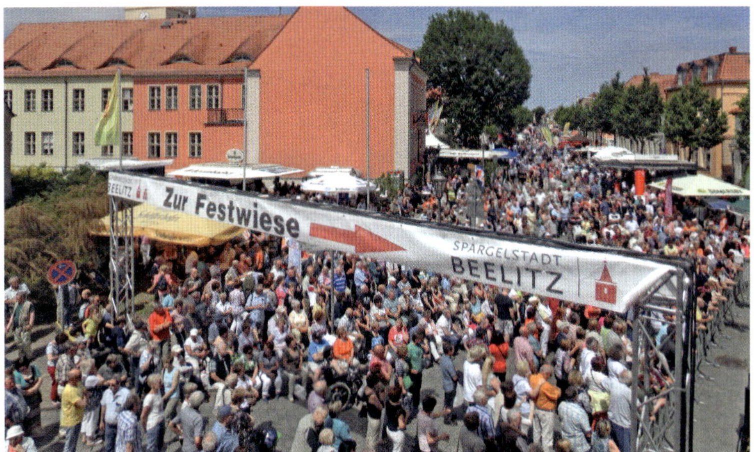

Spargelfest in Beelitz (2015)

- Touristinformation Beelitz, Poststr. 15, 14547 Beelitz, Tel.: 033 204/391 55
- Hotel und Gasthof Zur Linde, Kunersdorfer Str. 1, 14552 Michendorf, Tel.: 033 205/230 20
- Gasthof zur Reuse, Dorfstr. 14a, 14554 Kähnsdorf, Tel.: 033205/627 18
- Zur Alten Brauerei, Mühlenstr. 30, 14547 Beelitz, Tel.: 033204/357 77
- Jakobs-Hof Beelitz. Hofrestaurant, Hofladen, Streichelzoo, Kähnsdorfer Weg 15, 14547 Beelitz, Tel.: 033204/627 14
- Am Mühlenberg, Kietz 30 A, 14547 Beelitz, OT Schlunkendorf, Tel.: 033204/407 14, auch
- Hotel Stadt Beelitz, Berliner Str. 195, 14547 Beelitz, Tel.: 033 204/47 70, auch
- Historischer Dorfkern Wildenbruch, historische Altstadt Beelitz, Beelitzer Spargelfest jedes erste Wochenende im Juni
- † Dorfkirche Wildenbruch, Schlüssel an Wochenenden bei Fam. Baaske, Tel.: 033205/642 63 oder in der Gaststätte»Zur Linde«, Kunersdorfer Str. 1, Tel.: 033205/623 79
- † Stadtkirche Beelitz, Apr–Aug Offene Kirche, Schlüssel im Gemeindebüro, Tel.: 033204/423 52, www.kirche-beelitz.de
- Museum Alte Posthalterei Beelitz, Poststr. 16, 14547 Beelitz, Tel.: 033204/391 54, Anm. empfohlen
- Spargelmuseum Schlunkendorf, Kietz 36, 14547 Beelitz, OT Schlunkendorf, Tel.: 033204/421 12
- Beelitz: RB33, RB37 und diverse Busse
- Der Abschnitt von Saarmund nach Wildenbruch ist ab der Autobahnunterführung ungeeignet für Fahrräder. Wir empfehlen zwei Alternativen: In Saarmund durch die Bergstraße zur L 77 nach Langerwisch und von dort durch die Wildenbrucher Straße nach Wildenbruch oder auf der L 771 nach Tremsdorf, dort in den Fresdorfer Weg biegen und über Fresdorf nach Kähnsdorf fahren. Im ersten Fall beträgt die Entfernung Saarmund Kirche nach Beelitz Stadtkirche ca. 21,5 km, im zweiten Fall 25,5 km. Schwierig ist auch der Abschnitt über die Felder zwischen Schlunkendorf und Beelitz. Bei schlechter Witterung von Schlunkendorf über die K 6955 bis zur B 246 fahren und auf dieser direkt nach Beelitz.

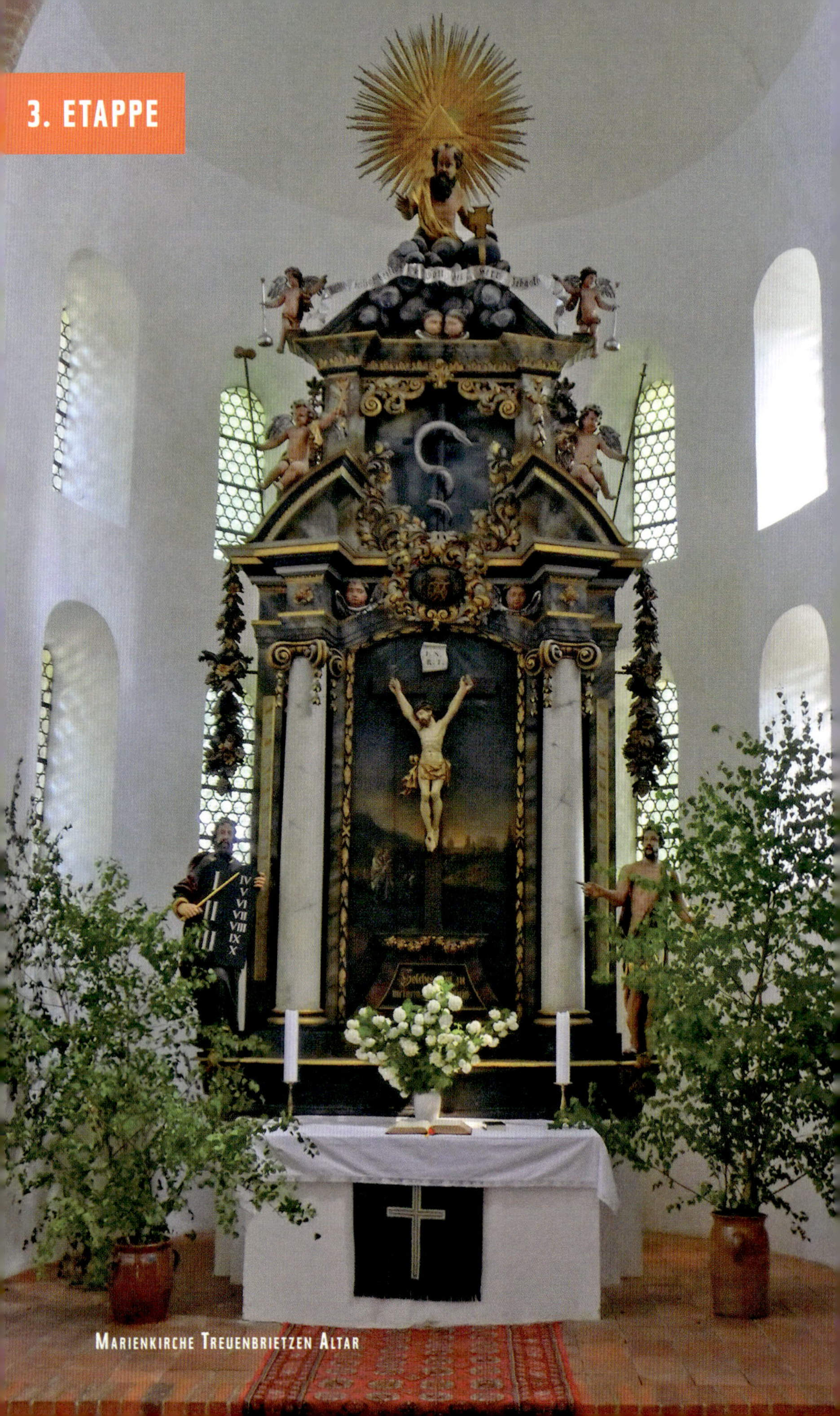

Marienkirche Treuenbrietzen Altar

VON BEELITZ NACH TREUENBRIETZEN

Ausgangspunkt: Stadtpfarrkirche Beelitz
Zielpunkt: Marienkirche Treuenbrietzen

Wir folgen dem ausgeschilderten Jakobsweg vom Marktplatz in Beelitz durch die Poststraße und die Treuenbrietzener Straße, wobei wir über die Nieplitz schreiten. Wir überqueren die Bundesstraße 2 an einer Ampelanlage und erreichen die Alte Wittbriezener Landstraße, die allerdings inzwischen ein Wald- und Feldweg ist. Durch bewaldete Abschnitte, aber auch an Feldern entlang gelangen wir nach **Elsholz**, dessen Name so viel wie Dorf am Erlengehölz oder Erlenwald bedeutet. Das Straßenangerdorf wurde 1337 erstmals urkundlich erwähnt; diesmal gibt es keine Feldsteinkirche zu bestaunen, schlicht weil die Kirche erst 1712 errichtet wurde. Rechts neben dem verputzten Saalbau des Gotteshauses mit seinen hohen Rundbogenfenstern steht übrigens, inzwischen für Wohnzwecke genutzt, die alte Dorfschule.

Die Via imperii soll nun über Wittbriezen und Lühstorf nach Niebel und dann weiter nach Treuenbrietzen gegangen sein, und es steht jedem Wanderer frei, diesen Weg zu benutzen. Als Jakobsweg ausgeschildert ist allerdings eine andere Trasse, der wir folgen und die uns auf der wenig befahrenen K 6956 nach Salzbrunn führt. Kurz nach Überqueren der Bundesstraße fällt ein Gehege mit Straußen, Emus, Lamas, Yaks und anderen exotischen Tieren auf, wobei die Straußenvögel besonders neugierig sind: Das Gelände gehört der Firma Nieplitztaler Exoten, in deren Hofladen man Straußeneier und

Dorfkirchen in Elsholz (li.) und Salzbrunn

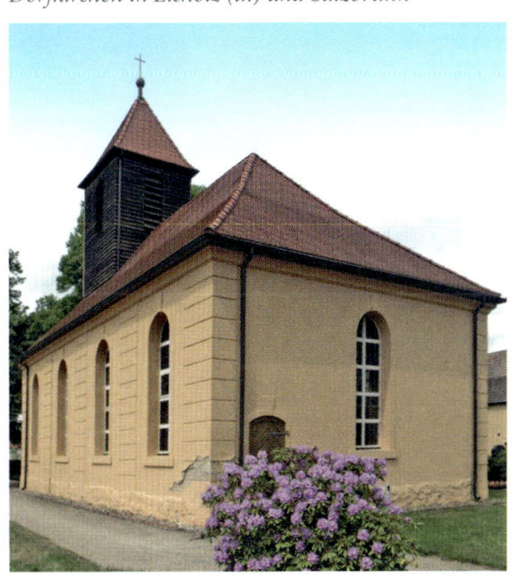

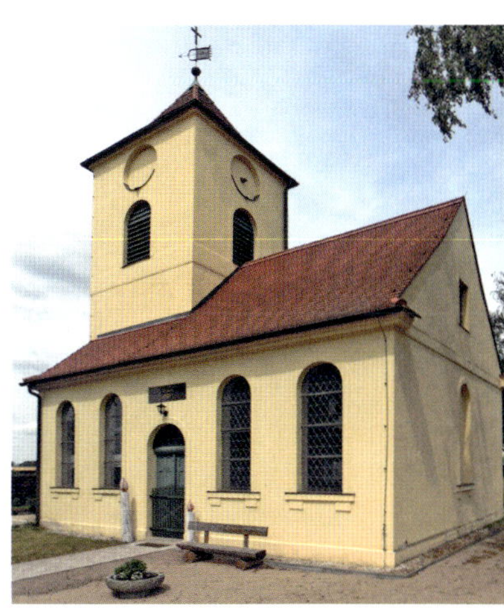

Fleisch einiger dieser Tiere kaufen kann. Außerdem erstrecken sich links und rechts des Weges Spargelfelder, soweit das Auge reicht.

Salzbrunn ist ein kleines Dorf mit wenigen Einwohnern, das seinen Namen den Salzquellen verdankt, die im 16. Jh. in der Nähe der Nieplitz entdeckt worden waren. Erst unter Friedrich II. wurden im Jahr 1748 Kolonisten aus dem Pfälzischen angesiedelt, die kleine Kirche mit dem recht massiven Dachturm wurde 1785 fertiggestellt. Im Dorf sind die ländlichen Strukturen des 19. Jhs. noch recht gut zu erkennen, und die Reste der Salzbrunnen können besichtigt werden; der Weg zu ihnen ist mit Schildern versehen.

Ausgeschildert ist auch der Jakobsweg: Es geht weiter in südlicher Richtung nach **Buchholz** durch ein kleines Wäldchen, und nach 1,5 km erreichen wir die Bundesstraße. Nach einem weiteren Kilometer beginnt das Dorf am Buchengehölz, das 1326 bzw. 1343 erstmals urkundlich erwähnt wurde und für sich in Anspruch nimmt, an der ehemals bedeutenden Heer- und Handelsstraße zwischen Berlin und Leipzig zu liegen; auch weisen Spuren auf den Postverkehr hin. 1904 erhielt Buchholz (Zauche) – wie auch Elsholz – Anschluss an die Eisenbahn, die von Jüterbog nach Beelitz Stadt und schließlich weiter über Wildpark nach Nauen führte, ab 1915 dann sogar via Kremmen nach Oranienburg, unter Umgehung Berlins. Die an der recht breiten Dorfstraße gelegene Kirche stammt vermutlich von 1733, es handelt sich um einen verputzten Saalbau mit quadratischem Westturm, und da dieser sich etwas neigt, wird gern vom »schiefen Turm von Buchholz« gesprochen.

Mitten im Ort, an der Einmündung der Bahnhofs- in die Chausseestraße, steht eine rote Tafel mit einem Plan des Ortes, auf dem auch der Jakobsweg

Dorfstraße von Buchholz (li.) und Dorfkirche Niebel

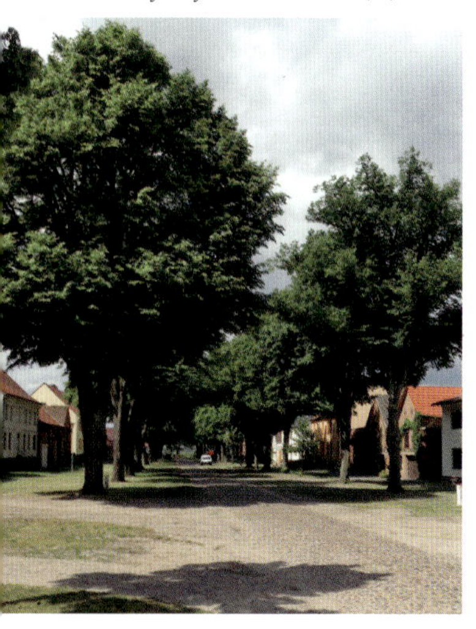

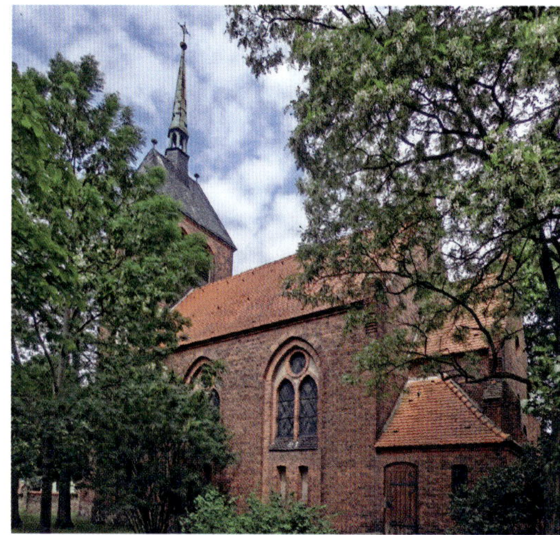

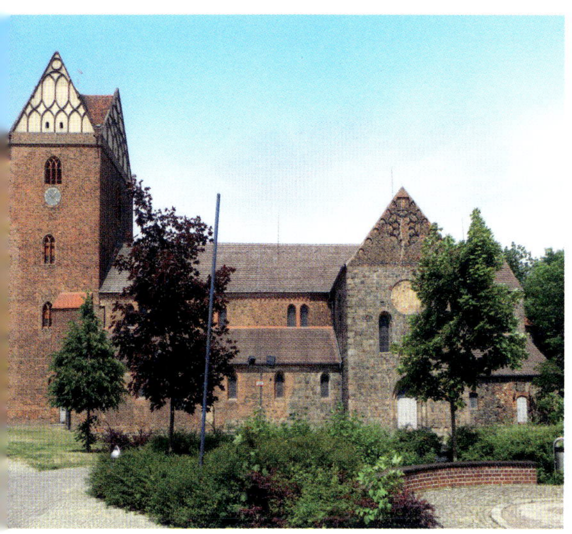

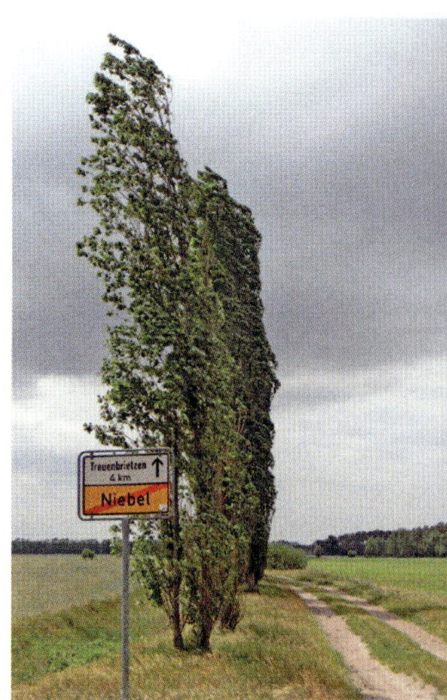

Marienkirche Treuenbrietzen (li.), der Jakobsweg verlässt Niebel

angegeben ist. Der ausgeschilderte Verlauf weicht jedoch von dem auf der Tafel dargestellten ab. Wir durchqueren das gesamte Dorf in Richtung Treuenbrietzen/Wittenberg, und an der Abzweigung der Landesstraße L 80 steht noch einmal ein Schild mit der Jakobsmuschel. Es weist in Richtung Luckenwalde, und wir folgen ihm auf einer Straße, die leider nicht schön zum Wandern ist; man hat wenig Platz auf dem Randstreifen, und an Wochentagen gibt es einen teils erheblichen Lkw-Verkehr. Umso mehr empfinden wir es als Erlösung, als wir an der Nieplitz nach rechts biegen können, in einen Feldweg, der zwischen Wald und Acker entlangläuft. Nach wenigen Metern werden wir mit dem Blick auf eine hohe Sanddüne entschädigt, die Lust aufs *dune surfing* macht, oder eher noch: aufs Rodeln. Es handelt sich um den Lindenberg, der Teil einer gewaltigen Binnendüne ist, die vom Eichberg bei Niebel bis nach Buchholz reicht. In einer Höhle beim Lindberg soll einst ein mächtiger Lindwurm gehaust haben. Im Übrigen begleitete die Binnendüne die Heerstraße, die von Treuenbrietzen am Lindenberg vorbei über Lühsdorf nach Saarmund führte – wir haben auf diese Straße bereits hingewiesen. Auf dieser alten Heerstraße wandern wir nun nach Niebel.

Niebel ist ein stilles, verwunschen wirkendes Dorf mit einer ziemlich breiten Dorfstraße, an der teils recht prächtige Bauernhäuser aus dem 19. Jh. stehen. Den Mittelpunkt des Ortes, der 1345 erstmalig erwähnt wurde und seit 2002 Teil der Stadt Treuenbrietzen ist, bildet die ungewöhnlich große Kirche, ein neugotisches Bauwerk von 1895. Bedeutendstes Ausstattungsstück ist ein Schnitzaltar vom Ende des 15. Jhs.

Wir verlassen Niebel auf der Dorfstraße, und das Ortsausgangsschild verweist bereits auf unser Ziel: Treuenbrietzen. Pappelrauschen begleitet den Weg, bei dem es sich immer noch um die alte Heerstraße handelt. Sie quert die Bundessstraße und führt schließlich fast lotrecht gen Süden bis zur L 851, der Schlalacher Straße. Von hier aus erreichen wir in kurzer Zeit die Sabinchenstadt, wir sich Treuenbrietzen selbst nennt.

Entfernung Stadtpfarrkirche Beelitz → St. Marien Treuenbrietzen: ca. 22,5 km

Treuenbrietzen, an der Nieplitz gelegen, ging aus einer Grenzfeste hervor, die von den Askaniern gegen die Begehrlichkeiten der Wettiner und des Erzbistums Magdeburg errichtet worden war. Die Burgsiedlung mit der Marienkirche und die Marktsiedlung mit St. Nikolai verschmolzen vor 1290, und 1300 war Brietzen von einer Stadtmauer umgeben. Die Namen der drei nicht mehr erhaltenen Stadttore verweisen auf die wichtigen Handelsrouten, an denen Brietzen lag: Leipziger Tor, Berliner Tor und Jüterboger Tor. Zwei Märkte gab es, nämlich die langgestreckte (heutige) Großstraße, von der die Treuenbrietzener stolz behaupten, sie sei breit wie der Kudamm, und der Neue Markt an der parallel dazu verlaufenden Breiten Straße.

Brietzen verwandelte sich 1348 in Treuenbrietzen, weil es im Streit um den sogenannten falschen Waldemar den Wittelsbachern die Treue gehalten hatte. Ein zeitweiliger Abgabenerlass war der Lohn dafür.

Angeblich soll Martin Luther in Treuenbrietzen seine Thesen verkündet haben, und weil man ihn nicht in die Marienkirche ließ, nahm er mit der Linde vor dem Gotteshaus vorlieb, die seither Lutherlinde heißt.

Die Hauptsehenswürdigkeit der kleinen Stadt ist zweifellos St. Marien, eine romanische Basilika, deren Ausmaße überraschen. Zu Beginn des 13. Jhs. wurde mit dem Bau in Feldstein begonnen, aber bald ging man zum Backstein über, sodass man an der Kirche gut Bautechniken und ihre Entwicklung studieren kann. In dem Buch »Baukunst in Brandenburg« schreibt Peter Goralczyk: »Das Langhaus der Marienkirche in Treuenbrietzen wurde als erster Bau in der Mark, d.h. noch vor der Klosterkirche in Lehnin, in Backstein gewölbt.«

Der Innenraum wurde in den 1960er-Jahren in einen mittelalterlichen Zustand zurückversetzt, allerdings so, dass die Kirche nutzbar blieb, andernfalls hätte man auch das Gestühl entfernen müssen. Sowohl von außen wie von innen ist dieser Kirchenbau beeindruckend, zumal man ihn hier wohl kaum erwartet.

Ebenfalls romanisch ist die Nikolaikirche, die heute von der katholischen Gemeinde genutzt wird. Sie entstand etwas später als die Marienkirche und ist kleiner, weist aber eine Besonderheit auf: den einzigen Vierungsturm im Land

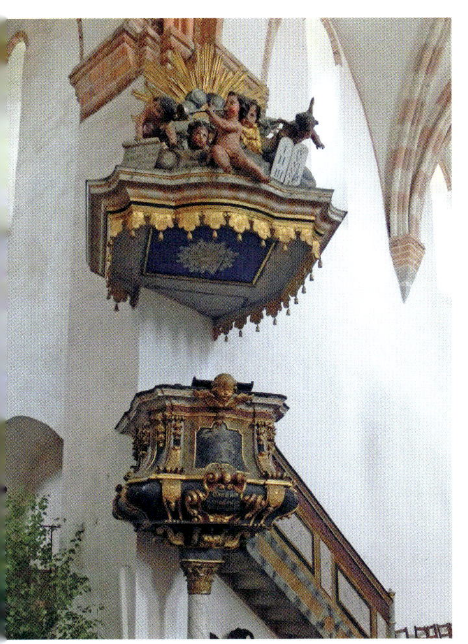

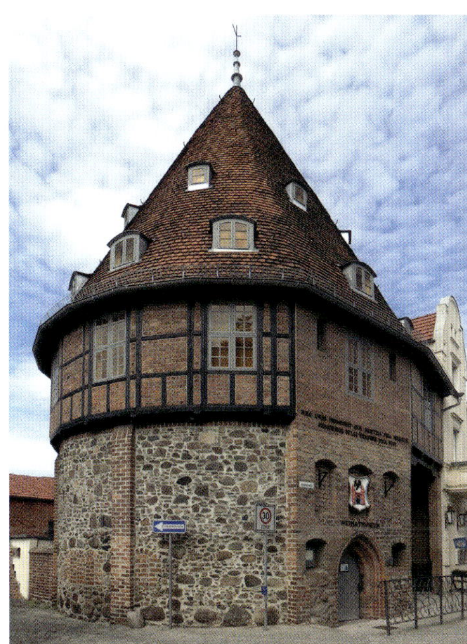

Treuenbrietzen St. Marien, Kanzel (li.) und Heimatmuseum Treuenbrietzen

Brandenburg. In der Großstraße findet man das Rathaus, eines der ältesten Gebäude, dessen heutige Gestalt allerdings von 1937 stammt, einige sogenannte Hakenbuden, Handels- und Lagerhäuser aus Fachwerk, und vor dem Rathaus steht der Sabinchenbrunnen, der sich auf die Moritat vom treuen Sabinchen und dem untreuen Schuster bezieht: »Sabinchen war ein Frauenzimmer, / Gar hold und tugendhaft / Sie diente treu und redlich immer / Bei ihrer Dienstherrschaft. / Da kam aus Treuenbrietzen / Ein junger Mann daher, / Der wollte so gerne Sabinchen besitzen / Und war ein Schuhmacher …«

Man kann sich sehr gut vorstellen, wie Pilger in Treuenbrietzen ihr Quartier nahmen, entweder in einem der damals zahlreichen Gasthäuser an der Großstraße oder im Hospital St. Gertraud (!), in dem Kranke, Arme und Reisende versorgt wurden und sich heute das Heimatmuseum befindet. Am Morgen setzten sie dann ihren Weg fort so wie wir, allerdings mussten sie kurz nach dem Leipziger Tor eine Grenze überschreiten, denn Treuenbrietzen lag bis 1815 hart an der Grenze zu Sachsen. Treuenbrietzen war Zollort in Brandenburg, unsere nächste Station Rietz war es ebenfalls: im Nachbarland.

Exkurs: Zölle und Geleit

»Zoll, Geleit und auch Straßenzwang waren ursprünglich als Mittel zur Förderung des Straßenwesens und des Verkehrs gedacht. Wer Zoll erhob, hatte die Pflicht, mit dem eingenommenen Gelde die Straßen

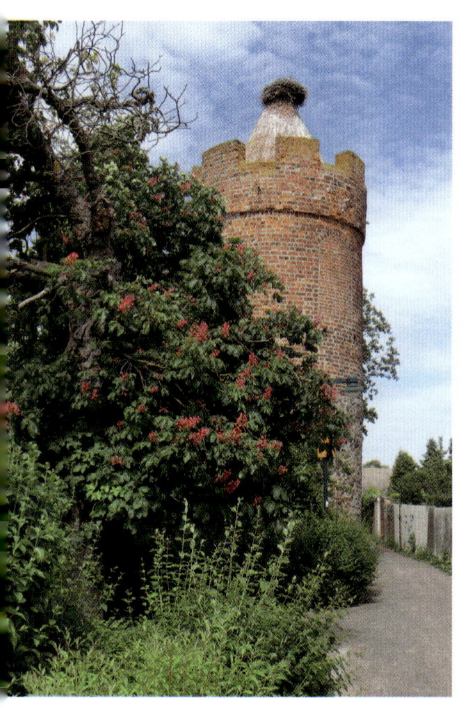
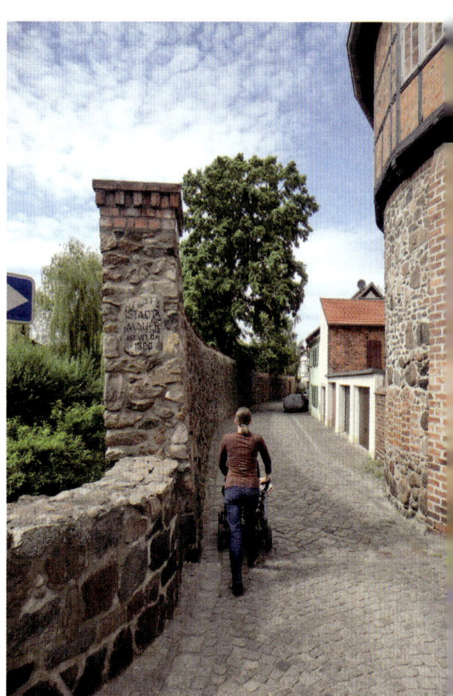

Treuenbrietzen Pulverturm (li.) und Stadtmauer

und Brücken instandzuhalten. Dies blieb mehr und mehr unbeachtet; die Zölle dienten den Zollherren als Einnahmequelle, für die keine Gegenleistung erbracht wurde (...). Ähnlicher Mißbrauch geschah mit den Geleitsgeldern. Sie sollten ursprünglich demjenigen, der es wünschte, die Möglichkeit bieten, sich durch bewaffnetes Geleit vor Überfällen und sonstiger Unbill auf der Straße schützen zu lassen. Diese Einrichtung artete zu einem Zwang aus, wobei gleichzeitig der gewährte Schutz abnahm, statt der Stellung von Bewaffneten (›lebendes Geleit‹) Geleitsbriefe (›totes Geleit‹) ausgehändigt wurden, die lediglich einen Entschädigungsanspruch bei Beraubung enthielten, aber keinen tatsächlichen Schutz darstellten. Damit der Straßenbenutzer angesichts solcher Belastungen nicht auf andere Wege ausweiche, wurde Straßenzwang ausgeübt: es durften nur die vorgeschriebenen Straßen benutzt werden (...).
Es lag gar nicht im Interesse der Straßenherren, gute Straßen zu schaffen. Das trotz Verbot im 13. und 14. Jahrhundert vielfach angewandte Grundruhrrecht, wonach entsprechend dem Strandrecht alles, was bei Achsenbruch oder Umstürzen von Wagen den Boden berührte, dem Grundherrn verfallen war, stellte doch letzterem um so eher willkommene Beute in Aussicht, je schlechter die Wege und damit größer die Gefahr eines Unfalls waren. Aber auch die meisten Anrainer der Straße profitierten eher von schlechten als von guten Wegen; denn bei schlechten Wegen verdienten sie mehr an Wagenreparaturen, Beherbergungen, Vorspanndienst und ähnlichem. An guten Straßen war am meisten den Städten gelegen, da diesen den Handel und die Versorgung der Bürger sichern wollten.«
Friedrich Bruns/Hugo Weczerka, Hansische Handelsstraßen

Stadtinformation Treuenbrietzen, Großstr. 105, 14929 Treuenbrietzen, Tel.: 033748/747 50

Landgasthof Zur Lindenschenke, Elsholzer Dorfstr. 44, 14547 Beelitz, OT Elsholz, Tel.: 033204/331 59

Bistro Die alten Hakenbuden, Großstr. 110, 14929 Treuenbrietzen, Tel.: 033748/137 52

Pension Britta, Goethestr. 9, 14929 Treuenbrietzen, , Ansprechpartner: Rainer und Bärbel Höhne, Tel.: 033748/100 70

Kleine Hotelpension Waldhaus, Elsholzer Dorfstr. 61, 14547 Beelitz, OT Elsholz, Tel.: 033204/352 63

Pension & Camping Gartenidylle, Dorfstr. 4, 14547 Beelitz, OT Buchholz, Ansprechpartner: Olaf Siebach, Tel.: 033 204/339 77 oder 0172/60 94 174

Hühnerhof Treuenbrietzen, Großstr. 9, 14929 Treuenbrietzen, Tel.: 033748/870 12

Die Johanniter, Johanniterstraße 1, 14929 Treuenbrietzen, Ansprechpartnerin: Ulrike Döbrich, Tel.: 033748/822 56

Privatzimmer Blanka Fetz, Albert-Schweitzer-Straße 5, 14929 Treuenbrietzen, Ansprechpartnerin: Blanka Fetz, Tel.: 033748/10 588 oder 0174/844 25 32

Gaßka's Bierstube, Lüdendorf Nr. 3, 14929 Treuenbrietzen, Ansprechpartner: Manfred Gaßka, Tel.: 03374/81 56 94

Salzbrunnen in Salzbrunn, Binnendüne zwischen Buchholz und Niebel, historische Stadtanlage Treuenbrietzen, auf dem Pauckertring einmal um Treuenbrietzen, Sabinchenfestspiele

† Die Dorfkirchen Elsholz, Salzbrunn und Buchholz gehören zum Pfarrbereich Wittbrietzen, Tel.: 033204/63 95 36

† Die Dorfkirche in Niebel gehört zum Pfarrbereich Treuenbrietzen, Tel.: 033748/701 65

† Marienkirche Treuenbrietzen, s. Dorfkirche in Niebel

† Nikolaikirche Treuenbrietzen, geöff. während der Gottesdienste, sonst Anm. bei Frau Klenner, Tel.: 033748/106 38

Heimatmuseum Treuenbrietzen, Großstr. 1 a, 14929 Treuenbrietzen

Elsholz: RB33, Bus 546, 642
Buchholz: RB33
Treuenbrietzen: RB33, Bus 543, 545, 546, 549, 582, 584, 585

Der Weg zwischen Buchholz und Niebel ist ab Nieplitz-Brücke für Fahrräder ungeeignet. Wir empfehlen dem ursprünglich geplanten Verlauf des ausgeschilderten Jakobswegs zu folgen: Von Buchholz nach Brachwitz, einem sehenswerten Dorf mit einer fast vollständig aus Raseneisenstein errichteten Kirche, die besichtigt werden kann (Schlüssel zur Kirche siehe Aushang) und von dort dann auf der K 6916 zur L 851, in diese nach rechts einbiegen, sie führt direkt nach Treuenbrietzen. Von der Kirche in Beelitz bis zur Marienkirche in Treuenbrietzen auf diesem Weg: ca. 21 km.

4. ETAPPE

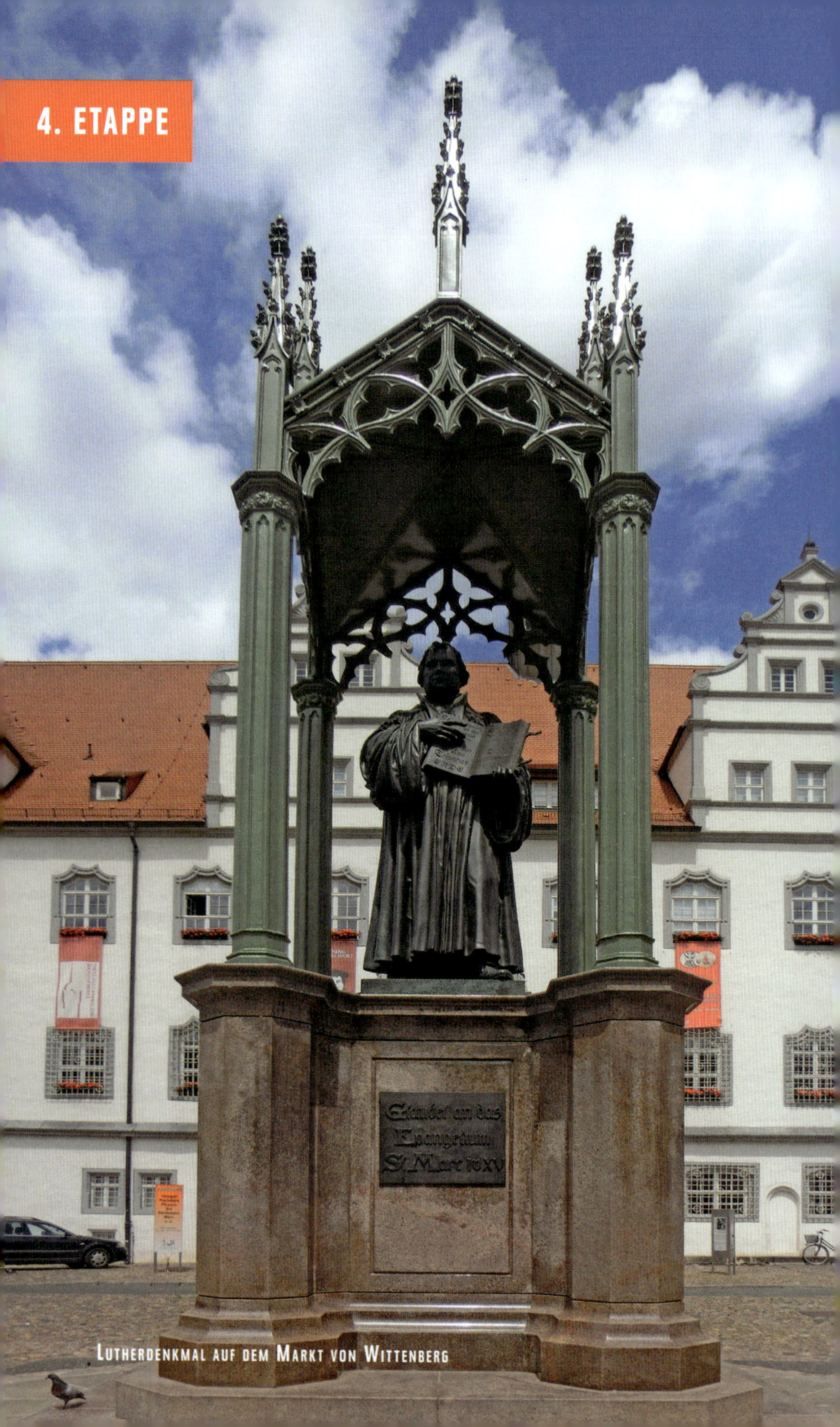

Lutherdenkmal auf dem Markt von Wittenberg

VON TREUENBRIETZEN IN DIE LUTHERSTADT WITTENBERG

Ausgangspunkt: Marienkirche Treuenbrietzen
Zielpunkt: Lutherstadt Wittenberg, Markt

Wir begeben uns die Großstraße entlang und überqueren die Nieplitz, die Treuenbrietzen einmal umfließt, gehen weiter durch die Leipziger Straße zum Kreisverkehr, biegen dort in die Belziger Straße und verlassen diese nach ca. 1 km, indem wir nach links in die Hans-Grade-Straße biegen. Wir überqueren die Bahnanlage und wandern immer geradeaus: Aus dem befestigten wird ein sandiger Feldweg, auf dem wir **Rietz** erreichen. Auf dem Weg denken wir daran, dass wir bis 1815 hier eine Staatsgrenze zu passieren gehabt hätten, während Rietz mit knapp 300 Einwohnern heute ein Ortsteil der Sabinchenstadt ist. Das Dorf, dessen Namen sich vermutlich vom slawischen Wort für »kleiner Fluss« herleitet, wurde Anfang des 14. Jhs. erstmals erwähnt. Von dem einstigen Rittergut, das sich von 1907 bis 1941 im Besitz des Physik-Nobelpreisträgers Walter Nernst befand, sind nur einige Gebäude erhalten, nicht aber der Park. Bemerkenswert ist die Kirche, ein Feldsteinbau aus dem 13. Jh., dem 1858 ein neoromanischer Backsteinturm vorgesetzt wurde. Von einem regen Gemeinschaftsleben zeugt das Dorfgemeinschaftshaus, in dem es sogar ein kleines Schulmuseum gibt und neben dem sich ein laubenartiger Rastplatz für Wanderer befindet.

Von der Kirche geht es weiter durch die Rietzer Dorfstraße bis zum Zeudener Weg. Überrascht stellt man fest: Der kurz vor dem Zeudener Weg nach links abgehende unbefestigte Weg ist wieder als Jakobsweg gekennzeichnet!

Dorfkirchen in Rietz (li.) und in Schwabeck

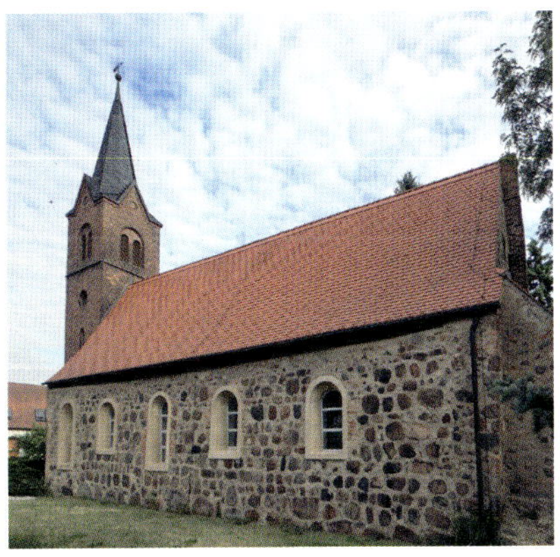

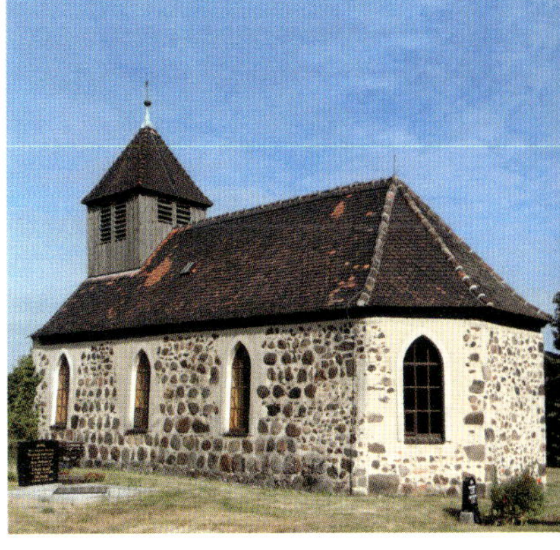

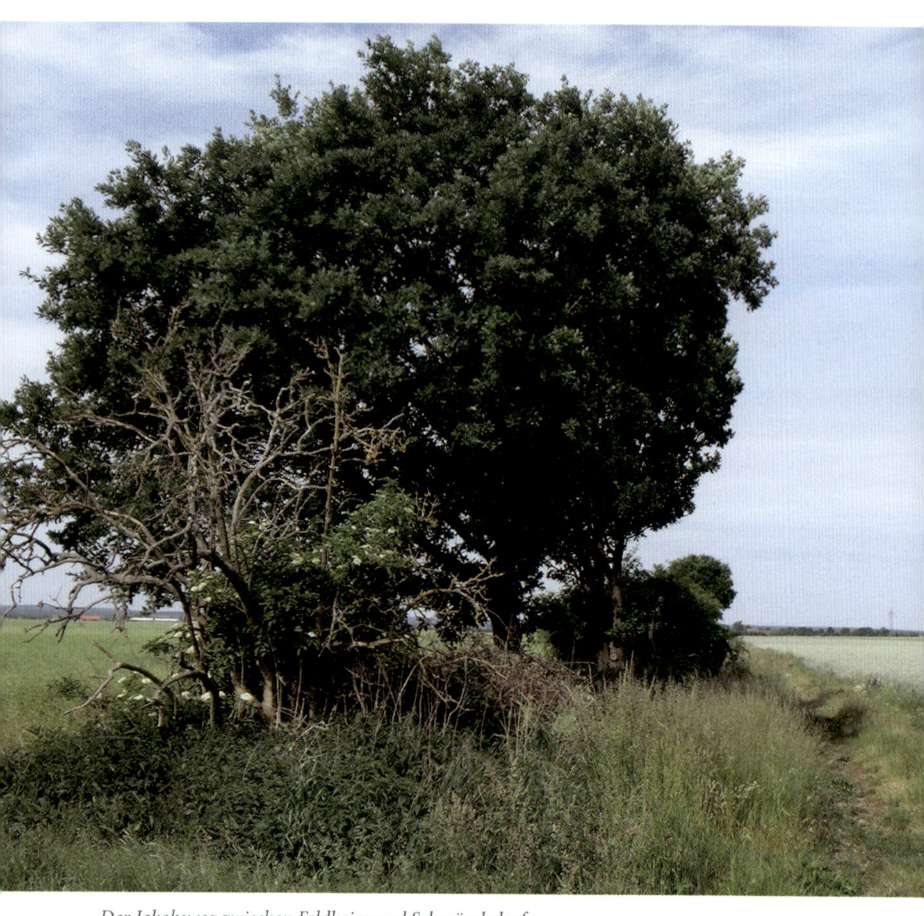

Der Jakobsweg zwischen Feldheim und Schmögelsdorf

Wir folgen der Markierung, die sich allerdings bald verliert, und wandern durch den Wald nach Dietersdorf, wobei uns neben der Karte vor allem die Nase leitet. In **Dietersdorf** kann man einkehren oder einen Sprung ins Badebecken des Flämingbads wagen, bevor es auf einer Schotterpiste weitergeht nach **Schwabeck**, dem »Brunnendorf«: Hier haben die Dorfbewohner einige alte Brunnen rekonstruiert, um auf die Wasserversorgung früherer Zeiten hinzuweisen. Schwabeck und das benachbarte Feldheim, beides Straßendörfer, wurden im kurfürstlichen Kopialbuch von 1388/90 erstmals erwähnt, im Lehnsverzeichnis des *sächsischen* Kurfürsten wohlgemerkt. Am südlichen Ende Schwabecks befindet sich auf einer Anhöhe die Dorfkirche, ein spätgotischer Feldsteinbau mit dreiseitigem Ostschluss, dem ein kleiner Bretterturm aufgesetzt wurde.

TIPP für Quellenforscher: Am Ortsausgang von Schwabeck führt nach links eine Straße, die als Weg zur Nieplitz-Quelle ausgeschildert ist. Dieser Abstecher lohnt sich durchaus. Etwa 4 km sind es bis Lüdendorf, wo man noch die Reste der aus alten Feldsteinen erbauten Schäferei sehen kann, und auf Feldwegen kann man bis zur Waldgaststätte Zur alten Eiche in Frohnsdorf wandern, ein Weg von ca. 2,5 km. Von hier geht es dann auf dem Lindower Weg zur Quelle der Nieplitz, jenes Flusses, der nach etwa 50 km Lauf in die Nuthe mündet.

Nur ein paar Hundert Meter sind es von Schwabeck bis Feldheim. Gleich am Ortseingang biegen wir nach rechts in eine Asphaltstraße, von der nach ca. 300 m ein baumbestandener Feldweg abzweigt, ebenfalls nach rechts. (Es gibt keine Markierung, aber wenn der Gedanke aufkommt: Hier kann man garantiert nicht mit dem Rad fahren, ist man richtig!) Dieser Weg führt nach **Schmögelsdorf**, einem Rundling mit einem beachtlichen Teich in der Mitte, an dem es einen kleinen Rastplatz gibt. Und auch ein ebenfalls nicht eben großes Gotteshaus fehlt nicht. Es handelt sich übrigens um einen Feldsteinsaal, aber das kann man nur an den ungewöhnlich zahlreichen Strebepfeilern erkennen, weil das Kirchlein verputzt worden ist.

Von Schmögelsdorf nach Marzahna wandern wir auf dem straßenbegleitenden Fuß- und Radweg an der B 2 entlang, nicht weil wir den Kraftstoffgeruch so lieben, sondern weil der in manche gedruckte oder Online-Karte eingezeichnete Weg über die Äcker nicht existiert. Aber es sind nur anderthalb Kilometer, dann haben wir den vorletzten Ort vor der Grenze zu Sachsen-Anhalt erreicht. In **Marzahna** biegen wir beim Kriegerdenkmal von der Berliner Straße (B 2) in die Schönefelder Straße ein; es gibt ein Hinweisschild mit der Aufschrift »Wergzahna 3,7« und der Kennzeichnung als Rad- und Fußwanderweg sowie einen Verweis zur Kirche. Diese ist ein verhältnismäßig großer Saalbau aus, wenig überraschend, Feldsteinen, der steinsichtig verputzt wur-

Dorfkirchen von Marzahna (li.) und Wergzahna

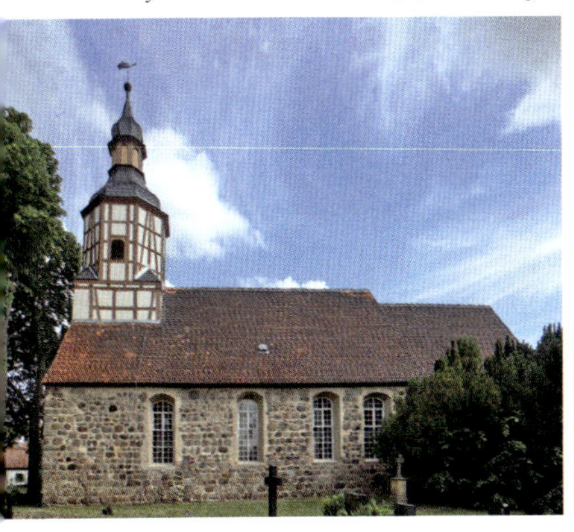

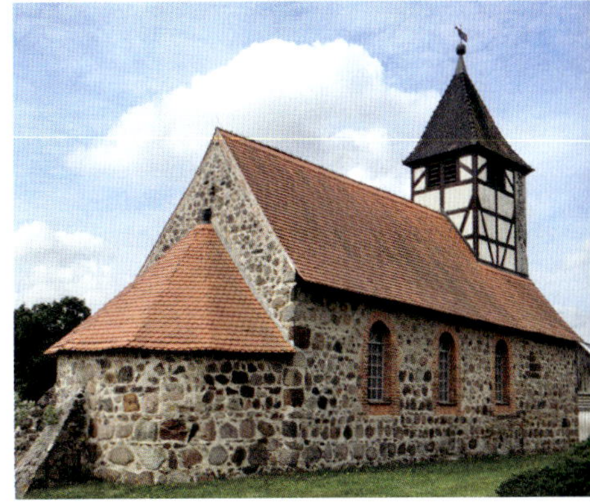

de. Der oktogonale Fachwerkturm auf dem Dach stammt aus dem Jahr 1798 und trägt eine barocke Laterne. Diese Kirche lohnt unbedingt zumindest eine Umrundung, aber auch ihre Innenausstattung hat einiges zu bieten, z.B. Kanzel, Altaraufsatz und Taufbecken aus dem 17. Jh.

Bevor wir uns wieder auf Schusters oder Radlers Rappen begeben, eine Anmerkung zum Ortsnamen, schließlich fällt die Ähnlichkeit mit dem Berliner Stadtbezirk Marzahn oder dem Dorf Marzahne als Ortsteil der Stadt Havelsee auf: Möglicherweise leitet er sich vom polabischen Wort »Marcana« für Sumpf ab, was einiges über die Lage in frühester Zeit aussagt.

Wir verlassen Marzahna auf der Schönfelder Straße (Landesstraße 82), bis nach 850 m der Weg nach **Wergzahna** ausgeschildert ist. Hier endlich finden wir die Jakobsmuschel wieder, und von diesem Punkt an ist der Jakobsweg geradezu vorbildlich markiert. Von Wergzahna aus überqueren wir die Landesgrenze, aber zuvor wollen wir die bemerkenswerte Kirche in Augenschein nehmen. Dieser romanische Feldsteinbau vom Ende des 12. Jhs., der wie alle Kirchen mehrfach umgebaut wurde, besitzt noch zwei der sehr kleinen ursprünglichen, Schießscharten ähnelnden Rundbogenfenster, und wenn man genau hinschaut, entdeckt man auf der Nordseite, rechts unterhalb des kleines Fensters, eine mit Findlingen zugemauerte Rundbogenpforte – Baugeschichte pur. Der Fachwerkturm stammt allerdings erst von 1934/36.

Das im Tudorstil errichtete Schloss Kropstädt

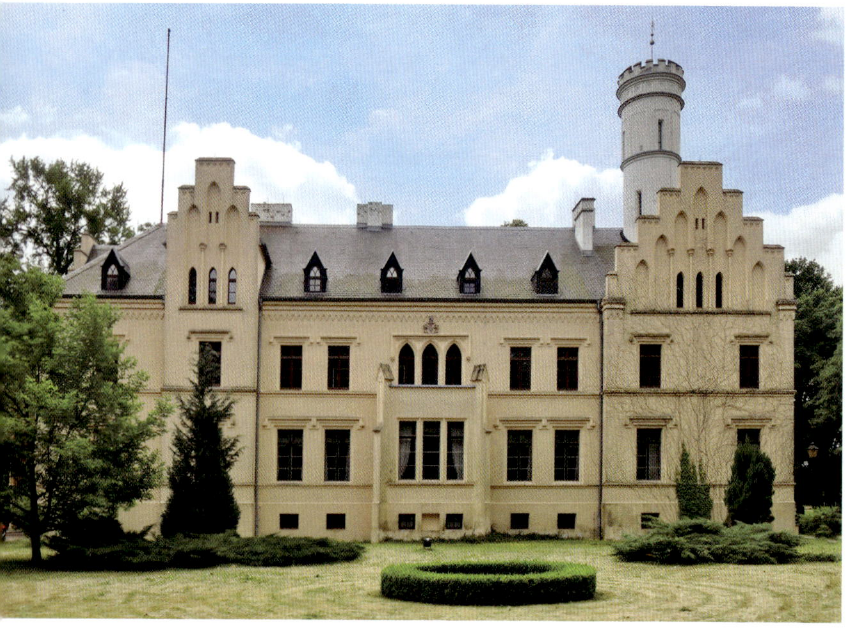

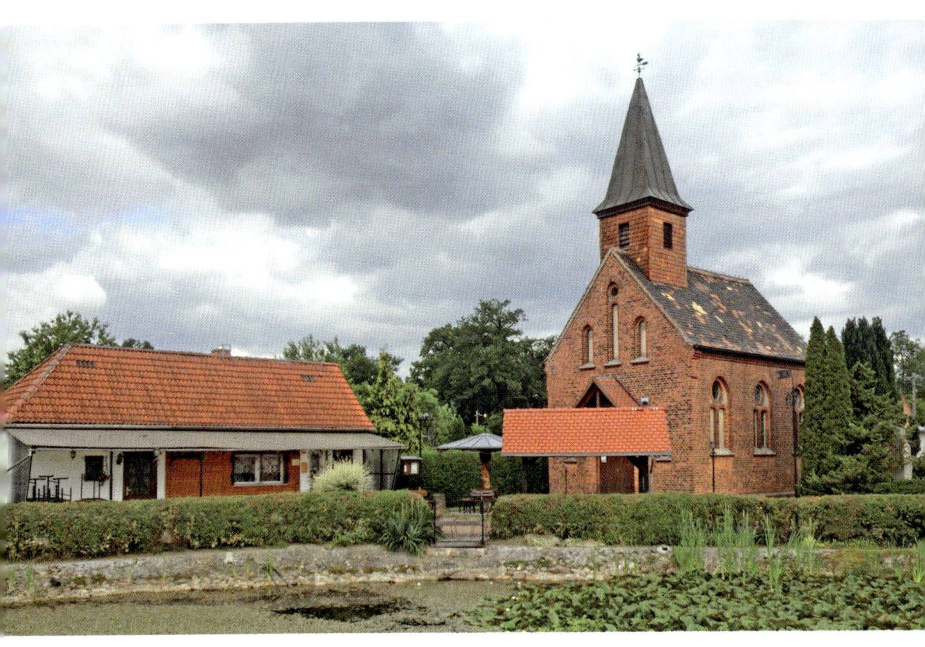

Dorfkern von Köpnick mit Kirchlein

Von Wergzahna aus erreichen wir auf der wenig befahrenen K 2013 nach 2 km die B 2 und damit **Kropstädt**, bereits ein Ortsteil von Wittenberg. Der Markierung des Jakobsweges folgend, finden wir uns an einer Kirche wieder, die auf den ersten Blick ein klassizistisches Bauwerk zu sein scheint. Wenn man allerdings zum Chor vorstößt, bemerkt man, dass er mit einer Apsis aus Granitquadern abschließt, und auch eine vermauerte Pforte fällt auf. Um 1200 errichtet, handelte es sich bei der Kropstädter Kirche um einen romanischen Feldsteinbau, doch nach der Zerstörung durch napoleonische Truppen musste das Gotteshaus teilweise wiederaufgebaut werden, und das geschah in klassizistischer Weise.

Was Kropstädt aber vor allem auszeichnet: Es gibt ein Schloss. Im 19. Jh. war der Vorgängerbau baufällig geworden, und so entschloss sich der Besitzer, der Königl. Sächs. Kreis-Oberforstmeister Carl Adolph Heinrich Anton von Leipziger, es abreißen zu lassen. Unter seiner Herrschaft wurde die heute noch erhaltene klassizistische Gutsanlage errichtet, während sein Sohn den Berliner Architekten Friedrich Hitzig mit dem Neubau des Schlosses beauftragte; Hitzig war Praktikant bei Schinkel gewesen und wurde nach dessen Tod ein äußerst gefragter Baumeister. In Kropstädt entstand ein Herrensitz im sogenannten Tudorstil, den man der englischen Gotik abguckte und der immer ein wenig nach Disneyland und Pappmaché aussieht.

Wir verlassen das Dorf auf dem ausgeschilderten Jakobsweg und wandern durch den Wald der Kropstädter Heide nach **Köpnick**, das im Tal des Zahnabaches liegt und nicht einmal 100 Einwohner zählt. Die erst 1898 errichtete neugotische Kirche liegt am mit Seerosen bewachsenen Teich dieses kleinen Rundlingdorfes, dessen »Zentrum« einen freundlichen und behaglichen Eindruck hinterlässt. Durch Wald und über Felder geht es nun nach **Mochau**, wie Kropstädt und Köpnick ein Ortsteil von Wittenberg. Ein Kuriosum soll Erwähnung finden: An der Hauptstraße verweist ein Schild auf eine Gaststätte Wiesenblick, doch fragt man sich, wo diese denn sei. Ein Gebäude mit einem Wirtshausschild gibt es nämlich nicht. Nachfragen bei Nachbarn ergeben: Man müsse über den Hof eines Privathauses gehen, dort finde man dann die Gaststätte. Und so ist es. Wenn man sich traut, wird man mit einem weiten Blick über Wiesen entschädigt, den der Name des Gasthauses ja ankündigt, und auch ein freundlicher Schwatz mit der Wirtin ist drin. Für Gruppen werden übrigens auch außerhalb der Öffnungszeiten die Türen aufgesperrt. Außerdem gibt es in Mochau eine kleine Backsteinkirche aus dem Jahr 1872, die unlängst saniert wurde.

Via Thießen erreichen wir schließlich Lutherstadt **Wittenberg**. Hier endet unsere Tour. Der Jakobsweg und die Via imperii gehen weiter über Leipzig, Altenburg, Zwickau und Hof, aber das ist ein neues Kapitel in einem anderen Buch.

Entfernung Marienkirche Treuenbrietzen → Stadtkirche Lutherstadt Wittenberg: ca. 40 km

Marktplatz von Wittenberg, links das Rathaus, rechts die Stadtkirche

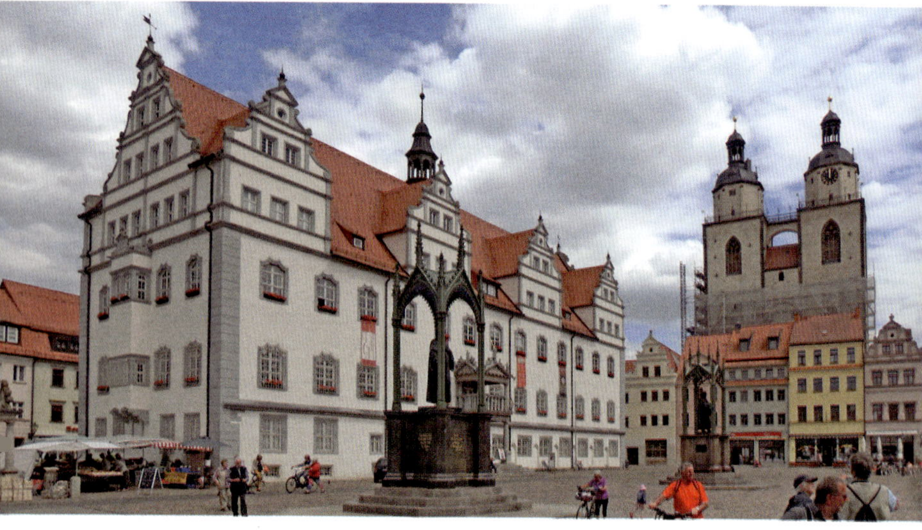

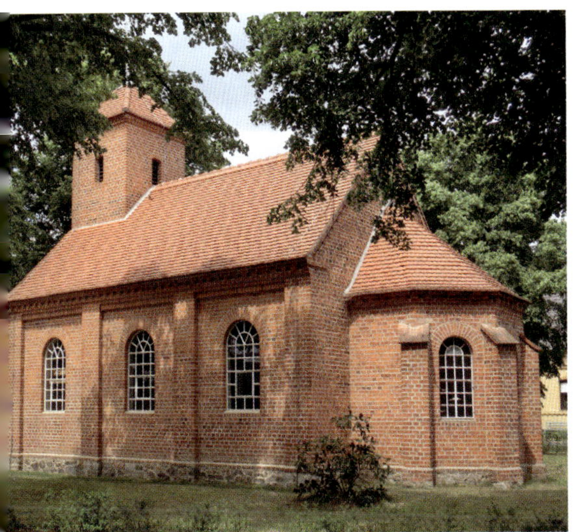

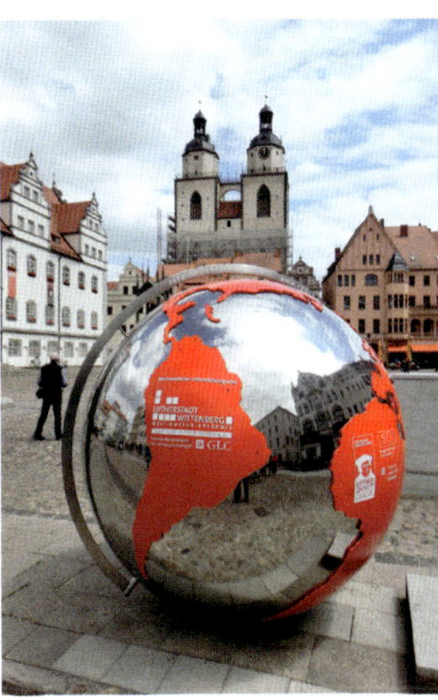

Die Dorfkirche von Mochau (li.), Werbung für das Lutherjahr in Wittenberg

- Touristinformation Lutherstadt Wittenberg, Schlossplatz 2, 06886 Lutherstadt Wittenberg, Tel.: 03491/49 86 10
- Gasthaus Zur Linde, Haseloffer Weg 1, 14929 Treuenbrietzen, OT Rietz, Tel.: 033748/700 68
- Gasthaus Wangerin Dietersdorf, Hauptstr. 21B, 14929 Treuenbrietzen, OT Dietersdorf, Tel.: 033747/601 58
- Eiscafé Marzahna, Berliner Str. 3, 14929 Treuenbrietzen, OT Marzahna, Tel.: 033747/603 10
- Wiesenblick Mochau, Hauptstr. 48, 06888 Mochau, Tel.: 03491/80 80 40
- FeWo »Ferien im Winkel«, Marzahnaer Winkel 2, 14929 Treuenbrietzen, OT Marzahna, Tel.: 033747/603 28
- Pension Göritz, Ließnitzer Straße 17, 06889 Kropstädt, Tel.: 034920/205 89 oder 0178/244 46 19
- Pilgerherberge im Gloecknerstift, Fleischerstraße 17, 06889 Lutherstadt Wittenberg, Ansprechpartner: Michael Schreiber, Tel.: 03491/88 90 77
- Jugendherberge Wittenberg, Schlossstraße 14–15, 06889 Lutherstadt Wittenberg, Ansprechpartner: Florian Mädicke/Thomas Engel, Tel.: 03491/50 52 05
- Brunnen in Schwabeck, Bockwindmühle am Südrand von Marzahna, Schloss Kropstädt, Altstadt Wittenberg
- Dorfkirche Rietz, Anm. im Pfarramt Treuenbrietzen, Tel.: 033748/701 65
- Dorfkirche Mochau, Anfrage an Büro Kirchspiel Dobien, Tel: 03491/61 38 66
- Lutherstadt Wittenberg: ICE, RE3, RE14, RB51, S2 und Bus X2
- Der Weg von Rietz durch den Wald nach Dietersdorf ist für Fahrräder ungeeignet. Empfehlung: Von Rietz zur B 2 fahren, bis Dietersdorf die Bundesstraße benutzen. Ebenfalls ungeeignet ist der Feldweg von Feldheim nach Schmögelsdorf: Feldheim auf der Lindenstraße durchqueren, dann auf der K 6921 nach Marzahna fahren. Das ermöglicht einen Blick auf die Dorfkirche in Feldheim.

C VON FRANKFURT (ODER) NACH TORGAU ÜBER BEESKOW, LÜBBEN, LUCKAU UND HERZBERG

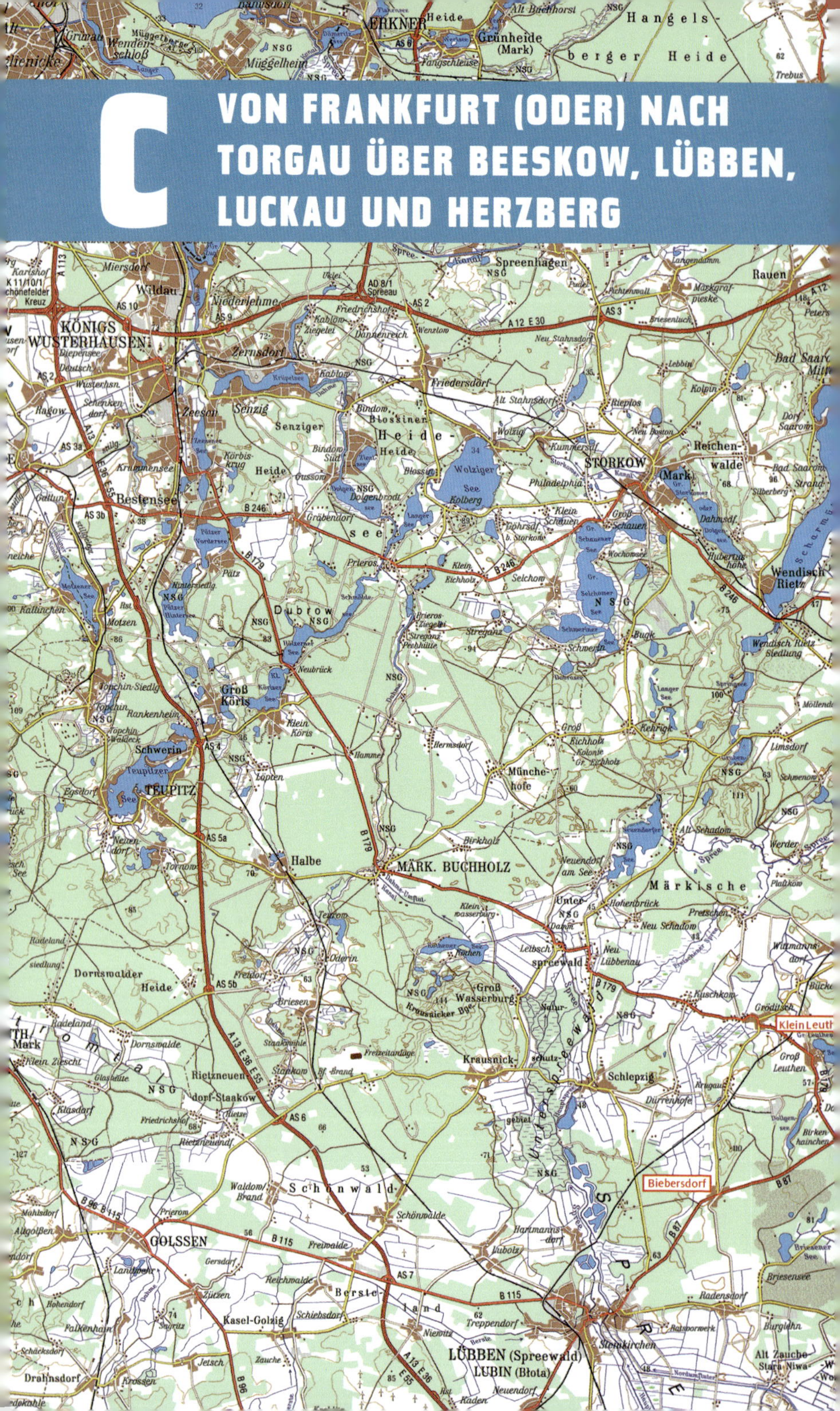

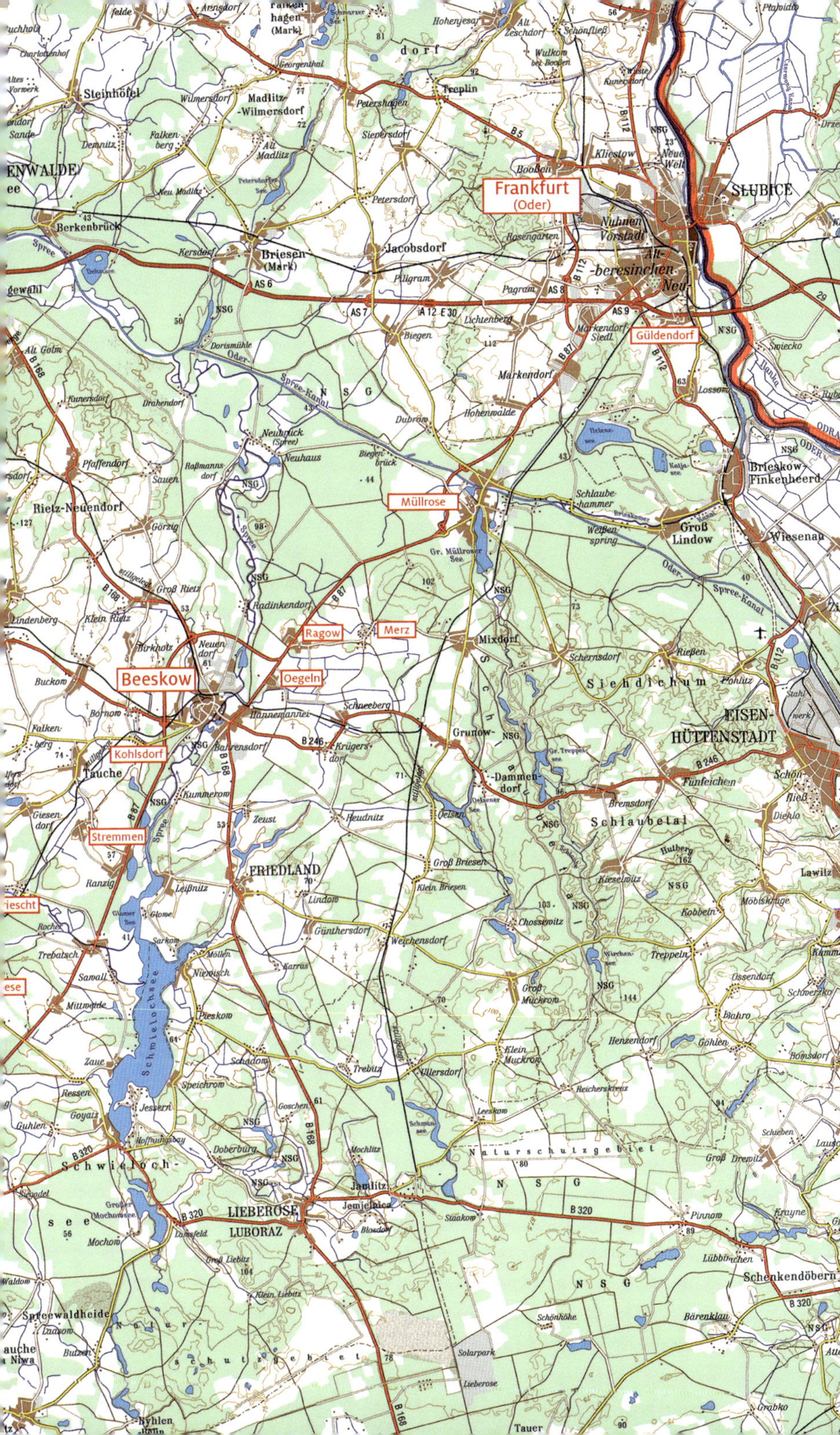
Frankfurt
(Oder)
SŁUBICE
Güldendorf
Müllrose
Ragow
Merz
Beeskow
Oegeln
Kohlsdorf
Stremmen
Briesen
(Mark)
Jacobsdorf
Berkenbrück
Steinhöfel
Madlitz
-Wilmersdorf
Petershagen
Treplin
Booßen
Kliestow
Pagram
Lichtenberg
Markendorf
Hohenwalde
Lossow
Brieskow-
Finkenheerd
Groß
Lindow
Wiesenau
Schlaube-
hammer
Mixdorf
Siehdichum
EISEN-
HÜTTENSTADT
Fünfeichen
Schlaubetal
Grunow-
Dammen-
dorf
Schneeberg
Bahrensdorf
Kummerow
Zeust
Reudnitz
FRIEDLAND
Groß Briesen
Chossewitz
Weichensdorf
Günthersdorf
Groß
Muckrow
Klein
Muckrow
Henzendorf
Treppeln
Rietz-Neuendorf
Pfaffendorf
Tauche
Schwielochsee
Pieskow
Speichrow
Goyatz
Jessern
Doberburg
LIEBEROSE
LUBORAZ
Jamlitz
Trebitz
Ullersdorf
Leeskow
Staakow
Pinnow
Schenkendöbern
Lübbinchen
Bärenklau
Naturschutzgebiet
NSG
Spreewaldheide
Solarpark
Lieberose
Tauer
Byhlen
Spree
Oder-Spree-Kanal
ODER
B 87
B 112
B 168
B 246
B 320
B 5
A 12 E 30

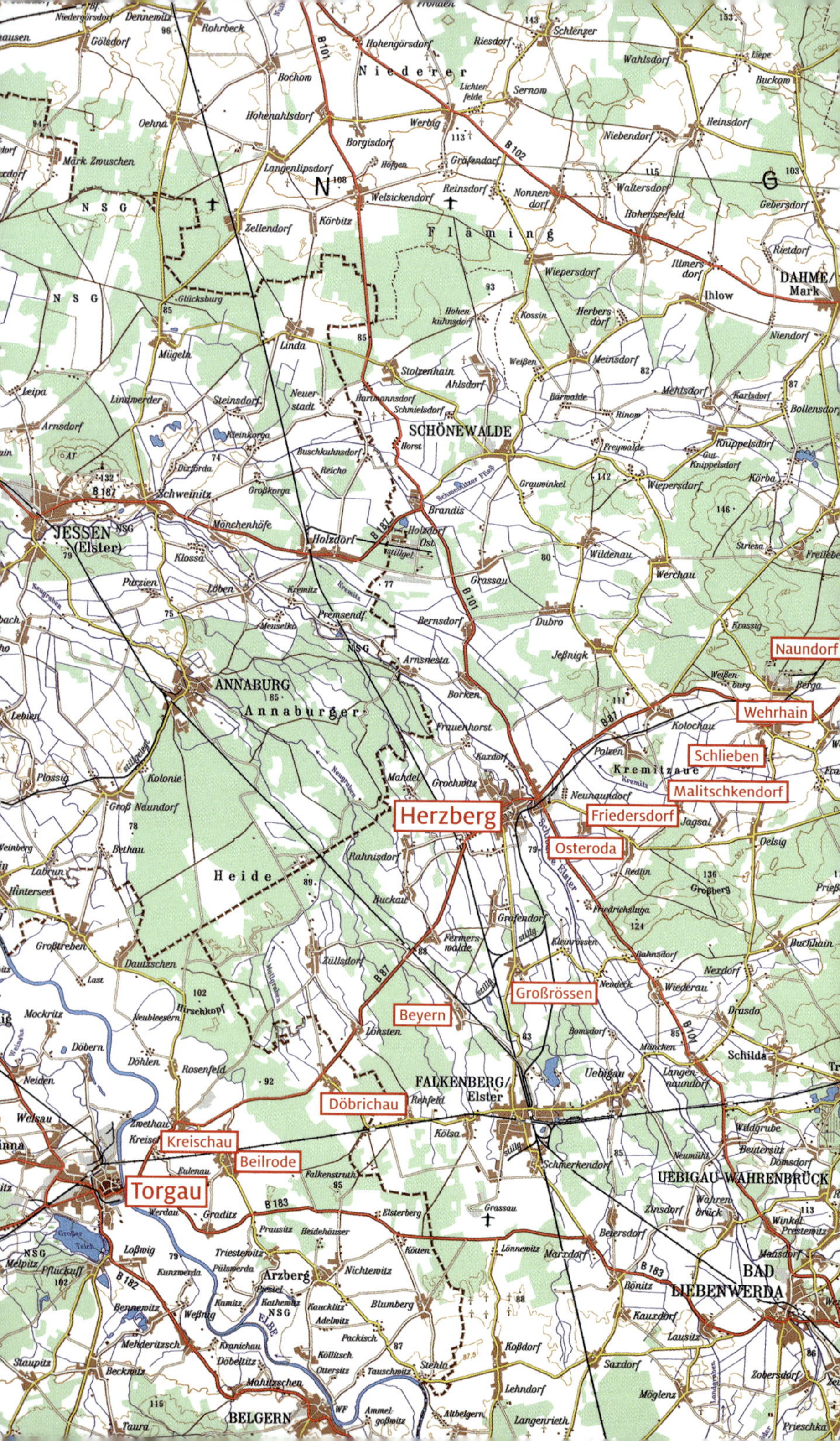
Naundorf
Wehrhain
Schlieben
Malitschkendorf
Friedersdorf
Herzberg
Osteroda
Großrössen
Beyern
Döbrichau
Kreischau
Beilrode
Torgau
Niederer
Fläming
SCHÖNEWALDE
JESSEN (Elster)
ANNABURG
Annaburger
Heide
FALKENBERG/ Elster
UEBIGAU-WAHRENBRÜCK
BAD LIEBENWERDA
DAHME/ Mark
BELGERN
Arzberg
Schweinitz
Holzdorf
Uebigau
Schilda
Dautzschen
Graditz
Elsterberg
Beiersdorf
Mahitzschen
B 101
B 102
B 187
B 87
B 183
B 182
ELBE
Schwarze Elster
NSG

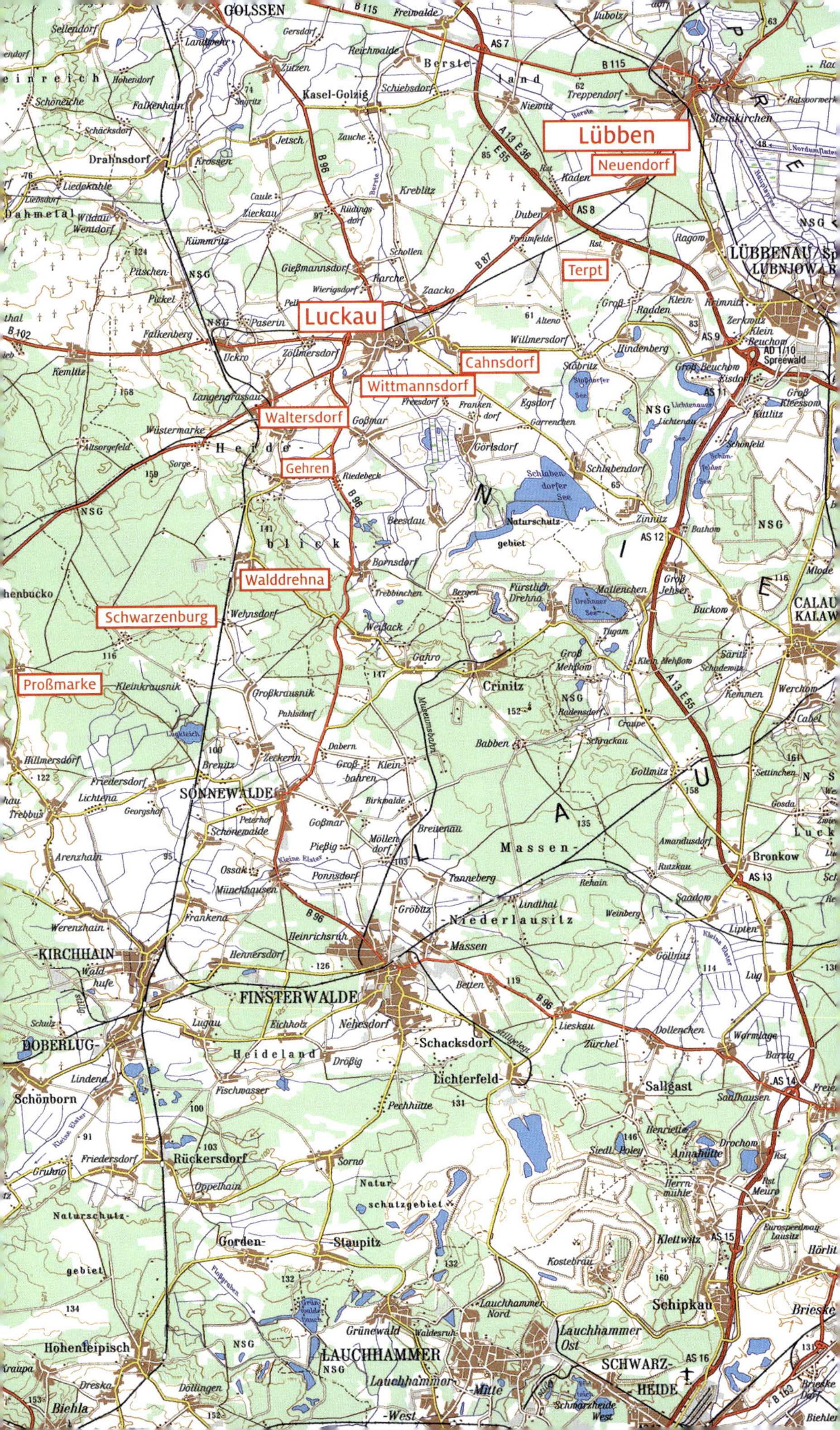
Lübben
Neuendorf
Terpt
Luckau
Cahnsdorf
Wittmannsdorf
Waltersdorf
Gehren
Walddrehna
Schwarzenburg
Proßmarke
GOLSSEN
LÜBBENAU/Sp
CALAU
SONNEWALDE
KIRCHHAIN
FINSTERWALDE
DOBERLUG-
LAUCHHAMMER
SCHWARZ-
HEIDE
Crinitz
Schipkau
Sallgast
Massen
Niederlausitz

Historischer Hintergrund

In dem Katalog Katalog zur Ausstellung »Transit Brügge-Novgorod. Eine Straße durch die europäische Geschichte« des Ruhrlandmuseum Essen, die 1997 stattfand, schreiben die Autoren zu den Straßenverläufe des Mittelalters: »Fassbar wird die mittelalterliche Landstraße vor allem an ihren neuralgischen Punkten, die jeweils Übergänge darstellen: an Furten, Brücken, Stadttoren und Landesgrenzen (...).« Ein solcher »neuralgischer Punkt« war der Oderübergang in Frankfurt.

Frankfurt profitierte von seiner Lage, denn es »sind Verengungen breiter Flusstäler, vor allem solche, wo Höhen oder trockner Talsand nahe an die Ufer herankommen, wie bei Zantoch und Frankfurt, die naturgegebenen Übergänge der alten märkischen Straßen«, wie Hans Mundt schreibt. Daher war die Stadt an der Oder lange Zeit die bedeutendste Handelsstadt der Mark. Man kann fast sagen, dass sie wie eine Spinne im Netz etlicher Straßen saß, wozu neben den Wegen übers Land auch der Wasserweg hinzutrat: Auf der Oder lief ein immer intensiverer Warenverkehr einerseits nach Stettin, andererseits nach Breslau. Straßenverbindungen gab es nach Posen und von dort weiter nach Thorn oder Warschau, nach Görlitz via Guben, über Wriezen und Freienwalde, die beide damals noch an der Oder lagen, nach Eberswalde und von dort nach Stettin, nach Berlin und weiter nach Magdeburg oder auf der Via imperii nach Süden, wie bereits beschrieben, sowie nach Leipzig über Beeskow, Lübben und Herzberg, dazu kam noch eine Landverbindung nach Breslau unter Benutzung des Oderübergangs in Crossen (heute Krosno Odrzańskie), ebenso via Schwiebus (Świebodzin). Dieses ist nur eine Auswahl der wichtigsten Verbindungen, und drei von ihnen sind inzwischen auch als Wege der Jakobspilger ausgeschildert bzw. in Ausschilderung begriffen. In diesem Kapitel wollen wir uns dem Weg von Frankfurt über Beeskow und Herzberg nach Torgau widmen.

Bei diesem Pilgerweg handelt es sich um die alte Handelsstraße, die zwei Messestädte miteinander verband: Frankfurt und Leipzig. Die Bedeutung Frankfurts für die Mark soll vorab noch einmal bekräftigt werden durch die Stiftungsurkunde der Universität, in der Kurfürst Joachim I. Nestor in sehr blumiger und pathetischer Sprache ausführt: »Wir besitzen nun in Unserer Herrschaft eine besuchte Stadt, Frankfurt an der Oder genannt, den Markt vieler Völker. Sie zeichnet sich aus durch heitere und milde Luft, wird nach Sonnenaufgang von der Oder bespült, einem sehr hellen, sehr fischreichen, für die Schifffahrt, die Ein- und Ausfuhr aller Handelsartikel geeigneten Fluss, liegt am Fuße von Hügeln, die, mit Weinbergen und Fruchtgärten aufs anmutigste bekleidet, sie vom Mittag her umgürten, und die Ärzte, und zwar die durch ihre Tätigkeit und Erfahrung erfahrensten, bestätigen, dass sie der

Gesundheit außerordentlich zuträglich sei; von Sonnenuntergang aber und von Norden ist sie von blühenden Wiesen, heilkräftigen Wäldern und fruchtbaren Äckern umgeben.«

Soweit der kurfürstliche PR-Artikel, der Frankfurt fast als Paradies schildert. Hans Mundt hebt in »Die Heer- und Handelsstraßen der Mark Brandenburg« eine besondere Wegefülle namentlich in der Niederlausitz hervor und konstatiert: »In Torgau spätestens kam in diesen Verkehrsstrom (...) die Messstraße von Frankfurt a. O. über Müllrose-Beeskow-Trebatsch-Lübben-Schlieben-Herzberg«, womit unser Weg schon genau wiedergegeben wird. Auch führt Mundt aus: »Der Verlauf der alten Messstraße Frankfurt-Leipzig hat gewisse typische Merkmale für die mittelalterliche Straßenführung; einmal führt sie solange als möglich aus Zollgründen auf sächsischem Gebiet und dann meidet sie geologisch schwierige Übergangsstellen.« Dieser Satz irritiert möglicherweise, denn wenn man eine heutige Karte konsultiert, stellt man fest, dass der größte Teil dieser Straße auf Brandenburger Territorium verläuft. Eine Erklärung findet Mundts Feststellung darin, dass die Niederlausitz – mit Ausnahme der Herrschaften Cottbus und Peitz – bis zum Wiener Kongress 1815 sächsisch war: Wir werden beizeiten darauf zurückkommen, nämlich dann, wenn wir die alte Grenze überqueren.

Zudem soll noch ein weiterer Zeuge für den von uns reklamierten Wegverlauf angerufen werden, nämlich Erhard Etzlaub. Neben seiner schon erwähnten Pilgerkarte von 1500 stammt von ihm eine Landstraßenkarte aus dem Jahr 1501, und auf ihr ging der Weg von Leipzig nach Frankfurt (Oder) über Torgau, Herzberg, Luckau, Lübben, Beeskow und Müllrose. Oder eben umgekehrt.

Abschließend sei noch der folgende Hinweis gestattet: Innerhalb des Projektes »Jakobswege im deutsch-polnischen Grenzraum – Etablierung eines grenzübergreifenden Informations- und Leitsystems« wurden auch auf polnischer Seite mehrere Jakobswege etabliert und ausgeschildert. Eine Haupt- und eine Nebenroute, die sich in Sulęcin (ehem. dt. Zielenzig) treffen, sodass dieser Ort auch ein guter Ausgangspunkt für eine Pilgerreise wäre – es gibt übrigens einen ausgeschilderten Radweg Sulęcin-Beeskow, der mehrere Orte am Jakobsweg berührt. Die Hauptroute geht weiter über Ośno Lubuskie (dt. Drossen) und Rzepin (dt. Reppen) nach Słubice, die ehemalige Frankfurter Dammvorstadt auf dem Ostufer der Oder. Und auch hier befindet sich eine Alternativroute im Aufbau, nämlich von Ośno Lubuskie via Góryca, das frühere Göritz, das sogar einmal Sitz der Lebuser Bischöfe war. Es steht also jedem Wanderer frei, seine Pilgerreise bei unseren polnischen Nachbarn zu beginnen. Wir aber starten an der Marienkirche in Frankfurt.

Der Weg ist nur partiell ausgeschildert, außerdem sind Kennzeichen dem Sammlertrieb oder Vandalismus zum Opfer gefallen.

Frankfurt an der Oder

Besser als Hans Mundt kann man die frühe Geschichte Frankfurts kaum zusammenfassen: »Nachdem 1253 Frankfurt Stadt geworden, Niederlagsrechte erhalten und dort der Bau einer Brücke in Aussicht genommen war, war damit eine der wichtigsten märkischen Handelsstädte gegründet worden. Im 14. Jahrhundert wird die Frankfurter Messe auch aus dem Nordosten besucht. 1350 ist auch Krakau in den Frankfurter Schöffengerichtsbüchern nachzuweisen; 1368 gehört die Stadt der Hanse an. Wenn sie auch nie den Rang einer großen deutschen Handelsstadt erreichte – für die Mark war sie das Handelstor nach dem Osten, der Oderumschlaghafen, wo die Schifffahrt aufhörte und von wo die Waren auf der Achse nach Polen, Schlesien, Böhmen, der Lausitz, Meißen und der Mark gebracht wurden. Frankfurt liegt eben an einer außerordentlich günstigen Flussübergangsstelle, wo die hohen, trockenen Flussufer bis dicht an den Fluss herantreten und so ein enges wenig sumpfiges Tal bilden, durch das ein Verkehr ohne besonders große technische Nachhilfen möglich ist. (…) 1351 wird Frankfurt bestätigt, dass der Wagenverkehr auf beiden Seiten der Oder auf die Stadt zu gehen habe.« Es ist klar, dass die Stadt ihre Privilegien immer wieder verteidigt hat. Das Niederlagsrecht, auch Stapelrecht genannt, zwang durchreisende Kaufleute, ihre Waren erst einmal für eine bestimmte Zeit vor Ort anzubieten. Daneben besaß Frankfurt auch das Recht, Zölle zu erheben, und es war Geleitort.

Rathaus von Frankfurt (Oder)

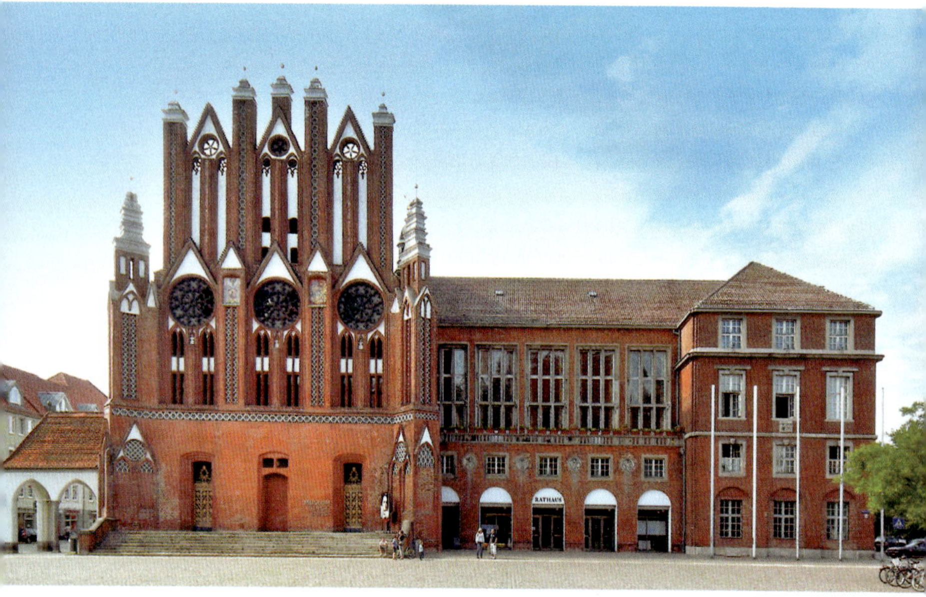

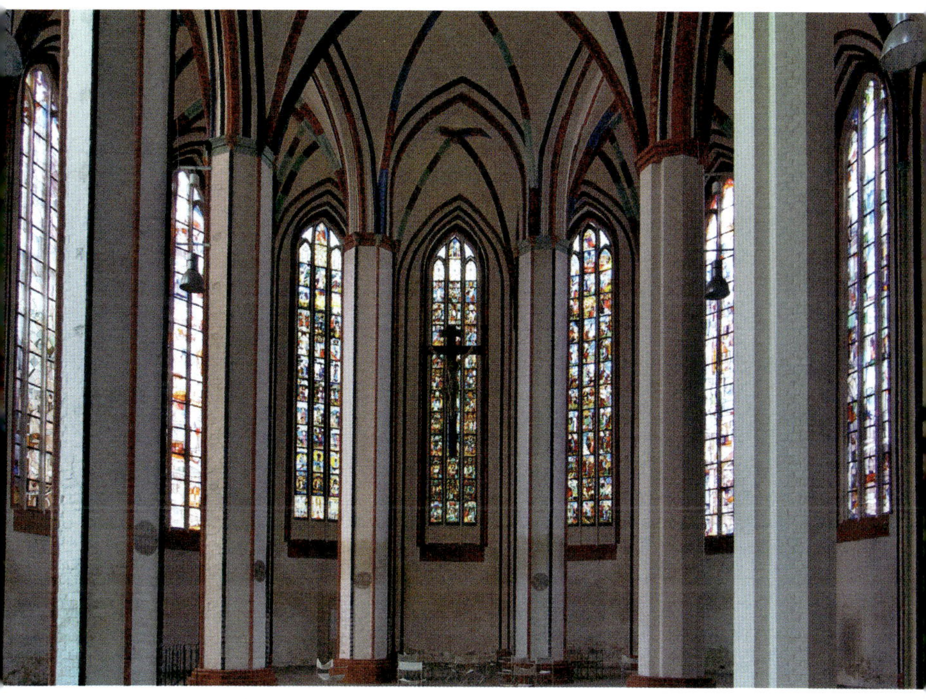

Marienkirche Frankfurt (Oder), Chor

Die deutsche Stadtgründung war eine Planstadt mit Gitterschema und zentralem, rechteckigem Marktplatz; um 1300 gab es eine Stadtmauer mit insgesamt sieben Toren: im Norden das Lebuser, im Süden das Gubener Tor, dazu fünf Tore zur Oder. Eines dieser Tore war das Brücktor, das zur Oderbrücke führte. Von Bedeutung waren auch die nach und nach entstandenen drei Hospitäler: St. Georgen vor dem Lebuser Tor, St. Jakobi an der Nikolaikirche und St. Spiritus vor dem Gubener Tor, zwei also außerhalb der Stadt. Wichtigste Handelsgüter waren flandrische Tuche, Fische aus Skandinavien, vor allem Hering, sowie Getreide. Das rasche Wachstum Frankfurts zur wichtigsten Stadt im vermutlich 1124 gegründeten Bistum Lebus zeigt sich auch darin, dass die Lebuser Kanoniker nach 1276 erwogen, ihren Bischofssitz nach Frankfurt zu verlegen. Schließlich wurde das schon erwähnte Göritz Sitz des Bischofs von Lebus. Als sich Frankfurt im Streit zwischen dem Papst und dem deutschen König auf die Seite Ludwigs des Bayern stellte, führte der Lebuser Bischof Stephan II. 1326 ein polnisches Heer gegen die Stadt, woraufhin Frankfurter Söldner die bischöfliche Residenz und den Dom zu Göritz zerstörten. Erneut wurde erwogen, die Frankfurter Marienkirche zur Kathedrale des Bistums zu erheben, aber Ludwig der Bayer untersagte dies 1330.

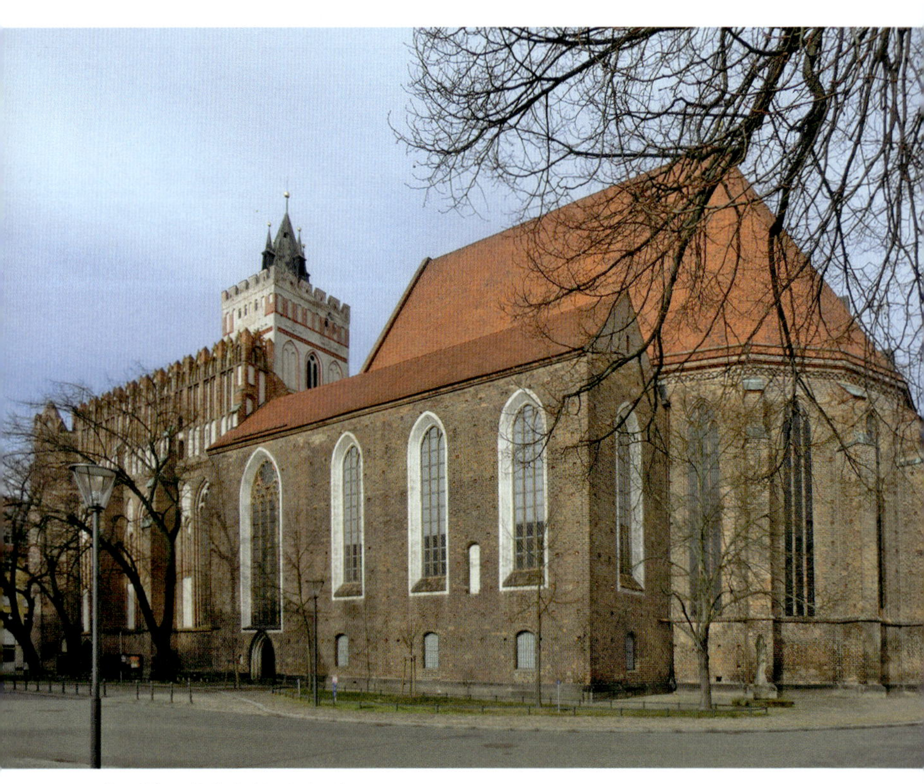

Frankfurt (Oder), Marienkirche

1502 eröffnete Martin Tretter in Frankfurt die erste Druckerei der Mark, 1506 entstand mit der Viadrina die erste brandenburgische Landesuniversität; an ihr studierten Ulrich von Hutten, später die Gebrüder Humboldt und auch Heinrich von Kleist, dessen Name untrennbar mit Frankfurt (Oder) verbunden ist. An der Viadrina wurde 1668 zum ersten Mal in Deutschland eine Bluttransfusion am Menschen durchgeführt, hier promovierte erstmals in Deutschland ein Jude, und auch der Talmud wurde hier zum ersten Mal gedruckt. So herrschte hier im 16. Jh. ein reges geistiges Leben.

Das 19. Jh. brachte die Eisenbahn und damit 1846 die erste Eisenbahnbrücke über die Oder, aber ein bedeutender Industrialisierungsschub blieb aus. Ab Ende des Jhs. machte Frankfurt eine Karriere als Garnison- und Verwaltungsstadt, und am 26. Januar 1945 erklärten die Nazis es zur Festung. Große Kriegszerstörungen waren die Folge, wie überall hier in der Gegend an der Oder, wo in den letzten Kriegswochen mörderisch zu nennende Kämpfe tobten. Frankfurt wurde sozialistische Grenzstadt zu Polen, das Halbleiterwerk war DDR-weit bekannt. Nach der Wende wurde die Viadrina wiedereröffnet, gemeinsam mit Słubice wird daran gearbeitet, beide Städte und die Region attraktiver zu machen, und trotz der Kriegszerstörungen gibt es vieles zu sehen: drei Kirchen immerhin, die Friedenskirche (die frühere Kirche St. Nikolai), die heute als Konzerthalle genutzte ehemalige Franziskanerkirche und die sehr große Marienkirche, den Höhepunkt jeder Stadtbesichtigung. St. Marien wurde 1945 stark zerstört, 1980 begann der Wiederaufbau, der bis heute andauert. Schlagzeilen machten die wertvollen Chorfenster aus dem 3. Viertel des 14. Jhs., als diese 2002 aus »sowjetischer Kriegsgefangenschaft« zurückkehrten. Weitere wichtige Ausstattungsstücke wie der große Bronzeleuchter und das Bronzetaufbecken von 1376 oder der Marienaltar von 1489 befinden sich heute in der Gertraudkirche und können dort besichtigt werden. Des Weiteren sehenswürdig sind das Rathaus am Markt, das Junkerhaus, in dem sich das Museum Viadrina befindet, die längst umgebauten Hospitäler Georgen und Heilig Geist sowie zahlreiche denkmalgeschützte Bauten aus dem 19. und 20. Jh., darunter Reformbauten, die hier nicht alle aufgezählt werden können. Man sieht also: Ein Tagesaufenthalt genügt kaum, um Frankfurts sehenswerte Seiten zu erkunden.

- Deutsch-Polnische Tourist Information im Bolfrashaus, Große Oderstr. 29, 15230 Frankfurt (Oder), Tel.: 0335/610 08 00
- Da es in Frankfurt zahllose Restaurants, Bars und Cafés gibt, kann auf einzelne Angebote nicht eingegangen werden. Das gilt ebenso für Übernachtungsmöglichkeiten.
- Friedenskirche, Marienkirche, Konzerthalle Carl Philipp Emanuel Bach (ehem. Franziskanerkirche), Gertraudkirche, Rathaus, Kleist Forum Frankfurt (Theater, Konzerte, Lesungen u. dgl.), Lennépark, Kleistpark, Insel Ziegenwerder (Park), Oderpromenade u.v.a.
- Marienkirche, Oberkirchplatz 1, 15230 Frankfurt (Oder), Tel.: 0335/224 42
- St. Gertraud, Gertraudenplatz 6, 15230 Frankfurt (Oder), telefonische Anmeldung empfohlen: Tel.: 0335/38 72 80 10 (Vereinb. von Führungen mgl.)
- Friedenskirche (ehem. Nikolaikirche), Schulstr. 4a, 15230 Frankfurt (Oder), Anm. u. Führungen unter Tel.: 0335/40 07 59 99
- Ehem. Franziskanerkirche, heute Konzerthalle »Carl Philipp Emanuel Bach«, Collegienstr. 8, 15230 Frankfurt (Oder), Anfragen über Tourist-Information
- Städtische Museen Junge Kunst und Viadrina, Carl-Philipp-Emanuel-Bach-Str. 11, 15230 Frankfurt (Oder), Tel.: 0335/401 56
- Museum Junge Kunst, im PackHof des Museums Viadrina (s.o.) und in der Rathaushalle/Festsaal, Marktplatz 1, 5230 Frankfurt (Oder), Tel.: 0335/552 41 50
- Kleist-Museum, Faberstr. 6–7, 15230 Frankfurt (Oder), Tel.: 0335/387 22 10
- Sportmuseum der Stadt Frankfurt (Oder), Slubicer Str. 7/8, 15230 Frankfurt (Oder), Tel.: 0335/665 96 63
- Frankfurt (Oder): EC, RE1, RE10, RB36, RB43, RB60, RB91, diverse Straßenbahnen und Busse

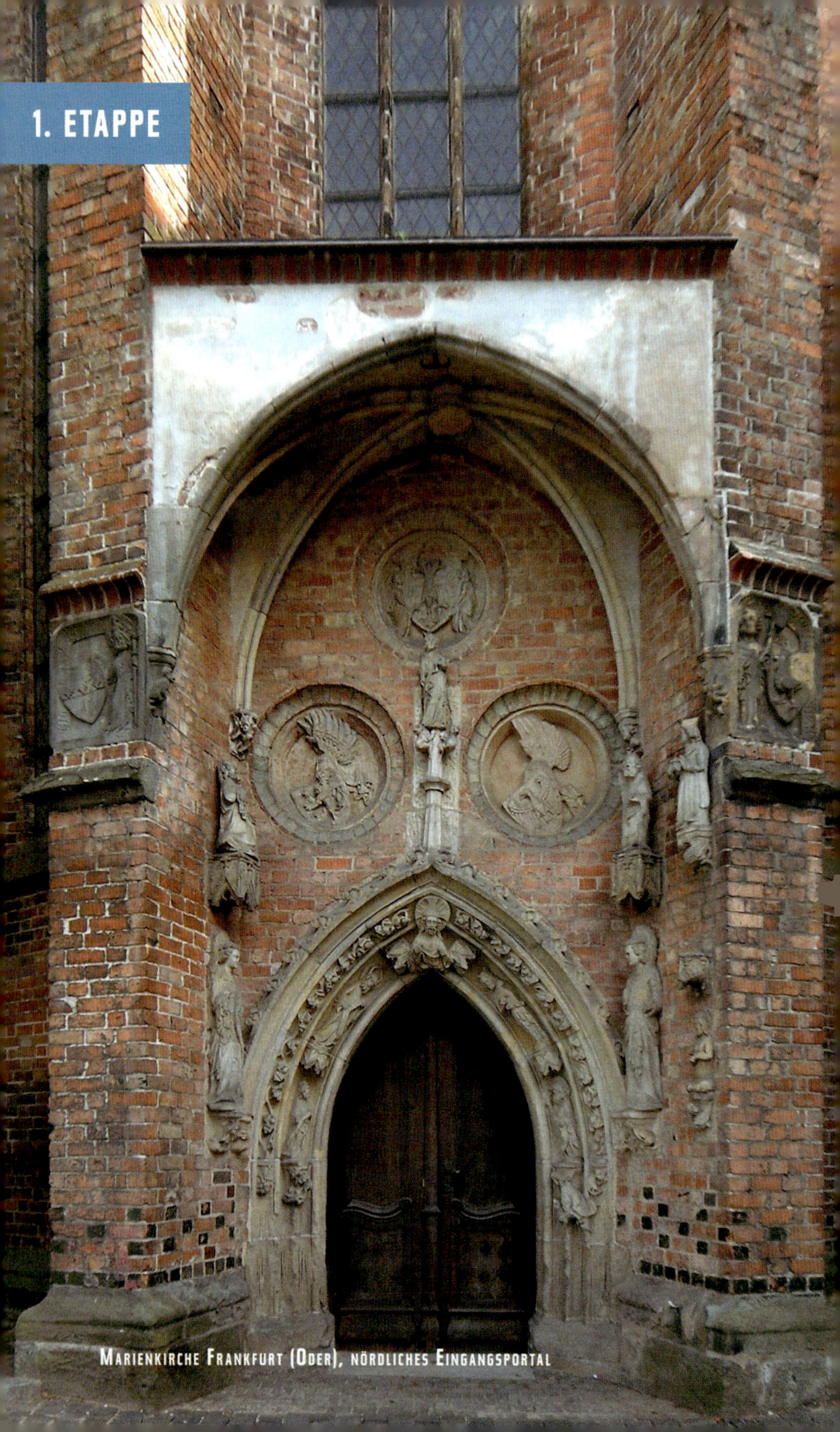

1. ETAPPE

Marienkirche Frankfurt (Oder), nördliches Eingangsportal

VON FRANKFURT (ODER) NACH MÜLLROSE

Ausgangspunkt: Marienkirche Frankfurt (Oder)
Zielpunkt: Kirche Müllrose

Wir starten an der Frankfurter Marienkirche und begeben uns auf einen erst einmal ausgeschilderten Jakobsweg; wir wenden uns nach Süden, um die Gubener Vorstadt zu durchqueren, über die Günther Köpping und Ernst Wipprecht in »Baukunst in Brandenburg« Folgendes schreiben: »Überhaupt verdienen die vielen Stadterweiterungen des 18. Jahrhunderts im Zusammenhang mit der städtebaulichen Entwicklung im Land Brandenburg eine würdigende Erwähnung. Besonders hervorzuheben ist dabei die angerförmige Stadterweiterung von Frankfurt an der Oder im Bereich der Gubener Vorstadt. Zwischen dem 1396 gegründeten und 1797 durch Brand völlig zerstörten Kartäuserkloster und dem östlichen Mauerring der Altstadt wurde im 18. Jahrhundert das Gelände südlich der zum Oderufer abfallenden alten Fischersiedlung durch eine aufgelockerte Wohnhausbebauung mit Gärten und einer doppelten Lindenallee erschlossen. Im Gegensatz zur Enge der mauerumwehrten Altstadt konnte hier neuen Wohnbedürfnissen entsprochen werden. Trotz späterer Verdichtung blieb der städtebauliche Raum in Angerform in seiner Großzügigkeit bis heute erhalten.«

Wir wandern an der Gertraudkirche vorbei, in der die kostbaren Ausstattungsstücke der Marienkirche aufbewahrt werden, die Bomben und Feuersturm überstanden haben, dann geht es durch den Park bis zum Carthausplatz, wo wir in die Güldendorfer Straße biegen. Aus ihr wird der Mühlenweg, der uns durch das Neubaugebiet Beresinchen leitet, bis wir dann nach links wieder in die Güldendorfer Straße biegen. **Güldendorf** ist heute ein Ortsteil

Güldendorfer Dorfteich im Nebel (li.) und EuroCamp Helenesee

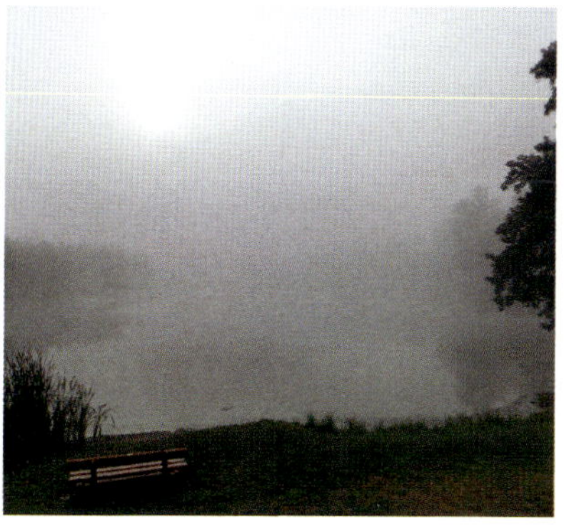

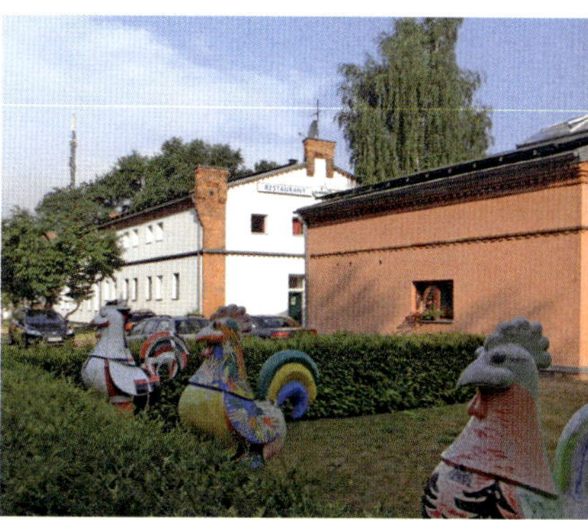

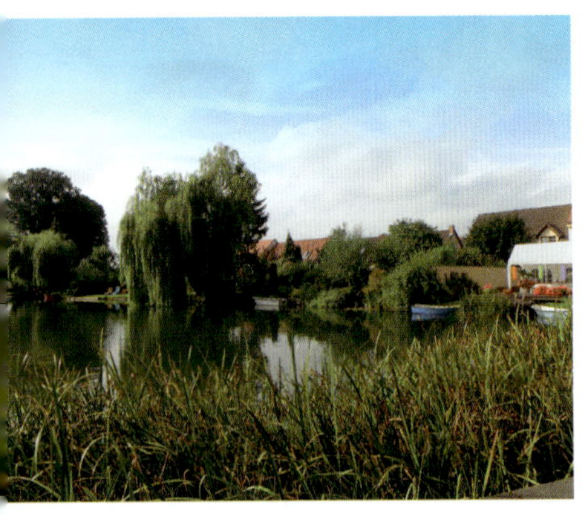

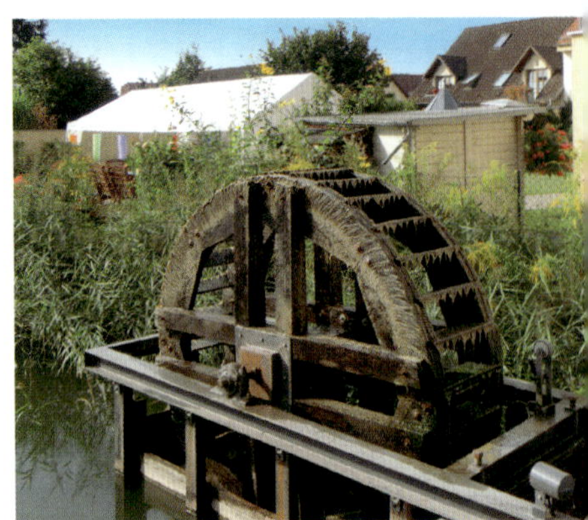

Am Großen Müllroser See (li.) und Mühlrad am Schlaubewehr

von Frankfurt, und es ist bekannt, dass Mitte des 19. Jhs. eine unchaussierte Landstraße von Frankfurt nach Güldendorf führte – das zu dieser Zeit allerdings Tzschetzschnow hieß: Um 800 gab es hier wohl schon eine slawische Siedlung, 1230 wurde das Dorf erstmals urkundlich erwähnt. Der Name Tzschetzschnow klang den Nationalsozialisten zu slawisch, also wurde es 1937 in Güldendorf umbenannt. Die Dorfkirche ist ein großer Saalbau aus Backstein, dessen Kern aus der zweiten Hälfte des 13. Jhs. stammt, der Turm ist eine Ergänzung aus dem 15. Jh.

Wir wandern am Großen Dorfsee vorbei und dann durch die Krumme Straße und den Lossower Förstereiweg Richtung Helenesee, Frankfurts kleine Ostsee, wie er auch genannt wird. Der zweittiefste See Brandenburgs ist ein beliebtes Naherholungsgebiet mit guter Wasserqualität und ausgedehnten Stränden, darunter auch für FKK. Hier befindet sich das HeleneCamp, dass sich selbst als »Tagungs-Ferien-Probe-Trainings-Hochzeits-Urlaubs-Party-Camp« anpreist und »individuelle Freizeitgestaltung für Kleine und Große an einem Badesee der Extraklasse vor den Toren der Kleiststadt Frankfurt (Oder)« bietet. Übrigens handelt es sich um einen künstlichen See, der 1958 durch Flutung des Tagebaues Grube Helene entstanden ist.

Wir begeben uns auf einer wenig befahrenen Landstraße, dem Kaisermühler Weg, nach Müllrose. Beim FKK-Strand führt dann ein Weg in den Wald, der mit einem gelben Querbalken gekennzeichnet ist (Richtung Biegener Hellen) – diesen benutzt man, bis man die Eisenbahn erreicht, und dann hält man sich, den Gleisen praktisch folgend, in südwestlicher Richtung, bis man den Kaisermühler Weg in Müllrose erreicht. Alternativ kann man auch der Asphaltstraße folgen, und zwar auf dem mit einem blauen Querbalken beschilderten Weg, der schließlich als Waldweg von der Asphaltstraße nach Schlaubehammer abzweigt. Auf diesem Waldweg, der bei

Trockenheit sehr sandig werden kann, erreicht man Kaisermühl, wo auch der Radweg Sulęcin-Beeskow entlangführt. Von Kaisermühl geht es dann bequem nach Müllrose, dem am Großen Müllroser See gelegenen Tor zum Schlaubetal.

(Laut »Hansische Hansestraßen« ging die Straße Leipzig-Frankfurt »über Müllrose und das Kirchdorf Markendorf nach Frankfurt«. Die heutige Verbindung ist die B 87, diese umgehen wir auf den beschriebenen Wegen.)

Naturpark Schlaubetal

Der Naturpark Schlaubetal wurde Ende 1995 eröffnet und umfasst eine Fläche von etwa 227 km^2. Charakteristisch sind Buchen-Traubeneichen- und Traubeneichen-Kiefernwälder, z. T. bis zu 30 m tiefe Schluchten, aber auch Heideflächen, Moore und viele Seen. Seltene Pflanzen- und Tierarten haben im Park ihre Heimstatt. Die tief eingeschnittenen Täler werden gebildet von den Flüssen Schlaube, Dorche, Oelse und Demnitz, wobei das Tal der Schlaube als eines der schönsten, wenn nicht gar als das schönste Bachtal Ostbrandenburgs gilt. An vielen Bächen finden sich heute noch Mühlen, die die Bedeutung des Wasserkraft als Antrieb für Getreide- und Schneidemühlen illustrieren und heute oftmals zu Ausflugsgaststätten und/oder Unterkünften umgebaut wurden: Beispiele sind die Ragower, die Kieselwitzer, die Schwerzkower und die Schlaubemühle (nicht mehr existent, an ihrer Stelle gibt es ein Naturschutz-Informationszentrum des BUND).

Das Schlaubetal ist ein Paradies für Fuß- wie für Radwanderer. Es gibt zahlreiche gut ausgeschilderte Wege, z.B. den als Qualitätswanderweg ausgezeichneten, 25 km langen Schlaubetal-Wanderweg für Fußwanderer und verschiedene Schlaubetal-Touren für Radler, die längste mit 105 km ist der Mönchsradweg auf den Spuren der Zisterzienser.

Naturparkverwaltung Schlaubetal Wirchensee

15898 Neuzelle OT Treppeln, Tel.: 033673/422

Die Ackerbürgerstadt **Müllrose**, die zusammen mit ihren Ortsteilen über 4.300 Einwohner in die Waagschale bringt, ist ein staatlich anerkannter Erholungsort und Sitz des Amtes Schlaubetal. Der Name geht wohl auf die slawische Besiedlung in 6./7. Jh. zurück und wird von dem Personennamen Milorad abgeleitet – es handelt sich also um die Siedlung eines Mannes dieses Namens.

Im Dehio lesen wir: »Am Nordufer des Müllroser Sees an der alten Handelsstraße von Leipzig nach Frankfurt (Oder) gelegen; ehem. einziger Übergang über die dortige Sumpfniederung.« Doch die Bedeutung des Ortes für den Verkehr ging noch weiter: »Von der Straße Frankfurt/O.-Leipzig zweigte sich bei der Zollstätte Müllrose ein auf Cottbus führender Verkehrsweg ab«, und damit war Müllrose »der Gabelpunkt für die von Frankfurt nach Leipzig und nach Cottbus führenden Straßen« (»Hansische Handelsstraßen«). Auch Mundt erwähnt die kleine Stadt: »Hier in Müllrose hatte der Frankfurter Magistrat einen Nebenzoll für diejenigen Kaufleute errichtet, die nicht durch

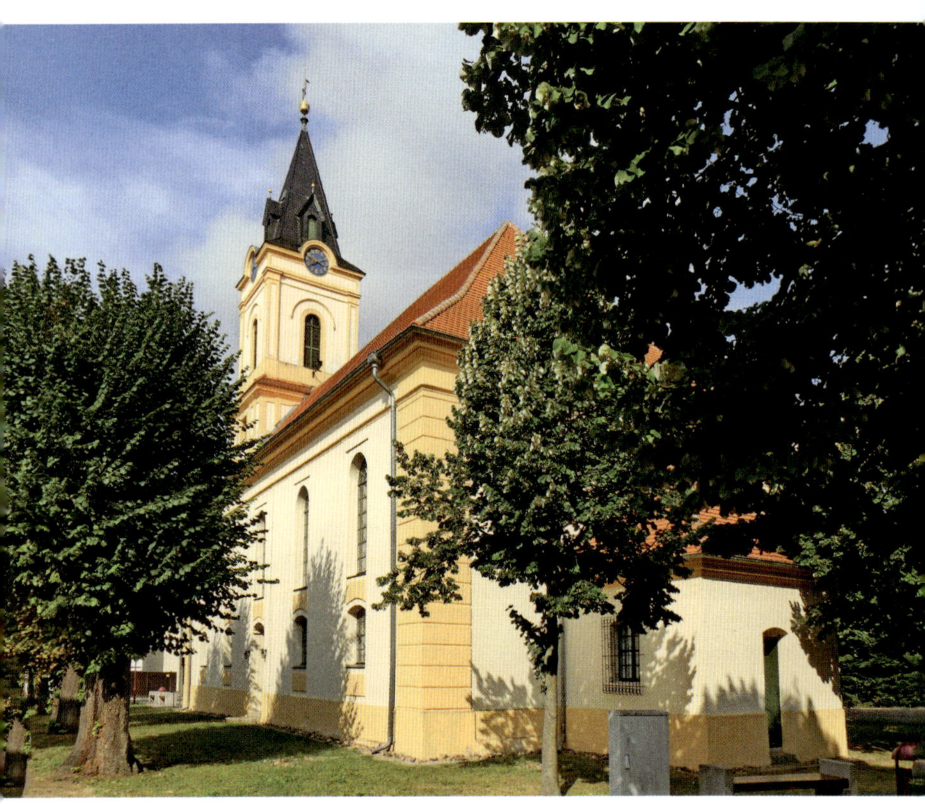

Stadtkirche Müllrose

ihre Stadt, sondern an dieser vorbei auf Wriezen, Freienwalde gingen und damit der Vorschrift entgegen handelten, dass alle Handelswege beiderseits der Oder über Frankfurt zu gehen hatten. Doch auch dieser Müllroser Nebenzoll wurde viel umgangen.«

Um 1260 gegründet und bald mit Stadtrecht versehen, war die unbefestigte Stadt häufig Opfer von Kriegszerstörungen oder den Folgen von Truppendurchmärschen, so durch die Hussiten, im Dreißigjährigen wie auch im Siebenjährigen Krieg. Einen bescheidenen Aufschwung gab es durch den Bau des Friedrich-Wilhelm-Kanals (1666–68), auch Müllroser Kanal genannt, der ersten künstlichen Verbindung zwischen Oder und Spree, und dann durch den Eisenbahnanschluss am 1. Januar 1877. Doch vor allem der Fremdenverkehr im 20. Jh. war entscheidend für die Stadt.

Noch heute ist im Stadtbild das ursprüngliche Schema (Leiterform) mit dem rechteckigen Markt und Kirchplatz zu erkennen. Die Bebauung besteht überwiegend aus den typischen traufständigen ein- bis zweigeschossigen

Wohnhäusern des 19. Jhs.; etwas älter ist z. B. das Haus Kietz 7 (spätes 18. Jh.), in dem sich seit 1997 das Haus des Gastes mit dem Heimatmuseum und der Schlaubetal-Information (bis Sommer 2023 im Rathaus, Markt 5) befindet.

Sehenswert auch die Stadtpfarrkirche, 1746 an der Stelle eines Vorgängerbaus in klassizistisch-barockem Stil als verputzter Saalbau errichtet, das Rathaus vom Ende des 18. Jhs., die ehemaligen Gasthäuser »Zur Sonne« und »Grüner Baum« sowie die früheren Mühlenwerke in der Frankfurter Straße/Bahnhofstraße, die im Kern aus der Zeit um 1850 stammen, aber in den 1920er-Jahren vielfach erweitert wurden. Schön ist auch ein Spaziergang auf der Promenade am Müllroser See.

Entfernung Marienkirche Frankfurt (Oder) → Stadtpfarrkirche Müllrose: ca. 22 km

- Schlaubetal-Information im Rathaus, Markt 5, 15299 Müllrose, Tel.: 033606/772 90
- Gaststätte Seeterrasse Güldendorf, Seestr. 24,15236 Frankfurt (Oder), OT Güldendorf, Tel.: 0335/40 15 65 00
- Gasthaus Am Kanal, Frankfurter Str. 70, 15299 Müllrose, Tel.: 033606/701 00, auch
- Café- und Gästehaus Zum Schäfer, Malchow 1, 15236 Frankfurt (Oder), OT Helenesee, Tel.: 03 35/284 78 30, auch
- HeleneCamp, Am Helenesee 1a, 15236 Frankfurt (Oder), Tel.: 0335/566 04-0, auch im Restaurant Captain Campino
- Pilgerherberge Müllrose: Ev. Pfarramt Müllrose, Kirchstr 5, 15299 Müllrose, Ansprechpartner: Pfarrer Matthias Hirsch , Tel.: 033606/567
- Haus Katharinensee, Bahnhofstr. 56, 15299 Müllrose, Tel.: 03 36 06/855 30, E-Mail: info@haus-katharinensee.de, www.haus-katharinensee.de, auch
- Helenesee, Schlaubetal, Stadtensemble Müllrose
- Dorfkirche Güldendorf, Anm. bei Charlotte Schülzke, Tel.: 0335/52 69 71, oder bei Werner Hoffmann, Tel.: 0335/52 61 67, www.gueldendorf.de
- Kirche Müllrose, c/o Ev. Pfarramt, Tel.: 033606/567
- Heimatmuseum Müllrose, Kietz 7, 15299 Müllrose, Tel.: 033606/772 90
- Müllrose: RB36
- Durchgehend befahrbar, anfangs vor allem Asphaltwege/-straßen. Schwierig könnten die Partien durch den Wald zwischen Helenesee und Müllrose werden, da teilweise sehr sandig; bei schlechtem Wetter evtl. ausweichen: Kaisermühler Weg (Asphaltstraße) bis Schlaubehammer und von dort auf Radweg nach Müllrose.

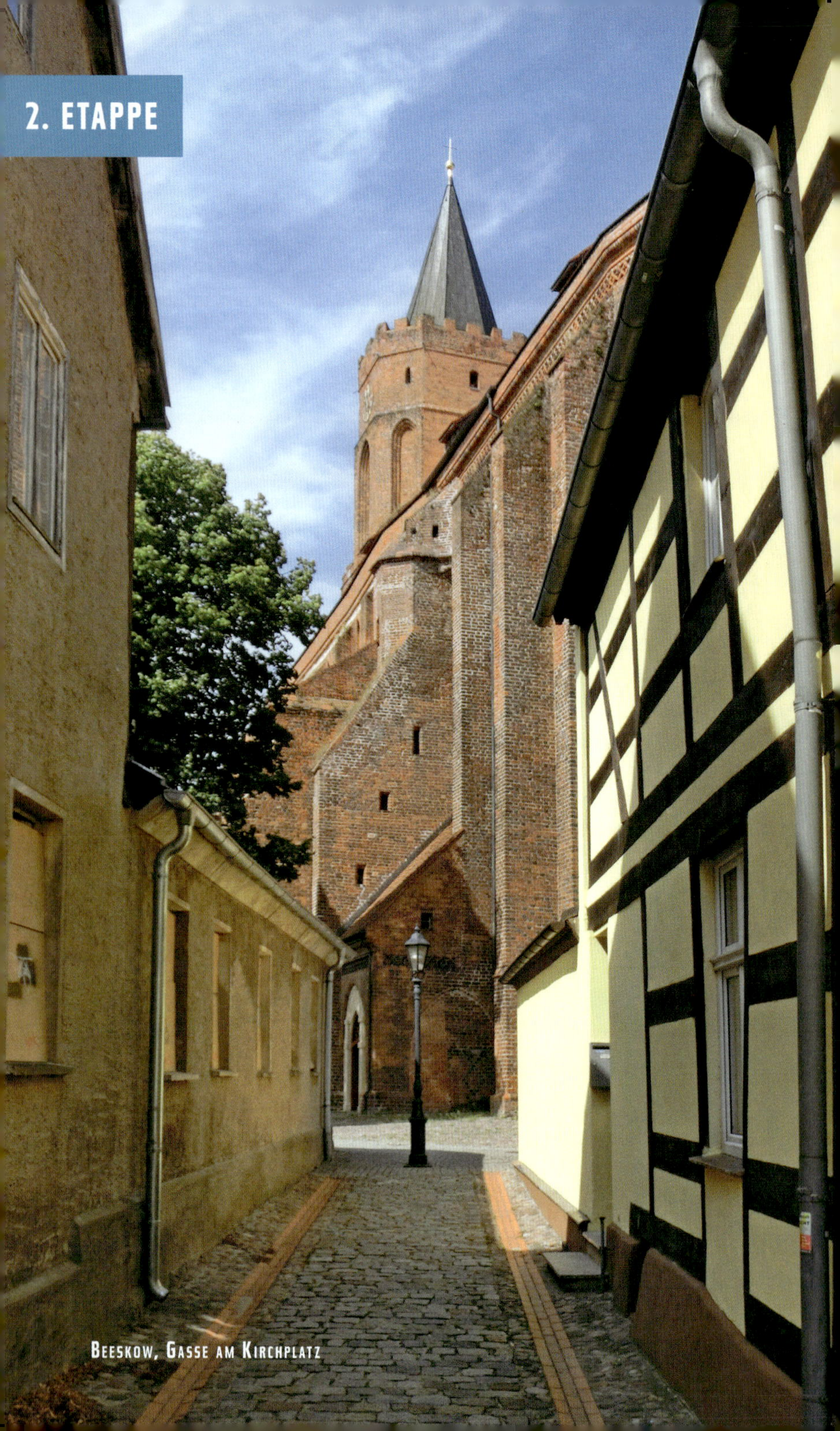

2. ETAPPE

Beeskow, Gasse am Kirchplatz

VON MÜLLROSE NACH BEESKOW

Ausgangspunkt: Stadtpfarrkirche Müllrose
Zielpunkt: Marienkirche Beeskow

Vom Müllroser Markt begeben wir uns in die Beeskower Straße, wo uns nach 350 m an der linken Straßenseite eine kleine Grünanlage mit einer Ernst-Thälmann-Gedenkstätte auffällt. Ein paar Meter weiter beginnt der Stadtpark; in die links am ihm vorbeilaufende Mixdorfer Straße führt der Radweg Sulęcin-Beeskow via Mixdorf zu unserem Zielort, wir aber gehen etwa 300 m weiter auf der Beeskower Straße und biegen dann nach links in die Jahnstraße. Aus dieser wird der Merzer Weg, und Merz ist unsere nächste Zwischenstation auf dieser Etappe. Der Weg beginnt als Sandweg, wird dann noch einmal kurzzeitig zu einem asphaltierten Weg, an dessen Ende ein Holzschild nach Zeisigberg weist – diesen Weg nach rechts nehmen! Es handelt sich um einen Waldweg, der bei der Therapieeinrichtung Gut Zeisigberg eine Asphaltstraße kreuzt: Es handelt sich bei der weiträumigen Anlage um eine ehemaligen Lungenheilstätte, der Gebäudekomplex wurde 1907 eingeweiht und umfasst Bauwerke im Stil der Neugotik und des Jugendstils.

Jenseits der Asphaltstraße Am Zeisigberg verweist ein ziemlich verwittertes Schild – das nach Redaktionsschluss vielleicht schon nicht mehr lesbar ist – nach **Merz**. Der Waldweg verläuft fast geradeaus in südwestlicher Richtung und bildet für Radfahrer immer wieder eine Herausforderung, die man als Geschicklichkeitsparcours bezeichnen kann. Nach nicht einmal 3 km erreicht man dann schließlich das kleine Dorf, in dessen Nähe es Wölfe geben soll. Auf dem Dorfanger erhebt sich eine hübsche spätgotische Feldsteinkirche mit

Altes Schild am Weg nach Merz (li.) und Dorfkirche Merz

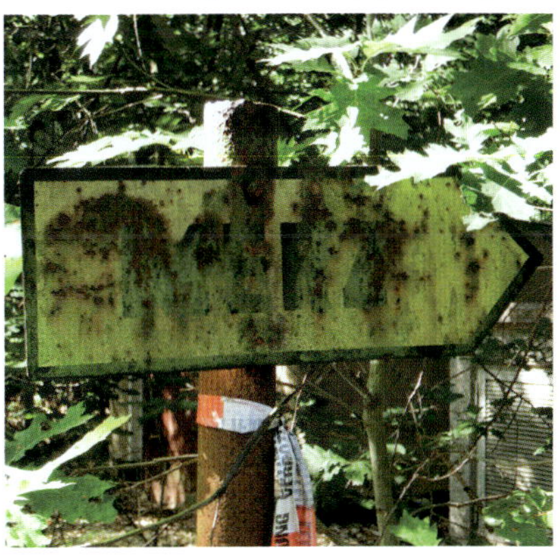

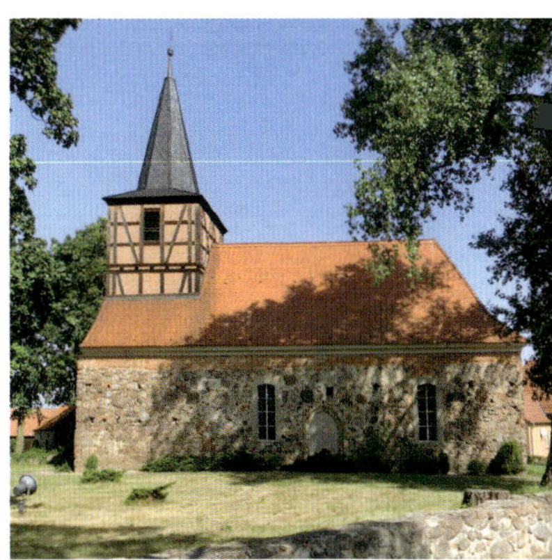

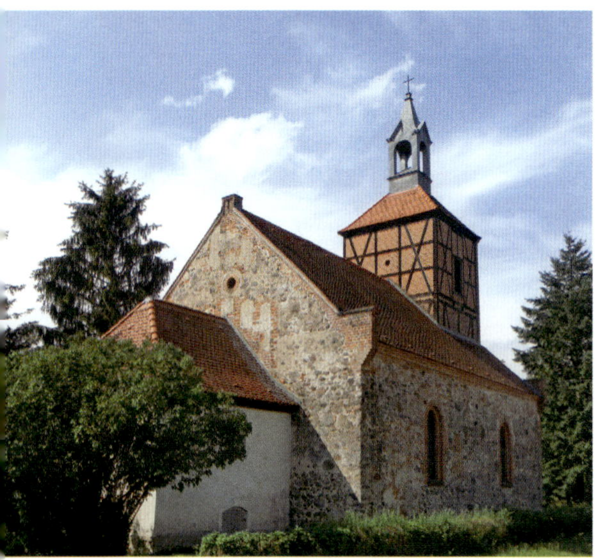

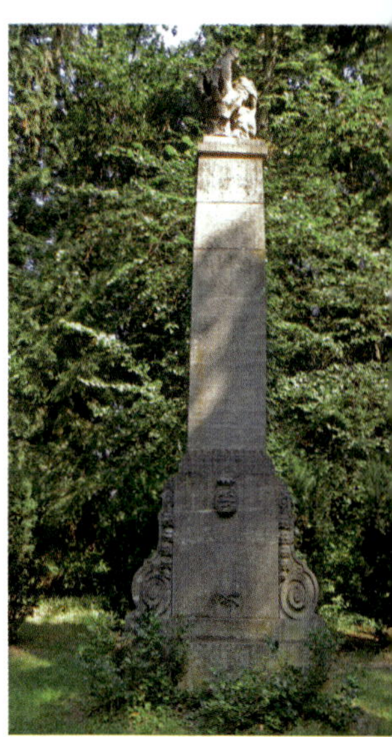

Ragow Dorfkirche (li.) und Erbbegräbnis im Schlosspark

einem Fachwerkturm aus dem 18. Jh. und barock umgestalteten Fenstern; zur Ausstattung des Gotteshauses gehören spätbarocke Kanzel und Taufe.

Vorbei an der Bushaltestelle Merz verlassen wir den Ort auf der kaum befahrenen Kreisstraße K 6718 und erreichen nach einer halben Stunde **Ragow**, ein 1344 erstmals erwähntes Straßendorf mit ein paar Hundert Einwohnern, das über eine bemerkenswerte Gutsanlage verfügt, über ein »Schloss« und sogar über einen Schlosspark. Die letzten Eigentümer – ab 1887 bis zur Enteignung 1945 – waren eine Familie von Witte, und das Erbbegräbnis dieser Familie kann im Park besichtigt werden. Nach der Wende wurde der Park zwischen der Gemeinde Ragow-Merz und neuen Eigentümern geteilt, der Gemeindeteil befindet sich in einem gepflegten Zustand, der private Teil ist unzugänglich. Das ehemalige Gutshaus ist ein zweigeschossiges Bauwerk mit barockem Kern, das aber spätere Umgestaltungen sehr verändert haben. Neben dem Herrenhaus sind auch noch das Verwalterhaus, der alte Pferdestall und der Eiskeller im Gutspark erhalten.

Bemerkenswert ist auch die Ragower Dorfkirche, ein Feldsteinbau aus dem späten Mittelalter. Der Fachwerkturm mit der Laterne ist späteren Datums, außerdem wurde an die Ostseite der Kirche im 18. Jh. eine Sakristei angebaut. Unter diesem Anbau gibt es eine Gruft. Eine Tür im Innern der Kirche verschließt diesen gespenstischen Ort.

Vom Schlosspark führt die Parkstraße zu einem asphaltierten Landwirtschaftsweg, in den wir nach rechts einbiegen. Zwischen Schlehen- und Holunderhecken auf der rechten und einem Maisfeld auf der linken Seite geht es in südlicher Richtung. Wir überschreiten das Dammmühlenfließ, gehen durch Feldern hindurch – immer auf Asphalt – und gelangen so schließlich rasch nach **Oegeln**, das bereits zur Kreisstadt Beeskow gehört. Oegeln hat nur ca. 200 Einwohner, aber es hat Bahnanschluss – allerdings muss man zum Bahnhof etwa 800 m laufen oder fahren. Eine Kirche gibt es nicht, auch ansonsten nicht viel zu sehen, aber es existiert ein prima Landcafé mit Übernachtungsmöglichkeiten in großer Abgeschiedenheit und Ruhe (wenn man von der nahen Bundesstraße absieht, und wer weiß, vielleicht begleitet Wolfsgeheul Fuchs und Hase beim Gutenachtsagen).

Oegeln verlassen wir auf der Straße Am Waldrand – sie hieß bis vor Kurzem Waldweg und ist auch auf etlichen Karten so bezeichnet! – und begeben uns nach ein paar Hundert Metern neuem Plattenweg auf Rutschpartie durch märkischen Streusand. Der Weg läuft zuerst mit einigem Abstand zur Bundesstraße, dann geht es direkt neben ihr weiter über das Oegelfließ und die Bahnanlagen – wir sehen den Bahnhof Oegeln – hinein in die Burgstadt **Beeskow**. Beim Kreisverkehr Frankfurter Chaussee/Frankfurter Straße halten wir uns nach rechts, wir überqueren auf einer Brücke die Spree, und dann sehen wir sie schon rechter Hand liegen: die Beeskower Burg.

Keine Frage, dass Beeskow seine Entstehung der Lage an einem Spreeübergang verdankt: Anfang des 13. Jhs. entwickelte sich eine Marktsiedlung am Westufer des Flusses und an der wichtigen Handelsstraße Luckau-Lebus bzw. dann Leipzig-Frankfurt; eine weitere wichtige Verbindung ging auch über Friedland, Lieberose und Peitz nach Cottbus. Möglicherweise stießen die Herren von Strele von Storkow aus in das slawische Siedlungszentrum

Schlossruine Ragow (li.) und Gasthaus Oegeln

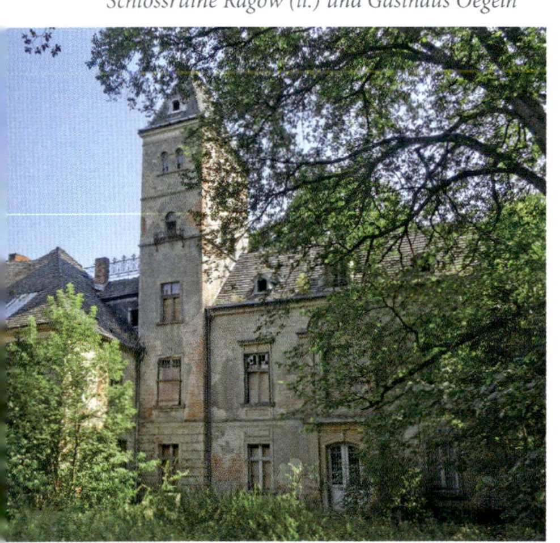

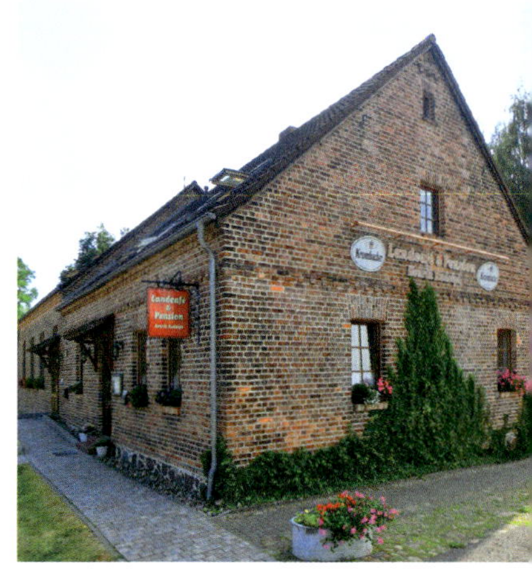

vor und bauten Beeskow zu einem zweiten Herrschaftszentrum aus. Von der durch den zweigeteilten Fluss entstandenen Insel aus konnten die Burgherren die Straße und den Handel kontrollieren und natürlich auch Abgaben erheben; so war Beeskow wohl u. a. auch eine Salzniederlage. Um die Mitte des 13. Jhs. wurde die Marktsiedlung zur Stadt erhoben.

Beeskow gehörte im Laufe der Geschichte zu den unterschiedlichsten Herrschaften. Heute wird die Stadt auch gern das Tor zur Niederlausitz genannt. Zwischen 1836 und 1950 war Beeskow Verwaltungssitz des Landkreises Beeskow-Storkow, zuvor auch Beeskow-Storkowscher Kreis genannt, in der DDR dann Kreisstadt im Kreis Beeskow, und heute ist es Kreisstadt des Landkreises Oder-Spree. Ungefähr 8.000 Menschen leben in der Stadt einschließlich ihrer Ortsteile.

Noch immer auf einer Insel zwischen zwei Spreearmen gelegen, präsentiert sich die Burg Beeskow. Von der ursprünglichen Anlage ist heute allein der Bergfried erhalten, alle anderen Gebäude entstammen dem 16. Jh., an dessen Anfang sie zur Residenz der Lebuser Bischöfe ausgebaut wurde – heute residiert hier der Beeskower Burgschreiber. Auch das »romantische« 19. Jh. hinterließ seine Spuren, vor allem an den Mauern. Vor dem Eingang zur Burg an der Frankfurter Straße begrüßt uns übrigens eine Jakobus-Stelle mit Gesicht und Pilgermuschel und verweist so auf den Jakobsweg.

Direkt an die Burg schließt sich der Kietz an, eine zumeist von Slawen besiedelte Dienstsiedlung, deren Bewohner den Burgherren Abgaben und Dienste zu erbringen hatten, zu denen etwa Hilfen bei der Ernte gehörten, während die Mädchen und Frauen zur Reinigung der Burganlagen hinzugezogen wurden. Die meisten Kietzer lebten von der Fischerei, und zu ihren Rechten gehörte, auf der Spree zwischen Beeskow und Fürstenwalde zu fischen. Der rechtlich selbstständige Kietz wurde erst 1908 nach Beeskow eingemeindet.

Nur 500 m sind es bis zur Marienkirche, dem bedeutendsten historischen Bauwerk der Stadt. Leider blieb auch Beeskow von den Verwüstungen des Zweiten Weltkrieges nicht verschont, und die Kirche brannte 1945 aus. Nach wie vor befindet sie sich im Wiederaufbau, was man vor allem im Innern wahrnehmen kann. Bei der Beeskower Marienkirche handelt es sich um eine dreischiffige Hallenkirche mit einem Hallenumgangschor, das Baumaterial ist Backstein, erbaut wurde sie zwischen 1388 und 1511. Der Chor wurde vermutlich 1417 vollendet und ist damit eines der frühesten Beispiele für diesen Chortyp in der Mark. Eine Restaurierung der Kirche erfolgte 1835/36 unter der Regie Schinkels. Die gesamte Innenausstattung wurde 1945 zerstört. Um den trübseligen Eindruck etwas zu mildern, werden im Sommer (Kunst-) Ausstellungen veranstaltet, die oft von hoher Qualität sind. Vis-à-vis der Kirche fällt ein Bauwerk mit einem Fachwerkobergeschoss auf, die Alte Schule, die 1712 während einer Stadterneuerungskampagne unter König Friedrich

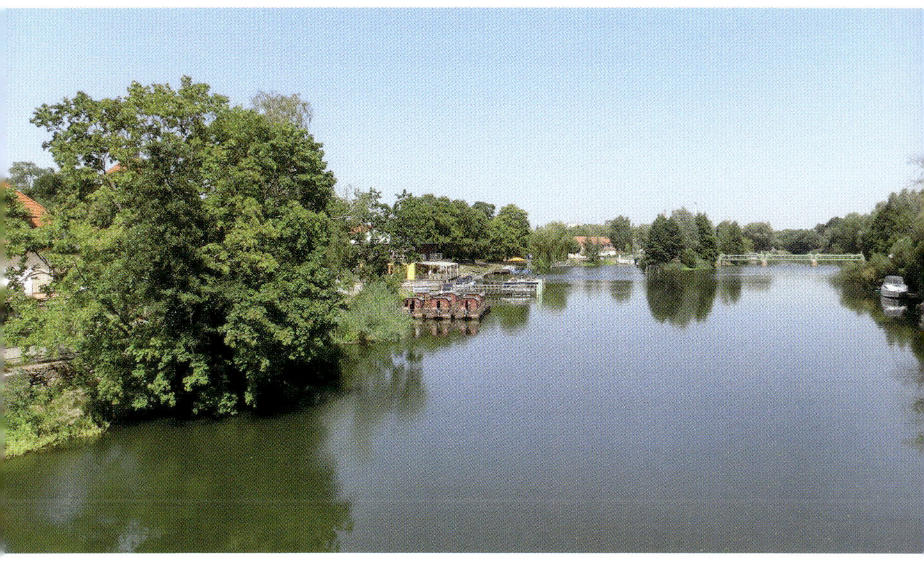

Die Spree in Beeskow

Wilhelm I. errichtet wurden und bis 1862 als Lehranstalt in Betrieb war. Das älteste erhaltene Haus Beeskows befindet sich ebenfalls nahe der Kirche, am Anfang der Kirchgasse.

Ein Blick auf den Stadtplan zeigt die noch vorhandene historische Straßenstruktur: Man sieht die ehemalige Marktstadt mit ihren beiden Hauptstraßen, die zu den Toren führten (Breite und Berliner Straße) sowie die rechteckigen Häuserblocks. Im Norden an der Mauerstraße ist noch ein größerer Teil der Stadtmauer erhalten, auch sind sechs von ursprünglich neun Türmen zu bewundern.

Es gäbe noch viel zu entdecken, aber an dieser Stelle soll nur noch auf zwei Bauwerke verwiesen werden. Außerhalb der mauerumwehrten Stadt, in der heutigen Breitscheidstraße 12, steht der Fachwerkbau des früheren Heilig-Geist-Spitals, und in der Klosterstraße 4 findet man den im Kern vermutlich aus dem späten Mittelalter stammenden Bau einer Mönchsherberge. Bei seinem Besuch 1861 übernachtete Theodor Fontane in diesem Haus.

Was schreibt Fontane?

»Beeskow hat zwei Sehenswürdigkeiten: das Amt und die Kirche. Das Amt, auf einer Spreeinsel unmittelbar vor der Stadt gelegen, war in alter Zeit ein Schloss, dann ein ›bischöfliches Haus‹, das die Bischöfe von Lebus zu Beginn des sechzehnten Jahrhunderts erwarben und gelegentlich auch bewohnten. Viele der noch jetzt vorhandenen alten Mauern reichen bis in das fünfzehnte Jahrhun-

dert zurück, wo das alte Schloss ausbrannte. Dies erwies sich 1828, als wegen Baufälligkeit das dritte Stockwerk abgetragen wurde. (…)

Die Liebfrauenkirche, der wir uns jetzt zuwenden, existierte schon drei Jahrhunderte lang, als die Lebuser Bischöfe von Lebus und Fürstenwalde herüberkamen, und hat dann die geistlichen Herren ebenso lange Zeit überlebt. Es ist eine der schönsten Kirchen in der Mark, und der Efeu, der sich bis in die Spitzbogen emporrankt, scheint zu wissen, was er an ihr hat. Der massive Turm geht in seinem zweiten Stockwerk sehr gefällig aus dem Viereck ins Achteck über, und eine pyramidenförmige Spitze schließt den ganzen Bau gefällig ab.«

(Theodor Fontane, Wanderungen durch die Mark Brandenburg, Auf dem hohen Barnim)

Entfernung Stadtpfarrkirche Müllrose → Burg Beeskow: ca. 21 km

Burg Beeskow mit Bergfried

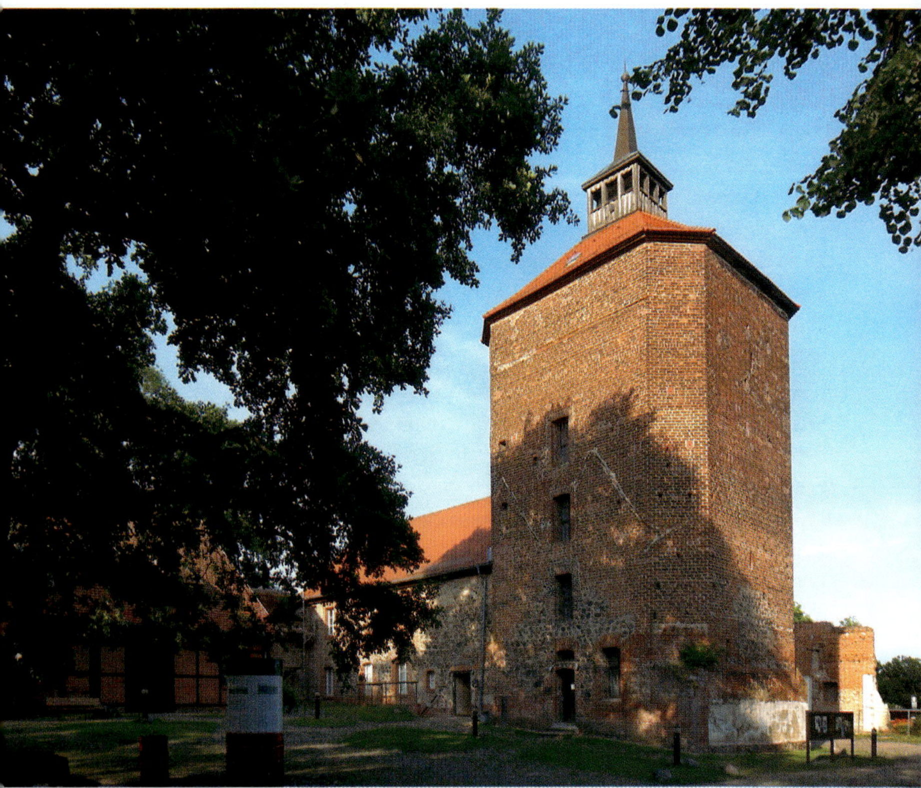

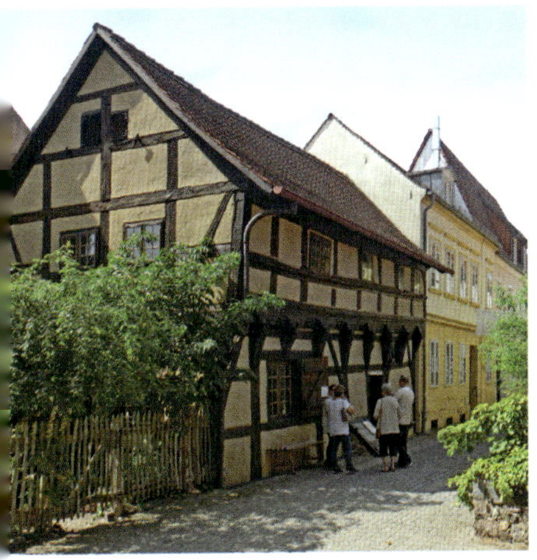

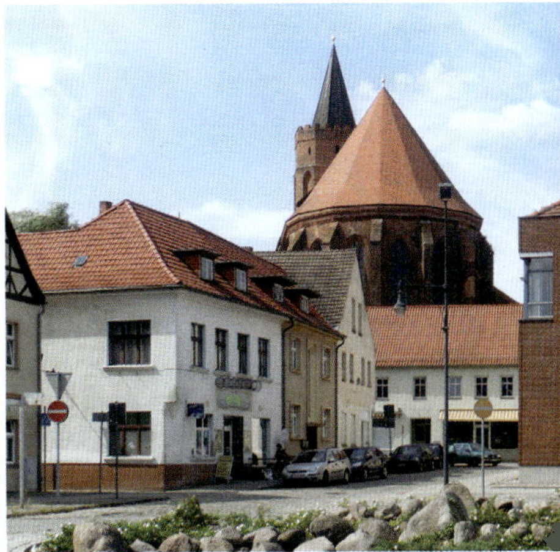

Beeskow, ältestes Haus (li.) und Blick zur Marienkirche

Entfernung Stadtpfarrkirche Müllrose → Marienkirche Beeskow: ca. 21,5 km

- Märkische Tourismuszentrale Beeskow e. V., Berliner Str. 30, 15848 Beeskow, Tel.: 03366/422 11
- Landcafé & Pension Henrik Rudolph, Lindenstr. 36, 15848 Beeskow, OT Oegeln, Tel.: 03366/15 37 70, auch
- Pilgerherberge in Beeskow (Platz für 1–2 Pilger), Anm. bei Pfarrer Tobias Kampp, Ev. St. Marienkirche, Tel.: 03366/204 85
- Märkischer Dorfkrug, Dorfstr. 14, 15848 Ragow, Tel.: 03366/268 76
- Hotel zum Schwan, Berliner Str. 31, 15848 Beeskow, Tel.: 03366/339 80, auch
- Alte Schule Beeskow, Kirchplatz 4, 15848 Beeskow, Ansprechpartnerin: Pfarrerin Elisabeth Preckel, Tel.: 03366/410 47 18 oder 0172/234 98 98
- Gutsanlage und -park Ragow, historische Altstadt Beeskow
- Dorfkirche Ragow, Anmeldung u. Schlüssel bei Albert Mudrich, Tel.: 033764/625 87, oder nach Anmeldung im Pfarramt Mittenwalde, Tel.: 033764/203 31
- Marienkirche Beeskow, Ostern–Reformationstag, Führungen über das Pfarramt, Tel.: 03366/204 85
- Regionalmuseum Burg Beeskow, Frankfurter Str. 23, 15848 Beeskow, Tel.: 03366/35 27 12
- Hüfnerhaus & -museum, Adrianstr. 11, 15848 Beeskow, Tel.: 03366/338 42 90
- Beeskow: RB36, Bus 400, 401, 403, 405, 430, 442
- Durchgehend befahrbar, aber schwierige Wegeverhältnisse zwischen Am Zeisigberg und Merz. Bei starker Trockenheit oder Nässe sollte der ausgeschilderte Radweg Müllrose-Mixdorf-Merz-(Beeskow) benutzt werden.

Kossenblatt 3km
Beeskow 12 km
Kohlsdorf 8,4 km
ALTE FÖRSTEREI

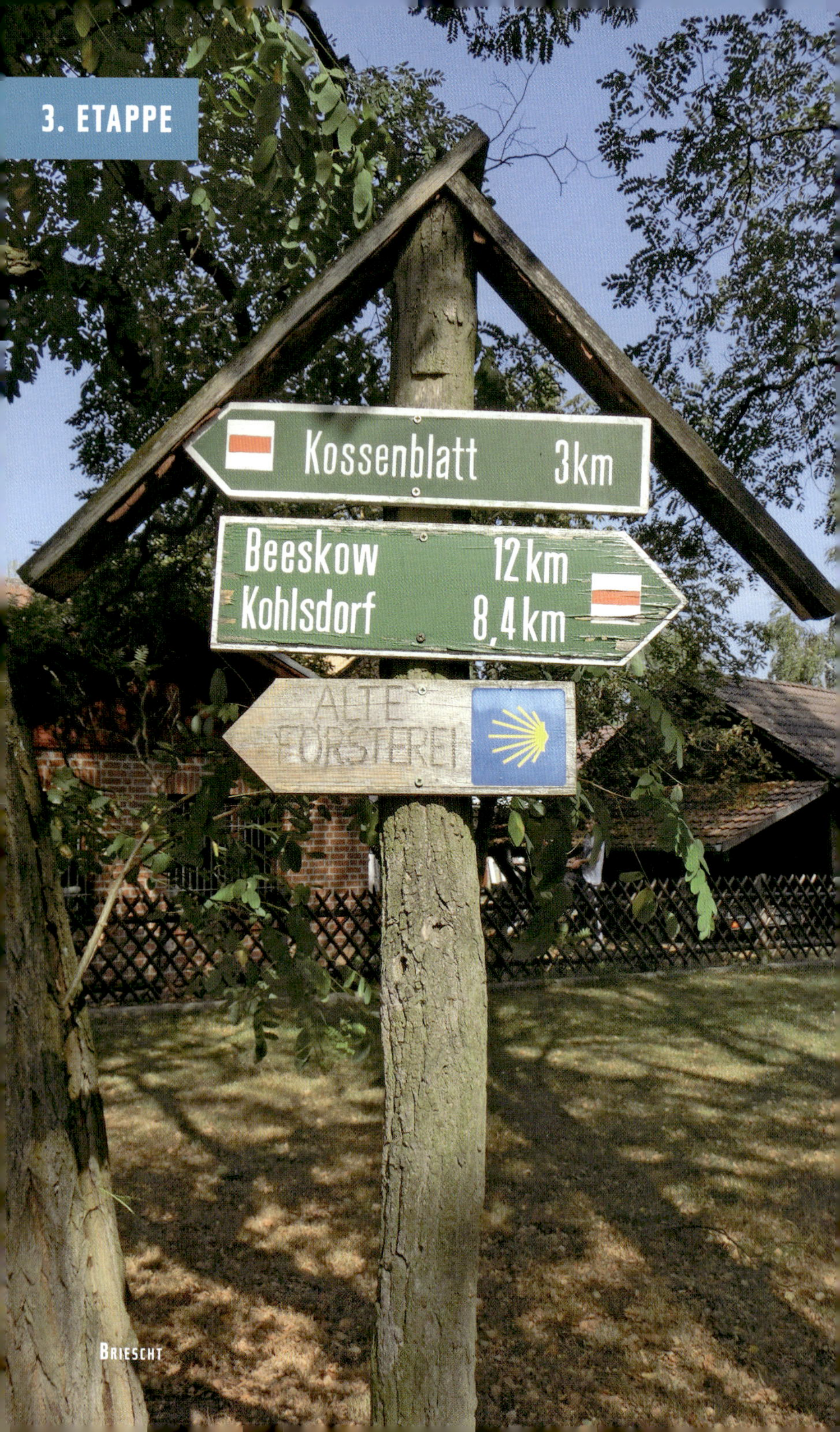

Brieschт

VON BEESKOW NACH LÜBBEN

Ausgangspunkt: Marienkirche Beeskow
Zielpunkt: Paul-Gerhardt-Kirche Lübben

Vorbei am Rouanet-Gymnasium und dem ehemaligen Heilig-Geist-Spital geht es durch Breitscheidstraße und Lübbener Chaussee zur Storkower Straße, von der links die Kohlsdorfer Chaussee abgeht. Diese benutzen wir bis **Kohlsdorf**, seit 1993 ein Ortsteil von Beeskow und 1272 erstmals urkundlich erwähnt. Das Straßendorf gehörte zur Herrschaft bzw. zum Amt Beeskow und teilte daher das wechselvolle Schicksal, das auch Beeskow zuteilwurde. Es gibt keine Kirche im Ort, hat wohl auch nie eine gegeben, denn Kohlsdorf war immer nach Bornow eingepfarrt.

Kurz nach dem Ortseingang biegen wir wiederum nach links in die Neue Heimat. Wir gehen geradeaus, bis nach rechts ein Sandweg abzweigt, der mit einem hölzernen Wanderschild gekennzeichnet ist – dieses enthält die Aufschrift »Briescht 8,4 km Stremmen 3,8 km« und ist mit einem roten Querbalken auf weißem Grund versehen. Über Stremmen wollen wir nach Briescht gelangen, und der rote Querbalken wird unser Wegweiser sein. Bisher war der Weg immer nur sehr, sehr sporadisch als Jakobsweg gekennzeichnet; umso erfreuter sind wir, an einem Baum in dem Gehölz kurz hinter Kohlsdorf eine Kombination aus rotem Querbalken und der gelben Jakobsmuschel auf blauem Grund, ja sogar die Aufschrift »Pilgerweg« zu entdecken. Wir nehmen dies – wie sich herausstellen wird, ganz richtig – als Hinweis, immer dem roten Balken zu folgen.

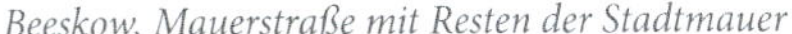

Beeskow, Mauerstraße mit Resten der Stadtmauer

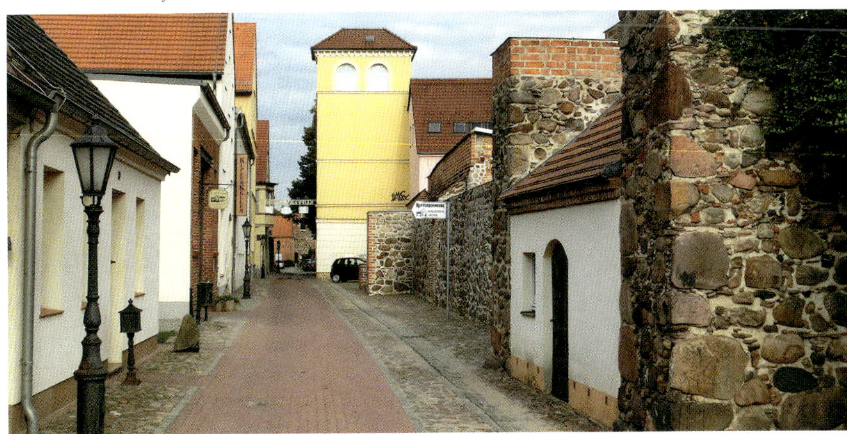

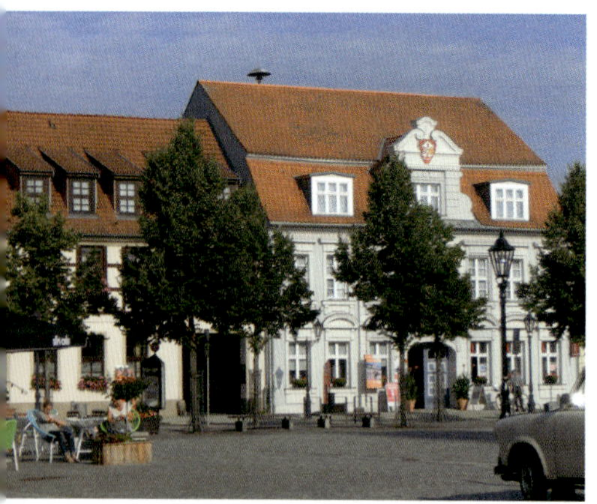

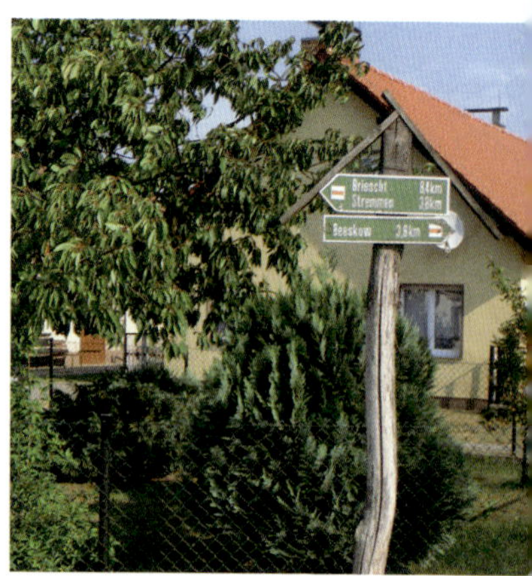

Beeskow Markt (li.) und Wegweiser in Kohlsdorf

Etwa 3,5 km geht es durch Wiesen und Felder, dann haben wir **Stremmen** erreicht. Die hiesige Dorfkirche ist ein neugotischer Backsteinbau, der 1883 errichtet wurde, wobei der Unterbau aus den Feldsteinen einer Vorgängerkirche besteht. Auffallend ist der Stufengiebel der Westfassade, außerdem gibt es keinen Turm. Wir gehen die Stremmener Dorfstraße weiter in westlicher Richtung und erreichen den Dorfplatz, der nach Norden hin von einem Bauwerk abgeschlossen wird, das wie das Empfangsgebäude eines Bahnhofs aussieht: Dies ist das Gutshaus von Stremmen, umgeben von den Gebäuden des Gutshofes.

Um den nächsten Etappenort Briescht zu erreichen, folgen wir dem roten Querbalken, und auf einem Sandweg geht es immer noch durch agrarisch genutztes flaches Land. Kurz vor dem Dorf überqueren wir eine ruinöse Bahnanlage; hier verkehrte einst die Niederlausitzer Eisenbahn (NLE), die auch in Kohlsdorf einen Haltepunkt hatte, von Beeskow West über Lübben, Luckau, Herzberg (Elster) nach Falkenberg (Elster) – wir werden dieser Nebenbahn, deren Betrieb längst eingestellt ist, noch häufiger begegnen.

Über die erste urkundliche Erwähnung von **Briescht** gibt es verschiedene Ansichten, die zwischen 1180 und 1490 schwanken; auf jeden Fall dürfte es an seiner Stelle bereits eine slawische Siedlung gegeben haben, denn der Name ist altsorbischen Ursprungs und bedeutet so viel wie Ort an oder bei der Ulme. Es wird wohl die Lage an der heute noch sehr natürlich wirkenden Krummen Spree gewesen sein, die eine Ansiedlung begünstigt hat, immerhin konnte man den Fischreichtum zur Ernährung nutzen. Briescht besitzt keine Kirche, es gehörte über Jahrhunderte zur Pfarrei von Kossenblatt. Heute gehört das ca. 200 Einwohner umfassende Briescht sowohl verwaltungs- als auch kirchenmäßig zu Tauche.

Sehenswertes gibt es aber auch ohne Kirche. Da ist zum einen die Alte Försterei, heute ein Veranstaltungsort mit Gelegenheitsgastronomie, betrieben vom Kulturverein Brieschter Brücke. Die um 1900 erbaute ehemalige königliche Försterei mit Forsthaus, Pferdestall, zwei Scheunen und Erdkeller steht unter Denkmalschutz und wurde noch bis 1990 für ihren ursprünglichen Zweck genutzt, dann ging der letzte Förster von dannen …

Und dann ist da noch die Zugbrücke über die Spree, die von einer Bietergemeinschaft nach historischem Vorbild errichtet worden ist. Wenn man das nicht weiß, könnte man sie durchaus für alt halten. Direkt neben der Brücke befindet sich der Gasthof, jenseits der Wohnplatz Schwarzer Kater. In Brieschtt erscheint auch wieder einmal das Logo des Jakobsweges und auf der südlichen Spreeseite sogar eine Stele. Wir sind nunmehr im Unterspreewald.

Bevor wir unseren Weg fortsetzen, noch ein paar Gedanken darüber, ob es sich überhaupt um den richtigen handelt. In der Einleitung dieses Kapitels wurde bereits Hans Mundt zitiert, der den Handelsweg von Beeskow über Trebatsch nach Lübben gehen lässt. In den »Hansischen Handelsstraßen« wird der Weg nicht aus Sicht der Pilger, sondern von Süd nach Nord gedacht, und es heißt dort in Bezug auf Lübben und seine Spreebrücke: »Von hier erreichte die alte Straße über Biebersdorf, Leibchel, Mittweide und Trebatsch (Spree-Fähre) die Stadt Beeskow mit ihrer Spreebrücke (…).« Und auch wenn

Der Jakobsweg zwischen Kohlsdorf und Stremmen

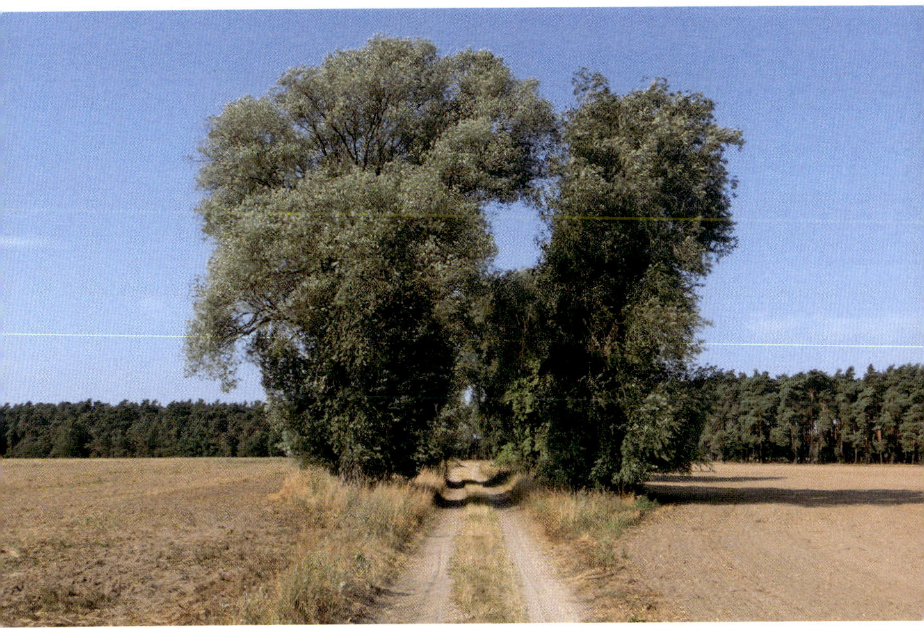

Poststraßen Schöpfungen einer Zeit sind, in der das Pilgerwesen längst zurückgegangen war, sind sie als Quellen doch nicht ganz von der Hand zu weisen; im Wegemuseum Wusterhausen (Dosse) bringen wir in Erfahrung, dass es einen vor 1815 sächsischen Postkurs (Frankfurt – Müllrose – Ragow –) Beeskow – Ranzig – Trebatsch – Schulenwiese – Wessenzaue – Lübben gegeben hat.

Man muss wohl davon ausgehen, dass auch die Jakobspilger diesen Weg gegangen sind, allerdings hat dieser heute einen Haken: Die Straße von Beeskow über Ranzig, Trebatsch und Leibchel nach Biebersdorf ist eine Bundesstraße, nämlich die B 87. Hier zu wandern, macht keinen Spaß. Allerdings möchten wir diese Route Radfahrern empfehlen, wenn der Regen strömt und das Durchkommen auf dem Wege extrem erschwert, den wir im Folgenden beschreiben wollen.

Entfernung Marienkirche Beeskow → Alte Försterei Briescht: ca. 13 km

Nach der Zugbrücke finden wir im Wohnplatz Schwarzer Kater eine um die 250 Jahre alte Bauernkate, in der man Ferienwohnungen mieten kann. Unser Weg in südlicher Richtung hätte bis 1815 einen Grenzübertritt nötig gemacht, denn zwischen Briescht und dem nächsten Ort Wiese erstreckte sich einstmals die sächsisch-preußische Grenze: Ab 1815 gehörte die Niederlausitz zum Regierungsbezirk Frankfurt (Oder) in der Provinz Brandenburg des Königreichs Preußen.

Wir befinden uns nunmehr in der Märkischen Heide, womit sowohl die Landschaft als auch die Gemeinde bezeichnet ist, die wir nur durchwandern. Die Gemeinde entstand 2003 durch Zusammenschluss von 17 bis dato selbstständigen Gemeinden, den heutigen Ortsteilen. Es ist auch das Sprachgebiet des Niedersorbischen, sodass wir die entsprechenden Ortsbezeichnungen mit angeben.

Als erstes Dorf erreichen wir **Wiese** (Łuka): Das kleine Runddorf wurde 1527 erstmals urkundlich erwähnt und zeichnet sich heute vor allem durch wohltuende Ruhe aus. Sowohl zu sächsischer als auch zu preußischer Zeit gehörte Wiese zum Kreis Lübben. Wiese hat keine eigene Kirche, es war lange Zeit nach Wittmannsdorf eingepfarrt und gehört heute zur Kirchgemeinde Groß Leuthen.

Die Alte Dorfstraße von Wiese mündet in die Landesstraße L 442; hier gehen wir etwa 50 m nach links und biegen dann nach dem ehemaligen Gasthof sofort nach rechts in einen Wiesenweg ein, der bald im Forst verschwindet. Nach vielen Kilometern Wanderung vorwiegend durch landwirtschaftliche Nutzflächen geht es nun für längere Zeit durch Wald. Der Name Märkische Heide sagt dabei einiges aus über die Wegequalität – kurz vor Klein Leuthen

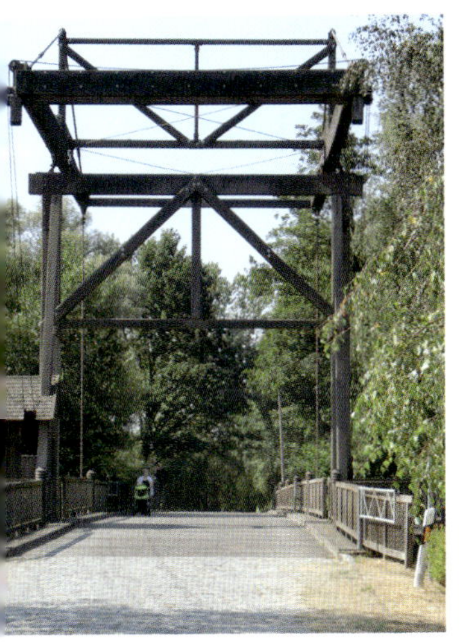

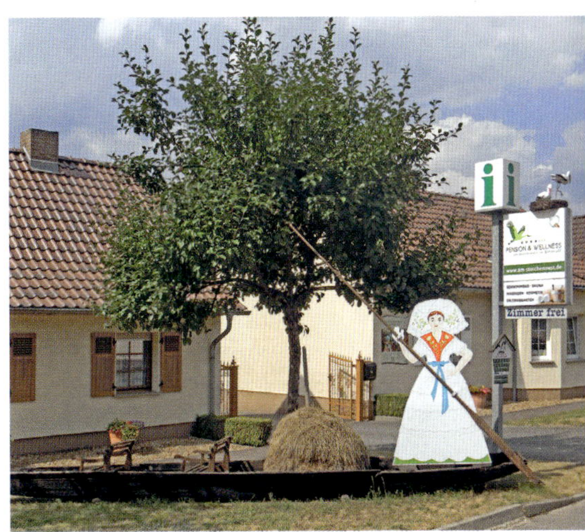

Spreebrücke in Briescht (li.) und Biebersdorf bei Lübben

müssen Radfahrer auf jeden Fall aus dem Sattel steigen und ca. 500–800 m schiebend zurücklegen, je nach Witterung ist es hier entweder extrem sandig oder modrig.

Klein Leuthen liegt am Südufer des Groß Leuthener Sees und gehört auch zu Groß Leuthen (Lutol), das im Übrigen, man kann es nicht leugnen, viel sehenswerter ist, gibt es doch eine Kirche der Schinkel-Schule und sogar ein Schloss. Klein Leuthen ist kirchlos, es gibt aber immerhin das Ferien- & Freizeitzentrum Klein Leuthen direkt am Seeufer, wo man preiswert übernachten kann.

Wir benutzen die Asphaltstraße in Richtung Groß Leuthen (K 6113), überqueren die Bundesstraße B 179 und gelangen auf der anderen Straßenseite in einen Waldweg, dem wir uns anvertrauen, bis wir erneut eine asphaltierte Straße erreichen (Straßenverbindung Groß Leuthen-Krugau). Auf dieser Straße gehen wir ein Stück nach links, bis wir einen Wegweiser vorfinden: An diesem befindet sich ein Aufkleber mit der Jakobsmuschel und einem Richtungspfeil, aber wir prägen uns zugleich ein, das uns auch der grüne Querbalken auf weißem Grund zuerst nach Biebersdorf und dann nach Lübben führt, und genau dort wollen wir hin. Der Weg ist nun jedoch auch wieder öfter als Jakobsweg ausgeschildert.

Die Krugauer Heide – als Teil der Märkischen Heide – ist eine etwas unheimliche Gegend, nicht etwaiger Heidegespenster wegen, sondern infolge langer militärischer Nutzung. Schon zu Beginn des Waldweges durch die Heide erstreckt sich rechter Hand hinter einem Drahtzaun ein großes Sanitätsmateriallager der Bundeswehr, während am Wegesrand immer wieder Schilder mit der Aufschrift stehen: »Warnung! Lebensgefahr! Rampen und offene Gruben! Vor Betreten und Befahren wird gewarnt!« In der NS-Zeit befanden sich hier die Heeres-Hauptmunitionsanstalt (MUNA Krugau) sowie ein Panzernebenzeugamt, auch zur DDR-Zeit wurde das Gebiet von der NVA genutzt. Es sollen noch die Reste von fast 17 km Gleisanlagen, Bunkern und zahllosen anderen baulichen Anlagen vorhanden sein.

Nicht einmal 1 km von unserem Weg entfernt in westlicher Richtung erhebt sich der Marienberg, den wir aber nicht sehen können. Auf diesem Berg soll es einst ein Marienheiligtum gegeben haben, zu dem die Menschen aus der Umgebung pilgerten – das Thema Pilgern ist also auf unseren Wanderungen häufig präsent, und auf den Marienberg kommen wir zurück.

Biebersdorf (Njacyna) ist der nächste Ort auf dieser Tour. 1426 wurde er erstmals urkundlich erwähnt, und zu dieser Zeit lebten hier vorwiegend Sorben. Biebersdorf gehörte stets zur jeweiligen Lübbener Herrschaft, erst zur Burggrafschaft, dann zur Landvogtei und schließlich zum Amt Lübben. Da es keine eigene Kirche hat, war es über die Jahrhunderte nach Krugau eingepfarrt. In Ermangelung größerer Sehenswürdigkeiten soll hier wenigstens auf das Kriegerdenkmal und die Häuser mit Holzlauben an der Dorfstraße verwiesen werden. Übrigens, der scheinbare Mangel an Kirchen verweist auf die slawische Besiedlung: Während nämlich die deutschen Siedler für jedes ihrer Dörfer eine Kirche wollten, wurde für die slawischen Bewohner eine Kirche errichtet, die mehrere Dörfer versorgte.

TIPP für Marienpilger: Wer von Biebersdorf auf der Krugauer Straße nach Norden wandert, erreicht nach ca. 1,5 km die Straße Marienberg bzw. die Bushaltestelle Försterei. Von hier kann man auf mehreren Wegen zum Marienberg gehen, der mit 106 m die relativ flache Umgebung überragt. Auf dem Marienberg soll sich vermutlich ab der ersten Hälfte des 15. Jhs. ein Marienheiligtum befunden haben, eventuell sogar eine Marienkapelle – bei dieser Kapelle soll es sich um eine Tochtergründung der Marienkapelle auf dem Lübbener Frauenberg gehandelt haben. Auch einen Mönchsfriedhof soll es hier angeblich gegeben haben. Was davon der Wahrheit entspricht, ist unklar, auf jeden Fall lässt sich ein Weinberg für das 18. Jh. nachweisen.

Entfernung Alte Försterei Briescht → Landgasthof Biebersdorf: ca. 20 km

Entfernung Marienkirche Beeskow → Landgasthof Biebersdorf: ca. 33 km

Wir verlassen Biebersdorf, indem wir auf der Dorfstraße die B 87 überqueren und uns auf die Kreisstraße K 6116 in Richtung Radensdorf begeben. Der Wanderweg ist immer noch mit grünem Querbalken auf weißem Grund gekennzeichnet, dann aber zweigen sowohl in östliche wie in westliche Richtung Waldwege von der Asphaltstraße ab. Wir benutzen den Weg nach rechts

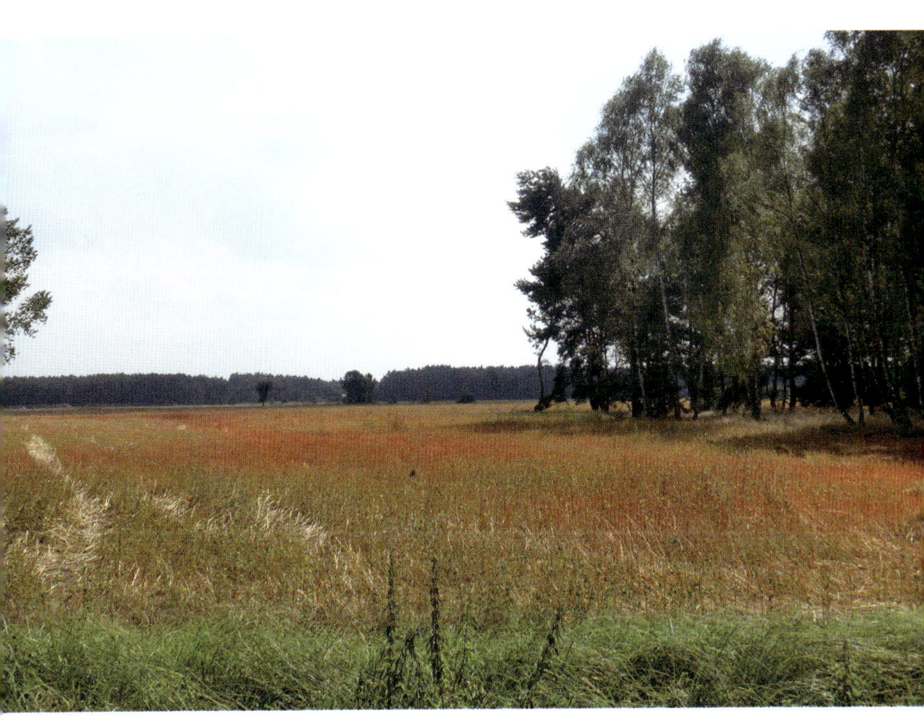

Lübbener Stadtheide

(nach Westen), der mit einem Wegweiser ausgeschildert ist: »Lübben-Zentrum 7,0 km, Lübben Ost 5,0 km«, das Symbol ist nun ein roter Querbalken auf weißem Grund. Auf diesem Weg durch die Lübbener Stadtheide – wieder gilt: Nomen est Omen – erreichen wir die Spreewaldstadt **Lübben** (Lubin). Auf dem Weg ins Zentrum müssen wir den Roten Nil überqueren, der das nachgerade Gegenteil seines Namensvorbildes ist, nicht breiter Strom, sondern schmales Bächlein.

»Auch Lübben gehört zu den schon früh privilegierten Verkehrsstätten der Lausitz«, schreibt Hans Mundt in »Die Heer- und Handelsstraßen der Mark Brandenburg«. »Die Lage der Stadt lässt ihre Verkehrsbedeutung erklärlich erscheinen. Sie liegt am Nordwestrand des Spreewaldes, dieser Verkehrssperre, die auf 30 km Länge das Anlegen von Landstraßen in nordsüdlicher Richtung verbot. Und so musste ja der Verkehr zwischen den Messestädten Leipzig und Frankfurt a. O. notgedrungen über Lübben gehen.«

Vermutlich existierte an dem Übergang über zwei Spreearme und die Berste bereits im 11. Jh. eine Burg, und in einer Urkunde des Klosters Nienburg (Saale) findet der Ort als »urbs lubin« 1150 erstmals Erwähnung. Für 1208 ist ein Burggraf überliefert. Im Schutz der Burg bildete sich, wie an vielen anderen Orten auch, eine Siedlung von Kaufleuten und Handwerkern, die zwischen 1210 und 1220 mit Magdeburger Stadtrecht beliehen wurde. Die Stadt befand sich immer wieder unter wechselnden Eigentümern und machte etliche Wechselfälle der Geschichte mit. Der im 15. Jh. entstandene und immer mächtiger werdende niederlausitzische Landtag versammelte sich zweimal jährlich in der Stadt im noch heute erhaltenen Ständischen Landhaus, ein Landvogt vertrat in Lübben den König von Böhmen, doch nachdem es preußisch geworden war, verlor es seine Rolle als »Hauptstadt« der verhältnismäßig selbstständigen Niederlausitz und wurde Kreisstadt (Landkreis Lübben). Ab 1950 war Lübben dann Kreisstadt im DDR-Bezirk Cottbus, nunmehr ist es immer noch Kreisstadt, jetzt aber des Landkreises Dahme-Spreewald im Bundesland Brandenburg. Man kann also sagen, dass Lübben auf eine jahrhundertelange Tradition als Verwaltungszentrum zurückblicken kann, und das prägt möglicherweise auch die Mentalität der Hiesigen. Dass Fontane Lübbenau »die Spreewald-Hauptstadt« nannte, dürfte ihnen damals schon missfallen haben und bis heute missfallen, schwelt doch ein »ewiger Konkurrenzkampf« zwischen den beiden Städten.

Lübben hat heute etwas weniger als 14.000 Einwohner, und eine Stadt solcher Größe hat natürlich eine Kirche. Hier ist es die Paul-Gerhardt-Kirche (seit 1931 heißt sie so): laut DEHIO »Spätgotische vierjochige Backsteinhalle mit asymmetrischem zweijochigen Chor und eingezogenem, leicht quer-

Biebersdorf bei Lübben

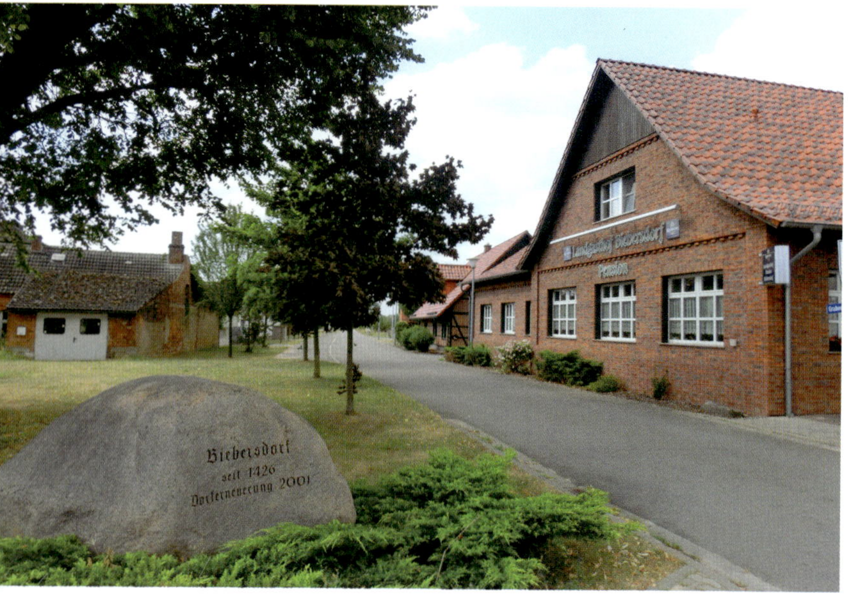

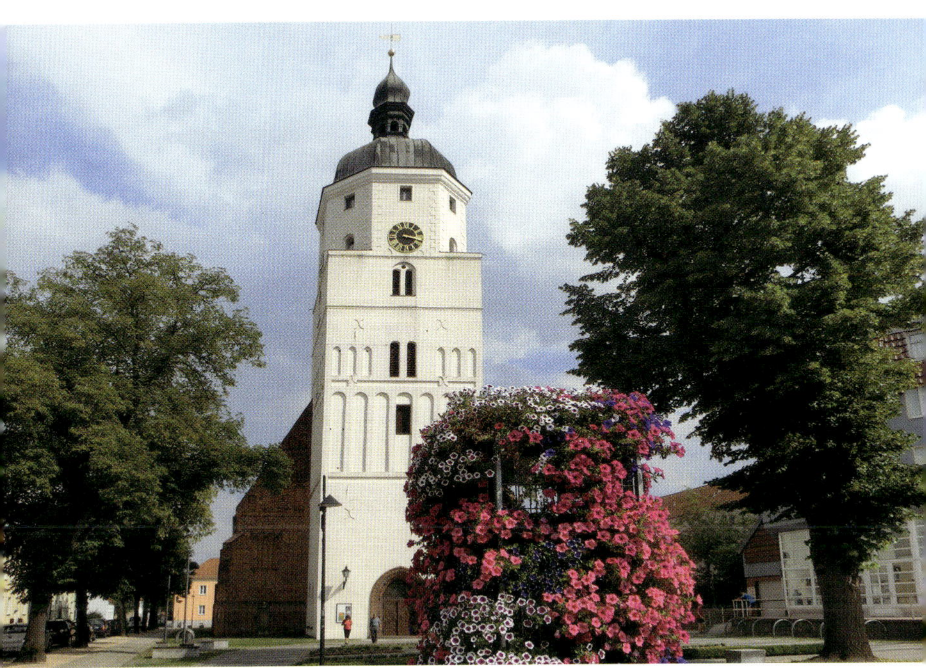

Markt von Lübben mit Paul-Gerhardt-Kirche

rechteckigem Westturm«. Wie fast alle Gotteshäuser musste auch dieses Bauwerk, in dessen Mauern sich noch Teile eines Vorgängerbaues aus der Zeit um 1300 befinden, etliche Umbauten über sich ergehen lassen. Hauptsächlich wurde es als Nikolaikirche zwischen dem Stadtbrand von 1494 und 1550 erbaut. Der Turm kann mit einer »Türmerin« in historischem Gewand bestiegen werden, 115 Stufen führen zum Turmumgang, von dem man einen schönen Blick über die Stadt und ihr Umland werfen kann, auch ist noch eine Türmerstube erhalten. Vor dem Haupteingang der Kirche steht seit 1907 das Paul-Gerhardt-Denkmal; der bedeutendste Kirchendichter zumindest des 17. Jhs. (1606–1676) wirkte ab 1669 als Archidiakon in Lübben, starb hieselbst und wurde in »seiner« Kirche beigesetzt.

Ebenfalls zu den Highlights gehört das Schloss Lübben, das sich an der Stelle einer ehemaligen Wasserburg (12. Jh.) erhebt und in dem sich das Stadt- und Regionalmuseum befindet, wobei man sich unbedingt den Wappensaal im über 600 Jahre alten Wehrturm anschauen sollte. Auch sehenswürdig sind der Park auf der Schlossinsel, das schon erwähnte Ständehaus, heute Teil des Landratsamtes, Reste der Stadtmauer u. a. Es muss wohl kaum erwähnt werden, dass in Lübben auch Kahnfahrten in den Spreewald starten, den Kahnhafen findet man in der Nähe des Schlosses an der Hauptspree.

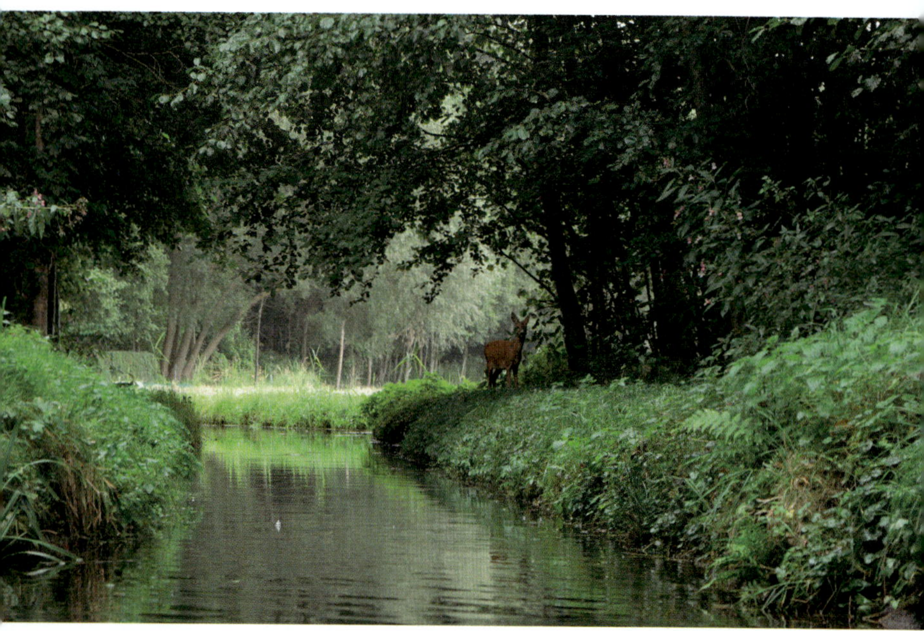

Biosphärenreservat Spreewald

Biosphärenreservat Spreewald

Das in der letzten Eiszeit entstandene Binnendelta der Spree namens Spreewald wird von einem Netz aus über 1.500 km Fließen durchzogen und ist seit 1990 Biosphärenreservat mit insgesamt vier Schutzzonen, von denen Zone I sich selbst überlassen bleibt und nicht betreten werden darf. Insgesamt umfasst das Reservat ca. 480 km^2. Maßnahmen zur Grundwasserregulierung, natürliche Mahd und Bestellung der Felder, damit der Wald nicht vorrückt, gehören zum Schutz. Mehr als 18.000 Tier- und Pflanzenarten wurden im Spreewald registriert, allein fast 600 Pflanzen stehen auf der Roten Liste. So findet man verschiedene Sonnentauarten, aber auch das Knabenkraut, bei den Tieren sind es sehr viele Arten von Schmetterlingen, aber auch seltene Reptilien und Vogelarten sowie unter den Säugern der Fischotter.

Interessant ist aber auch die menschliche Besiedlung des Spreewaldes mit der typischen Blockhüttenbebauung, mit den »schwimmenden« Grundstücken, mit Dörfern, die bis in die 1930er-Jahre nur per Kahn zu erreichen waren und mit dem sorbischen Brauchtum.

Besucherzentrum und Verwaltung Biosphärenreservat Spreewald

Schulstr. 9, 03222 Lübbenau
Tel.: 03542/89 210

Entfernung Alte Försterei Briesch → Paul-Gerhardt-Kirche Lübben: ca. 29 km

Entfernung Marienkirche Beeskow → Paul-Gerhardt-Kirche Lübben: ca. 42 km

- ℹ Spreewaldinformation Lübben, Ernst-von-Houwald-Damm 15, 15907 Lübben (Spreewald), Tel.: 03546/30 90
- ℹ Touristinformation Märkische Heide (Spreewald), OT Groß Leuthen, Schlossstr. 13 a, 15913 Märkische Heide, Tel.: 035471/851 13
- Gasthaus Zur Spree, An der Spree 6 a, 15848 Tauche, OT Briescht, Tel.: 033674/421 39
- Landcafé & Bar Alte Försterei, Dorfstr. 39, 15848 Tauche, OT Briescht, Tel.: 033674/427 13, auch (Pilgerherberge! Ansprechpartner: Kai-Uwe Rettig/Sindy Kob)
- Landgasthof Biebersdorf, Dorfstr. 33, 15913 Biebersdorf, Tel.: 035471/214 62, auch
- Pension Am Hasenberg, Alte Dorfstr. 23 a, 15913 Märkische Heide, OT Schuhlen-Wiese, Tel.: 035476/32 82
- Pension & Wellness Am Storchennest Biebersdorf, Dorfstr. 35, 15913 Märkische Heide, OT Biebersdorf, Tel.: 035471/638
- Ferien-/Freizeitzentrum Klein Leuthen, Klein Leuthener Dorfstraße 1 a, 15913 Märkische Heide OT Klein Leuthen, Ansprechpartner: Harry Müggenburg, Tel.: 0163/718 57 10
- ℹ Zu Lübben siehe die Spreewaldinformation. Hier nur Informationen zu Lokationen in der Altstadt und nahe dem Jakobsweg.
- Spreewaldrestaurant Bubak, Ernst-von-Houwald-Damm 9, 15907 Lübben, Tel.: 03546/934 74 24
- Pilgerherberge Lübben: Ev. Paul-Gerhardt-Kirchengemeinde Lübben, Paul-Gerhardt-Str. 2, Ansprechpartner: Pfarrer Olaf Beier, Tel.: 03546/31 22
- Pension & Restaurant Goldener Löwe, Hauptstr. 14, 15904 Lübben, Tel.: 03546/73 09, auch
- Hotel Spreeblick, Gubener Str. 53, 15907 Lübben, Tel.: 03546/23 20, auch
- Groß Leuthener See und Dolgensee, Marienberg, Schloss und historische Altstadt Lübben
- ✝ Paul-Gerhardt-Kirche Lübben, Am Markt, Gemeindebüro: Paul-Gerhardt-Str. 2, 15907 Lübben, Tel.: 03546/31 22, www.paul-gerhardt-luebben.de
- Stadt- und Regionalmuseum Schloss Lübben, Ernst-von-Houwald-Damm 14, 15907 Lübben, Tel.: 03546/18 74 78
- Bus 404 verkehrt Mo–Fr mehrmals tgl. vom Bahnhof Beeskow nach Briescht (Richtung Mittweide). Eine direkte Rückfahrt nach Beeskow ist jedoch nur sehr früh am Morgen möglich, ansonsten mit Bus 404 bis Sabrodt fahren und dort in Bus 404 Richtung Bahnhof Beeskow umsteigen. Kein Wochenendverkehr.
- Lübben: RE2, RE7 und diverse Busse
- Durchgehend befahrbar, aber schwierige Wegeverhältnisse zwischen Wiese und Klein Leuthen, 500–800 m Schiebestrecke. Auch der mit einem roten Querbalken markierte Weg durch die Lübbener Stadtheide von der K 6116 bei Biebersdorf nach Lübben ist für Fahrrad sehr schlecht geeignet, bei Trockenheit teilweise sehr sandig und obendrein noch durch Pferdehufe zerstört. Mögliche Alternative ist der Spreeradweg von Beeskow via Trebatsch (Verlauf der alten Handelsstraße), Briescht, Kossenblatt, Leisch und Schlepzig nach Lübben, oder man benutzt ab Trebatsch weiter die B 87.

4. Etappe

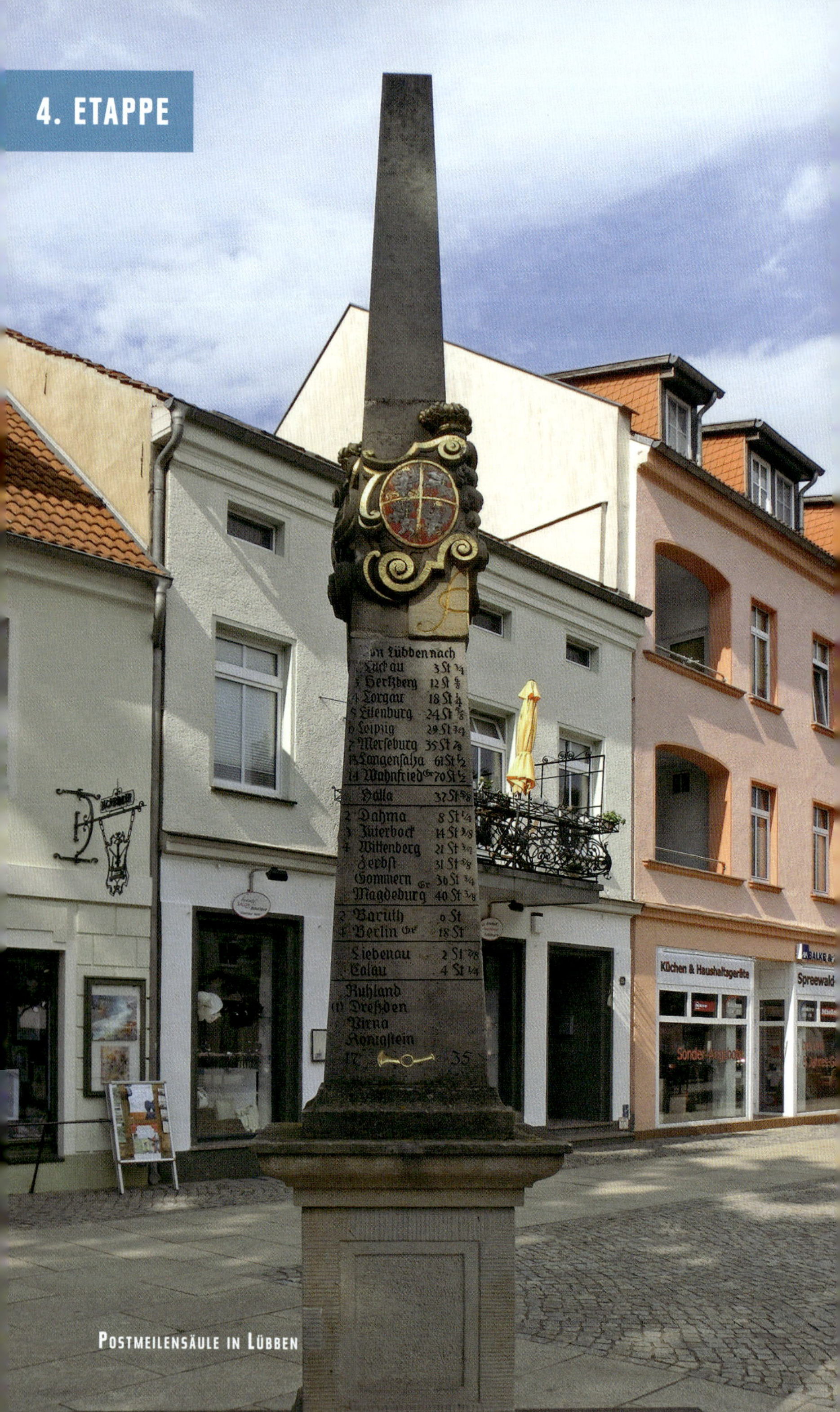

Postmeilensäule in Lübben

VON LÜBBEN NACH WALDDREHNA

Ausgangspunkt: Paul-Gerhardt-Kirche Lübben
Zielpunkt: Dorfkirche Walddrehna

Vom Markt begeben wir uns durch die Poststraße zur Brücke über die Hauptspree, wobei wir linker Hand ein Stück der Stadtmauer entdecken, wir überqueren die Berliner und stoßen in der Breiten Straße auf eine kursächsische Postmeilensäule (Distanzsäule) aus dem Jahr 1736, wobei es sich jedoch um eine Kopie von 1966 handelt. Bei Fortsetzung unseres Weges durch den Hain stoßen wir auf den sogenannten Ljuba-Stein, dessen Sockel zur zweiten 1736 aufgestellten Säule gehört. Den Hain durchqueren wir, dann auch die Berste und schließlich die Gleisanlagen, und auf der Kastanienallee erreichen wir den Lübbener Ortsteil Treppendorf. Bei der dortigen Berstebrücke, die wir überschreiten müssen, finden wir am »Stamm« eines Wegweisers endlich wieder ein Jakobsmuschel-Signet, und auch im Folgenden wird uns die charakteristische Muschel immer mal begegnen, allerdings in sehr großem Abstand. Der auch mit einem grünen Querbalken auf weißem Grund gekennzeichnete Weg führt nach Neuendorf, Ragow und Lübbenau, und ihn nehmen wir, denn Neuendorf (Nowa Wjas) ist unser erstes Ziel. Der Weg geht durch einen Wald und ist teilweise sehr sandig. Über **Neuendorf**, ebenfalls Ortsteil von Lübben, heißt es in einer neueren Chronik: »Neuendorf wurde 1473 erstmals erwähnt und war bis ins 19. Jahrhundert ein rein wendisches Dorf, das zum Wilhelmiter-Kloster gehörte, das 1497 auf dem heutigen sogenannten Frauenberg gegründet wurde. Dieses Kloster und damit Neuendorf wechselten oft den Besitzer. Unabhängig vom Standort des Klosters und den Besitzverhältnissen gehörte Neuendorf früher zum Kreis Luckau und wurde erst 1974 ein Stadtteil von Lübben.«

Nach dem Überqueren der Bundesstraße geht es in die Straße Am Bahnhof, und man findet linker Hand sogar noch ein Bahnhofsgebäude mit der Aufschrift »Neuendorf« und Schienen sowieso. Auch Neuendorf lag einst an der Strecke der Niederlausitzer Eisenbahn und war so per Bahn mit der mehr oder weniger weiten Welt verbunden.

Wir gehen geradeaus – ein Schild weist nach Ragow – und erreichen eine Waldwegekreuzung, wobei ein sehr breiter Weg nach links und ein ebenso breiter nach rechts abzweigen. Wir nehmen den rechten, gehen an einem Wegweiser mit der schwer zu entziffernden Inschrift »Groß Radden« vorbei und kommen nach ca. 2 km an eine Weggabelung, wo wir uns nach rechts halten. Am Südrand der Terpter Wiesen entlang und nach Passieren einer Unterführung unter der Autobahn erreichen wir **Terpt**. Dieses Dorf mit nicht

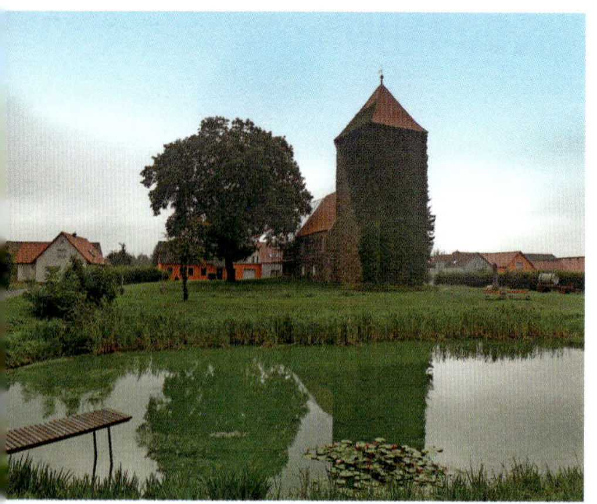

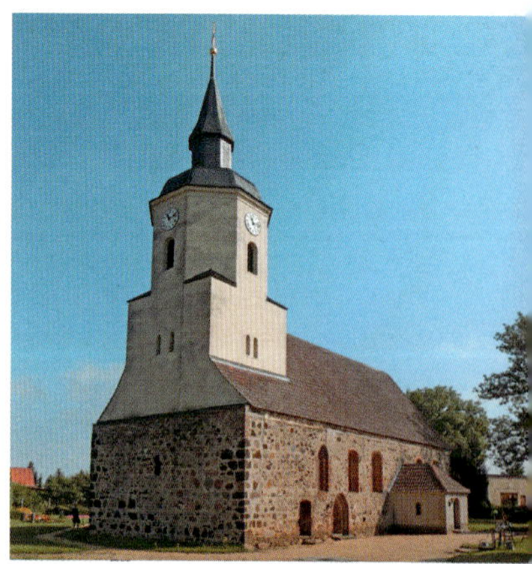

Dorfteich und Kirche in Terpt (li.) und Dorfkirche Cahnsdorf

einmal 200 Einwohnern gehört bereits zur Stadt Luckau. Es wurde 1366 erstmalig erwähnt, bestand vermutlich aber bereits gut 100 Jahre zuvor. Im Mittelpunkt des Dorfes, zwischen Terpter Haupt- und Terpter Gartenstraße, befindet sich ein Anger mit Teich und der schönen Kirche aus dem 13. Jh., deren Turm mit Wein bewachsen ist, der im Sommer grünt und im Herbst rot leuchtet. In dem kleinen Feldsteinbauwerk mit eingezogenem Chor und quadratischem Westturm wurden bis Anfang des 19. Jhs. die Gottesdienste noch zweisprachig abgehalten, am Vormittag deutsch und an Nachmittag in wendischer Sprache. Es gibt einen Schachbrettstein links vom Südportal, über den wir in den *Offenen Kirchen* von 2010 lesen: »Vor allem jüngere Vorhallen an Portalen versperren den Blick auf Schachbrettsteine, wie es in Terpt am Spreewald der Fall war. Hier gelang die Entdeckung im Jahr 2003 beim Abriss des Vorbaus, wobei sich herausstellte, dass der Stein trotz geweißter Wand eigentlich immer schon zu sehen war.«

Wir haben ihn nicht gesehen. Es gibt eine neue Vorhalle aus Fachwerk und Ziegeln, außerdem war die Kirche wegen Sanierungsarbeiten teilweise eingerüstet. Im Innern der Kirche gibt es eine Hufeisenempore, sehenswert ist aber vor allem der farbenfrohe Kanzelaltar von 1740 mit wiederverwendeten Renaissance-Bildern aus dem frühen 17. Jh.

Der nun folgende Wegeabschnitt brilliert, offen gesagt, nicht gerade mit Schönheit: Es geht auf der Landstraße K 6125 (Altenoer Weg) Richtung Duben und vor dem dortigen Bahnübergang nach links in Richtung des Gewerbegebiets Alteno-Luckau. Wir gehen (oder fahren) immer die Frederik-Ipsen-Straße entlang durch das Gewerbegebiet. Aus der Asphaltstraße wird ein Feldweg, dieser trifft nach ungefähr 2,5 km auf eine Asphaltstraße, und dort halten wir uns hart links in einen weiteren Feldweg mit zwei ausgefahrenen Spuren – also nicht die Asphaltstraße benutzen, sondern diesen Weg nach **Cahnsdorf**.

Auch dieser Ort mit seinen ca. 250 Einwohnern gehört zur Stadt Luckau, er wurde 2003 eingemeindet. Die erste urkundliche Erwähnung stammt vom Ende des 14. Jhs. Anschauen sollte man sich die Dorfkirche, ein Bauwerk vom Beginn des 14. Jhs. aus Feldstein mit Einfassungen aus Raseneisenstein. Bemerkenswert ist der dreiseitige Abschluss im Osten, wo man auch drei Strebpfeiler sehen kann, sowie der Turm, der über einem Feldsteinunterbau in ein verputztes Quadrat und dann ein ebenfalls mit Putz versehenes Oktogon übergeht, Haube und Spitze des Turm stammen von 1844. Im Innern gibt es eine Hufeisenempore aus der Zeit um 1850, einen Kanzelaltar von etwa 1730 und eine Taufe, die um 1800 entstanden ist.

Auf der Landesstraße L 526 legen wir nun die letzten ca. 1,5 km zurück, um die Calauer Vorstadt der einst blühenden niederlausitzischen Handelsstadt Luckau zu erreichen.

Exkurs: Der Preußenkönig Friedrich Wilhelm III. verspricht 1815 seinen neuen Untertanen, u. a. auch denen in der Niederlausitz, blühende Landschaften, aber …

»Widerstand gegen den Anschluss an Preußen und gegen die neuen Verhältnisse regte sich auf dem Land hier und da. (…) In den Städten gestaltete sich die Situation ähnlich. Hier machte sich der Widerwille gegen Preußen anfangs mancherorts noch deutlicher Luft. Man pochte auf die alten Bestimmungen und Privilegien und beklagte vor allem fehlende wirtschaftliche Möglichkeiten (...). Die vom preußischen König im Patent anlässlich der Besitzergreifung in Aussicht gestellten ›reichen Quellen‹ für Handel und Gewerbe durch den Anschluss an Preußen stellten sich auf Jahre nicht ein.«

Preußen und Sachsen. Szenen einer Nachbarschaft, Katalog der Ersten Brandenburgischen Landesausstellung Schloss Doberlug 2014

Die Gegend von **Luckau** (Łukow) wurde bereits in slawischer Zeit besiedelt, wovon der sogenannte Schlossberg Zeugnis ablegt, denn dort soll sich ab ca. 912 ein slawischer Burgwall befunden haben, der später von einer deutschen Burg eingenommen wurde. Das 1276 erstmals urkundlich genannte Luckau liegt in einer Niederung der Berste an den bedeutenden Handelsstraßen von Leipzig nach Frankfurt und von Magdeburg nach Glogau in Schlesien (heute: Głogów), die sich hier kreuzten. Kein Wunder also, dass sich eine wohlhabende Handelsstadt entwickelte, über die Hans Mundt schreibt: »Es ist also eine jahrhundertealte Handelsgeschichte, auf die Luckau zurückblickt, das freilich nie eine große Handelsstadt gewesen ist, aber doch einen erheblichen Anteil am mittelalterlichen Durchgangsverkehr gehabt hat, auf den doch alle ihre Privilegien immer wieder hindeuten.« Um die Mitte des 13. Jhs. wurde Luckau durch den Markgrafen von Meißen das Stadtrecht verliehen, und 1492 wurde es eine der vier Hauptstädte der Niederlausitz (neben Lübben, Guben und

Calau) mit Sitz in der Ständevertretung – diese Städte gehörten neben den Prälaten, den Herren und den Mannen zu den Ständen der Niederlausitz. Auch wenn diese Stände mit ihrem ausgeprägten Regionalismus zunehmend zum Anachronismus wurden, hatte ihr Wirken doch auch wohltuende Folgen z. B. im »polizeylichen« – also im ordnungspolitischen wie auch sozialen – Bereich, wovon auch Luckau profitierte: 1747 wurde das Zucht- und Armenhaus eröffnet, ihm wurde 1776 ein Waisenhaus und 1784 eine Vagabundenanstalt angeschlossen, immerhin Formen der Fürsorge für Arme, Waisen und Obdachlose, mögen sie auch manchmal mit drastischer Disziplinierung verbunden gewesen sein.

Mit dem Übergang der Niederlausitz an Preußen verlor Luckau seine Bedeutung. Es wurde 1816 Kreissitz des Landkreises Luckau und blieb dies bis 1945, wurde dann in der DDR 1952 Kreisstadt des gleichnamigen Kreises. 1993 gab Luckau dann den Status einer Kreisstadt an Lübben ab. Ihren Bahnanschluss verlor die Stadt bereits mit dem Untergang der Niederlausitzer Eisenbahn vor etlichen Jahren, und die zuvor 1902 begonnene Karriere als Moorbad endete nach einer Blüte in den 1920er-Jahren im Jahr 1951 infolge von sozialistischem Verfall. Die Stadtverordneten hatte 1926 beschlossen, den Namen der Stadt in Bad Luckau umzuwandeln, aber davon ist inzwischen nichts mehr zu hören.

Luckau St. Nikolai (li.) und Bürgerhäuser am Markt

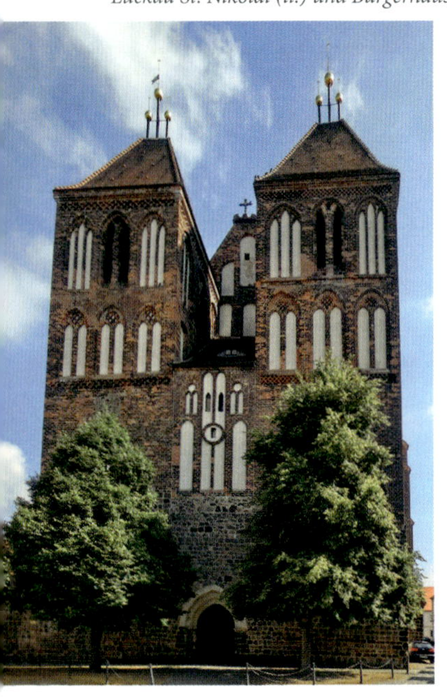

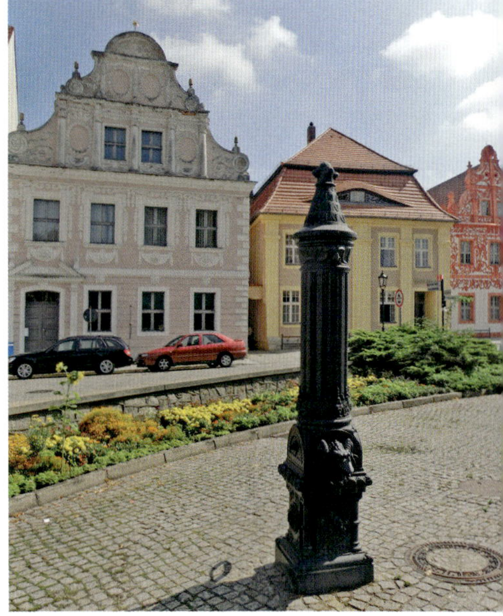

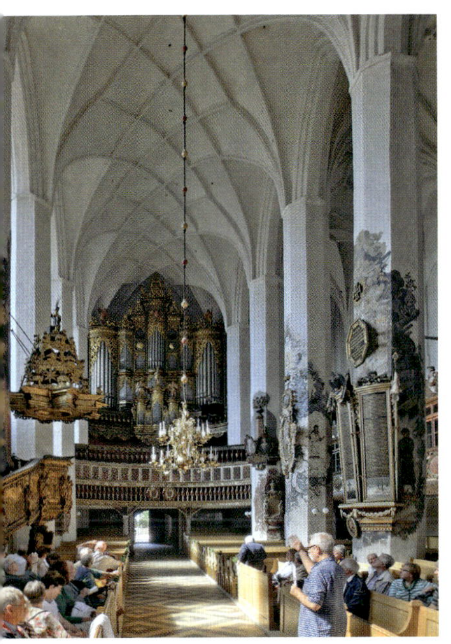

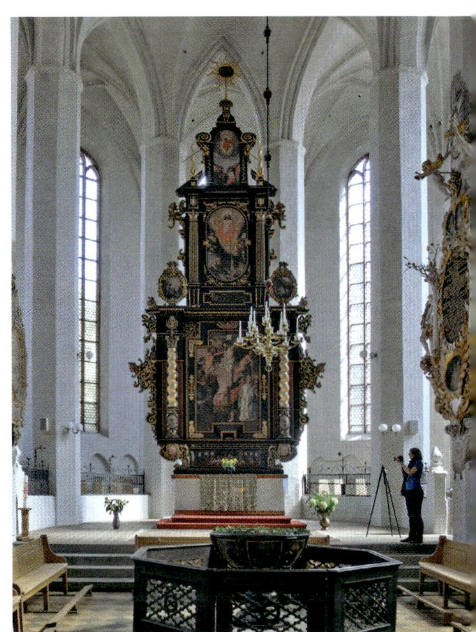

Das Innere der Nikolaikirche zu Luckau

Heute noch ist an der Altstadt die planmäßige Stadtgestalt der Kolonistenstädte mit dem gitterförmigen Straßennetz zu erkennen, es sind noch größere Abschnitte der Stadtmauer vor allem im Norden erhalten. Das wichtigste Gebäude ist zweifellos die Nikolaikirche, die wohl eine der schönsten Pfarrkirchen der Niederlausitz ist und die größte gotische Stadtkirche sowieso. Peter Goralczyk schreibt in »Baukunst in Brandenburg«, es erfolgte »in den siebziger Jahren des 14. Jahrhunderts der Chorneubau der Nikolaikirche in Luckau, der wiederum Vorbild für viele Pfarrkirchenbauten in diesem Gebiet geworden ist. Bemerkenswert an diesem Bau ist außerdem die aus dem 15. Jahrhundert stammende Wölbung im westlichen Teil des Mittelschiffes. Das diagonal über jeweils zwei Joche geführte Rippensystem formt ein die Decke vereinheitlichendes Rippennetz, wie es von Peter Parler für den bis 1385 fertiggestellten Prager Domchor entwickelt worden ist. Nach einem Brand im Jahr 1644 bekam die Kirche in den sechziger Jahren des 17. Jahrhunderts eine neue barocke Ausstattung, die in seltener Einheitlichkeit heute noch vorhanden ist. Der gesamte Bau vermittelt einen Eindruck davon, wie die Pfarrkirche einer reichen Handelsstadt in der Lausitz vom Mittelalter bis zur Neuzeit gewöhnlich aussah. Sie war der Mittelpunkt der Stadt, der Höhepunkt handwerklicher und künstlerischer Leistungen, Ausdruck der Weltläufigkeit der Stadtgemeinde, Ausdruck ihres Reichtums und ihrer Unabhängigkeit.«

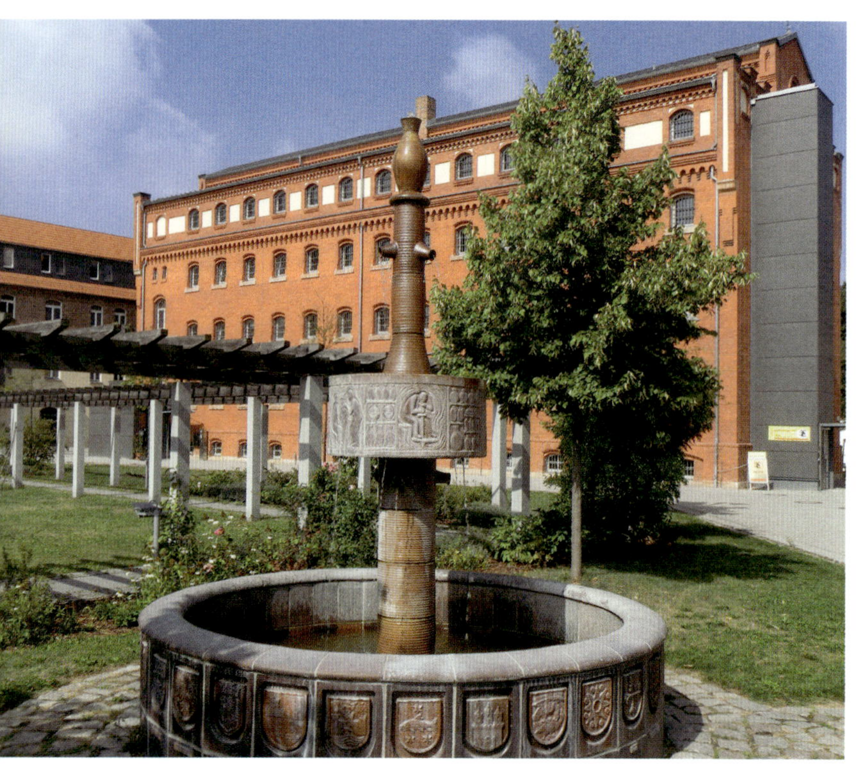

Der ehemalige Strafvollzug in Luckau, jetzt Kultureinrichtung

Schon von außen ist die Backsteinkirche mit ihrer Doppelturmfassade beachtlich, aber die überbordende Ausstattung der dreischiffigen Hallenkirche ist überwältigend. Es kann hier nur auf die durch die Erwähnung von Parler und Prag angedeutete Beziehung nach Böhmen näher eingegangen werden: Kaiser Karl IV., zugleich lange Zeit böhmischer König, hatte nämlich nach der Inkorporation der Niederlausitz in die Krone Böhmens 1370 ein besonderes Interesse an der Zuneigung der Bürger der einflussreichen und mächtigen Stadt Luckau. Um deren Sympathie zu gewinnen, ließ Karl Teile des Schädels des heiligen Paulinus, des ersten (Märtyrer-)Bischofs von Lucca, nach Luckau überführen, wobei vielleicht auch der Namensgleichklang eine Rolle gespielt haben mag. Die Luckauer bedankten sich für diese Ehre – und für die Bestätigung ihrer Privilegien –, indem sie am Südportal der Kirche Sandsteinbüsten des Kaisers und seiner Gattin Elisabeth von Pommern anbringen ließen. Das Haupt des Paulinus wurde im Zeitalter einer exorbitanten Reliquienverehrung Ziel von Wallfahrten, womit wir wieder bei unserem Thema wären. Jedenfalls wurde die Schädelreliquie in einer Konsole unter dem Kreuzigungsgemälde des Barockaltars von 1670 verwahrt, bis sie in den 1970er-Jahren dem Vandalismus eines betrunkenen Eindringlings zum Opfer fiel.

Bei einem Stadtrundgang fallen die Giebelhäuser am Markt mit ihrem üppigen Schmuck ins Auge, ebenso die Georgenkapelle mit dem hohen Hausmannsturm sowie das Rathaus, das zwar von 1675 stammt, 1851/52 jedoch in spätklassizistischem Stil umgestaltet wurde. Das ehemalige Dominikanerkloster war lange Justizvollzugsanstalt, beherbergte als wohl prominentesten Häftling Karl Liebknecht und ist heute Kulturkirche sowie Gebäude des Niederlausitz-Museums. Und vor dem ehemaligen Sandoer Tor, in der Lindenstraße 22, befand sich das 1359 erstmals erwähnte Heilig-Geist-Hospital, auch für Pilger bekanntlich eine wichtige Einrichtung.

Entfernung Paul-Gerhardt-Kirche Lübben → Nikolaikirche Luckau: ca. 24 km

- Tourismusverband Niederlausitzer Land e.V., Nonnengasse 1, 15926 Luckau, Tel.: 03544/129 97 10
- Café & Restaurant Handlick, Lindenstr. 42, 15926 Luckau, Tel.: 03544/23 59
- Romantik Landhaus & Pension Klaps Liebling, Neuendorfer Dorfstr. 4, 15907 Lübben, OT Neuendorf, Tel.: 03546/18 55 90
- Hotel-Restaurant Lindengarten, Treppendorfer Dorfstr. 15, 15907 Lübben, OT Treppendorf, Tel.: 03546/41 72, auch Restaurant
- Pilgerherberge Luckau: Pfarramt Nikolaikirche, Schulstr. 2, 15926 Luckau, Ansprechpartner: Pfarrer Meyer, Tel.: 03344/27 65 oder 03544/23 39
- Altstadtensemble Luckau
- † Dorfkirche Terpt, Schlüssel bei Henry Lehniger, Tel.: 035456/293
- † Dorfkirche Cahnsdorf, Schlüssel bei Dieter Richter, Tel.: 03544/27 09
- † Nikolaikirche Luckau, Apr–Okt geöffnet, Schlüssel auch im Gemeindebüro, Tel.: 03544/23 39, www.kirche-luckau.de
- † Georgenkapelle mit Hausmannsturm – der Turm kann bestiegen werden, Schlüssel in der Touristeninformation
- Niederlausitzmuseum Luckau in der Kulturkirche, Nonnengasse 1, 15926 Luckau, Tel.: 03544/129 97 10
- Luckau: Bus 465, 466, 467, 468, 469, 471, 472, 473, 474, 475, 595
- Durchgehend befahrbar, teilweise sehr sandige Wegabschnitte zwischen Treppendorf und Neuendorf und auch später auf dem breiten Sandweg hinter Neuendorf Richtung Terpt.

Durch die Lindenstraße und damit durch die Sandoer Vorstadt begeben wir uns auf unseren weiteren Weg; die Sandoer gehört wie die Calauer Vorstadt zu den sogenannten »Noppern«, wie man diese Siedlungen vor den Toren auch nannte, nach dem niederlausitzschen Mundartwort für Nachbarn. Das Verhältnis zwischen Vorort- und Stadtgemeinde war keineswegs immer konfliktfrei, immerhin genossen die Vorstädte nicht den Schutz einer Mauer.

Heute noch gelten die »Noppern« den Bewohnern als identitätsstiftend und motivieren ein zumeist ehrenamtliches Engagement für die Kommune.

Wir biegen von der Linden- nach links in die Dresdener Straße, wo uns die Gedenkstätte mit sowjetischen Kriegsgräbern ins Auge fällt, und gelangen so auf einem Fußweg neben der Straße nach **Wittmannsdorf**, einem Ortsteil von Luckau. Dort benutzen wir den nach rechts von der Dresdener Straße abzweigenden Waltersdorfer Weg. **Waltersdorf** befindet sich bereits in der Gemeinde Heideblick im Naturpark Niederlausitzer Landrücken, die 14 Ortsteile hat. Ab 700 war die Gegend von sorbischen Stämmen besiedelt, um 936 eroberte sie Markgraf Gero von Meißen, dann besiedelten Kolonisten aus Niedersachsen, Thüringen, Franken und Holland das Land. Waltersdorf wurde 1392 erstmals urkundlich erwähnt, dürfte aber älter sein. Auf dem Anger befindet sich die spätromanische Feldsteinkirche aus dem 13. Jh., die als eine der ältesten Kirchen in der Umgegend von Luckau gilt; es handelt sich um ein Bauwerk mit eingezogenem Chor und einer runden Apsis, das Mitte der 1990er-Jahre restauriert wurde, was dem Besucher wohltuend ins Auge fällt. Das Gutshaus wurde um 1790 errichtet und beherbergt heute das Diakonissenhaus »Kapernaum«, im Park ist noch die Plastik der Kugelspielerin von Walter Schott (1861–1938) erhalten, das bekannteste Werk des Bildhauers, das als lebensgroßer Bronzeguss für den Blumengarten in Düsseldorf

Walterdorf Schloss (li.) und Skulptur im Park

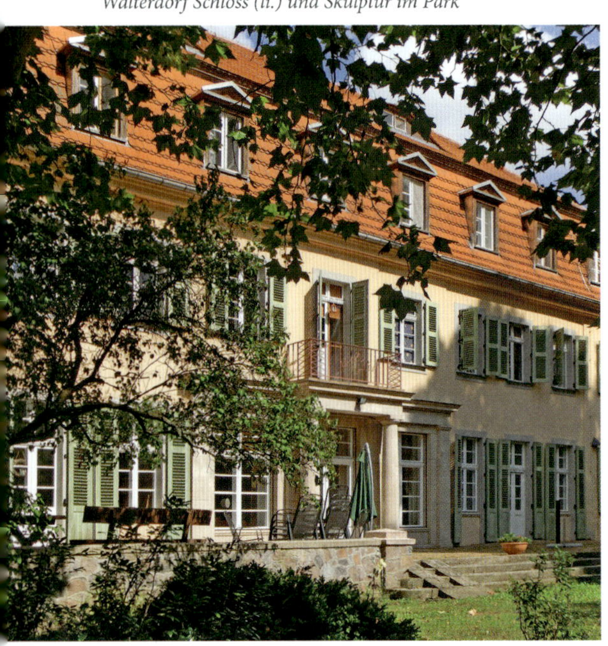

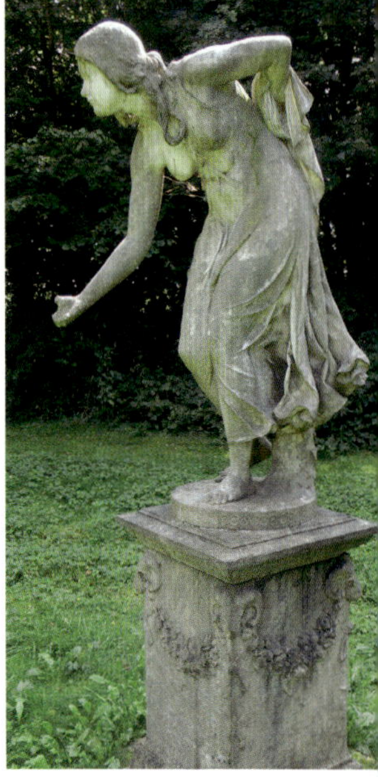

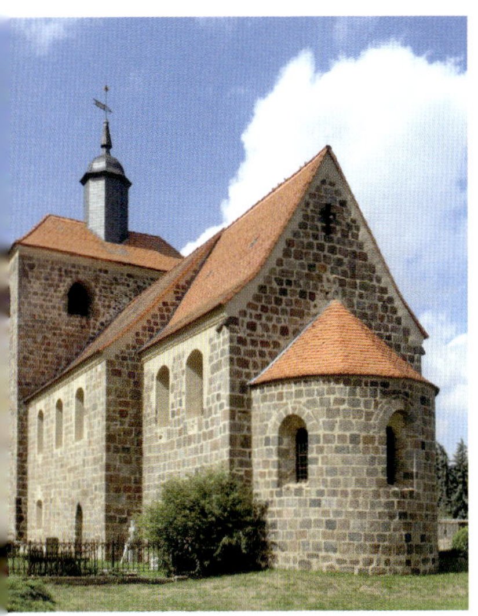
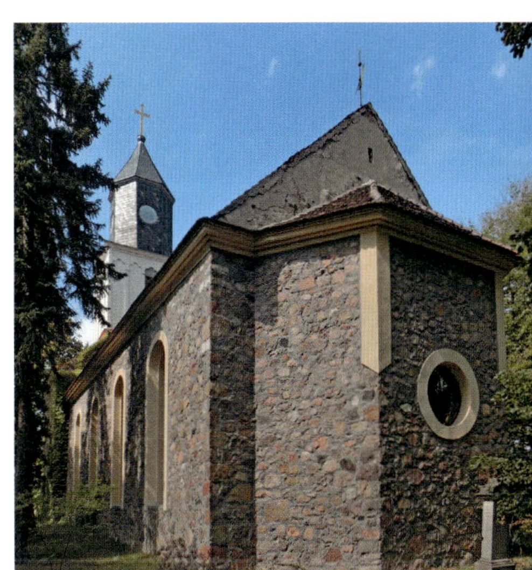

Dorfkirchen von Waltersdorf (li.) und Gehren

geschaffen wurde und auch als Replik manches bürgerliche Wohnzimmer ziert(e).

Wir benutzen nun die Asphaltstraße K 6133 links vom ehemaligen Gasthof (das Wirtshausschild existiert noch) und biegen nach ca. 250 m in eine ebenfalls asphaltierte Straße mit dem Hinweisschild »Waltersdorf Bahnhofsstraße«. Von dieser Straße geht nach etwa 850 m ein Feldweg ab, der mit einer Kornrade gekennzeichnet ist als Kornradenweg, ein 37 km langer Wanderweg durch den Naturpark. Diesen Feldweg nehmen wir, bis wir die Waltersdorfer Bahnhofsstraße erreicht haben, die zum ehemaligen Bahnhof Gehren führt. Ein linker Hand stehendes Ortsschild verweist auf das Dorf **Gehren**, in das man einen Abstecher machen kann (klassizistische Saalkirche von 1823/25, Schloss Sinntrotz, Dorfgasthof).

Unser Weg geht weiter über die Bahnhofstraße und wenig später über das Gehrener Mühlenfließ (oder Gehren-Großmarer Mühlenfließ), das einst zahlreiche Wassermühle antrieb, so – flussab von West nach Ost, also vom ehemaligen Bahnhof nach Gehren – die Neumühle, die Andreasmühle, die Möbiusmühle und die Poltermühle; die Gebäude sind teilweise abgerissen, aber einige auch erhalten, wenn auch ohne Mühlräder, und es macht Spaß, sie zu entdecken.

Unser Weg von der Waltersdorfer Bahnhofsstraße unterquert die Bahnanlagen der Strecke Berlin-Elsterwerda, dann halten wir uns nach links und gehen über eine Wiese, die für Radler etwas schwierig sein könnte, eventuell muss man die wenigen Meter schieben. Dann aber geht es in beinahe exakt

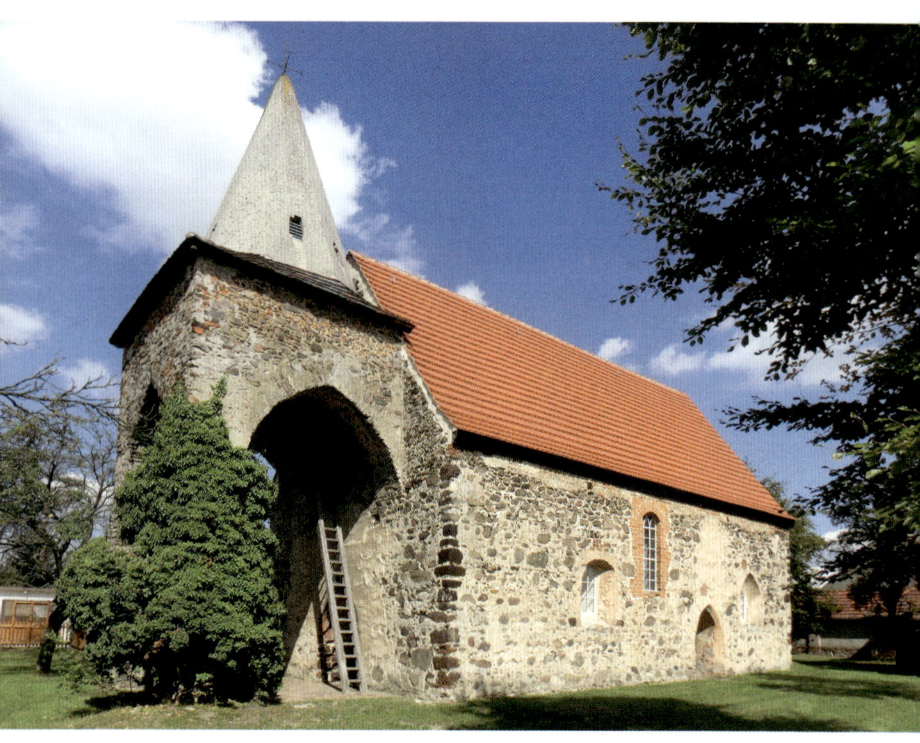

Die ungewöhnliche Kirche von Walddrehna

südlicher Richtung auf Wald- und Sandwegen und unter Querung der Gehrener Bergstraße nach **Walddrehna** (Serbski Drjenow).

Das Dorf mit der ungewöhnlichen Kirche wurde 1481 als Drenau erstmals urkundlich erwähnt. Das Straßendorf mit Gehöften zu beiden Seiten einer Straße, an der auch ungefähr in der Siedlungsmitte die Kirche liegt, war bis ins 19. Jh. spärlich besiedelt, da die sandigen Böden die Landwirtschaft erschwerten. Schon früh gehörte das Dorf zur Herrschaft Sonnenwalde, die 1537 in den Besitz des Hauses Solms überging. Die Grafen zu Solms-Sonnenwalde gehörten zu den wohlhabendsten Gutsherren der Niederlausitz, und in (nunmehr) Wendisch-Drehna besaßen sie ein Jagdschloss, das später zur Försterei umgewandelt wurde. Seit 1875 hat der Ort Bahnanschluss, was eine bescheidene Industrialisierung anschob; so entstand eine Blumentopf- und Tonwarenfabrik, ein Dampfsäge- und Hobelwerk, eine Dampfmühle und eine kleine Konservenfabrik. Wendisch-Drehna prosperierte, es entstanden Kolonialwarenläden, Bäckereien und Gastwirtschaften, auch Braunkohle wurde eine Zeit lang gefördert, eine Brikettfabrik entstand. Im Zuge der Germanisierungspolitik des NS-Staates erhielt Wendisch-Drehna 1937 seinen jetzigen Namen.

Heute hat es ca. 670 Einwohner, das Leben ist beschaulich, die Infrastruktur ist es umso mehr.

Vielleicht schon am Ende des 12. Jhs. wurde mit dem Bau der Kirche begonnen, einem gotischen Saalbau aus unbehauenen Feldsteinen, über den Ort hinaus bekannt durch seine offene Vorhalle. Dieser Vorbau mutet so an, als habe er Karl Friedrich Schinkel als Vorbild für seine Kirchenbauten in Müncheberg und Petzow gedient. Der oktogonale Aufsatz über dem offenen Vorbau dient als Glockenträger, außerdem fallen die Eckeinfassungen der Schiffswände mit Raseneisenstein auf. Der Turm mit den offenen Spitzbogenarkaden und dem achteckigen Helm wurde übrigens erst nach den Zerstörungen an der Kirche in den Hussitenkriegen erbaut. Zu den Ausstattungsstücken gehört eine Jakobusskulptur aus dem 15. Jh., mit Pilgerhut und einer Muschel daran. Die Lage Walddrehnas an der wichtigen Handelsroute Frankfurt-Leipzig spricht dafür, dass hier auch Pilger vorbeigekommen sind; die Lage an einem Jakobsweg ist den Bewohnern jedenfalls bewusst und zeigt sich sogar auf der Webseite der Gemeinde.

Entfernung Nikolaikirche Luckau → Dorfkirche Walddrehna: ca. 12 km (bei Abstecher nach Gehren 13,5 km)

Entfernung Paul-Gerhardt-Kirche Lübben → Dorfkirche Walddrehna: ca. 36 km

- Gaststätte Raunigk Zum Lindenkrug, Gerostr. 21, 15926 Heideblick, OT Gehren, Tel.: 035455/727
- Gehrener Mühlenfließ, Dorfkirche Walddrehna
- † Dorfkirche Waltersdorf, Schlüssel bei Renate Klauck, Tel.: 035454/72 77
- † Dorfkirche Walddrehna, Schlüssel bei Frau Terno, Tel.: 035455/747, oder Familie Blichmann, Tel.: 035455/665
- Walddrehna: RE8, Bus 473
- Durchgehend befahrbar, oft sogar asphaltierte Wege, aber auch Feld- und Waldwege, etwas schwieriges Terrain nach der Bahnunterführung bei Gehren, evtl. kurze Strecke(n) schieben.

5. Etappe

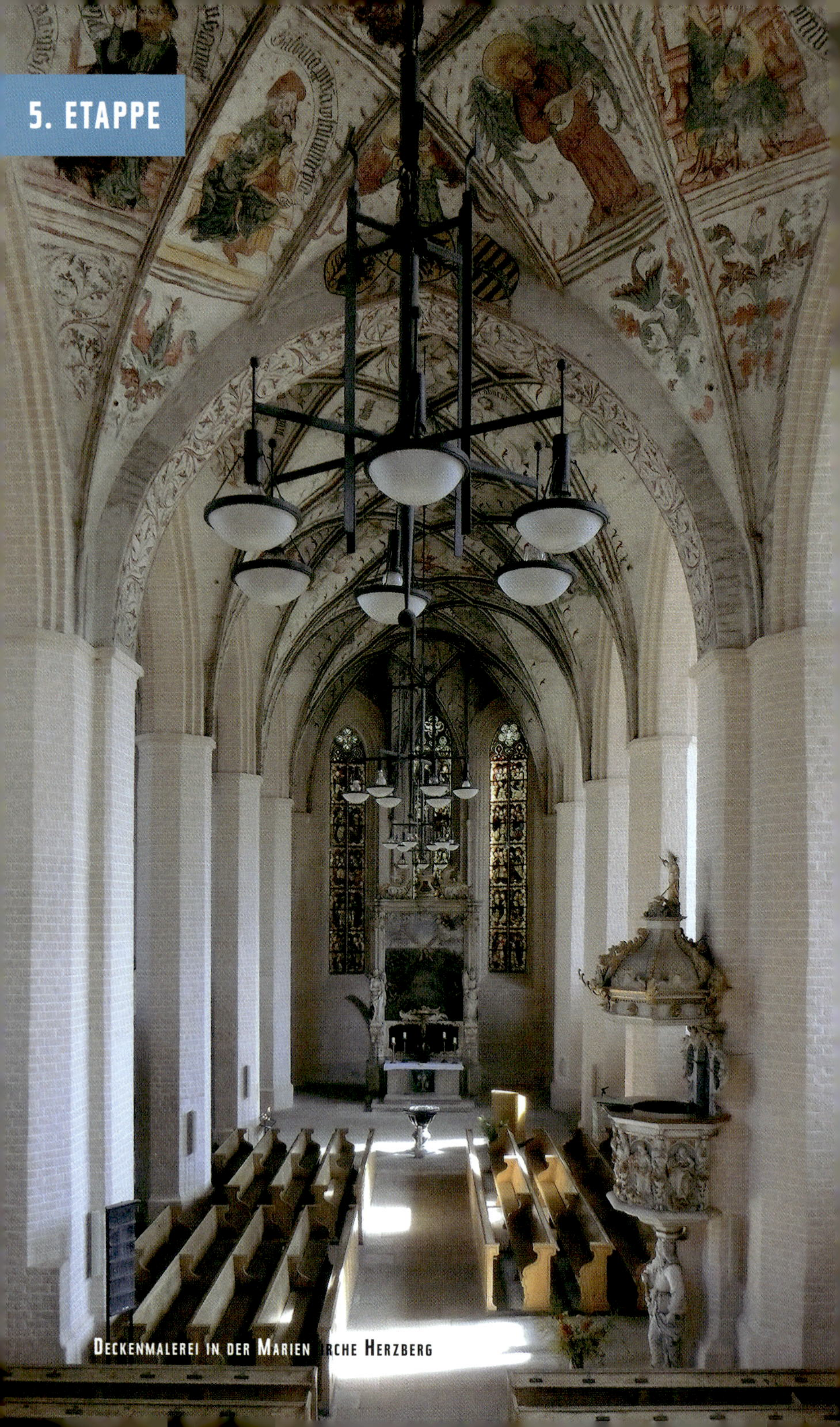

Deckenmalerei in der Marienkirche Herzberg

VON WALDDREHNA NACH HERZBERG A. D. ELSTER

Ausgangspunkt: Dorfkirche Walddrehna
Zielpunkt: Stadtpfarrkirche St. Marien Herzberg (Elster)

Unser Weg führt von der Kirche zum Bahnübergang an der Walddrehnaer Hauptstraße; auf diesem Wege erreichen wir bald ein riesiges Solaranlagenfeld, das wir südlich umgehen, bis wir eine Brache erreichen. Auch an dieser gehen wir südlich entlang und benutzen diesen Weg immer geradeaus – in südwestlicher Richtung – durch den (Kiefern-)Wald, bis er in einen weiteren Waldweg mündet. Dort halten wir uns nach links, in mehr südlicher Richtung. Wieder immer geradeaus gehend, erreichen wir nach ca. 15–20 min **Schwarzenburg**, das seit 1974 ein Ortsteil von Walddrehna ist. Übrigens heißt die Gegend, die wir durchwandern, nicht ohne Grund Pilzheide – im Herbst kann man hier Körbe mit den Früchten des Waldbodens füllen. Das gilt auch für die Rochauer Heide, die Schwarzenburg umgibt und von der die Pilzheide ein Teil ist.

Das Dorf Schwarzenburg wurde 1615 erstmals urkundlich erwähnt und war ein Vorwerk des kursächsischen Amtes Schlieben. Da es keine Kirche gibt, war es nach Proßmarke eingepfarrt, der nächsten Station unserer Wanderung. In dem 1906 errichteten und bis 1972 genutzten Schulbau befindet sich heute ein Schulmuseum, das nach Anmeldung besichtigt werden kann. Einklassen- und Betraum sowie die Lehrerwohnung in dem denkmalgeschützten Gebäude geben einen guten Einblick in den Schulbetrieb früherer Zeiten. In Schwarzenburg gibt es den Gasthof »Zum wilden Eber«, der für seine Wildgerichte bekannt ist, allerdings nur zum Wochenende öffnet.

Wir verlassen das ruhige Dorf in nordwestlicher Richtung auf einer Straße, die genau auf die Schneise für Hochspannungskabel zuführt – hier biegen wir nach links und wandern immer an dieser Schneide entlang, nun aber in südwestlicher Richtung. Auf diesem zugegebenermaßen nicht sehr attraktiven Sandweg gelangen wir bis zur Asphaltstraße kurz vor Proßmarke; das Dorf sehen wir bereits rechter Hand. Nun befinden wir uns im Elbe-Elster-Land.

Proßmarke, 1376 erstmals urkundlich erwähnt, ist Kirchdorf. Die frühgotische Feldsteinkirche (14. Jh.) steht auf einer Art Anger, umgeben von der Dorfstraße, und enthält als wertvollste Ausstattungsstücke sieben Schnitzfiguren, die aus einem spätgotischen Altarschrein stammen; interessant auch der barocke Taufengel aus dem 17. Jh. Die Kirche ist verputzt, wobei Teile des Putzes am Turm noch aus der Bauzeit stammen.

Archäologische Funde verweisen auf eine bronzezeitliche Besiedlung der Gegend. Proßmarke liegt mit seiner Kirche am Ende des Weges 5 der

Kirchenstraße Elbe-Elster »Gemeinschaft in Gott«, der in Schlieben beginnt (oder umgekehrt). Infos zur Kirchenstraße gibt es unter www.kirchenstrasse-elbe-elster.de.

Wir biegen von der Dorf- nach rechts in die Hillmersdorfer Straße (L 70) und gehen nach ca. 900 m nach links in den Wald oder, besser gesagt, ins Gehölz. Auf einem Waldweg erreichen wir die Kreisstraße kurz vor Naundorf, und auf der gegenüberliegenden Straßenseite grüßen uns Windkraftanlagen. **Naundorf** wurde 1346 erstmals erwähnt, die Gaststätte »Am Waldesrand« geht auf eine Erbschänke des 17. Jhs. zurück, der Dorfanger mit Kriegerdenkmal wird als sehenswürdig angesehen. Naundorf liegt am Radweg »Elsterradtour«, einem Rundweg zwischen Schwarzer Elster, Fläming und Niederlausitz, und ist heute Teil der Gemeinde Fichtwald im Schliebener Land.

Von der B 87 führt die Dorfstraße exakt in südlicher Richtung, nach ca. 700 m geht ein Wiesenweg nach rechts ab, und diesen nehmen wir, um nach **Wehrhain** zu gelangen, das bereits Ortsteil der Stadt Schlieben ist. Das Dorf mit etwa 250 Einwohnern hieß bis 1938 Werchluga, was dem nationalsozialistischen Germanenwahn nicht passte, und so wurde Wehrhain daraus.

Von der Kreuzung Lindenstraße und Neue Straße begeben wir uns in nordwestlicher Richtung in die Wehrhainer Neue Straße und biegen nach wenigen Metern in die Straße nach links, die, anfangs baumgesäumt, zwischen Feldern hindurch zum Langen Berg führt – dieser ist, so überraschend es klingen mag, Schliebens Weinwanderweg. **Schlieben** nämlich gehört zu den nördlichsten Weinbaugebieten Deutschlands. Es werden Reben der Sorten Müller-Thurgau und Bacchus angebaut, und der 1996 gestaltete Weinwanderweg Langer Berg führt als Rundweg von den historischen Weinkellern durch das LSG Langer Berg zum Weinberg und wieder nach Schlieben zurück. Wein wurde hier vermutlich bereits im 11./12. Jh. angebaut, die Blütezeit des Weinbaus lag jedoch

Schlieben Drandorfhof (li.) und ehemaliges Amtshaus

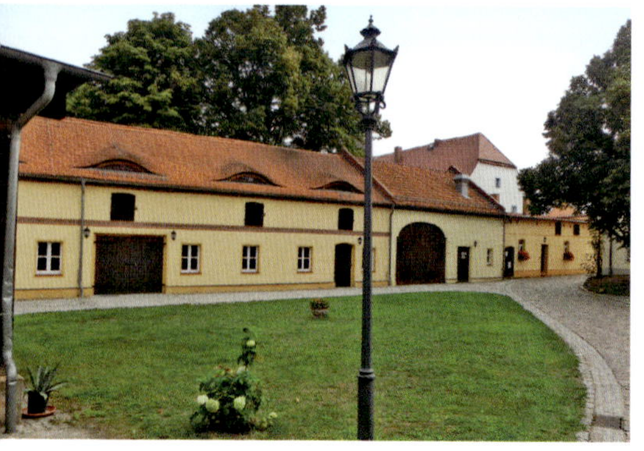

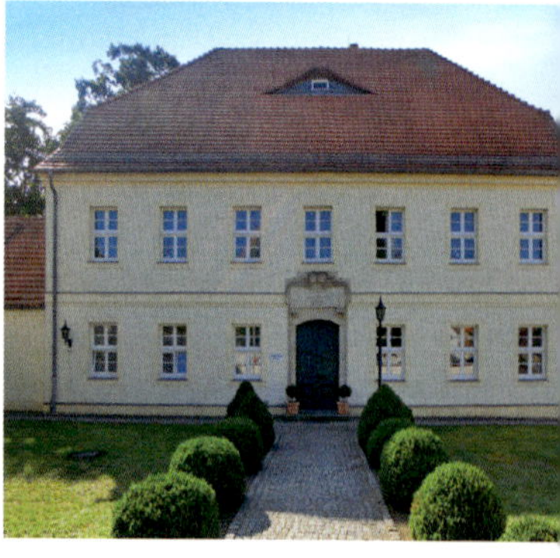

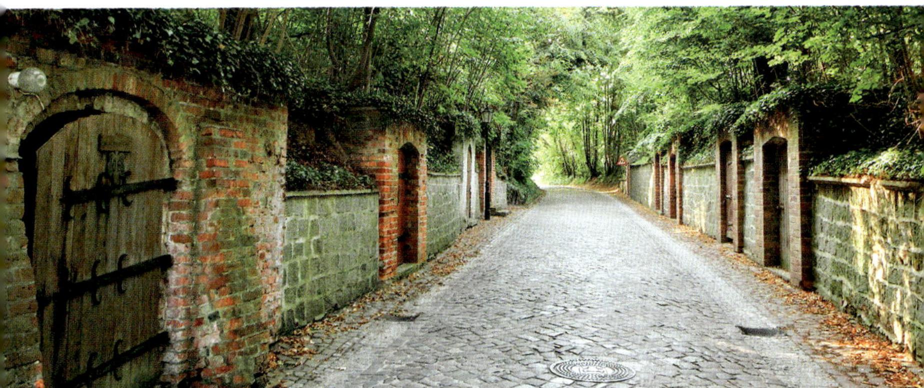

Kellerstraße in Schlieben mit Lagerkellern

im 16. und 17. Jh., während er im 19. Jh. zum Erliegen kann, nun aber wieder betrieben wird.

Wir kommen am Friedhof vorbei und erreichen am Ortsrand die historische Kellerstraße, eine Besonderheit der Stadt: Um 1540 wurden Kellergewölbe in den Lößboden des Langen Bergs gegraben, die als Lagerräume für Getreide und von Gartenfrüchten dienten, dann aber auch zur Lagerung von Wein. Viele der Keller wurden inzwischen saniert und können bei besonderen Anlässen (z.B. Schliebener Moienmarkt) besichtigt werden.

Wir überqueren die Herzberger Straße und gehen die Martinsstraße entlang, bis wir linker Hand den Chor der Martinskirche am Markt sehen. Sie bildet den Mittelpunkt der 2.500-Einwohner-Stadt, über die im Dehio zu lesen ist: »Am Westrand des bewaldeten Lausitzer Landrückens an der ehem. wichtigen in Ost-West-Richtung verlaufenden Heer- und Handelsstraße von Leipzig nach Frankfurt (Oder) gelegen. Im 12. Jh. im slawischen Siedlungsgebiet hier eine deutsche Burg gegr., 1181 von wettinischen Ministerialen besetzt. Der zugehörige Ort 1298 ›oppidum‹ genannt, 1529 kommunale Verwaltung, förmliches Stadtrecht erst 1616; stets kleine Landstadt.« Zu ergänzen wäre: In einer Urkunde Ottos I. von 973 wird Schlieben erwähnt, um 1200 erbauten Zisterzienser die Martinskapelle, 1529 und 1533 weilte Luther hier, es folgen Zerstörungen im Dreißigjährigen Krieg und schlimme Pestjahre. Die stets kleine Landstadt hat einen beachtlichen Kirchturm: St. Martin ist ein Backsteinbau des 15. Jhs., der Turm wurde nach einem Feuer 1862 errichtet, er ragt weit über die Dächer der Stadt, und seine Bauformen sind erwartungsgemäß neugotisch. Bei der Ausstattung sind u. a. der barocke Kanzelaltar und der Taufstein erwähnenswert.

Schlieben liegt übrigens nicht nur an der bereits erwähnten Kirchstraße Elbe-Elster Nr. 5, sondern ist auch Beginn oder Endpunkt des Weges 9 von/

nach Mühlberg (Elbe), der unter dem Motto steht: »Katholische Gemeinde in der Diaspora« (katholische Kirche zur unbefleckten Empfängnis in Schlieben).

Vom Markt geht die Ritterstraße nach Süden, und hier finden wir nach ein paar Schritten den Drandorfhof. Dieser historische Vierseitenhof aus dem 18./19. Jh. wurde gründlich saniert und ist der touristische wie kulturelle Mittelpunkt Schliebens. Benannt ist er nach der Familie von Drandorf, die in der Gegend reich begütert war. Berühmt war der Vorreformator Johann von Drändorf, der 1425 als Ketzer in Heidelberg verbrannt worden ist, eher unrühmlich war das Ende von Christoph von Drandorf: Er wurde wegen Doppelehe 1661 vor der Kirche enthauptet. Interessant sind die musealen Räume des Hofes, so die alte Küche oder das alte Schlafgemach, die uns an Großmutters oder Urgroßmutters Zeiten erinnern.

Entfernung Dorfkirche Walddrehna → Kirche Schlieben: ca. 22 km

- Touristinformationsbüro Schlieben, Ritterstr. 8, 04936 Stadt Schlieben, Tel.: 035361/816 99
- Gasthof & Pension Am Waldesrand Naundorf, Dorfstr. 37, 04936 Fichtwald, OT Naundorf, Tel.: 035361/803 99, auch
- Josan Pizza Service und Restaurant Dionisos im Ratskeller Schlieben, Markt 5, 04936 Stadt Schlieben, Tel.: 035361/89 92 70
- Gaststätte & Pension Zum wilden Eber, Schwarzenburg 40, 15926 Heideblick, Tel.: 035455/481
- Pilgerherberge Schlieben: Evangelisches Pfarramt Schlieben, Markt 1, 04936 Stadt Schlieben, Ansprechpartner: Pfarrer Schuppan, Tel.: 03544/27 65
- Pension Zur Mühle, Jagsaler Mühle 2, 04936 Schlieben, Tel.: 035361/89 36 89
- Rochauer Heide, Weinwanderweg Langer Berg in Schlieben, Schliebener Moienmarkt
- Dorfkirche Proßmarke, Schlüssel bei Frau Kramer, Tel.: 035364/44 44, oder 0172/848 74 65
- Stadtkirche St. Martin Schlieben, Schlüssel im Pfarramt, Tel.: 035361/587
- Schulmuseum Schwarzenburg, Gemeindeverwaltung Heideblick, Schwarzenburg 1, 15926 Heideblick, OT Schwarzenburg, Tel.: 035455/86 70 10 oder 01523/182 05 04, geöffnet n. Vereinbarung
- Drandorfhof Schlieben mit Bauernwohnung, Speicher, Back- und Märchenstube, Ritterstr. 8, 04936 Schlieben, Tel.: 035361/816 99/das Weinbaumuseum mit Schaukelterei sowie Wochenendbesichtigungen nur auf Voranm., auch +
- Heimatstube Schlieben, Langer Berg, 04936 Schlieben, Tel.: 035361/35 627, geöff. n.Vereinb.
- Schlieben ist zu erreichen vom Bahnhof Doberlug-Kirchhainoder von Herzberg (Elster) mit dem Bus 544.
- Durchgehend befahrbar, mit den üblichen Schwierigkeiten auf sandigen Waldwegen.

Wir sagen der sehenswerten Kleinstadt Schlieben Adieu, wobei wir die Straße Am Mühlberg benutzen, um zum nächsten Etappenort zu gelangen, nach Malitschkendorf; vorbei geht es an der Bioenergie-Anlage, und wenig später wird aus der Straße ein Feldweg. Wir gehen erst einmal geradeaus, dann

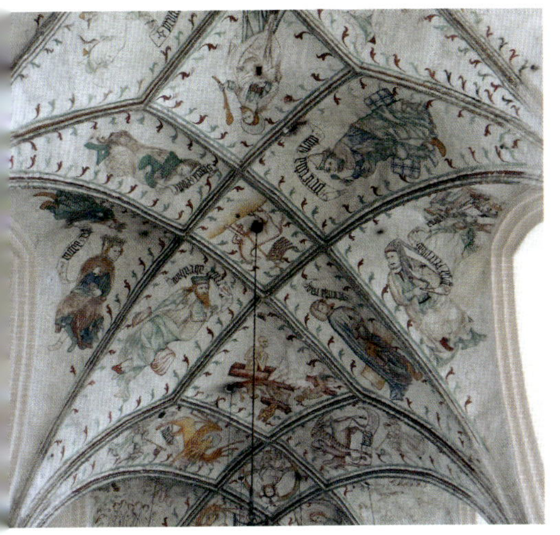

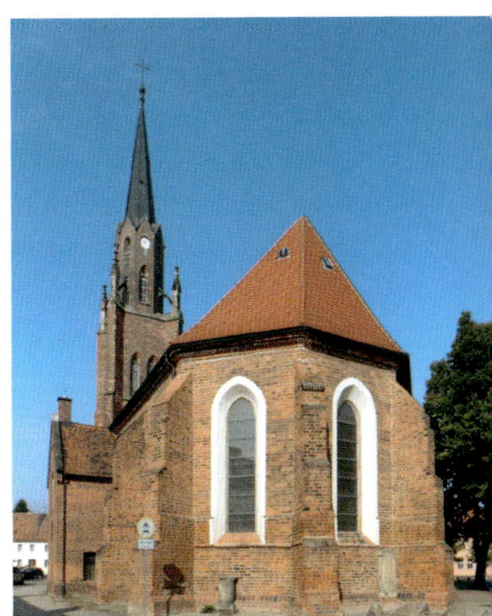

Marienkirche Herzberg (li.) und Kirche Schlieben

macht der Weg einen Knick nach rechts (nach Westen), und nach einiger Zeit kommen wir am Bodendenkmal Burgwall vorbei, einer Wallanlage und Kultstätte aus früher Zeit. Über Wiesen gelangen wir an die K 6240 (Malitschkendorfer Straße). Hier nach links gehend, überqueren wir die Kremitz, wahrlich kein rauschender Strom, und erreichen unser Zwischenziel.

Malitschkendorf gehört zur Gemeinde Kremitzaue des Amtes Schlieben und wurde 1290 erstmals in einer Urkunde erwähnt. Hier gibt es auch wieder eine Kirche, in der zweiten Hälfte des 13. Jhs. aus Feldsteinquadern erbaut und St. Georg geweiht. Die Bronzeglocken stammen aus den Jahren 1350, 1380 und 1492 und gehören zu den ältesten im Landkreis Elbe-Elster.

Wir verlassen das Dorf in südlicher Richtung auf dem Wiederauer Weg und durchqueren einen Wald bis zur Landesstraße L 69. Auf ihr gehen wir etwa 500 m nach rechts – nach Westen – und begeben und dann nach links in einen weiteren Waldweg. Dieser trifft nach 850 m auf einen breiteren Weg mit zwei ausgefahrenen Spuren – hier halten wir uns nach rechts und erreichen durch Felder mit **Osteroda** bereits einen Ortsteil von Herzberg a. d. Elster. Das ursprüngliche Angerdorf wurde 1380 erstmals urkundlich erwähnt. Bis in die 1960er-Jahre besaß Osteroda ein eigenes Kirchlein, doch der Fachwerkbau wurde abgerissen.

Unser Weg mündet in Osteroda in die Kreisstraße K 6240; auf ihr begeben wir uns nach links und nach nur 100 m wiederum nach rechts in eine Asphaltstraße, die rasch in einen Feldweg übergeht. Wir müssen dann auf einen Weg nach rechts bzw. Norden biegen und kommen so nach **Friedersdorf**, das auch zu Herzberg gehört. Das Dorf, ebenfalls mit einem Anger, wurde 1419 erstmals genannt. Eine Kirche existiert nicht, Friedersdorf gehörte zur Parochie Altherzberg der Propstei Schlieben im Bistum Meißen.

Der Weg südlich des Dorfes ist der unsere: Er führt zur B 101, die wir überschreiten, und dann weiter durch Felder, bis er einen Knick nach rechts macht, dem wir folgen. Es handelt sich schließlich um einen Feldweg mit zwei ausgefahrenen Spuren, für Radler bei bestimmter Witterung (Trockenheit oder Nässe) nicht ganz leicht zu befahren. Am Ende verläuft er parallel zur Schwarzen Elster nach Norden bis zum Neuen Elsterwehr, über das wir gehen. Durch die Badstraße gelangen wir in die Altstadt Herzbergs.

Die Daten zur Gründung von **Herzberg** schwanken, aber eine Entstehung der Stadt an einem Übergang über die Schwarze Elster um 1215 dürfte realistisch sein. Die Lage an der Kreuzung der wichtigen Handelsverbindungen Leipzig-Frankfurt und Berlin-Dresden ist verantwortlich für das Wachstum des Wohlstands in der Stadt, die 1254 das Münzrecht und damit verbunden wohl auch das Stadtrecht erhielt. Bis 1815 kursächsisch, wurde es dann 1816 Kreisstadt des preußischen Kreises Schweinitz. Kreisstadt war Herzberg auch in der DDR (Kreis Herzberg) und ist es bis heute geblieben: Die laut Eigenwerbung »Kreisstadt mit Herz« ist das Verwaltungszentrum des Landkreises Elbe-Elster.

Herzberg spielte neben Wittenberg und Torgau auch eine gewisse Rolle während der Reformation, daher nennt sie sich unter ihren Geburtsstädten: Nicht allein, dass Luther und Melanchthon hier weilten, Herzberg wurde auch sehr früh, nämlich 1522, lutherisch. Die erste Schulordnung, die von Luther

Herzberg Villa Marx (li.) und Wunderstein

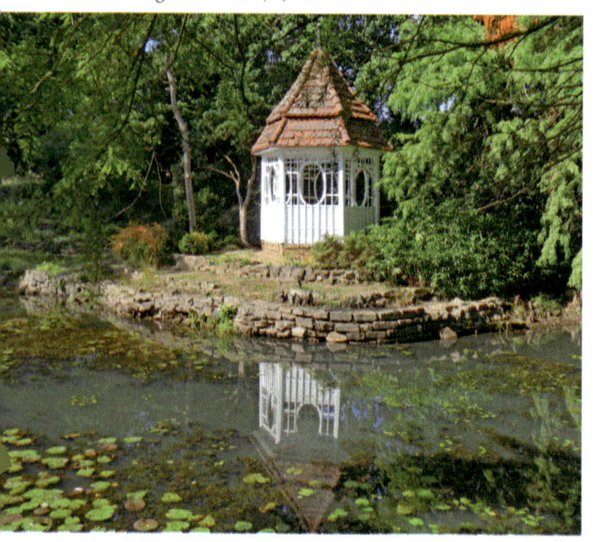

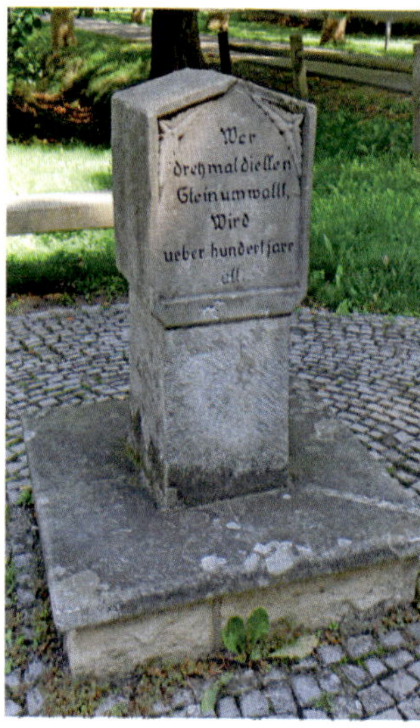

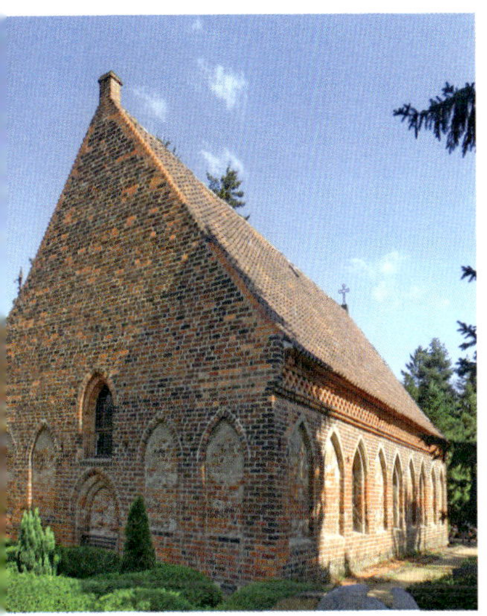

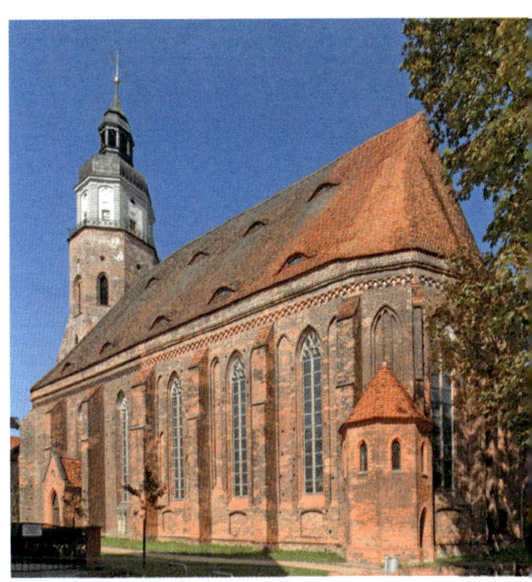

Herzberg Hospitalkapelle (li.) und Marienkirche

und Melanchthon unterzeichnet wurde, war für die Herzberger Lateinschule entwickelt worden, und so nimmt es nicht wunder, dass das Gymnasium den Namen Philipp Melanchthons trägt.

Noch heute ist der Grundriss einer mittelalterlichen Planstadt mit dem Markt und der Stadtkirche im Mittelpunkt erkennbar. Am Markt steht das Rathaus, das 1616/17 im Stil der Spätrenaissance errichtet wurde. Vor dem Ostgiebel befindet sich mit der 1997 restaurierten gusseisernen Germania ein Wahrzeichen der Stadt: Das Denkmal erinnert an die in den sogenannten »Einigungskriegen« gefallenen Herzberger. Es wurde in Lauchhammer gegossen und zunächst vor dem Rathausportal aufgestellt. 1936 erfolgte die Versetzung an den heutigen Standort, und 1951 konnten die Einwohner und die Stadtverordneten von Herzberg die Zerstörung des patriotischen Eisenwerkes verhindern.

Nur wenige Schritte sind es vom Markt zum bedeutendsten und sicher auch schönsten Bau der Stadt: der Marienkirche. Die bis zum 15. Jh. unter dem Patrozinium von Nikolaus von Bari stehende und aus Backstein erbaute dreischiffige Hallenkirche ist ein absolutes Muss bei einer Stadtbesichtigung. Man vermutet einen Baubeginn um die Mitte des 14. Jhs., die berühmte Gewölbemalerei stammt aus der Zeit zwischen 1415 und nach 1430. Diese Malerei gibt einen guten Eindruck davon, wie alle Kirchen in mittelalterlicher Zeit ausgesehen haben. Im 19. Jh. wurde die kunsthistorische Bedeutung der Ausmalung erkannt, was ihren Erhalt sicherte und dazu führte, dass der Herzberger Maler Roth sie 1864 restaurierte. Heute fragt man sich angesichts

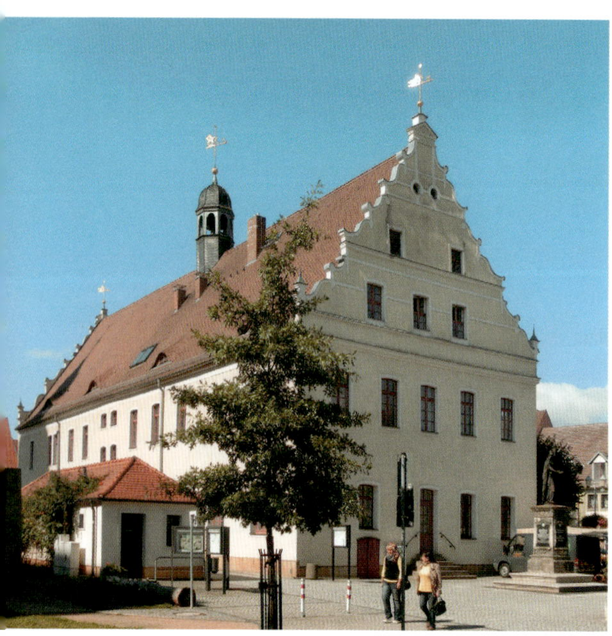

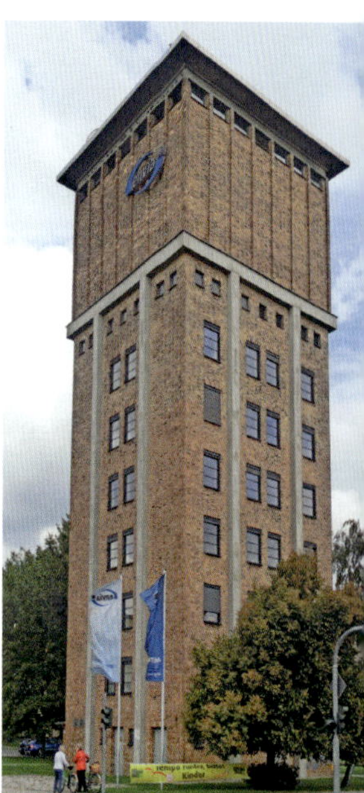

Herzberg Rathaus (li.) und Wasserturm

des guten Erhaltungszustandes, wieviel Mittelalter und wieviel Roth die Malerei wohl enthalten mag. Beachtenswert sind auch viele andere Ausstattungsstücke sowie die vierteiligen Sterngewölbe in den Seitenschiffen.

Außerhalb der früheren Stadtmauern befindet sich in der westlichen Vorstadt an der Torgauer Straße die Hospitalkapelle St. Katharina, ein Backsteinbau vom Ende des 15. Jhs. mit einer Dreifensteranlage in der Ostwand. Heute steht die Kapelle auf dem Friedhof. Nördlich der früheren Stadtbefestigung, an der Leipziger Straße, steht der Herzberger »Wolkenkratzer«: Es handelt sich um einen 1959 errichteten Wasserturm, der zugleich als Bürogebäude dient und auf dessen Dach sich seit 1960 eine Sternwarte befindet.

Nicht unerwähnt bleiben soll der sich am südöstlichen Rand der Altstadt befindliche Jugendstilgarten bei der Villa Marx; Gartenanlage und Wohngebäude, dieses ebenfalls im Jugenstil, entstanden im Auftrag des Armaturen-Fabrikanten Wilhelm Marx. Wenige Meter weiter nördlich erstreckt sich der Stadtpark mit dem sogenannten Wunderstein an seinem Eingang, der an die Verlegung der Wittenberger Universität nach Herzberg wegen einer Pestepidemie im Jahr 1506 erinnern soll: »Wer dreymal diesen Stein umwallt, wird über hundert Jahre alt.«

Nördlich des Stadtkerns befindet sich Schloss Grochwitz. Dieser Bau ist im Kern barock und wurde 1732–38 für den sächsischen Ministerpräsidenten (unter August »dem Starken«) Heinrich von Brühl (1700–1763) erbaut. Allerdings hatte er nicht lange Freunde daran, denn 1557/58 wurde es auf Befehl Friedrichs II. geplündert und niedergebrannt, auch die wertvolle Einrichtung wurde vernichtet. Die heute eher bescheidene Gestalt des Gebäudes ist eine Folge von Wiederaufbau und erneutem Brand und abermaliger Wiederherstellung. Im Park jenseits des Schlosses befindet sich ein Tierpark.

Entfernung Kirche Schlieben → St. Marien Herzberg: ca. 17 km

Entfernung Dorfkirche Walddrehna → St. Marien Herzberg: ca. 39 km

- Tourismuspunkt Herzberg in der Stadtkirche, 04916 Herzberg (Elster), Tel.: 03535/248 05 44 (Pilgerstempel erhältlich!)
- Zu Herzberg siehe Tourismuspunkt. Hier nur Informationen zu gastronomischen Einrichtungen und Beherbergungsstätten in der Altstadt und nahe dem Jakobsweg.
- Gasthaus & Hotel Wolfsschlucht, Rosa-Luxemburg-Str. 43, 04916 Herzberg (Elster), Tel.: 03535/51 88, auch
- Collard's Diner & Coffee, Mönchstr. 5, , 04916 Herzberg (Elster), Tel.: 03535/48 57 50
- Pilgerherberge Herzberg: Ev. Pfarramt Herzberg/Elster, Magisterstr. 2 Marienkirche, 04916 Herzberg, Ansprechpartnerin: Pfarrerin Noetzel, Tel.: 03535/24 805 44 (bitte anmelden)
- ElsterPark mit Beherbergungsstätte TraumHaus, Badstr. 29–30, 04916 Herzberg (Elster), Tel.: 03535/483 00
- Pension am Markt (Wilkniss) , Schliebener Str. 3, 04916 Herzberg (Elster), Tel.: 03535/30 43, auch
- Altstadt Herzberg, vor allem Markt und Kirche; Schloss Groschwitz; Tierpark Herzberg
- Dorfkirche Malitschkendorf, Anm. u. Schlüssel bei Frau Theile, Tel.: 035361/801 39 oder 0152/28 74 80 66
- Stadtkirche St. Marien Herzberg, Führungen anmelden, Ansprechpartner: Ev. Pfarramt unter Tel.: 03535/60 75
- Herzberg a. d. Elster: RE4, Bus 527, 544
- Fast durchgehend befahrbar, zwischen Schlieben und Malitschkendorf besser die Malitzschkendorfer Straße benutzen, die in Schlieben von der B 87 abzweigt.

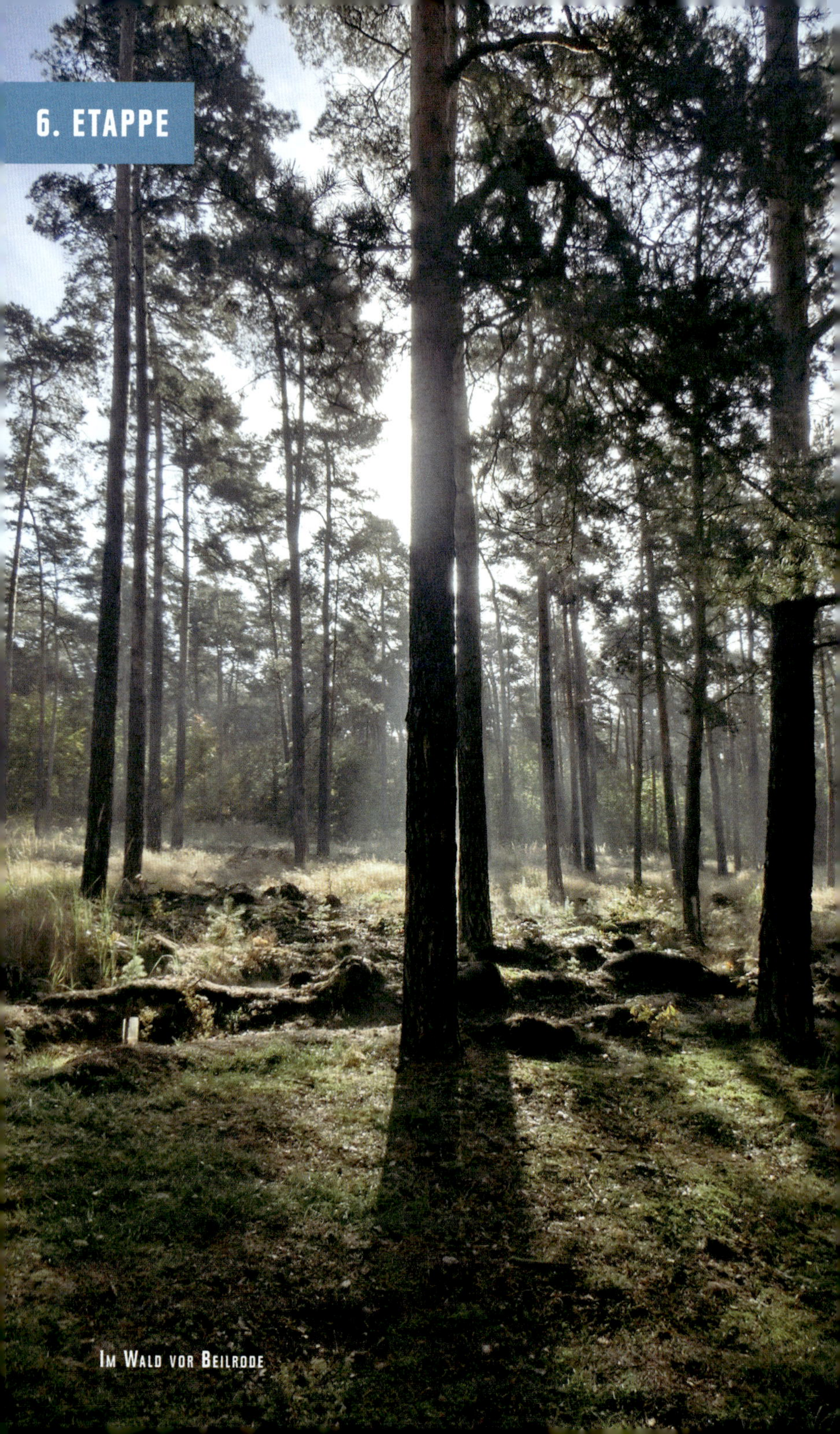

6. ETAPPE

Im Wald vor Beilrode

VON HERZBERG A. D. ELSTER NACH TORGAU

Ausgangspunkt: Stadtpfarrkirche St. Marien Herzberg (Elster)
Zielpunkt: Stadtkirche St. Marien Kirche

Vom Markt bzw. der Marienkirche begeben wir uns durch die Rosa-Luxemburg- zur Uebigauer Straße, in die wir nach links einbiegen. Nach einer Weile gelangen wir an das alte Gleis der eingestellten Bahn nach Falkenberg, die wir schon mehrmals erwähnten; man kann nun zu beiden Seiten des Gleises wandern, für Radfahrer empfiehlt sich aber der linke Weg, d.h. das Überqueren der Schienen. Beide Wege erreichen nach knapp 4 km eine Asphaltstraße, auf der es nach rechts weitergeht bis zu einem breiten Waldweg, der nach links abzweigt. Diesem von forstwirtschaftlichen Fahrzeugen ausgefahrenen Weg, der eine sanfte Kurvatur nach rechts aufweist, folgen wir bis zu Feldern, zwischen denen er bis zur Asphaltstraße (L 67) weiterläuft. Wir müssen an der Landesstraße nach links, aber wir brauchen nicht die Straße zu benutzen, sondern können einen rechts neben ihr laufenden asphaltierten Betriebsweg (bzw. die ehemalige Straße?) nehmen. So erreichen wir **Großrössen**, schon ein Ortsteil der Stadt Falkenberg/Elster. Das 1251 erstmals als »Rossin« erwähnte Dorf verfügt über eine sehenswerte Kirche, die aus Raseneisenstein erbaut wurde, allerdings ist das Baumaterial dank des Verputzes nicht sichtbar. Errichtet wurde das Gotteshaus Ende 15./Anfang 16. Jh., der hölzerne Turm ist ein Werk des Barock (um 1700). Das Rittergut wurde 1945 enteignet, 1954 wurde eine LPG gegründet, und noch heute ist die Landwirtschaft der Hauptarbeitgeber. Das gilt auch für unseren nächsten Etappenort, das ebenfalls nach Falkenberg eingemeindete Dorf Beyern mit E.

Kurz nach der Bushaltestelle in Großrössen zeigt eine Postmeilensäule als steinerner Wegweiser nach Beyern, und auf einer Asphaltstraße geht es nun voran. Das Gleis, das wir bald überqueren müssen, ist das der (noch betriebenen) Bahnlinie Berlin-Falkenberg/Elster, die Straße führt an einer geschwungenen, überwachsenen Gleisanlage entlang, die dann auf ein weiteres Eisenbahnbauwerk führt, nämlich die Bahnstrecke von Falkenberg nach Lutherstadt Wittenberg via Jessen an der Elster und Elster an der Elbe (bzw. die 1872 eröffnete Strecke Halle-Sorau). Wir befinden uns also spürbar in der Nähe eines wichtigen Bahnknotens.

Jenseits der Bahnanlagen liegt **Beyern** mit seinen wenigen Hundert Einwohnern, und heute hält hier keine Eisenbahn mehr. Erstmals 1419 erwähnt, wurde das Angerdorf wohl schon im 12. Jh. in der Niederung zwischen Elbe und Schwarzer Elster gegründet. Die Dorfkirche auf dem ovalen Anger ist im

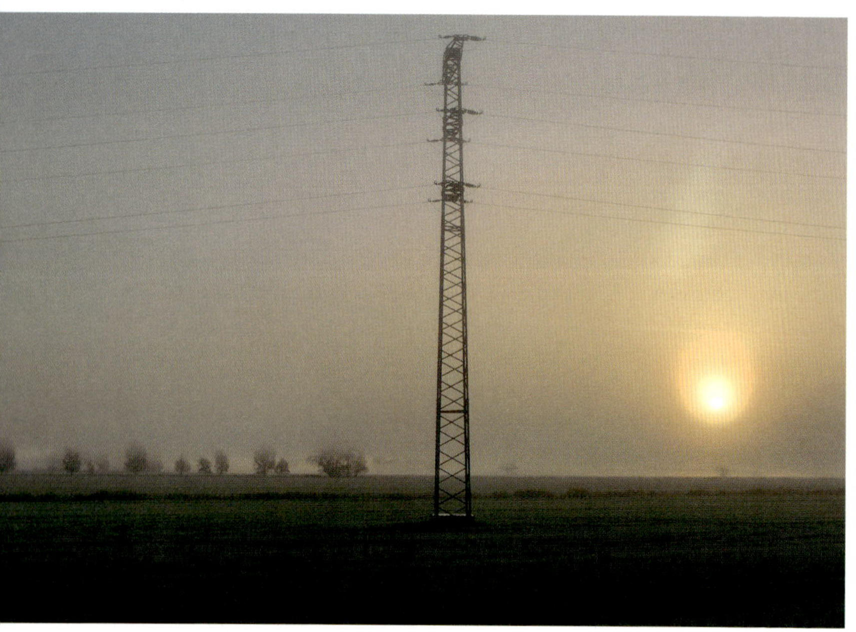

Am Jakobsweg zwischen Herzberg und Großrössen

13. Jh. ursprünglich ebenfalls aus Raseneisenstein erbaut worden, von diesem frühen Bau haben sich aber nur im Westen die Außenmauern erhalten. Zwischen 1867 und 1869 erfolgte dann ein Umbau im Stil der Schinkel-Schule, auch Apsis, Turmaufsatz mit Haube und Laterne stammen aus dieser Zeit. An Nord- und Südwand sind einige Grabsteine zu beachten. Das 1738 errichtete Pfarrhaus mit Krüppelwalmdach ist das älteste erhaltene Haus des Dorfes.

Entfernung Marienkirche Herzberg → Dorfkirche Beyern: ca. 12,5 km

Wir wandern auf der Hauptstraße durch Beyern in südlicher Richtung bis zum Verkehrsschild »nach links abbiegende Hauptstraße« - kurz vorher aber biegen wir nach rechts auf einen breiten Sandweg. Zunächst führt dieser durch Wiesen bzw. Äcker, aber wir sehen bereits den Wald, in den es nach Überqueren der Prestewitzer Landlache geht. Von Beyern aus gemessen nach ca. 3,5 km fast gerade Weges gelangen wir an eine Wegscheide mit einem großen Rastplatz, die Lößfurt: Hier stand bereits zu Zeiten August des Starken eine Postmeilensäule, handelte es sich doch um den stark frequentierten Handelsweg nach Leipzig via Torgau. Die alte Säule wurde nach der Wende schwer beschädigt, im Jahr 1998 konnte dann eine restaurierte Säule als Wegmarke und -weiser aufgestellt werden. Uns zeigt sie, welche Richtung wir nehmen müssen, um nach Döbrichau zu kommen. Unversehens befinden wir uns nach Informationen einer Schautafel auf dem Ostelbischen Radwanderweg; Ostelbien meint heute den nordöstlichen Zipfel des Landkreises Nordsachsen. Wir entschlagen uns der Frage, ob es sich um eine glücklich gewählte Bezeichnung handelt, die uns aber immerhin mitteilt, dass wir gleich eine Landesgrenze passieren werden, nämlich die zum jetzigen Bundesland Sachsen. Ein Stück unseres Weges bildet diese Grenze. Als wir den Wald verlassen, sind wir in Sachsen, wandern etwa 750 m durch sächsische Felder und erreichen als ersten sächsischen Ort **Döbrichau**. (Von 1815 bis 1945 gehörte das alles zu Preußen.)

Das Straßenangerdorf Döbrichau, seit 1. Januar 1999 Ortsteil der Gemeinde Beilrode, wurde 1241 erstmals erwähnt. 1552 war es Amtsdorf, 1660 erhielt es Hanß Abraham von Gersdorf zu Kreischau, sodass es bis 1815 zum Rittergut Kreischau gehörte – durch dieses Dorf werden wir noch kommen. Ab 1816 war es schließlich preußisches Kammergut. Die schöne Fachwerkkirche, die unter dem Patrozinium des Heiligen Nikolaus steht, wurde 1696/97 erbaut und liegt an der Route 11 der Mitteldeutschen Kirchenstraße von Kreischau nach Pülswerda. Ebenfalls sehenswert sind einige erhaltene Vierseithöfe sowie das Pfarrhaus. Döbrichau war auch Postrelaisstation an »unserer« Straße Leipzig-Frankfurt.

Die Kirchstraße – nicht die Kirchenstraße! – von Döbrichau spaltet sich hinter dem Kirchhof. An diesem Scheideweg finden wir eine schon sehr ver-

Dorfkirchen von Beyern (li.) und Döbbrichau

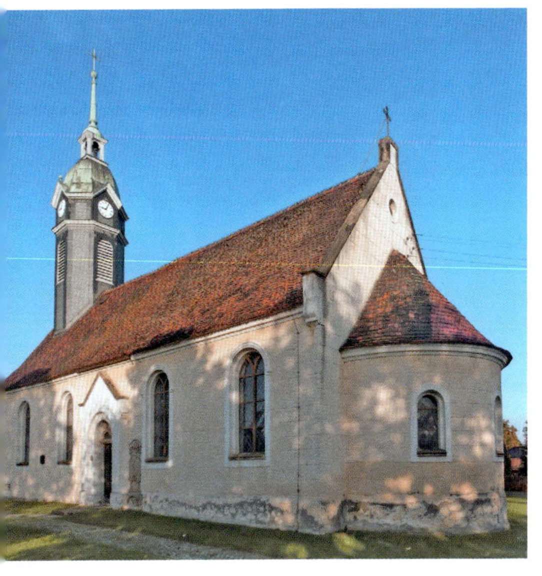

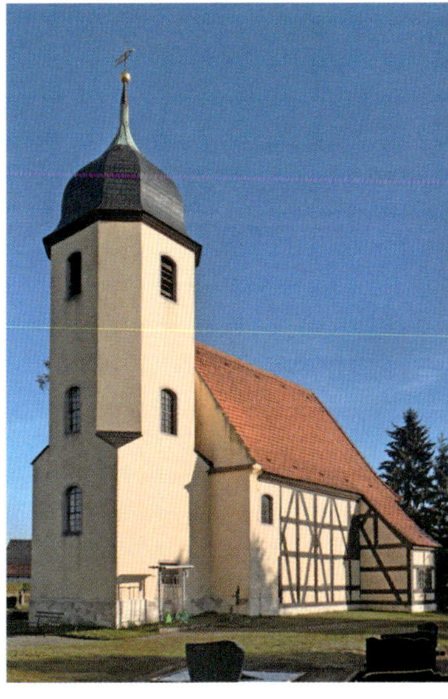

witterte sächsische Postmeilensäule, auf der man gerade noch die Inschrift »Falkenstruth« entziffern kann: Das ist unsere Richtung. Aber auch die leider ziemlich beschädigten Wegweiser für die Radwege »RR Triestewitz RG Adelwitz« helfen uns. Auf der Asphaltstraße verlassen wir Döbrichau und folgen immer dem Radwegesymbol – auch über den zeitweise etwas holprigen Feldweg parallel zum Böhmischgraben bis zu den Bahngleisen, die wir überqueren müssen (Bahnverbindung Falkenberg/Elster-Torgau). Südlich der Gleise geht es dann durch das Waldgebiet bzw. Forstrevier Falkenstruth an einem Ratsplatz mit Dendrophon vorbei nach Beilrode – wir folgen hier übrigens der Mitteldeutschen Kirchenstraße, denn die beiden Beilroder Kirchen gehören zu den Stationen.

Schon aus einiger Entfernung ist die Holländerwindmühle von Beilrode zu sehen, wie sie über die Baumwipfel ragt. **Beilrode** entstand erst am 1. Oktober 1938 durch Zusammenschluss der Dörfer Zeckritz und Zschackau – vielleicht klangen die Namen zu slawisch. Zeckritz wurde 1254 erstmals urkundlich erwähnt, Zschackau fünf Jahre später. Die Heilandskirche im ehemaligen Zschackau soll im 12. Jahrhundert erbaut worden sein und ist damit das älteste erhaltene Bauwerk in Beilrode (andere Quellen sprechen von einer Erbauung erst in der zweiten Hälfte des 15. Jhs., aber auch damit wäre sie das älteste Gebäude). Bedeutende Ausstattungsstücke sind der über 600 Jahre

Ratsplatz bei Löhsten (li.) und Dorfkirche Beilrode

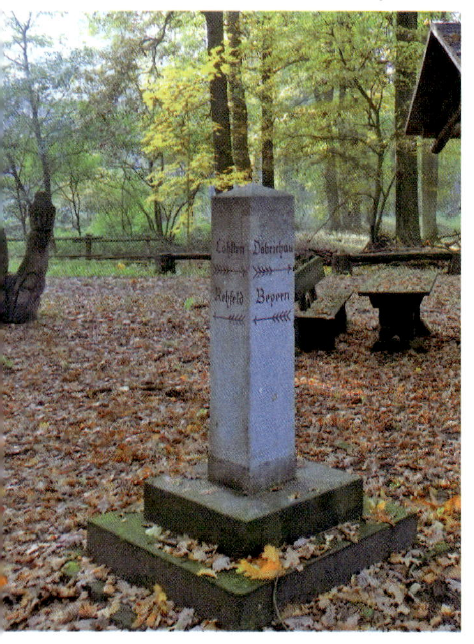

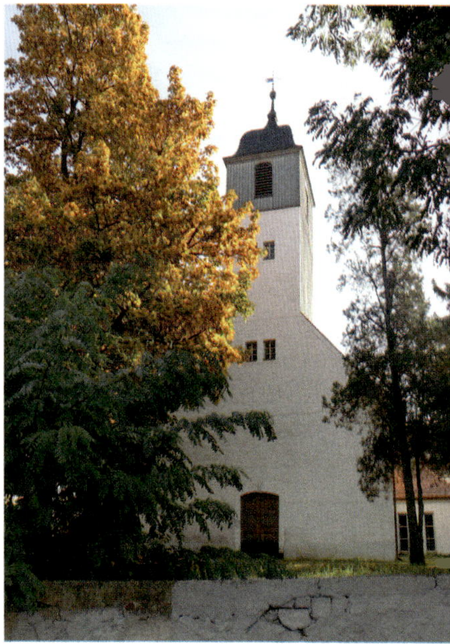

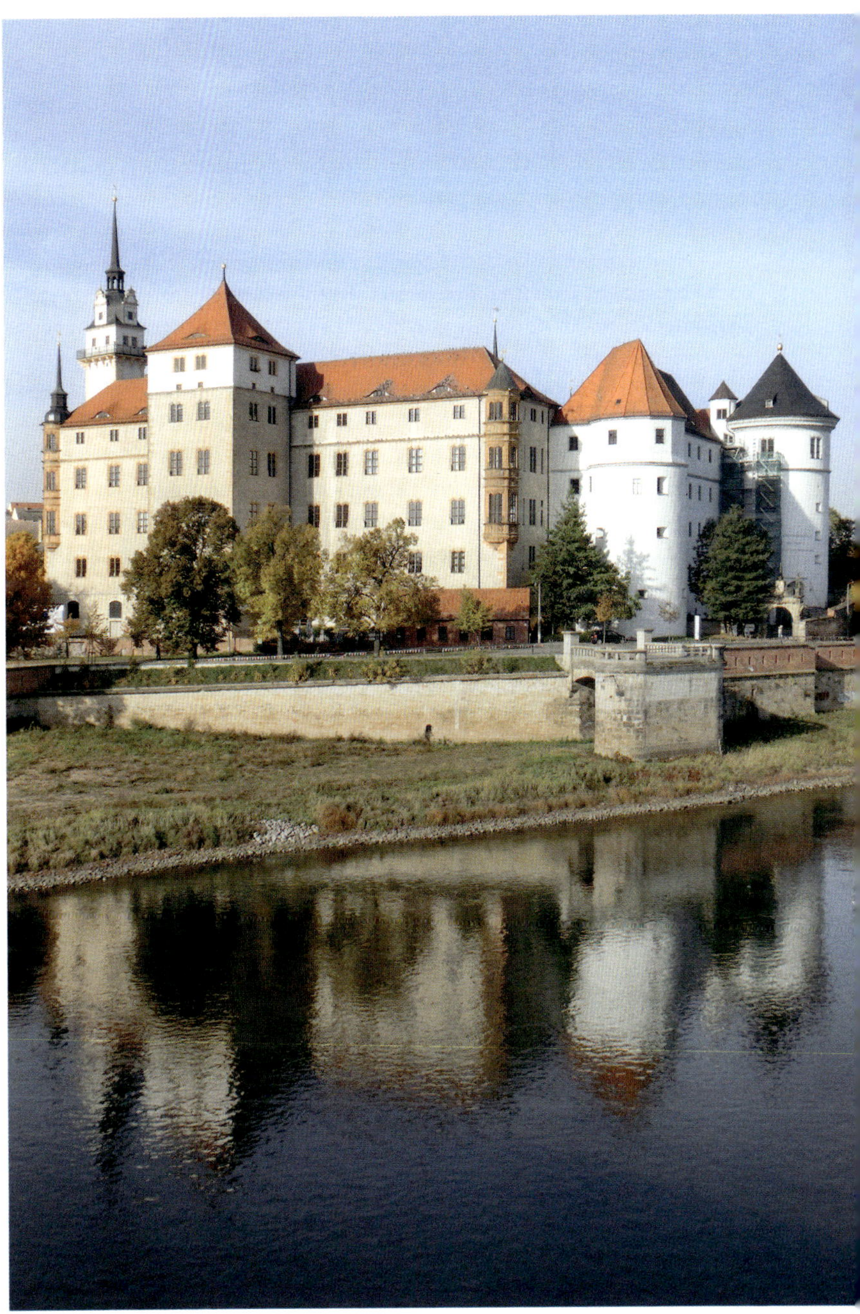

Torgau, Schloss Hartenfels über der Elbe

alte Taufstein sowie die Glocken von 1449 und 1488. Die zweite Kirche, die Kreuzkirche, wurde 1909 eingeweiht, sie ist aus Backstein errichtet und steht im ehemaligen Zeckritz. Beilrode (genauer: Zschackau) erhielt 1872 Bahnanschluss an die Eisenbahnstrecke Halle-Sorau, es entsteht etwas »Industrie« wie Ziegeleien und eine Molkerei. Nach 1945 entstehen LPG und für die Landwirtschaft wichtige Betriebe, aber das wichtigste Nachkriegsjahr dürfte wohl 1953 sein, als der Beilroder Karnevalsclub gegründet wird. Im Beilroder Park kann man Damwild, Ziegen, Esel und andere Tiere bewundern, aber auch einen russischen Panzer aus dem Zweiten Weltkrieg. Sehenswert sind auch die erwähnte Mühle und in der Umgebung 20 Hügelgräber aus der Bronzezeit.

Auf der Kreischauer Straße, einem Plattenweg, der Beilrode und Kreischau verbindet, kann man bereits die Silhouette von Torgau sehen. **Kreischau** gehört ebenfalls zur Gemeinde Beilrode und liegt auch an der Kirchenstraße. 1269 wurde es schon als Rittersitz erwähnt, war Ritter- und ab 1816 Kammergut. Das Gotteshaus ließ 1554–56 der damalige Kirchenpatron, Friedrich Heinrich von Holdau, errichten, der nächste Patron, Tobias von Ponickau,

Torgau, Schloss Hartenfels, Innenhof

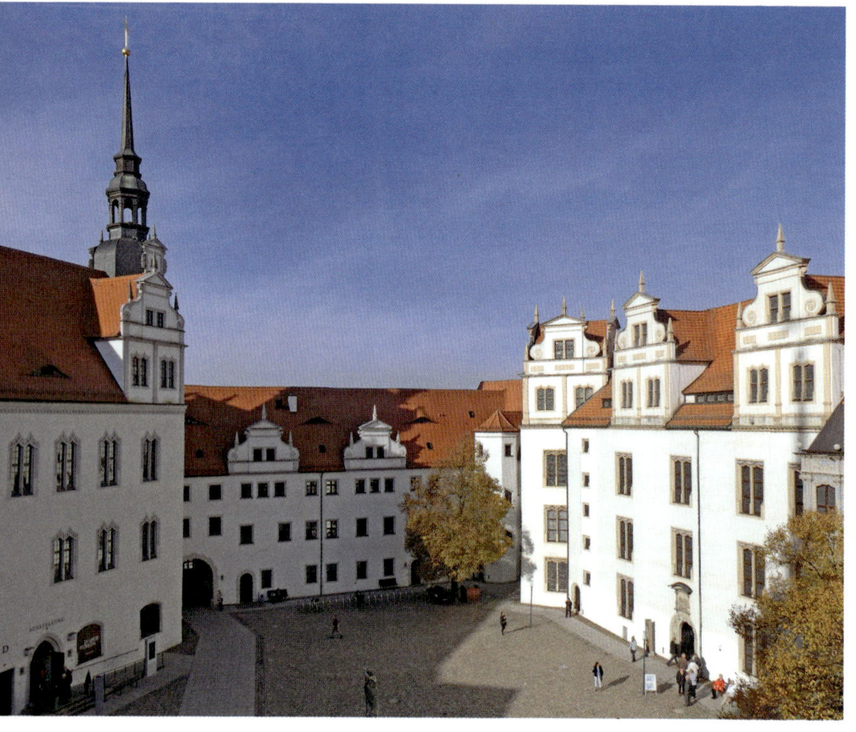

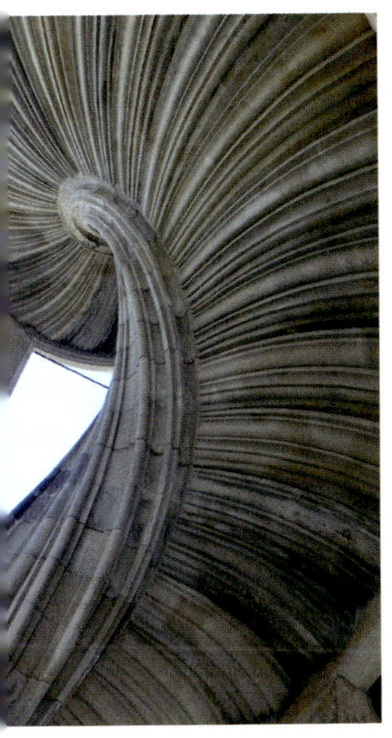

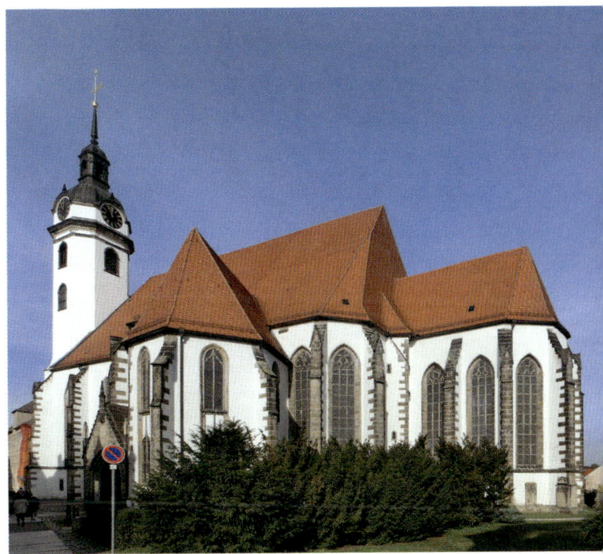

Schloss Hartenfeld, Wendelstein (li.) und Marienkirche Torgau

stiftete 1600 einen Kanzelaltar sowie den Taufstein. Die verputzte Kirche besitzt einen Dachreiter aus Fachwerk mit der Glocke.

Von Kreischau erreichen wir die Bundesstraße 87, und ein straßenbegleitender Fuß- und Radwanderweg führt uns nach Torgau, in die Stadt, die sich Amme der Reformation nennt, und ans Ende unserer Tour. Der Jakobsweg geht von hier weiter über Eilenburg nach Leipzig, aber wir steigen in den Zug und fahren nach Berlin, um unsere Eindrücke niederzuschreiben.

Entfernung Dorfkirche Beyern → Stadtkirche St. Marien Torgau: ca. 22 km

Entfernung Kirche Herzberg → Stadtkirche St. Marien Torgau: ca. 34,5 km

Torgau-Informations-Center, Markt 1, 04860 Torgau, Tel.: 03421/701 40

Ev. Rüst- und Freizeitheim Beyern, Hauptstr. 30, 04895 Falkenberg/Elster, OT Beyern, Tel.: 035363/796 58

Schröder's Motel Döbrichau, Löhstener Str. 1, 04886 Döbrichau, Tel.: 0163/160 48 47

Die historische Altstadt von Torgau mit Schloss Hartenfels, Marktplatz, Marienkirche u.v.a.

Torgau: RE10, RE11, S4, Bus 527
Falkenberg/Elster: RE4, RE10, RE11, RB43, RB49, RB51, S4 und diverse Busse

Durchgehend gut befahrbar.

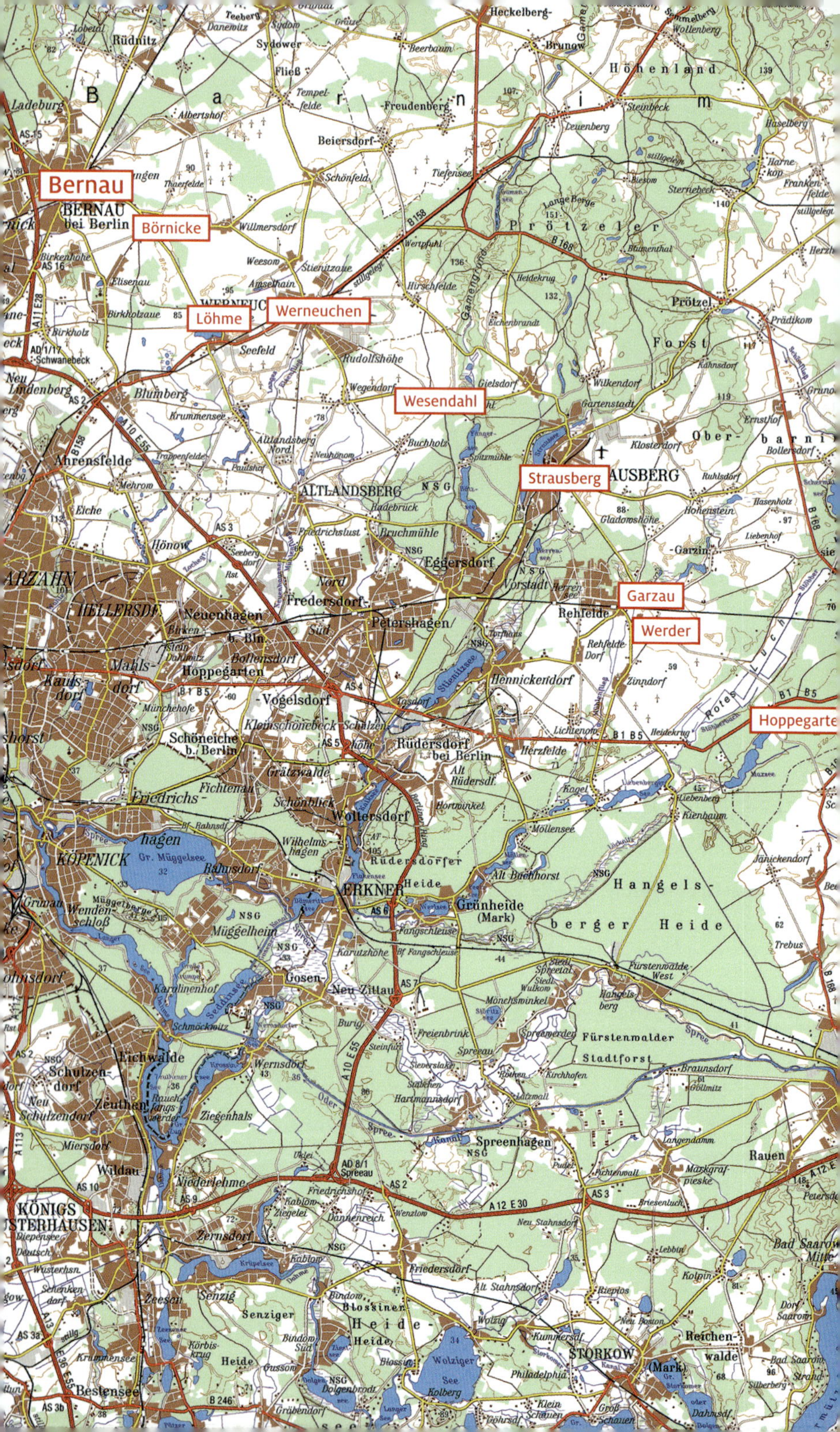

Bernau
Börnicke
Löhme
Werneuchen
Wesendahl
Strausberg
Garzau
Werder
Hoppegarte

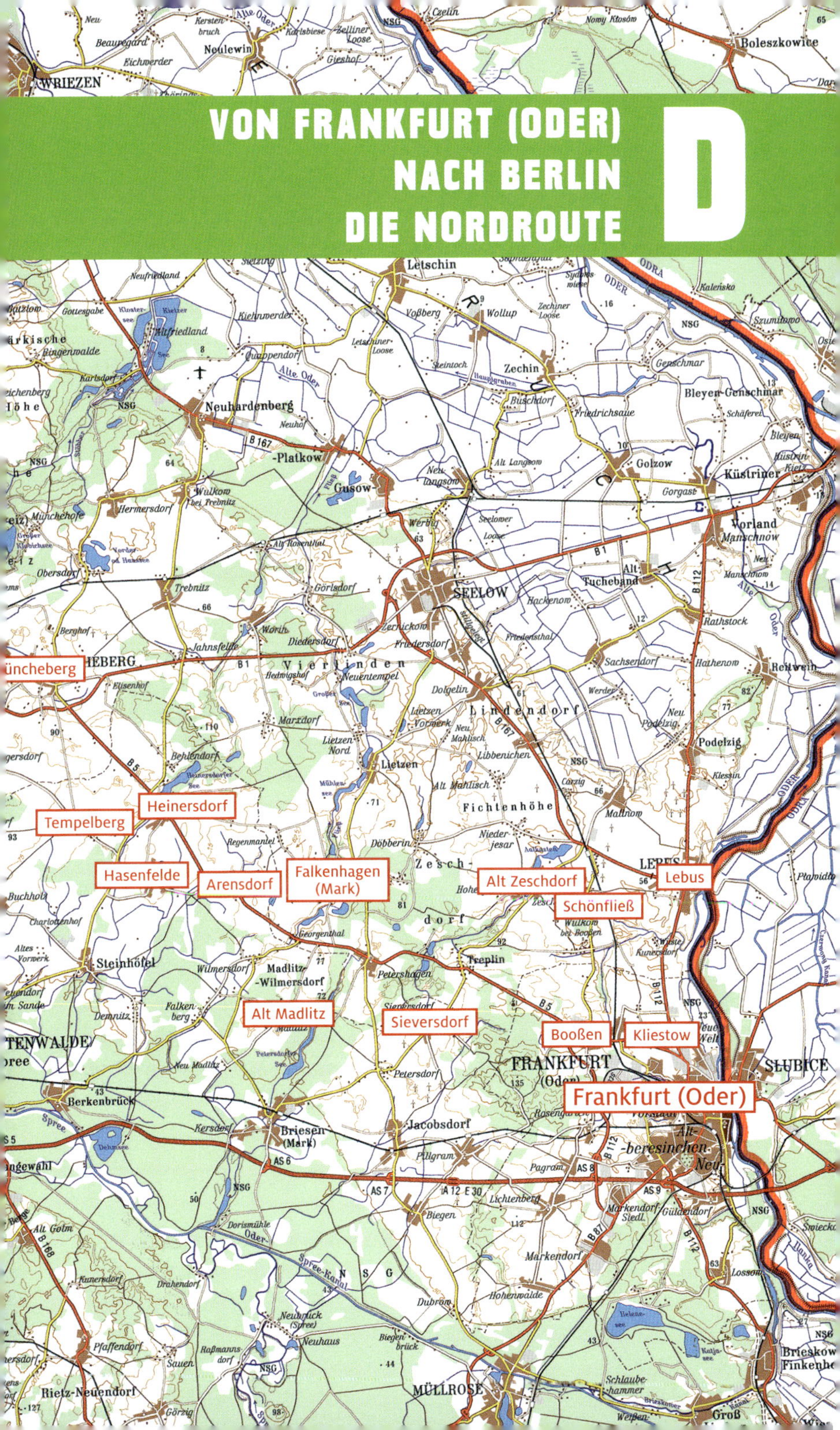
VON FRANKFURT (ODER)
NACH BERLIN
DIE NORDROUTE
D
Müncheberg
Tempelberg
Heinersdorf
Hasenfelde
Arensdorf
Falkenhagen (Mark)
Alt Zeschdorf
Lebus
Schönfließ
Alt Madlitz
Sieversdorf
Booßen
Kliestow
Frankfurt (Oder)

Historischer Hintergrund

In dem Standardwerk »Brandenburgische Geschichte« von Ingo Materna und Wolfgang Ribbe lesen wir: »Wichtigste Landverbindung im 13. und 14. Jahrhundert war die große Ost-West-Straße, die Magdeburg mit den polnischen Zentren verband und dabei Brandenburg, Spandau, Berlin-Cölln und Frankfurt an der Oder berührte.« Es wäre falsch, diese bedeutendste Straße der Mark mit der heutigen B 1 gleichzusetzen, wie es manchmal geschieht. Verliefen doch die mittelalterlichen Straßen allein schon aufgrund des damaligen Standes der Straßenbautechnik nicht so geradlinig wie heute: Der Straßenforscher Hans Mundt schreibt über »die Mark, wo Straßenbauten im modernen Sinne oder im Sinne der Römer bis um 1800 überhaupt nicht ausgeführt worden sind«: »Der ärgste Feind des Handelsweges war Bruch und Moor; diese wurden von den Wegen gemieden und nur auf Dämmen wurden sie überquert oder da, wo Sandbrücken hinüberführten.« Man kann sich also gut vorstellen, dass selbst wichtige Wege das Land nicht durchschnitten, sondern sich hindurchschlängelten. »Dabei handelt es sich jedoch noch bis zum 18. Jahrhundert nur in Ausnahmefällen um ›gebaute‹ Straßen. Die mittelalterliche Fernstraße ist vielmehr ein mehr oder weniger festgelegter Naturweg als kürzeste bzw. fahrtechnisch günstigste Verbindung zwischen zwei Orten. Sie ist das Ergebnis einer zunehmenden Vernetzung wirtschaftlich bedeutender Städte, vor allem der Seestädte. Fassbar wird die mittelalterliche Landstraße vor allem an ihren neuralgischen Punkten, die jeweils Übergänge darstellen: an Furten, Brücken, Stadttoren und Landesgrenzen …«, heißt es in dem Katalog zur Ausstellung »Transit Brügge-Novgorod. Eine Straße durch die europäische Geschichte« des Ruhrlandmuseum Essen, die 1997 stattfand. »Erst mit dem preußischen Kunststraßen – und Chausseebau wurde wieder ein bautechnischer Standard erreicht, der den römischen Anlagen vergleichbar ist.«

Hans Mundt dazu: »Bei der Neuanlage der Chausseen gefiel man sich geradezu darin, gerade Linie ohne Rücksicht auf Steigungen zu wählen und hielt sich streng an die Instruktion für den General-Intendanten sämtlicher Chausseen vom Jahre 1791, in der es heißt, dass bei Anlage der Chausseen die oftmals beträchtlichen Krümmungen vermieden und sie in gerade Richtung angelegt werden sollten. Das peinliche Befolgen dieser Anordnung kann man auch aus dem Bericht über eine Bereisung der neuen Berlin-Frankfurter Chaussee aus dem Jahre 1805 entnehmen, wo der Berichterstatter ›die hohen Steigungen auf der neuen geraden Linie‹ tadelt.«

Einer der genannten »neuralgischen Punkte« war der Oderübergang in Frankfurt. Dazu heißt es in dem genannten Katalog: »Solange Frank-

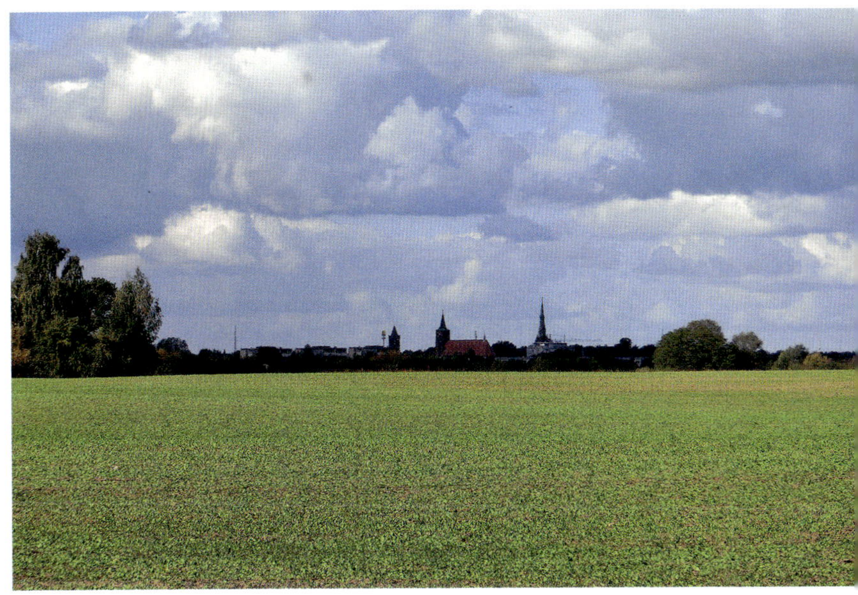

Blick von Börnicke auf Bernau

furt bis zum 16. Jh. seine beherrschende Stellung als Oderübergang gegenüber den Nachbarregionen mit den konkurrierenden Handelsstädten Stettin und Breslau halten konnte, kontrollierte es den Landhandel nach Osten. Auch Polen konnte für seine Kaufleute keinen freien Oderübergang erzwingen.«

Frankfurt profitierte von seiner Lage, denn es »sind Verengungen breiter Flusstäler, vor allem solche, wo Höhen oder trockner Talsand nahe an die Ufer herankommen, wie bei Zantoch und Frankfurt, die naturgegebenen Übergänge der alten märkischen Straßen«, wie Mundt schreibt. Daher war die Stadt an der Oder lange Zeit die bedeutendste Handelsstadt der Mark. Man kann fast sagen, dass sie wie eine Spinne im Netz etlicher Straßen saß, wozu neben den Wegen übers Land auch der Wasserweg hinzutrat: Auf der Oder lief ein immer intensiverer Warenverkehr einerseits nach Stettin, andererseits nach Breslau. Straßenverbindungen gab es nach Posen und von dort weiter nach Thorn oder Warschau, nach Görlitz via Guben, über Wriezen und Freienwalde, die beide damals noch an der Oder lagen, nach Eberswalde und von dort nach Stettin, nach Berlin und weiter nach Magdeburg oder auf der Via imperii nach Süden, wie bereits beschrieben, sowie nach Leipzig über Beeskow, Lübben und Herzberg. Dazu kam noch eine Landverbindung nach Breslau unter Benutzung des Oderübergangs in Crossen (heute Krosno Odrzańskie), ebenso via Schwiebus (Świebodzin). Dieses ist nur eine Aus-

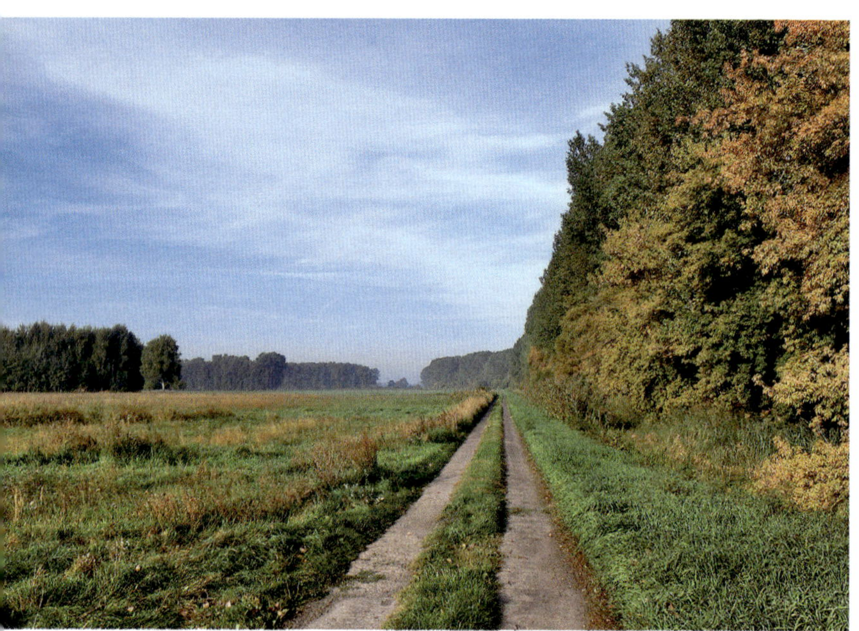

Im Luch bei Fehrbellin

wahl der wichtigsten Verbindungen, und drei von ihnen sind inzwischen auch als Wege der Jakobspilger ausgeschildert bzw. in Ausschilderung begriffen.

Die Überschrift dieses Kapitel, »Von Frankfurt (Oder) nach Berlin – Die Nordroute«, suggeriert, dass diese Wege in Frankfurt an der Oder begännen – dem ist nicht so. Selbstverständlich wird es auch Frankfurter gegeben haben, die sich von ihrer Stadt aus auf die Pilgerfahrt begeben haben. Aber wie bei den Waren war die Handelsstadt auch für etliche Pilger aus dem Osten und Nordosten Durchgangsstation. Der von Stettin am Ostufer der Oder entlangführende Weg wurde bereits erwähnt. Innerhalb des Projektes »Jakobswege im deutsch-polnischen Grenzraum – Etablierung eines grenzübergreifenden Informations- und Leitsystems« wurden auch auf polnischer Seite mehrere Jakobswege etabliert und ausgeschildert. Eine Haupt- und eine Nebenroute, die sich in Sulęcin (ehem. dt. Zielenzig) treffen, sodass dieser Ort auch ein guter Ausgangspunkt für eine Pilgerreise wäre – es gibt übrigens einen ausgeschilderten Radweg Sulęcin-Beeskow, der mehrere Orte am Jakobsweg berührt. Die Hauptroute geht weiter über Ośno Lubuskie (dt. Drossen) und Rzepin (dt. Reppen; Anschluss an Bahnverbindungen von/nach Deutschland) nach Słubice, die ehemalige Frankfurter Dammvorstadt auf dem Ostufer der Oder. Und auch hier befindet sich eine Alternativroute im Aufbau, nämlich von Ośno Lubuskie via Góryca, das frühere Göritz, das sogar einmal Sitz der Lebuser Bischöfe war; dazu später mehr.

Es steht also jedem Wanderer frei, seine Pilgerreise bei unseren polnischen Nachbarn zu beginnen. Wir aber starten an der Marienkirche in Frankfurt.

Frankfurt an der Oder

Besser als Hans Mundt kann man die frühe Geschichte Frankfurts kaum zusammenfassen: »Nachdem 1253 Frankfurt Stadt geworden, Niederlagsrechte erhalten und dort der Bau einer Brücke in Aussicht genommen war, war damit eine der wichtigsten märkischen Handelsstädte gegründet worden. Im 14. Jahrhundert wird die Frankfurter Messe auch aus dem Nordosten besucht. 1350 ist auch Krakau in den Frankfurter Schöffengerichtsbüchern nachzuweisen; 1368 gehört die Stadt der Hanse an. Wenn sie auch nie den Rang einer großen deutschen Handelsstadt erreichte – für die Mark war sie das Handelstor nach dem Osten, der Oderumschlaghafen, wo die Schifffahrt aufhörte und von wo die Waren auf der Achse nach Polen, Schlesien, Böhmen, der Lausitz, Meißen und der Mark gebracht wurden. Frankfurt liegt eben an einer außerordentlich günstigen Flussübergangsstelle, wo die hohen, trockenen Flussufer bis dicht an den Fluss herantreten und so ein enges wenig sumpfiges Tal bilden, durch das ein Verkehr ohne besonders große technische Nachhilfen möglich ist. (…) 1351 wird Frankfurt bestätigt, dass der Wagenverkehr auf beiden Seiten der Oder auf die Stadt zu gehen habe.« Es ist klar, dass die Stadt ihre Privilegien immer wieder verteidigt hat. Das Niederlagsrecht, auch Stapelrecht genannt, zwang durchreisende Kaufleute, ihre Waren erst einmal für eine bestimmte Zeit vor Ort anzubieten. Daneben besaß Frankfurt auch das Recht, Zölle zu erheben, und es war Geleitort.

Die deutsche Stadtgründung war eine Planstadt mit Gitterschema und zentralem rechteckigen Marktplatz; um 1300 gab es eine Stadtmauer mit insgesamt sieben Toren: im Norden das Lebuser, im Süden das Gubener Tor, dazu fünf Tore zur Oder. Eines dieser Tore war das Brücktor, das zur Oderbrücke führte. Von Bedeutung waren auch die nach und nach entstandenen drei Hospitäler: Sankt Georgen vor dem Lebuser Tor, Sankt Jakobi an der Nikolaikirche und Sankt Spiritus vor dem Gubener Tor, zwei also außerhalb der Stadt. Wichtigste Handelsgüter waren flandrische Tuche, Fische aus Skandinavien, vor allem Hering, sowie Getreide. Das rasche Wachstum Frankfurts zur wichtigsten Stadt im vermutlich 1124 gegründeten Bistum Lebus zeigt sich auch darin, dass die Lebuser Kanoniker nach 1276 erwogen, ihren Bischofssitz nach Frankfurt zu verlegen. Schließlich wurde das schon erwähnte Göritz Sitz des Bischofs von Lebus. Als sich Frankfurt im Streit zwischen dem Papst und dem deutschen König auf die Seite Ludwigs des Bayern stellte, führte der Lebuser Bischof Stephan II. 1326 ein polnisches Heer gegen die

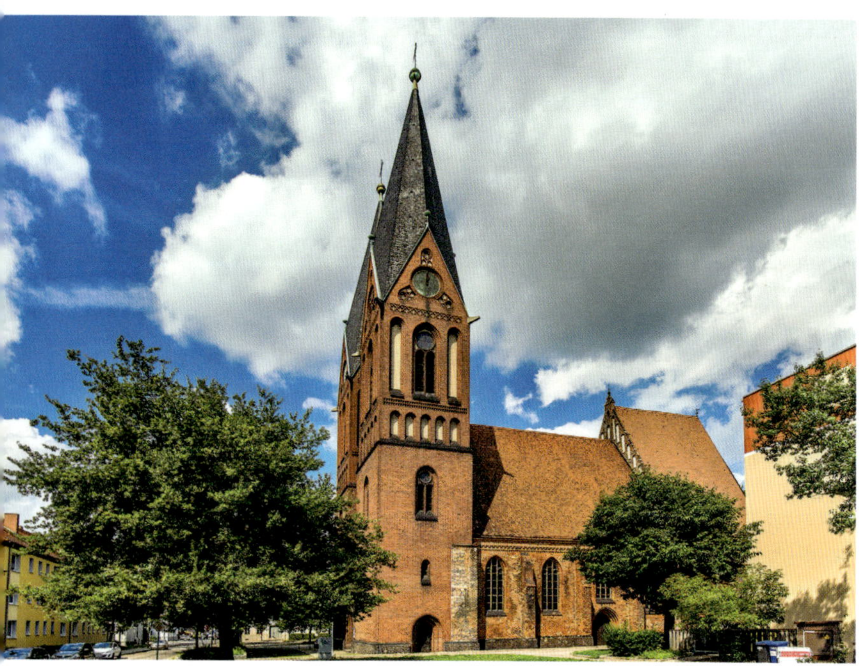

Die Friedenskirche in Frankfurt (Oder)

Stadt, woraufhin Frankfurter Söldner die bischöfliche Residenz und den Dom zu Göritz zerstörten. Erneut wurde erwogen, die Frankfurter Marienkirche zur Kathedrale des Bistums zu erheben, aber Ludwig der Bayer untersagte dies 1330.

1502 eröffnete Martin Tretter in Frankfurt die erste Druckerei der Mark, 1506 entstand mit der Viadrina die erste brandenburgische Landesuniversität; an ihr studierten Ulrich von Hutten, später die Gebrüder Humboldt und auch Heinrich von Kleist, dessen Name untrennbar mit Frankfurt an der Oder verbunden ist. An der Viadrina wurde 1668 zum ersten Mal in Deutschland eine Bluttransfusion am Menschen durchgeführt, hier promovierte erstmals in Deutschland ein Jude, und auch der Talmud wurde hier zum ersten Mal gedruckt. So herrschte hier im 16. Jahrhundert ein reges geistiges Leben.

Das 19. Jahrhundert brachte die Eisenbahn und damit 1846 die erste Eisenbahnbrücke über die Oder, aber ein bedeutender Industrialisierungsschub blieb aus. Ab Ende des Jahrhunderts machte Frankfurt eine Karriere als Garnison- und Verwaltungsstadt, und am 26. Januar 1945 erklärten die Nazis es zur Festung. Große Kriegszerstörungen waren die Folge, wie überall hier in der Gegend an der Oder, wo in den letzten Kriegswochen mörderisch zu nennende Kämpfe tobten. Frankfurt wurde sozialistische Grenzstadt zu Polen, das Halbleiterwerk war DDR-weit bekannt. Nach der Wende wurde die Viadrina wiedereröffnet, gemeinsam mit Słubice wird daran gearbeitet, beide Städte und die Region attraktiver zu machen, und trotz der Kriegszerstörungen gibt es vieles zu sehen: drei Kirchen immerhin, die Friedenskirche (die frühere Kirche St. Nikolai), die heute als Konzerthalle genutzte ehemalige Franziskanerkirche und die sehr große Marienkirche, den Höhepunkt jeder Stadtbesichtigung. Sankt Marien wurde 1945 stark zerstört, 1980 begann der Wiederaufbau, der bis heute andauert. Schlagzeilen machten die wertvollen Chorfenster aus dem 3. Viertel des 14. Jhs., als diese 2002 aus »sowjetischer Kriegsgefangenschaft« zurückkehrten. Weitere wichtige Ausstattungsstücke wie der große Bronzeleuchter und das Bronzetaufbecken von 1376 oder der Marienaltar von 1489 befinden sich heute in der Gertraudkirche und können dort besichtigt werden. Des Weiteren sehenswürdig sind das Rathaus am Markt, das Junkerhaus, in dem sich das Museum Viadrina befindet, die längst umgebauten Hospitäler Georgen und Heilig Geist sowie zahlreiche denkmalgeschützte Bauten aus dem 19. und 20. Jh., darunter Reformbauten, die hier nicht alle aufgezählt werden können. Man sieht also: Ein Tagesaufenthalt genügt kaum, um Frankfurts sehenswerte Seite zu erkunden.

- Deutsch-Polnische Tourist Information im Bolfrashaus, Große Oderstr. 29, 15230 Frankfurt (Oder), Tel.: 0335/610 08 00
- Da es in Frankfurt zahllose Restaurants, Bars und Cafés gibt, kann auf einzelne Angebote nicht eingegangen werden. Das gilt ebenso für Übernachtungsmöglichkeiten.
- Friedenskirche, Marienkirche, Konzerthalle Carl Philipp Emanuel Bach (ehem. Franziskanerkirche), Gertraudkirche, Rathaus, Kleist Forum Frankfurt (Theater, Konzerte, Lesungen u. dgl.), Lennépark, Kleistpark, Insel Ziegenwerder (Park), Oderpromenade u.v.a.
- † Marienkirche, Oberkirchplatz 1, 15230 Frankfurt (Oder), Tel.: 0335/224 42
- † St. Gertraud, Gertraudenplatz 6, 15230 Frankfurt (Oder), telefonische Anmeldung empfohlen: Tel.: 0335/38 72 80 10 (Vereinb. von Führungen mgl.)
- † Friedenskirche (ehem. Nikolaikirche), Schulstr. 4a, 15230 Frankfurt (Oder), Anm. u. Führungen unter Tel.: 0335/40 07 59 99
- † Ehem. Franziskanerkirche, heute Konzerthalle »Carl Philipp Emanuel Bach«, Collegienstr. 8, 15230 Frankfurt (Oder), Anfragen über Tourist-Information
- Städtische Museen Junge Kunst und Viadrina, Carl-Philipp-Emanuel-Bach-Str. 11, 15230 Frankfurt (Oder), Tel.: 0335/40 15 60
- Museum Junge Kunst, im PackHof des Museums Viadrina (s.o.) und in der Rathaushalle/Festsaal, Marktplatz 1, 5230 Frankfurt (Oder), Tel.: 0335/552 41 50
- Kleist-Museum, Faberstr. 6–7, 15230 Frankfurt (Oder), Tel.: 0335/387 22 10
- Sportmuseum der Stadt Frankfurt (Oder), Slubicer Str. 7/8, 15230 Frankfurt (Oder), Tel.: 0335/665 96 63
- Frankfurt (Oder): EC, RE1, RE10, RB36, RB43, RB60, RB91, diverse Straßenbahnen und Busse

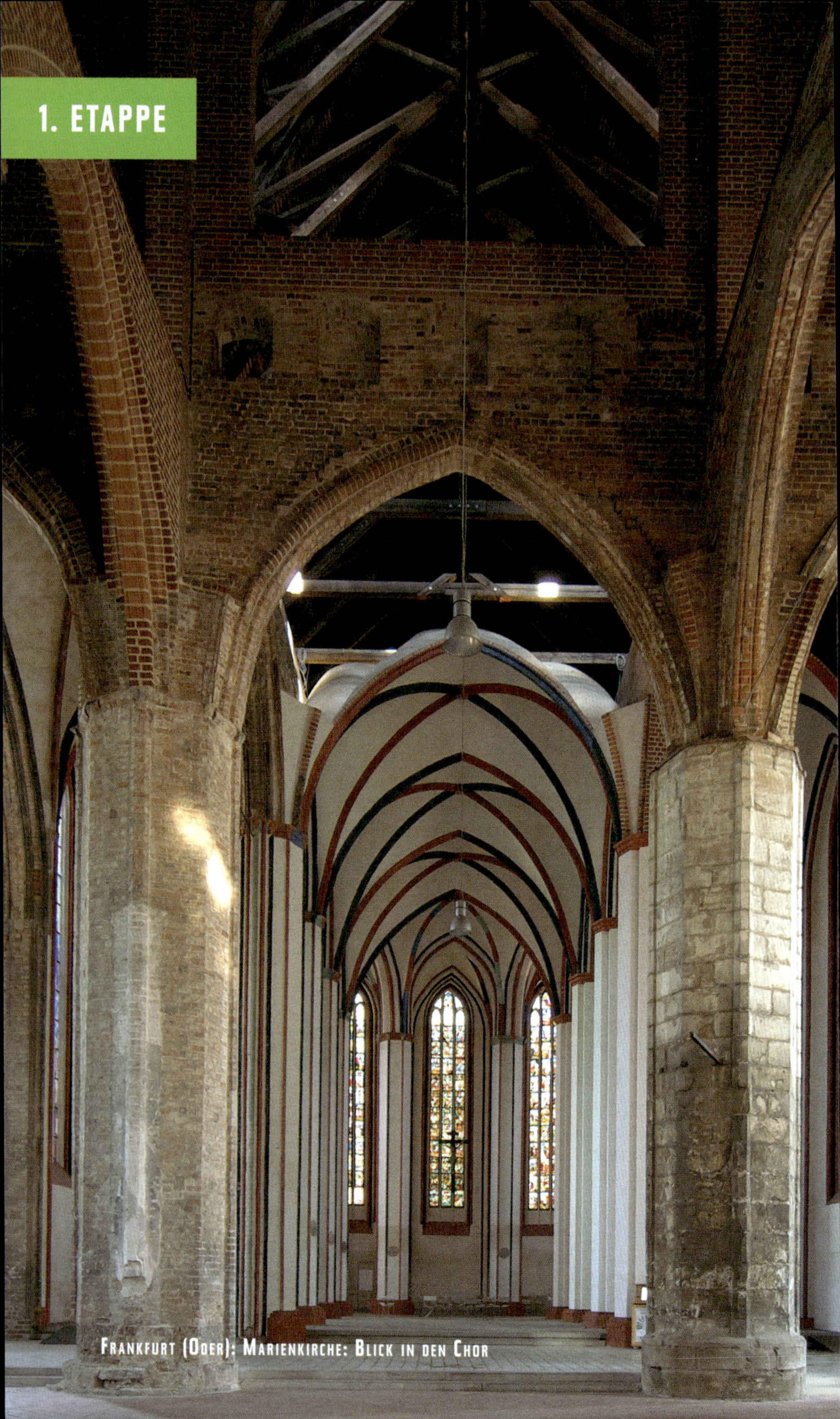

1. ETAPPE

FRANKFURT (ODER): MARIENKIRCHE: BLICK IN DEN CHOR

VON FRANKFURT (ODER) NACH BERLIN

Im Rahmen des Projektes »Jakobswege im deutsch-polnischen Grenzraum – Etablierung eines grenzübergreifenden Informations- und Leitsystems« wurden die beiden Jakobswege von Frankfurt nach Berlin – genauer gesagt: nach Bernau und Erkner (Nord- und Südroute) – beide Wege ausgeschildert sowie mit Schautafeln und Raststätten versehen.

Historischer Hintergrund

»Die Verbindung Frankfurt–Berlin ist häufigen Veränderungen unterworfen worden, immer im Sinne einer Verkürzung und Verbesserung, war sie doch ein Straßenstück, wo sich später die wichtigsten märkischen Verkehrsströme zusammenfanden, nämlich der Breslau-Hamburger und der Polnisch-Mitteldeutsche Verkehr«, schreibt Hans Mundt. Bis 1348 ging der Weg von Frankfurt nach Berlin seiner Ansicht nach über Lebus, Seelow und Quilitz (das heutige Neuhardenberg), dann sei er über Müncheberg gelegt worden – als Beleg führt er unter anderem an, Karl IV. sei 1348 auf der von Frankfurt nach Müncheberg und von dort weiter nach Berlin gehenden Straße gen Heinersdorf-Tempelberg gezogen. Auch beruft er sich auf »die Verfügung aus dem Jahre 1348 (…), die die von Berlin über Quilitz-Seelow nach Frankfurt führende Straße nach Müncheberg verlegt.«

Die Autoren von »Hansische Handelsstraßen« widersprechen: »Die Nachricht aus dem Jahre 1348, *quod transitus curruum sive communis strata, que in Sclowe et Quilitz hactenus, continuabitur, in antea apud ipsos, in predicta nostra Civitate Monchberg sub consimili theoloni datione*, kann nicht auf die Berlin-Frankfurter Straße bezogen werden, wie Mundt es tut; vielmehr ist offenbar gemeint, dass die Straße Frankfurt-Seelow-Quilitz(-Wriezen-Zehdenick) durch die Verbindung Frankfurt-Müncheberg(-Bernau-Zehdenick) ersetzt werden sollte.« Doch räumen auch sie ein: »Dennoch mag die Frankfurter Straße im Mittelalter über Müncheberg verlaufen sein.« Und Mundt ist sicher: Ab 1507 führte die Straße jedenfalls von Frankfurt über Booßen und Müncheberg nach Strausberg. Dieser Weg ist inzwischen als Jakobsweg ausgeschildert, und trotz aller möglichen Zweifel beschreiten auch wir ihn. Im Gepäck haben wir das Buch »Auf dem Jakobsweg durch Brandenburg« von 2009, in dem wir lesen: »Diese Strecke orientiert sich an der alten Poststraße über Müncheberg, die einst Berlin mit Schlesien verband.« Das ist zwar kein Beweis, wurden Poststraßen doch erst zu einer Zeit angelegt, als das Pilgerwesen schon fast zum Erliegen gekommen war, zumindest im protestantischen Preußen, aber insofern ist es ein Indiz, als die Poststraßen häufig historischen Strecken folgten – heute wundert man sich durchaus über ihre Verläufe durch schwieriges Terrain.

1. ETAPPE: VON FRANKFURT (ODER) NACH SIEVERSDORF

Ausgangspunkt: St. Marienkirche Frankfurt (Oder)
Zielpunkt: Dorfkirche Sieversdorf bzw. die dortige Pilgerherberge

Unsere Wanderung beginnt an der Marienkirche am Frankfurter Marktplatz, wo sich an der nördlichen Chorseite zwischen zwei Strebepfeilern eine Tafel über den Jakobsweg befindet, auf der es heißt: »Der brandenburgische Jakobsweg beginnt in der Stadt Frankfurt an der Oder, durchquert die Landkreise Märkisch-Oderland und Oder-Spree und endet vorläufig im Landkreis Barnim bzw. in Berlin.«

Bemerkenswert ist die polygonale Eingangshalle, die 1376 an den nördlichen, zum Markt gelegenen Querhausarm angebaut wurde: An einem der Strebepfeiler des Polygons findet sich nämlich eine Darstellung des Apostels Jakobus d. Ä., ausgestattet mit dem Pilgerstab und mit der charakteristischen Muschel auf der Brust. Man vermutet in diesen Darstellungen – es gibt noch drei weitere Apostel sowie Johannes den Täufer zu sehen – eine Stiftung der Bürgerschaft.

Wir verlassen die grandiose Kirche und den Markt in Richtung Oder, an deren Ufer es erst einmal die Oderpromenade entlang nach Norden geht. Nach der Oderbrücke erstreckt sich linker Hand um die ursprüngliche Nikolaikirche herum der älteste Teil Frankfurts: Bereits Anfang des 13. Jhs. entstand hier eine deutsche Siedlung. Östlich der Kirche stand einst das 1454 gegründete Jakobihospital, das 1945 zerstört wurde. Auf einer Schautafel lesen wir: »Ein deutliches Anzeichen dafür, dass der Jakobsweg bereits im Mittelalter durch die Stadt Frankfurt führte, ist die auf den 9. Juni 1454 datierte Gründung des Jakobihospitals.«

Dem muss widersprochen werden: Ein Jakobspatrozinium ist kein ausreichender Beweis für die Lage an einem Pilgerweg. Jakobus der Ältere ist eben nicht nur Patron der Wallfahrer, sondern z. B. auch der Waisenkinder sowie der Hospize und Spitäler allgemein, also auch jener, die nie einen Pilger sahen. Es gilt auch hier, was Robert Plötz, Mitbegründer und langjähriger Präsident der Deutschen St. Jakobus-Gesellschaft e.V., in »Der Jakobuskult in

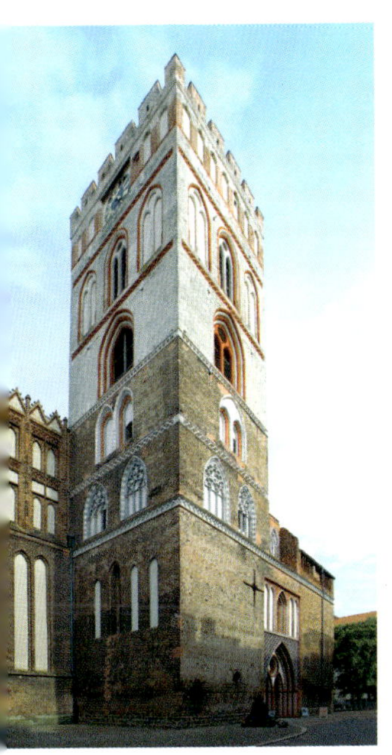
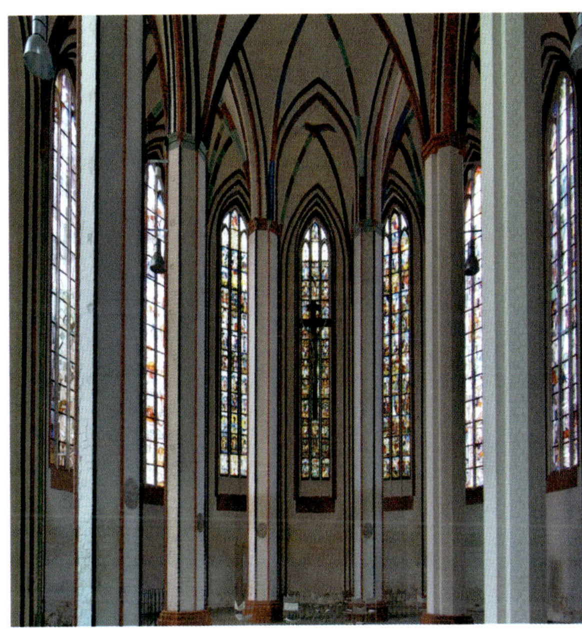

Frankfurt (Oder), St. Marienkirche: Turm (li.) und Chor

Ostmitteleuropa« über fränkische Jakobspatrozinien schrieb: Es sei »bei dem weitaus größten Teil der Kirchen unmöglich, Beziehungen zur ›peregrinatio ad limina Beati Jacobi‹ herzustellen, zumal Jakobus bald zum allgemeinen Pilger- und Wegpatron wurde, der den Schutz aller Reisenden übernahm.« Und Gerhard Graf ergänzt im selben Band (Beitrag »Das Jakobspatrozinium in Sachsen. Eine Problemanzeige«) in Bezug auf Jakobus als Patron »aller, die in der Fremde unterwegs sind«: »Deshalb sollte man … erwägen, dass es Kaufleute waren, die für sich und andere Reisende Stützpunkte unter dem Schutz des älteren Jakobus einrichteten.« In einer Kaufmannsstadt wie Frankfurt kommen also auch andere Motive für die Wahl des Hl. Jakobus d. Ä. als Schutzheiliger eines Hospitals infrage.

Kurz hinter der ehemaligen Franziskanerkirche und heutigen Konzerthalle tangieren wir die Lebuser Mauerstraße: Hier lebten im Mittelalter die Frankfurter Juden unter ghettoartigen Umständen, wurde doch ein Tor zur Straße in der Abenddämmerung geschlossen.

Der ausgeschilderte Weg führt zunächst nach **Kliestow**, dem nördlichsten Ortsteil Frankfurts, 1320 erstmals erwähnt. Bemerkenswert ist die Dorfkirche, ein Feldsteinbau aus dem dritten Viertel des 13. Jhs. mit einem späteren verputzten Turm, an dem einige Bau- und Schmuckelemente farbig hervorgehoben wurden: Die Kirche ist sozusagen ein Augenschmaus. Interessant auch

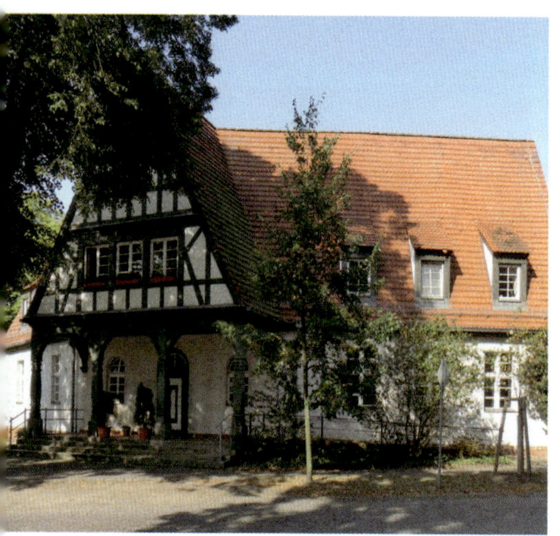

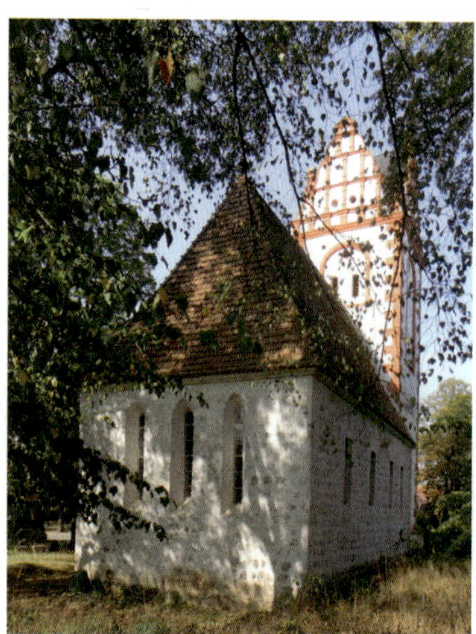

Kliestow: Vorlaubenhaus (li.) und Dorfkirche

das ehemalige Gemeindehaus gegenüber der Kirche, 1913 im Heimatstil errichtet und einem Giebellaubenhaus nachempfunden (ein originales befindet sich in Pillgram, siehe Südroute).

Weiter geht es nach **Booßen**, ebenfalls ein Ortsteil Frankfurts. Das 1317 erstmals erwähnte Dorf wurde im Dreißigjährigen Krieg total zerstört: Das erklärt den Renaissancestil der 1671 wiederaufgebauten Kirche. Auch ein Schloss gibt es, einen spätklassizistischer Putzbau von 1848, damals von der Rittergutsbesitzerfamilie Schulz als Herrenhaus errichtet. Booßen war als Verkehrsknotenpunkt nicht ganz unbedeutend, immerhin ging auch der Weg von Eberswalde-Seelow nach Frankfurt durch den Ort.

Nach **Sieversdorf**, dem Ziel dieser Etappe, geht es durch den Frankfurter Stadtwald. Der Waldboden ist hier recht feucht und sandig – Radfahrer nehmen also lieber den Radweg von Booßen nach Sieversdorf.

Das Dorf, 1353 erstmals in einer Urkunde erwähnt, ist eine wahre Pilgeroase: Hier gibt es nicht nur eine Pilgerherberge, sondern Silvia Scheffler, die Betreiberin der Pension an der Orgelwerkstatt, ist auch Präsidiumsmitglied der Jakobusgesellschaft Brandenburg-Oderregion e.V. und Ansprechpartner betreffs Pilgerherbergen für die Wege von Frankfurt/Oder (Nord-und Südroute) aus. Frau Scheffler bietet auch Verpflegung für die Pilger und einen morgendlichen Pilgersegen in der Dorfkirche an. Die Orgelwerkstatt von Christian Scheffler und Konrad Scheffler, der ein Spezialist für die Große Deutsche Romantische Orgel ist (also z. B. auch für Orgeln der 1857 in Frankfurt (Oder) gegründeten Firma Sauer!). Ihre Werkstatt befindet sich seit 1990 in den Wirtschaftsgebäuden des Gutshofes von Sieversdorf, und wer sich für

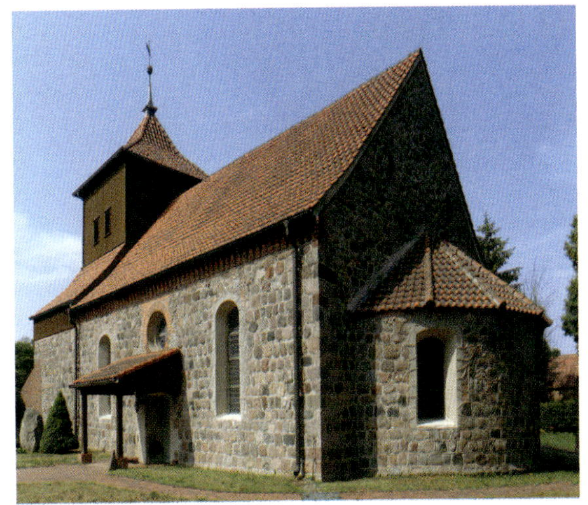

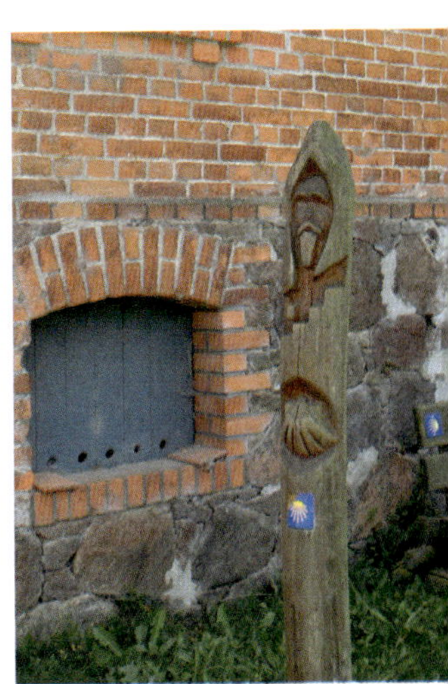

Sieverdorf: Dorfkirche (li.), Pilgerzeichen vor der Herberge

die Arbeit eines Orgelbauers interessiert, kann sich zu einer (kostenpflichtigen) Werkstattführung anmelden. Zu dem Gebäudekomplex gehören auch die Pilgerherberge und ein Herrenhaus, das Ende des 17. Jhs. errichtet wurde, sich in der Folgezeit aber etliche Umbauten gefallen lassen musste.

Hauptsehenswürdigkeit ist jedoch die Dorfkirche, ein frühgotisches Bauwerk von Anfang/Mitte 13. Jh. und natürlich aus Feldsteinen gemauert; der Turmaufsatz stammt aus der zweiten Hälfte des 17. Jhs. Im Innern finden sich noch Reste einer frühen Ausmalung, wohl vom Ende des 14. Jhs., und es kann ein wertvoller Schnitzaltar besichtigt werden, dessen Teile aus verschiedenen anderen Zusammenhängen stammen; interessant ist, dass die heiligen Jungfrauen in der Reformationszeit zu männlichen Heiligen umgearbeitet und ihre Gesichter mit Bärten versehen wurden. Auf dem Kirchhof sollte man die Begräbnisstätte der Rittergutsbesitzerfamilie von Karbe in Augenschein nehmen. Den Schlüssel zur Kirche erhält man übrigens u .a. bei Silvia Scheffler.

Zwei Vereine sind in dem 300-Seelen-Ort tätig: Der Verein Kunst und Denkmalpflege auf Gut Sieversdorf e.V. veranstaltet klassische Konzerte im Schloss, der Kirche oder der Orgelwerkstatt, der Verein Alte Schule hat sich die Pflege der dörflichen Traditionen zum Ziel gesetzt.

Entfernung Marienkirche Frankfurt (Oder) → Dorfkirche Sieversdorf: ca. 15 km

Die Alternativroute über Lebus

Ausgangspunkt: St. Marienkirche Frankfurt (Oder)
Zielpunkt: Dorfkirche Sieversdorf bzw. Pilgerherberge an der Orgelwerkstatt

Die Alternativroute beginnt wie beim geschilderten Weg über Kliestow und Booßen, allerdings muss man in Kliestow aufpassen: Wo die Straße Sandfurt auf die Asphaltstraße trifft, geht es hart nach rechts weiter in den Wendischen Weg, was man leicht übersieht. Vom Wendischen Weg geht es dann – parallel zur Lebuser Chausee (B 112), die einen straßenbegleitenden Radweg hat – auf Feldwegen zur Wüste Kunersdorf, seit 1977 ein Teil der Stadt Lebus. 1337 als Conrasdorp erstmals urkundlich erwähnt, 1609 Gut Kunersdorf genannt, wurde das Dorf im Dreißigjährigen Krieg vollständig zerstört. Es fiel wüst, was den Namen erklärt, aber ab 1687 wurde es neu besiedelt. Die Kirche wurde aber nicht wiedererrichtet. Zurzeit leben etwas mehr als 50 Menschen in dem Ort, und ihr Motto lautet: »Die Wüste lebt.«

Unser Weg führt durch die Kunersdorfer Senke am Altzeschdorfer Mühlenfließ entlang, das einst drei Wassermühlen antrieb, zum Naturschutzgebiet Oderberge. Auf einem Asphaltweg, von dem man einen weiten Blick ins Odertal hat, geht es dann nach Lebus, vorbei an den sogenannten Pontischen Hängen. Diese Trocken- bzw. Steppenrasengebiete an den Oderhängen sind bekannt für ein in Deutschland einmaliges Phänomen: Von Mitte März bis Mitte Mai blüht hier massenhaft das seltene Frühlings-Adonisröschen. Dieses Ereignis ist so populär, dass die Niederbarnimer Eisenbahn sogar einen Saisonhalt im benachbarten Schönfließ eingerichtet hat.

Um 1124/25 wurde das Bistum Lebus gegründet, das erst dem Erzbistum Gnesen (heute poln. Gniezno), ab 1424 dann dem Erzbischof von Magdeburg unterstellt war. Seinen Sitz nahm der Lebuser Bischof auf dem Höhenrücken, der durch Querrinnen in drei Teile gespalten ist, die heute Turm-, Schloss- und Pletschenberg heißen und bereits in der Bronze- und der nachfolgenden Eisenzeit sowie später dann slawisch besiedelt waren. Auf einem der »Berge« muss es auch eine Kathedrale gegeben haben, über die bis heute viel spekuliert wird: »Das umfangreiche Schrifttum zum Bistum Lebus wie auch zur Geschichte des Landes Lebus täuscht darüber hinweg, dass der bisherige Kenntnisstand über die frühstädtische Entwicklung der Kathedralstandorte und die nahezu in Gänze verlorene mittelalterliche Bausubstanz der bischöflichen Bauten noch sehr gering ist.« (Blandine Wittkopp, Die Lebuser Kathedralstandorte im Spiegel neuer archäologischer Untersuchungen, in: »Kirchen des Mittelalters«) Auf jeden Fall bildete sich zwischen Burgberg und Oder eine

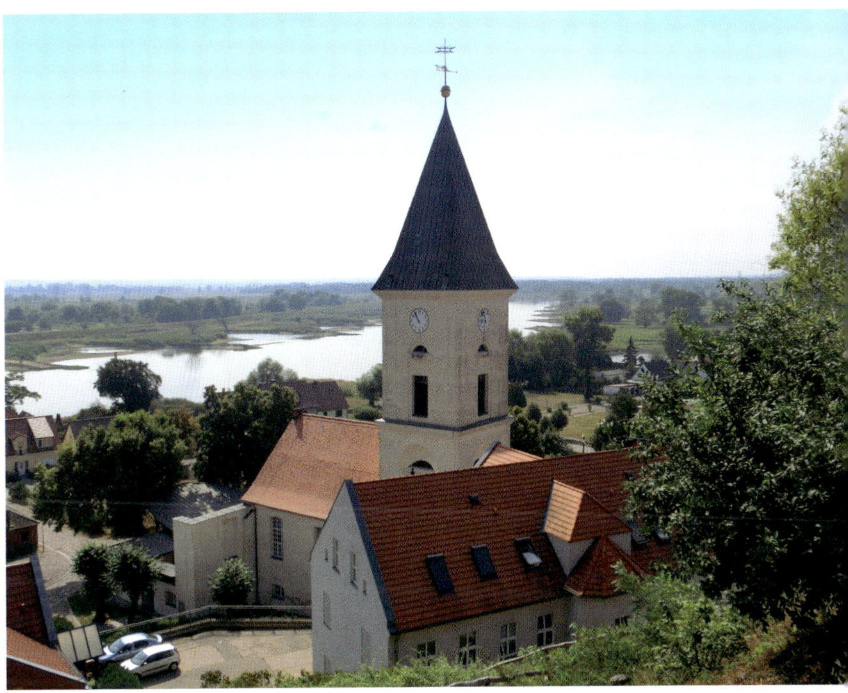

Lebus: Blick vom Turmberg auf die Kirche und die Oder

Marktsiedlung mit deutschem Stadtrecht, und Lebus erlebte eine kurze Blüte als politisches und wirtschaftliches sowie kulturelles Zentrum des gleichnamigen Landes – bis zur Gründung von Frankfurt. Damit begann ein unaufhaltsamer Abstieg. Blandine Wittkopp schreibt: »Das alte frühstädtische Zentrum Lebus, welches dem Bistum den Namen gab, verlor im Laufe des 13. und 14. Jhs. seine ursprüngliche zentralörtliche Bedeutung. Ursache und Wirkung lassen sich hier im einzelnen nicht mehr nachvollziehen, doch dürfte neben den mehrmaligen Zerstörungen der Stadt Lebus der Verlust des Bischofssitzes im Jahre 1276 ein wesentlicher Faktor für die Stagnation in ihrer Entwicklung gewesen sein. (…) Zudem kam es an der mittleren Oder um die Mitte des 13. Jhs. zu Verschiebungen in der Bedeutung der Handels- und Verkehrswege. Dabei verlor eine von Magdeburg über Köpenick und Lebus nach Gnesen führende Handels- und Verkehrsstraße ihre Bedeutung zugunsten einer durch Frankfurt (Oder) verlaufenden Fernverbindung.«

Die Verlegung des Bischofssitzes ist fast so etwas wie der *Running Gag* der Lebuser Bistumsgeschichte. Nach 1276 ging es auf das andere, das östliche Oderufer nach Göritz (Góryca), nachdem auch Frankfurt als Diözesansitz erwogen worden war, aber bereits 1326 wurde der Göritzer Dom bei kriegeri-

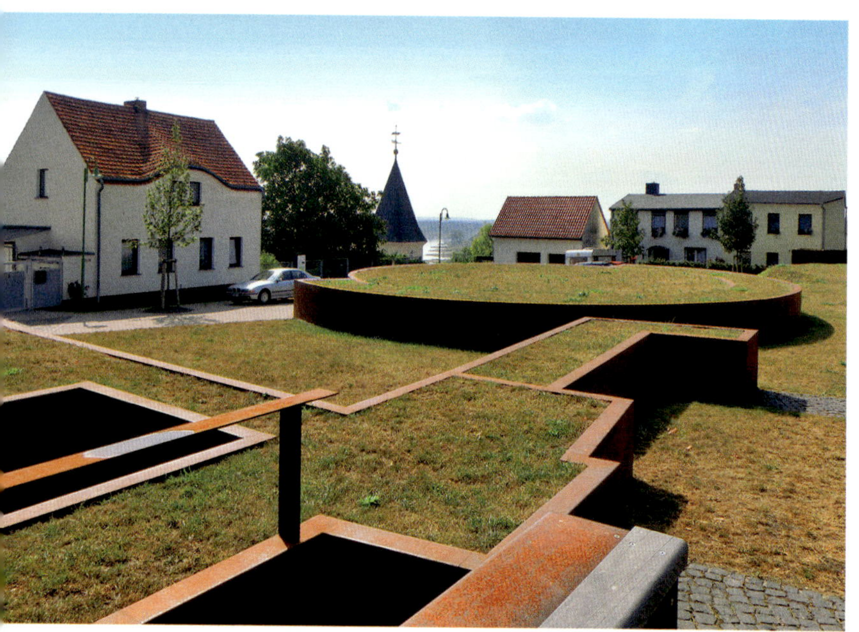

Nachbildung des ehemaligen Bischofssitzes von Lebus

schen Auseinandersetzungen zerstört. Um die Mitte des 14. Jhs. kehrten man dann zu einem kurzen Intermezzo nach Lebus zurück. Man baute hier die zweite Kathedrale, die aber schon 1376 von den Truppen Karls IV. zerstört wurde. Der Sitz des Lebuser Bischofs wurde endgültig nach Fürstenwalde verlegt, aber dort war es nicht besser: Zerstörung und Wiederaufbau kennzeichneten erst einmal auch das dortige Leben. Alle vier genannten Orte – Lebus, Góryca, Frankfurt und Fürstenwalde – liegen an z. T. ausgeschilderten Jakobswegen.

Heute tritt uns **Lebus** mit dem stillen Charme einer kleinen Ackerbürger-, Handwerker- und Fischersiedlung entgegen. Die Stadtpfarrkirche St. Marien stammt aus dem Jahre 1810, wurde 1945 zerstört und später teilweise wiedererrichtet. An der Kirche führt ein Spazierweg hinauf zum Turmberg, wo die Mauerreste und Schautafeln die ehemalige Kastellan-Burg vor dem geistigen Auge wiederauferstehen lassen. Beeindruckend ist der Blick über den Kirchturm und die Stadt ins weite Oderland – allein dafür lohnt es sich, nach Lebus zu kommen.

Was schreibt Fontane über die »alte Bischofsstadt«?

»Freilich erinnert hier nichts mehr an die Tage früheren Glanzes und Ruhmes. Die alte Kathedrale, das noch ältere Schloss, sie sind hin, und eines Lächelns

kann man sich nicht erwehren, wenn man in alte Chroniken liest, dass um den Besitz von Lebus heiße Schlachten geschlagen wurden, dass hier die slawische und die germanische Welt, Polenkönige und thüringische Herzöge, in heißen Kämpfen zusammenstießen und dass der Schlachtruf mehr als einmal lautete: ›Lebus oder der Tod‹. Unter allen aber, denen dieser Schlachtruf jetzt ein Lächeln abnötigt, stehen wohl die Lebuser selbst obenan. Ihr Stadtsiegel ist der Wolf, und Lebus selbst ist das Lamm. Mitleidlos wird es verschlungen.

Lebus, die Kathedralenstadt, ist hin, aber Lebus, das vor dreihundert Jahren einen fleißigen Weinbau trieb, das Lebus existiert noch. Wenigstens landschaftlich. Nicht dass es noch Wein an seinen Berglehnen zöge, nur eben der malerische Charakter eines Winzerstädtchens ist ihm erhalten geblieben.« (Theodor Fontane, Wanderungen durch die Mark Brandenburg, Das Oderbruch und seine Umgebung)

Lebus verlassen wir auf der Schönfließer Straße, deren Bezeichnung unsere nächste Station angibt, die wir nach knapp 4 km erreichen. Seinen Namen verdankt das Dorf dem uns schon bekannten Mühlenfließ, an dem es liegt und wo sich Biber angesiedelt haben. Wohl um 1250 entstanden, fand es unter seinem jetzigen Namen erstmals 1354 Erwähnung und gehörte bis 1598 dem Bischof von Lebus (dem in Fürstenwalde). 1877 bekam **Schönfließ** Anschluss an die Bahnstrecke Frankfurt–Angermünde(–Stettin). Die neuromanische Kirche von 1878 wurde 1945 zerstört und als Ruine zum Gedenken an die Schrecken des Krieges erhalten.

Lebuser Stadtkirche (li.) und Kirchenruine in Schönfließ

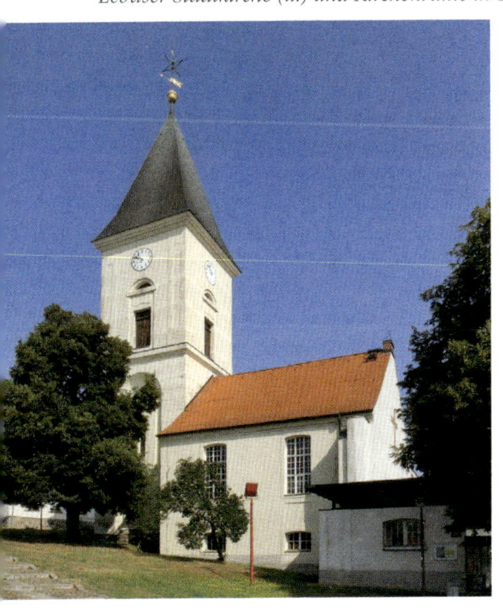

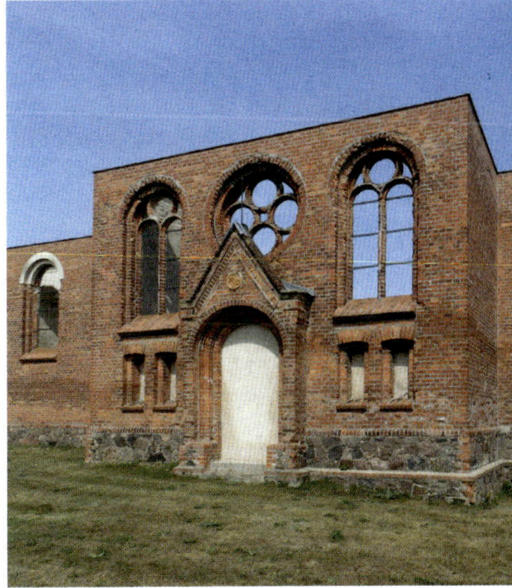

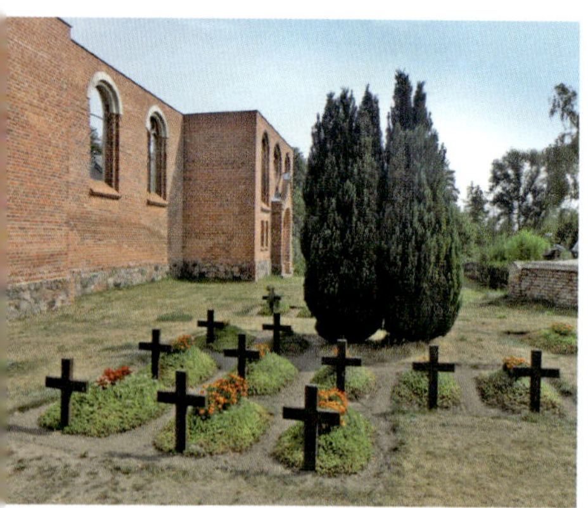
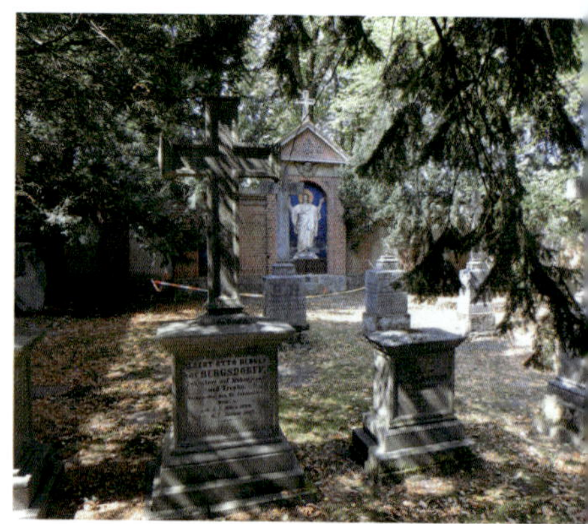

Kirchenruine Schönfließ (li.), historische Grablege in Hohenjesar

Gegenüber vom Kulturhaus »Am schönen Fließ« beginnt der Weg nach **Alt Zeschdorf**, das man zu Fuß nach 20–30 min erreicht (ausgeschildert – auch als Radweg). Das 1405 erstmals erwähnte Dorf liegt am Hohenjesarschen See, es gibt eine Badestelle sowie ein Restaurant mit Blick auf den See: An einem hochsommerlich heißen und staubigen Tag leeren wir hier ein großes Glas Apfelschorle, rufen »Die Wüste lebt!« und setzen unsere Tour fort. Im Gemeindeteil Hohenjesar, Ersterwähnung 1308, war seit 1537 die Familie von Burgsdorff ansässig. Ihr verdankt man die barocke Backsteinkirche (1721–23) sowie die Grablege auf dem Kirchhof mit ihren Mosaikwandbildern. Noch heute sind an der Kirche die Kriegsspuren sichtbar, und das Schloss derer von Burgsdorff wurde gar ganz zerstört; allein vier Obelisken kennzeichnen die frühere Zufahrt. Auch Schlosspark und Schlosssee sind noch erhalten.

Wir gehen die Lindenstraße entlang und dort, wo der Schwarze Weg abzweigt, immer geradeaus weiter in einen Waldweg. Dieser führt durch das Treplin-Alt Zeschdorfer Fließtal und teilweise am Trepliner Mühlenfließ entlang durch eine feuchte, fast moorartige Niederung bis zur Ruine der Trepliner Mühle. Wer möchte, kann die wenigen Hundert Meter ins Dorf Treplin zurücklegen und sich die neugotische Kirche anschauen, auf deren Dach seit Jahren eine Storchenfamilie nistet. Oder man geht bzw. radelt direkt weiter am Kleinen Trepliner See entlang und über die B 5 hinweg gen Sieversdorf. Vor Sieversdorf führt der Weg kurzzeitig über Wiesen (mit Fahrrad befahrbar, wenn auch etwas mühselig), dann ist das Etappenziel erreicht.

Entfernung St. Marienkirche Frankfurt (Oder) → Stadtpfarrkirche Lebus: ca. 14 km

Entfernung Stadtpfarrkirche Lebus → Dorfkirche Sieversdorf: ca. 19 km

Info-Punkt Amt Lebus, Kietzer Chaussee 1, 15326 Lebus, Tel.: 033604/637 58, E-Mail: info-punkt@amt-lebus.de, www.amt-lebus.de (man erhält hier den Pilgerstempel für den Pilgerpass)

Informationen erhält man auch in Pilgerherberge Sieversdorf, siehe dort

Restaurant Oderblick, Kietzer Str. 22, 15326 Lebus, Tel.: 033604/44 94 49, auch

Gaststätte & Pension Am Seeberg, Seeberg 1, 15326 Zeschdorf, OT Alt Zeschdorf, Tel.: 033602/453 90 09, auch

BIKERs INN Lebus, Kietzer Str. 4, 15326 Lebus, Tel.: 0171/234 92 49 (auch Camping)

Ferienidyll Kirschgarten, Kirschallee 19, 15326 Lebus, Tel.: 033604/630 15

Naturcampingplatz Wolffscamp Alt Zeschdorf, Neue Siedlung 18, 15326 Alt Zeschdorf, Tel.: 033602/247, auch

Pilgerherberge Pension an der Orgelwerkstatt, Alte Petershagener Str. 4, 15236 Jacobsdorf, OT Sieversdorf, Tel.: 0172/900 08 02, Pilgerstempel erhältlich

Pilgerherberge im Kirchturm Lebus, Schulstr. 6, 15326 Lebus, Ansprechpartnerin: Pfarrerin Katharina Falkenhagen, Tel.: 0173/481 23 07

Oderberge/Pontische Hänge bei Lebus und Adonisröschenblüte, Burgberg in Lebus, Hohenjesarscher See, Grabanlage der Familie von Burgsdorff, Orgelwerkstatt Sieversdorf

✝ Dorfkirche Kliestow, Anfragen an Evangelische Kirchengemeinde Frankfurt (Oder) – Lebus, Gertraudenplatz 6, 15230 Frankfurt (Oder), Tel.: 0335/387 280 10

✝ Dorfkirche Booßen, wie Kliestow

✝ Stadtpfarrkirche Lebus, im Sommer i. d. R. tagsüber offen, Schlüssel im Pfarramt, Schulstr. 6, 15326 Lebus, Tel.: 033604/41 90 56, www.lebus-kirche.de

✝ Dorfkirche Schönfließ, Schlüssel bei Heinz Golze, Wiesenweg 2, Tel.: 033602/51 66, oder im Pfarramt Mallnow, Mallnower Dorfstr. 23, Tel.: 033602/437

✝ Dorfkirche Hohenjesar, Führungen können vereinbart werden mit dem Pfarramt Mallnow, Mallnower Dorfstr. 23, Tel.: 033602/437, oder mit Fam. Malke, Hohenjesar, Döbberiner Weg 17

✝ Dorfkirche Sieversdorf, Schlüssel bei Fam. von Stünzner, Gutshaus 1, Tel.: 033608/490 87, oder bei Sylvia Scheffler, Pilgerherberge an der Orgelwerkstatt, Tel.: 033608/497 00

Museum Haus Lebuser Land, Schulstr. 7, 15326 Lebus, Tel.: 033604/230

Kliestow: Badestrand am Großen Kliestower See

Alt Zeschdorf: Badestrand am Hohenjesarschen See

Lebus: Bus 968, 969
Sieversdorf: Bus 684

Durchgehend befahrbar. Problematisch könnte der Weg Booßen-Sieversdorf sein, ebenso der Weg Hohenjesar-Sieversdorf. Evtl. auf ausgeschilderte Radwege ausweichen. Wege Frankfurt (Oder)-Lebus und Lebus-Schönfließ teilweise ziemlich sandig. Oder-Neiße-Radweg von Frankfurt (Oder) nach Lebus als Alternative.

2. ETAPPE

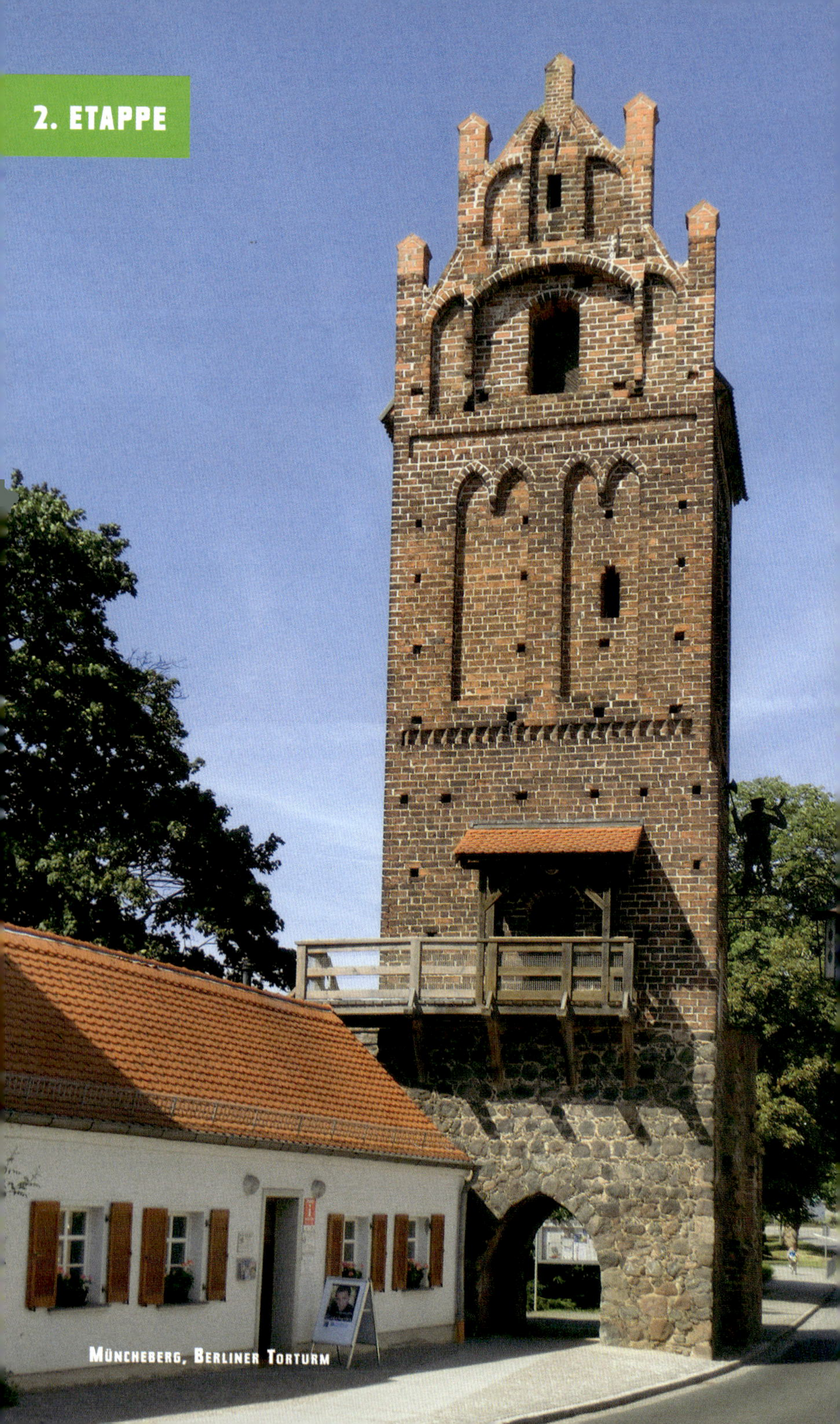

Müncheberg, Berliner Torturm

VON SIEVERSDORF NACH MÜNCHEBERG

Ausgangspunkt: Dorfkirche Sieversdorf
Zielpunkt: Stadtpfarrkirche Müncheberg

Wir brechen kurz nach Sonnenaufgang von Sieversdorf auf, wenn die Hauskatzen von ihren nächtlichen Ausflügen heimkehren oder zu ihrem Tagewerk aufbrechen. Ein Wegweiser an der Alten Petershagener Straße leitet uns: »Falkenhagen 10 km«, steht dort, und sowohl das Symbol des Jakobsweges als auch ein roter Querbalken empfehlen sich als Markierung. Wir wandern zuerst über Kopfsteinpflaster, dann auf einem Sandweg. Kirschbäume säumen den Weg, es ist Altweibersommer, und dem Ruf der Kraniche lauschend verzehren wir das Obst. Leider wird der Horizont um Sieversdorf von den vielen Windrädern verstellt.

Unser erstes Ziel ist die **Alt Madlitzer Mühle**. In der beim Abfluss der nacheiszeitlichen Schmelzwässer entstandenen Falkenhagener Rinne liegen der Petersdorfer und der Madlitzer See, und genau zwischen ihnen errichteten Mönche im 14. Jh. Mühle, Fischer- und Forsthaus. Später gehörte die Anlage zum Gut Alt Madlitz, das 1756 von dem preußischen Kabinettsminister Karl Wilhelm Graf Finck zu Finckenstein (1714–1800) erworben wurde. Unter seinem Sohn Friedrich Ludwig Karl (1745–1818) wurde Schloss Alt Madlitz zum ständigen Familiensitz, und Geistesgrößen wie Ludwig Tieck, Achim von Arnim, Wilhelm von Humboldt oder Clemens Brentano verkehr-

Windräder bei Sieversdorf (li.), Alt-Madlitzer Mühle

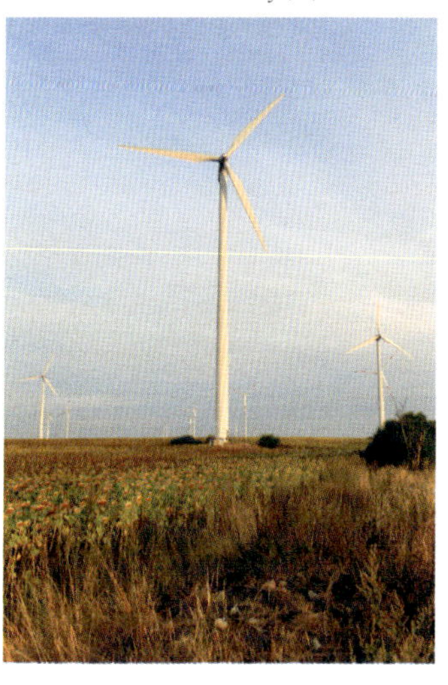

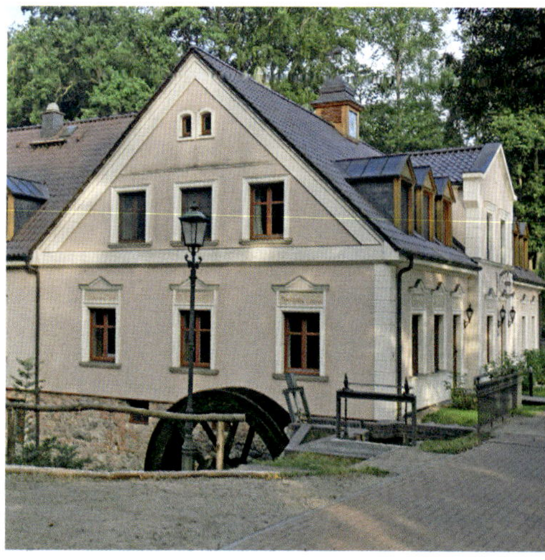

ten hier. 1945 wurden die Besitzer enteignet, das Ministerium für Staatssicherheit errichtete auf dem Gelände eine Ferienanlage für Mitarbeiter. Nach der Wende kaufte ein Nachfahre der Grafen Finckenstein die Güter zurück, und am Madlitzer See entstand ein Wellnessresort für Mensch und Pferd. Der Mensch, der sich in diesem »natur resort & medical spa« einquartiert, sollte mehr dabeihaben als die Portokasse, aber auf einen Kaffee können auch wir einkehren. Immerhin, man kann nicht umhin, von einem romantisch gelegenen Ort zu sprechen.

Exkurs: Der Jakobuskult als Zeiterscheinung und Mode

»Betrachtet man die Entwicklung der Santiago-Tradition im 18. Jahrhundert, so kann man zunächst feststellen, dass aus Gründen, die mit dem religiös verankerten Pilgergedanken nichts zu tun haben, der klassische Jakobspilger ein beliebtes Motiv der gehobenen europäischen Porträtmalerei wurde. Durch den Pilgerstab in der Hand und die kugelige Flasche am Gürtel sowie durch ein mit zahlreichen Jakobsmuscheln besetztes Gewand rasch als Santiago-Fahrer zu identifizieren, ließen sich Angehörige des europäischen Hochadels von renommierten Künstlern wie Antoine Pesne, Alexis Grimou oder Jean-Baptiste Oudry porträtieren. Obwohl meist der breitrandige Pilgerhut fehlte und die Kleidung einen allzu kostbaren Eindruck machte, vermittelten die Gemälde auf den ersten Blick zwar den Eindruck eines Pilgers, sind aber inhaltlich höchst irreführend.

Weder die Marquise de Pompadour noch Wilhelmine, die Markgräfin von Bayreuth, die sich in der Tracht der Jakobspilger malen ließen, waren jemals in Santiago de Compostela. Das gilt auch für den in Polen wohlbekannten Stanislaus Leszczynski, der als Schwiegervater Ludwigs XV. und Herzog von Lothringen längst nicht mehr in Polen lebte, als er sich – in reiferem Alter – von Oudry in Pilgerkleidung malen ließ.

Angehörige der Hofgesellschaft folgten mit diesen Porträts einer etwas frivolen literarischen Strömung, die im Anschluss an eine 1709 aufgeführte Komödie ›Les trois Cousines‹ in Frankreich entstanden war. Im Zentrum der Vorstellungswelt dieser leichtlebigen Höflinge stand eine romantisierend verklärte Liebesinsel, Cythera genannt, zu der Jungen und Mädchen, als Pilger und Pilgerinnen verkleidet, eine fiktive Pilgerfahrt zum Tempel der Liebe unternahmen. Das Gemälde von Watteau ›L'isle de Cithère‹ bildet einen malerischen Glanzpunkt dieser durch die erhoffte Erfüllung galanter Abenteuer im Grunde pervertierten Pilgeridee.«

(Ilja Mieck, Polen und die Pilgerfahrt nach Compostela in der Frühen Neuzeit, in: Der Jakobuskult in Ostmitteleuropa)

TIPP für Abweichler: Es sind nur etwa 2 km von Gut Klostermühle bis nach Alt Madlitz. Man kann dort das spätbarocke Schloss und den Landschaftspark in Augenschein nehmen, und es gibt eine durchaus anschauenswerte Kirche, einen frühgotischen Feldsteinbau, heute allerdings (wieder?) verputzt. In der Gräflichen Schlossbäckerei kann man sich mit Backwaren versorgen, die nicht industriell hergestellt werden, sondern ein Ergebnis alter Handwerkskunst sind.

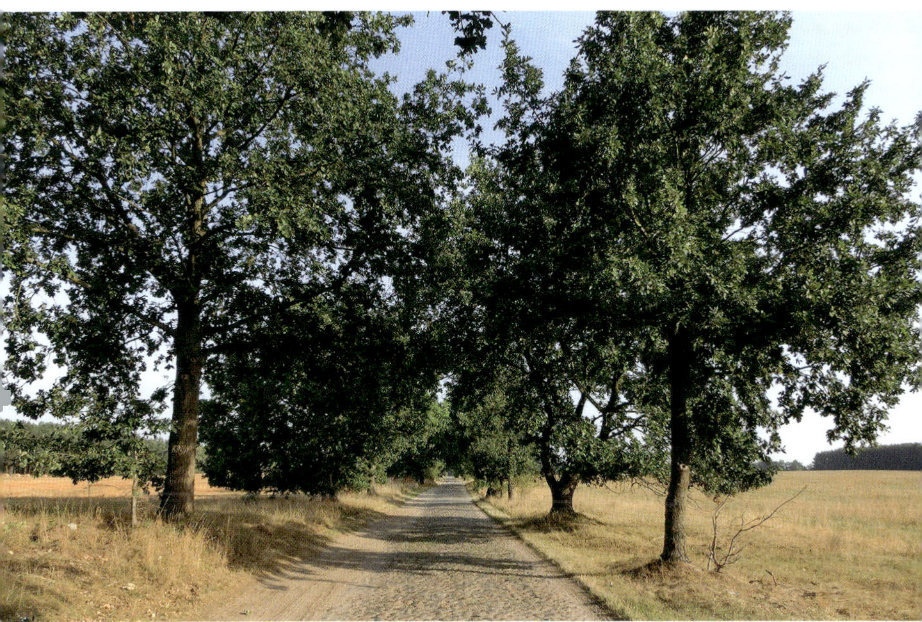

Wie zu Fontanes Zeiten: Chaussee vor Falkenhagen

Wir jedoch folgen der Muschel und biegen kurz nach dem Resort rechts in einen Waldweg. An einer Stelle stoßen wir dann auf ein Phänomen, das uns nicht das erste Mal begegnet, hier aber kurz angesprochen werden soll: das Entfernen von Muschelsymbolen vermutlich durch Andenkensammler. Alternativ leitet uns der rote Querbalken, und so erreichen wir glücklich die B 5, die wir überqueren. Eine Kopfsteinpflasterchaussee führt schnurstracks nach **Falkenhagen (Mark)**.

Die Gegend um Falkenhagen soll in vorslawischer Zeit von Stämmen der Burgunder und Vandalen besiedelt worden sein. Bereits aus der Jungsteinzeit finden sich erste Siedlungen, weiterhin gibt es Spuren späterer Niederlassungen von Germanen und Slawen. Man vermutet, dass der Ort selbst eine schlesische Gründung aus dem ersten Drittel des 13 Jhs. ist.

Falkenhagen und das benachbarte Arensdorf, die folgende Station auf unserem Weg, lagen an der einst bedeutenden Fernhandelsstraße Magdeburg–Lebus–Posen/Gnesen. Im DEHIO lesen wir: »1313 Erwähnung einer Burg Valkenhagen auf der Halbinsel im See zum Schutz der Passstraße Fürstenwalde–Lebus«. Es entstand die deutschrechtliche Stadt Falkenberg, aber der Aufstieg Frankfurts zur Handelsmetropole an der Oder führte dazu, dass die Karriere Falkenbergs ein jähes Ende nahm, denn die Stadt war nicht mehr als ein Ackerbürgerstädtchen, das den Stadtstatus im 18. Jahrhundert verlor:

1733 hieß es nur noch Flecken, 1737 dann Dorf. Von großen Plänen zeugt aber die Kirche. Sie ist ein gewaltiges Bauwerk aus Feldsteinquadern, das ursprünglich als dreischiffige Basilika errichtet wurde und bei dem es sich um die größte Dorfkirche im östlichen Brandenburg handelt. 1801 wurden die Seitenschiffe abgebrochen und die Arkaden des Langhauses zugemauert. Bei genauer Betrachtung findet man außen etliche Spuren von Umbauten, so eine sichtbar verkleinerte Nordpforte und veränderte Fenster. Im Innern verdienen die hölzerne Taufe aus dem 17. Jh. und die Reste einer Kanzel aus dem 18. Jh. Beachtung.

Über die militärische Nutzung der Falkenhagener Heide zwischen 1938 und 1992 informiert eine Schautafel »Der Bunker in Falkenhagen« auf einer kleinen Grünfläche an der Kreuzung von Ernst-Thälmann- und August-Bebel-Straße, wie die Hauptstraßen hier noch immer heißen, und im Turm der Kirche kann täglich die Ausstellung »Giftgas im 1. Weltkrieg und militärische Geheimnisse in der Falkenhagener Heide von 1938 bis 1992« besichtigt werden.

Falkenhagen liegt in wasserreicher Gegend und wird von mehreren, teilweise miteinander verbundenen Seen umgeben, an einigen gibt es Badestellen. Der Weg von hier bis nach Müncheberg führt hauptsächlich über offenes Land, das überwiegend landwirtschaftlich genutzt wird.

Falkenhagen: ehemalige Dorfschule

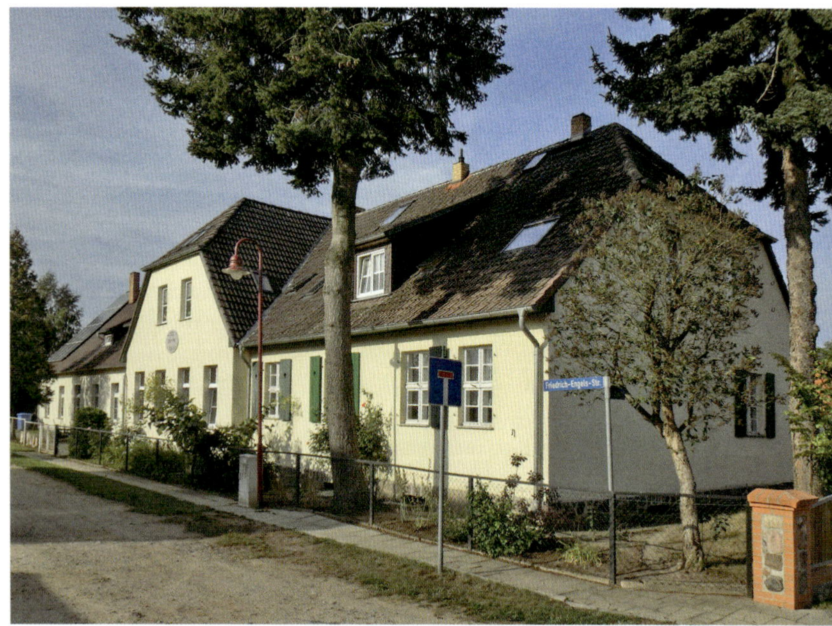

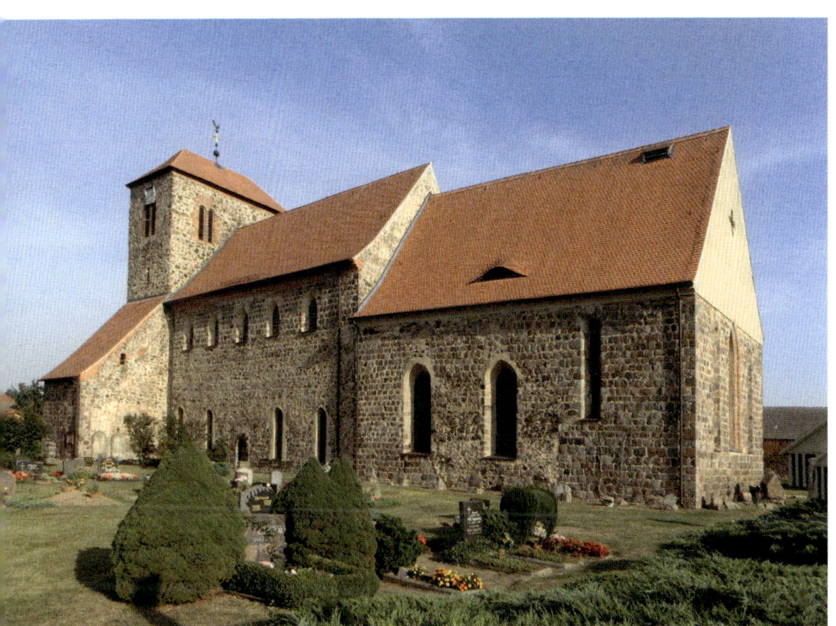

Dorfkirche Falkenhagen

Entfernung Dorfkirche Sieversdorf → Dorfkirche Falkenhagen: ca. 11 km

Wir rasten einen Augenblick, ehe wir unseren Weg fortsetzen in Richtung eines Ortes mit dem seltsamen Namen Regenmantel. Bei einem Rastplatz am Galgsee weist uns ein sehr großes Schild mit der Jakobsmuschel den Weg, hier gibt es auch eine Schautafel zum Jakobsweg. Überhaupt ist der Jakobsweg auf der Nordroute sehr gut ausgeschildert, übrigens immer auch mit dem roten Querbalken.

Nach **Arensdorf** führen zwei Wege, ein asphaltierter Radweg auf dem früheren Bahnkörper der Oderbruchbahn (Oderbruchbahn-Radweg) und ein Sandweg. Beide vereinigen sich vor Arensdorf zum Asphalt- bzw. Plattenweg, an dessen Rändern viele Pflaumenbäume stehen.

Es riecht nach Schweinemist, wie man es auf dem Land ja auch erwarten darf, und mit diesem Geruch in der Nase langen wir in Arensdorf an. Das 1405 erstmals urkundlich erwähnte Dorf gehörte von der Reformationszeit bis 1811 (Auflösung der Viadrina) der Universität Frankfurt, dann dem preußischen König, schließlich bis zur Enteignung der Rittergutsbesitzerfamilie von Alvensleben. Mittelpunkt des langgestreckten Straßendorfes ist (natürlich) die Kirche, ein vielfach umgestalteter Feldsteinbau aus der zweiten Hälfte des 13., vielleicht auch erst vom Anfang des 14. Jhs.

Auf dem Oderbruchbahn-Radweg wandern wir nach **Hasenfelde**, wo man am Ortseingang noch das Empfangsgebäude des Bahnhofes sehen kann. Der Radweg geht weiter nach Steinhöfel, wir betreten das 1288 erstmals erwähnte Dorf, das ebenfalls lange Zeit ein Frankfurter Universitätsdorf war. Die spätgotische Feldsteinkirche wurde 1901 neugotisch umgebaut, der Turmaufsatz mit den Schalllöchern für die Glocke über dem Feldstein stammt aus dieser Zeit. Das Gutshaus wurde saniert und dient jetzt als Gemeindehaus, an ihm vorbei führt unser Weg in Richtung Heinersdorf. So ist der Jakobsweg jetzt ausgeschildert; im Buch »Auf dem Jakobsweg durch Brandenburg« geht es noch direkt weiter nach Tempelberg.

In **Heinersdorf** fällt sofort der langgestreckte und breite, baumbestandene Anger auf, in der Länge misst er immerhin fast einen halben Kilometer. Rechts am Beginn des Angers (Hauptstraße) sieht man noch das Gasthaus mit dem schönen Namen »Zum Teufelstein«, aber Gastronomie wird hier leider nicht mehr betrieben.

1244 erstmals genannt, erwähnt ein päpstliches Dokument von 1247 Heinersdorf als Besitz des Templerordens und als von deutschen Kolonisten besiedelt. Ungefähr aus dieser Zeit stammt auch die Kirche, von deren Ursprungsbau wegen der Verwüstungen durch die Hussiten und im Dreißigjährigen Krieg sowie durch einen Großbrand im Jahre 1752 nicht mehr viel übrig

Rastplatz am Jakobsweg von Falkenhagen nach Arensdorf

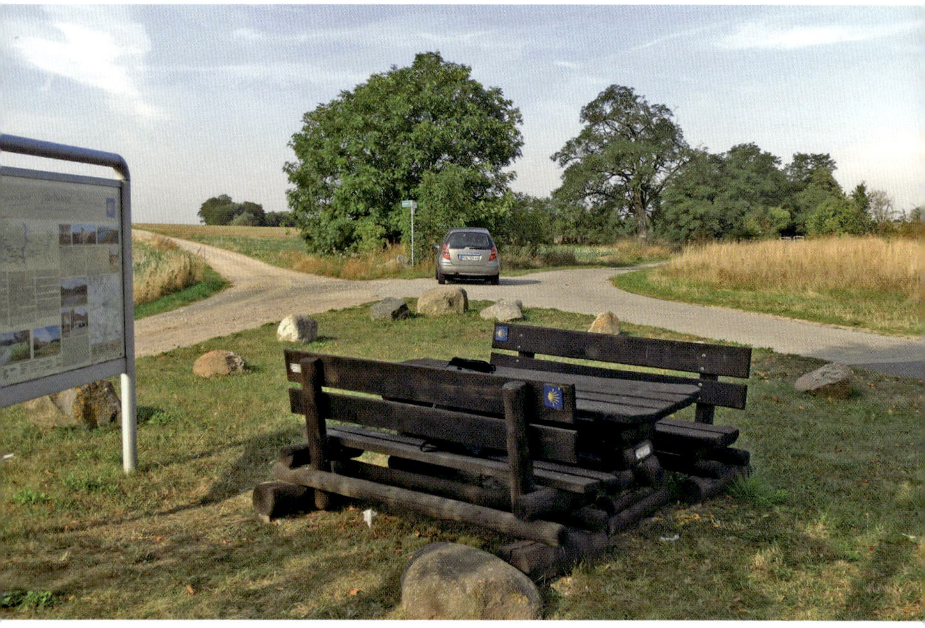

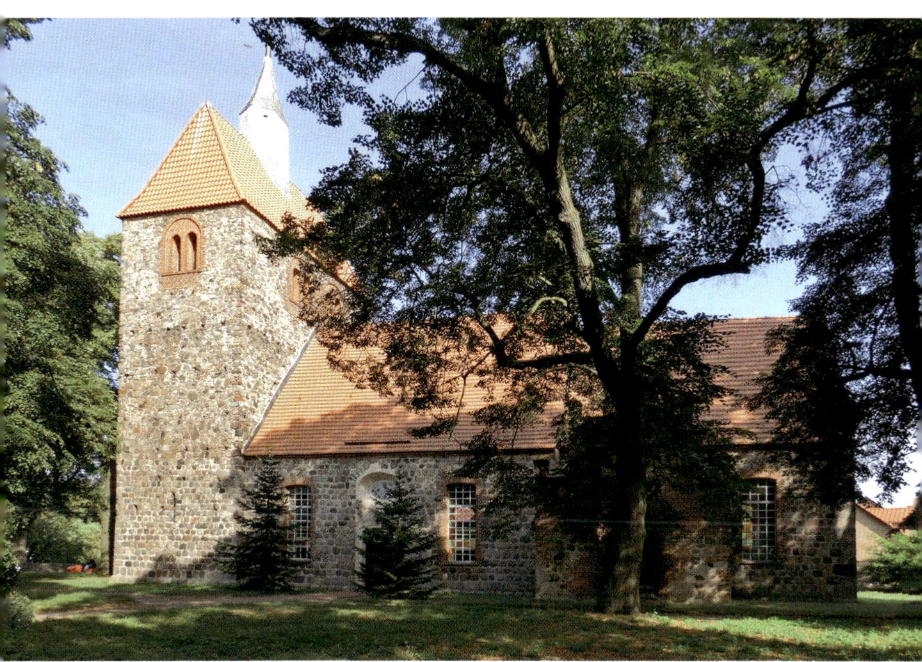

Kirche in Arensdorf

ist. Kirche und Kirchhof befinden sich am nördlichen Rand des großen Angers, etwas nach links bzw. nach Westen versetzt. Die heute verputzte Kirche ist vor allem ein Kind des Barock.

Ebenfalls am nördlichen Rand gibt es einen Rastplatz und eine Infotafel zum Jakobsweg und zu Heinersdorf, und von dort sind es nur wenige Schritte bis zum ehemaligen Herrenhaus, einer Dreiflügelanlage aus dem 17. Jh., die in späterer Zeit stark verändert wurde. Heute ist es unbewohnt und befindet sich in ruinösem Zustand, es soll aber nach und nach zu einem Dorfgemeinschaftshaus umgebaut und saniert werden. Hinter dem »Schloss« gibt es am Heinersdorfer See einen Landschaftspark mit Heimattiergarten.

Entfernung Dorfkirche Sieversdorf → Dorfkirche Heinersdorf: ca. 23,5 km

Von Heinersdorf wandern wir nach **Tempelberg**, das bei Mundt Erwähnung findet, ebenso wie Heinersdorf: Im Jahre 1348 sei Karl IV. in Richtung Heinersdorf-Tempelberg gezogen: »Bei Heinersdorf-Tempelberg müssen mehrere Straßen zusammengekommen sein, da hier 1348 die Fürsten und Heere sich trafen, um die feierliche Anerkennung des falschen Waldemar vorzunehmen.«

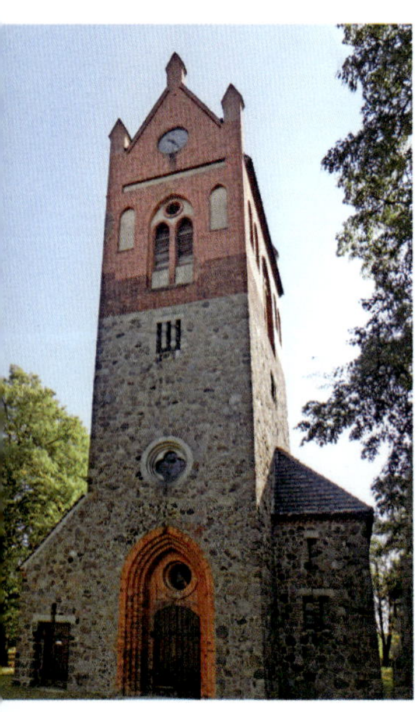

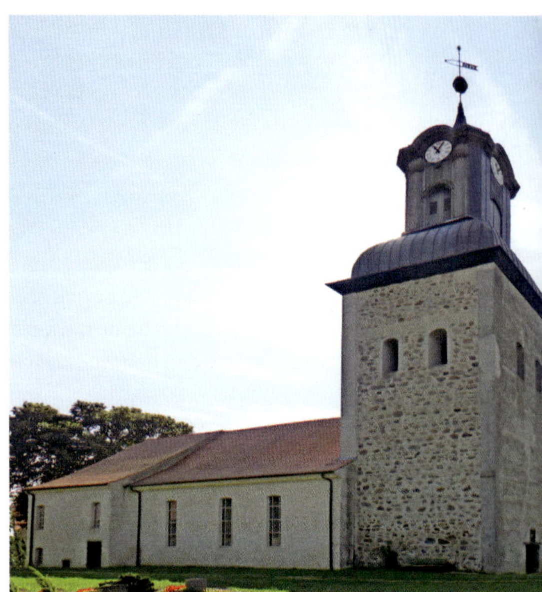

Die Dorfkirchen von Hasenfelde (li.) und Heinersdorf

Der Name Tempelberg spricht für sich: Der 1244 erstmals erwähnte Ort ist sicher von den Tempelrittern der Komturei Lietzen (in der Nähe von Seelow) gegründet worden; nach Aufhebung des Ordens wurden dessen Güter den Johannitern übertragen. Aus dem 13. Jh. stammt auch die Feldsteinkirche, bei der ein zweigeschossiger Anbau auf der Südseite des Chores auffällt, der fast wie ein Wohnhaus aussieht: Es handelt sich um ein Bauwerk für Sakristei und Patronatsloge. Schön ist die Lage der Kirche am Großen Dorfteich, in dem sie sich spiegelt. Prominentester Tempelberger dürfte der um 1500 geborene Hans Kohlhase sein, jener verbissene Kämpfer für sein Recht, der das Vorbild für Kleists Novelle »Michael Kohlhaas« ist.

Von Tempelberg ist es nicht mehr weit bis nach **Müncheberg**, unserem heutigen Etappenziel. Zuerst erreichen wir das Gut Philippinenhof, das bereits zur Stadt gehört. Hier finden wir die Pilgerherberge »Landhaus Luckas«, in der sogar ein sogenanntes Pilgerbier gebraut wird, also genau der richtige Ort für eine Pause.

Von Philippinenhof kommend biegen wir nach rechts in den Eggersdorfer Weg, und an der Ecke zum Tempelhofer Weg befindet sich der 1756 angelegte jüdische Friedhof von Müncheberg. Die ältesten Grabsteine stammen aus dem Jahr 1763. Die 1856 erbaute Synagoge wurde in der NS-Zeit zerstört, eine Gedenktafel in der Rathausstraße erinnert an die einstige jüdische Gemeinde sowie ihr Gotteshaus.

»Müncheberg ist als Stadt gegründet und hatte die Funktion, die neugegründeten Kolonistendörfer mit städtischen Gewerbeerzeugnissen zu versehen«, schreibt Mundt über die laut seinen Angaben einzige Stadt der Mark »aus wilder Wurzel«.

Es waren Zisterziensern aus dem Kloster Leubus (bei Breslau), die 1225 dieses Gründungswerk begannen, und so hieß der Ort anfangs Lubes. In einer Urkunde von 1233 taucht aber bereits der Name Müncheberg auf. Der Ort erhielt Markt- und Stadtrecht und entwickelte sich rasch zu einem bedeutenden regionalen Handels- und Gewerbezentrum, das ab 1319 mit einer Stadtmauer umgeben wurde. Diese ist heute noch fast vollständig erhalten. Das gilt auch für die zwei Tortürme, den Berliner, Strausberger oder Pulverturm sowie den Küstriner, Frankfurter oder Storchenturm, während die Tore niedergerissen wurden. Keine Frage, dass diese nahezu komplette Mauer zu den Sehenswürdigkeiten der kleinen Stadt zählt. Übrigens wurden um die Mitte des 14. Jhs. zwei Hospitäler vor den Toren erwähnt, im Westen das Heilig-Geist-, im Osten das St.-Nikolai-Spital, später – seit 1574 – gab es dort obendrein das St.-Georgs-Hospital. Da diese auch als Unterkunft für Reisende dienten, wird

Müncheberg: Marienkirche mit dem freistehenden Turm

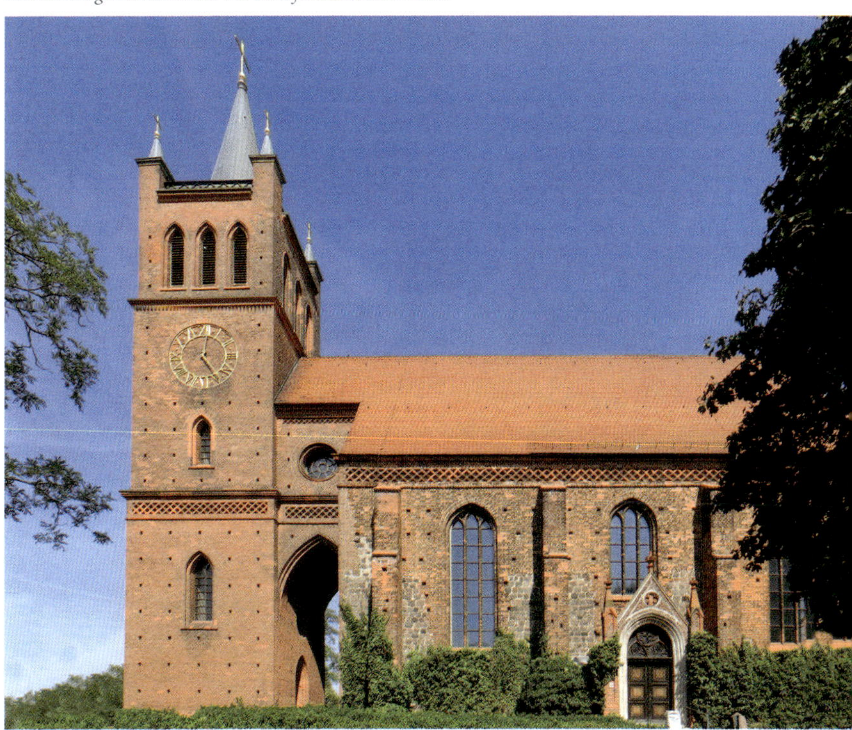

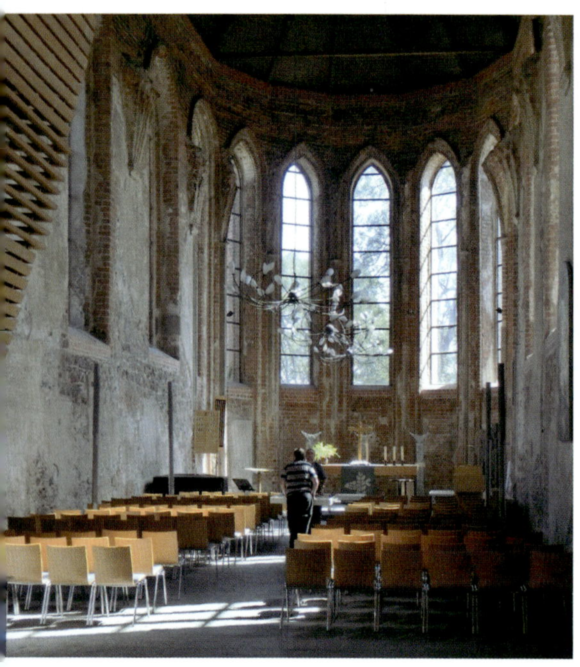
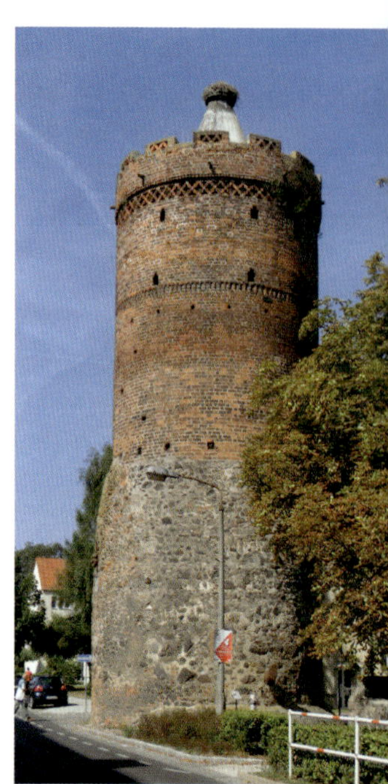

Müncheberg: Innenraum der Stadtkirche (li.) und Storchenturm

durch die Existenz von zwei bzw. drei Hospitälern die Bedeutung des Ortes innerhalb des mittelalterlichen Verkehrsnetzes hervorgehoben.

Müncheberg wurde im Zweiten Weltkrieg stark zerstört. Das betraf auch die Stadtpfarrkiche Sankt Marien, deren Ursprungsbau eine einschiffige Feldsteinkirche war, die 30 bis 50 Jahre nach der Ortsgründung erbaut worden war. Im 15. Jh. erfolgte dann der Umbau in eine zweischiffige Hallenkirche aus Backstein. Der Westturm wurde Anfang des 19. Jhs. wegen Bauschäden abgetragen und durch einen neuen Turm nach einem Entwurf von Karl Friedrich Schinkel ersetzt. Dieser ist freistehend und mit dem Schiff durch ein etwa vier Meter breites Gewölbe verbunden. Er kann bestiegen werden. 1991 begann die Restaurierung bzw. Rekonstruktion der Kirche, die heute die Stadtbibliothek und einen Ausstellungsraum birgt.

Entfernung Dorfkirche Sieversdorf → St. Marienkirche Müncheberg: ca. 34,5 km

ℹ Tourismusinformation Müncheberg am Berliner Torturm, Ernst-Thälmann-Str. 101, 15374 Müncheberg, Tel.: 033432/709 31

Schweizerhaus Falkenhagen, Ernst-Thälmann-Str. 33, 15306 Falkenhagen (Mark), Tel.: 033603/418 20, auch

Alte Schmiede, Frankfurter Chaussee 12, 15518 Heinersdorf, Tel.: 033432/74 61 05

Gut Klostermühle Alt Madlitz, Mühlenstr. 11, 15518 Briesen (Mark), OT Alt-Madlitz, Tel.: 033607/59 29-0, auch (Reservierung empfehlenswert)

Pilgerherberge »Haus am See«, Regenmanteler Str. 4, 15306 Falkenhagen (Mark), Ansprechpartner: Birgit und Joachim Dähmlow, Tel.: 0178/643 82 02

Pilgerherberge Hasenfelde: Richters Herberge, Bahnhofstr. 18, 15518 Hasenfelde, Ansprechpartnerin: Hannegret Richter, Tel.: 033635/32 03

Friedenshaus evangelisches Rüstzeitheim Heinersdorf, Hauptstr. 34, 15518 Heinersdorf, Tel.: 033432/704 32 (Frau Richter)

Pilgerherberge auf dem Bauernhof: Ferienwohnung und Pilgerzimmer, Schulstr. 2, 15518 Tempelberg, Ansprechpartner: Familie Lieske, Tel.: 033432/71 611 oder 0151/28 26 38 96

Naturcamp am See, Falkenhagener Str. 14 a, 15518 Steinhöfl OT Arensdorf, Ansprechpartnerin: Anja Riehle, Tel.: 033635/26 89 99 oder 0175/905 68 54

Madlitz-Falkenhagener Seengebiet, Heinersdorfer See, Templerdörfer Heinersdorf und Tempelberg, Altstadt Müncheberg mit der Stadtbefestigung, Heimattiergärten Heinersdorf u. Müncheberg u.v.a.

✝ Dorfkirche Falkenhagen, offene Kirche und Ausstellung im Turm, Schlüssel bei Fam. Kunkel, Karl-Liebknecht-Str. 3, Tel.: 033603/36 28

✝ Dorfkirche Arensdorf, Schlüssel bei Fam. Dallach, Frankfurter Str. 13, Tel.: 033635/30 50

✝ Dorfkirche Hasenfelde, Schlüssel bei Christa Schultz, Fürstenwalder Str. 16, Tel.: 033635/30 73, bei Anja Heckmann, Heinersdorfer Str. 3, Tel.: 033635/33 79, oder bei Hannegret Richter, Bahnhofstr. 18, Tel.: 033635/32 03

✝ Dorfkirche Heinersdorf, Schlüssel bzw. Anmeldung im Pfarramt, Hauptstr. 34, Tel.: 033432/73 62 75 oder bei Dr. Gabriele Breitenstein, An der Brennerei 9, Tel.: 033432/88 32

✝ Dorfkirche Tempelberg, Schlüssel bei Fam. Tschanz, Gartenstr. 3, Tel.: 033432/76 95 71, oder bei Frau Schneider, Tel.: 033432/685

✝ Stadtpfarrkirche Müncheberg, Ernst-Thälmann-Str. 52, 15374 Müncheberg, Tel.: 033432/728 06

Ständige stadtgeschichtliche Ausstellung in der Touristinformation Müncheberg, Öffnungszeiten wie Touristinformation

Müncheberg: RB26, Bus 926, 928, 939, 955

durchgehend gut befahrbar, selbst die Wald- und Feldwege, keine Schiebestrecken

TIPP für Pufferküsser: Die Buckower Kleinbahn bringt vom 1. Mai bis Anfang Oktober Fahrgäste an Wochenenden und Feiertagen nach Buckow, dem »Herz« oder der »Perle« der Märkischen Schweiz. Zum Einsatz kommen dabei historische E-Triebwagen. In Buckow betreibt der Verein Buckower Kleinbahn ein Eisenbahnmuseum (buckower-kleinbahn.de).

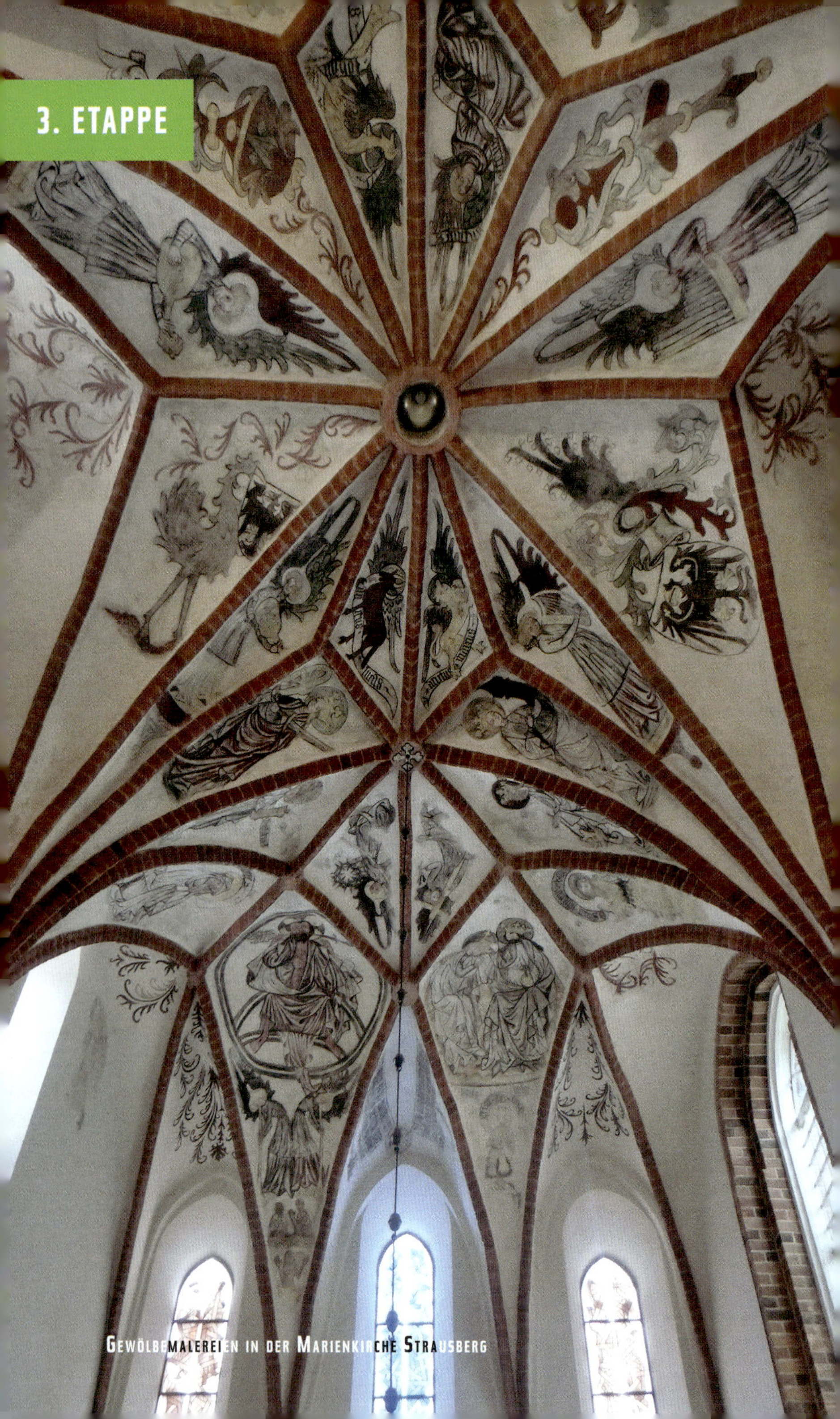

Gewölbemalereien in der Marienkirche Strausberg

VON MÜNCHEBERG NACH STRAUSBERG

Ausgangspunkt: Stadtpfarrkirche Müncheberg
Zielpunkt: St. Marienkirche Strausberg

In Werder und Garzau besteht eine Verbindung zum Lilien-Rundweg, einem ca. 17 km langen »Pilgerweg« auf den Spuren der Zisterzienser.

Kurz hinter dem Berliner Torturm beginnt an einem Kreisel die Eberswalder Straße (B 168), die zum Bahnhof Müncheberg führt, ein 4 km langer, nicht sehr einladender Weg. Er geht vorbei am ZALF, dem Leibniz-Zentrum für Agrarlandschaftsforschung, das eine interessante, teilweise aber auch bedrückende Geschichte hat: 1928 wurde auf Drängen des Botanikers und Pflanzengenetikers Erwin Baur hier das Institut für Züchtungsforschung der Kaiser-Wilhelm-Gesellschaft gegründet; Baur starb – man möchte fast sagen: zu seinem Glück – 1933, denn das KWI für Züchtungsforschung spielte im Nationalsozialismus eine große Rolle: Es forschte einerseits für die Autarkie vor allem im Bereich der Lebensmittelversorgung, aber es war auch eingebunden in die Planungen für die Besiedlung des »Ostraumes« (Generalplan Ost) mit Deutschen, die ja vor allem Landwirtschaft betreiben sollten. In der DDR wurde ebenfalls Agrarforschung betrieben und war hier das Forschungszent-

Die Stadtmauer von Müncheberg

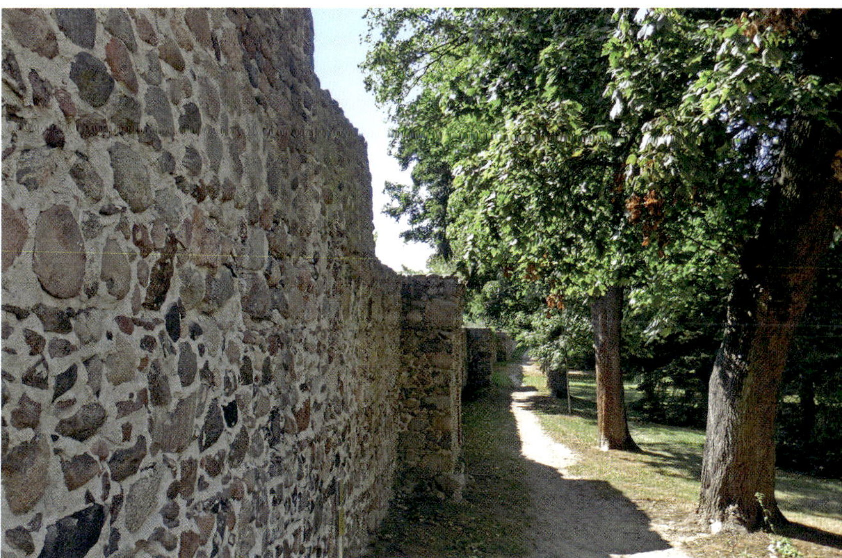

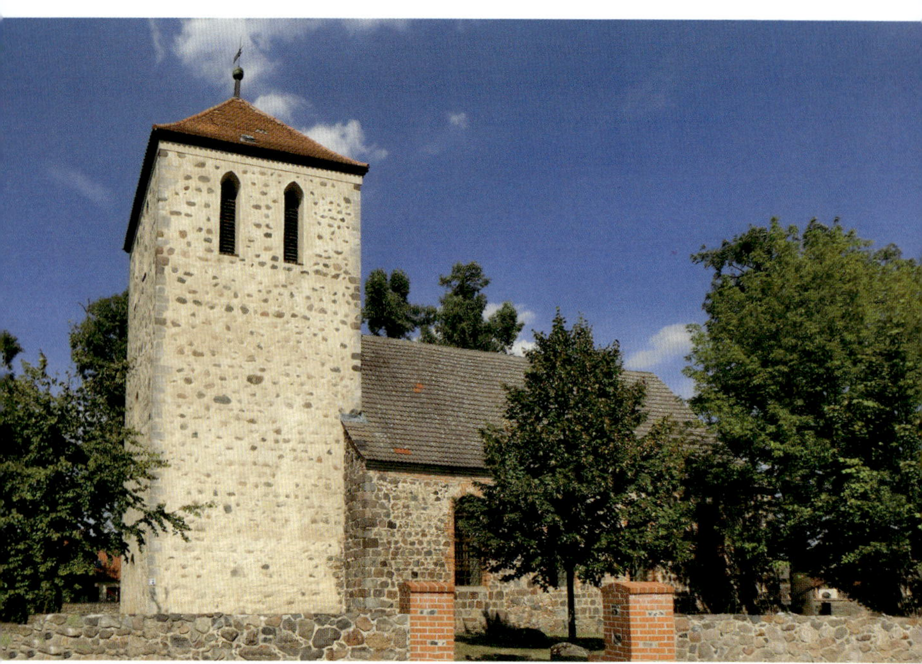

Dorfkirche von Werder

rum für Bodenfruchtbarkeit der Akademie der Landwirtschaftswissenschaften der DDR angesiedelt, und nun also ZALF.

Beim Bahnhof folgen wir der Jakobsmuschel auf einen Weg, der ein Stück an den Gleisen entlangführt und auf dem wir erst querfeldein und dann durch ein Waldstück an einer Kiesgrube vorbei **Hoppegarten** erreichen, nicht jenes mit der Pferderennbahn, sondern den Ortsteil von Müncheberg. Erstmals urkundlich erwähnt wurde der Ort, der seinen Namen dem Hopfenanbau verdankt, als Markgraf Ludwig der Römer 1352 das Dorf der Stadt Müncheberg übereignete. Auch hier steht eine Kirche im Dorf, allerdings stammt sie erst aus dem Jahre 1714, wurde in barocken Formen errichtet und besteht nicht aus Feldstein. Wer etwas Zeit mitbringt, kann auf dem 7 km langen Rundweg den Maxsee umwandern, wobei man bis zum Gut Neue Mühle die alte Heerstraße benutzen muss.

Um zu unserer nächsten Station, dem Dorf **Werder**, zu gelangen, müssen wir das Rote Luch durchqueren, eine Niedermoorlandschaft, die vom Stobber durchflossen wird. Zuvor geht es aber ein paar Hundert Meter die Berliner Straße entlang, und dort entdecken wir einen großen Parkplatz mit Gulaschkanone: Hier bietet das Landgasthaus Anja deftige Mahlzeiten aus der Feldküche.

Das trockengelegte Niedermoor des Roten Luchs weist eine Besonderheit auf: Der Stobber, der es fast schnurgerade durchströmt, wechselt seine Fließrichtung. Auf den ersten Blick erscheint die Landschaft eben wie ein Tisch, aber es gibt doch eine kaum sichtbare Erhöhung, und diese sorgt dafür, dass sich hier die Wasserscheide zwischen Ost- und Nordsee befindet.

Auf den letzten 3 km vor Werder wird der Weg dann zu einer breiten sandigen Bahn durch eine fast endlos erscheinende Ödnis, man hat das Gefühl, durch eine Wüste zu laufen, aber Werder entschädigt dafür. 1309 wurde das Dorf in einer Strausberger Urkunde erstmals genannt, und von ca. 1230 bis 1553 gehörte es dem Kloster Zinna, dann wurde es kurfürstliche bzw. später königliche Domäne. Noch heute ist der Charakter eines langgestreckten Angerdorfes mit einer Feldsteinkirche auf dem Anger gut zu erkennen. Die sehr schöne Kirche wurde womöglich von im Ort wirkenden Zisterziensermönchen um die Mitte des 13. Jhs. erbaut; es handelt sich um einen Rechteckbau mit einer runden Apsis, in deren Zentrum man von außen eine mit Ziegeln vermauerte Pforte in einem mit Feldstein verschlossenen Fenster wahrnehmen kann, ursprünglich gab es einmal eine Dreifensteranlage (Dreifaltigkeitsfenster). Am spätgotischen Westturm lassen sich Ritzzeichnungen entdecken. Im Ort gibt es außerdem noch eine Reihe von Drei- und Vierseithöfen aus der zweiten Hälfte des 19. Jhs. sowie das unter Denkmalschutz stehenden Schul-, Lehrer- und Küsterhaus in der Dorfstraße 42 zu bewundern.

Entfernung Stadtpfarrkirche Müncheberg → Dorfkirche Werder: ca. 19 km

Dorfkirche Werder: Geheimnisvolle Ritzzeichnungen (li.), Westturm

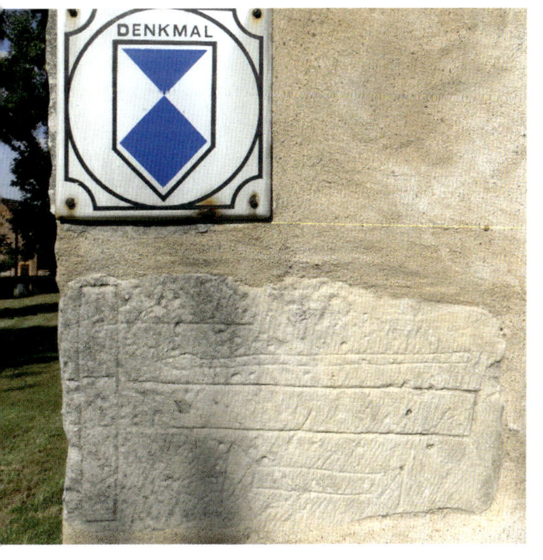

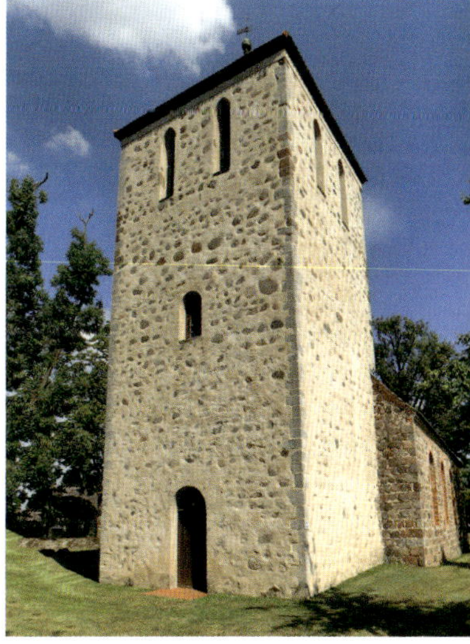

Wenig überraschend: Auf dem Garzauer Weg geht es nach **Garzau**. Wir überqueren dabei die Gleise der Oderlandbahn, der ehemaligen Ostbahn, biegen nach links ab und erreichen durch den Werderschen Weg die nächste Zwischenstation. Ebenfalls ein Angerdorf, wurde Garzau 1247 erstmals erwähnt. Die Kirche, die etwas erhöht auf dem Anger steht, ist ein Feldsteinquaderbau mit eingezogenem Chor aus der Mitte des 13. Jhs., der vermutlich aus dem 15. Jh. stammende Taufstein ist das einzige mittelalterliche Ausstattungsstück. In Garzau gibt es ein Schloss mit einem großen Landschaftspark: Nachdem der Generalleutnant Friedrich Wilhelm Carl Graf von Schmettau (1743–1806) das Rittergut Garzau 1779 erworben hatte, ließ er ein Schloss sowie einen Gutspark errichten, der sich mit dem Wörlitzer Park messen konnte; Beschreibungen des Naturforschers und Reiseschriftstellers Johann Georg Forster (1754–1794) lagen der Gestaltung zugrunde, und so gab es sogar eine Tahitianische Hütte. 1911 brannte das Schloss ab, wurde aber wieder aufgebaut und steht heute noch. Beachtenswert auch die alte Brennerei, im 19. Jh. erbaut und heute eine Begegnungsstätte, in der man auch übernachten kann (Motto: »Ich penne auf der Tenne«).

Unser Weg führt zur Pyramide Garzau, die sich im ehemaligen Schlosspark befindet und womöglich als eine Art Mausoleum für den Gutsherrn gedacht

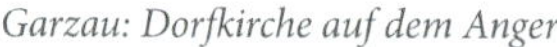

Garzau: Dorfkirche auf dem Anger

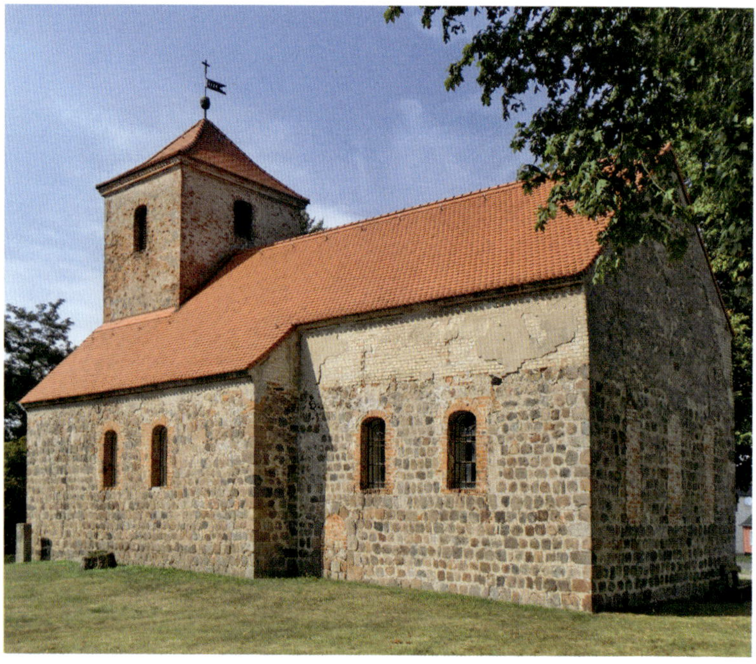

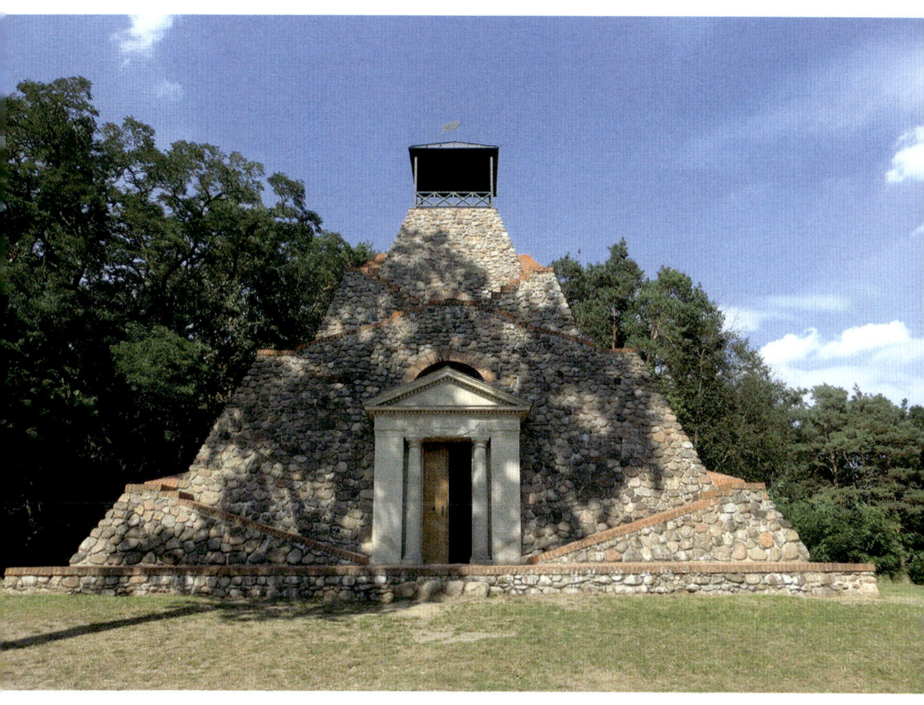

Die Garzauer Pyramide

war. Dieser verkaufte das Gut jedoch und erwarb 1804 Schloss Köpenick. Die Pyramide verfiel, wurde aber inzwischen mit Unterstützung eines Vereins wiederaufgebaut und darf sich mit dem Beinamen »größte Feldsteinpyramide Deutschlands« schmücken. Am Fuße des Hügels, auf dem die Pyramide steht, gibt es Schautafeln sowie einen Rastplatz mit den Insignien der Jakobspilger.

Der weitere ausgeschilderte Weg nach Strausberg weicht nun ab von der Route, die im Buch »Auf dem Jakobsweg durch Brandenburg« beschrieben wurde, als die Jakobswege noch nicht gekennzeichnet waren. Es geht durch Rehfelde-Siedlung und Herrensee auf einer endlosen Straße durch eine Datschensiedlung (Karl-Liebknecht-Straße), wo die Kiefern ihren charakteristischen Geruch verströmen, und wenn Langeweile töten könnte, käme man nie in Strausberg an. Aber schließlich erreichen wir den Herrensee, es geht nun stracks nach Norden in die Altstadt von **Strausberg**.

Wie nicht anders zu erwarten, kann auch die Stadt am Straussee auf eine lange und interessante Geschichte zurückblicken. Besiedlungsspuren reichen in die Bronzezeit zurück, und es gibt Belege für eine slawische Siedlungstätigkeit in der Umgegend. Die Geschichte des Ortes begann aber erst mit der Errichtung einer Burg durch die Markgrafen aus dem Hause Wettin auf der höchsten Erhebung über dem See. Bei dieser Burg »Struz(e)berg«, gelegen am »Struz(see)«, entstand wie so oft bald eine Marktsiedlung, die Stadtrecht erhielt und ab 1254 befestigt wurde – ein paar spärliche Reste der Stadtmauer sind noch vorhanden. Mit hoher Wahrscheinlichkeit hatten die Markgrafen eine große Zukunft für ihre Stadt geplant, wurde doch womöglich die Straße von Berlin bzw. Köpenick nach der Oder über Strausberg gelegt, zumindest kam der Weg über Wriezen (sog. via vetus) außer Gebrauch. Aber es ging Strausberg wie anderen Orten: Die Straße nach Frankfurt und der dortige Oderübergang gruben ihr das Wasser ab. Über lokale Bedeutung kam die Stadt nicht hinaus.

1867 erhielt **Strausberg** Anschluss an die Strecke der Preußischen Ostbahn, die von Berlin nach Königsberg und dazu führte, dass um den Bahnhof herum die Strausberger Vorstadt entstand. Die recht große Entfernung in die Innenstadt wurde ab 1893 von der Strausberger Kleinbahn überbrückt, ab 1920 Strausberger Eisenbahn, die heute noch – als Tram – existiert; lange Zeit wurden von der Straßenbahn übrigens auch Güter transportiert. Ein weiteres besonderes Verkehrsmittel ist die Straussee-Fähre, die seit 1894 die Stadt am Ostufer des Sees mit dem Waldgebiet »Jenseits des Sees« verbindet;

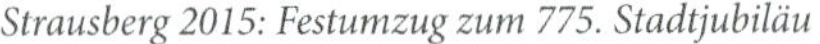

Strausberg 2015: Festumzug zum 775. Stadtjubiläu

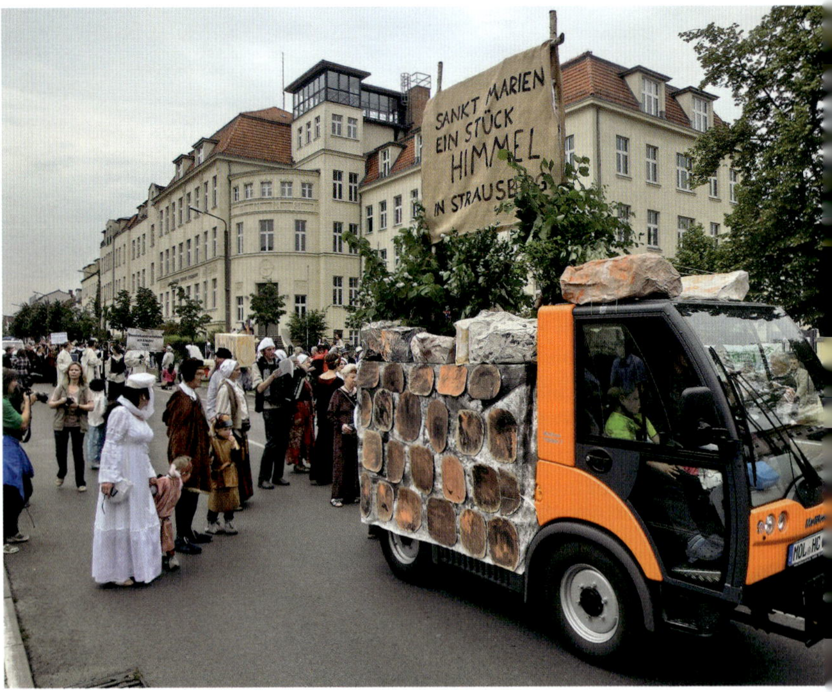

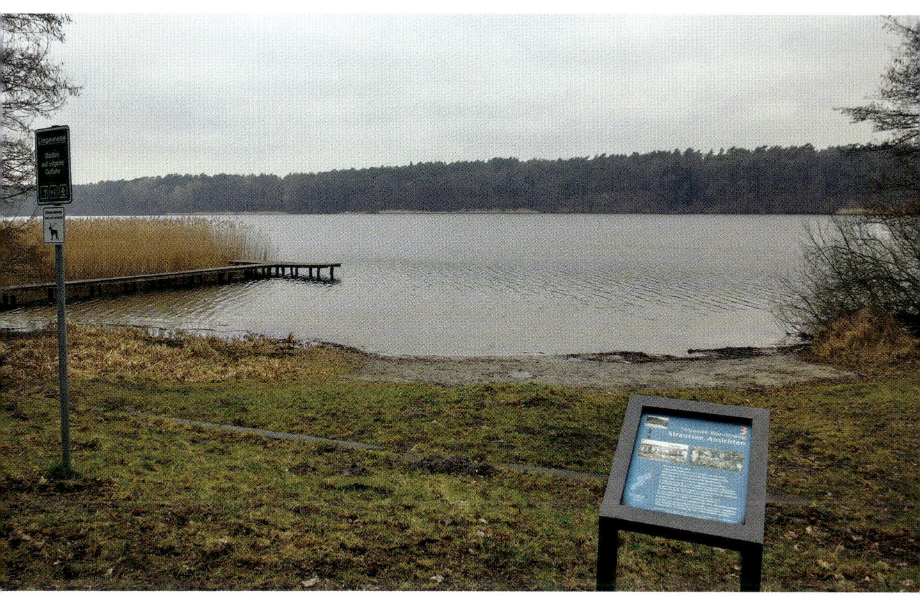

Straussee mit Hinweistafel zur Geschichte

seit 1914 wird sie elektrisch betrieben und ist ein in Europa einmaliges technisches Denkmal.

Strausberg, das sich heute wegen seiner wald- und wasserreichen Umgebung »grüne Stadt am See« nennt, besitzt eine 300-jährige Geschichte als Garnisonstadt. 1714 wurde die erste Kompanie eines Infanterieregiments stationiert, weitere Kompanien folgten. Im Jahre 1936 wurden der noch existierende Militärflugplatz und eine Luftwaffenkaserne errichtet, ab 1956 hatte das Ministerium für nationale Verteidigung der DDR hier seinen Sitz, heute ist die Stadt Bundeswehrstandort.

Die wichtigste Sehenswürdigkeit ist die Marienkirche, das älteste noch erhaltenes Bauwerk der Stadt. Sie gilt als eine der größten Kirchen aus dem 13. Jh. in der Mark und wurde in der zweiten Hälfte jenes Jahrhunderts »als querschifflose, dreischiffige Pfeilerbasilika ähnlich der Berliner Nikolaikirche aus Feldsteinquadern errichtet« (DEHIO). Bemerkenswert ist der wuchtige, über die Breite der Schiffe heraustretende, wehrhaft anmutende Westturm, der aus der Bauzeit stammt. Der klassizistische Vorbau am Portal der Südseite wurde aus Garzau hierher übertragen. Innen fallen die Sterngewölbe im Chor, die Gewölbeausmalung aus der Zeit um 1450 (1920 restauriert) sowie der Schnitzaltar von ca. 1520 auf. Im Mittelalter gab es mehr Kirchen und kirchliche Einrichtungen, so die Nikolaikirche der Kaufleutesiedlung am heutigen Lindenplatz, wo vor Jahren einige Reste ergraben werden konnten, ein

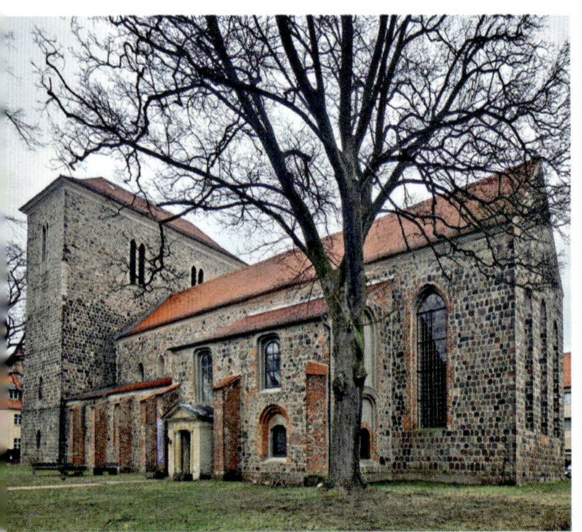

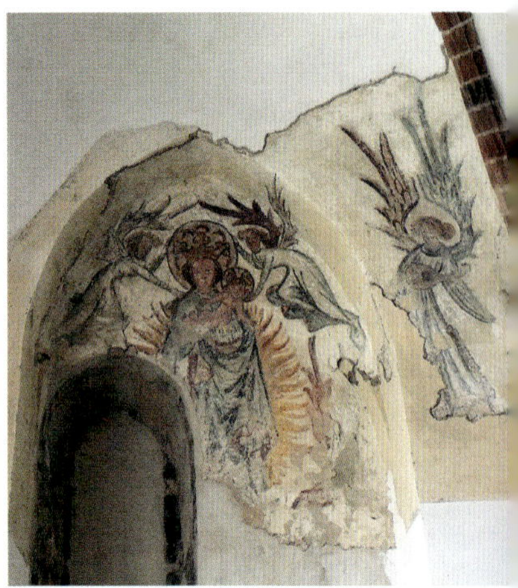

Strausberg, St. Marienkirche: Südseite (li.) und Wandmalereien

Dominikanerkloster, ein Georgenhospital mit Georgenkapelle vor dem längst verschwundenen Landsberger Tor, also am Südausgang der Stadt, sowie die Marienkapelle auf dem Marienberg südlich des Sees an der Stelle des Wasserturms, der heute als Antennenhalter für den Mobilfunk dient. Interessanterweise war die Marienkapelle ein Wallfahrtsort, also pilgerte man vom 15. Jh. bis in die Reformationszeit auch hierher, wobei die Bedeutung sicherlich nur regional war. In der Zeitschrift »Die Mark Brandenburg« (Heft 57 über Wallfahrtskirchen) schreibt André König: »In den brandenburgischen Gegenden erfuhr unter den Heiligen die Jungfrau Marie die größte Verehrung. Ziele regelrechter Marienwallfahrten wurden die Marienkapelle von Wüstendornstedt bei Hillersleben, die Marienklause vor Tangermünde (beide Altmark), die Marienkirche auf dem Harlunger Berg bei Brandenburg, die Kapellen auf dem Golmberg bei Stülpe sowie auf dem Krähenberg bei Strausberg … (alle Mittelmark). Darüber hinaus ist auch die Marienkirche zu Göritz an der Oder (Neumark) in die eben genannte Reihe der Gnadenorte aufzunehmen.« Bei Tangermünde, Brandenburg, Strausberg und Göritz (Górzyca) handelt es sich um Orte an jetzt oder demnächst ausgeschilderten Jakobswegen!

Bei einem Stadtrundgang stößt man außerdem auf das klassizistische Rathaus auf dem Markt (1819–25), das Amtsgericht in der Klosterstraße, ein typisch preußisches Gerichtsgebäude von 1885, sowie Reste der Stadtmauer. Ansonsten findet man die ebenso typische traufständige Wohnbebauung wie in vielen anderen märkischen Städten.

Entfernung Stadtpfarrkirche Müncheberg → St. Marienkirche Strausberg: ca. 32,5 km

Stadt- und Touristinformation Strausberg, August-Bebel-Str. 1, 15344 Strausberg, Tel.: 03341/31 10 66

Landgasthaus Anja, Berliner Str. 1d, 15374 Müncheberg OT Hoppegarten, und Imbiss mit Gulaschkanone, Tel.: 033432/720 77 (Das Landgasthaus ist seit der Corona-Pandemie bis auf Weiteres geschlossen.)

Für Strausberg werden aus Platzgründen nur ausgewählte gastronomische Einrichtungen in oder nahe bei der Altstadt dargestellt:

Restaurant Am Fischerkiez, Fischerkietz 6, 15344 Strausberg, Tel.: 03341/49 79 00

Restaurant Lindenstübchen, Lindenplatz 14, 15344 Strausberg, Tel.: 03341/490 92 12

Ferienwohnung Werder bei Strausberg, Werdersche Dorfstr. 42, 15345 Rehfelde OT Werder, Tel.: 033435/765 96 (Pilgerzimmer und -stempel!)

Landhaus Garzau (direkt am Jakobsweg), Alte Heerstr. 82, 15345 Garzau-Garzin, Tel.: 033435/15 65 45

Haus H und M – am Bahnhof Rehfelde, Bahnhofstr. 26, 15345 Rehfelde, Ansprechpartnerin: Heidrun Mora, Tel.: 033435/716 98 oder 0171/713 29 95 (Pilgerzimmer und -stempel)

Für Strausberg werden nur Unterkünfte dargestellt, die sich in oder bei der Altstadt oder nahe am Jakobsweg befinden:

Der Seegasthof, Fichteplatz 1, 15344 Strausberg, Tel.: 03341/30 50 10

Pension Zur Alten Stadtmauer, An der Stadtmauer 3, 15344 Strausberg, Tel.: 03341/31 47 36

Pension Zur Altstadt, Große Str. 17, 15344 Strausberg, Tel.: 03341/25 06 64

Pension am Straussee, Georg-Kurtze-Str. 21, 15344 Strausberg, Tel.: 03341/31 38 21

Rotes Luch, Pyramide und Alte Brennerei Garzau, Altstadt Strausberg, Fähre Straussee, Rundweg um den Straussee u. a.

Dorfkirchen Werder und Garzau gehören zur evangelischen Kirchengemeinde Herzfelde-Rehfelde, Tel.: 033435/761 90

Stadtpfarrkirche St. Marien Strausberg, Mai–Sept. Führungen u. Turmbesteigungen sind nach Absprache jederzeit möglich. Anmeldung im Gemeindebüro, Tel.: 03341/21 55 41 (auch Pilgerherberge unter dieser Telefonnummer, Ansprechpartner: Pfarrer Kuhn)

Pyramide Garzau, Konzerte und Führungen erkunden auf www.pyramide.garzau.de.

Heimatmuseum Strausberg, August-Bebel-Str. 33, 15344 Strausberg, Tel.: 03341/236 55

Strausberg: RB26, S5, Tram 89 und diverse Busse.

durchgehend gut befahrbar, auch Wald- und Landwege

TIPP für Rund- und Durchblicker: Schön ist eine Wanderung auf dem rund 9 km langen Straussee-Rundweg, der, wie der Name sagt, einmal um den See führt. Dabei gibt es zwölf Positionen Schautafeln mit historischen Ansichten, die es einem ermöglichen, mit dem heutigen Blick über den See zu vergleichen – darüber hinaus erfährt man eine Menge über die Stadtgeschichte.

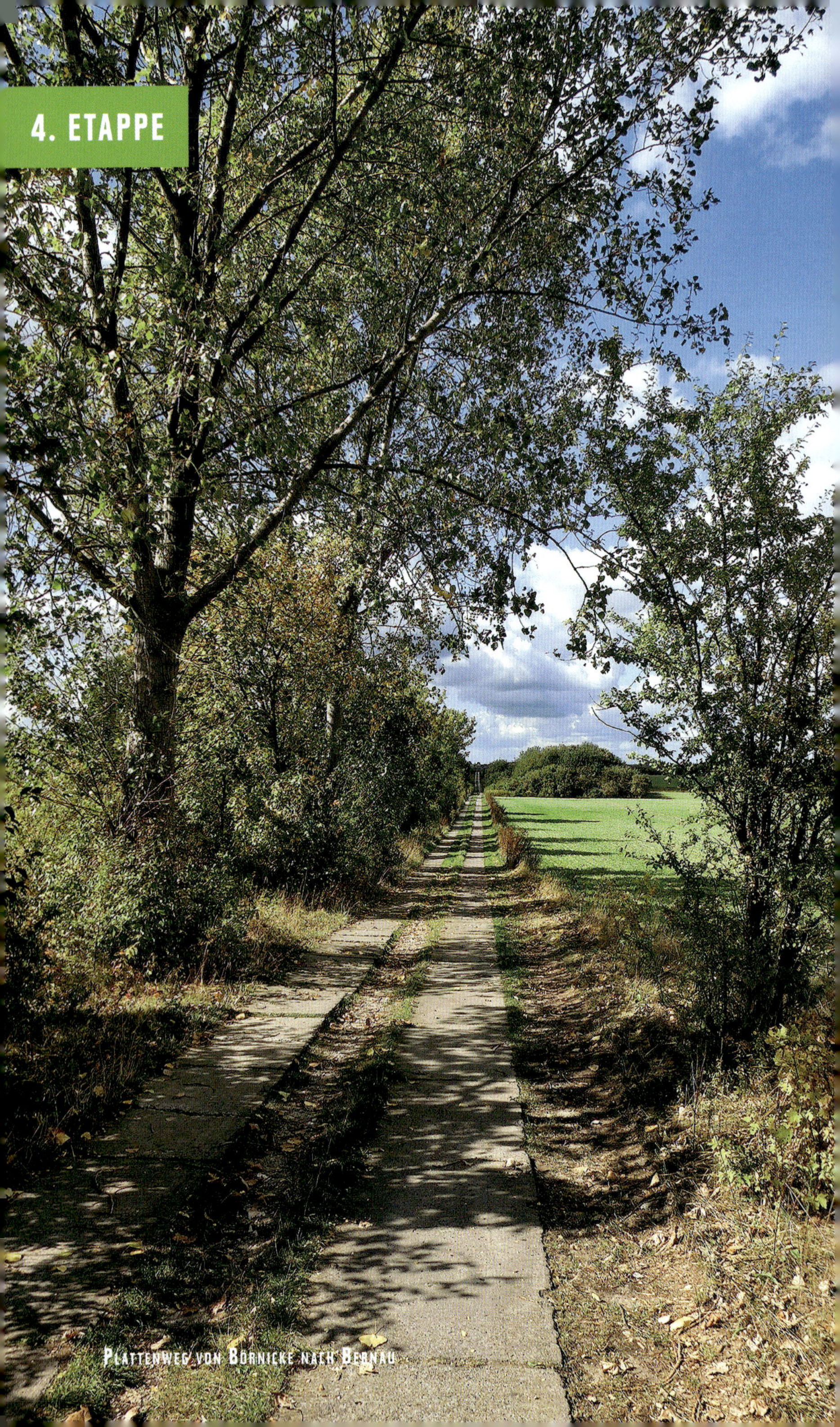

Plattenweg von Börnicke nach Bernau

VON STRAUSBERG NACH BERNAU

Ausgangspunkt: St. Marienkirche Strausberg
Zielpunkt: St. Marienkirche Bernau

Von St. Marien geht es die Große Straße entlang nach Norden. Wir biegen nach links in die Badstraße und erreichen bald den See. Der Weg ist als Jakobsweg ausgeschildert, rasch finden wir auch eine entsprechende Schautafel. Durch die Siedlung Schillerhöhe am Nordufer des Sees (Wesendahler Straße) verlassen wir Strausberg gen Wesendahl. Bald geht es, wenn auch nur für ein paar Kilometer, in den Wald. Am Grenzfließ Gamengrund stehen die Gebäude der **Wesendahler Mühle**, und zwar nur ein paar Meter vom romantischen Fängersee entfernt. Die ursprünglich aus dem 16. Jh. stammende Mühle, in der noch bis zum Ende des Zweiten Weltkrieges Getreide gemahlen wurde, machte in der DDR Karriere als Betriebsferienheim und wurde dann ein beliebtes Ausflugslokal. 2007 musste es allerdings geschlossen werden, und nun rotten die Gebäude vor sich hin. Zu sehen ist aber noch das Mühlrad, das sich allerdings nicht mehr dreht.

Bei der Mühle verlassen wir den Wald und erreichen den Camargue-Pferdehof am Ortseingang von **Wesendahl**, wo man im Sommer auch einen Imbiss einnehmen sowie übernachten kann. Der kleine Ort wurde um 1300 erstmals erwähnt, gehört heute zur Stadt Altlandsberg und hat etwas mehr als 300 Einwohner. Auf dem Dorfanger erhebt sich die Kirche, ein spätromanischer Feldsteinbau mit eingezogenem Chor; beim breit gelagerten Turm fällt das spätere Backsteingeschoss (15./16. Jh.) mit dem Dachreiter ins Auge. Beim Verlassen des Dorfes auf einer versandeten Kopfsteinpflasterstraße sieht

Wesendahler Mühle (li.) und Dorfkirche von Wesendahl

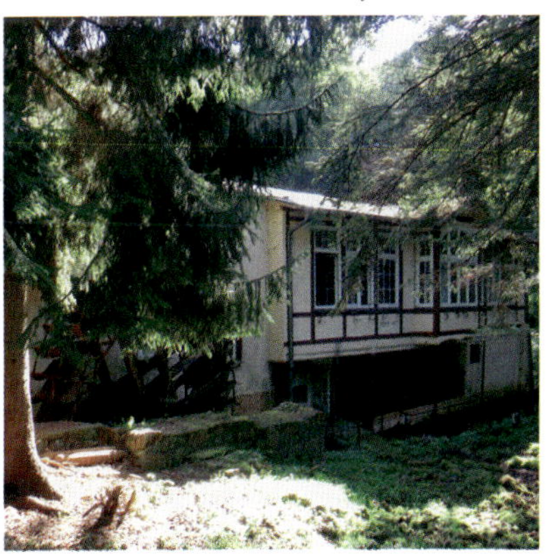

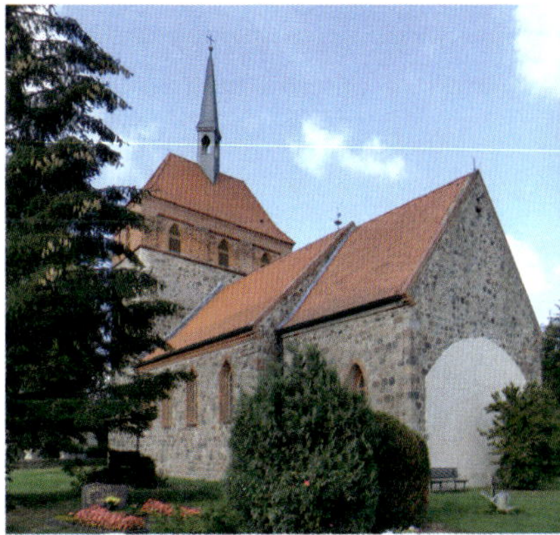

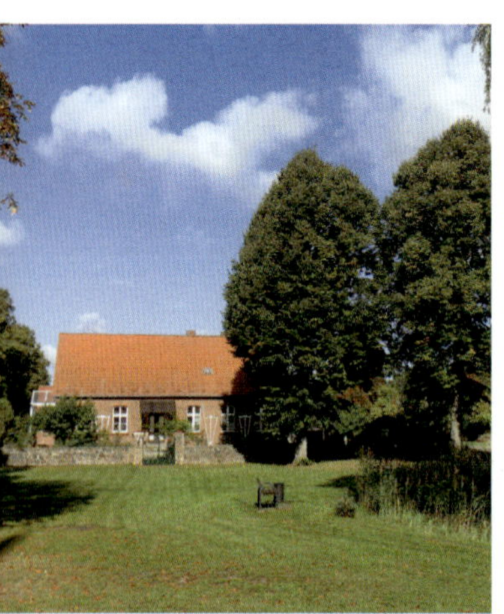

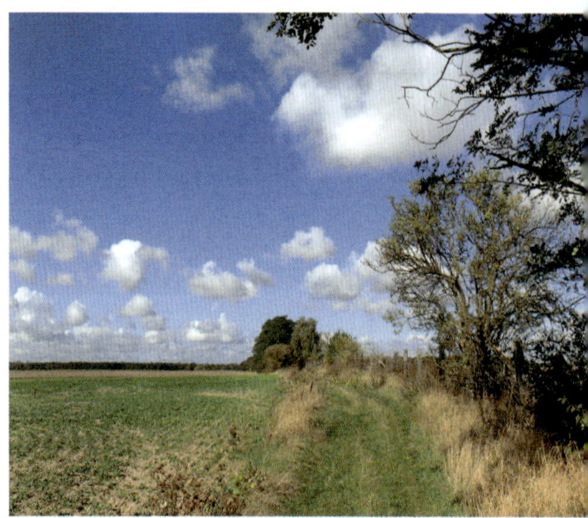

Dorfanger von Wesendahl (li.), Feldweg von Wesendahl nach Werneuchen

man die Obstplantagen, die zur sogenannten Selbstpflücke einladen. Von nun an führt unser Weg mit wenigen Ausnahmen bis Bernau durch landwirtschaftlich genutztes flaches Land. Zwischen Wesendahl und Werneuchen stören wieder einmal Windkrafträder den weiten Blick. Doch soll an dieser Stelle hervorgehoben werden, dass sich überall am Wege mit der Jakobsmuschel gekennzeichnete Rastplätze und Schautafeln befinden.

Werneuchen, Ersterwähnung 1247, ist ein kleiner Ort mit etwa 8.000 Einwohnern, wobei die Ortsteile in dieser Zahl enthalten sind. 1375 wurde Werneuchen zwar das Stadtrecht verliehen, aber der unbefestigte Ort wurde sowohl von den Hussiten vollkommen zerstört, als auch im Dreißigjährigen Krieg niedergebrannt, verlor danach den Status einer Stadt und erhielt ihn erst 1865 wieder. Werneuchen bekam 1898 mit dem Anschluss an die Wriezener Bahn eine direkte Eisenbahnverbindung nach Berlin, die heute noch besteht, allerdings wurde der Streckenabschnitt der Bahn in Richtung Wriezen und weiter ins heutige Polen inzwischen stillgelegt. Dass die kleine Stadt über einen Flugplatz verfügt, hat mit der Aufrüstung der Nationalsozialisten zu tun, erhielt sie doch 1937 einen Fliegerhorst der Luftwaffe. Der Flugplatz wurde nach dem Krieg von der sowjetischen Armee genutzt und dient heute als Sportflugplatz. Zu den Sehenswürdigkeiten gehören der Markt mit dem Rathaus, die neugotische Stadtpfarrkirche von 1873/74, das westlich der Kirche gelegene Mausoleum der unzweifelhaft hugenottischen Familie Petitjean und daneben das Grab des Pastors Friedrich Wilhelm August Schmidt (1764–1838). Am nahe gelegenen Pfarrhaus erinnert eine Tafel an den 1795 bis zu seinem Tode hier wirkenden Dichter, der als »Schmidt von Werneuchen« einen geradezu legendären Rang erlangte und dem Fontane in seinen

»Wanderungen« eine ausführliche Würdigung angedeihen ließ. Das Pfarrhaus selbst wurde allerdings erst 1929 anstelle des Gebäudes von 1737/38 errichtet, in dem der Dichterpastor seine Predigten und seine Gedichte schuf.

Entfernung St. Marienkirche Strausberg → Stadtpfarrkirche St. Michael Werneuchen: ca. 15 km

Bevor man in die Köpenicker Straße einbiegt, kann man noch einen Blick auf das »Schloss« werfen, das Gutshaus von 1913, aber dann geht es weiter auf dem Jakobsweg nach **Löhme**. Wir wandern durch das Gewerbegebiet, überqueren die B 158 und nehmen Kurs auf das Bahngleis, aber zuvor entdecken wir eine große Skulptur aus schwarzem Holz, die Jakobspilger darstellt: Diese »Kunst auf dem Weg – Kunst am Jakobsweg« wurde von Ekkehard Koch geschaffen. Später stoßen wir noch einmal auf eines seiner Werke.

Nach einem kurzen Weg ist auch schon das Dorf erreicht. Ein Hofladen am Wegesrand lädt zu einem Imbiss ein, der Haussee zum Verweilen. Löhme wurde 1375 im Landbuch Karls IV. – einem Verzeichnis der Orte und der Einnahmen der Mark Brandenburg – erstmalig erwähnt. Kronprinz Friedrich, der spätere König Friedrich II., kaufte das Gut 1735 und richtete das Domänengut Löhme ein, das bis 1945 existierte. 1958 wurde Löhme das erste vollgenossenschaftliche sozialistische Dorf. Inmitten des Ortes erhebt sich eine spätgotische Feldsteinkirche aus dem 15. Jh. Eine unter dem Kirchenschiff gelegene Gruft soll die Überreste derer von Katte, von Arnim und anderer Herren enthalten, allerdings ist sie seit 1909 nicht mehr zugänglich.

Werneuchen: Grabkreuz des Dichterpastors Schmidt (li.), neugotische Pfarrkiche

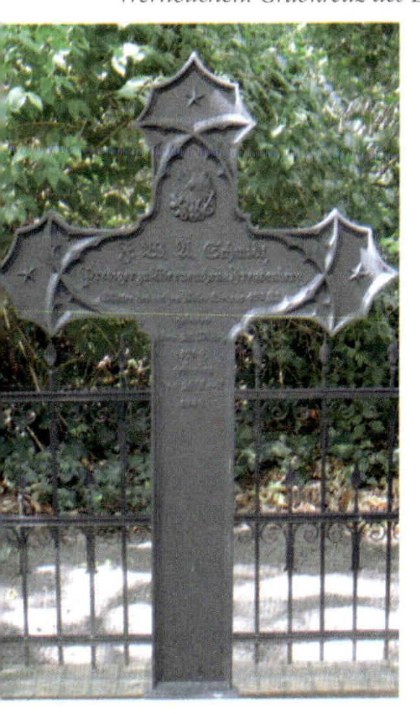

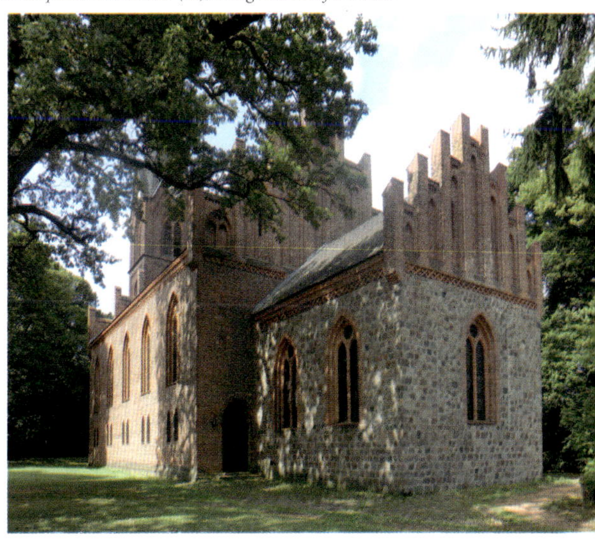

Nach einem kurzen Stück auf der Landstraße L 30 wandern wir auf einem Feld- und Waldweg in Richtung Helenenau, einem Vorwerk des Dorfes Börnicke, zu dem wir auf dem Helenenauer Weg gelangen. Das Vorwerk erhielt seinen Namen von Frau und Tochter des Gutsbesitzers Otto Franz Theodor Hosemann, der das Gut 1861 von seinem Schwiegervater als Hochzeitsgeschenk bekam; zehn Jahre später starben die Gattin Henriette Helene und Töchterchen Helene Auguste in einer Berliner Klinik im Kindbett.

Börnicke ist vom Ursprung ein Angerdorf und wurde in einer Urkunde von 1300 erstmals erwähnt. Etwa um diese Zeit, vermutlich sogar etwas früher als die Ersterwähnung, wurde die Dorfkirche gebaut, der übliche Feldsteinbau mit breitem Westturm, der allerdings mit Backsteingiebeln geschmückt ist, die Fialen tragen. Börnicke fiel im Verlaufe des Dreißigjährigen Krieges wüst, wurde dann aber allmählich mit Bauern neu besetzt, wurde Rittergut und geriet nach etlichen Besitzerwechseln schließlich ins Visier des Bankiers Ernst Mendelssohn Bartholdy, einem Enkel des Philosophen Moses

Kunst am Jakobsweg von Ekkehard Koch

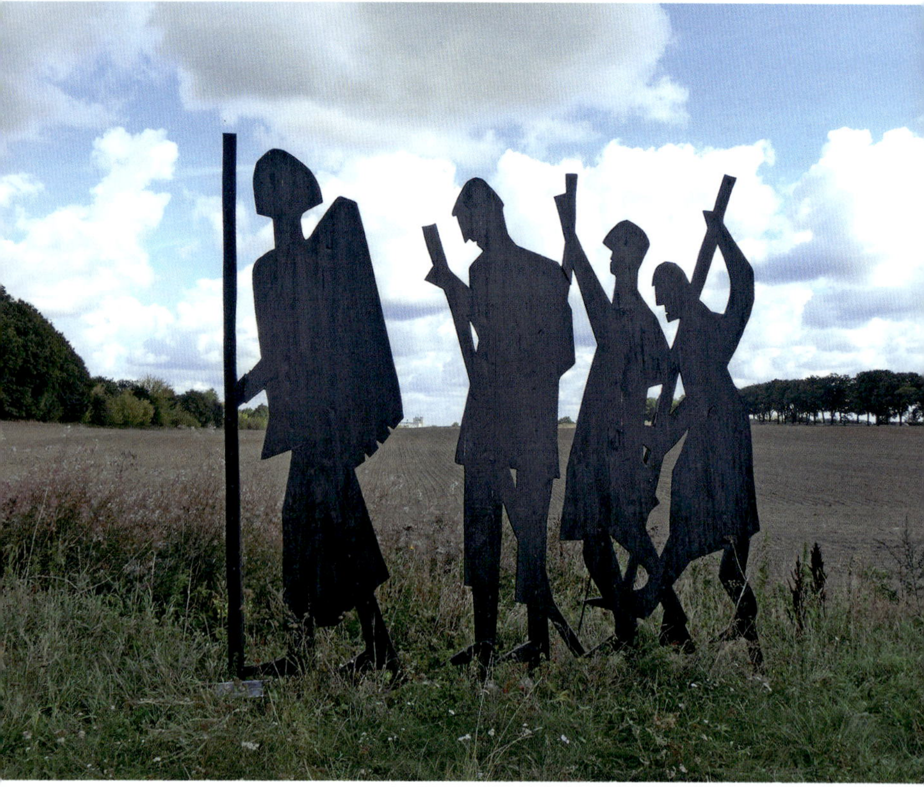

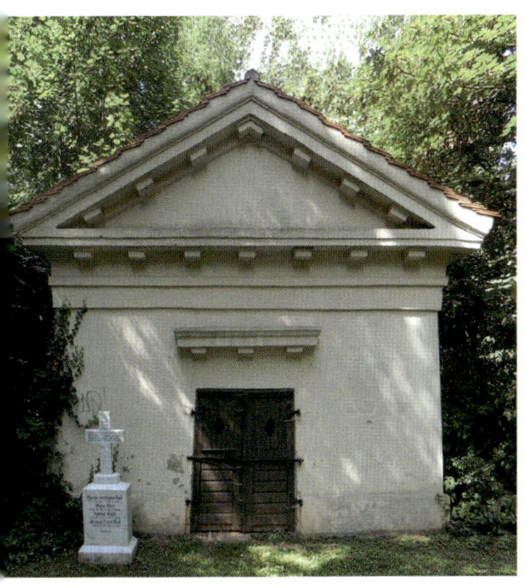

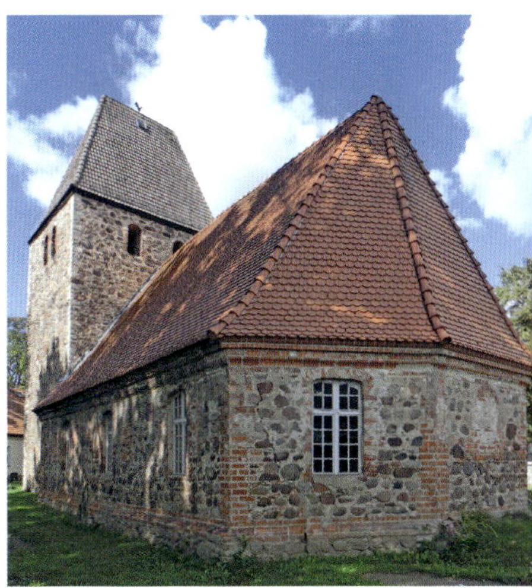

Grabmal der Familie Petitjean in Werneuchen (li.), Dorfkirche von Löhme

Mendelssohn und Neffen des Komponisten Felix. 1892 erwarb der Kommerzienrat das Gut, sein Sohn Paul ließ das Schloss umbauen, das heute noch existiert und sich als Ort kultureller Veranstaltungen zu etablieren versucht. An der Südseite der Kirche befindet sich eine Familiengrabstätte der Mendelssohn Bartholdy, auf dem Friedhof ist auch das Grabmal der Helenen Hosemann zu besichtigen.

Im Übrigen fällt auf, dass viele der Bauten in dem sehr sehenswerten Dorf aus Backsteinen erbaut wurden. Eines der Gebäude beherbergt ein Schulmuseum.

Kurz vor Verlassen des Dorfes entdecken wir noch »Ferdinand's Hof«, wo es einen Hofladen und ein Café gibt, dann nehmen wir einen Plattenweg unter die Sohlen, der, für die Radler sei es angemerkt, etwas holprig daherkommt. Schon seit Werneuchen wandern wir durch den Regionalpark Barnimer Feldmark und erreichen schließlich unser Ziel **Bernau**.

Regionalpark Barnimer Feldmark

Der Regionalpark Barnimer Feldmark gehört zu einer Kette von Regionalparks im Metropolenraum der deutschen Hauptstadt, auf deren Entwicklung sich die Länder Brandenburg und Berlin am Ende des vorigen Jahrhunderts geeinigt haben. Die Barnimer Feldmark ist eine über Jahrhunderte durch Landwirtschaft geprägte Kulturlandschaft, die sich über Teile der Landkreise Barnim und Märkisch-Oderland sowie der Berliner Stadtbezirke Lichtenberg und Marzahn-Hellersdorf erstreckt. Angerdörfer, Gutshöfe und Herrenhäuser, liebevoll restaurierte Kirchen und Feldsteinbauten, kleine Seen, weite Felder mit Feldsöllen und alte Alleen sind wesentliche Details, die den besonderen Reiz dieser Landschaft prägen.
Text: Schautafel in Löhme

Regionalpark Barnimer Feldmark e.V.
Am Bahnhof 2
16356 Ahrensfelde
Tel.: 033394/536-0

Entfernung St. Marienkirche Strausberg → St. Marienkirche Bernau: ca. 31,2 km

- Tourist-Information Bernau bei Berlin, Bürgermeisterstr. 4, 16321 Bernau bei Berlin, Tel.: 03338/37 65 91
- Tourist-Information Stadt Werneuchen, Am Markt 5, 16356 Werneuchen, Tel.: 033398/816 10
- Bistro Pferdeschänke auf dem Camargue-Pferdehof Wesendahl, Am Park 1, 15345 Altlandsberg OT Wesendahl, Tel.: 0176/57 25 72 72 (Bistro) oder 0171/278 02 96 (Pferdehof), auch
- Imbissgaststätte Zum Tender, Am Bahnhof 2, 16356 Werneuchen, Tel.: 033398/91 88 33 oder 0152/27 46 33 24
- Gaststätte & Pension Zur Fischerhütte, Seestr. 11, 16356 Werneuchen, OT Löhme, Tel.: 033398/79 26, auch
- Hotel Annenhof, Freienwalderstr. 46, 16356 Werneuchen, Tel.: 033398/903 76, auch

Grablege der Familie Mendelssohn Bartholdy an der Dorfkirche Börnicke

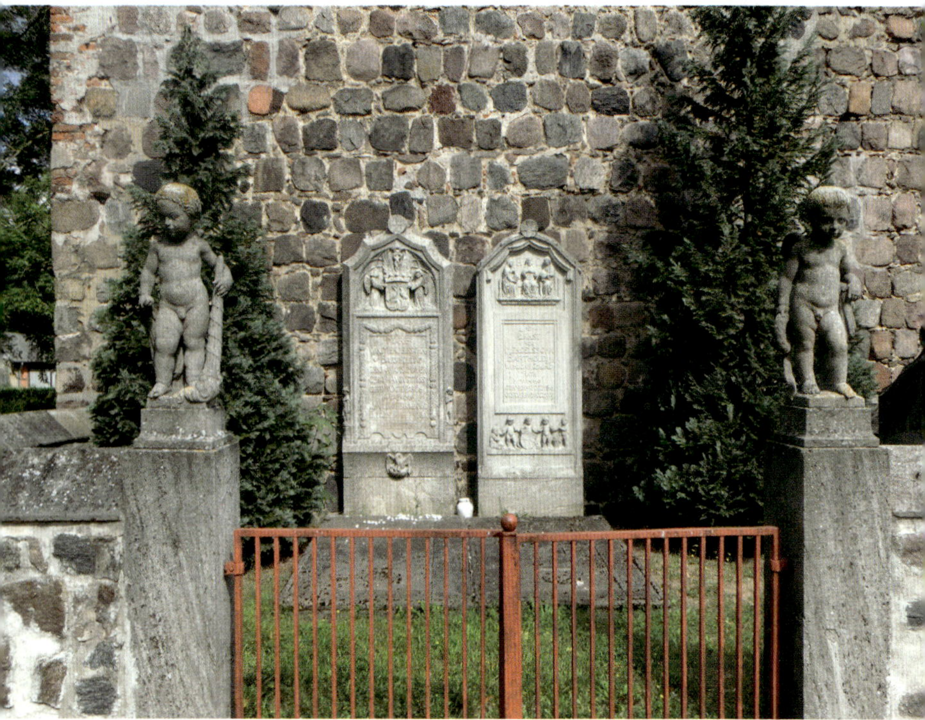

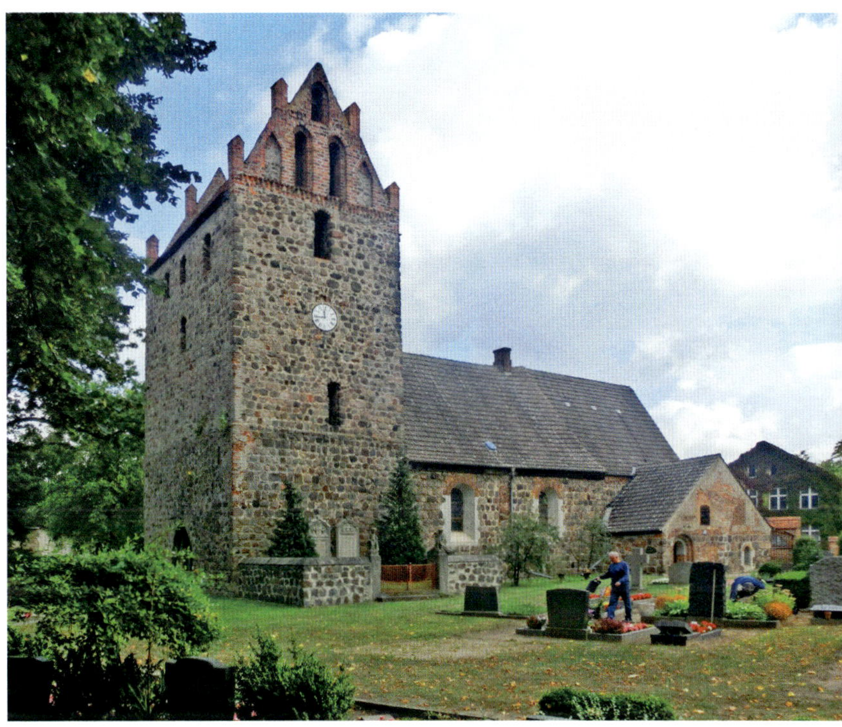

Dorfkirche in Börnicke

- Pilgerherberge San Lobell, Löhmer Dorfstr. 10, 16356 Werneuchen, OT Seefeld-Löhme, Ansprechpartner: Fam. Fischer, Tel.: 033398/682 62 oder 0173/977 30 01
- Pension Reiterhof Helenenau, Helenenauer Weg 10, 16321 Bernau, OT Börnicke, Tel.: 03338/33 13
- Pilgerherberge im hist. Feuerwehrauto, Ernst-Thälmann-Straße 5, 16321 Bernau OT Börnicke, Ansprechpartner: Gabriele, Theresa und Eckart Koch, Tel.: 0151/57 89 19 45
- Straussee und Fängersee, Haussee zwischen Löhme und Seefeld, Barnimer Feldmark, Dorfensemble Börnicke.
- ✝ Dorfkirche Wesendahl, nach Absprache mit dem Pfarramt Altlandsberg, Berliner Str. 16, Tel.: 033438/602 10
- ✝ Stadtpfarrkirche St. Michael Werneuchen, Anmeldung im Pfarramt, Schulstr. 3, 16356 Werneuchen, Tel.: 033398/902 47
- ✝ Dorfkirche Löhme, Anmeldung und Schlüssel bei Edeltraud Arndt, Tel.: 033398/764 59
- ✝ Dorfkirche Börnicke, Anmeldung Ev. Pfarramt Bernau, Frau Werstat, Kirchplatz 8, Tel.: 03338/702 20 (auch Pilgerherberge unter Tel.: 033435/71 698 oder 0171/713 29 95)
- Verbindung Werneuchen und Seefeld-Löhme von/nach Berlin-Lichtenberg mit RB 25
- Durchgehend befahrbar, sandige Wegeabschnitte, vor Helenenau zusätzliche Zerstörung durch Reitpferde, kaum/keine Schiebestrecken.

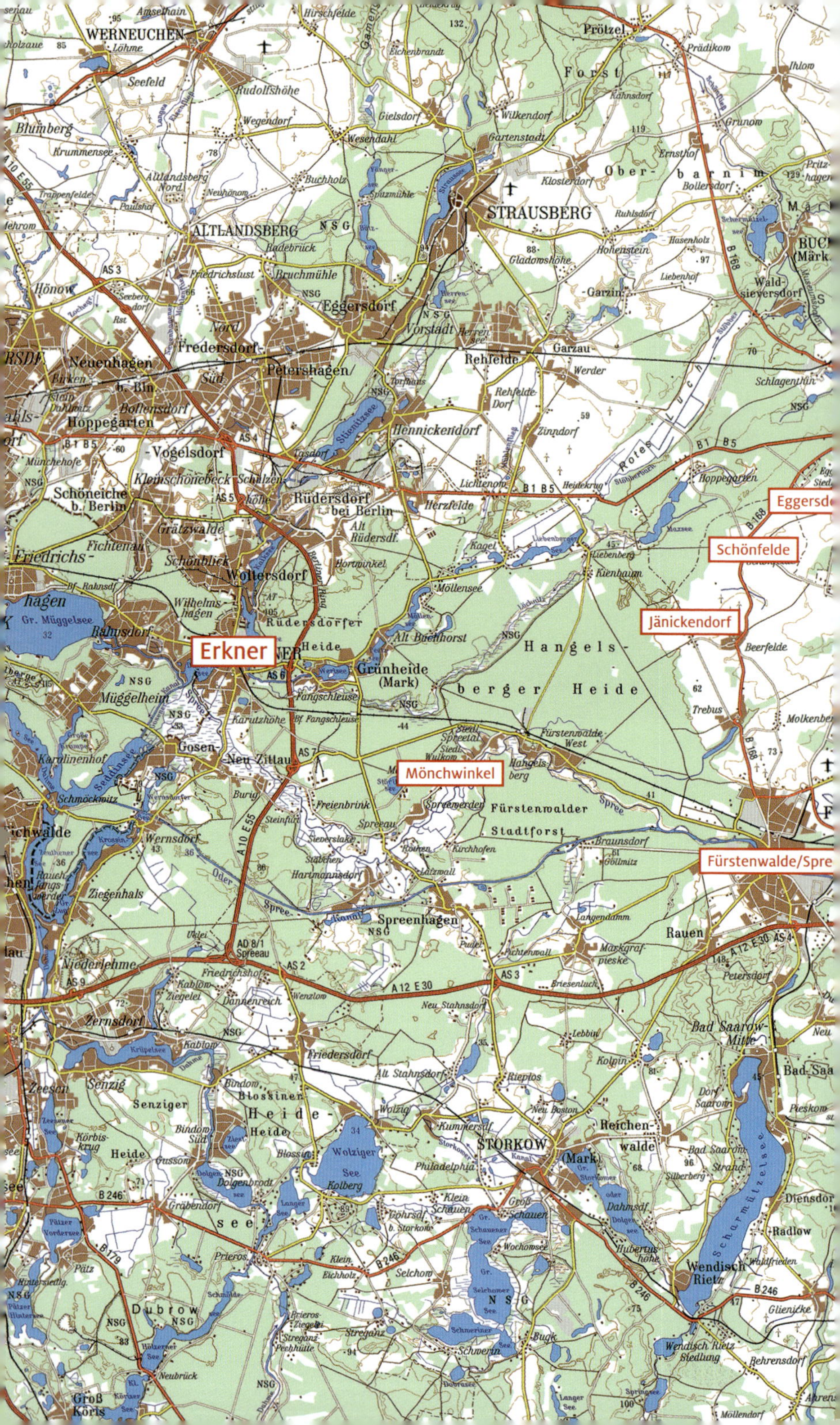

Erkner
Mönchwinkel
Eggersdorf
Schönfelde
Jänickendorf
Fürstenwalde/Spree
WERNEUCHEN
ALTLANDSBERG
STRAUSBERG
Prötzel
Neuenhagen b. Bln.
Hoppegarten
Fredersdorf
Petershagen
Eggersdorf
Rehfelde
Hennickendorf
Vogelsdorf
Schöneiche b. Berlin
Rüdersdorf bei Berlin
Woltersdorf
Grünheide (Mark)
Hangelsberger Heide
Fürstenwalder Stadtforst
Müggelheim
Gosen
Neu Zittau
Wernsdorf
Spreenhagen
Niederlehme
Zernsdorf
Senzig
Bad Saarow-Mitte
Rauen
STORKOW (Mark)
Reichenwalde
Wendisch Rietz
Scharmützelsee
Wolziger See
Prieros
Dubrow
Groß Köris

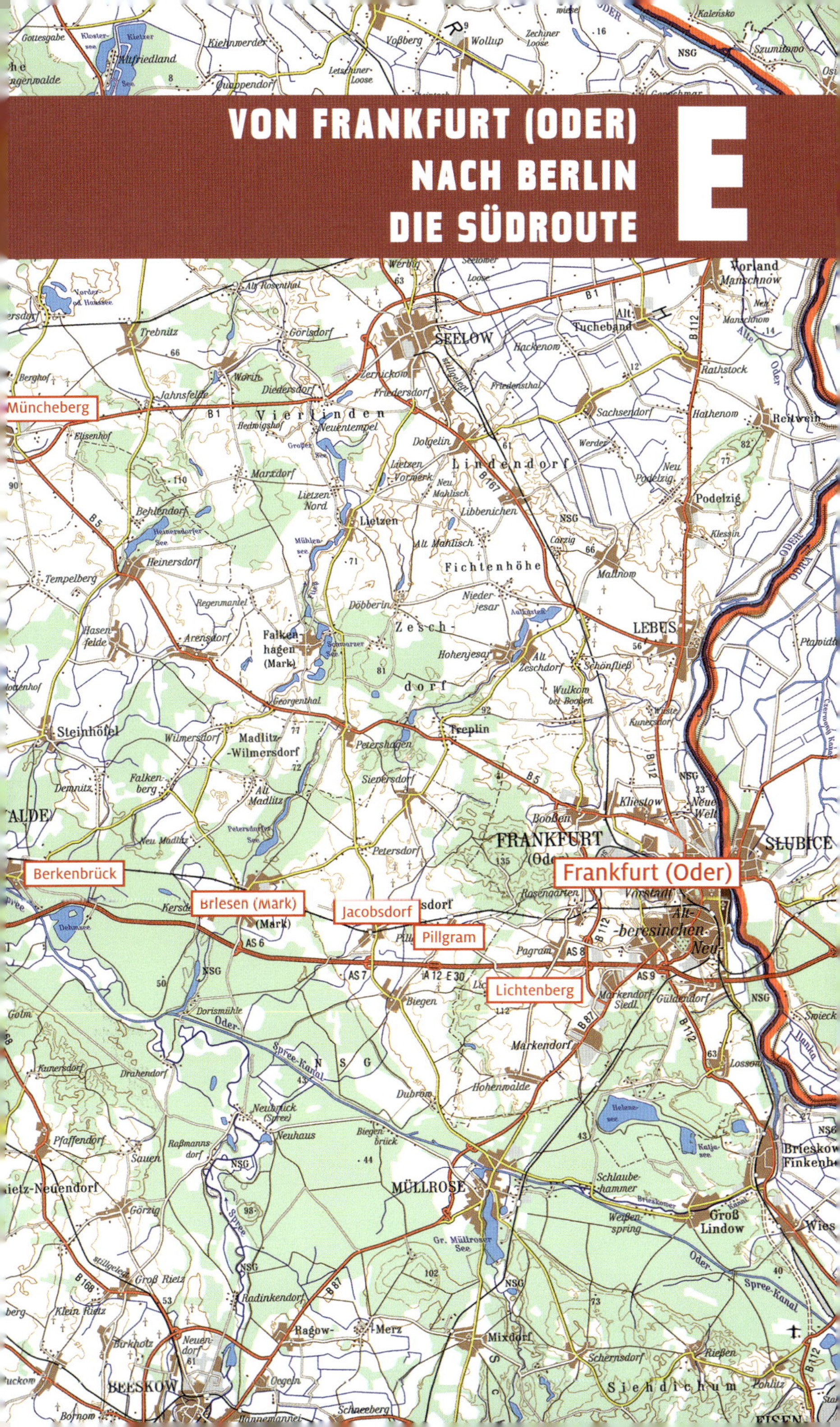
VON FRANKFURT (ODER)
NACH BERLIN
DIE SÜDROUTE
E
Müncheberg
Berkenbrück
Briesen (Mark)
Jacobsdorf
Pillgram
Lichtenberg
Frankfurt (Oder)

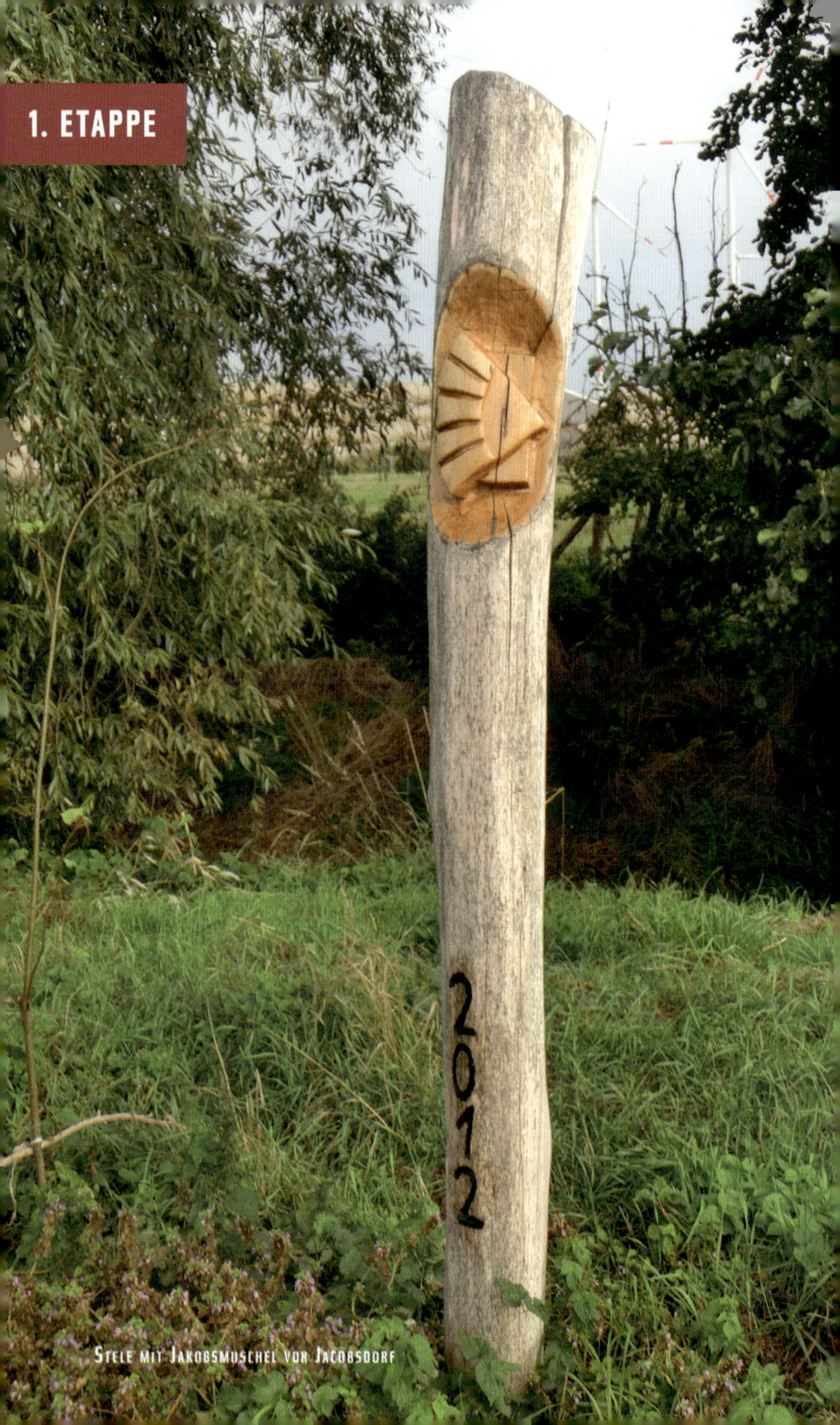

Stele mit Jakobsmuschel vor Jacobsdorf

VON FRANKFURT (ODER) NACH BRIESEN (MARK)

Ausgangspunkt: St. Marienkirche Frankfurt
Zielpunkt: Dorfkirche Briesen

Diese Route, die von Frankfurt über Fürstenwalde nach Erkner oder auch weiter nach Teltow verläuft, ist ebenfalls vorbildlich ausgeschildert, es gibt Rastplätze und Schautafeln. Sollte doch einmal die Jakobsmuschel Andenkensammlern oder Vandalismus zum Opfer gefallen sein, bietet übrigens auch der rote Querbalken auf weißem Grund die richtige Wegweisung.

Die historischen Aspekte und Fragen dieses Wegverlaufs werden im Zusammenhang mit Stadt und Spreeübergang Fürstenwalde erörtert.

Der Weg beginnt ebenfalls an der Marienkirche, führt dann über den Brunnenplatz, die Karl-Marx-Straße entlang nach Norden und schließlich nach links in die Rosa-Luxemburg-Straße. Aus ihr wird zuerst die Karl-Liebknecht-, dann die August-Bebel-Straße, auf der wir den Kießlingplatz erreichen. Hier lohnt es sich, ein wenig zu verweilen: Der Platz wurde nach dem Architekten Johann Martin Kießling benannt, der an dieser Stelle 1922/23 die Siedlung »Paulinenhof« für Beamte der Reichsbahndirektion Ost errichtete, die 1922 aus dem polnisch gewordenen Gebieten jenseits der Oder nach Frankfurt verlegt werden musste. Dass Kießling dabei die bis nach dem Ersten Weltkrieg populäre Gartenstadtidee umsetzte, davon kann man sich bei einem Spaziergang durch die Siedlung überzeugen.

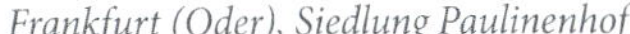

Frankfurt (Oder), Siedlung Paulinenhof

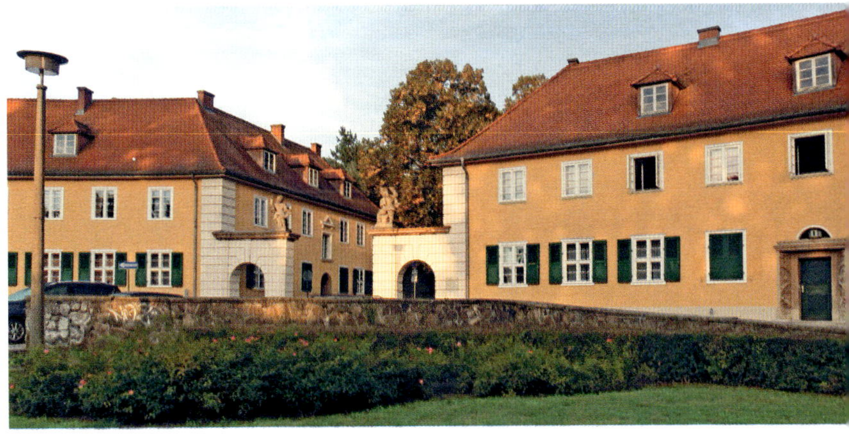

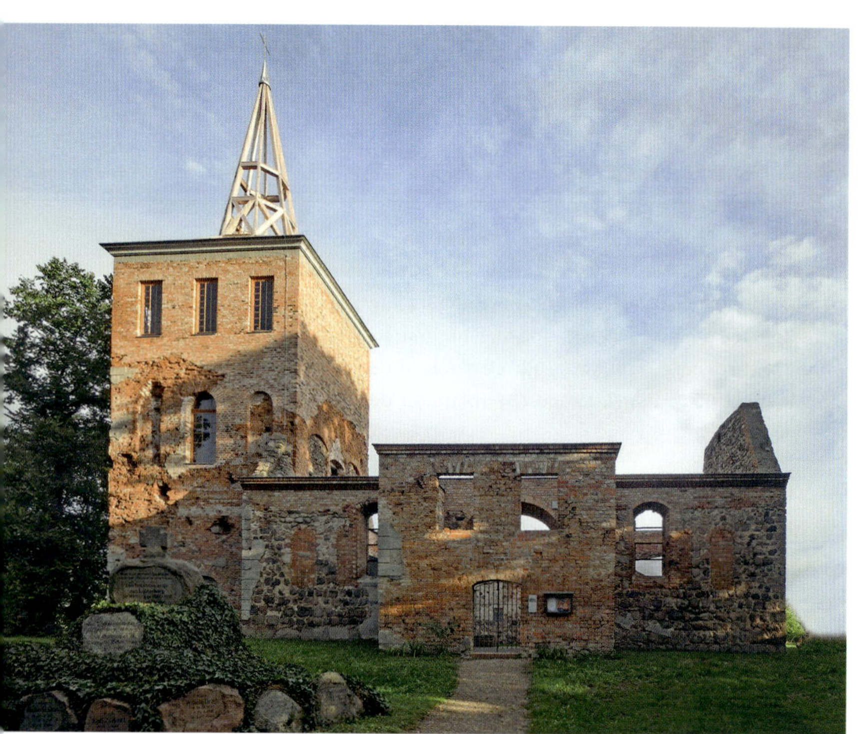

Die Kirchenruine in Lichtenberg bei Frankfurt (Oder)

Der Weg ist als Jakobsweg ausgeschildert, und wir folgen ihm erst in westlicher, dann in südlicher Richtung, bis wir **Lichtenberg** erreichen, ein Dorf, das zur Stadt Frankfurt gehört. Die frühgotische Feldsteinkirche von Anfang des 14. Jhs. mit dem Westturm von 1597 wurde 1945 zerstört und als Ruine erhalten; inzwischen wurde der Turm saniert, ein Textildach wurde eingezogen und eine hölzerne Spitze auf den Turm platziert. Auch einen Rekord halten die Lichtenberger, denn der aus dem Stumpf einer Windmühle erbaute Bismarckturm ist mit seiner sagenhaften Höhe von 5 m der kleinste Aussichtsturm Deutschlands.

Entfernung St. Marienkirche Frankfurt → Dorfkirche Lichtenberg: ca. 12,5 km

Lichtenberg und **Pillgram**, unsere nächste Station, verbindet eine teilweise versandete alte Kopfsteinpflasterstraße, die von Kirsch-, Apfel- und Pflaumenbäume gesäumt wird und an der man sich bei fortgeschrittener Jahreszeit einen Vitaminstoß verpassen kann. An dieser Stelle fällt uns Hans Mundts Bemerkung zum Feldstein ein: »Wenn man aus Steinen baute, waren es Feldsteine – aus dem die meisten alten Kirchen der Mark gebaut sind, ein Material, das wenig glatte Straßen gab und noch heute kann man sich in manchem märkischen Landstädtchen von der wenig angenehmen Art der ›Steinstraßen‹ des Mittelalters überzeugen … Ihr Pflaster bestand aus sogenannten Katzen- oder Hasenköpfen, kleinen Feldsteinen, die das Fahren und Marschieren auf ihnen zur Qual machten.«

Nicht über Feldstein läuft der Verkehr der Autobahn A 12, deren Sound uns jetzt und später noch begleitet, und so erreichen wir das Dorf, dessen Namen aufmerken lässt: Hat Pillgram womöglich etwas mit dem Pilgern zu tun?

Die Gründung des Dorfes wird allgemein mit der Verlegung des Handelsweges Müncheberg–Frankfurt–Posen nach Süden in Verbindung gebracht und einem Hinrich Pilgrim zugeschrieben, was den Schluss zulässt, dieser sogenannte Lokator müsse auch schon als Pilger unterwegs gewesen sein, was aber nicht bedeutet, dass der Ortsnamen auf eine Lage an einem Pilgerweg hinweist.

1253 soll der Ort erstmals erwähnt worden sein. Die Kirche ist ein Granitquaderbau, besteht also aus Feldsteinen und stammt aus dem letzten Drittel des 14. Jhs., nach anderen, vageren Angaben aus dem 13./14. Jh. Fest steht, dass sie gegen 1745 vollständig umgebaut wurde, was ihr nicht nur eine Veränderung der Fenster und einen Dachreiter bescherte, sondern auch neu ver-

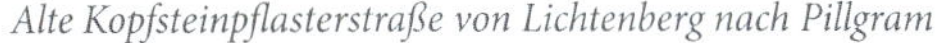

Alte Kopfsteinpflasterstraße von Lichtenberg nach Pillgram

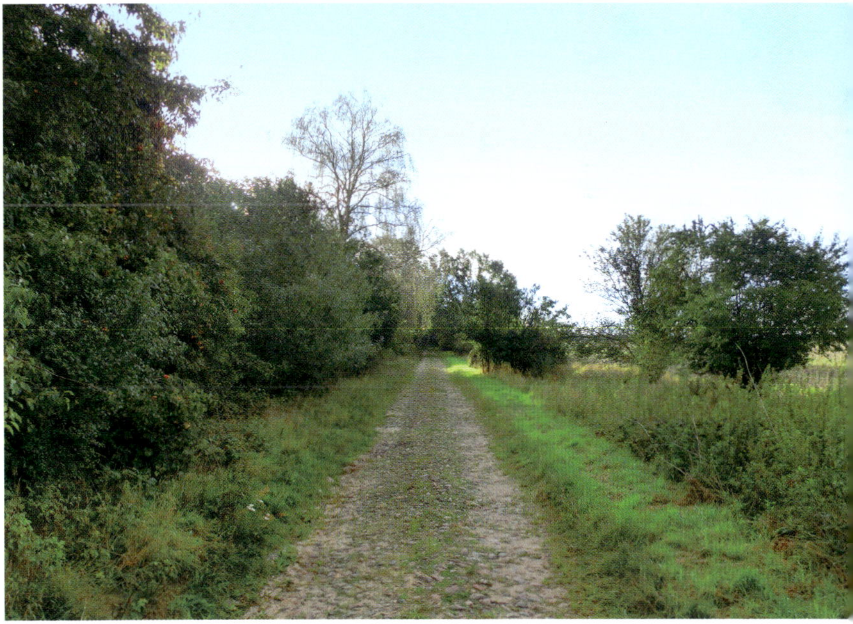

putzte Wände. Und so steht das Gotteshaus, übrigens eine Tochterkirche von St. Andreas und Nikolai in Biegen, heute noch da. Einige Zeit um den Dreißigjährigen Krieg herum war Pillgram Rittersitz der Familie von Burgsdorff, der wir in Hohenjesar bereits begegnet sind.

Bei Pillgram handelt es sich um ein auffallend gepflegtes Dorf, und informative Schautafeln zeugen von einem Interesse an der Geschichte; teilweise wurden die Tafeln vom Amt Odervorland aufgestellt, teilweise von dem offenbar sehr aktiven Ortsrat. Aktiv ist auch ein Denk-Mal-Pillgram e. V., der sich um die Wiederherstellung bzw. den Erhalt des Vor- oder Giebellaubenhauses verdient gemacht hat: Dieses aus dem 16. Jh. stammende Fachwerkhaus mit dem Laubenvorbau war Dorfkrug und dann auch Poststation an der Poststraße von Berlin über Fürstenwalde und Frankfurt nach Breslau. Im Innern befindet sich eine sogenannte Schwarze Küche, ein fensterloser, verrußter Raum, der typisch war für viele Bauernhäuser der damaligen Zeit.

Die Jacobsdorfer Straße, auf der wir von Pillgram scheiden, gibt unser nächstes Ziel an. Wir überqueren die Bahngleise und biegen wenig später nach rechts in einen Feldweg, der durch mehrere hölzerne Stelen am Rain als Jakobsweg gekennzeichnet ist. Da der Feldweg oft ziemlich matschig ist, können Radfahrer auf der Kreisstraße weiterfahren, die zum Pillgramer Weg wird (teilweise straßenbegleitender Radweg).

Das vermutlich um 1280 gegründete und 1343 erstmals urkundlich erwähnte **Jacobsdorf** trägt aller Wahrscheinlichkeit nach nicht den Namen des Pilgerapostels, sondern des Mannes, der den Ort gründete, als erster Dorfschulze fungierte und eben Jacob hieß. Das Dorf gehörte einige Zeit dem Kartäuserkloster bei Frankfurt (Oder), wurde aber nach der Reformation der

Die Dorfkirchen von Pillgram und Jacobsdorf

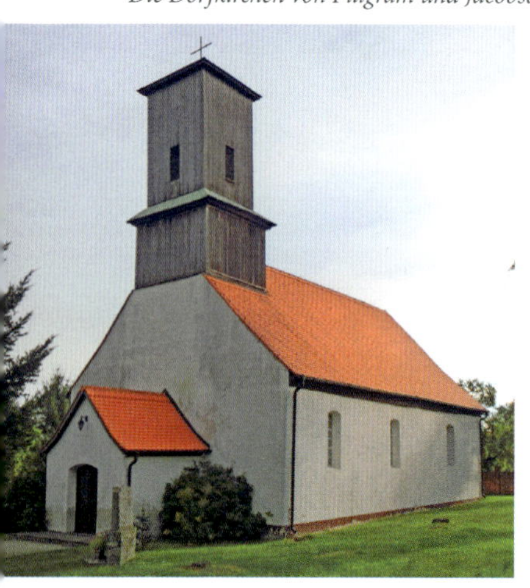

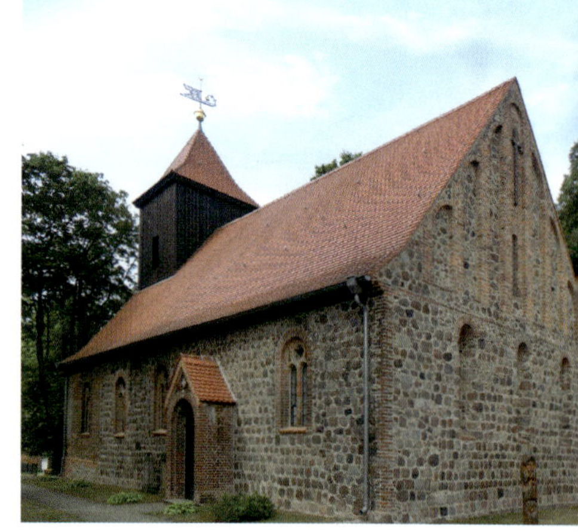

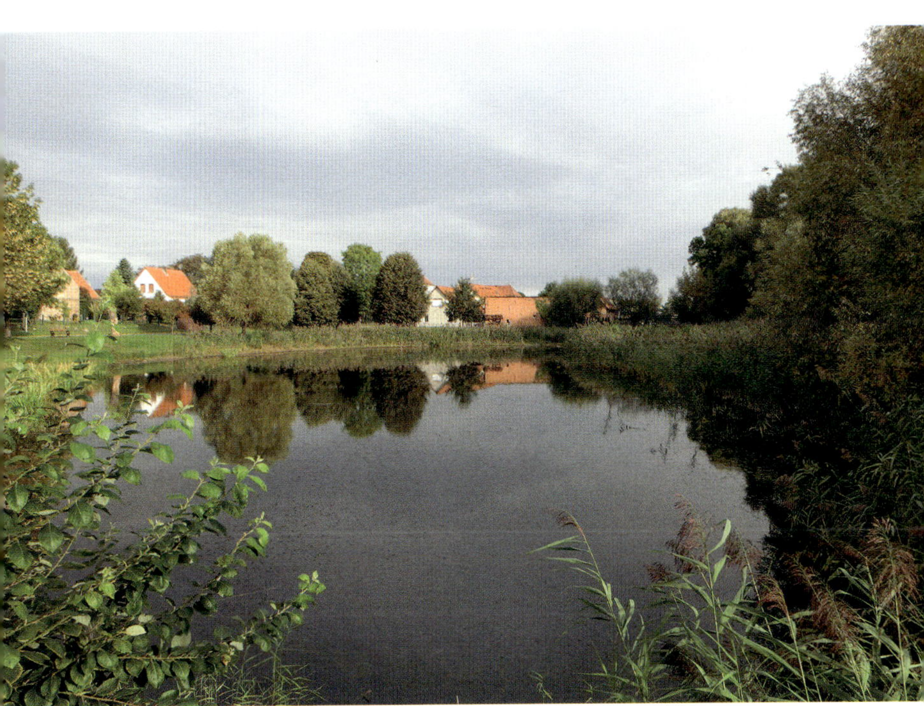

Der Dorfteich von Jacobsdorf

Universität Viadrina überschrieben. Was Wunder: Ziemlich im Zentrum des Ortes befindet sich die mittelalterliche Feldsteinkirche, ein im Kern rechteckiger Granitquaderbau von der Wende des 13./14. Jhs., wie viele (Dorf-)Kirchen im 19. Jh. verändert, d.h. erweitert und mit einem verbretterten Dachturm versehen. Das wichtigste und wertvollste Ausstattungsstück ist die Ritzglocke mit einer Inschrift aus dem 13./14. Jh.

Für die Entwicklung des Ortes nicht unwichtig: Etwa 30 Jahre nach dem Bau der Eisenbahn Berlin–Frankfurt erhielt Jacobsbdorf am 1. September 1876 eine Bahnstation.

Entfernung St. Marienkirche Frankfurt → Dorfkirche Jacobsdorf: ca. 20,5 km

Pflaumenallee heißt die nach und nach zum Schotter- und Sandweg werdende Kopfsteinpflasterstraße nach Briesen, und wer im Spätsommer hier entlangmarschiert, kann sich tatsächlich an frischen Früchten laben. Am Ende des Weges gilt es, abermals die Bahnanlagen zu überqueren, wobei der Blick auf das sanierte Bahnhofsgebäude aus gelblichem Backstein fällt, das heute die Gaststätte »Kaiser-Stuben« beherbergt.

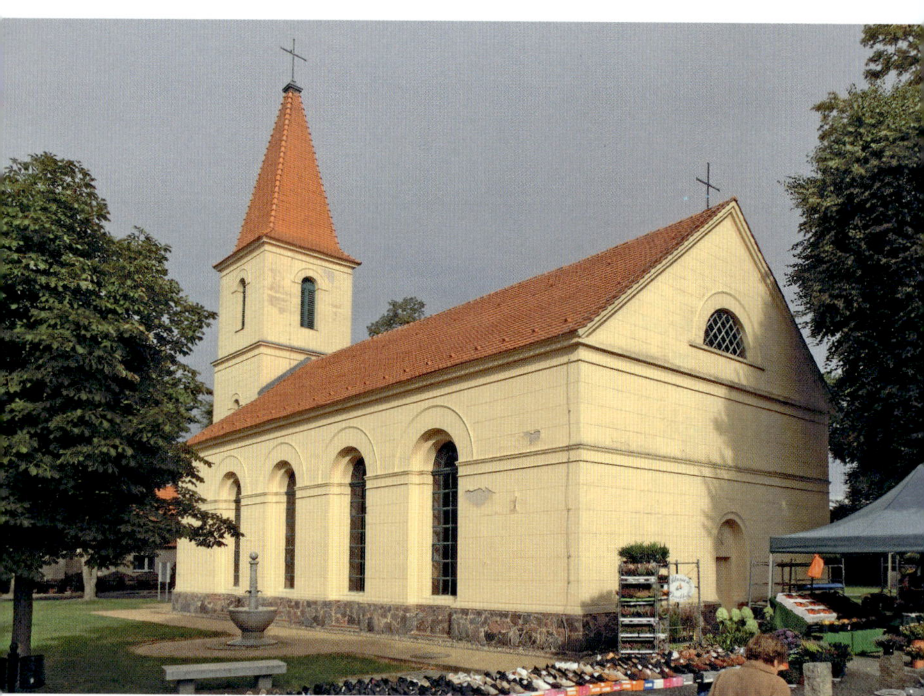

Dorfkirche Briesen

Einst befand sich hier eine slawische Siedlung, der Name des 1403 urkundlich erstmals erwähnten Briesen ist slawischen Ursprungs und bedeutet Birkenort oder Birkendorf. Im Unterschied zu mehreren anderen Orten des gleichen Namens nennt sich das Dorf heute **Briesen (Mark)**.

Auch Briesen befand sich im Besitz der Frankfurter Kartäuser und wurde dann zum Universitätsdorf. Für das 13. und 14. Jh. wird eine Lage an der Heeres- und Handelsstraße Berlin–Frankfurt angenommen. Schon 1842 erhielt der Ort Bahnanschluss nach Berlin und Frankfurt. Im Ort gibt es Einkaufsmöglichkeiten.

Die Briesener Kirche ist ein klassizistischer Bau mit einem quadratischen Westturm, um 1835 errichtet und dem Typus der Schinkelschen Normalkirche entsprechend, einer aus Kostengründen entworfenen Bauvorlage für die preußischen Landkirchen. Interessant ist das 2008 völlig neu gestaltete Denkmal für die Opfer beider Weltkriege, aber auch von Flucht und Vertreibung mit der Skulptur einer Trauernden, das sich nördlich der Kirche auf dem Dorfanger befindet.

Entfernung St. Marienkirche Frankfurt → Dorfkirche Briesen: ca. 27 km

TIPP für DDR-Zeitgeschichtsforscher:

Etwa 6 km von Briesen in südlicher Richtung und in der Nähe der Kersdorfer Schleuse befindet sich heute das Forsthaus an der Spree. In dem ehemaligen Forsthaus an der Flut, einem sehr alten Forsthaus mit Gasthof, lag ab 1969 das Objekt 74 des Ministeriums für Staatssicherheit. Auf dem streng abgeschirmten Gelände wurden RAF-Terroristen ausgebildet bzw. sollen zehn Aussteiger, die sich nach Ostdeutschland abgesetzt hatten, auf ein Leben in der DDR vorbereitet worden sein. Auf dem Weg zur Schleuse steht im Wald, aber in der Nähe zum Weg, das Briesener Hirschdenkmal: An dieser Stelle erlegte Kurfürst Friedrich III., später als Friedrich I. erster preußischer König, am 18. September 1696 einen kapitalen 66-Ender.

- Informationen und Adressen zu Besichtigungen und Ausflugsmöglichkeiten erhalten Sie im Amt Odervorland, Bahnhofstr. 3–4, 15518 Briesen (Mark), Tel.: 033607/897 10
- Restaurant Kaiser-Stuben im Bahnhof Briesen, Tel.: 033607/150 54 (Mo–Do) oder Tel.: 033607/59 97 80 (Fr–So)
- Kersdorfer Mühle, Kehrsdorfer Straße 26, 15518 Briesen, Ansprechpartner: Marcel Schörken, Tel.: 0172/385 40 83
- Dorfensemble Pillgram, Kersdorfer See bei Briesen.
- Dorfkirche Pillgram, Schlüssel bei Frau Strugala, Kirchstr. 3, 15236 Pillgram, Tel.: 033608/32 62
- Dorfkirche Jacobsdorf, Besichtigung nach Absprache mit dem Pfarramt, Hauptstr. 26, Tel.: 033608/290 (auch Pilgerherberge unter dieser Telefonnummer, Ansprechpartner: Pfarrer Joram Luttenberger)
- Dorfkirche Briesen, Besichtigung nach Absprache mit der Küsterin Frau Eigner, Tel.: 03360/750 27
- Vorlaubenhaus Pillgram, Besichtigung nach Absprache mit Else Weinberg, Biegener Str. 1, 15236 Jacobsdorf, OT Pillgram, Tel.: 033608/32 38, am Wochenende darf man auch klingeln
- RE 1 fährt ab Berlin und Frankfurt (Oder) nach Pillgram, Jacobsdorf, Briesen
- Durchgehend befahrbar, Asphaltstraßen, Kopfsteinpflaster, Schotter- und Sandwege, kaum/keine Schiebestrecken, teilweise aber langsam fahren/vor Jacobsdorf bei Regen evtl. lieber straßenbegleitenden Radweg benutzen.

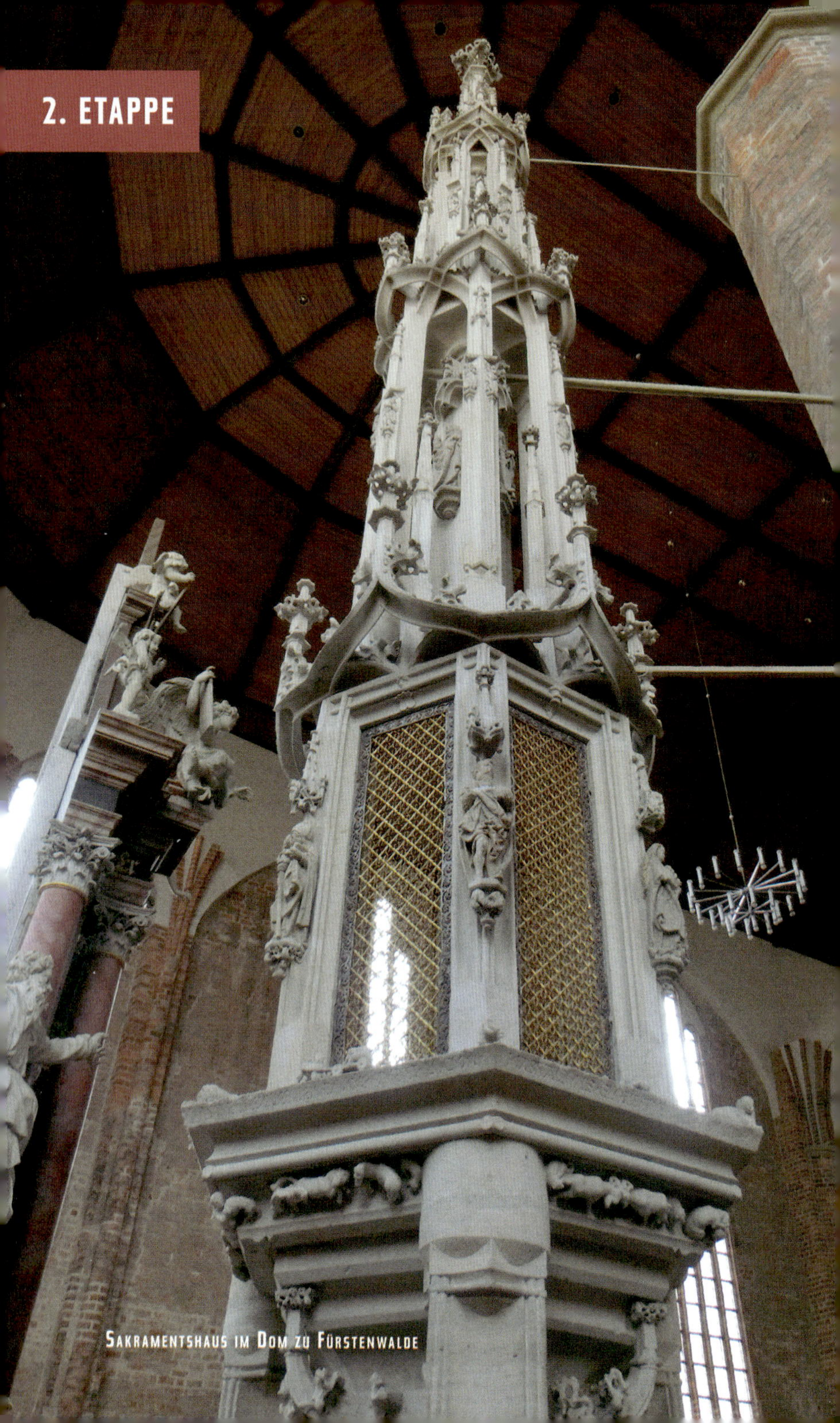

SAKRAMENTSHAUS IM DOM ZU FÜRSTENWALDE

VON BRIESEN (MARK) NACH FÜRSTENWALDE/SPREE

Ausgangspunkt: Dorfkirche Briesen
Zielpunkt: Dom St. Marien Fürstenwalde

Zwischen Briesen und Berkenbrück wird der Sound der Autobahn wieder stärker, der Weg führt via Kerstorf in den Wald: Hier können die Wege etwas rutschig sein, und wir finden noch immer Kiefern-Monokulturen vor, aber immerhin wurde begonnen, Mischwald zu inszenieren. Dicht am Dehnsee, der sich aber jenseits der Autobahn befindet und ein gutes Fischgewässer sein soll, geht es vorbei in den Ort, dem eine Birkenbrücke den Namen gegeben haben soll und der heute gut 1.000 Einwohner hat. **Berkenbrück** wurde 1285 erstmals erwähnt, 2010 konnten die Berkenbrücker also ihre 725. Dorfjubiläum feiern.

Wo sich die Birkenbrücke befand, weiß niemand, es könnte sich jedoch um eine Brücke über den sogenannten Hauptgraben gehandelt haben: »Dieser Hauptgraben wurde mehrfach als Grenze der Gemarkung Fürstenwalde bezeichnet. Dass dieses überhaupt der Erwähnung wert war, lag wohl daran, dass über diese Brücke die alte Heer- und Handelsstraße oder auch Frachtstraße genannt, von Berlin nach Frankfurt (Oder) geführt haben soll. Leider gibt es für solch eine mit Birkenholz verkleidete Brücke keine historischen Indizien«, heißt es auf der Webseite des Ortes. (www.berkenbrueck-spree.de)

Seit 1859 hat Berkenbrück einen Bahnhof an der 1842 eröffneten Strecke Berlin–Frankfurt; das schöne Empfangsgebäude von damals steht noch und wurde sorgfältig renoviert. Der Schriftsteller Hans Fallada (1893–1947) zog

Bahnhof Berkenbrück: Empfangsgebäude (li.), Dorfkirche Berkenbrück

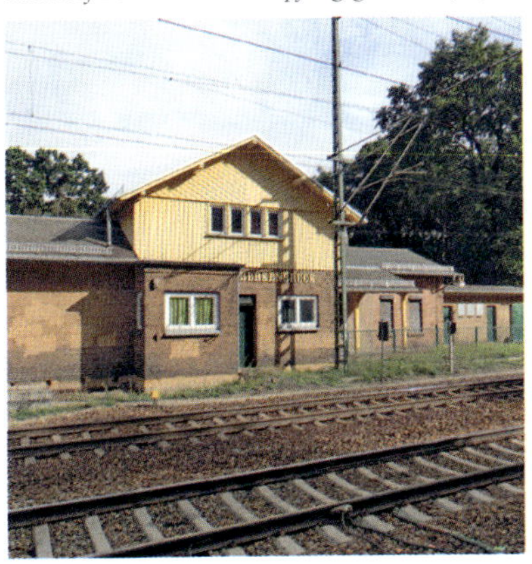

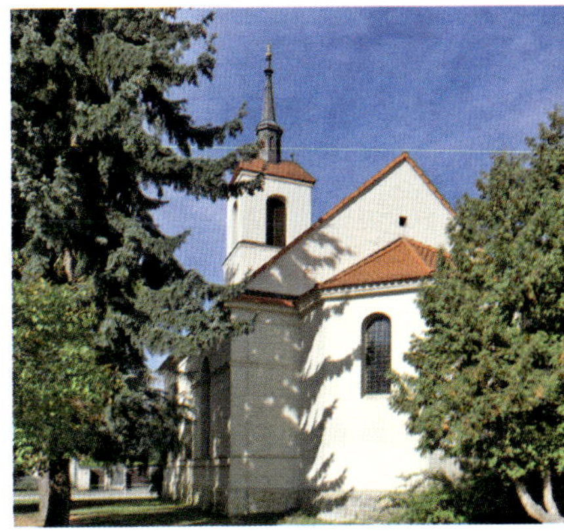

1932 nach Berkenbrück, genauer gesagt, in das Haus Roter Krug Nr. 9 (heute Nr. 12); Roter Krug befindet sich abseits des Dorfkerns unmittelbar an der Fürstenwalder Spree. Nach einer Denunziation – angeblich hatte er ein Attentat auf Hitler geplant – wurde er von der SA 1933 verhaftet und saß zehn Tage in Fürstenwalde in Haft. Zwar kam er wieder frei, nach Berkenbrück kehrte er aber nie zurück: »Berkenbrück ist uns sehr teuer zu stehen gekommen«, sollte er später verlautbaren.

Mittelpunkt des Dorfes ist natürlich die Kirche, ein verputzter Saalbau, der 1832 errichtet wurde, und zwar im sogenannten Rundbogenstil der Schinkel-Schule. Er verfügt über eine polygonale Apsis, der quadratische Westturm wurde 1869/70 hinzugefügt. Älter als die Kirche ist die Glocke, denn sie stammt von 1598.

Auf dem Königsgestell geht es durch den Wald nach **Fürstenwalde**, wo wir nach Überquerung der B 168 auf der Frankfurter Straße und am Park der Jahreszeiten vorbei den Dom der früheren Bischofsstadt erreichen.

»Fürstenwalde ist ein sehr alter Spreeübergang in den Barnim gewesen, dessen Bedeutung schon daraus hervorgeht, dass es am ganzen Spreelauf von Beeskow bis Köpenick der einzige Weg nach Norden über den Fluss war«, schreibt Hans Mundt. »Schon frühe wird eine Zugbrücke am späteren Müncheberger, noch späteren Berliner Tor gebaut, doch war die Spreebrücke schon damals vorhanden. 1352 wird der dortige Zoll, 1377 wird der Stätte- und Budenzoll erwähnt. Das sind zwei Beweise, dass die Stadt eine größere

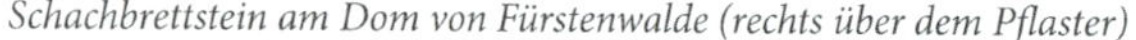
Schachbrettstein am Dom von Fürstenwalde (rechts über dem Pflaster)

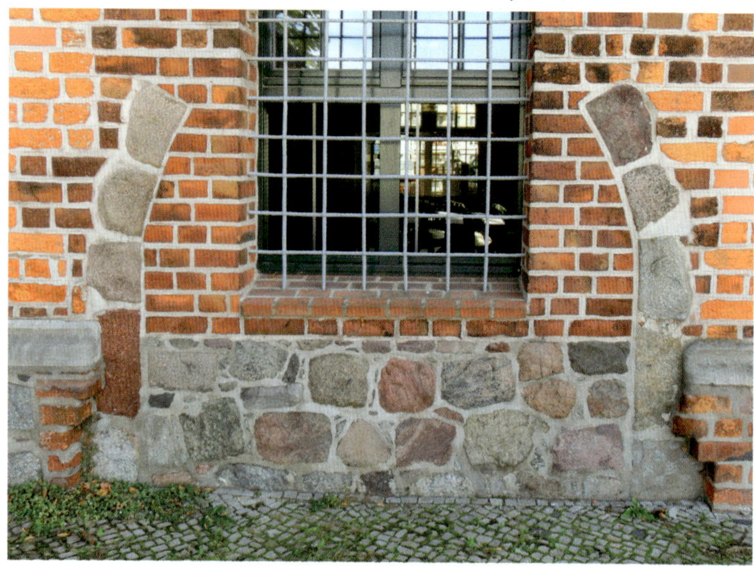

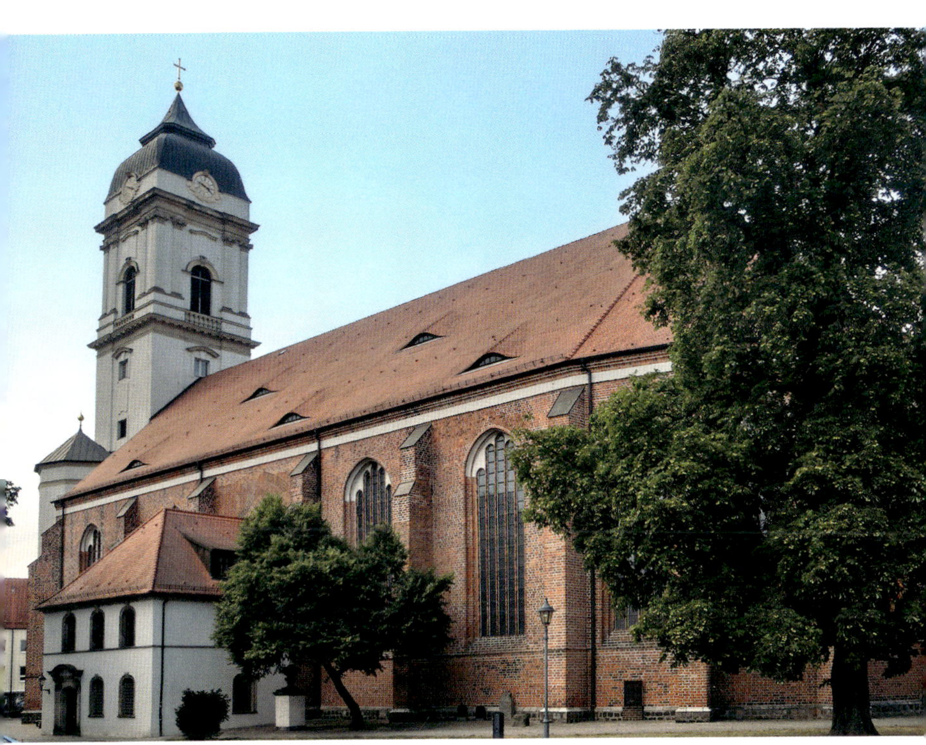

Dom zu Fürstenwalde

Straßenverbindung hatte. 1448 wird bei einer Grenzbestimmung ein Weg stromaufwärts bis Berkenbrück … erwähnt.«

Das 1272 erstmals genannte Fürstenwalde ist eine planmäßig angelegte Marktsiedlung mit dem üblichen gitterförmigen Straßennetz, wobei der Spreeübergang sicher die Wahl des Ortes begünstigte; einerseits diente er sicher Handelsinteressen, andererseits war auch sein Schutz notwendig. 1354 wurde die Stadt an den Bischof von Lebus verpfändet, und nach der Zerstörung des Bischofssitzes und der Stiftskirche in Lebus durch kaiserliche Truppen siedelte das obdachlos gewordene Domkapitel nach Fürstenwalde um. Am 10. August 1373 wurde zwischen Kaiser Karl IV. und den Wittelsbachern der Vertrag von Fürstenwalde geschlossen, der die Mark Brandenburg in den Besitz von Kaiser Karl IV. brachte. Jiří Fajt schreibt in seinem Aufsatz »Böhmen und die Mark Brandenburg«, erschienen in den vom Förderkreis Alte Kirchen Berlin-Brandenburg herausgegebene Jahresheft »Offene Kirchen« 2010: »Für Karl, den manche als zweiten König Salomo bezeichneten, war der Erwerb Brandenburgs die Krönung seiner Territorialpolitik, Ausgangspunkt zur Beherrschung des Fernhandels an Elbe und Oder bis hin zur Küste.« Sie

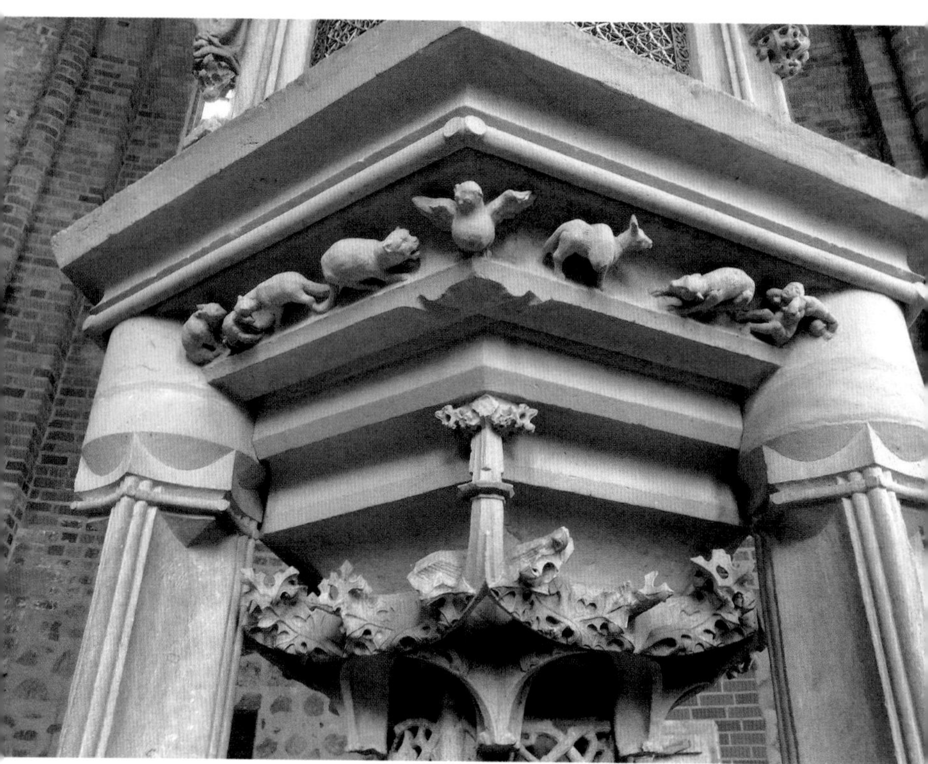

Fürstenwalder Dom: groteske Figuren am Sakramentshaus

brachte aber auch nach einem halben Jahrhundert der Machtkämpfe wieder friedliche und geordnete Verhältnisse in die Mark. Dabei war für Fürstenwalde auch der ungehinderte Handel auf der Spree zur Havel von Belang, erstmals 1298 wurde Schifffahrt beurkundet.

Das wohl bedeutendste Baudenkmal ist die Pfarrkirche St. Marien, die nach der Übernahme durch den Lebuser Bischof umgebaut und im Mai 1385 durch päpstliche Erlaubnis als Kathedralkirche bestätigt wurde. Die Rolle als Bischofssitz kam natürlich der Stadt zugute. Allerdings blieb ihre wirtschaftliche Bedeutung beschränkt, bis im 19. Jh. der Anschluss an die Märkisch-Niederschlesische Eisenbahn (1842, Berlin-Frankfurt) und an den Berliner Vorortverkehr sowie der Bau des Oder-Spree-Kanals eine Industrie entstehen ließen. Die Berliner Maschinenbaufirma Julius Pintsch AG baute ein großes Zweigwerk, die ortsansässige Zimmermannsche Brauerei wurde nach dem Aufkauf durch die Berliner Tivoli-Aktienbrauerei zu einem der größten Brauereibetriebe Deutschlands – was auch die Existenz eines Brauereimuseums erklärt.

Im Jahre 1945 zur Festung erklärt, wurde die Fürstenwalder Innenstadt im April jenes Jahres durch Kriegshandlungen fast völlig zerstört. Auch den Dom traf es. Nach der Reformation evangelische Stadtpfarrkirche, war das Gotteshaus verfallen, dann unter Friedrich II. barock wiederhergestellt und schließlich 1908–10 regotisiert worden – alles Folgen des jeweiligen Zeitgeschmacks. Die Zerstörungen des Zweiten Weltkrieges wurden nur zum Teil beseitigt: Der Dom wurde am 31. Oktober 1995 wieder eingeweiht. Allerdings hatte man nur die äußere Gestalt rekonstruiert, im Inneren wurde der Zustand bewusst fragmentarisch gehalten, um so an den Krieg und seine Folgen zu erinnern. Bedeutendstes Ausstattungsstück ist das riesige Sakramentshaus, das Bomben und Feuer überstanden hatte, weil es eingemauert worden war: Es wird dem Freiberger Bildhauer Franz Maidburg (um 1480/85–1533) zugeschrieben, der ein Schüler Tilman Riemenschneiders war, wie man an den Gesichter mancher Figuren (typisch Riemenschneidersche Münder) erkennen kann. Auch der qualitätsvolle Gedenkstein für den Bischof Dietrich von Bülow stammt wohl von Maidburg und Werkstatt.

Beim Umschreiten der Kirche sollte man die Augen offenhalten: Rechts vom nördlichen Anbau befindet sich ein Schachbrettstein – heute öffnet sich dort ein Fenster, ehemals war es das Nordportal. Der Schachbrettstein befindet sich unmittelbar über dem, genauer gesagt: im Pflaster und verweist auf den romanischen Vorgängerbau der heutigen Kirche.

Fürstenwalde bietet noch eine Reihe weiterer Sehenswürdigkeiten wie das alte Bischofsschloss, das nach Umbau zu einer Margarinefabrik kaum noch als solches zu erkennen ist, oder das spätgotische Rathaus mit seiner sterngewölbten Laube, aber auch etliche Bürgerhäuser. Von der Stadtmauer sind noch ein paar spärliche Reste erhalten, und nicht unerwähnt bleiben soll der Jüdischer Friedhof an der Ecke Frankfurter Straße/Grünstraße. Alles in allem sollte man mindestens einen Tag für die 30.000-Einwohner-Stadt einplanen.

Entfernung Dorfkirche Briesen → Dom Fürstenwalde: ca. 18 km

F. T. V. Fürstenwalder Tourismusverein e. V., Touristeninformation Mühlenstr. 1, 15517 Fürstenwalde/Spree, Tel.: 03361/76 06 00

Zu Fürstenwalde siehe den Tourismusverein sowie das Internet.

Hier nur die Einkehr- und Übernachtungsmöglichkeiten am Weg von Briesen nach Fürstenwalde.

Café & Pension Ina Grebasch, Dorfstr. 1–2, 15518 Berkenbrück, Tel.: 0174/338 93 33, auch (Cafébetrieb)

Pension Banhof Berkenbrück, Am Bahnhof 1–2, 15518 Berkenbrück, Tel.: 033634/249 und 0174/338 93 33 oder 0160/599 16 03

Fallada-Haus in Berkenbrück, Dom Fürstenwalde, Altstadt Fürstenwalde

- ✝ Dorfkirche Berkenbrück, Anmeldung u. Schlüssel bei Margitta Wasewitz, Frankfurter Str. 13 a, Tel.: 033634/214
- ✝ Dom St. Marien Fürstenwalde. Im Dom bzw. Dombüro ist ein Jakobswege-Pilgerstempel erhältlich, Anmeldung für Gruppen im Gemeindebüro: Tel.: 03361/735 60 50 (auch Pilgerherberge unter dieser Telefonnummer, Ansprechpartner: Sup. Schürer-Behrmann)
- Museum Fürstenwalde, Domplatz 7, 15517 Fürstenwalde/Spree, Tel.: 03361/21 30
- Brauereimuseum Fürstenwalde im Alten Rathaus, Am Markt 1, 15517 Fürstenwalde/Spree, Tel.: 03361/760 08 41
- Haus Brandenburg der Stiftung Brandenburg, Regionalmuseum für ganz Ostbrandenburg, Parkallee 14, 15517 Fürstenwalde/Spree, Tel.: 03361/31 09 52,
- Waagen-Museum, Wladislaw-Wolkow-Str. 2–3, 15517 Fürstenwalde/Spree, Tel.: 0171/404 81 33
- Fürstenwalde: RE1, RB35 und diverse Busse
- Durchgehend befahrbar.

Der Verbindungsweg Fürstenwalde – Müncheberg

Es ist die Frage, wie die Handelswege, die auch von Pilgern benutzt worden sein dürften, nun weitergehen. Mundt schreibt, von Köpenick und später von Berlin »ging der einzige natürliche Übergang in das Land Lebus über Kagel und Liebenberg … In diesem Straßenstück Kagel-Liebenberg-Müncheberg haben wir einen Weg, der noch bis 1702 die übliche Landstraße über Müncheberg-Seelow nach Küstrin war und der von Kagel aus über Tasdorf-Dahlwitz-Friedrichsfelde nach Berlin führte.« Des Weiteren führt er eine alte Straße Freienwalde-Wriezen-Müncheberg-Fürstenwalde an und betont, »Karl IV. zog 1348 von Strausberg nach Müncheberg und weiter nach Fürstenwalde, wo ja auch das Müncheberger Tor das Bestehen einer Verbindung zwischen diesen beiden Städten bestätigt.« Und noch einmal hebt er hervor, »1550 wurde … das Einhalten des Weges Wriezen-Müncheberg-Fürstenwalde den Fuhrleuten eingeschärft.« In »Hansische Handelsstraßen« wird ebenfalls auf einen von Berlin kommenden und über Liebenberg führenden Weg verwiesen, sodass wir für den Handels- und den Pilgerweg den Puristen folgende Route vorschlagen: Von Fürstenberg nach Müncheberg und von dort weiter über Hoppegarten, Liebenberg, Kagel nach Rüdersdorf, dann durch Rüdersdorf zum Rüdersdorfer Ortsteil Tasdorf und von dort nach Dahlwitz.

Ein ausgeschilderter Jakobsweg folgt diesem Verlauf teilweise, nämlich als Verbindungsweg Fürstenwalde-Müncheberg. Seine Stationen können hier aus Platzgründen nur im Überblick dargestellt werden.

Vom Dom in Fürstenwalde geht es durch den Ortsteil Palmnicken zum Trebuser See, wo es eine Naturbadestelle gibt, und ins Dorf Trebus mit seiner barock umgestalteten Feldsteinkirche aus dem 13. Jh., die einen auffallenden Turm aus Fachwerk besitzt. Durch Felder wandert man nach **Jänickendorf**

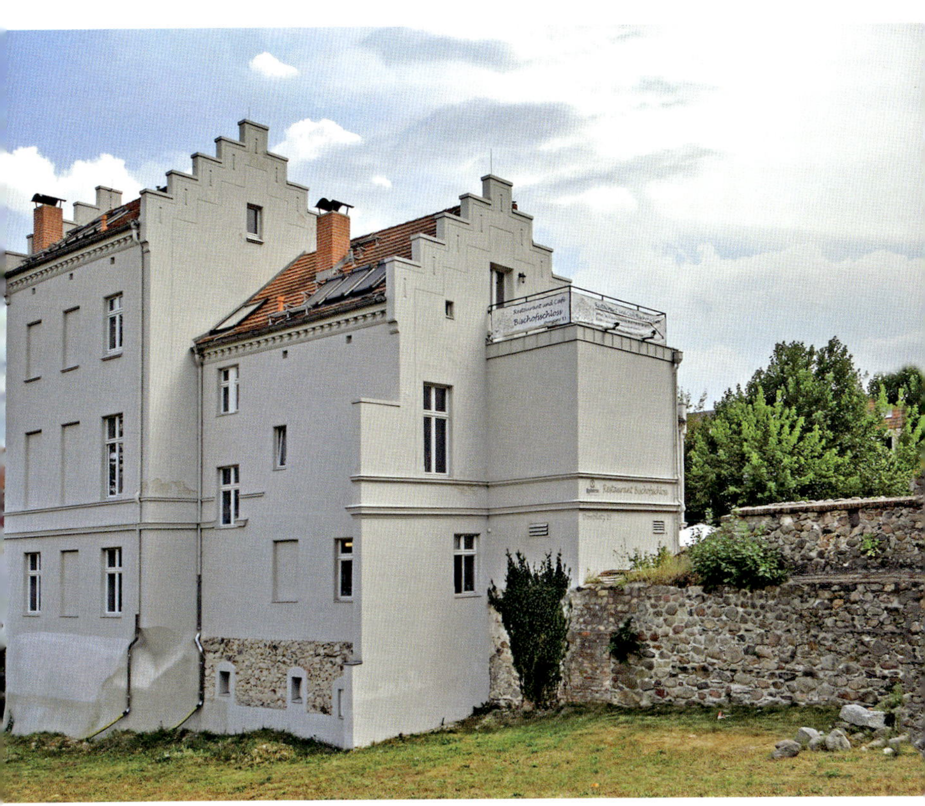

Die ehemalige Bischofsresidenz Fürstenwalde

(es gibt einen Radweg Trebus-Jänickendorf) mit einer Feldsteinkirche ebenfalls aus dem 13. Jh.; in dem Angerdorf gibt es auch zwei Dorfteiche. Der Schönfelder Weg führt, wenig überraschend, nach **Schönfelde**: Angerdorf, Feldsteinkirche mit verputztem Turm, zwei Dorfteiche.

Man verlässt Schönfelde auf der Eggersdorfer Straße, deren Namen bereits das Ziel angibt: **Eggersdorf** bei Müncheberg. Noch immer geht es zwischen Äckern hindurch, und dann kommt Eggersdorf: Es gibt einen Dorfanger, eine barock überformte Kirche aus Feldsteinen sowie – bei der Kirche – einen schilfumstandenen Teich mit Bänken am Ufer. Auf einem Feldweg geht es schließlich nach **Müncheberg**.

Entfernung Dom St. Marien Fürstenwalde → Stadtpfarrkirche Müncheberg: ca. 25 km

🚆 Müncheberg: RB26, Bus 926, 928, 939, 955
🚲 Durchgehend befahrbar.

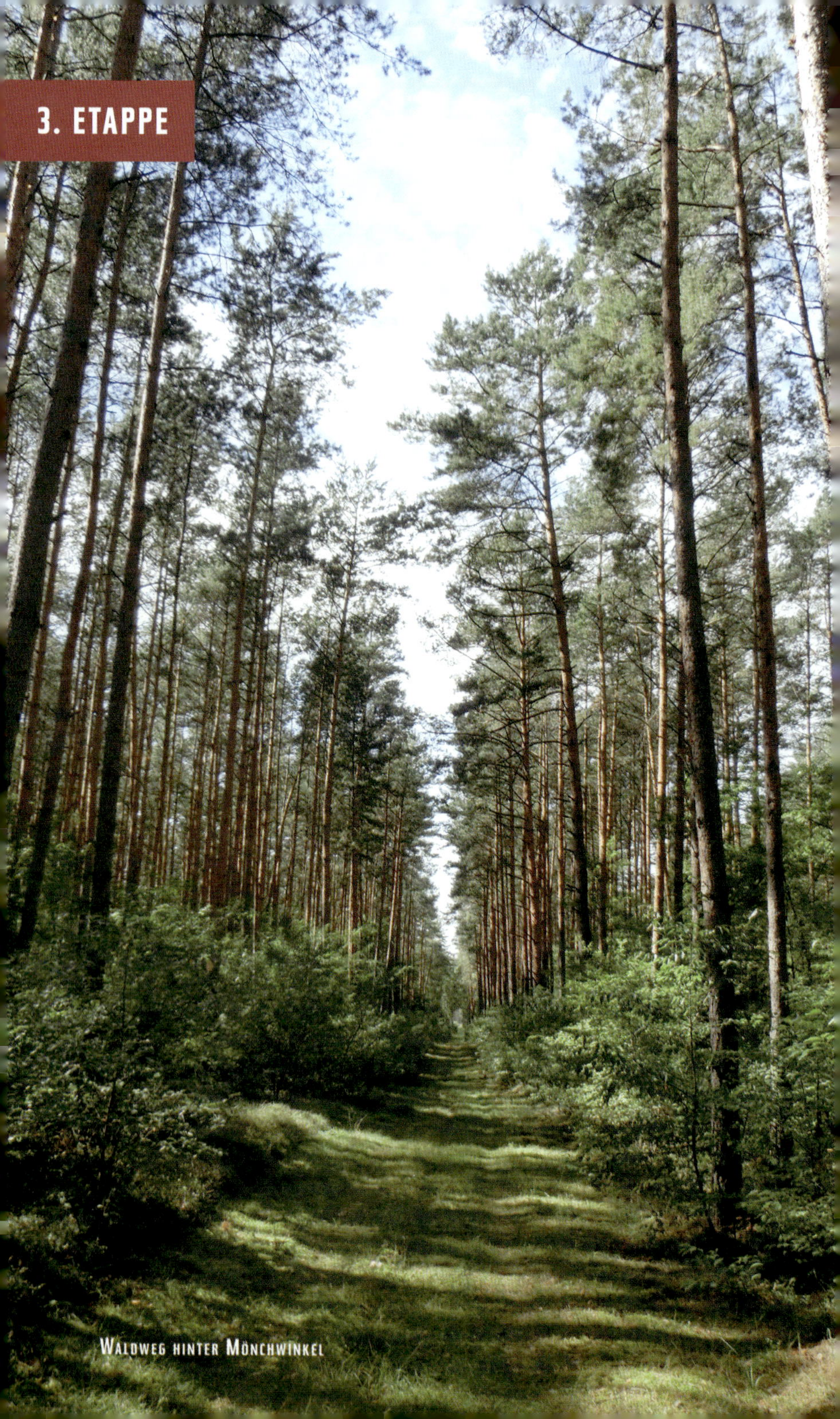

3. ETAPPE

Waldweg hinter Mönchwinkel

VON FÜRSTENWALDE/SPREE NACH ERKNER

Ausgangspunkt: Dom St. Marien Fürstenwalde
Zielpunkt: Bahnhof Erkner (S- und Regionalbahn)

Wir folgen dem ausgeschilderten Jakobsweg weiter nach Erkner, auch wenn diese Ausschilderung eher den Gesetzen der Schönheit als der Geschichte verpflichtet ist – das spricht ja in heutiger Zeit durchaus auch für ihn. Hierbei geht es an der Spree entlang, anfangs direkt am Ufer, später entfernen wir uns auch von ihr, um durch den Fürstenwalder Stadtforst zu wandern – erst an der Großen Tränke erreichen wir wieder den Fluss. Dort wurde 1887 eine Schleuse erbaut, von der man aber nur noch die Schleusengebäude sieht, das Wasserbauwerk selbst wurde 2004 zurückgebaut. Wir überqueren die Spree auf einer Brücke, auf deren Westseite sich ein Rastplatz befindet, auf dem Wasser- und Radwanderer für eine Nacht zelten dürfen. Der Ort an der früheren Schleuse heißt **Mönchwinkel**, und ein Winkel ist es tatsächlich: 1249 gründeten Zisterziensermönche in Kagel ein sogenanntes Feldkloster, und möglicherwiese legten sie an der Spree einen Außenposten an, wo Landwirtschaft und Fischerei betrieben wurden. Unter Friedrich II. wurden Kolonisten angesiedelt, es entstand als zweiter Siedlungsplatz Neu Mönchwinkel, und dort wurde 1880 eine Schule eröffnet, die bis 1975 in Betrieb war. Heute dient das Schulhaus als Heimatmuseum. 2003 wurden Alt und Neu Mönchwinkel gegen den Widerstand der Bewohner nach Grünheide eingemeindet.

Es geht weiter zum Forsthaus am Störitzsee, wo uns die Straßen – oder doch eher Wegbezeichnung Alte Poststraße auffällt: Sie erinnert an die im Jahre 1711 eröffnete Postlinie von Berlin über Köpenick und Erkner und weiter nach Fürstenwalde, Frankfurt (Oder) und Hirschberg in Schlesien (heute: Jelenia Góra), die hier entlangführte. Wir benutzen aber nicht die Poststraße, sondern einen anderen Waldweg, der nicht nur als Jakobs-, sondern auch als Müggelspreeweg ausgewiesen ist. Es handelt sich dabei um einen über weite Strecken mit Gras bewachsenen Waldweg, der an warmen Tagen die Lust weckt, sich seiner Schuhe und Strümpfe zu entledigen, aber für Radfahrer ist er eher eine Qual.

Beim Bahnhof Fangschleuse überqueren wir die Bahnanlagen, biegen in den Oberförstereiweg und wandern manchmal an der mäandrierenden Löcknitz entlang, an deren Ufer es Orte zum Verweilen gibt. Zweimal müssen wir die Löcknitz überqueren, wir umrunden den Wupatzsee und erreichen schließlich auf dem Leistikowweg erneut eine Brücke über die Löcknitz, dieses Mal ist es eine Straßenbrücke. Mit der Fürstenwalder Straße haben wir

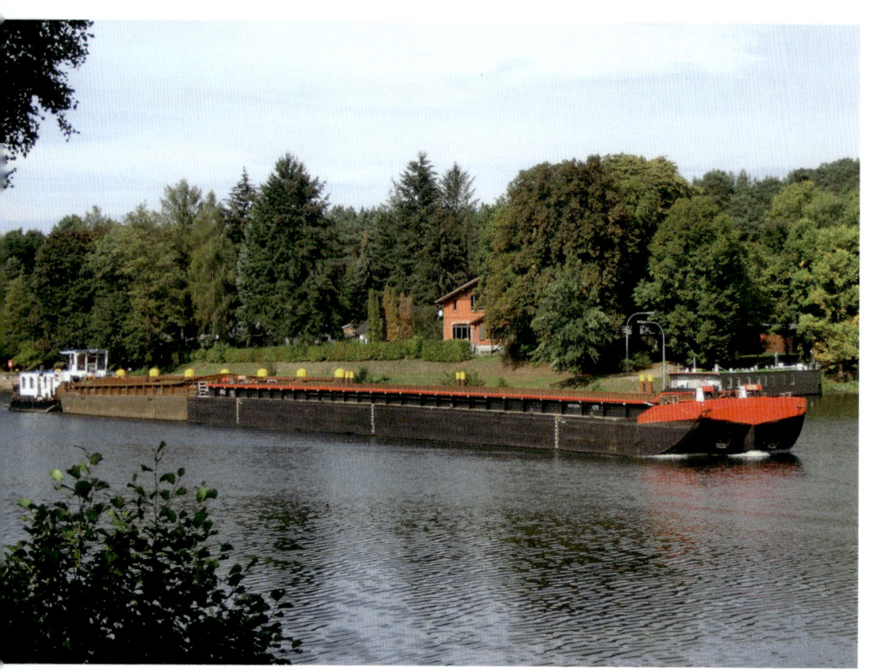

Große Tränke, eine ehemalige Schleusenanlage

Erkner erreicht – die Stadt zwischen Wäldern und Seen, wie sie sich nennt, oder auch: die Wiege des Kunststoffzeitalters. Oder Gerhart-Hauptmann-Stadt.

Stadtrecht hat **Erkner** erst seit dem 6. Juni 1998. Im Januar 1579 wurde erstmals ein Fischerhaus »im Arckenow« erwähnt, und die Bezeichnung »im Erkner« hielt sich für den allmählich wachsenden Ort noch bis ins 19. Jh., wobei die Archenow, die heute Flakenfließ heißende Verbindung zwischen Dämeritz- und Flakensee, den Namen bestimmt haben könnte. Friedrich II. förderte die Errichtung eines Seidenbau-Etablissements nebst Maulbeerbäumen im Erkner (1752), wovon noch ein letzter Baum in der Friedrichstraße Zeugnis ablegt. Erfolg war der Seidenraupenzucht nicht beschieden. Das Schiffergewerbe war einige Zeit ein wichtiger Erwerbszweig, aber mit dem Bau der Niederschlesisch-Märkischen Eisenbahn verlor der Warentransport auf dem Wasser seine Bedeutung: Seit dem 23. Oktober 1842 verband die Bahn Erkner mit Frankfurt (Oder), seit 1846 mit Breslau, und in diesem Jahr wurde auch der Bahnhof gebaut. Ab 1874 trug der Ort die Bezeichnung »Gemeinde im 1. Rüdersdorfer Heidedistrikt« und ab 1889 offiziell den Namen Erkner. Es entwickelte sich eine bedeutende chemische Industrie: 1861/62 wurde von Julius Rütgers mit der »Theerproducten-Fabrik« die erste europäische Steinkohlen-Teerdestillation gegründet, 1909 wurde hier mit der Produktion des ersten härtbaren Phenolharzes begonnen, das nach seinem Erfinder, dem belgischen Chemiker Baekeland, als Bakelite bezeichnet wurde. So kann man mit Fug und Recht sagen, dass in Erkner das Kunststoffzeitalter begann. 1938 kam dann noch ein Zweigwerk der Schweinfurter Kugellagerfabriken SKF hinzu, das auch für die Rüstungsindustrie produzierte und daher ein wichtiges Ziel für amerikanische Bombardements darstellte. Die US Air Force warf über dem Ort Flugblätter mit dem schlecht gereimten Text »Erkner ist ein kleines Loch, die Kugellagerfabrik finden wir doch« ab. Später folgten Bomben und am 8. März 1844 wurde das gesamte Ortszentrum Erkners zerstört, während die Kugellagerfabrik kaum Schaden nahm. Sie wurde nach 1945 demontiert. Mit der chemischen Industrie indes ging es weiter, und der VEB Plasta spielte eine enorme Rolle für die DDR, denn hier wirkte der Ingenieur-Chemiker Rolf Weichert, und dieser reichte am 20. Oktober 1959 eine Patentschrift ein für ein »Verfahren zur Herstellung von festen, mahlbaren, schnell härtenden und nach dem Aushärten heiß entformbaren Phenol-Anilin-Harzen für großflächige Preßteile« – man ahnt es schon, aus diesem Material wurde dann der Trabant gefertigt.

An der Löcknitz

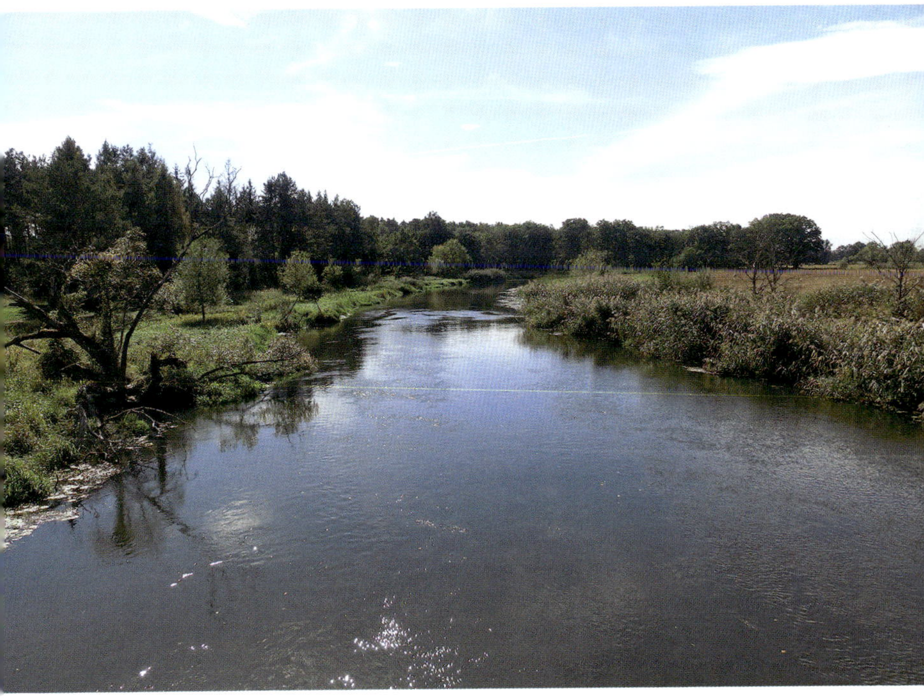

Die wichtigsten Sehenswürdigkeiten Erkners reihen sich entlang der Friedrichsstraße und ihrer Verlängerung, der Neu Zittauer Straße. Da fällt das Rathaus ins Auge, bestehend aus einer ansehnlichen Villa und einem Neubau: Die Villa ließ sich der berühmte Klavierbauer Carl Bechstein (1826–1900) als Sommersitz errichten. Etwa 500 m weiter in südlicher Richtung befindet sich die neogotische Genezareth-Kirche mit einem markanten Turm, die 1896/97 errichtet wurde, wobei neben Back- vor allem Kalkstein aus Rüdersdorf eingesetzt wurde. Nur ein paar Schritte weiter, am Anfang der Gerhart-Hauptmann-Straße, fällt eine gelb gestrichene Villa ins Auge, die sich der Rentier Nikolaus Lassen 1870 bauen ließ und in der 1885–89 Gerhart Hauptmann (1862–1946) mit seiner wachsenden Familie wohnte. In Erkner kamen seine drei ältesten Söhne zur Welt, und er schuf wichtige Werke, darunter sein erstes Drama »Vor Sonnenuntergang«. Der städtische Wanderweg »Gerhart Hauptmann.Orte« führt zu acht mit Metalltafeln gekennzeichnete Stationen, die mit Hauptmanns Aufenthalt und Erker und/oder seinen hier entstandenen Werken verbunden sind.

Rathaus Erkner: ehemalige Sommervilla des Klavierfabrikanten Bechstein

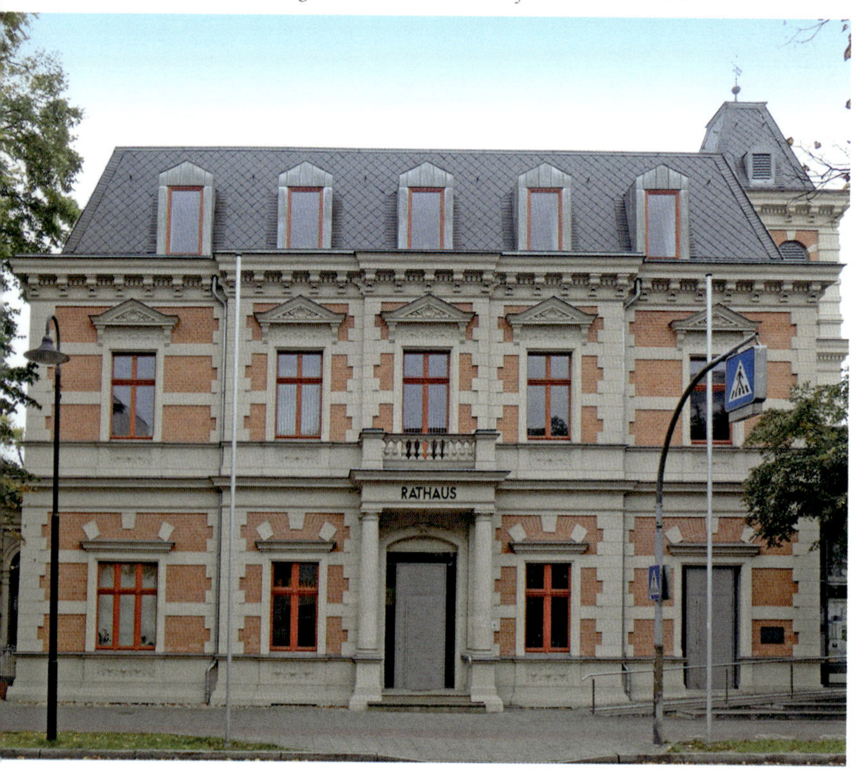

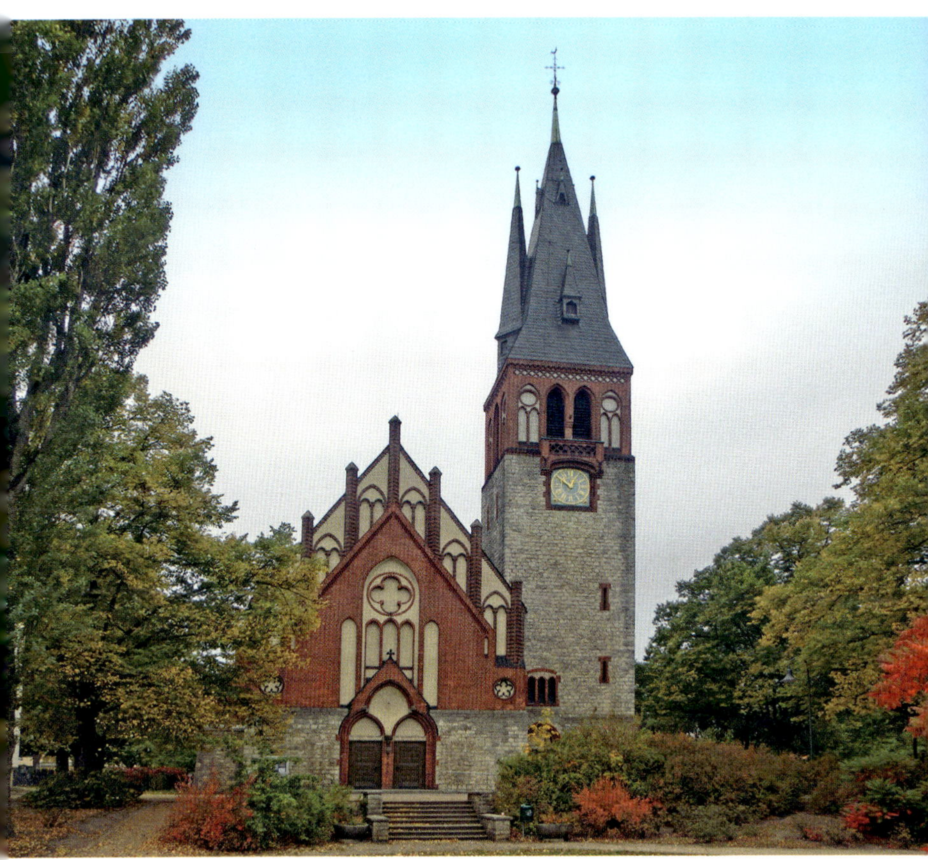

Pfarrkirche Erkner

Und dann ist da noch das Heimatmuseum, das sich in einem unter Denkmalschutz stehenden reetgedeckten Haus am Ende der Heinrich-Heine-Straße befindet und bei dem es sich um das einzige Kolonistenhaus aus der Zeit der friderizianischen Binnenkolonisierung handelt, das in der Gegend noch original erhalten ist. Das Fachwerkhaus aus der zweiten Hälfte des 18. Jhs. ist ein sogenanntes Ernhaus und verfügt über eine schwarze Küche, die wirklich sehenswert ist.

Entfernung Dom St. Marien Fürstenwalde → Bahnhof Erkner: ca. 30 km

- Tourismus-Infopunkt Rathaus Erkner, Friedrichstr. 6–8, 15537 Erkner, Tel.: 03362/79 50
- Tourismus-Infopunkt Gerhart-Hauptmann-Museum, Gerhart-Hauptmann-Str. 1–2, 6–8, 15537 Erkner, Tel.: 03362/36 63

Aufgeführt werden nur gastronomische Einrichtungen und Übernachtungsmöglichkeiten in der Nähe des Jakobsweges:

- Bäckerei Günter Vetter, Friedrichstr. 62, 15537 Erkner, Tel.: 03362/243 02
- Gasthaus im Grünen – Breitenfeld, Löcknitzstr. 2, 15537 Erkner, Tel.: 0152/54 85 67 19
- Hotel des Bildungszentrums Erkner e.V., Seestr. 39, 15537 Erkner, Tel.: 03362/76 90
- Etwas außerhalb und nutzbar Apr–Okt: Campingplatz am Flakensee, Am Springeberg 1, 15569 Woltersdorf, Tel.: 0151/28 36 19 46
- Spree und Löcknitz, Dämeritz- und Flakensee, Gerhart-Hauptmann- und Heimatmuseum, Kolonistenfest in Erkner im Sep
- Genezareth-Kirche Erkner, ganzjährig zu den Gottesdiensten und Mai–Sep zusätzlich geöffnet. Ansprechpartner: Pfarrer Carsten Schwarz, Seestr. 21, Tel.: 03362/33 35
- Heimatmuseum Mönchwinkel, Neue Spreeauer Straße 32, 15537 Grünheide/Mark, OT Mönchwinkel, Tel.: 033632/56 30
- Heimatmuseum am Sonnenluch, Heinrich-Heine-Str. 17/18, 15537 Erkner, Tel.: 03362/224 52
- Gerhart-Hauptmann-Museum Erkner, Gerhart-Hauptmann-Str. 1–2, 15537 Erkner, Tel.: 03362/36 63
- Erkner: RE1, S3 und diverse Busse
- Zwar durchgehend befahrbar, aber zwischen Mönchwinkel und Bhf Fangschleuse könnten bei Nässe die grasbewachsenen Wege aufgeweicht sein, evtl. auf den Spreeradweg Fürstenwalde-Hangelsberg-Erkner ausweichen.

TIPP für Unermüdliche: Natürlich ist Erkner nicht der Endpunkt für Jakobs- und andere Pilger gewesen,

Heimatmuseum Erkner

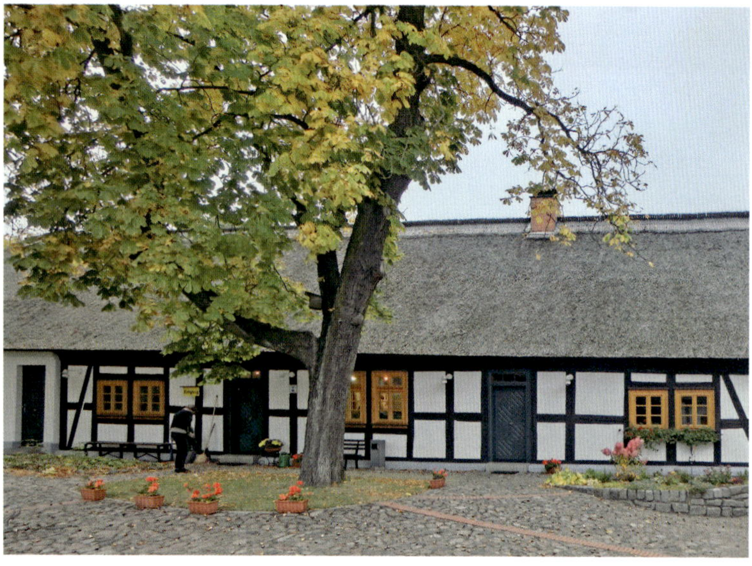

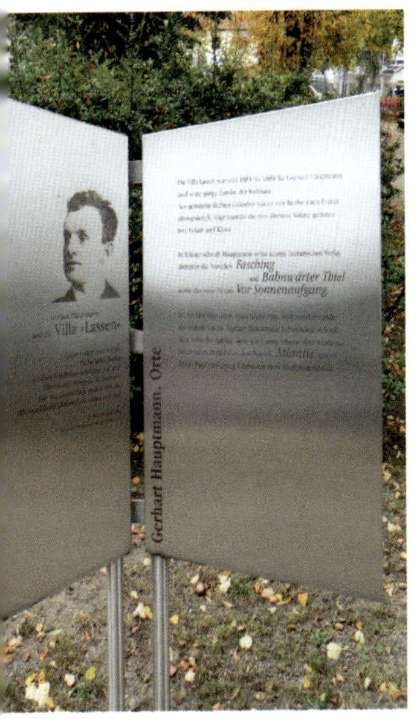

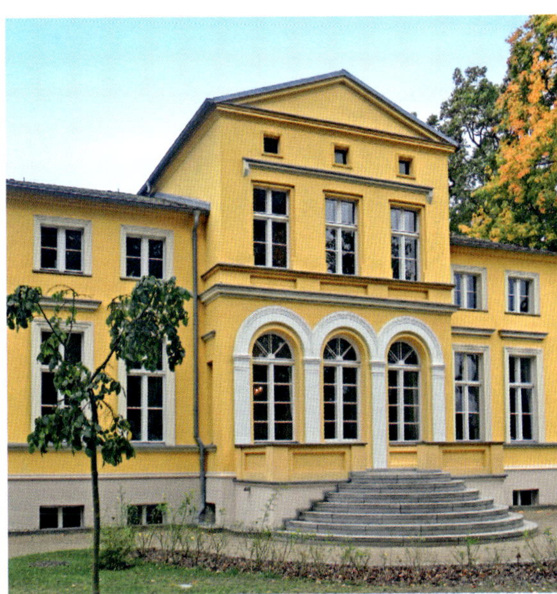

Erkner: Gerhart-Hauptmann-Museum

und eine Schautafel in der Nähe des Bahnhofs weist darauf hin, dass man sich eine Fortsetzung des Weges nach (Alt-)Köpenick denken – und wünschen! – könne. Auf der Webseite www.deutsche-jakobswege.de/brandenburgische-jakobswege.html wird auch eine solche Fortsetzung vorgeschlagen, die sogar bis nach Teltow führt, allerdings ohne die Köpenicker Altstadt auch nur zu berühren. Inspiriert von dieser Webseite, wollen wir hier kurz einen Wanderweg vorschlagen, der in der Köpenicker Altstadt endet. Wer unter Umgehung der Berliner Innenstadt nach Teltow und von dort weiter wandern möchte, konsultiere die genannte Seite.

Wir benutzen den Europaradweg R 1 für diesen Abschnitt: Nach dem Überqueren des Flakenfließes in Erkner halten wir uns nach links und gehen am Dämeritzsee entlang und durch den Berliner Ortsteil Hessenwinkel bis zur Müggelspree, die wir überqueren. Beim Bootsverleih Hessenwinkel geht es über den Alten Spreearm, dann in westlicher Richtung durch den Wald in Richtung Siedlung Schönhorst. Auf der Schönhorster Straße und dann auf Hinter der Düne gehen wir in Richtung Großer Müggelsee, folgen dem Weg Am Müggelsee, erreichen wieder die Müggelspree und gelangen auf diesem Weg direkt in die Altstadt von Köpenick, der Hauptsiedlung des slawischen Stammes der Sprewanen unter dem Fürsten Jaxa (Jacza oder Jaczo von Köpenick). 1325 wurde Köpenick erstmals als Stadt erwähnt, und sowohl unter slawischer als auch zu Beginn der askanischen Herrschaft war es ein wichtiger Handelsort mit Verbindungen zur Oder – und daher durchaus als Durchgangsort für Pilger denkbar.

An diesem Weg gibt es eine Pilgerherberge, und zwar in Berlin-Friedrichshagen: Bölschestraße 135, 12587 Berlin, Pilgertelefon: 0152/33 54 93 27, Ansprechpartnerin: Frau Geselle.

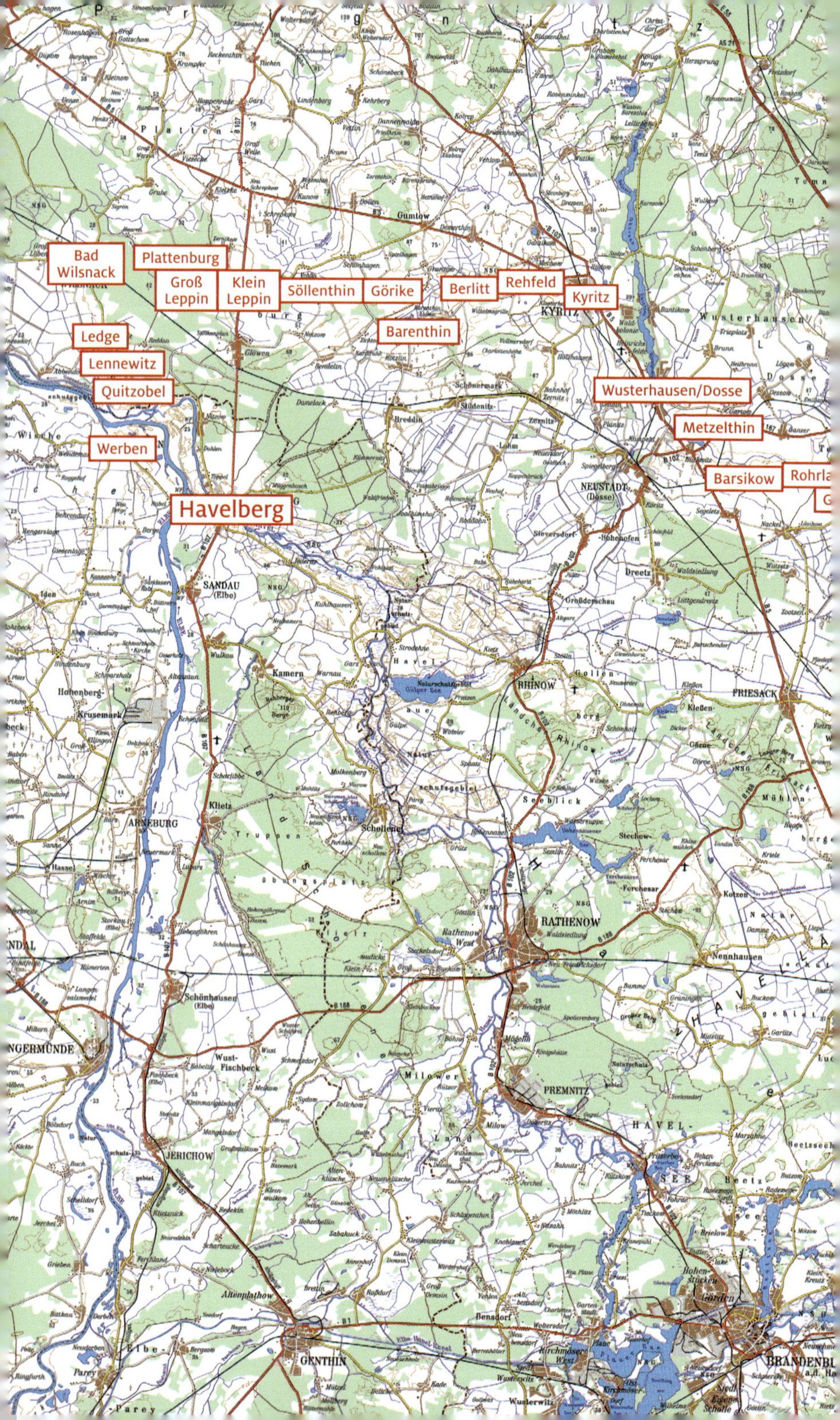

Bad Wilsnack
Plattenburg
Groß Leppin
Klein Leppin
Söllenthin
Görike
Berlitt
Rehfeld
Kyritz
Barenthin
Ledge
Lennewitz
Quitzobel
Wusterhausen/Dosse
Metzelthin
Werben
Barsikow
Rohrla
Havelberg

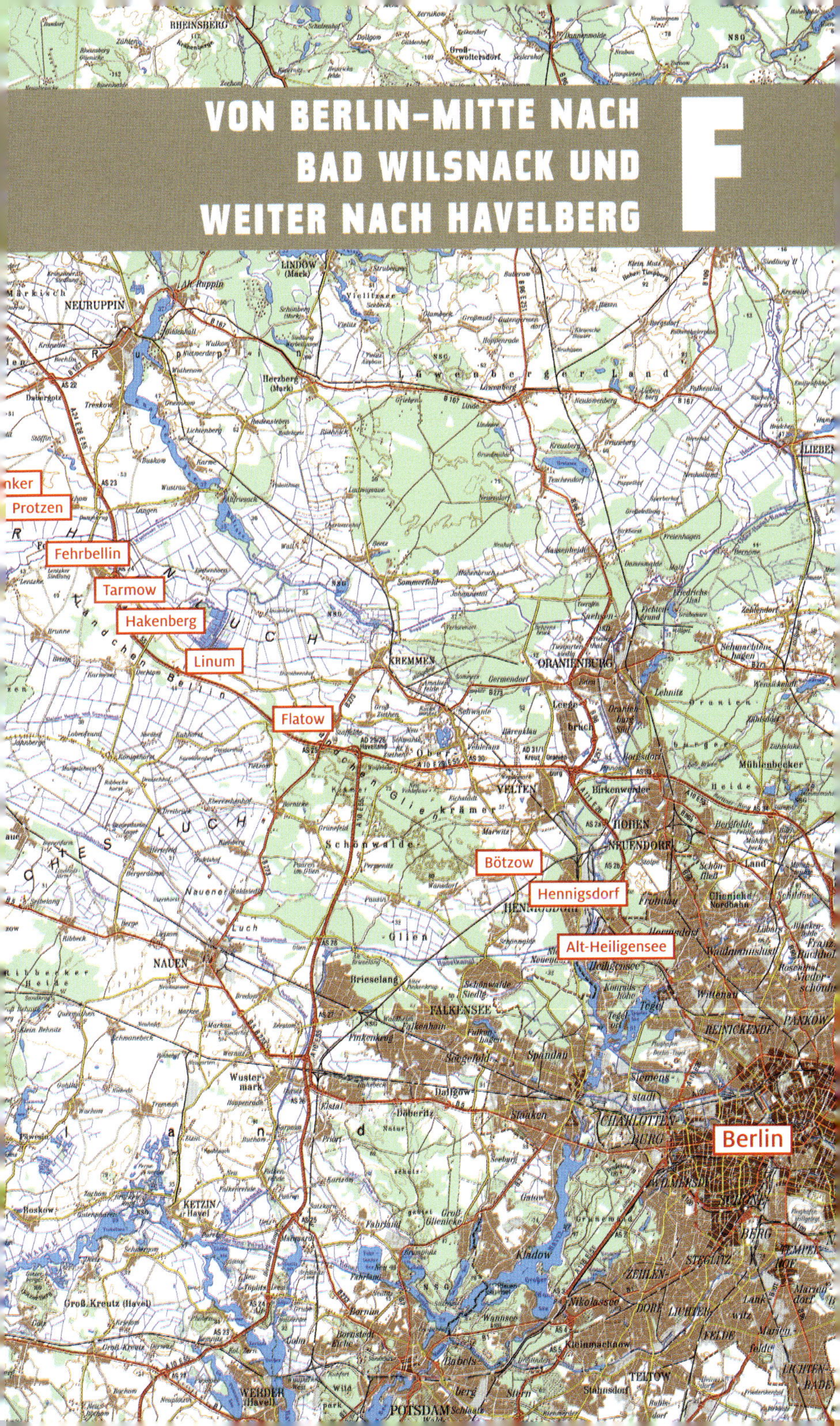
VON BERLIN-MITTE NACH
BAD WILSNACK UND
WEITER NACH HAVELBERG
F
nker
Protzen
Fehrbellin
Tarmow
Hakenberg
Linum
Flatow
Bötzow
Hennigsdorf
Alt-Heiligensee
Berlin

Historischer Hintergrund

Es war die Nacht vom 15. zum 16. August 1383: Der Ritter Heinrich von Bülow, der eine Fehde mit dem Havelberger Bischof führte, brannte neben anderen bischöflichen Besitzungen auch das Dorf Wilsnack nieder, während die Bewohner zum Kirchweihfest in Havelberg weilten. Als sie am Morgen des 16. August zurückkehrten, war die Not groß, und sie mussten erst einmal im benachbarten Groß Lüben unterschlüpfen (heute ein Ortsteil der Stadt Bad Wilsnack). Einige Tage nach dem Brand kehrte der Pfarrer Johannes Cabbuez (auch andere Schreibungen) ins Dorf zurück, um in den Trümmern der Kirche nach geweihten Hostien zu suchen – erfolglos. Doch dann, in der Nacht vor dem Tag des hl. Bartholomäus (24. August), hörte er engelgleiche Stimmen, die ihm befahlen, in Wilsnack eine Messe zu feiern. So kehrte er also mit den Dorfbewohnern zurück, und siehe da, auf dem noch erhaltenen Altar befanden sich drei unversehrte Hostien mit einem Blutstropfen in der Mitte.

Natürlich ist das wenigstens zum größten Teil Legende. Aber diese »gute Story« war die Ursache für die Entfesselung einer der erfolgreichsten Wallfahrten der christlichen Geschichte: »Wilsnack wurde zum zentralen Wallfahrtsort in Nordeuropa und zum fünftbedeutendsten Wallfahrtszielpunkt des christlichen Abendlandes überhaupt«, heißt es im Schnell Kunstführer »Ev. Kirche St. Nikolai Bad Wilsnack«. Bereits im März 1384 gewährte Papst Urban VI. einen Ablass von einem Jahr und 40 Tagen all denjenigen, die zum Wiederaufbau der Kirche beitrugen. Und noch im selben Monat stellten auch der Magdeburger Erzbischof und die Bischöfe von Brandenburg, Havelberg und Lebus eine Ablassurkunde für die Kirche aus, in der sie von den »offenbaren und weithin bekannten Wundern« sprechen. Regelrechte Pilgermassen strömten daraufhin bis ins 16. Jh. nach Wilsnack, darunter auch Angehörige des Hochadels wie die dänischen Könige Christoph III. (Febr. 1443) und sein Nachfolger Christian I. (1449, 1452, 1462, 1472, 1473 und 1474), der ein Fenster mit Szenen aus der Legende des hl. Nikolaus (des Kirchenpatrons) stiftete, der sächsische Kurfürst Ernst mit seinem ältesten Söhnen Ernst und Friedrich, der spätere Friedrich der Weise, der als Kurfürst dann ebenfalls noch einmal zum Heiligen Blut pilgerte (1490), und auch sein jüngerer Bruder Johann machte sich 1504 auf den Weg. »An die Besuche der sächsischen Kurfürsten in Wilsnack erinnern heute noch Glasfenster im Chor der ehemaligen Wallfahrtskirche«, schreibt Hartmut Kühne in dem Buch »Wunder Wallfahrt Widersacher. Die Wilsnackfahrt«. Und weiter: »Neben den Aufenthalten der dänischen Könige und sächsischen Kurfürsten sind auch zahlreiche Besuche der mecklenburgischen und pommerschen Herzöge und hessischer Fürsten in Wilsnack belegt.«

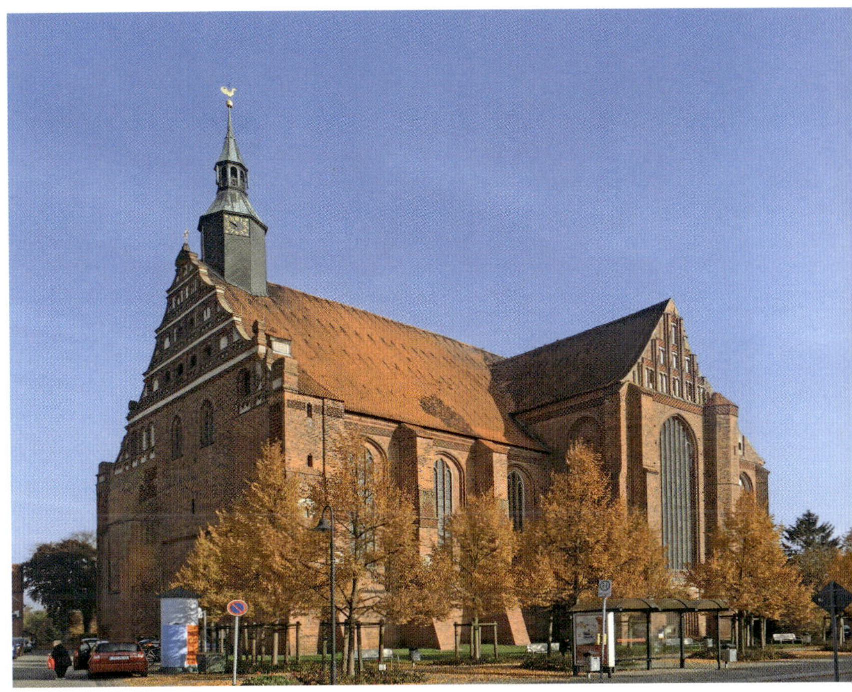

Wilsnack: St. Nikolai

Vor allem aber waren es ganz gewöhnliche Leute, die sich auf Pilgerfahrt begaben, und manchmal wurden sie – vor allem Kinder und Frauen sowie Angehörige der unteren Schichten – sogar von einer Massenhysterie ergriffen, dem sogenannten Wilsnacklaufen. Die Motive sind dabei dieselben wie beim Pilgern auch an andere Orte: Es geht um das Seelenheil, um die Verkürzung des Leidens im Fegefeuer, auch um die Heilung von Krankheiten oder die Danksagung für solche Heilung (oder andere göttliche Wohltaten). Interessanterweise war Wilsnack auch der Ort für Strafwallfahrten, und zwar in besonders starkem Maße aus den Niederlanden. Überhaupt kamen viele Pilger von dort. Abermals sei aus dem o.g. Buch zitiert: »Der geographische Kernbereich der Wilsnackfahrt lässt sich in etwa mit einer Linie umschreiben, die von Gottorp über Lübeck, Braunschweig, Kassel, Marburg, Weimar, Görlitz, Breslau nach Stettin und Danzig zu ziehen wäre. Aber auch jenseits dieser Regionen finden sich einige gewichtige Zeugnisse für die Attraktion des Heiligen Blutes.«

Wilsnack war dabei nicht nur Endziel von Pilgerreisen, sondern auch Durchgangsstation auf dem Weg zu weiteren Zielen, und zwar anscheinend in der Mehrheit der dokumentierten Fälle: Nachdem man sich seinen Ablass

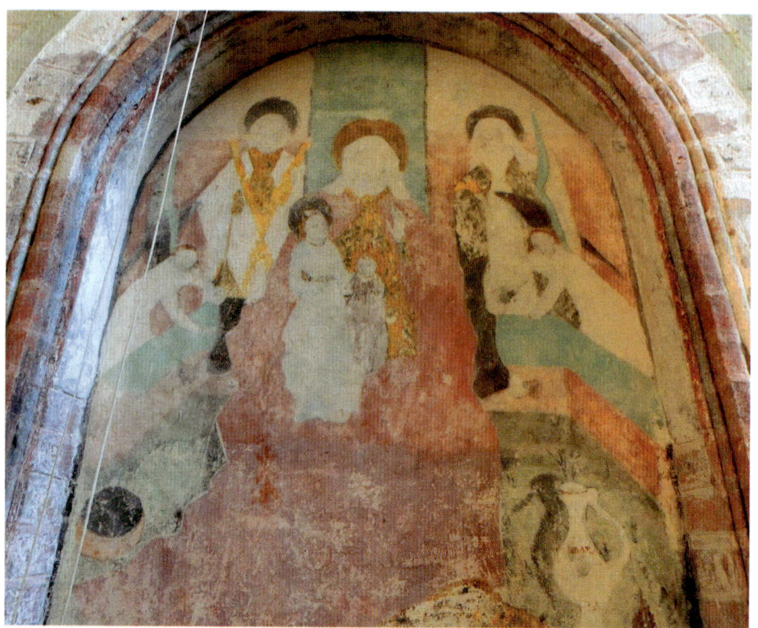

Wilsnack: Kirche innen

beim Heiligen Blut geholt hatte, wallfahrte man weiter; vielleicht nach Aachen, Köln oder Einsiedeln, vielleicht sogar bis Santiago de Compostela, Rom oder Jerusalem. Allein deshalb ist es angemessen, den Wilsnack- auch als Jakobspilgerweg zu begreifen und entsprechend auszuschildern, wie es geschehen ist.

Früh regte sich aber ebenso Kritik an der Verehrung des Heiligen Blutes in Wilsnack, die vor allem auch eine gute Einnahmequelle des Havelberger Domstiftes und des Bischofs darstellte – dieser war denn auch ein Verteidiger der Heiligblutwallfahrt. Die Prager Universität gab bei drei Magistern, unter denen sich auch Jan Hus befand, eine Prüfung der Wilsnacker Wunder in Auftrag. Das Ergebnis: Alles Lug und Trug und eine Ausgeburt der Habsucht. Daraufhin verbot der Erzbischof von Prag 1405 das Pilgern nach Wilsnack. Der heftigste Gegner jedoch war der Theologe Heinrich Tocke (um 1390–vor 1455), der auch im Auftrag des Magdeburger Erzbischofs wider das Wilsnacker Blutwunder stritt, wobei ihn wohl vor allem Glaubensgründe bewogen haben, während man beim Erzbischof auch machtpolitische Gründe sowie Konkurrenzdenken annehmen darf. Schließlich wurde sogar der Kardinallegat und große Gelehrte Nikolaus von Cusa (1401–1464) von den Gegnern aufgeboten, während man den brandenburgischen Kurfürsten Friedrich II. unter die Fürsprecher rechnen muss. Am Ende jedoch wurde Wilsnack vom

Papst als Wallfahrtsort anerkannt. Die Pilger strömten ohnehin fort und fort, allen theologischen Spitzfindigkeiten zum Trotz.

Es war die Reformation, die auch für Wallfahrten eine Zäsur bedeutete und den meisten ein Ende setzte. Joachim Ellefeldt, der erste evangelische Geistliche des protestantisch gewordenen Wilsnack, verbrannte die wundertätigen Hostien im Mai 1552. Ellefeldt und seine Gehilfen wurden inhaftiert, das noch katholische Havelberger Domkapitel verlangte seinen Tod, aber der Kurfürst lehnte ab. Ellefeldt kam im November 1552 frei, wurde verbannt und ging nach Hitzacker, wo er starb.

Zur Wahl des Weges nach Wilsnack sei abschließend noch einmal Hartmut Kühne zitiert: »Die Wege, auf denen Pilger im 15. und 16. Jahrhundert nach Wilsnack liefen, fuhren oder ritten, waren keine Pilgerstraßen in dem Sinne, dass sie erst durch den Besuch des Wallfahrtsortes entstanden wären – freilich wird ihre Bedeutung durch das Heilige Blut zugenommen haben.«

Der Wilsnackweg von Berlin jedenfalls hat auch nach der Reformation Karriere gemacht: 1654 wurde auf Befehl des Kurfürsten Friedrich Wilhelm von Brandenburg (1620–1688) der Postkurs von Berlin nach Hamburg auf dem alten Pilgerweg angelegt (Alte Hamburger Poststraße). Wir werden auf diesen Umstand zurückkommen.

Der Wilsnack-Pilgerweg ist zwischen Hennigsdorf und Bad Wilsnack komplett ausgeschildert, und zwar mit drei Hostien (runde Oblaten) als Wilsnackweg, aber auch hin und wieder mit der gelben Jakobsmuschel auf blauem Grund als Jakobsweg. Manchmal besteht die Wegweisung auch bloß aus drei Kreisen in Orange an Bäumen, ggf. mit einem Pfeil in Orange versehen.

1. ETAPPE

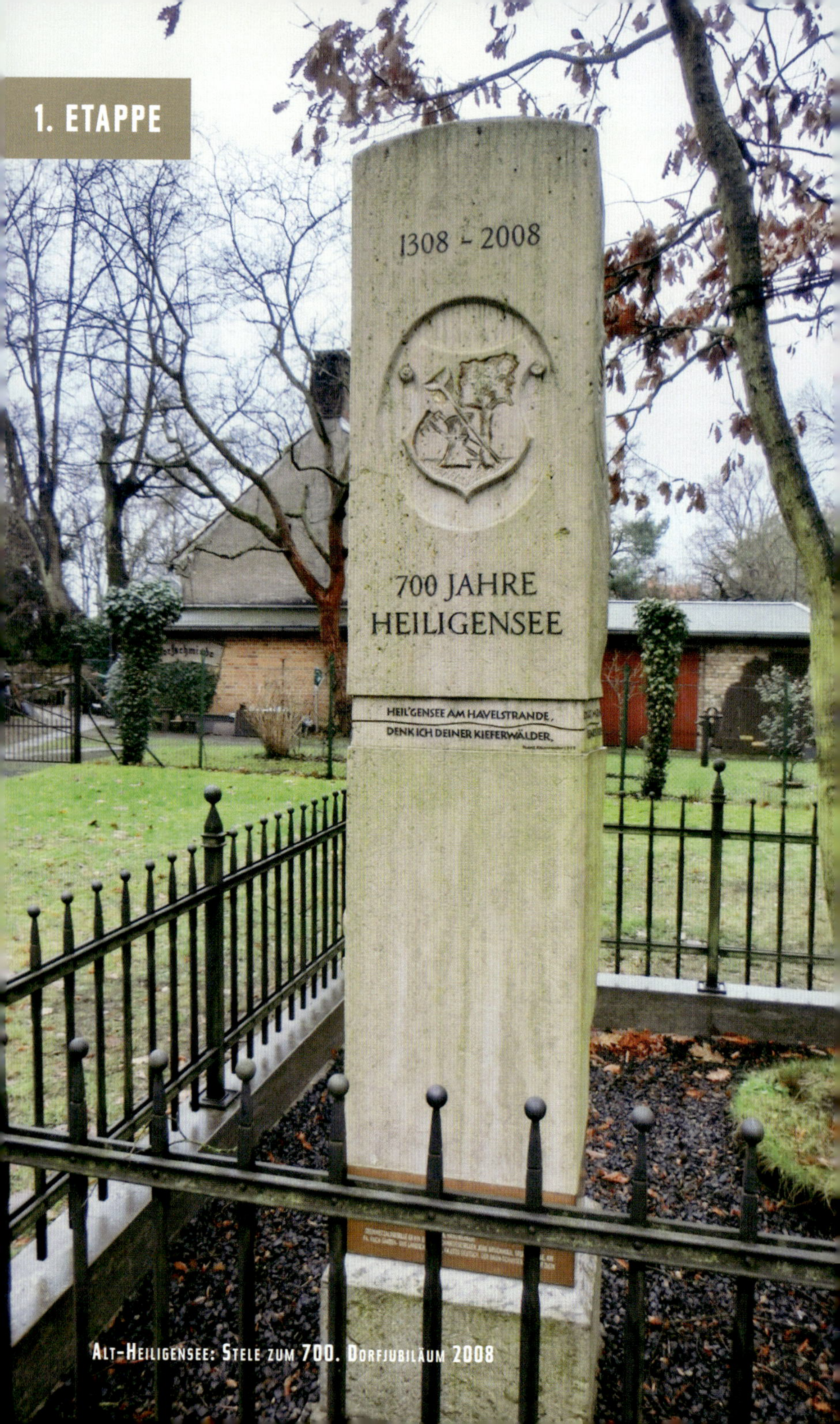

Alt-Heiligensee: Stele zum 700. Dorfjubiläum 2008

VON BERLIN-MITTE NACH BÖTZOW VIA HENNIGSDORF

Ausgangspunkt: Heilig-Geist-Kapelle Berlin, Spandauer Straße
Zielpunkt: Dorfkirche Bötzow

Natürlich kann diese Tour auch an einem anderen markanten Punkt Alt-Berlins beginnen, bei der Marienkirche etwa. Stilecht aber wäre ein Start beim ehemaligen Heilig-Geist-Spital, weil diese karitativen Einrichtungen des Mittelalters neben Alten und Kranken auch Pilger beherbergten, pflegten und beköstigten. Das am Spandauer Tor (innerhalb der alten Stadtbefestigung!) gelegene Hospital entstand in der zweiten Hälfte des 13. Jhs., wurde aber 1825 bis auf die gotische Kapelle abgerissen. Diese wurde später in den Neubau der Handelsschule (1905/06) einbezogen und ist als eines der ältesten noch erhaltenen Bauwerke Berlins unbedingt sehenswert.

Von der Kapelle führt unser Weg in nördlicher Richtung unter dem S-Bahnviadukt hindurch und über den Monbijouplatz zur Oranienburger Straße, die wir in ihrer ganzen Länge abschreiten – wichtigste Sehenswürdigkeit ist hier die Neue Synagoge, das Hauptwerk des bedeutenden Berliner Architekten Eduard Knoblauch (1801–1865). Zumindest Erwähnung verdient auch das frühere Kaiserliche Postfuhramt, 1881 an der Ecke zur heutigen Tucholskystraße vollendet.

Die Oranienburger Straße endete einst am heute nicht mehr existierenden Oranienburger Tor, das nicht zur mittelalterlichen Stadtbefestigung gehörte, sondern zur sogenannten Akzisemauer: Ab 1705 errichtet, diente sie dem Schutz vor Schmuggel in die Stadt, da bei der Wareneinfuhr Abgaben zu ent-

Schinkelkirche auf dem Leopoldplatz (li.), St.-Josephskirche (Mi.), Heilig-Geist-Kapelle

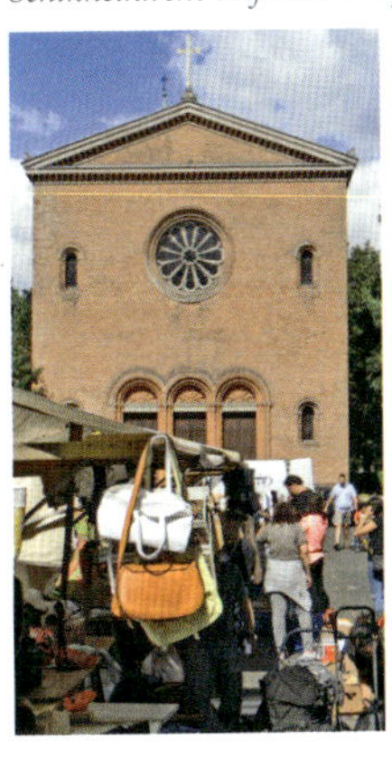

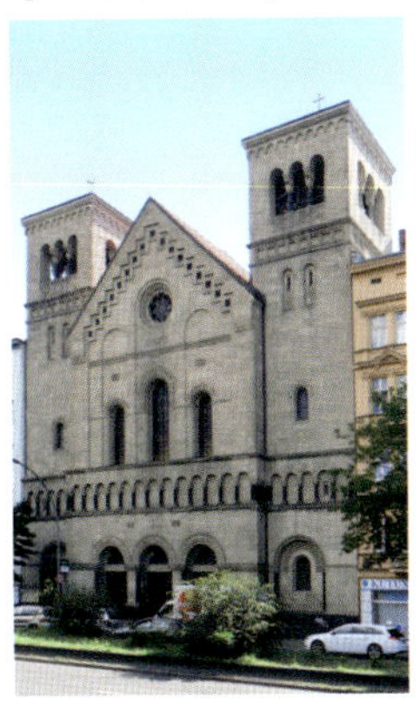

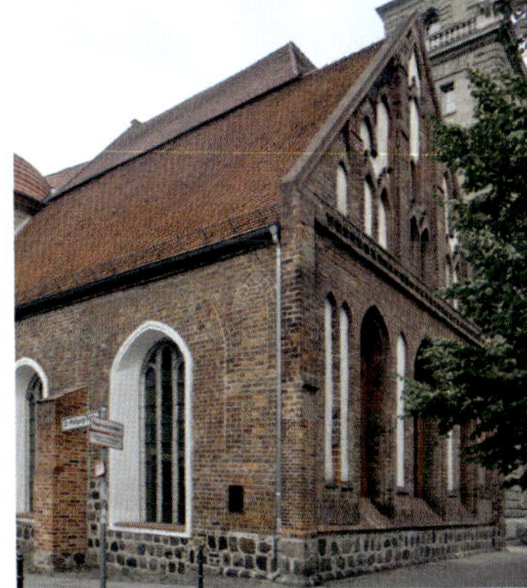

richten waren, sie sollte aber auch die Flucht von Deserteuren verhindern. Als sie zum Hindernis der Stadtentwicklung wurde, riss man sie 1866–69 ab. Von ihren Toren existiert allein noch das Brandenburger Tor.

Nach Norden geht es erst durch die Chaussee-, dann durch die Müllerstraße; beide sind das Ergebnis eines Chausseebaus zwischen der Haupt- und Residenzstadt Berlin und dem Landgut Tegel, angelegt auf Befehl des Königs Friedrich Wilhelm III. in den Jahren 1798 bis 1800, wobei diese Chaussee nach Tegel – eine der ersten befestigten Straßen in Preußen – ungefähr der mittelalterlichen Heerstraße von Berlin nach Ruppin folgte. Übrigens war der Bau von Kunststraßen in Preußen mustergültig und maßstabsetzend: »Erst mit dem preußischen Kunststraßen – und Chausseebau wurde wieder ein bautechnischer Standard erreicht, der den römischen Anlagen vergleichbar ist.« (Transit Brügge – Novgorod. Eine Straße durch die europäische Geschichte.)

Die einstmals durch ödes und dünn besiedeltes Gebiet führende Chaussee ist heute die Magistrale des Wedding, der am 1. Januar 1861 nach Berlin eingemeindet wurde. Zunächst ließen sich hier viele Müller nieder, was den Straßennamen erklärt.

Was schreibt Fontane?

»So zieht sich die Oranienburger Vorstadt bis zur Pankebrücke; jenseits derselben aber ändert sie Namen und Charakter. Der sogenannte ›Wedding‹ beginnt, und an die Stelle der Fülle, des Reichtums, des Unternehmensgeistes treten die Bilder jener prosaischen Dürftigkeit, wie sie dem märkischen Sande ursprünglich eigen ist. Kunst, Wissenschaft, Bildung haben in diesem armen Lande einen schwereren Kampf gegen die widerstrebende Natur zu führen gehabt, als vielleicht irgendwo anders, und in gesteigerter Dankbarkeit gedenkt man jener Reihenfolge organisatorischer Fürsten, die seit anderthalb Jahrhunderten Land und Leute umgeschaffen, den Sumpf und den Sand in ein Fruchtland verwandelt und die Rohheit und den Ungeschmack zu Sitte und Bildung herangezogen haben. Aber die alten, ursprünglichen Elemente leben noch überall …«

(Theodor Fontane, Wanderungen durch die Mark Brandenburg, Havelland)

Noch in der Chausseestraße, auf Höhe der Liesenstraße, bemerkt man Markierungen, die auf die ehemalige Berliner Mauer hinweisen. Die Chausseestraße geht bei der Panke in die Müllerstraße über, es folgen Weddingplatz und S-Bahnbrücke (Bahnhof Wedding). Nach vielleicht 300 m fällt auf der linken Straßenseite, dem Max-Josef-Metzger-Platz gegenüber, eine in die Häuserfront integrierte, neoromanische Kirche ins Auge: die 1907–09 errichtete St.-Josephs-Kirche (Müllerstr. 161). Bemerkenswert ist vor allem die Innenausstattung, finden sich hier doch Wandgemälde im Stile der Beuroner Kunstschule. Ein Abstecher in die Gerichtstraße führt zu dem Urnenfriedhof, der vor allem historisch interessant ist: 1828 eröffnet, war er der erste kommunale Friedhof Berlins, und nach Zulassung der Feuerbestattung in Preußen wurde hier 1912 das erste Krematorium erbaut.

Gehen wir auf der Müllerstraße 500 m weiter Richtung Norden, erreichen wir den Leopoldplatz. Hervorstechender Bau auf diesem Platz ist die Nazarethkirche mit ihren drei Eingängen und der Fensterrose. Bevor sich Berlin zur Großstadt mauserte, entwarf der berühmte Architekt Karl Friedrich Schinkel bereits Vorstadtkirchen – ein bisschen wie nach einem Baukastenprinzip. Eine von ihnen ist die Nazarethkirche.

Der weitere Weg führt an etlichen bemerkenswerten Bauten vorbei, die nicht alle erwähnt werden können. Wer sich für die Architektur der Moderne interessiert, kann zwei Abstecher unternehmen: Durch den Schillerpark geht es zur Schillerpark-Siedlung von Bruno Taut, und von dort kann man weiterlaufen durch Barfusstraße und Aroser Allee zur »Weißen Stadt«. Beide Siedlungen der Moderne sind als UNESCO-Welterbe anerkannt.

Auf der Müllerstraße geht es jedenfalls weiter zum Kurt-Schumacher-Platz und dann durch Scharnweber- und Seidelstraße bis zur Otisstraße; dort biegen wir nach links in den nördlichsten Teil der Jungfernheide. Rechter Hand erstreckt sich die Strafanstalt Tegel, deren denkmalgeschützter alter Teil 1896 nach dem Vorbild eines Gefängnisses in Pennsylvania erbaut wurde, links erscheint bald der Flughafensee. Den Wald durchquerend erreichen wir die Bernauer Straße auf Höhe der Bushaltestelle Wassersportclub; wir überschrei-

Die Sechserbrücke in Berlin-Tegel

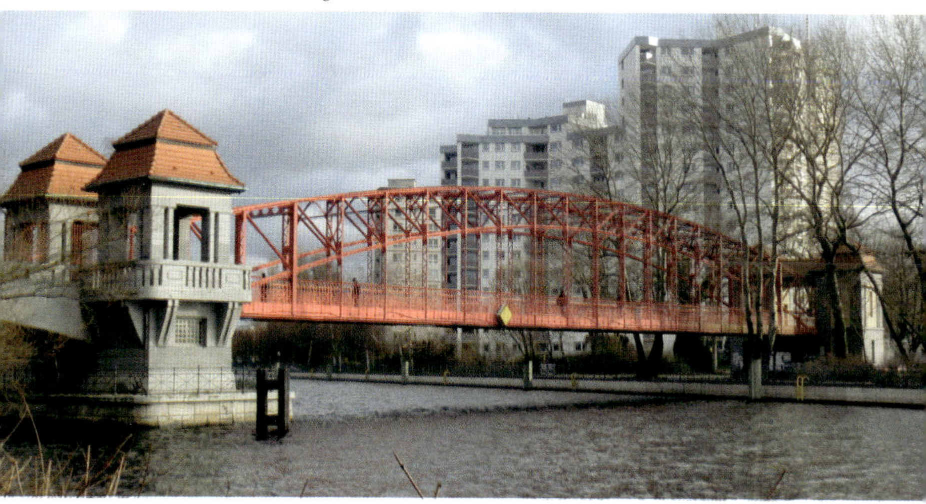

ten die Straße und befinden uns nach knapp 100 m am Tegeler See. Wir halten uns rechts, benutzen den Uferweg bis Neheimer Straße, dann biegen wir gleich nach links in den Borsigdamm. Über die Greenwichpromenade erreichen wir die Sechserbrücke, und der Weg an der Großen Malche führt uns zur Dicken Marie, einem der beiden Naturdenkmäler auf dem Weg nach Alt-Heiligensee. Die Stieleiche ist der wahrscheinlich älteste Baum Berlins, sie soll um 1100 gekeimt sein und erhielt ihren Namen von den Brüdern Alexander und Wilhelm von Humboldt, die im nahen Tegeler Schloss aufgewachsen sind.

Was sagt Fontane?

»Havelabwärts von Oranienburg, schon in Nähe Spandaus, liegt das Dorf Tegel, gleich bevorzugt durch seine reizende Lage, wie durch seine historischen Erinnerungen. Jeder kennt es als das Besitztum der Familie Humboldt. Das berühmte Brüderpaar, das diesem Fleckchen märkischen Sandes auf Jahrhunderte hin eine Bedeutung leihen und es zur Pilgerstätte für Tausende machen sollte, ruht dort gemeinschaftlich zu Füßen einer granitenen Säule …«
(Theodor Fontane, Wanderungen durch die Mark Brandenburg, Havelland)

Die Dorfkirche von Alt-Heiligensee

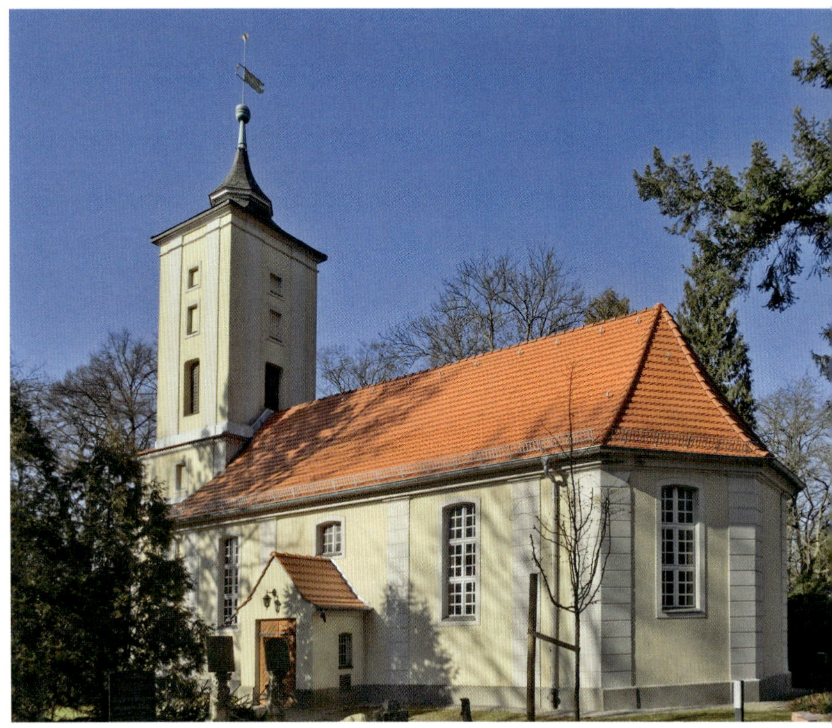

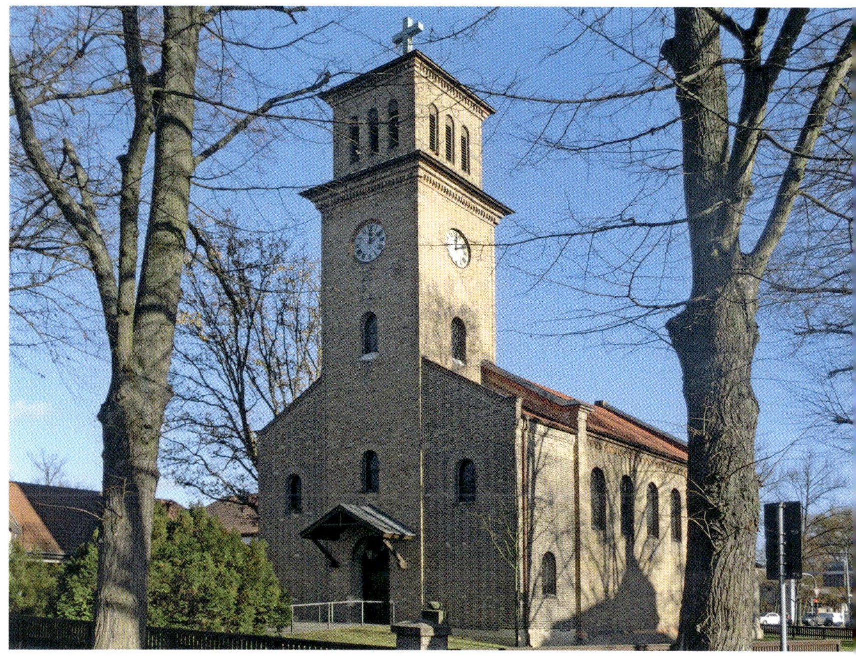

Hennigsdorf: Kirche im historischen Ortskern

Man kann einen Abstecher zum Grab der Gebrüder Humboldt machen und dann weiterwandern: nach Überqueren des Schwarzen Weges auf dem Mühlenweg durch das LSG Forst Tegel zum Rallenweg in Alt-Heiligensee. Im Wald dokumentiert die »Schaustelle Sturm« die Folgen des Orkans vom 10. Juli 2002, der als einer der schwersten Stürme seit Beginn der Wetteraufzeichnung gilt. Wenig später erscheint der Hinweis auf Berlins höchsten Baum, eine 1795 gepflanzte Europäische Lärche – das zweite Naturdenkmal.

Der Rallenweg mündet in die Sandhäuser Straße, der wir nach Norden folgen, am Seebad Heiligensee vorbei und zwischen Havel und Heiligem See hindurch nach **Alt-Heiligensee** – so der Name des Ortsteils wie auch der Straße. Das in einer Chronik der Kirchgemeinde im historischen Rückblick auch »Ochsen- und Gänsedorf« genannte Heiligensee beging 2008 sein 800-jähriges Bestehen, vermutlich wurde es jedoch bereits um 1230 besiedelt. Es handelt sich um ein typisches malerisches Angerdorf von allerdings ungewöhnlicher Breite. Bereits Anfang des 14. Jhs. gab es an einer schmalen Stelle der Havel eine Fähre, und die alte Handelsstraße von Berlin nach Hamburg führte hier über den Fluss. Pilger nach Wilsnack haben diese Fähre nach Niederneuendorf ebenso benutzt, bis 1506 bei Hennigsdorf Brücken über die Havelarme gebaut wurden.

Sehenswert sind das Küster- und Schulhaus, der Dorfkrug, die Schmiede, einige der Bauernhöfe sowie das Straßenbahndepot – von 1913 bis 1958 verkehrte nämlich die Heiligenseer Straßenbahn bis nach Tegel.

Wichtigstes Baudenkmal ist die Dorfkirche. Bereits um 1250 hat es auf dem Anger eine Kirche gegeben, der Ursprungsbau des heutigen Gotteshauses stammt wohl vom Ende des 15. Jhs., später wurde es barock umgestaltet. Wichtigstes Ausstattungsstück ist der Altar im Bauernbarock aus der ersten Hälfte des 18. Jhs. sowie die gotische Messingtaufschale. Unbedingt sehenswert ist der Kirchhof mit den teilweise gut erhaltenen Grabsteinen aus dem 19. Jh.

Der schnellste Weg von Alt-Heiligensee nach **Hennigsdorf** führt über die Hennigsdorfer Straße. Schöner ist jedoch, ein Stück die Schulzendorfer Straße hochzulaufen und beim Fürstenauer Weg in einen Park einzubiegen. Es handelt sich hierbei um Weg Nr. 3 von »20 grüne Hauptwege®« in Berlin. Dieser führt am Erlengrabensee vorbei und den Erlengraben (oder wahlweise auch am Eschengraben) entlang bis zum Silberhammerweg, der schließlich in die Hennigsdorfer Straße mündet. Diese wiederum endet an der Ruppiner Chaussee, in die wir nach links einbiegen. Vom Kreisverkehr bei Neubrück,

Hennigsdorf: Stadthafen

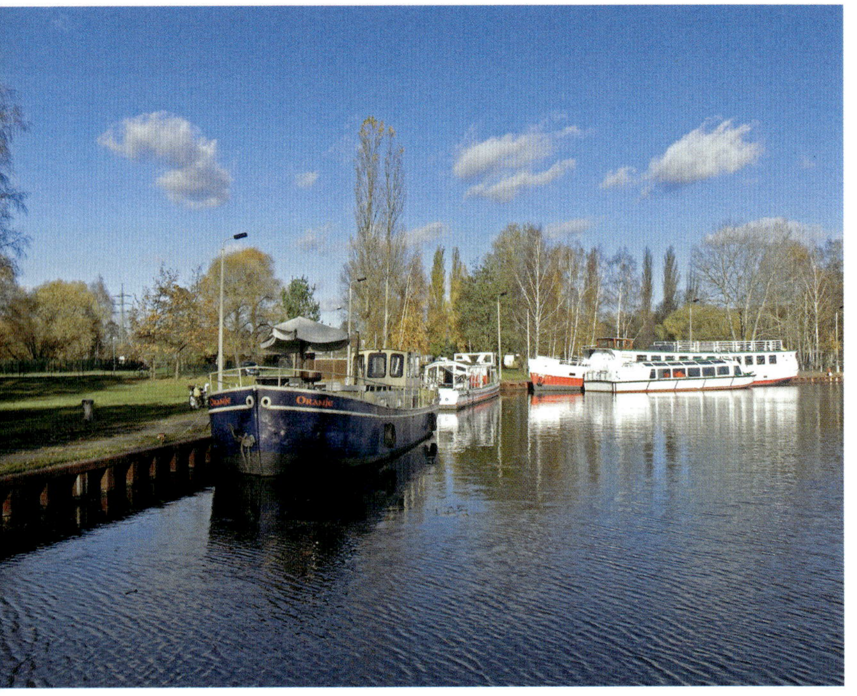

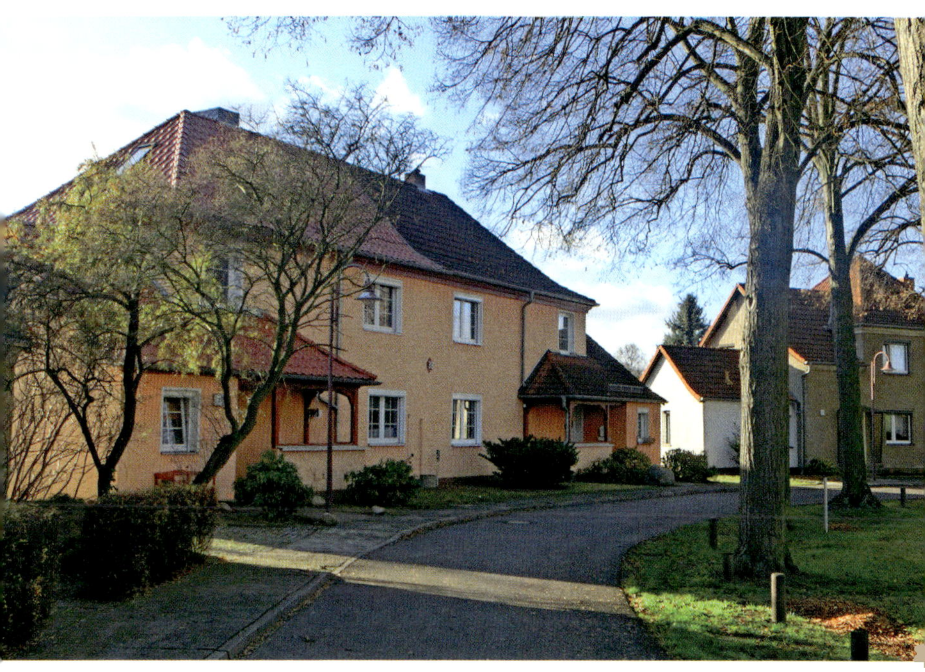

Hennigsdorf: Heimstättensiedlung

wo 1506 ein Zollhaus für die damalige Brücke erbaut wurde, geht es die Ruppiner Straße entlang und über die Havelbrücke nach Hennigsdorf.

Die Stadt mit rund 26.000 Einwohnern ist in erster Linie als Industrie- und Gewerbestandort bekannt, hat aber auch Beachtliches vor allem im Bereich des Werksiedlungsbaus zu bieten. Nachdem sich die AEG ab 1911 mit einem Lokomotiv- und einem Stahlwerk ansiedelte, bestand in dem ehemaligen Fischer- und Kossätendorf großer Bedarf an Wohnraum. Die AEG-Siedlung »Rathenauviertel«, städtebaulich und sozialgeschichtlich bedeutend, wurde vom legendären AEG-Architekten Peter Behrends und seinem Büroleiter Jean Krämer, in den 1920er-Jahren dann »BVG-Hausarchitekt«, entworfen. Es folgten ab 1922 die Heimstättensiedlung (Architekt Henry Groß) sowie 1925–27 die Siedlung Marwitzer Straße mit einem Uhrturm als Wahrzeichen. Beachtenswert ist auch die 1949 entstandene und heute vollkommen neu gestaltete sogenannte Aktivistensiedlung. Fast ein Jahrhundert Siedlungsbau für Industriearbeiter bis hin zu den DDR-Plattenbauten lässt sich in Hennigsdorf verfolgen.

Die Stadt verfügt aber auch über einen alten Siedlungskern mit Dorfanger und Altem Rathaus, das heute das Heimatmuseum beherbergt. Die neuromanische Martin-Luther-Kirche in der Hauptstraße wurde 1853–55 aus gelben

Ziegeln errichtet und verfügt noch heute über die Ausstattung aus der Bauzeit.

Entfernung Heilig-Geist-Kapelle Berlin → Alt-Heiligensee: ca. 19 km

Entfernung Dorfkirche Alt-Heiligensee → Hennigsdorf historischer Ortskern je nach Weg: 4,4–4,7 km

Von der Berliner Marienkirche zur Heilig-Geist-Kapelle sind es ca. 250 m.

Ab Hennigsdorf ist unser Weg ausgeschildert: Vom Bahnhof Hennigsdorf geht es durch die Havelpassage zum Havelplatz, dann durch den Stadtpark Konradsberg bis zum Gasthaus »Zur Deutschen Eiche«. Links von dieser verläuft, am Friedhof entlang, der Bötzower Weg. Er führt durch ein Wäldchen und über Felder zur Schönwalder Straße (L20), auf der wir uns nach rechts halten, um nach etwa 1,5 km unser Ziel zu erreichen. Rekonstruierte Postmeilensteine am Wegrand erinnern an die Vergangenheit des Weges als Poststraße nach Hamburg, die als eine der am vollständigsten erhaltenen Meilensteinstraßen Deutschlands gilt.

Bötzow wurde 1355 erstmals urkundlich erwähnt, allerdings unter dem Namen Cotzebant (später auch Schreibung Kotzeband), den es bis 1694 trug. Erst mit der Umbenennung des bis 1653 Bötzow heißenden Ortes an der Havel in Oranienburg wurde der Name frei, und als der Kurfürst Friedrich III. das Dorf Cotzebant kaufte, taufte er es in Bötzow um. Wichtigstes Bauwerk ist

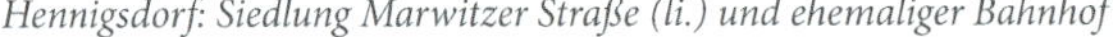

Hennigsdorf: Siedlung Marwitzer Straße (li.) und ehemaliger Bahnhof

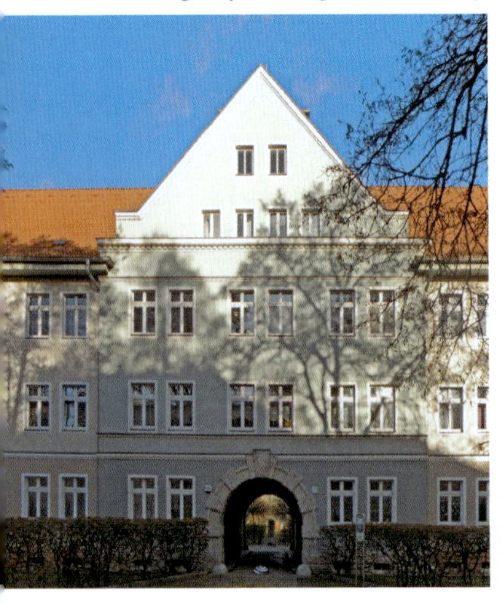

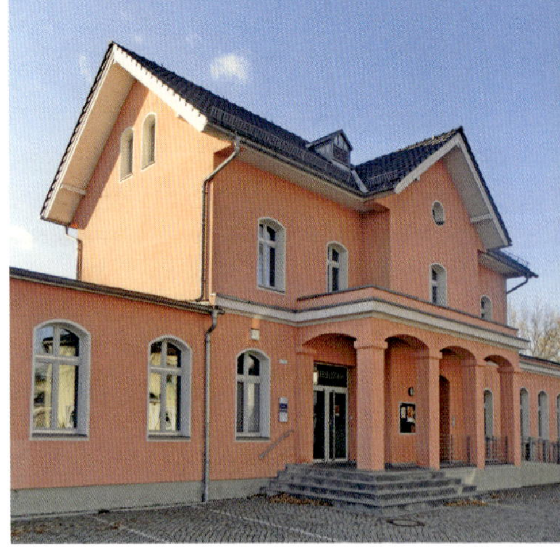

die Dorfkirche St. Nikolai, eine spätgotische Feldsteinkirche aus der ersten Hälfte des 15. Jhs. von einiger Größe, die sie wohl dem Handels- und Pilgerverkehr auf der Straße nach Hamburg verdankt. Bemerkenswert sind die im Chor freigelegten gotischen Wandmalereien, die unter anderem das Fragment einer Marienkrönung enthalten. Auffallend ist auch der große quadratische Westturm; sein Zeltdach und die Laterne stammen erst von 1757, wie die Wetterfahne verrät. In der Dorfstraße 46 lässt sich noch ein altes Märkisches Mittelflurhaus bewundern.

Entfernung Hennigsdorf historischer Ortskern → Bötzow, Kirche: ca. 7 km

Entfernung Heilig-Geist-Kapelle Berlin → Bötzow, Kirche: ca. 30,5 km

- Stadtinformation Hennigsdorf, Rathausplatz 1, 16761 Hennigsdorf, Tel.: 03302/87 73 20
- Historische Gaststätte Dorfaue, Alt-Heiligensee 67, 13503 Berlin, Tel.: 030/40 63 71 82
- Gaststätte und Strandbar Seebad Heiligensee, Sandhauser Str. 132, 13503 Berlin, Tel.: 030/43 74 69 70
- Gasthaus Zur Erholung, Forststr. 42, 16761 Hennigsdorf, Tel.: 03302/80 15 05, auch
- Imbiss Annegret Bosl Bötzow, Veltener Str. 59 A, 16727 Bötzow, Gemeinde Oberkrämer, Tel.: 03304/316 77 (Öffnungszeiten tel. erfragen)
- Zahlreiche Ferienwohnungen und Privatzimmer in Hennigsdorf, buchbar über Stadtinformation oder im Internet auf www.hennigsdorf.de.
- Zimmervermietung Hein, Dorfaue 75, 16727 Oberkrämer, OT Bötzow, Tel.: 03304/521 67 11
- Historisches Dorfensemble Alt-Heiligensee, Hennigsdorf: Historischer Ortskern, Werksiedlungen, Ortsteil Nieder Neuendorf
- Dorfkirche Alt-Heiligensee, Gemeindebüro, Alt-Heiligensee 45/47, 13503 Berlin, Kontakt: Pfarrer Michael Glatter, Tel.: 030/431 19 09
- Ev. Martin-Luther-Kirche Hennigsdorf, Hauptstr. 1, 16761 Hennigsdorf, Tel.: 03302/80 14 98
- Dorfkirche (Nikolaikirche) Bötzow, Kontakt: Ev. Kirchengemeinde Bötzow, Dorfaue 70, 16727 Oberkrämer, Schlüssel bei Pfarrer Albroscheit, Tel.: 03304/209 29 02
- Bötzow: Bus 651, 672, 811, 812
- Die gesamte Strecke ist radtauglich und teilweise als Radweg ausgewiesen.
- Hennigsdorf liegt am Radfernweg Berlin-Kopenhagen und an der deutschen Tonstraße.

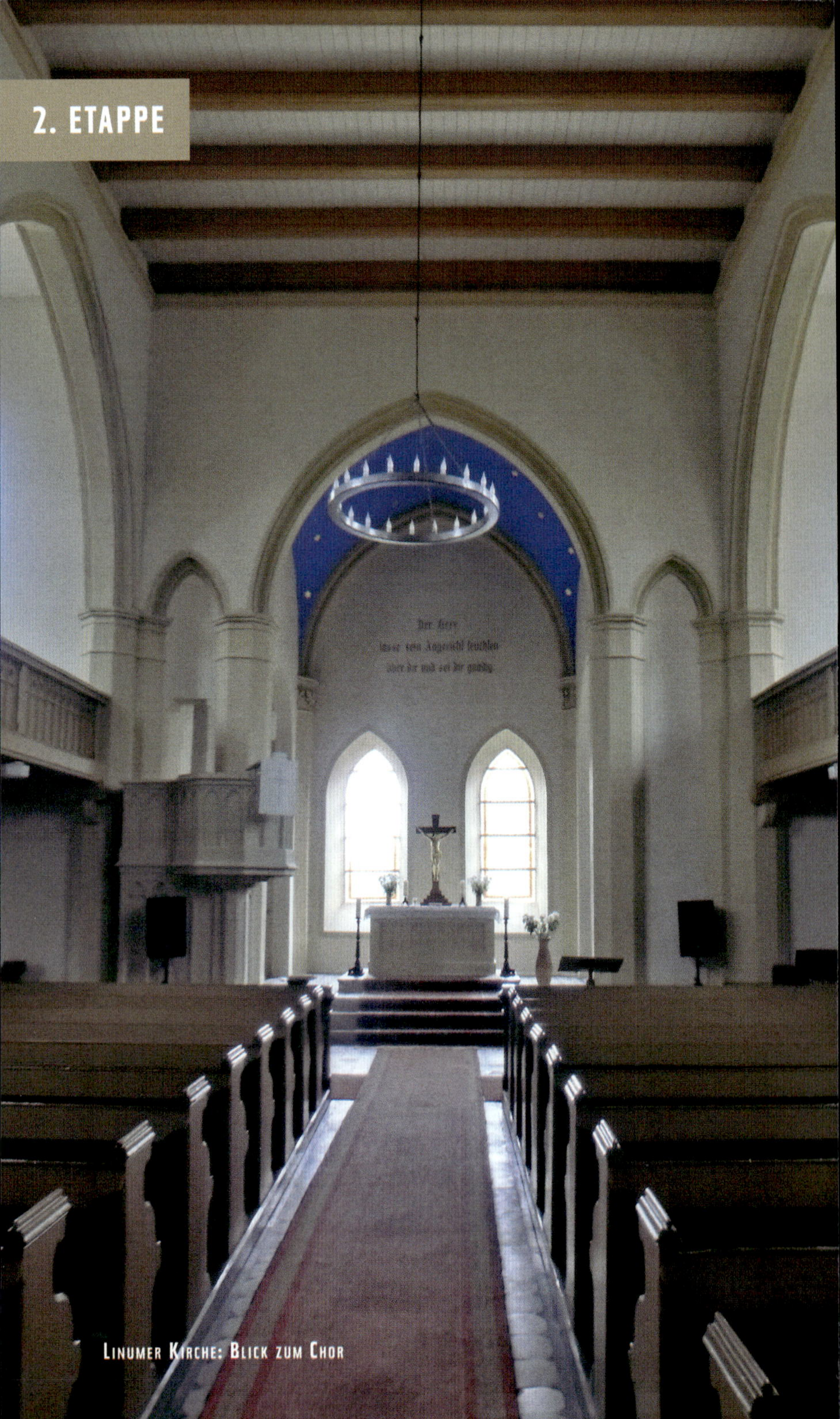

Linumer Kirche: Blick zum Chor

VON BÖTZOW NACH FEHRBELLIN

Ausgangspunkt: Dorfkirche Bötzow
Zielpunkt: Stadtpfarrkirche Fehrbellin

Von der Dorfaue geht es in westlicher Richtung durch die Wansdorfer Chaussee und bald nach rechts in die Alte Hamburger Poststraße (ausgeschildert), die erst mit Steinen gepflastert ist und dann zum breiten Waldweg wird. Sie ist auch als Fahrradweg ausgeschildert und fährt sich relativ gut. Nach ca. 3,5 km stößt man auf eine Unterstellhütte, wo man biwakieren oder einen Regenguss abpassen kann, aber es existieren auch noch weitere Rastplätze. Immer wieder stehen am Wegesrand Postmeilensäulen verschiedener Größe und Bedeutung; diese Säulen wurden in den Jahren 1800–05 aufgestellt, die jetzigen sind aber Nachahmungen – bis auf eine, die ein rekonstruiertes Original darstellt. Es gibt bei jeder Säule eine Tafel mit Erklärungen.

Im Übrigen befinden wir uns hier im Krämer Forst, und es geht auch wirklich etliche Kilometer nur durch Wald. Die Gegend ist auch als Glien bekannt, ein Wort, das slawischen Ursprungs ist und »Ort, wo es Lehm/Ton gibt« bedeutet und dem auch Siedlungen wie Glindow und Glienicke ihre Namen verdanken. Der Weg und seine Umgebung geben noch heute einen Eindruck davon, wie Postreisende damals mit Kutschen oder der Postreiter zu Pferde unterwegs gewesen sein müssen. Die Alte Poststraße nach Hamburg wurde 1830 aufgegeben, denn in jenem Jahr war die Neue Hamburger Chaussee fertiggestellt, die in etwa der heutigen B 5 entspricht.

Postmeilensäulen an der Alten Hamburger Poststraße (außen), Dorfkirche Bötzow (Mi.)

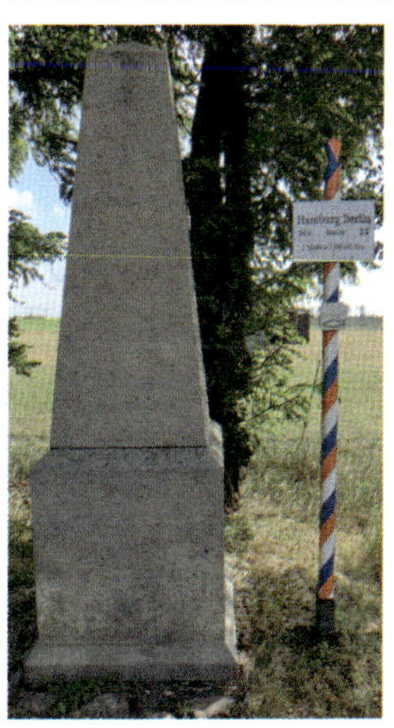

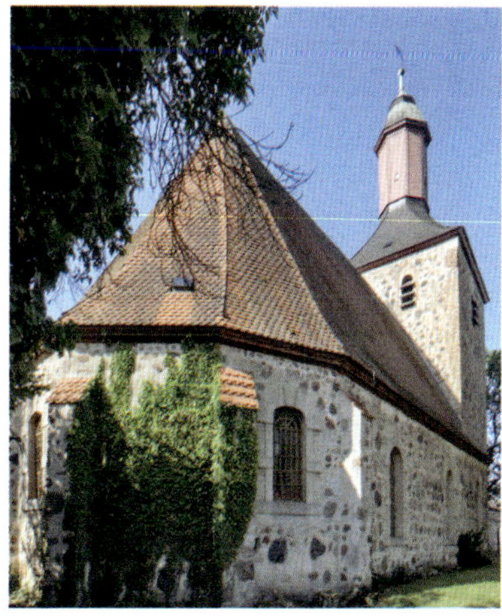

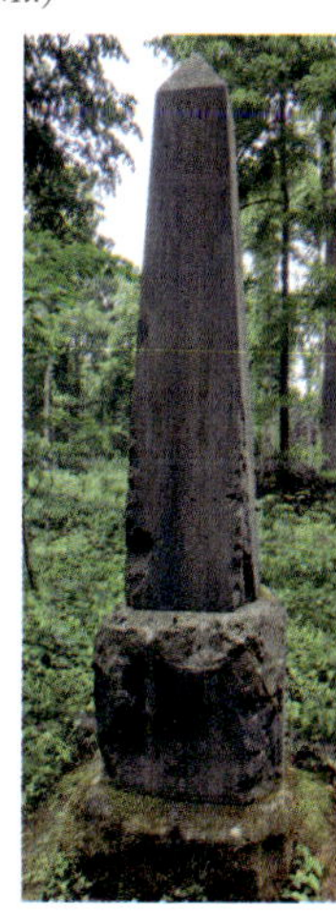

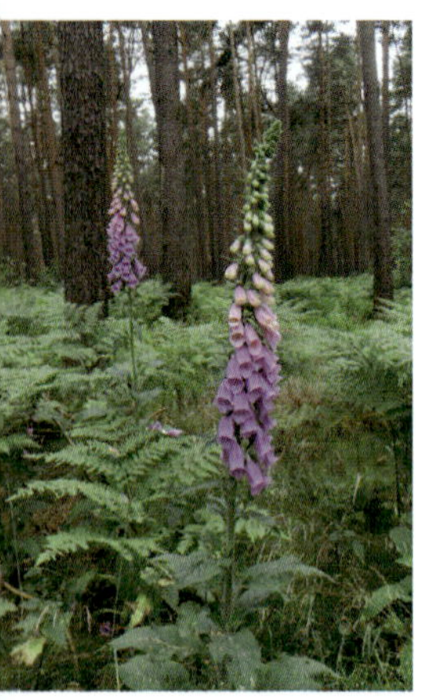
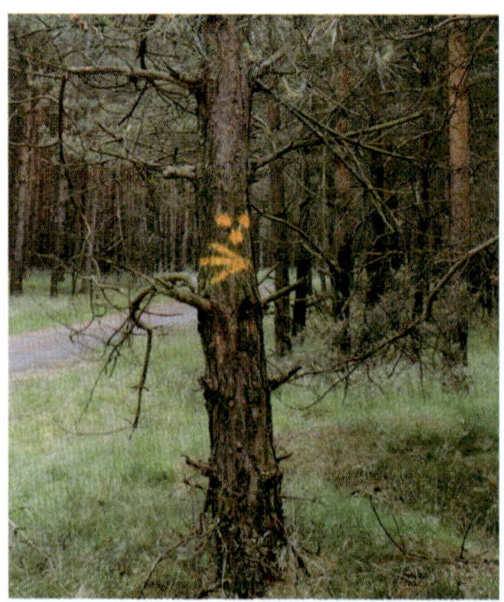
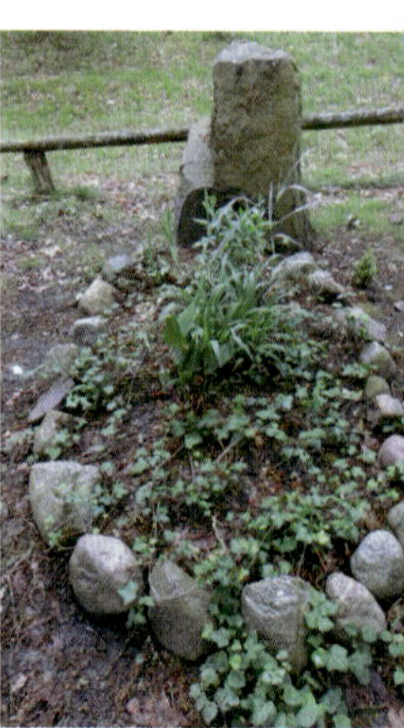

Im Krämer Forst (li.), Wegmarkierung Wilsnackweg (Mi.), Reckins Grab

Beim Forsthaus Krämerpfuhl treffen wir auf die Perwenitzer Chaussee (L 161), und der ausgeschilderte Radweg nimmt jetzt diesen Weg. Wir aber queren die Asphaltstraße und folgen der Auszeichnung des Pilgerweges/der Pilgerwege. Es geht nach rechts über einen ziemlich hügeligen Waldweg zu einer alten Asphaltstraße, die von Baumwurzeln in Mitleidenschaft gezogen wurde. Nach einigen Schritten sehen wir den Hinweis auf Reckins Grab und Eiche: Aus einem hohlen Vorläufer dieser Eiche soll der Legende nach ein Förster namens Reckin in den Franzosenkriegen Anfang des 19. Jhs. auf die gallischen Besatzer geschossen haben. Nachdem ihn der Rauch aus der Flinte verraten hatte, wurde er an demselben Baum aufgeknüpft.

Von hier geht es weiter nach **Flatow**, das zur Stadt Kremmen gehört. Der Ortsname ist abgeleitet vom slawischen Wort »blatow«, das Sumpf bedeutet, womit schon einiges gesagt ist über die Gegend, in der wir uns befinden (jedenfalls über ihre Vergangenheit). Hier betreten wir nun das Rhinluch, und wir werden viele Kilometer in dieser aufregenden Landschaft bleiben. 1355 wurde Flatow erstmals erwähnt, frühester bekannter Besitzer war die Familie von Bredow. 1472 ließ Matthias von Bredow die Backsteinkirche mit einer Krypta errichten, in der sich eine Grablege der Bredows befindet; interessant sind die Feldsteineinlagen in den Fassaden, die vielleicht auf eine besondere Sparsamkeit hindeuten. Später wurde das Gotteshaus durch diverse Anbauten erweitert, ob zu seinem Vorteil, mag jeder selbst entscheiden. Flatow hatte sogar einmal Bahnanschluss, und zwar ab 1915 an die Strecke von Nauen nach Oranienburg. Die Straße Am Bahnhof kündet noch davon, auch existieren noch Bahnhofsgebäude, die unter Denkmalschutz stehen.

Entfernung Dorfkirche Bötzow → Dorfkirche Flatow: ca. 18 km

Flatow verlassen wir auf der Apfelallee, die erst zwischen Landwirtschaftsflächen und dann durch die Flatower Kienheide hindurchführt, eine sandige oder nach Regen aufgeweichte Strecke, die schließlich aber zum Asphaltweg wird, und dieser wiederum mündet in die Landesstraße, auf der wir uns nach links halten. So erreichen wir das »Storchendorf« **Linum**, wo jährlich mehr als ein Dutzend Storchenpaare nisten; darauf sind die etwa 750 Einwohner mächtig stolz. Aber auch andere große Vögel können bewundert werden, schließlich ist Linum der größte Kranichrastplatz Mitteleuropas. In der ehemaligen Schmiede hat der Naturschutzbund NABU eine Ausstellung über die Tiere des Luchs eingerichtet, wobei der Schwerpunkt auf Adebar liegt, daher der Name »Storchenschmiede«.

Linum wurde 1294 erstmals in einer Urkunde erwähnt, damals als Besitz des Havelberger Bistums. Das langgestreckte Straßendorf wurde später Eigentum des Landesherrn, der es verpachtete. Unter König Friedrich Wilhelm I. begann die Trockenlegung des Luchs, das in der Folge landwirtschaftlich genutzt werden konnte. Aber auch Torf wurde abgebaut, und zu Zeiten der Gewinnung dieses wichtigen Brennstoffes hatte Linum wohl 2.500 Bewohner.

Dorfkirche Flatow

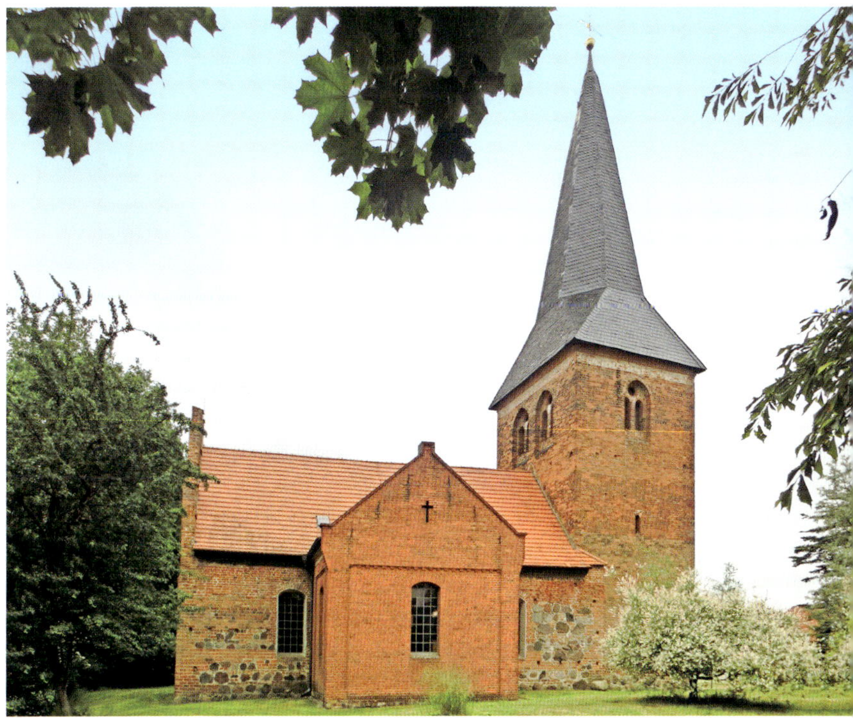

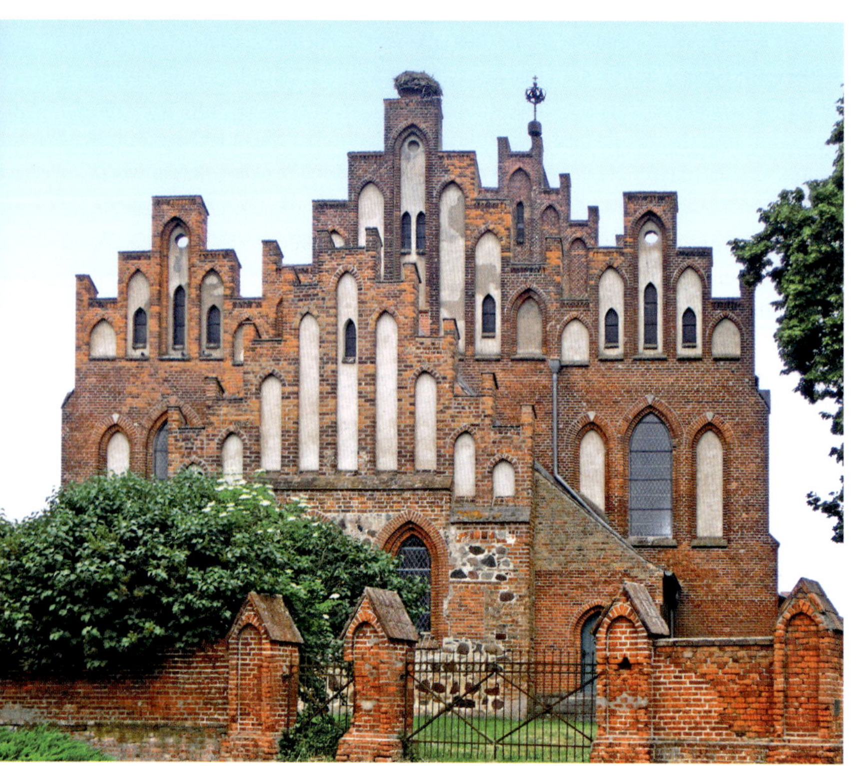

Treppengiebel der Kirche in Linum

Als der Torfabbau an Bedeutung verlor, wurden Fischteiche angelegt: das heute sogenannte Teichland Linum. Zur Postkutschenzeit war der hiesige Rasthof Umspannstation des Postkurses Berlin-Hamburg, und bis 1833 gab es hier ein königliches Jagdschloss. Schon im 13. Jh. existierte eine Feldsteinkirche, die infolge des Bevölkerungszuwachses aber zu klein wurde, sodass 1868 eine neue Kirche erbaut wurde, eine neugotische. Von Linum nahm die Schlacht von Fehrbellin ihren Ausgang.

An der Bushaltestelle Linum, Zu den Teichen biegen wir in die Straße Zu den Teichen und später nach links in den Trompeterberg. An dessen Ende beginnt der Feldweg, der am Breiten Graben entlang fast bis Fehrbellin führt. Es geht durch das weite und flache sowie von Gräben durchzogene Luch; der holprige Wiesenweg ist für Radfahrer nur bedingt geeignet, er ist anstrengend für Knie, Handgelenke und das Fahrrad selbst. Wir erreichen eine feste Straße namens Schleuse, die rechts zum Alten Rhin und links nach Hakenberg führt, einem Dorf, das wie Linum, Tarnow und die Stadt Fehrbellin zum Ländchen Bellin gehört, ehedem ein Höhenrücken, der von den Sumpfgebieten des Havelländischen und des Rhinluchs umgeben war. Die Schlacht bei Fehrbellin tobte eigentlich südlich von Hakenberg: Dort begegneten sich während des Holländischen Krieges am 18. Juni 1675 schwedische Truppen und kurfürstlich-brandenburgische. Die Schweden wurden vernichtend geschlagen, der Aufstieg Brandenburg-Preußens zur Großmacht begann mit diesem Sieg, wobei es sich eigentlich nur um eine kleine Schlacht handelte, die durch patriotische Begeisterung dann zu exorbitanter Größe aufgeblasen wurde. Zwei Denkmäler in fußläufiger Entfernung von Hakenberg erinnern daran: das kleine Denkmal (1800) an der Einmündung der Lindenallee zum großen Denkmal, dessen Grundstein 1875 gelegt wurde, das 39 m hoch ist und auf dessen Spitze eine goldene Viktoria thront. Von Donnerstag bis Sonntag kann man ins benachbarte Waldhaus am Denkmal einkehren und den ganzen Nationalkitsch hinunterspülen.

Auch in der Kirche von **Hakenberg** finden sich Devotionalien des Gefechts in Form einer Sammlung von Kanonenkugeln. Das jetzige Gotteshaus des 1294 ersterwähnten Angerdorfes selbst wurde 1874 aus gelbem Backstein in den Formen des sogenannten Rundbogenstils erbaut. Der breite Turm aus Mischmauerwerk (Feld- und Backstein) stammt im unteren Bereich von der

Der Breite Graben zwischen Linum und Fehrbellin

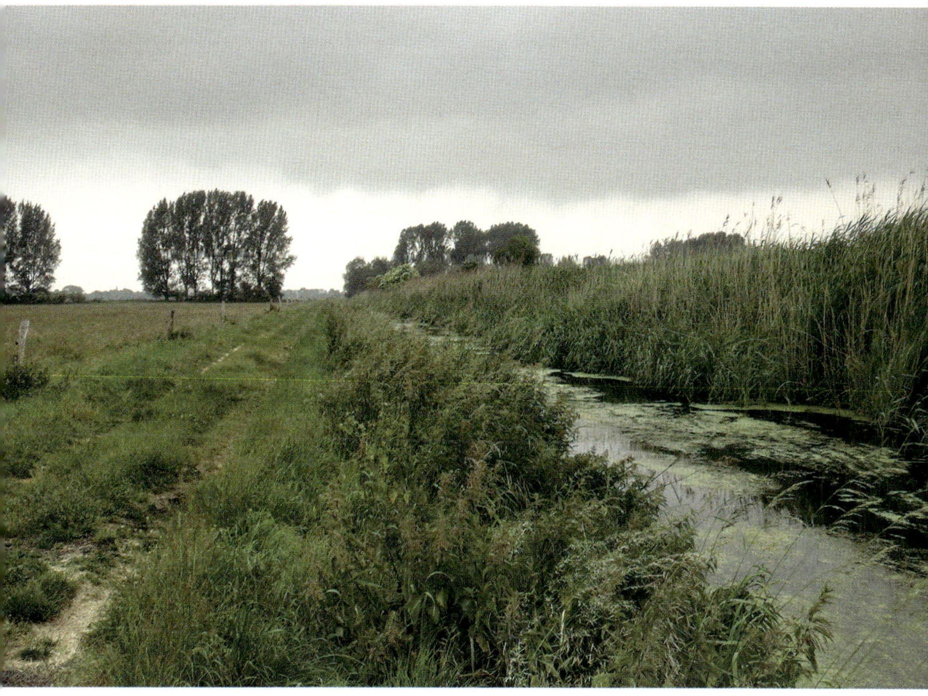

Vorgängerkirche, wurde aber erhöht. Auch Hakenberg gehörte bis 1571 zum Bistum Havelberg und wurde dann kurfürstlicher Besitz.

Wir kehren zum Breiten Graben zurück und wandern an ihm entlang nach **Tarmow**. Ebenfalls 1294 als Havelberger Bistumsbesitz erstmals erwähnt, wurde auch Tarmow schließlich kurfürstlich. Und auch hier wurde ein mittelalterliches Kirchengebäude im 19. Jh. ersetzt, weil man die alte Feldsteinkirche als unangemessen und zu klein empfand. Am 3. August 1855 fand die Einweihung des Neubaus statt, ebenfalls eine verputzte Saalkirche im Schinkelschen Rundbogenstil mit einem nach Art eines Campanile abgesetzten Westturm, der hoch aufragt und daher weit sichtbar ist.

Der Weg am Breiten Graben mündet kurz vor Fehrbellin an einem Querweg, auf dem wir uns nach links halten. Wir erreichen Tarmow Ausbau und wandern auf der Chaussee direkt in den Hauptort des ehemaligen Ländchens Bellin. Diese Insel im Luch war schon früh von strategischer Bedeutung, sodass die askanischen Markgrafen von Brandenburg zum Schutz des Passes vermutlich im 12. Jh. eine Burg anlegen ließen, die jedoch 1305 wieder aufgegeben wurde und deren Standort nicht bekannt ist. 1294 wird ein Damm über das Rhinluch erstmals urkundlich erwähnt, 1402 eine Fähre. Im Schutz der Burg entwickelte sich eine Siedlung, die 1216 Bellin und 1294 *civitas*

Die Dorfkirchen von Hakenberg (li.) und Tarmow

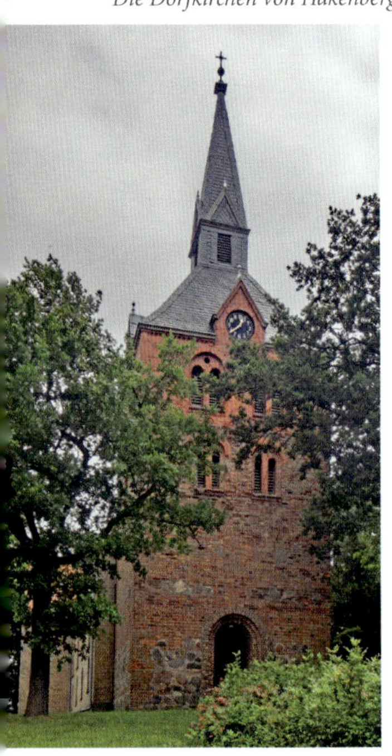

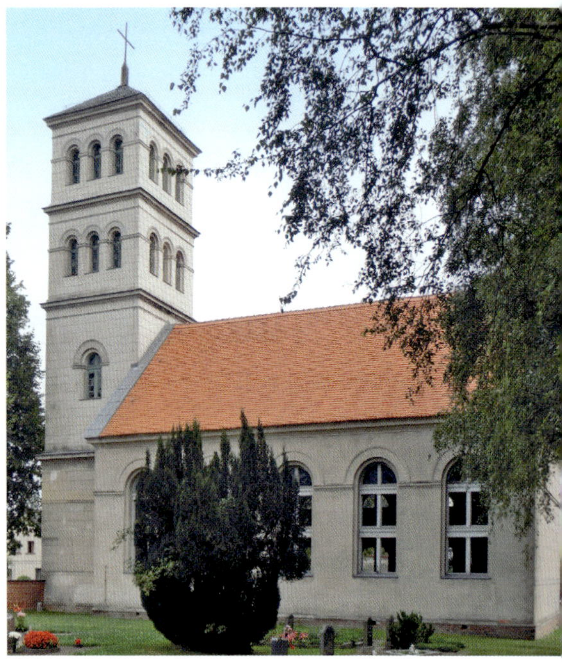

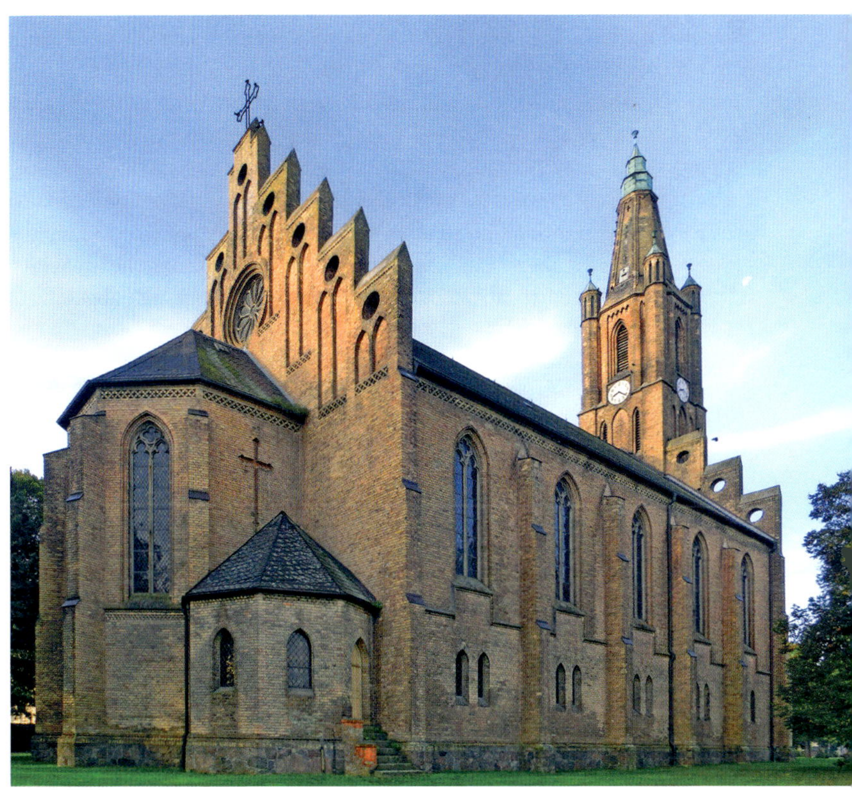

Fehrbellin: Stadtpfarrkirche nach Entwurf von F. A. Stüler

Bellin genannt wurde. Es war die Fähre, die dem Ort schließlich den Namen gab, der dann auch nach dem Bau einer Brückenverbindung über den Rhin erhalten blieb. Die Postverbindung Berlin-Hamburg war von großer Bedeutung für die Entwicklung des »Städtleins«, wie es auch genannt wurde, später auch der Bau der Chaussee nach Neuruppin sowie 1880 der Anschluss an die Eisenbahn Paulinenaue-Neuruppin (Stille Pauline) und der Ausbau des Fehrbelliner Kanals, der u. a. für den Torftransport von Bedeutung war. Die Bahnverbindung ist heute ein Radweg, das Bahnhofsgebäude Gaststätte und Pension.

Eine höchst eigene Geschichte hat die Kirche. Die heutige steht auf dem Anger des Dorfes Feldberg, das erst 1922 nach **Fehrbellin** eingemeindet wurde. Die Fehrbelliner nutzten ein eigenes Gotteshaus, die 1385 erstmals erwähnte Getraudenkapelle, die aber 1751 einstürzte. So kam es, dass sie zum Gottesdienst in die Dorfkirche von Feldberg gingen und allmählich der Wunsch entstand, eine neue größere Kirche zu errichten. Schließlich wurde nach einem Entwurf des Baumeisters Friedrich August Stüler (1800–1865) in den Jahren 1866/67 – also kurz nach seinem Tod – mit dem Bau der neuen Kirche begonnen. Es handelt sich um einen ziemlich beachtlichen Bau aus Backstein im neugotischen Stil mit einer reichen Gliederung: Vor allem fällt der Staffelgiebel im Osten mit der Maßwerkrosette und den Blenden auf, aber auch der quadratische Westturm mit den Ecktürmchen und der oktogonalen »Spitze« hat eine beachtliche optische Wirkung.

Entfernung Dorfkirche Flatow → Stadtkirche Fehrbellin: ca. 17 km (ohne Abstecher z. B. zum Siegesdenkmal)

Entfernung Dorfkirche Bötzow → Stadtkirche Fehrbellin: ca. 35 km

- Tourist-Information Gemeinde Fehrbellin (in der Stadtbücherei), Joh.-Seb.-Bach-Str. 7 c, 16833 Fehrbellin, Tel.: 033932/702 55
- Storchenklause Linum, Nauener Str. 36, 16833 Linum, Tel.: 033922/90 944, auch
- Restaurant & Café Storchenblick, Nauener Str. 76, 16833 Linum, Tel.: 033922/902 18,
- Waldhaus am Denkmal, Am Denkmal 104, 16833 Fehrbellin, OT Hakenberg, Tel.: 033922/502 11
- Restaurant Loc House/Pension Alter Fehrbelliner Bahnhof, Bahnhofstr. 10, 16833 Fehrbellin, Tel.: 033932/60 71 17 (Restaurant) / 0170/357 99 92 (Pension), auch
- Landhaus Fehrbellin, Berliner Str. 4, 16833 Fehrbellin, Tel.: 033932/601 32, auch
- Pilgerherberge im Gemeindehaus Flatow, Anmeldung b. Frau Natja Guse, Am Eichenhain 12, Tel.: 033055/709 75
- Pension Altes Pfarrhaus Hakenberg, Familie Knobloch, Dorfstr. 71, 16833 Hakenberg, Tel.: 033922/500 42
- Pension Zietz (auf dem Bauernhof), Chaussee 24 a, 16833 Tarmow, Tel.: 033932/727 55
- Pension & Café Oase, Promenade 41, 16833 Fehrbellin, Tel.: 033922/600 15, auch
- Pilgerherberge im Gemeindehaus Fehrbellin, Berliner Str. 81, 16833 Fehrbellin, Tel.: 033932/703 84
- NABU-Naturschutzzentrum Storchenschmiede, Nauener Str. 54, 16833 Linum, Tel.: 033922/505 00
- Krämer Forst mit Postmeilensteinen, Teichland Linum (Kranichbeobachtung), Denkmal Schlacht bei Fehrbellin, historisches Stadtensemble Fehrbellin.
- ✝ Dorfkirche Flatow, Schlüssel bei Herrn Guse, Tel.: 033055/738 00
- ✝ Dorfkirche Linum, Schlüssel (auch Führung) b. Schwester Anneliese Wilke, im benachbarten Pfarrhaus, großes Fenster zur Hofseite, Tel.: 033922/502 60 – Man bekommt auch Gottes Wort mit auf den Weg!
- ✝ Dorfkirche Hakenberg, Anmeldung/Schlüssel bei W. Knobloch, Dorfstr. 71 (altes Pfarrhaus), Tel.: 033922/500 42
- ✝ Dorfkirche Tarmow, Anmeldung/Schlüssel bei Frau Koch, Tel.: 033932/711 03

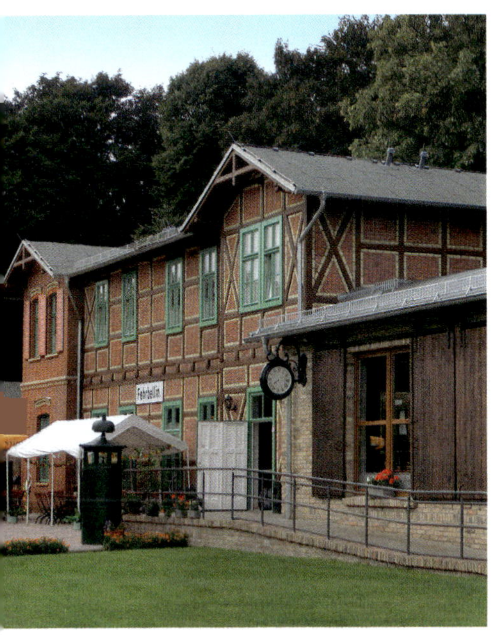

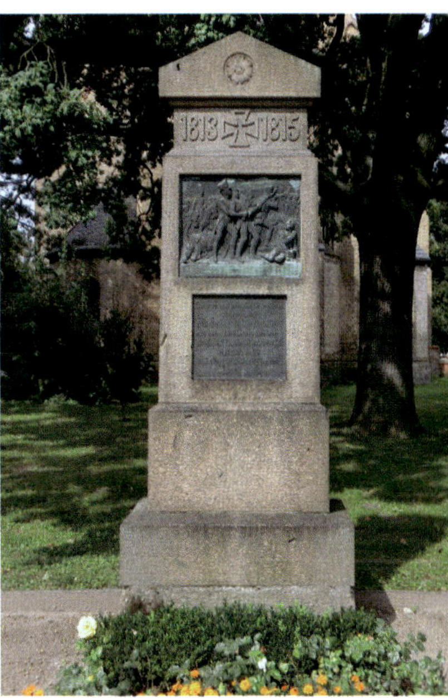

Fehrbellin: ehemaliges Bahnhofsgebäude (li.) und Kriegerdenkmal bei der Kirche

- Stadtkirche Fehrbellin, Pilgerstempel am Eingang rechts, Mai –Okt, sonst Anmeldung/Schlüssel im Pfarramt, Feldbergstr. 43, Tel.: 033932/703 84, oder bei Fam. Obarowski, Tel.: 033932/706 14, www.kirche-fehrbellin.de
- Heimatmuseum Fehrbellin (im Obergeschoss des Rathauses), Rhinstr. 15, Tel.: 033932/60 16 83, Kontakt auch über Herrn Kurt Müller, Tel.: 033932/703 78 (z. B. für Sonderführungen)
- Linum: Bus 758
  Fehrbellin: Bus 756, 757, 758
- Fast durchgehend befahrbar. Schwierig ist das Terrain am Breiten Graben. Bei großer Nässe sollte man von Linum nach Fehrbellin die Landesstraße benutzen, spätestens ab Hakenberg, Schleuse.
- Der Radweg Stille Pauline auf der ehem. Bahntrasse Paulinenaue-Neuruppin führt durch Fehrbellin.

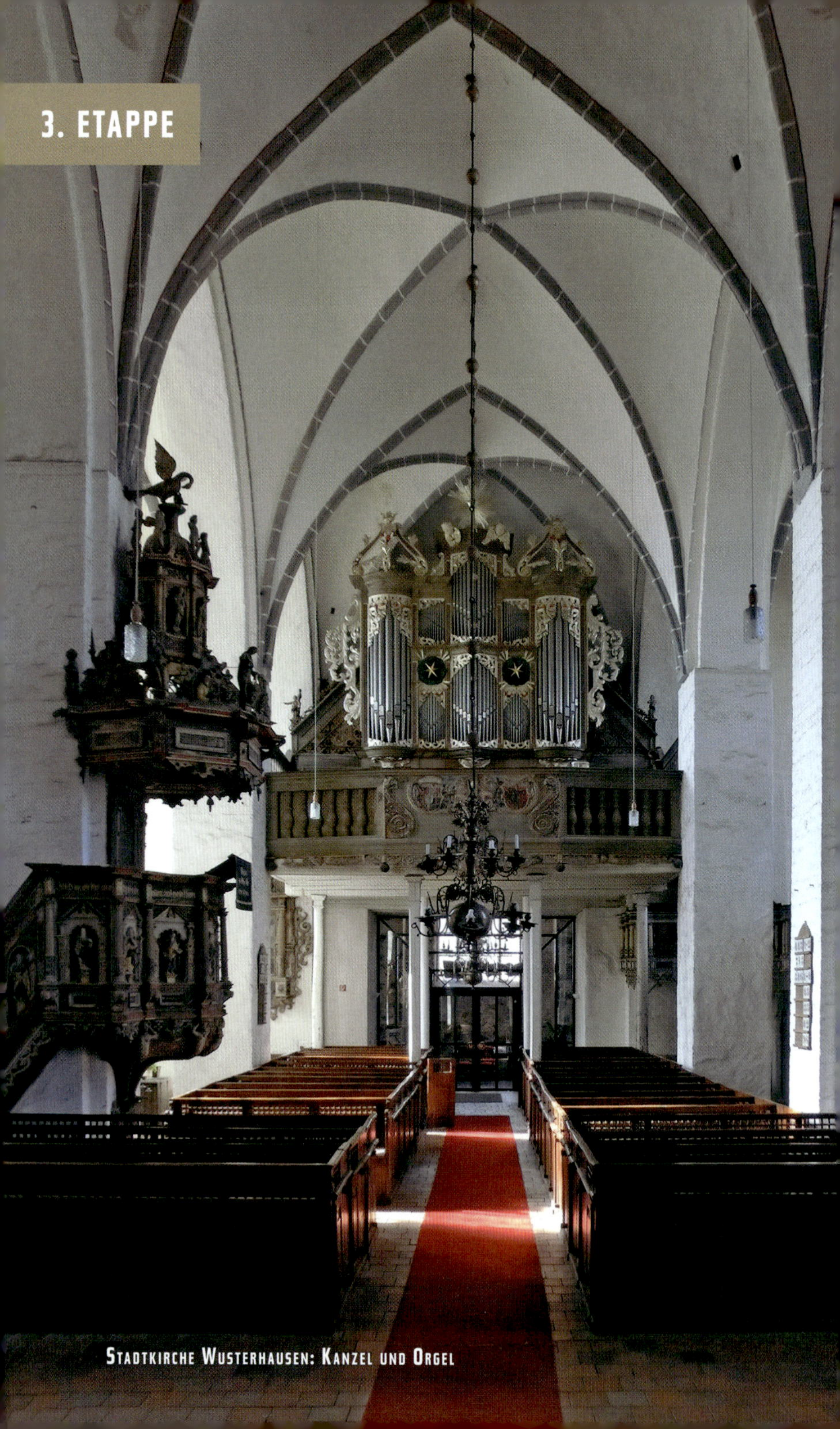

Stadtkirche Wusterhausen: Kanzel und Orgel

VON FEHRBELLIN NACH KYRITZ

Ausgangspunkt: Stadtpfarrkirche Fehrbellin
Zielpunkt: Marienkirche Kyritz

Wir folgen der Ausschilderung, biegen nach der Rhinbrücke nach links und folgen dem Flüsschen hinein ins Luch. Uns erwartet erneut eine weite und flache Landschaft, durchzogen von Gräben, deren Ränder mit Pflanzen bewachsen sind, und Baumreihen, die sie säumen. Über diese Wiesenlandschaft breitet sich ein hoher Himmel, hier und da wandern wir an Weiden vorbei, auf denen sich das geruhsame Rindvieh sättigt oder schläfrig wiederkäut, zweimal sehen wir Meister Reinicke. Vor allem aber liegt über allem eine erstaunliche Ruhe; man möchte fast sagen, dass es sich um eine sichtbare Ruhe handelt, denn selbst wenn die Kühe muhen oder die Kraniche rufen, hat man noch das Gefühl, es sei still. Fontane schreibt in den »Wanderungen« im Abschnitt »An Rhin und Dosse«: »Einsamkeit ist der Charakter des Luchs.«

Der Luchweg nach Garz ist ein Plattenweg mit einer Grasnarbe in der Mitte, und nach einiger Zeit genussvollen Wanderns erreichen wir eine Asphaltstraße, die nach Protzen führt, während der Weg nach Garz durchs Luch weitergeht. Es handelt sich um einen Scheideweg: Man kann nun nach Protzen wandern, über das Fontane recht ausführlich berichtet hat, oder man setzt den Weg fort durchs Luch. In **Protzen** lockt die Dorfkirche, ein Feldsteinbau aus dem 13. Jh., und das von Theodor Fontane erwähnte Spritzenhaus steht

Nebelmorgen im Luch

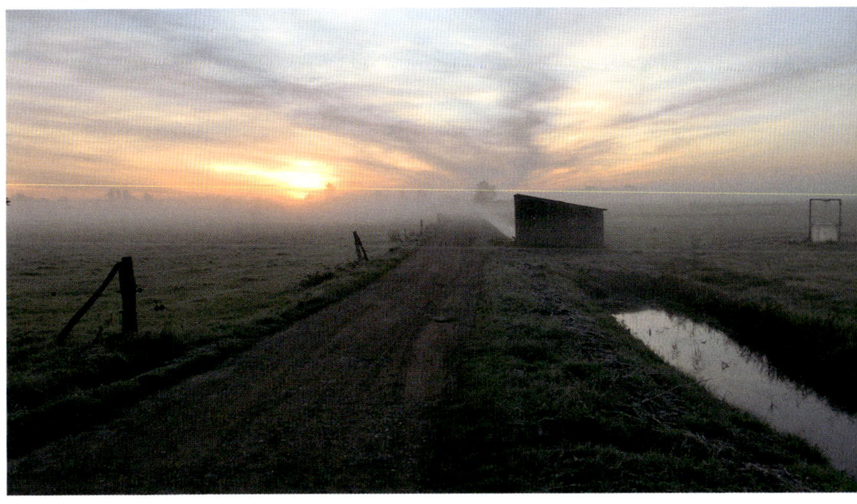

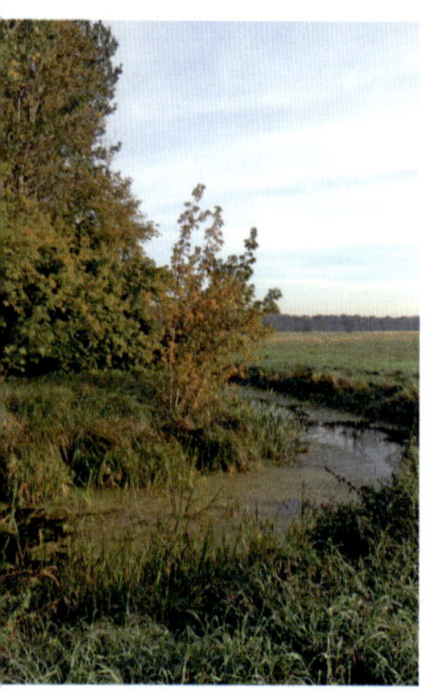

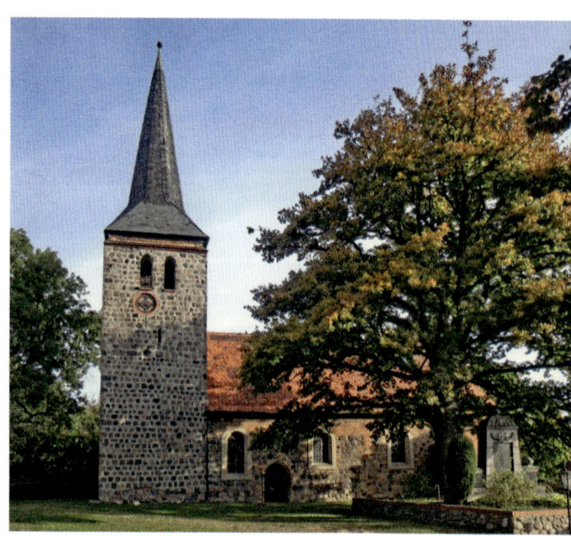

Im Luch (li.), Dorfkirche von Manker

noch immer neben dem Pfarrhaus. Auch gibt es das Dorf-, Torf- und Schulmuseum im ehemaligen Gutshaus, das bis 1998 als Schule genutzt wurde und wo am 26. Mai 1767 19-jährig der Preußenprinz Friedrich Heinrich Karl, Neffe Friedrichs II., an Pocken starb – auch das schildert Fontane ausgiebig. Die Entscheidung ist nicht leicht. Aber man kann auch beides tun, einen Abstecher nach Protzen machen und dann zum Luchweg zurückkehren.

Dieser trifft schließlich auf einen breiten Schotterweg, auf dem wir uns nach rechts halten. Nach einiger Zeit geht der Luchweg nun nach links ab, die Schotterpiste führt aber nach Manker. Wieder muss man sich entscheiden.

Die Kirche von **Manker** stammt aus der zweiten Hälfte des 13. Jhs. und wurde aus Feldsteinquadern errichtet, im breiten Turm findet sich noch ein frühgotisches Portal mit Feldsteinlaibung. Das Südportal hingegen ist spätgotisch, die Laibung aus Backstein. Im Innern gibt es hinter dem Altar (1713/16) eine ebenfalls spätgotische Sakramentsnische zu entdecken, die mit Tür und Gittertür verschlossen werden kann und in der sich eine Darstellung der Veronika mit dem Schweißtuch befindet. Die Kirche stand von 1420 bis 1818 unter dem Patronat des Domkapitels von Havelberg. Interessanterweise gibt es zwei mittelalterliche Glocken (von insgesamt drei), auf denen Pilgerzeichen abgebildet sind: Eine Glocke trägt das Zeichen des Matthiasklosters zu Trier, die andere mehrere Pilgerzeichen aus Wilsnack sowie aus Werben und Königslutter – weitere bedeutende Pilgerorte Norddeutschlands.

Nimmt man die Landstraße nach Garz, die allerdings keinen straßenbegleitenden Fuß- und Radweg hat und auf der LKW und Landwirtschaftsfahrzeuge unterwegs sind, kommt man an der alten Schäferei vorbei, und es sind nur 2 km Weg. Die ehemalige Garzer Gutsschäferei ist mehr als 200 Jahre alt, die frühklassizistischen Gebäude stehen unter Denkmalschutz, und es gibt eine Übernachtungsmöglichkeit. Auch tummeln sich stilecht Schafe auf dem Grundstück.

Man kann von Manker aber auch wieder auf den Luchweg zurückkehren, aber wie immer man es hält, am Ende sollte man nach **Garz** gelangen.

Hauptanziehungspunkt des 1364 erstmals erwähnten Dorfes, das Fontane in seinen »Wanderungen« ausführlich beschrieben hat, ist der Wohnturm aus dem 13. Jh. (es gibt aber auch andere Angaben zur Entstehung), wobei es sich um ein befestigtes Haus einer niederadligen Familie handelt, wie es nur noch selten zu finden ist. Neben dem Wohnturm befindet sich das Herrenhaus, ein im 17./18. Jh. entstandenes und im 19. Jh. umgebautes »Schloss«. Vom 15. Jh. bis 1945 war Garz im Besitz der Familie von Quast. Die Dorfkirche ist ein schlichter Putzbau vom Anfang des 18. Jhs., innen ist der barocke Kanzelaltar von 1728 sehenswert. Gegenüber der Kirche befindet sich ein saniertes Vorlaubenhaus, das über 200 Jahre alt ist und einst auch als Dorfkrug fungierte. In dem schönen Ort Garz fallen darüber hinaus viele wiederhergestellte Fachwerkhäuser auf.

Entfernung Stadtkirche Fehrbellin → Dorfkirche Garz : ca. 15,5 km

Der Ausschilderung folgend, gelangen wir an eine Landstraße, wo uns auch ein Meilenstein den Weg weist. Wir wollen nach Barsikow, und so nehmen wir den Feldweg, der für Radfahrer aber nicht geeignet ist – diese sollten sich

Garz: Vorlaubenhaus (li.) und Dorfkirche

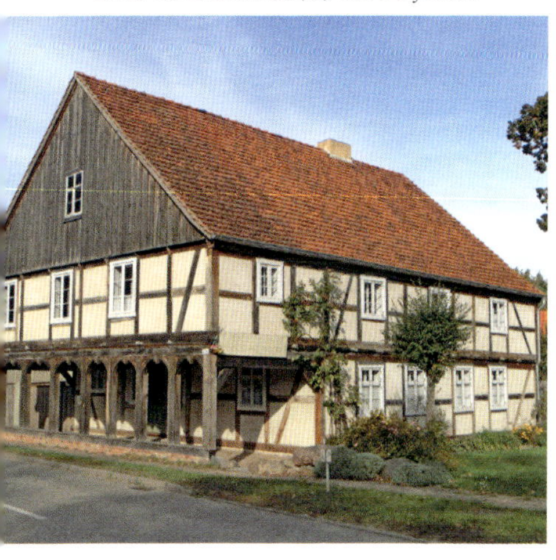

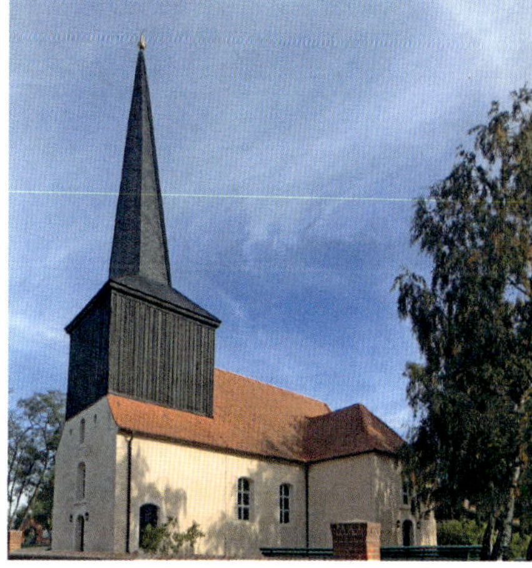

lieber nach **Rohrlack** halten, das in den Führern für den Wilsnackweg auch als möglicher Abstecher empfohlen wird. Auf der rechten Seite kurz vor Rohrlack befindet sich übrigens eine Vitamin-C-Tankstelle in Form von Sanddornbüschen.

Das Dorf erhielt 2008 den Europäischen Dorferneuerungspreis, es gibt eine Kirche von 1893 in den zeitüblichen Formen und am Barsikower Weg alte Gutsgebäude, außerdem kann man sich in der Bäckerei Vollkern stärken. Den Barsikower Weg sollten Radfahrer denn auch nutzen, um nach Barsikow zu gelangen.

Der Fußwanderer auf dem Feldweg erreicht von der Landstraße aus nach ca. 2 km eine Wegekreuzung mit dem Weg von Rohrlack nach Läsikow und Nackel. Dort findet sich ein mit roter Farbe und der Aufschrift »Das Gericht« versehener Gedenkstein, der an die 1740 nach ihrer Hinrichtung hier verscharrte Kindsmörderin Dorthe Lisbeth Büsig erinnert. Unser Weg mündet schließlich in den Verbindungsweg Rohrlack-Barsikow – der den Radlern empfohlene.

Barsikow weist eine Besonderheit auf: Es gibt eine Pilgerunterkunft im Kirchturm! Das Gotteshaus, ein Feldsteinsaal vermutlich aus dem 14. Jh., steht auf dem Dorfanger und schmückt sich mit einem barocken Turmaufsatz und einer Schweifhaube mit Laterne. Auf der großen Barsikower Glocke, 1513/14 gegossen, finden sich die Abgüsse von zwei Pilgerzeichen, eines aus Sternberg in Mecklenburg (wo es auch ein Blutwunder gegeben hat, eines jedoch nach einer angeblichen Hostienschändung durch Juden), eines aus Aa-

Wegweiser kurz hinter Garz (li.), Kirche Barsikow mit Pilgerherberge im Turm

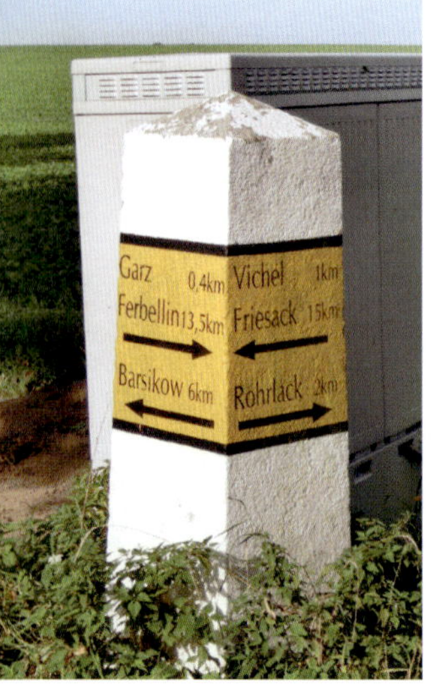

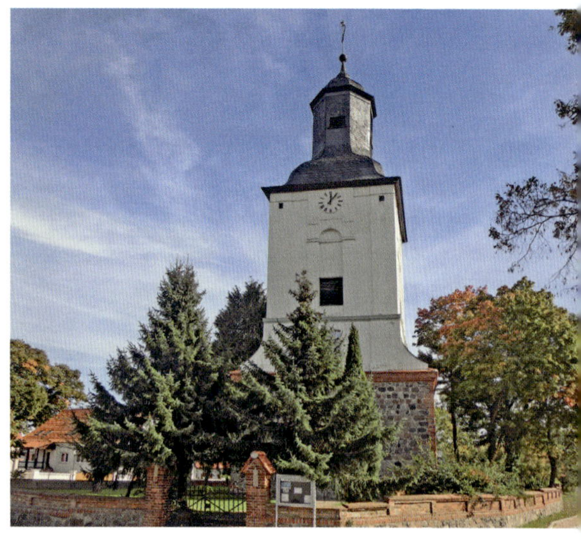

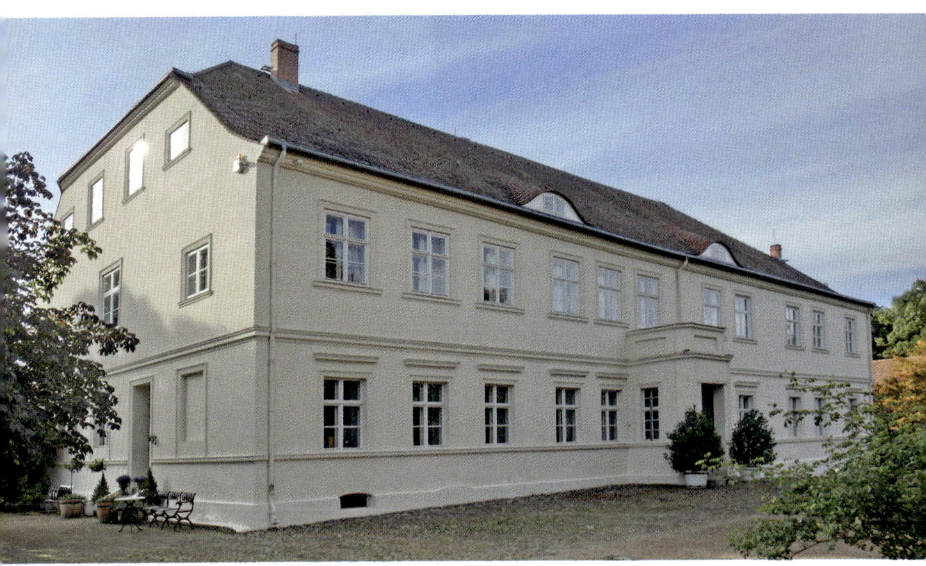

Herrenhaus Barsikow

chen. Hier sei aus einer Ortschronik zitiert: »Eine Seltenheit stellen die beiden Postsäulen am ehemaligen Eingang zum Neuen Schloss dar. Es gibt im Dorf mehrere Halbmeilensteine. (...) Es gibt zwei Schlösser im Dorf. Das neue Schloss und das Ziethen-Schloss. Sie sind eher solide Gutsherrenhäuser in Brandenburger Art.«

Unser nächstes Ziel heißt **Metzelthin**. Der Weg beginnt als Plattenweg, wird dann zu einem grasbewachsenen Feldweg mit Spurrillen, daneben steht eine Reihe von Bäumen als Feldrandbegrenzung; für Radler ist er nur mäßig befahrbar und wahrscheinlich nach starkem oder länger anhaltendem Regen nicht benutzbar. Über die Verbindung Barsikow-Metzelthin heißt es auf der o.g. Webseite sicherlich zutreffend: »Der tatsächliche und ursprüngliche Weg ließ sich nicht mehr ermitteln. Die heutige als Pilgerweg gekennzeichnete Wegstrecke von Barsikow nach Metzelthin ist willkürlich gewählt, um Pilgern auf ›wilden‹ Wegen die Landschaft und Ruhe nahe zu bringen. Ab Metzelthin decken sich Pilgerweg und Poststraße bis nach Wusterhausen.«

In Metzeltin, das bereits 1160 in einem Schriftstück erwähnt wurde, stoßen wir kurz nach unserer Ankunft auf eine Postmeilensäule an der Dorfstraße, und wir sehen einen Bahnübergang: Es handelt sich hier um die alte, inzwischen eingestellte Bahnverbindung von Neustadt/Dosse nach Herzberg/Mark über Neuruppin.

Die Metzelthiner Dorfkirche ist ein Feldsteinbau mit eingezogenem Chor und schiffsbreitem Westturm, wohl um die Mitte des 13. Jhs. erbaut; der ver-

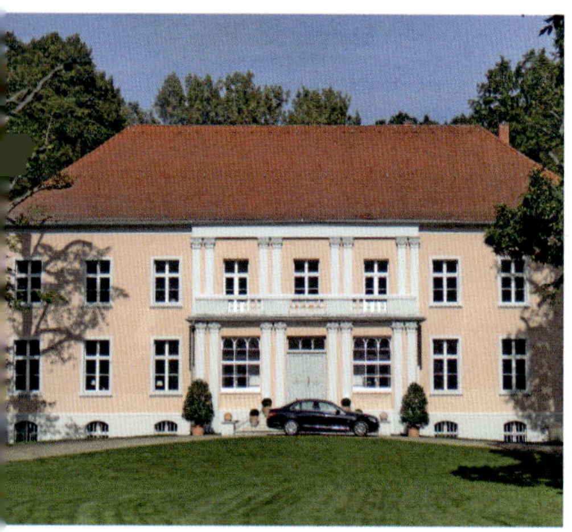

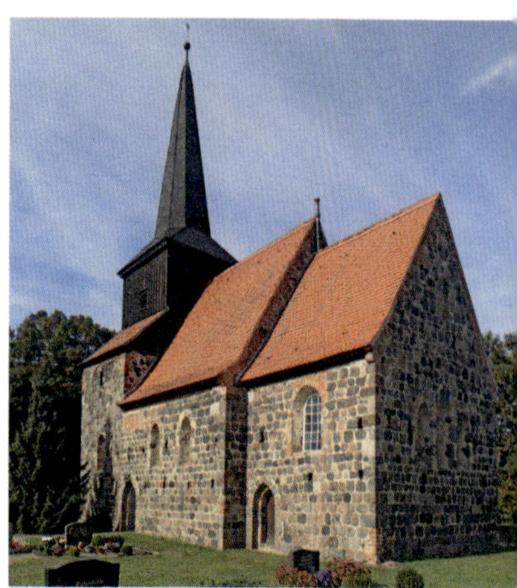

Metzelthin: Herrenhaus (li.) und Dorfkirche

bretterte Turmaufsatz mit der Spitze aus Schiefer wird Anfang des 19. Jhs. zugefügt worden sein. Zur Ausstattung gehören ein Kanzelaltar von 1710 sowie eine achteckige Holztaufe aus dem 17. Jh. Die beiden Glocken wurden zu Beginn des 15. Jhs. gegossen und tragen Pilgerzeichen, die größere drei aus Werben und eins aus Königslutter, die kleinere trägt Zeichen unbekannter Herkunft.

Beim Weiterwandern fällt dann rechter Hand das sanierte Gutshaus ins Auge, ein Putzbau des Frühklassizismus, der 1793 von Bernhard Friedrich von Krosigk errichtet wurde und heute einschließlich des Landschaftspark unter Denkmalschutz steht.

Nach Wusterhausen/Dosse geht es auf einem Feldweg, dessen letzter Abschnitt sehr sandig und noch dazu von Landwirtschaftsfahrzeugen zerpflügt ist. Den letzten knappen Kilometer in die Dossestadt läuft man allerdings auf einer Asphaltstraße, an der es keinen Fußweg gibt.

Die Stadt **Wusterhausen** hat heute knapp 6.000 Einwohner und wurde 1232 erstmals urkundlich erwähnt. Anfangs gehörte die Siedlung in der Dosse-Niederung den Herren von Plotho, die ihr 1233 Stendaler Stadtrecht verliehen. Im Mittelalter gab es in Wusterhausen einen Hafen, in dem Salz aus Lüneburg ent- und umgeladen wurde, das auf Havel und Dosse in die wohlhabende Stadt gelangte. Wusterhausen besaß für das weiße Salinensalz sogar Stapelrecht und war einige Zeit Mitglied der Hanse.

Was schreibt Fontane?

»Auch Wusterhausen besteht aus einer Haupt- und einer Nebenstraße ... Da, wo beide Straßen sich treffen, erweitern sie sich ... zu einem platzartigen Mit-

telpunkte, der, neben einer Anzahl gleichgiltiger Häuser, die Kirche trägt. Seine geschriebene Historie ging in verschiedenen Rathausbränden unter. Was trotzdem übriggeblieben ist, ist schnell erzählt. Im 12. und 13. Jahrhundert gehörte Wusterhausen den Plothos, deren Burg vor dem Kyritzer Tore stand … Schon Mitte des 13. Jahrhunderts ging Wusterhausen an die Markgrafen über, ward also Immediatstadt und blieb es. Um 1360 trat es plötzlich in Beziehungen zur Hansa, und wie stark auch die Zweifel sein mögen, die sich speziell an diese Tradition knüpfen, so entzückt es doch meine Phantasie, mir Wusterhausen zu denken, wie es mit einem Sechzehntel Anteil am Bug eines Orlogschiffes steht und dem König Waldemar samt dem ganzen Norden Gesetze vorschreibt …« (Theodor Fontane, Wanderungen durch die Mark Brandenburg, An Rhin und Dosse)

Ein Zeichen für die Wohlhabenheit der Stadt ist der Bau der großen Stadtkirche, die unter dem Patrozinium der Apostel Petrus und Paulus steht; an der Stelle einer um die Mitte des 13. Jhs. erbauten dreischiffige romanischen Basilika wurde nach einem Planwechsel eine dreischiffige Hallenkirche mit Umgangschor errichtet, und zwar um die Mitte des 15. Jhs. Baumaterial ist Backstein, es finden sich aber auch noch Feldsteinelemente: Der frühgotische Turm hat zum Beispiel einen Feldsteinunterbau. Bemerkenswert ist die Innenausstattung, so die Fresken aus dem 15. Jh., die aus der Spätrenaissance stammende Nordempore oder das Chorgestühl aus dem 16. Jh. mit den plastisch gestalteten Wangen, die Charakterköpfe enthalten. Den Schlüssel für die Kirche erhält man im Wegemuseum.

Wusterhausen/Dosse: Stadtkirche St. Peter und Paul (li.), Stephanuskapelle

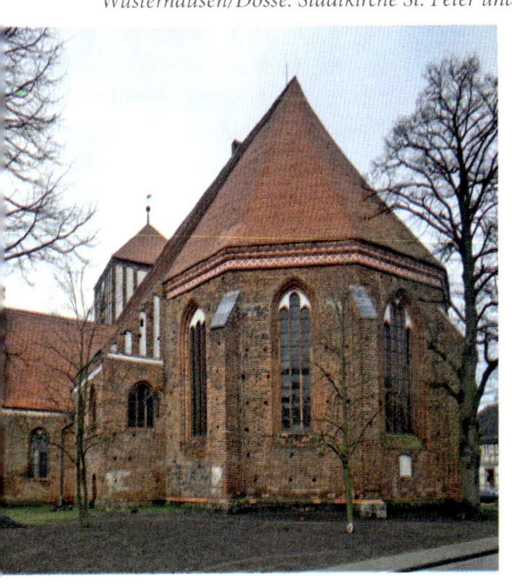

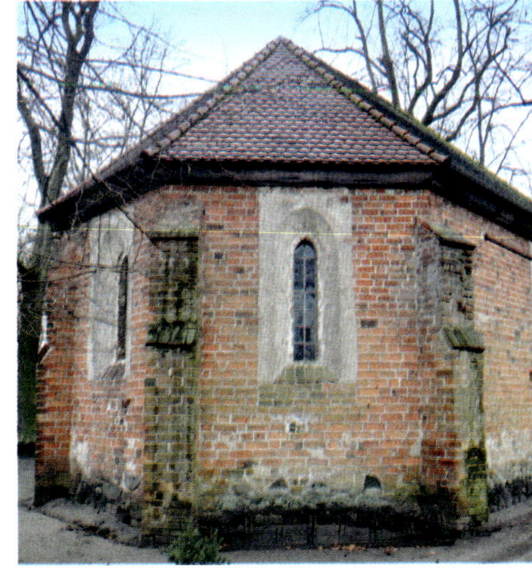

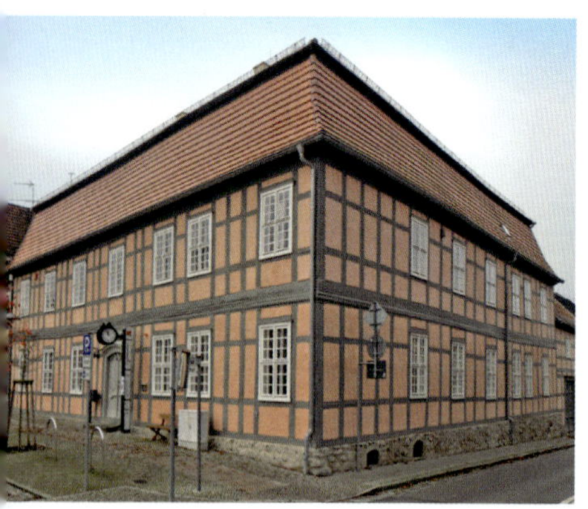

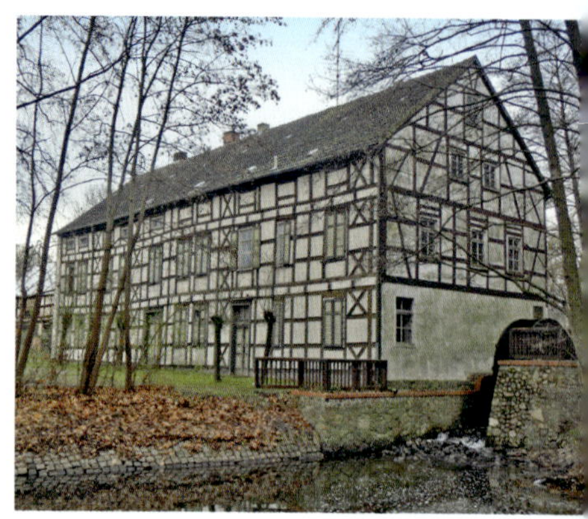

Wusterhausen/Dosse: Wegemuseum (li.) und Seemühle

Für die Bedeutung der Stadt in einem Netz von Handelsbeziehungen spricht auch die Existenz von drei Hospitälern mit Kapellen, nämlich die Getraudenkapelle vor dem Kyritzer Tor, die Georgskapelle beim Markt und die Heilig-Geist-Kapelle, wobei das Gertraudenhospital auch Pilger beherbergt haben soll. Keines der Bauwerke ist erhalten, aber es existiert noch eine backsteinerne Stephanuskapelle vor dem Kampehler Tor als einzige erhaltene Kapelle aus dem Mittelalter, die nunmehr als Friedhofskapelle dient. In ihrem Innern haben sich bedeutende Fresken aus dem 15. Jh. erhalten, Passionsdarstellungen von einigem (kunst-)geschichtlichen Wert.

Im Übrigen teilen wir Fontanes Auffassung nicht, es gäbe nur »gleichgiltige« Häuser am Markt und in seiner Umgebung. Sicher, nach dem Stadtbrand von 1758 wurden nur recht einfache Fachwerkhäuser errichtet, aber es haben sich auch einige aus der Zeit vor dem Brand erhalten. Bei der Kirche stehen die Pfarrhäuser, die zu den ältesten Häusern der Stadt gehören, sowie ein gotischer Torbogen (St.-Petri-Str. 5 und 7), aber auch das Herbst'sche Haus, in dem sich das Wegemuseum befindet, ist sehenswert. Das Rathaus stammt aus der Mitte des 19. Jhs. und ist ein spätklassizistisches Bauwerk. Auf dem Grundstück der Astrid-Lindgren-Grundschule kann man ein Stück der alten Stadtmauer betrachten.

Entfernung Stadtkirche Fehrbellin → Peter-Pauls-Kirche Wusterhausen/Dosse : ca. 31 km

Der Weg zu unserer nächsten Station **Kyritz** führt zunächst zur alten Seemühle und dann am Westufer des Klempowsees entlang und ist wie gehabt ausgeschildert (Neustadt/Dosse, Wusterhausen und Kyritz bilden gemeinsam die sogenannte Kleeblattregion). Der Klempow- geht nahtlos in den Bantikower See und dieser wiederum in den Untersee über, und vom Untersee geht es dann durch die lange Seestraße in die Innenstadt von Kyritz. Die Stadt liegt nicht an der Knatter, sondern an der Jäglitz, die wir überqueren, um in die Altstadt zu gelangen. 948 hört man zum ersten Mal vom slawischen Gau Chorizi, von dem die Stadt ihren Namen bekam; sie ist ebenfalls eine Gründung der Herren von Plotho und erhielt von diesen 1237 Stendaler Stadtrecht. Der Stadtgrundriss mit dem rechtwinkligen Straßenschema und dem Markt in der Mitte ist – wie schon mehrmals vermerkt – typisch für solcherart Gründungen.

Auch Kyritz war Mitglied der Hanse, es blühte vor allem die Tuchherstellung und die Jägelitz diente der Kornschifffahrt. 1303 entstand hier das einzige Bettelordenskloster der Prignitz, das Franziskanerkloster, von dem noch Überreste sichtbar sind und dem der spätere Provinzialmeister Matthias Döring entstammte, einer der Verteidiger des Wilsnacker Blutwunders.

Die Pfarrkirche St. Marien hat ebenfalls eine lange Baugeschichte: Man vermutet, dass der Chor schon vom Ende des 13. Jhs. datiert, aber die heutige Baugestalt der dreischiffigen spätgotischen Hallenkirche stammt im Wesentlichen von den Baumaßnahmen nach einem Brand (1708–14). Der gotische Turm wurde 1848 abgetragen, und es wurde eine zweitürmige Westfront nach Plänen von Friedrich August Stüler geschaffen. Im Innern sollte man sich unbedingt die achteckige Sandsteintaufe anschauen, die Rainer Oefelein ins

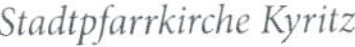

Stadtpfarrkirche Kyritz

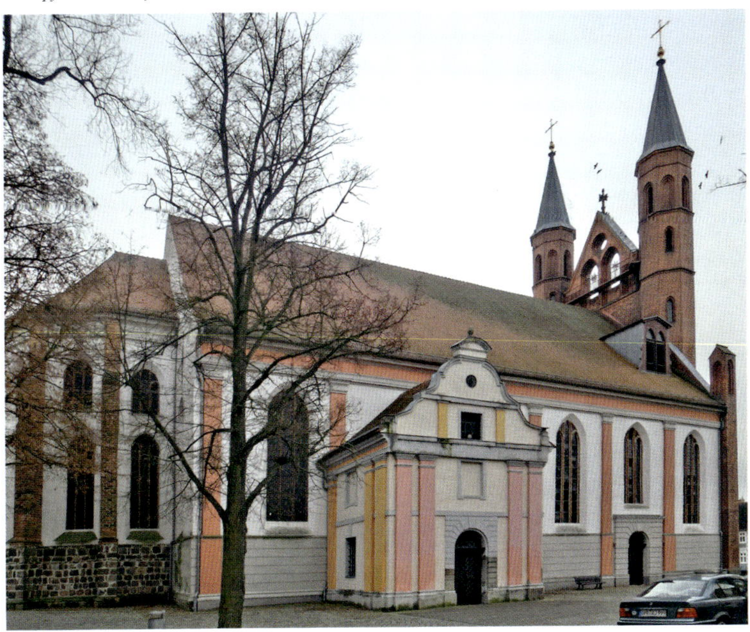

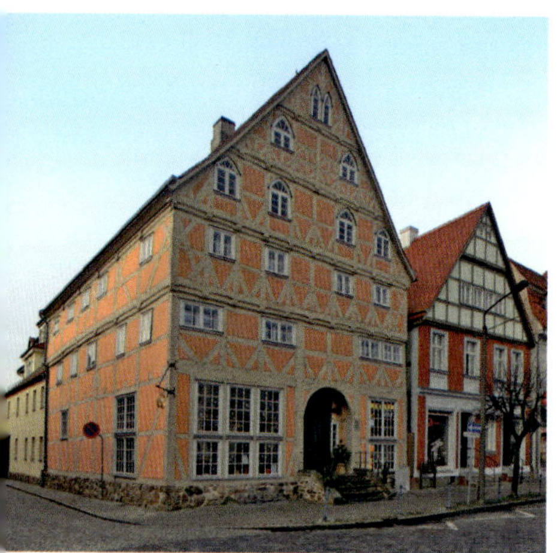

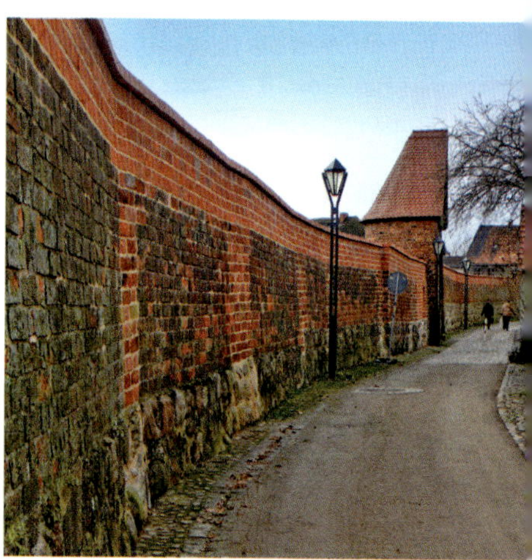

Kyritz: Sog. Eichhorstsches Haus (li.) und Partie an der Stadtmauer

13., der DEHIO jedoch ins 16. Jh. einordnet, ein gewaltiger Unterschied. Bemerkenswert sind die in hohem Relief gefertigten Abbildungen, u. a. Taufe im Jordan, sitzende Propheten, eine Verkündigung. Ebenfalls bedeutend: eine Schnitzfigur der Anna Selbdritt (Anna, die Mutter Marias, mit ihrer Tochter und dem Enkel Jesus) aus dem 15. Jh. sowie der sogenannte Achatius altar.

Auch von Interesse sind die Reste des ehemaligen Franziskanerklosters, das ehemalige Hospital St. Spiritus in der Hospitalstraße 7, das historistische Rathaus (1879), etliche Fachwerkhäuser und Reste der Stadtmauer. Gegenüber vom Rathaus befindet sich ein sehr schönes Jugendstilhaus.

Entfernung Peter-Pauls-Kirche Wusterhausen/Dosse → Marienkirche Kyritz: ca. 9 km

Entfernung Stadtkirche Fehrbellin → Marienkirche Kyritz: ca. 40 km

- Tourismusinformation Wusterhausen/Dosse, Am Markt 3, 16868 Wusterhausen/Dosse, Tel.: 033979/877 60
- Tourist-Information am Markt, Maxim-Gorki-Str. 32, 16866 Kyritz, Tel.: 033971/852 55
- Bäckerei Vollkern Rohrlack mit Café und Bioladen, Lindenhof 2, 16845 Temnitztal, OT Rohrlack, Tel.: 033928/711 33
- Restaurant & Café Melodie, Berliner Str. 5, 16868 Wusterhausen/Dosse, Tel.: 033979/50 89 98
- Café Schröder, Marktplatz 6, 16866 Kyritz, Tel.: 033971/523 50
- Pilgerunterkünfte entlang der Strecke Fehrbellin-Wusterhausen-Kyritz siehe auch Webseite der St. Jakobus-Gesellschaft Berlin-Brandenburg e.V. (www.jakobusgesellschaft-berlin-brandenburg.de)
- Pension Lindenhof, Barsikower Weg 6, 16845 Temnitztal, OT Rohrlack, Tel.: 033928/703 89

- Pilgerherberge im Kirchturm Barsikow, c/o Herrn Klaus Grützmacher, Parkweg 6, Tel.: 033978/709 38
- Hotel & Restaurant Mühlenhof, Kyritzer Str. 31, 16868 Wusterhausen, Tel.: 033979/518 50, auch
- Restaurant & Hotel Seeidylle, An der Seemühle 4, 16868 Wusterhausen, Tel.: 033979/871 11, auch
- Hotel Waldschlösschen, Seestr. 110, 16866 Kyritz, Tel.: 033971/307 80, auch
- Pilgerherberge Kyritz im Kirchturm der kath. Hl.-Geist-Kirche, Hagenstr. 1/3, 16866 Kyritz, Tel.: 033971/542 35
- Bluhm's Hotel & Restaurant am Markt, Maxim-Gorki-Str. 34, 16866 Kyritz, Tel.: 033971/541 42, auch
- Das Luch, Dorfensemble Garz, historische Altstädte Wusterhausen und Kyritz.
- † Dorfkirche Protzen, Schlüssel bei Frau Wildt, Tel.: 033932/704 31, (hier auch Pilgerstempel)
- † Dorfkirche Garz, Anmeldung/Schlüssel b. Frau Voigt, Tel.: 033928/90 33 60
- † Dorfkirche Rohrlack, Schlüssel bei Herrn Schulz, Tel.: 033928/704 23
- † Dorfkirche Barsikow, Besichtigung/Schlüssel bei Fam. Grützmacher, Parkweg 6, Tel.: 033978/70 938, oder Frau Schubert, Tel.: 0174/941 08 60
- † St. Peter- und Paulkirche Wusterhausen/Dosse, Ostern–Okt, Schlüssel im Pfarramt, Tel.: 033979/147 67
- † St. Marienkirche Kyritz, Anmeldung im Gemeindebüro, Tel.: 033971/723 74
- Dorf-, Torf- und Schulmuseum Protzen, Dorfstr. 75, 16833 Protzen, Tel.: 033932/60 54 50
- Wegemuseum Wusterhausen/Dosse, Am Markt 3, 16868 Wusterhausen/Dosse, Tel.: 033979/877 60 (während der Öffnungszeiten Schlüssel für Stadtkirche hier erhältlich)
- Heimatstube Kyritz, Marktplatz 13, 16866 Kyritz, Tel.: 033971/60 44 18
- Agrarflugmuseum Kyritz, Flugplatz Heinrichsfelde, 16866 Kyritz, Tel.: 033979/51 42 71
- Kyritz: RB73 und diverse Busse
- Nicht durchgehend befahrbar. Sehr schwierige bzw. nahezu unbefahrbare Abschnitte zwischen Garz und Wusterhausen/D. Alternativroute: Garz-Rohrlack-Barsikow-Bückwitz-Wusterhausen.

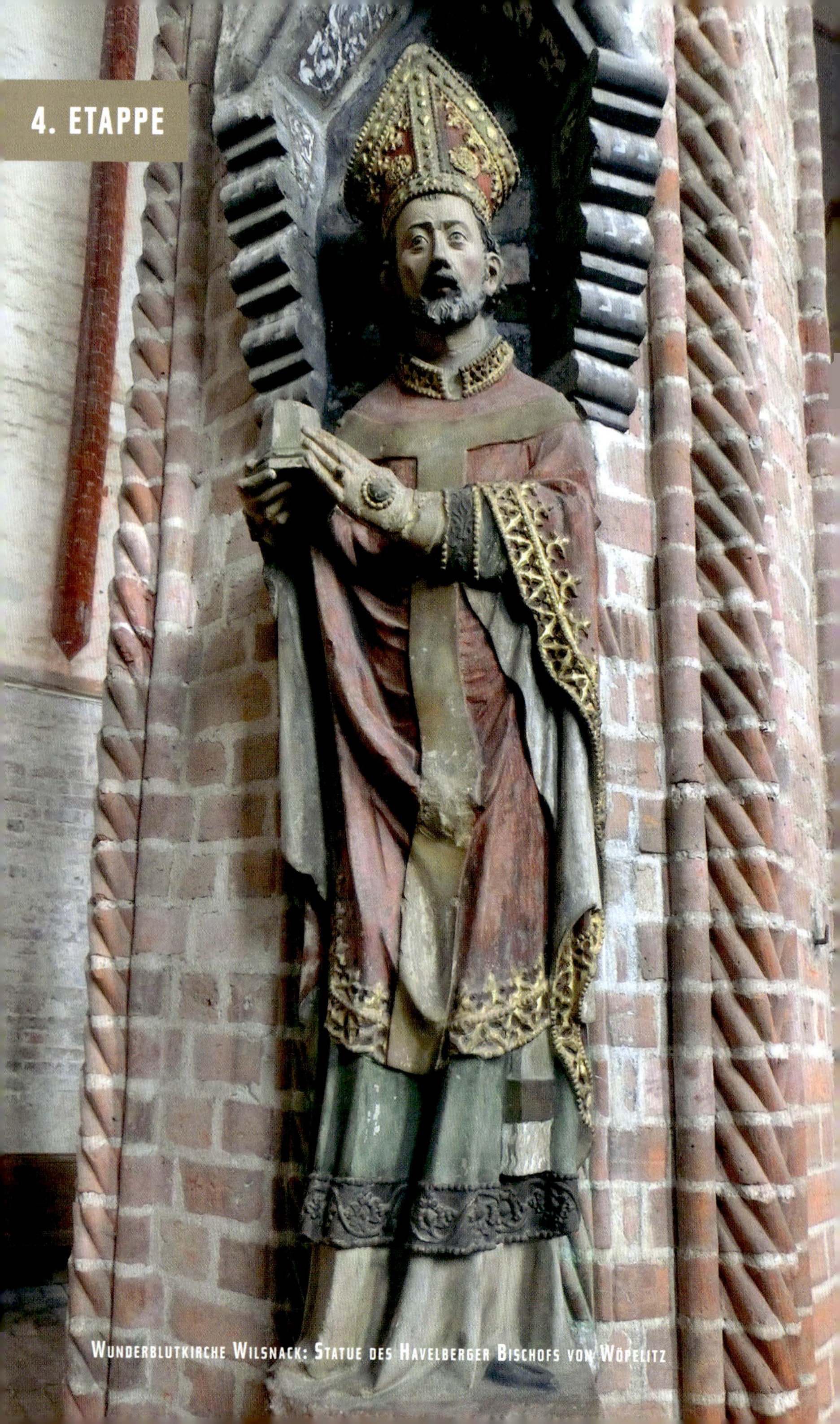

Wunderblutkirche Wilsnack: Statue des Havelberger Bischofs von Wöpelitz

VON KYRITZ NACH BAD WILSNACK

Ausgangspunkt: Marienkirche Kyritz
Zielpunkt: St. Nikolai Bad Wilsnack (ehem. Wunderblutkirche)

Die Fachwerkstadt Kyritz verlassen wir, indem wir vom Markt durch die Hamburger und dann die Pritzwalker Straße bis zur Perleberger Straße laufen, nach links in diese und dann nach 70 m wieder links in die Wilsnacker Straße biegen – aus dieser wird nach dem Queren der Gleise der Rehfelder Weg. Auf einem straßenbegleitenden Fuß- und Radweg begeben wir uns nach **Rehfeld**, ein Dorf mit etwas weniger als 300 Einwohnern, das 1307 erstmals genannt wurde. Die Kirche erreicht man, wenn man von der Kreisstraße nach rechts abbiegt: Es handelt sich um einen Fachwerkbau, der laut einer Inschrift 1791 gebaut worden sein soll. Der verbretterte Turm hat einen achteckigen Spitzhelm aus Schindeln. Der Vorgängerbau des Kirchleins ist offenbar baufällig gewesen. Im Jahre 1897 wurde eine Schmalspurbahn zwischen den Städten Kyritz und Perleberg eröffnet, die auch über Rehfeld führte, und hier gab es dann einen Abzweig nach Breddin (dort gibt es noch Eisenbahnverkehr). Diese Kleinbahn wurde im Volksmund »Pollo« genannt. 1969 wurde fast das gesamte Netz der Kleinbahnen in Ost- und Westprignitz stillgelegt.

Unsere nächste Station ist **Berlitt**, ein altes und stilles Dorf mit nicht einmal 200 Einwohnern. Neben dem Gutshaus befindet sich die Kirche von 1526, ein Feldsteinsaal mit einem gotischen Treppengiebel an der Ostseite. Die Kirche steht von Ostern bis zum Ewigkeitssonntag offen, und es lohnt sich, einmal die barocke Holzdecke anzuschauen, die mit Rankenornamenten

Berlitt: Gutshaus (li.) und Dorfkirche

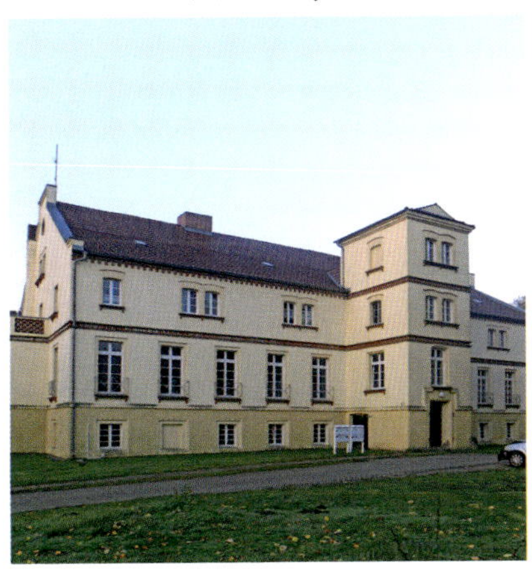

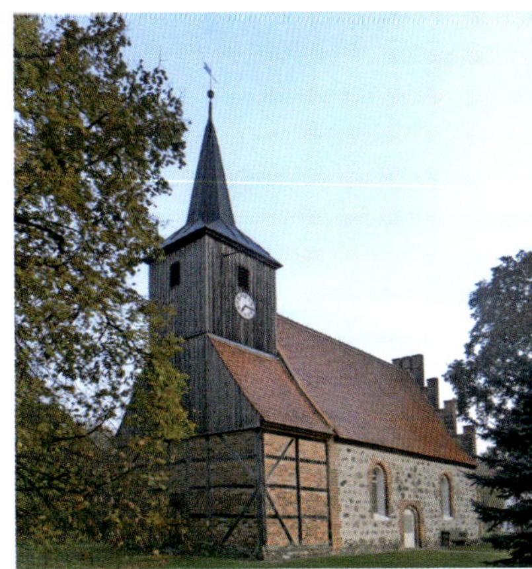

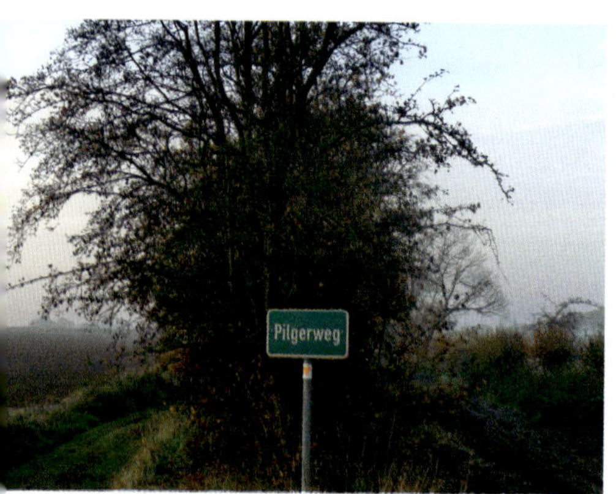

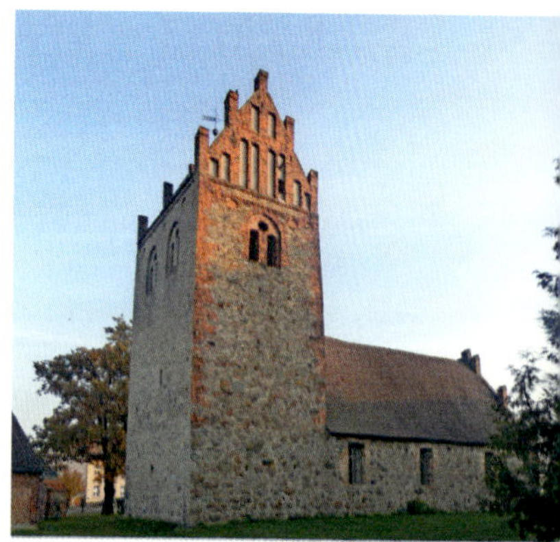

Pilgerweg von Berlitt nach Barenthin (li.), Dorfkirche Barenthin

und mit zwölf Medaillons verziert ist, in denen in naiver Weise Christus und musizierende Engel abgebildet sind. Hinter Kirche und Schloss erstreckt sich ein kleiner Park.

Die Berlitter Dorfstraße kreuzt die Straße An der Bahn, die darauf verweist, dass auch hier einst die Kleinbahn »Pollo« verkehrte. Wir biegen in die Straße nach rechts und erreichen den deutlich ausgeschilderten Pilgerweg nach Barenthin. Der Feldweg ist mit hohem Gras bewachsen, Radfahrer benutzen lieber die kaum befahrene Landstraße.

Knapp 400 Einwohner leben in dem Straßendorf **Barenthin**, dessen Kirche ebenfalls ein Feldsteinsaal vom Anfang des 16. Jhs. ist. Der hohe Westquerturm stammt aus der Bauzeit. Auffallend sind die aus Backstein gemauerten Giebel sowohl am Ostabschluss als auch an dem Turm, die Stichbogenblenden aufweisen. Auch Barenthin lag an der Kleinbahnstrecke und war zu dieser Zeit per Bahn mit Breddin und Kyritz verbunden. In Barenthin kann man im Gemeindehaus übernachten und einen Pilgerstempel bekommen.

Wir gehen die Lindenallee in westlicher Richtung entlang und biegen kurz nach der Bushaltestelle nach rechts in die Göriker Straße, deren Name die nächste Zwischenstation bezeichnet: das Angerdorf **Görike**. Beim Abzweig nach Zichtow verlassen wir die Asphaltstraße und begeben uns nach rechts in den Feldweg. Nach ca. 450 m geht ein weiterer Feldweg nach links ab, und auf diesem erreichen wir die Göriker Dorfstraße. Ein Blick nach links: Dort steht auf dem Anger die Feldsteinkirche des 1344 erstmals erwähnten Dorfes. Der Feldsteinsaal wurde wohl Ende des 13. Jhs. erbaut, der Turm, ebenfalls aus Feldstein, ist ein Werk des 15. Jhs., der Aufsatz stammt aus dem Barock (1677). Ein bedeutendes Ausstattungsstück in der Schnitzaltar aus der Mitte des 15. Jhs. mit einer Maria mit Kind im Mittelschrein, umrahmt von vier Heiligen. Die vieleckige Holzkanzel stammt von 1719.

Entfernung Marienkirche Kyritz → Dorfkirche Görike: ca. 20 km

Eine wenig befahrene, jedoch häufig geflickte Landstraße verbindet Görike mit **Söllenthin**, und am Wegrand stehen wieder einmal viele Windkrafträder. Die ursprünglich wendische Siedlung wurde 1346 erstmals urkundlich genannt und gehörte damals zur Herrschaft Plattenburg – zur Gemeinde Plattenburg gehört das Dorf heute. In der Mitte des Angerdorfes befindet sich die Kirche aus der Zeit um 1380, ein Bau aus Mischmauerwerk, wobei vor allem die Ecken und die Fensterlaibungen aus Backstein gemauert, das Übrige aber aus Feldsteinen errichtet wurde. 1552 verpfändete der Bischof von Havelberg die Plattenburg an seinen Kämmerer Matthias von Saldern, und damit ging auch Söllenthin in Saldernschen Besitz über. Im Prinzip blieben die von Saldern bis zu ihrer Enteignung 1945 Gutsherren hier selbst. Die Kirche war über 30 Jahre geschlossen, bis sie 1992 endlich ein neues Dach erhielt und das Innere malermäßig instandgesetzt wurde. Der zur Ausstattung gehörende spätgotische Flügelaltar stammt vom Ende des 15 Jhs.

Auf einer wenig befahrenen Asphaltstraße geht es nun nach **Klein Leppin**, das erstmals 1344 als *parva Leppin* urkundlich erwähnt wurde, als es dem Domkapitel Havelberg gehörte. Es wurden Spuren einer altslawischen Siedlung des 7. bis 9. Jhs. gefunden, ebenso ein Flachgräberfeld aus der älteren römischen Kaiserzeit, also war die Flur früh besiedelt. 1560 wurde der Besitz ein Lehen des uns schon bekannten Matthias von Saldern. 1775 wurde Klein nach Groß Leppin eingepfarrt, weswegen es im Ort keine Kirche gibt. In Klein Leppin überqueren wir die Karthane, ein 48 km langes Flüsschen, das in die

Die Dorfkirchen von Görike (li.) und von Söllenthin

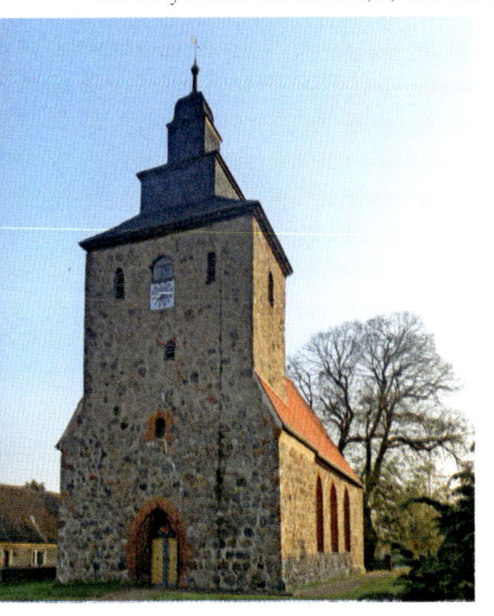

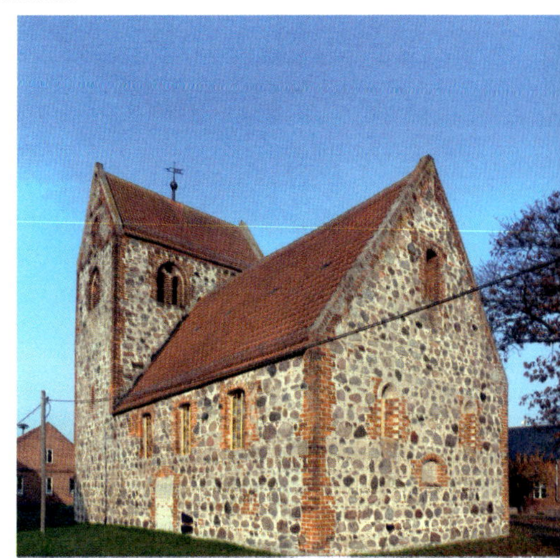

Stepenitz mündet, und wir entdecken dort ein leider verfallenes Mühlengebäude: Schon 1538 wurde eine Wassermühle erwähnt, und bis 1917, als sie abbrannte, entwickelte sie sich zur zweitgrößten Wasser- und Dampfmühle Deutschlands. Die jetzige ruinöse Mühle entstand dann 1923, die Wohnbauten schon 1920. Klein Leppin hatte Anschluss an die Prignitzer Kleinbahn und war so mit den Städten der Prignitz verbunden. Im ehemaligen Gutsstall befindet sich heute der Festland e. V. für Förderung des kulturellen Lebens, der unter dem Motto »Dorf macht Kultur« genau das macht (www.festland-prignitz.de).

Der nächste Ort ist **Groß Leppin**, das auch an der Karthane liegt und von der Anlage ein Haufendorf ist. 1248 wurde es erstmals urkundlich erwähnt. Mit der Plattenburg gehörte es dem Havelberger Bischof, und wie Klein Leppin ist es heute Teil der Gemeinde Plattenburg. Die ersten Ansiedler kamen aus der Altmark, und die Wehrkirche wurde um 1300 erbaut, der Turm entstand später. Etwa 400 Jahre danach wurde das aus Feldsteinen errichtete Gotteshaus umgestaltet, nun kam auch Backstein zum Einsatz. Nach der Reformation gelangte auch Groß Leppin in den Besitz derer von Saldern. An der Westseite des Kirchturms wurden zwei Grabsteine aufgestellt, die ursprünglich vor dem Altar lagen: Der linke erinnert an Jakob von Saldern, gest. 1602, der rechte an seine Schwägerin Anna von Saldern.

Wir überqueren am Ortsausgang die Karthane, erreichen nach ca. 1 km den Wald und nach weiteren 2 km die Plattenburg, eine der größten erhaltenen Wasserburgen Norddeutschlands, die übrigens an der Karthane liegt – und genau genommen eine ehemalige Wasserburg ist.

Die **Plattenburg** entstand nach dem Wendenkreuzzug von 1147 zum Schutz der eroberten Gebiete und wurde 1319 erstmals in einer Urkunde er-

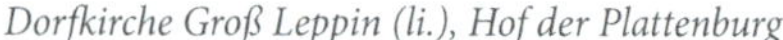
Dorfkirche Groß Leppin (li.), Hof der Plattenburg

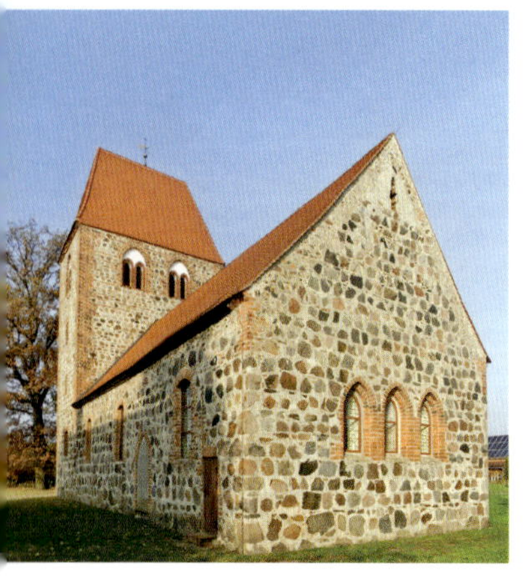

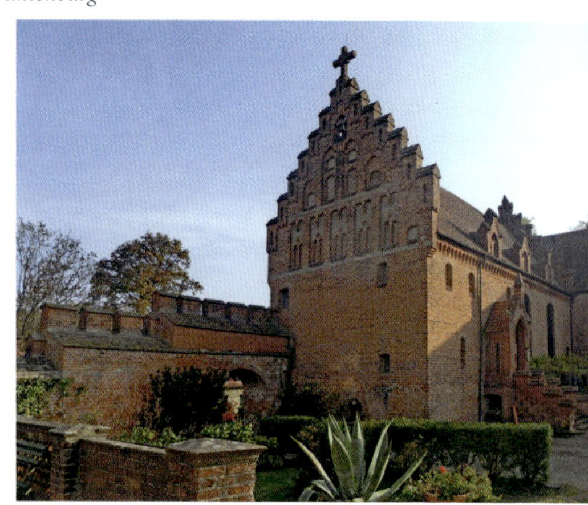

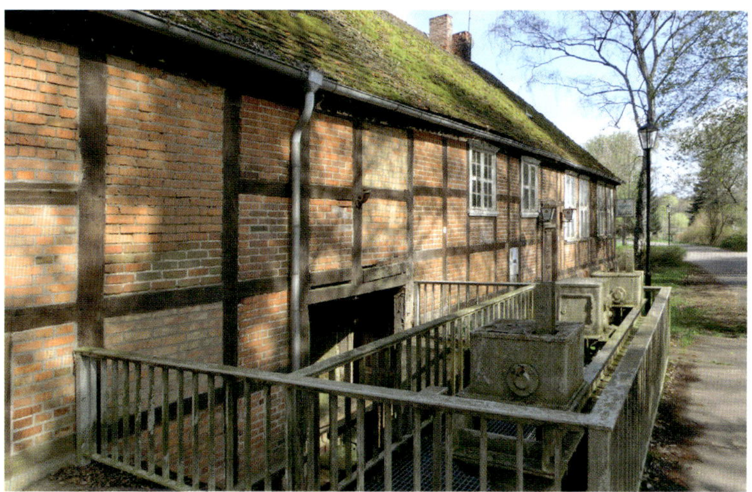

Alte Mühle Plattenburg

wähnt, als nämlich Markgraf Waldemar von Brandenburg sie an den Bischof Reiner von Havelberg verkaufte. Sie war Sommerresidenz der Havelberger Bischöfe, nach der Reformation gelangte sie dann, wie schon erwähnt, an den Kämmerer M. von Saldern. Der mittelalterliche Kern ist noch vorhanden, aber in der Folgezeit prägten zahlreiche An- und Umbauten die Burg. Sie besteht heute aus Ober- und Unterburg, um zwei Höfe gruppiert, die miteinander verbunden sind. Der Wohnflügel der Oberburg mit seinem neugotischen Turm erfüllt am ehesten unsere romantischen Vorstellungen von einer mittelalterlichen Burg, obwohl er vor allem ein Werk des 19. Jhs. ist. Die Oberburg kann besichtigt werden, hier gibt es auch ein Burgcafé. Zur bewegten Geschichte des Bauwerks gehört die Nutzung der Oberburg als Kinderferienlager der Deutschen Reichsbahn (1959–91), während die Unterburg verfiel, was man heute noch sehen kann. Ein Förderverein kümmerte sich seit 1991 um die Erhaltung und Wiederherstellung der Burg, seit 2004 ist es eine Stiftung, und sie hat noch viel Arbeit vor sich, bis auch die Ruinen wieder in nutzbaren Raum umgewandelt sind. An der Plattenburg gibt es auch einen Rastplatz für Wanderer.

Entfernung Dorfkirche Görike → Plattenburg: ca. 15 km

Die Wassermühle, einst eine (Ausflugs-)Gaststätte, verfällt leider seit Jahren vor sich hin. Wir überqueren abermals die Karthane und folgen dann der Ausschilderung; hier sei angemerkt, dass über weite Strecken der ausgeschilderte Radweg mit Wilsnack- bzw. Jakobsweg identisch ist. Es gibt etliche Rastplätze für die Fuß- und Radwanderer, und den Weg zu verfehlen, ist eigentlich nur bei dichtestem Nebel möglich. Kurz vor dem Forsthaus Plattenburg wird ein Altarm der Karthane reaktiviert und eine Fischaufstiegsanlage gebaut. Unser Weg führt nun überwiegend durch Wald. Wir erreichen das schöne Forsthaus, ein Fachwerkbau von 1784, und dann sind es nur noch etwa 3 km bis **Bad Wilsnack**. Um in die Altstadt zu gelangen, müssen Fußwanderer die Unterführung beim Bahnhof nehmen, da für sie die Straßenunterführung der Dr.-Wilhelm-Külz-Straße gesperrt ist, während Radler sie benutzen dürfen. Nun sind wir also da: am Ziel so vieler Pilger oder zumindest an einem wichtigen Zwischenziel.

Entfernung Dorfkirche Görike → St. Nikolai Bad Wilsnack: ca. 22,5 km

Entfernung Marienkirche Kyritz → St. Nikolai Bad Wilsnack: ca. 42,5 km

Nachdem die Hostien in Flammen aufgegangen waren, wurde Wilsnack zu einem Ackerbürgerstädtchen, wie es so viele in der Mark gibt: beschaulich und unbedeutend. Das änderte sich erst, als 1906 heilkräftiges Moor entdeckt und entsprechende Kuranlagen geschaffen wurden: Seit 1929 darf sich Wilsnack offiziell »Bad« nennen. 2003 erhielt es schließlich die staatliche Anerkennung als Thermalsole- und Moorheilbad, nachdem im Jahre 2000 ein Thermalbad eröffnet wurde. Dort gibt es ein für jedermann zugängliches Gradierwerk, dessen Aerosole unsere Lungen ein Fest feiern lassen.

Heute ist die Stadt durch die Eisenbahn (Anschluss schon 1846 an die Berlin-Hamburger Bahn) quasi in zwei Teile gespalten: nördlich das Kurviertel, südlich das Altstadtquartier. Ein gut ausgeschilderter Weg lädt zum Rundgang durch beide Teile. Wir können nur einige Sehenswürdigkeiten kurz an-

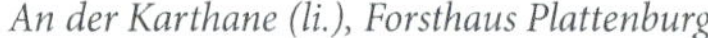

An der Karthane (li.), Forsthaus Plattenburg

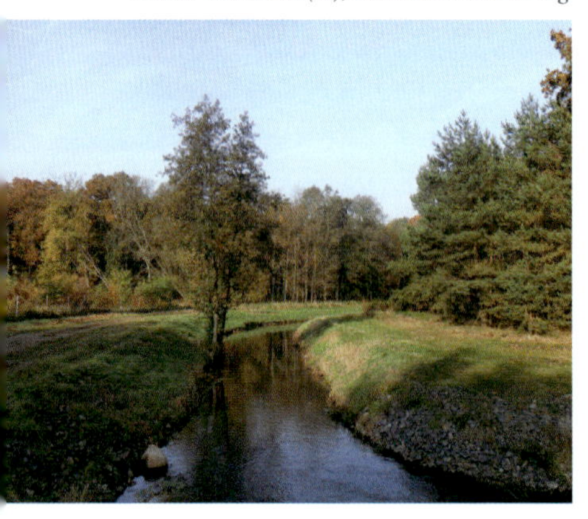

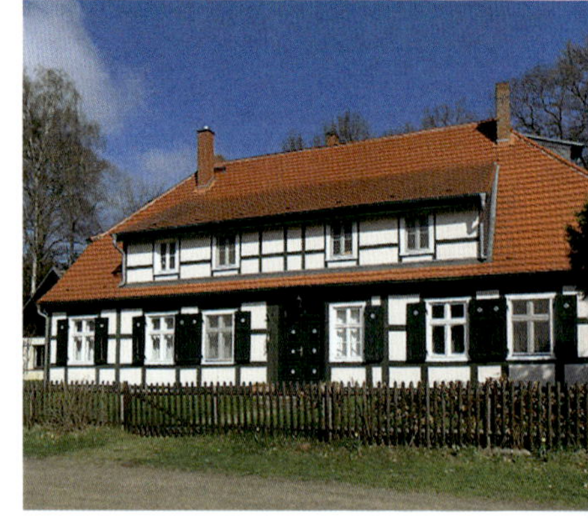

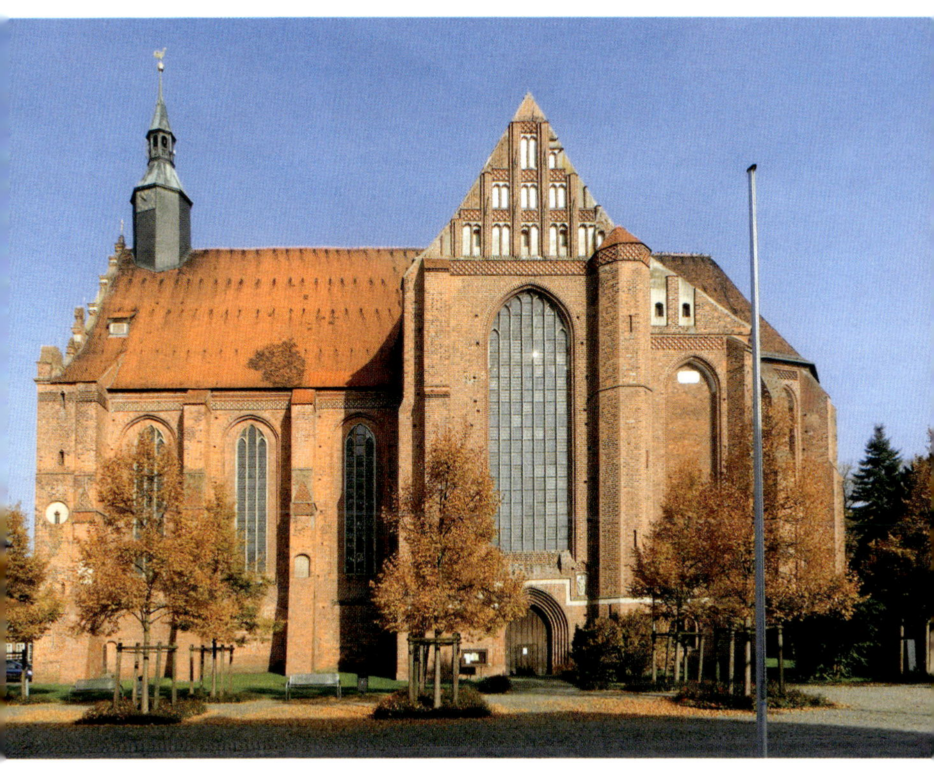

Die ehemalige Wunderblutkirche St. Nikolai in Bad Wilsnack

reißen: das über 100 Jahre alte Kurmittelhaus, der Karthanepark mit dem Gradierwerk (nicht bloß zum Angucken!), man kommt an der 1911 erbauten Schule vorbei (mancher wird aufatmen: Nicht immer nur Kirchen!), ein Bauwerk, das neubarock anmutet, und endlich gelangt man auch zur Wunderblutkirche und zum Markt, der Große Straße heißt und so an die Großstraße in Treuenbrietzen erinnert. Hier stehen schön sanierte Fachwerkhäuser und mitten auf dem Platz das Alte Rathaus, ein Fachwerkbau von etwa 1800 mit Krüppelwalmdach und Fledermausgauben. Der Wilsnacker Wochenmarkt findet genau dort statt, wohin er gehört, nämlich auf dem Markt, wo man sich mit Lebensmitteln, aber auch mit warmen Socken versorgen kann.

Doch nun zur Kirche, die heute die Stadtpfarrkirche St. Nikolai ist und schon auf den ersten Blick als viel zu groß für eine Ackerbürgerstadt erscheint. Das Gotteshaus wurde nie fertig, weil es als Pilgerkirche nicht mehr gebraucht wurde, sodass man von einem Fragment in Stein sprechen kann; doch sind Bau wie Innenraum und Ausstattung nicht nur sehenswert, sondern wirklich imposant. »Das unvollendete, kreuzrippengewölbte Langhaus mit nur drei

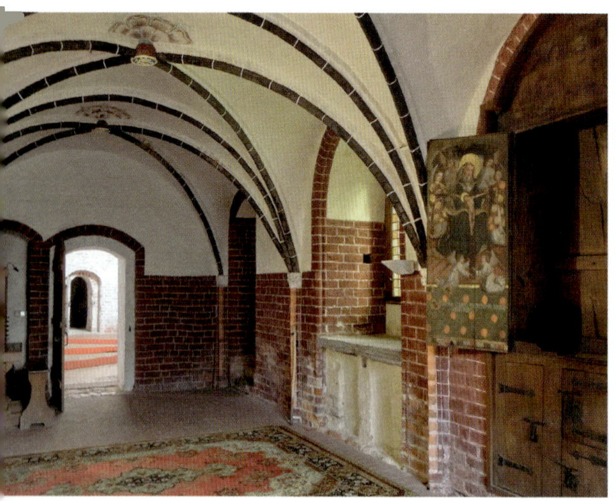

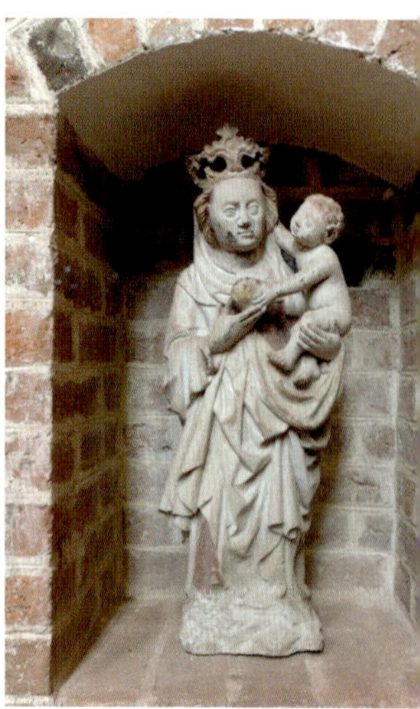

St. Nikolai Bad Wilsnack: Wunderblutkapelle (li.) und Madonnenskulptur

Jochen schließt den Turmstumpf des Vorgängerbaus ein«, schreibt Gerhard Drexel in »Klöster und Kirchen in Brandenburg«. Weiter heißt es: »Da die bedeutende Wallfahrtskirche lediglich einen Dachreiter aufweist, wird von zwei geplanten Türmen ausgegangen. Der repräsentative Renaissancegiebel der Westfassade wurde 1591 begonnen. Eine Besonderheit sind die Fenster mit spätmittelalterlicher Malerei.« Dann führt er noch aus: »An der Nordseite der Kirche stellte ein brückenartiger Gang die Verbindung zum Prälatenhaus, einer Nebenresidenz der Havelberger Bischöfe, her. Ab 1560 hatte darin die Patronatsfamilie von Saldern ihren Sitz, die es 1780 zu einem Schloss erweiterte, das 1976 abbrannte.« Der Schwibbogengang existiert aber noch und kann vom Innern der Kirche aus betreten werden.

Die Wunderblutkapelle mit dem Wunderblutschrein ist natürlich für einen Pilger unbedingt sehenswert, aber das trifft für das gesamte Innere zu. Kostbare Schnitzfiguren und Altäre, das künstlerisch bedeutende Sandsteinstandbild des Bischofs Wöpelitz aus dem 14. Jh., die schon genannten Fenster sowie Reste von Wandmalereien – man beachte den Christophorus – zeugen noch ein wenig von einstiger Pracht. Aber im Grunde ist die Kirche heute ein nüchternes evangelisches Gotteshaus, viel zu groß und viel zu leer.

Stadtinformation Bad Wilsnack, Bahnhof 1, 19336 Bad Wilsnack, Tel.: 038791/26 20

Fischerei-Park Plattenburg (Imbiss aus frischem Fisch!), Burgstr. 9, 19339 Plattenburg, https://fischerei-plattenburg.de/

Restaurant & Café Corso, Havelberger Str. 6, 19336 Bad Wilsnack, Tel.: 038791/23 31, auch

Alter Speicher am Bahndamm, Badstr. 2 a, 19336 Bad Wilsnack, Tel.: 038791/80 88 90

Burgcafé auf der Plattenburg, Auf der Burg 1, 19339 Plattenburg, Tel.: 0174/526 61 80

Pilgerunterkunft der Gemeinde Berlitt, Anmeldung bei Ortsvorsteher Backhaus, Tel.: 0176/66 82 75 71

Pilgerunterkunft im Gemeindehaus Barenthin (für max. 20 Pers. mit Schlafsack und/oder Isomatte), Schlüssel über Pfarrer Henning Utpatel, Tel.: 033972/402 88

Haus der Kirche in Görike (1 x Zelten im Garten oder mit Isomatte und Schlafsack im Haus), c/o Frau Hancke, Tel.: 033977/821 57, mobil: 0162/517 18 09

Ferienanlagen Müllerwiesen, Anfragen/Reservierungen an Herrn Rutsch, Tel.: 0173/984 04 88

Ferienwohnung Das Schweizerhaus (an der Plattenburg), Burgstr. 7,19339 Plattenburg, Tel.: 0173/984 04 88

Hotel an der Therme, Kählingstr. 1, 19336 Bad Wilsnack, Tel.: 038791/80 87-0, auch

Hotel Deutscher Hof, Dr.-Wilhelm-Külz-Str. 5, 19336 Bad Wilsnack, Tel.: 038791/23 70, auch

Privatzimmer, Ferienwohnungen u. dgl. bitte bei der Stadtinformation erfragen bzw. auf www.bad-wilsnack.de/tourismus-freizeit.html

Plattenburg, Wunderblutkirche Bad Wilsnack, im Juni Mittelalterliches Burgspektakel auf der Plattenburg, Therme und Gradierwerk Bad Wilsnack.

† Dorfkirche Rehfeld, Apr–Okt, ansonsten Schlüssel bei Fam. Mielke, Tel.: 033971/53 685

† Dorfkirche Berlitt, Ostern–Ende Okt geöffnet, ansonsten Schlüssel b. Fam. Seidenschnur/Selle, Zum Park 1 (links neben der Kirche, hier auch Pilgerstempel), Tel.: 033971/31 429

† Dorfkirche Barenthin, Schlüssel über Pfarrer Henning Utpatel, Tel.: 033972/402 88

† Dorfkirche Görike, Schlüssel bei Frau Hancke, Tel.: 033977/821 57

† Dorfkirche Söllenthin, https://www.kirchenkreis-prignitz.de/soellenthin.html

† Dorfkirche Groß Leppin, Schlüssel b. Frau Scheel, Tel.: 030787/70 430, Herrn Ernst, Tel.: 030787/81 382 o. Frau Zimmermann, Tel.: 038787/814 44

† St. Nikolai Bad Wilsnack, https://www.wunderblutkirche.de/

Bad Wilsnack: RE8, Bus 950, 958, 960, 972, 976

Durchgehend befahrbar, vorwiegend asphaltierte Wege, zwischen Berlitt und Barenthin evtl. besser Landstraße statt Pilgerweg benutzen, auf Wald- und Feldweg nach Görike Vorsicht bei Regen oder starker Trockenheit, alle Landstraßen wenig befahren.

5. Etappe

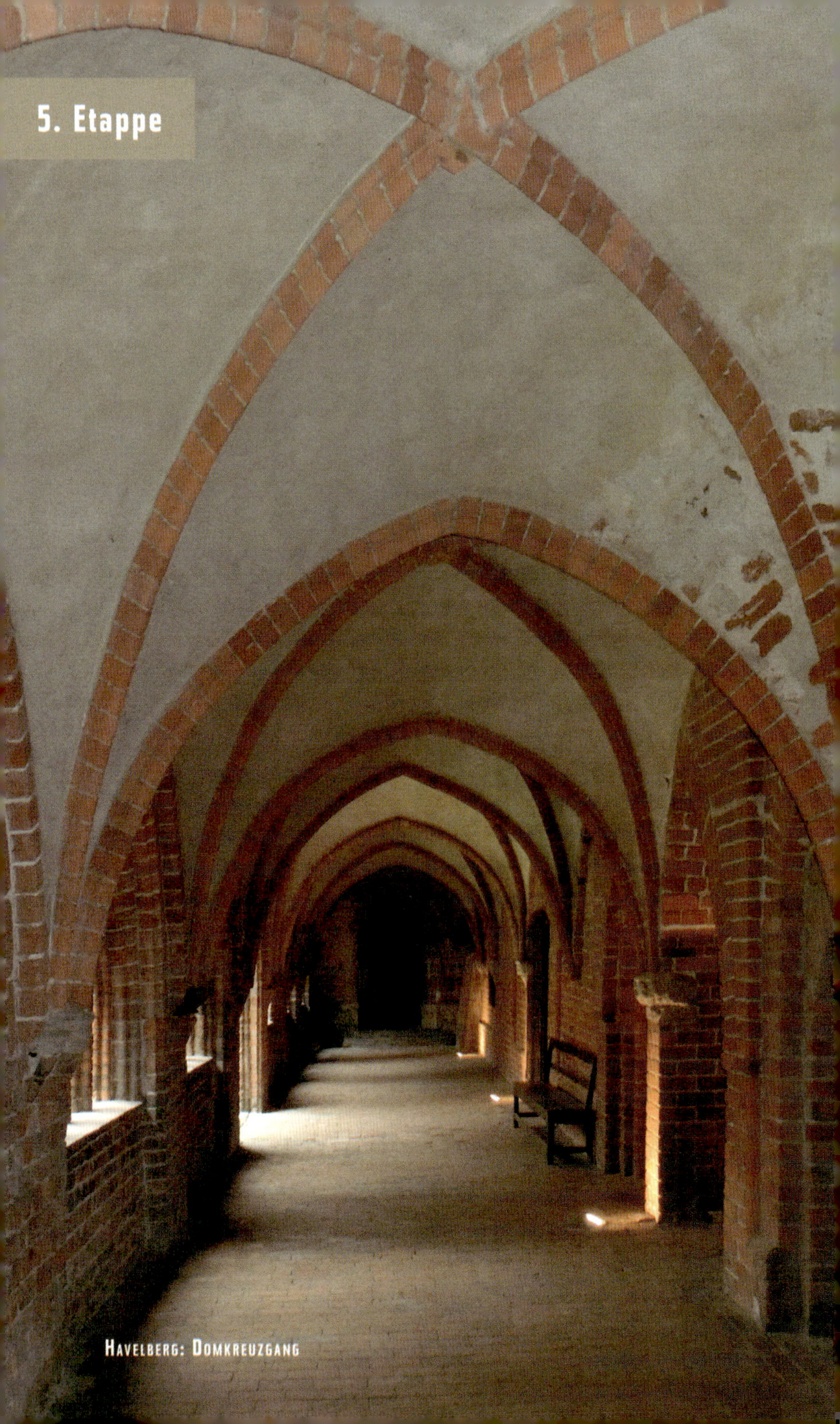

Havelberg: Domkreuzgang

VON BAD WILSNACK ZUR DOMSTADT HAVELBERG

Ausgangspunkt: St. Nikolai Bad Wilsnack
Zielpunkt: Dom zu Havelberg

Gegenüber vom Südportal der Nikolaikirche geht der Zernerweg von der Großen Straße ab, und diesem folgen wir. Der Weg ist jetzt nur noch als Jakobsweg ausgeschildert, allerdings sehr weiträumig, sodass das Radwegesymbol besseren Anhalt bietet; es ist erst einmal der Radweg nach Rühstädt und Abendorf. Von nun geht es nur noch auf Asphaltwegen vorwärts, und Radfahrer mögen wie Rahel Varnhagen in ihrem Tagebuch am 19. September 1808 ausrufen: »Wie angenehm ist Chaussée!« Fußwanderer hingegen spüren rascher ihre Füße.

Am rechten Rand des Zernerweges wurden einst die Ziegel der Wilsnacker Kirche im sogenannten Klosterformat gewonnen. Ein relativ breiter Graben verläuft links des Weges, der schließlich in einen weiteren asphaltierten Weg mündet; links geht es nach Legde – ausgeschildert sind sowohl Legde als auch Quitzöbel. Die Landschaft erscheint weit, ja endlos, es gibt viele Weideflächen, aber auch Äcker.

Legde wurde 1274 erstmals erwähnt, es hat um die 250 Einwohner. Nach etwas mehr als 500 m auf der Dorfstraße ragt links die Kirche auf, ein Backsteinbau vermutlich aus dem 15. Jh. Der Turm kam später hinzu, wohl Anfang des 16. Jhs., auch er aus Backstein, aber mit einem Feldsteinsockel, die Quergiebel sind mit Blenden und mit Fialpfeilern verziert. An der Dorfstraße steht

Die Dorfkirchen von Legde (li.) und Lennewitz

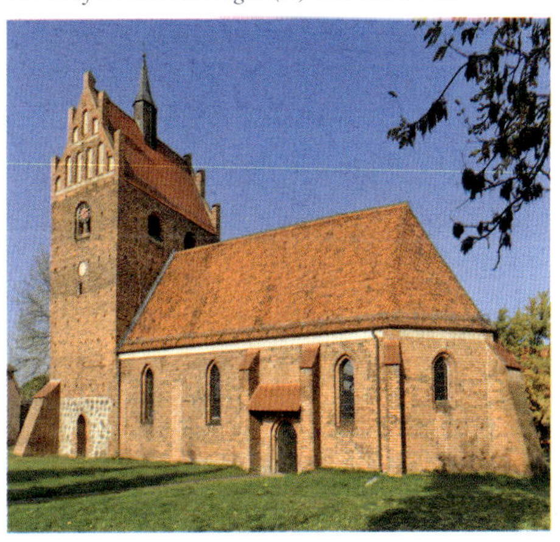

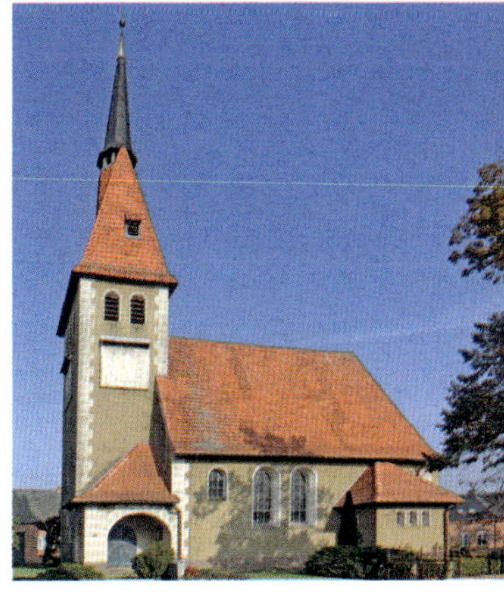

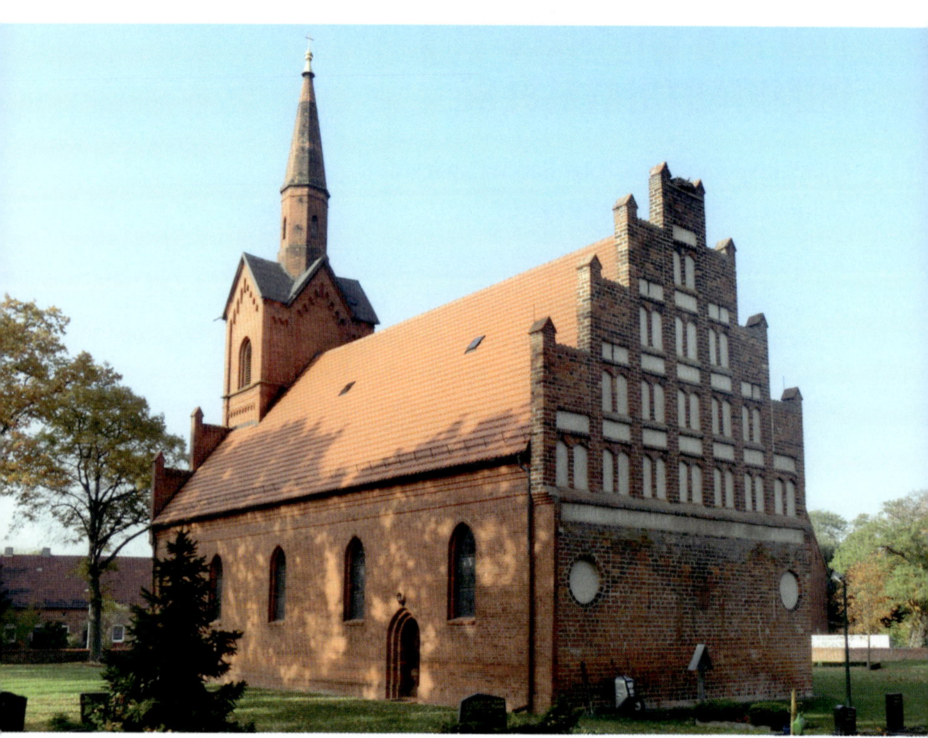

Dorfkirche Quitzöbel von Südosten

ein großes Sandsteindenkmal, das dem 1593 an dieser Stelle erschlagenen Dietrich von Quitzow gewidmet ist. Bis 1872 gehörte Legde zur Herrschaft Plattenburg-Wilsnack.

Vorbei am ehemaligen Freischulzenhaus von 1880 führt unser Weg weiter – auf der Havelberger Straße vorbei an einem Meilenstein in Richtung **Lennewitz**. Das Dorf mit seinen wenigen Einwohnern weist eine Besonderheit auf, nämlich eine Jugendstilkirche, wenn auch keine stilreine, mischen sich doch in das 1909/10 errichtete Bauwerk auch Elemente des sog. Heimatstils. Das Rundangerdorf wurde erstmals 1310 erwähnt, und es gibt Belege dafür, dass es sich bei Lennewitz um eine alte Wendensiedlung handelt. In beiden Orten, Legde wie Lennewitz, gibt es Rastplätze für Wanderer.

Etwas mehr als einen Kilometer auf der »Chaussée« ist es bis **Quitzöbel**, dem 1310 in einer Urkunde von Markgraf Waldemar erstmals genannten Dorf, dessen Name »Hof der Quitzows« bedeutet, nach anderen Quellen »Quitzows Hügel«. Der Stammsitz der rühmlich wie unrühmlich bekannten märkischen Adelsfamilie Quitzow befand sich hier, und auf der Webseite der Gemeinde Legde/Quitzöbel (https://www.amtbww.de/ris/ti_4/) heißt es: »Im

Jahre 1375 war die Burg in Quitzöbel in Quitzowscher Hand. Um 1384 war Köne (Kuno) von Quitzow auf Quitzöbel als mächtigster und gefürchtetster Mann der Prignitz bekannt.« Den Dorfmittelpunkt bildet natürlich die Kirche von 1662, ein spätgotischer Backsteinbau mit einem Staffelgiebel im Osten, der aber 1876 sehr stark verändert wurde, unter anderem stammt der Turm aus dieser Zeit.

Was schreibt Fontane?

»Ganz in der Nähe der Einmündung der Havel in die Elbe, zwei Stunden unterhalb Havelberg, liegt Dorf Quitzöwel. Ersteigt man, um Umschau zu halten, den Turm der wenigstens an ihrem Giebel noch gotischen alten Kirche, so gewahrt man, nach Norden hin, das reiche, früher zu Bistum Havelberg gehörige Dorf Legde (jenseits desselben die Wilsnacker Wunderblutkirche), während, nach Süden zu, die Rauchfahnen auf und ab fahrender Schleppdampfer die Stelle bezeichnen, wo hinter dem hohen Elbdamm, und deshalb unsichtbar, die Elbe selbst ihren Lauf nimmt. So weit der Blick in die Ferne. Zu Füßen des uns Umschau gönnenden Turmes aber steigt ein aus Wiesen und Eichengruppen malerisch zusammengestellter Park und aus eben diesem Park ein Herrenhaus auf: das gegenwärtige Schloss Quitzöwel. Das ist die Stelle, wo die Stammburg der berühmten Quitzowfamilie stand.«

(Theodor Fontane, Fünf Schlösser, Quitzöwel)

Blick vom Havelwehr am Weg von Quitzöbel nach Neuwerben

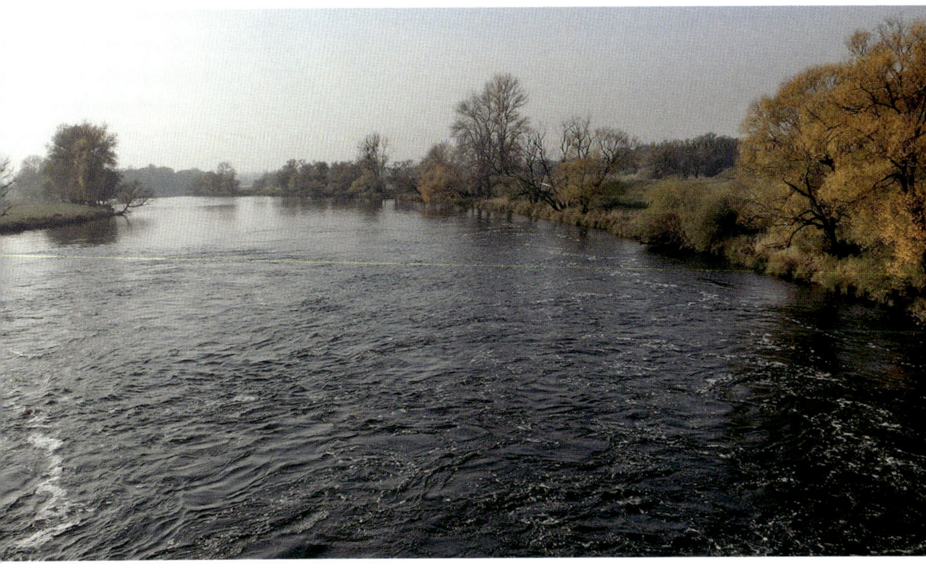

Diesen Blick kann man leider nicht mehr genießen, auch am Boden nicht, denn das Schloss ist verfallen. In Quitzöbel gibt es ebenfalls einen Rastplatz, wo man eine Pause einlegen kann – und vielleicht frischen Räucherfisch aus der Fischräucherei Quitzöbel genießen. Ab Quitzöbel erscheint wieder regelmäßig die Jakobsmuschel als Wegweiser.

Die Werbener Straße zweigt beim Gemeindebüro von der Wilsnacker Straße ab und führt zum Deich; diesem folgen wir nach links. Hart entlang an der Grenze zu Sachsen-Anhalt geht es nun bis zum alten Havelsperrwerk, das den Gnevsdorfer Vorfluter der Havel überquert, und wenig später folgt ein weiteres Wehr, nämlich das Havelwehr bei Neuwerben. Über **Neuwerben** und ein drittes Wehr erreichen wir schließlich die Hanse- und Bischofsstadt Havelberg, das Ziel unserer Reise. Seit dem ersten Wehr befinden wir uns im Bundesland Sachsen-Anhalt, aber diese Gegend – der Elb-Havel-Winkel – gehört historisch eigentlich zu Brandenburg.

Der gewaltige Dom von Havelberg

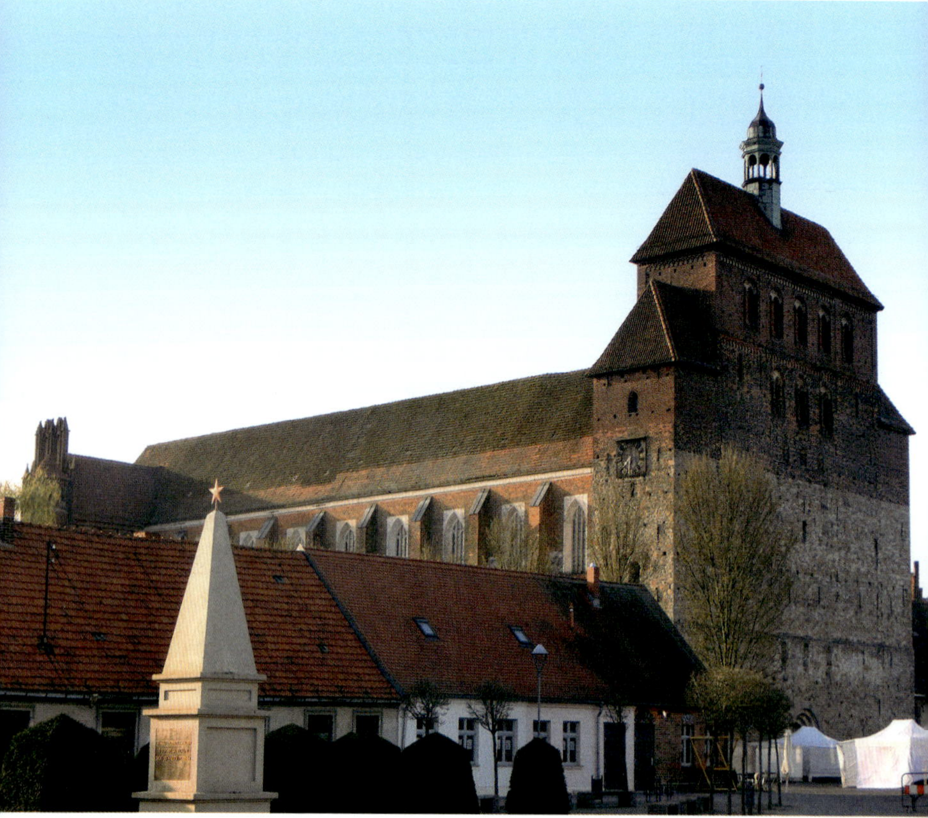

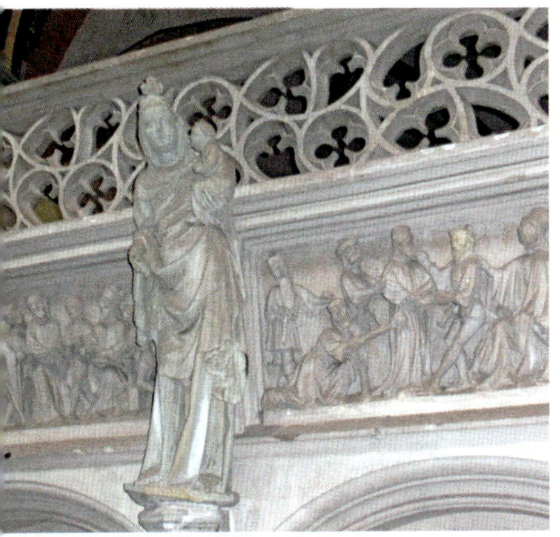

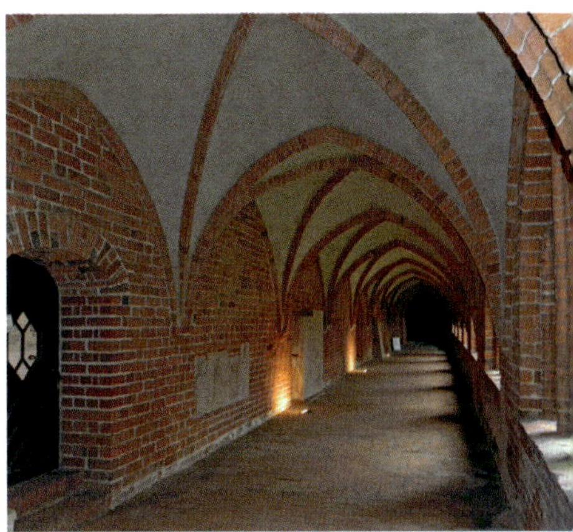

Dom zu Havelberg: Lettner (li.) und Kreuzgang

Wer noch weiterwandern möchte: Der Jakobsweg geht von Havelberg über Werben und Arneburg nach Tangermünde, wo er sich mit dem im nächsten Kapitel beschriebenen Weg von (Frankfurt-Berlin)-Potsdam-Brandenburg-Jerichow trifft, und dann weiter nach Süden via Magdeburg und weiter und weiter …

- Touristinformation der Hansestadt Havelberg, Uferstr. 1, 39539 Hansestadt Havelberg, Tel.: 039387/790 91.
- Gabis Schenke in Legde, Dorfstr. 22, 19336 Legde/Quitzöbel, Tel.: 038791/62 32, auch
- Gasthof Ramin, Am Brink 1, 19336 Quitzöbel, Tel.: 038791/70 28, auch
- Fischräucherei Bächer, Quitzöbel, Havelberger Str. 17, 19336 Quitzöbel, Tel.: 038791/72 91 (täglich frisch geräucherter Fisch!).
- Wellnesshotel Legde, Wittenberger Str. 1, 19336 Legde/Quitzöbel, Tel.: 038791/792 71, auch
- Dorfkirche Lennewitz, Anmeldung bei Andreas Haufe, Tel.: 0172/460 63 50
- Dorfkirche Bächer, Bächer, Quitzöbel, (Pilgerstempel erhältlich!), wechselnde Verantwortliche für den Kirchendienst, ihre Telefonnummern findet man im Schaukasten
- Havelberg hat keinen Bahnanschluss (mehr). Man erreicht die Hansestadt von Berlin/Berlin von Havelberg aus am besten mit RE 2 nach Glöwen, und von dort verkehrt die Buslinie 900 nach Havelberg (oder entsprechend in umgekehrter Richtung).
- Durchgehend befahrbar, ausgeschilderte Radwege.

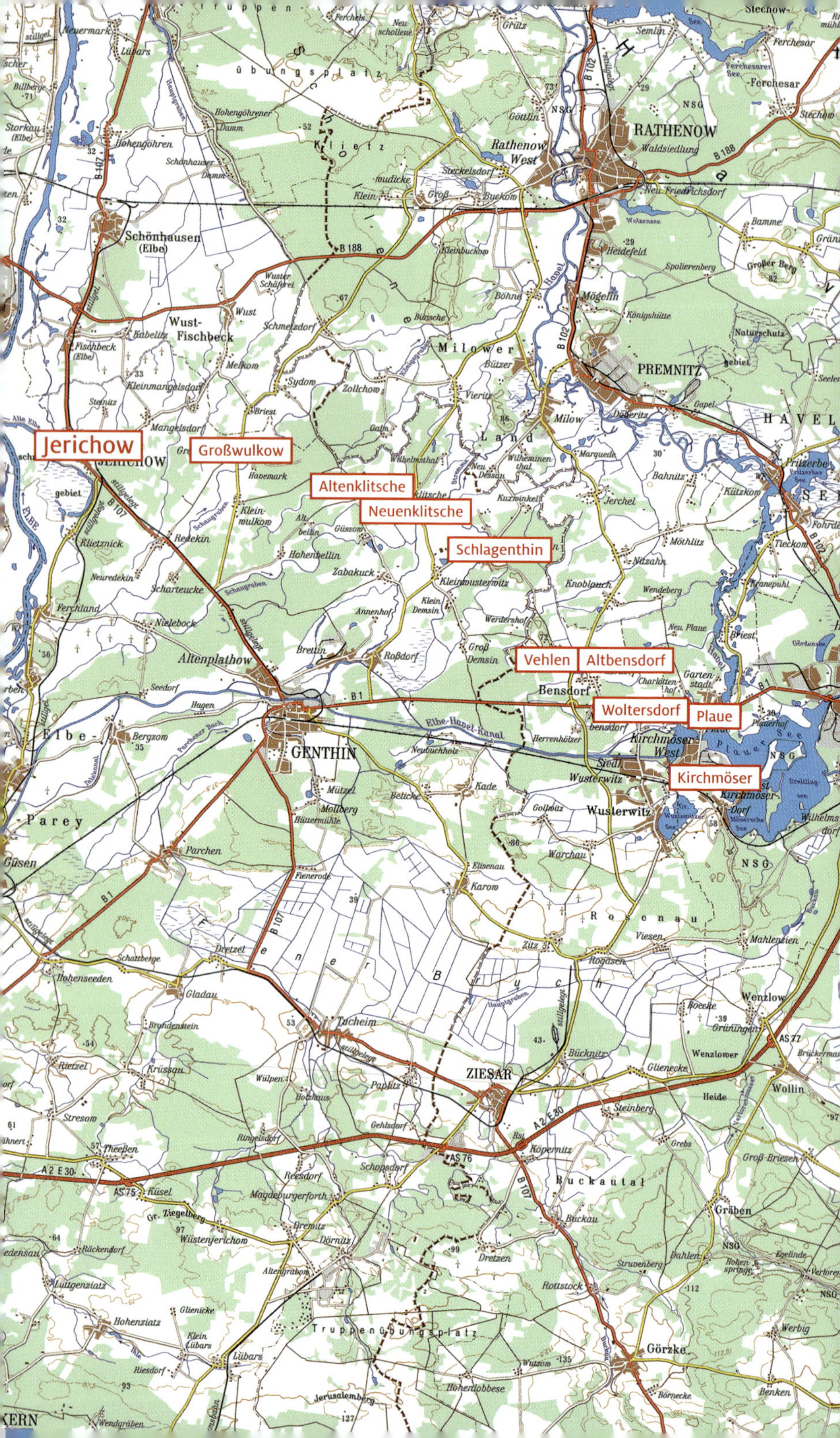

Jerichow
Großwulkow
Altenklitsche
Neuenklitsche
Schlagenthin
Vehlen
Altbensdorf
Woltersdorf
Plaue
Kirchmöser
RATHENOW
Rathenow West
PREMNITZ
Schönhausen (Elbe)
Wust-Fischbeck
Milower Land
Milow
GENTHIN
Altenplathow
Elbe-Havel-Kanal
Plauer See
Wusterwitz
Kirchmöser West
ZIESAR
Fiener Bruch
Rosenau
Parey
Parchen
Tucheim
Gladau
Görzke
Wollin
Wenzlow
Buckautal
Truppenübungsplatz
Schollene
Klietz
Havelland
B 1
B 107
B 188
B 102
A 2 E 30

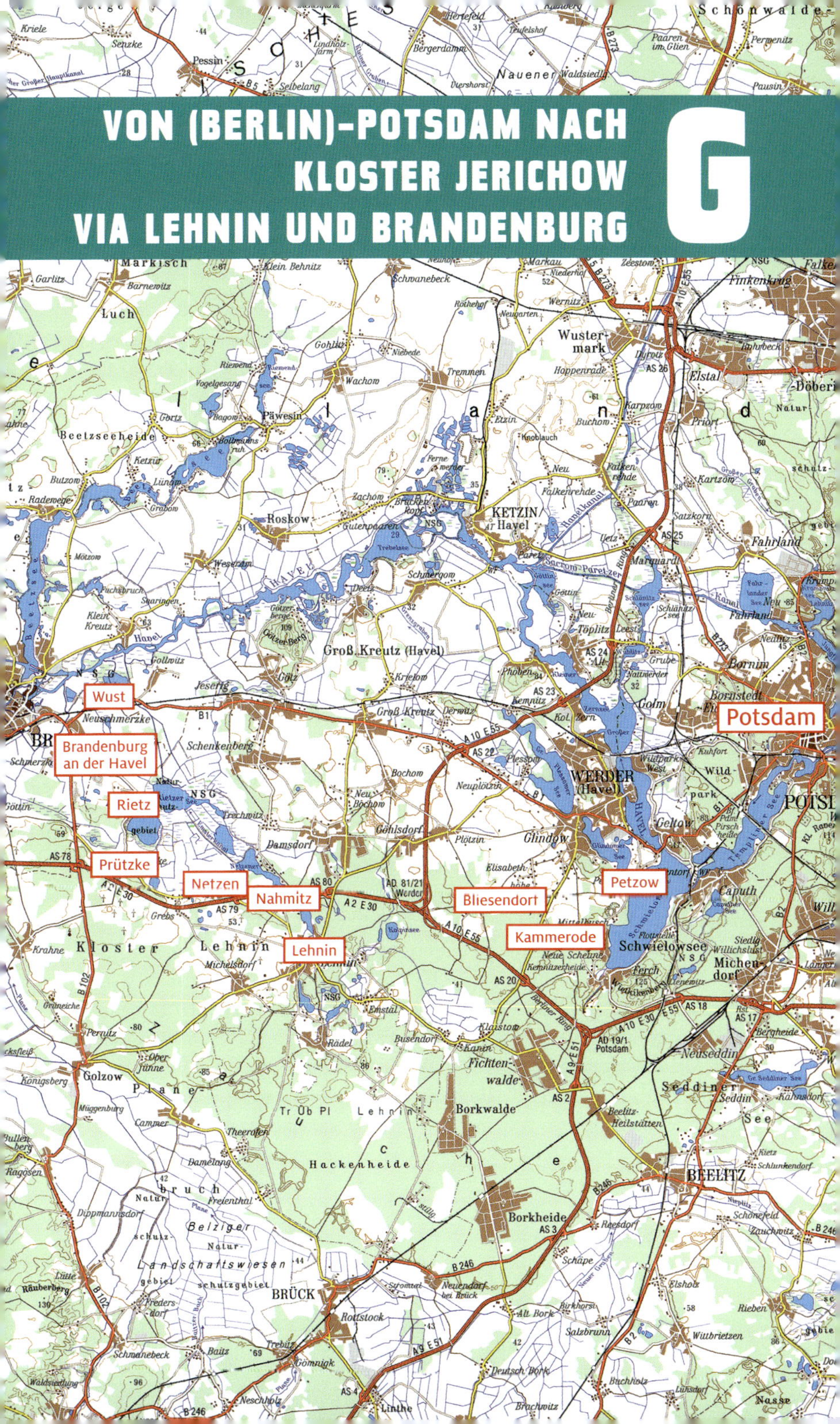
VON (BERLIN)-POTSDAM NACH
KLOSTER JERICHOW
VIA LEHNIN UND BRANDENBURG
G
Wust
Brandenburg an der Havel
Rietz
Prützke
Netzen
Nahmitz
Lehnin
Bliesendort
Kammerode
Petzow
Potsdam

Historischer Hintergrund

In ihrem Kompendium »Brandenburgischen Geschichte« schreiben Ingo Materna und Wolfgang Ribbe: »Wichtigste Landverbindung im 13. und 14. Jh. war die große Ost-West-Straße, die Magdeburg mit den polnischen Zentren verband und dabei Brandenburg, Spandau, Berlin-Cölln und Frankfurt an der Oder berührte.« Eingeordnet ist diese Verbindung in den größeren Zusammenhang einer Handelsverbindung von Brügge nach Novgorod, der das Ruhrlandmuseum Essen 1997 eigens eine Ausstellung widmete: »Transit Brügge-Novgorod. Eine Straße durch die europäische Geschichte«. Von einer einzelnen Straße zu sprechen, verbietet sich aber eigentlich, und wichtig ist darauf hinzuweisen, dass die historischen Straßenverläufe keineswegs mit der heutigen Bundesstraße 1 identisch sind. Aber selbst wenn es so wäre: Man kann ja kaum diese vielbefahrene Fernstraße zum Pilgern empfehlen.

In den »Hansische Handelsstraßen« lesen wir: »Das Haupteingangstor aus dem Erzbistum Magdeburg zur Mark Brandenburg bildete ursprünglich das Städtchen Plaue, wo seit 1334 ein Zoll- und Geleitgeld nachweisbar ist. 1433 verfügte Kurfürst Friedrich I., dass alles Fuhrwerk von Brandenburg nach Magdeburg über Plaue fahren und dort Fährgeld entrichten solle … Auch als 1459 Kurfürst Friedrich II. seinen Kammermeister, den Ritter Jürgen von Waldenfels, beauftragte, beim Grenzstädtchen Plaue anstelle der alten Havelfähre eine Brücke zu bauen, und ihm den neuen Brückenzoll in Höhe des bisherigen Fährgeldes verlieh, ordnete er an, dass, wer *gen Brandenburg und furder nach dem land zu Magdeburg* mit Salz oder anderer Ware fahre, über Plaue ziehen und dort zollen solle …; zugleich bestimmte er, dass zwischen Brandenburg und Rathenow keine Havelbrücke oder Fähre für zollbares Gut sein oder gemacht werden soll.«

Damit ist Plaue als Ort an unserem Weg bestimmt. Dokumente belegen, dass der Weg von Magdeburg via Burg und Genthin und von Genthin über Neu Bensdorf und Woltersdorf nach Plaue ging. Später wurde der Weg über Rogäsen, Ziesar und Hohenziatz immer bedeutender, und auf Etzlaubs Landstraßenkarte von 1501 ist die Verbindung über Ziesar als Straße von Berlin nach Magdeburg eingezeichnet; die Straße über Plaue scheint wüst geworden zu sein. Hans Mundt dazu: »Über die auf Brandenburg von Westen her führenden Straßen gibt ein Aktenstück von 1740 Aufschluss, nach welchem die älteste Land- und Zollstraße von Magdeburg über Grabow-Untermühle durch den Fiener Bruch, weiter über Bensdorf-Plaue auf Brandenburg gegangen sei … Später nun, so führt das genannte Aktenstück fort, als der gepflasterte Damm über den Fiener Bruch nördlich von Ziesar, bei Rogäsen, gebaut war, wurde in Ziesar ein Zoll errichtet und derjenige von Plaue zunächst nach Brandenburg verlegt, wo sich die alte und die neue Straße trafen.«

All die zitierten Autoren denken die Straße gegen den Pilgerstrom, wir müssen die Verläufe umgekehrt lesen. Fragt sich nun: Wie kam man von Berlin nach Brandenburg? In Zeiten, als Berlin und Cölln noch bedeutungslos waren und Spandau als markgräflicher Sitz fungierte, wird die Straße Spandau-Brandenburg eine erhebliche Rolle gespielt haben, die vermutlich über Tremmen ging – übrigens ein Ort mit Wallfahrtskirche! Mundt erörtert für die Zeit, da Berlin-Cölln politisches Zentrum der Mark geworden war, einen Weg über Werder: »Der Weg von Brandenburg nach Werder, am Nordrande der Zauche, ging in etwa im Zuge der heutigen Chaussee. Es bleiben nur noch die Wege in die Zauche hinein aufzuzählen, um ein vollständiges Bild von Brandenburgs Straßennetz zu geben … Der älteste Weg wird über die Sandbrücke zwischen Brandenburg und Göttin gegangen sein, wo sich zwei Wege teilten: der eine ganz am Nordrand der Zauche am trocknen Talhang entlang auf Prützke, Netzen und Nahmitz zu und war damit auch der älteste Weg nach dem 1180 gegründeten Lehnin.«

Um nicht noch größere Verwirrung zu stiften: Wir folgen dem von der Jakobusgesellschaft Brandenburg-Oderregion ausgewiesenen Weg und werden dabei einige der soeben genannten Orte durchqueren. Der Vorteil dieses Weges: Er verbindet die beiden Klöster Lehnin und Jerichow, und er führt durch landschaftlich reizvolle Gegenden. Der Nachteil: So wie von uns beschrieben wird kaum ein Pilger gewandert sein. Aber es gilt ja auch hier, was Elisabeth Bröhl und Klaus Krum in ihrem Büchlein »Von Berlin nach Magdeburg« schreiben: »Es gibt in der Region Brandenburg keine wirklich gesicherten historischen Erkenntnisse über die Existenz von Jakobswegen …«

Wir werden auf diesen »Wegführer für Jakobspilger« am Ende dieses Kapitels zurückkommen und dann eine Alternativroute kurz erwähnen. Der hier beschriebene Weg ist erst nach der Grenze zu Sachsen-Anhalt als Jakobsweg ausgeschildert. Außerdem finden sich in der Stadt Brandenburg entsprechende Wegweiser, die hoffen lassen, dass der brandenburgische Abschnitt in Angriff genommen wurde. Orientierung bieten im Übrigen auch die Webseite *www.deutsche-jakobswege.de* und die entsprechenden KOMPASS-Wanderkarten, in die schon ein Jakobsweg eingezeichnet wurde.

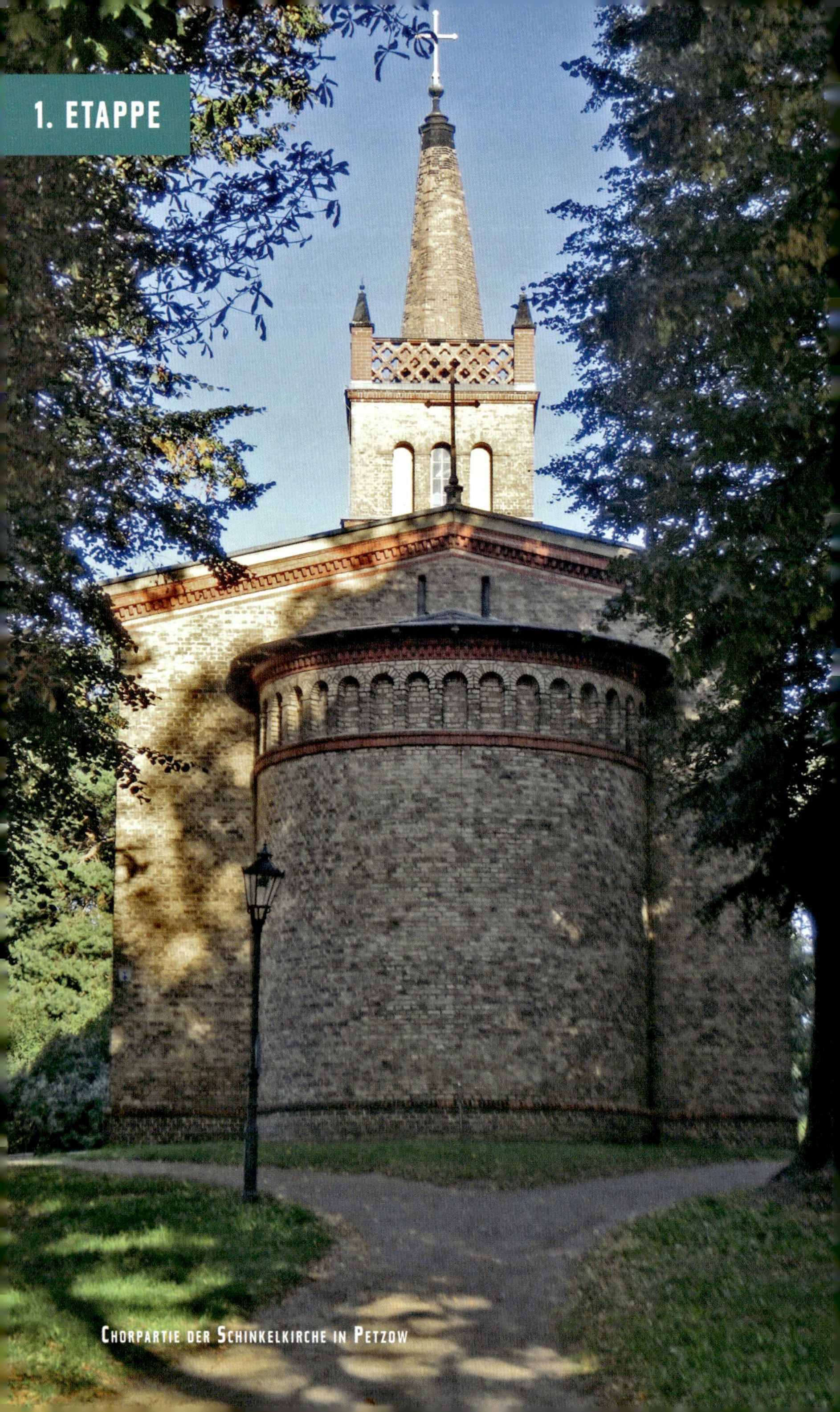

Chorpartie der Schinkelkirche in Petzow

VON (BERLIN)-POTSDAM NACH KLOSTER LEHNIN

Ausgangspunkt: Potsdam Hbf
Zielpunkt: Kloster Lehnin

Dass wir die Tour am Potsdamer Hauptbahnhof beginnen, hat keine historischen Gründe, sondern ist eine Frage der Wahl. Es besteht nämlich die Möglichkeit, auf der Pilgerreise von Frankfurt (Oder) die Altstadt von Berlin gar nicht zu berühren, sondern sich direkt auf den Weg von Erkner nach Teltow und von dort nach **Potsdam** zu begeben, eine in Band 1 erwähnte Variante, oder man pilgert von Berlin-Mitte nach Teltow wie ebenfalls schon beschrieben. Damit kann auch ein Beginn dieser Tour in Teltow reklamiert werden. Aber wie immer: Von Teltow geht es nach Stahnsdorf zum Südwestkirchhof (wie beim Weg Berlin-Beelitz-Treuenbrietzen-Wittenberg), dort dann aber nicht nach links abbiegen, sondern zwischen Wilmersdorfer Waldfriedhof und Südwestkirchhof hindurch wandern und die Parforceheide durchqueren. Es ist die Alte Potsdamer Landstraße, durch einen roten Querbalken auf weißem Grund als Wanderweg gekennzeichnet, auch als BUGA Wanderweg 2001 ausgewiesen, (noch) nicht als Jakobsweg. Die Alte Potsdamer Landstraße ist ab den beiden Stahnsdorfer Friedhöfen nur noch ein Waldweg, auf dem einen der Sound der nahen Autobahn begleitet.

Die Wegweiser geben als ein Ziel den S-Bahnhof Griebnitzsee an, diesem streben wir zu. Da der Griebnitzer Uferweg wohl für längere Zeit größtenteils gesperrt ist, wandern wir durch die Virchow- und die Karl-Marx-Straße durch die Villengegend am Südufer des Sees, ausgewiesen als Berliner Mauerweg. Durch den Park Babelsberg und damit am Tiefen See entlang und schließlich durch den Nuthepark am Südufer der Havel erreichen wir den Hauptbahnhof von Potsdam.

Übrigens kann man den beschriebenen Weg natürlich auch in umgekehrter Richtung benutzen, wenn man den Potsdamer Hauptbahnhof als Ausgangspunkt für die Pilgertour über Saarmund-Beelitz-Treuenbrietzen nach Wittenberg gewählt hat. Dann muss man sich nach dem Überqueren der Autobahnbrücke in der Parforceheide gleich nach links halten und erreicht auf diesem Wege Philippsthal.

Vom Potsdamer Hauptbahnhof begeben wir uns in Richtung Innenstadt. Wir durchqueren den Lustgarten und gehen durch die Henning-von-Tresckow-Straße oder die Straße Am Lustgartenwall bis zu Dortustraße, in die wir nach links einbiegen. Wir benutzen die Eisenbahnunterquerung und wandern nach rechts an der Bahnlinie entlang zu einer Brücke, auf der wir neben den Gleisen die Verbindung zwischen Neustädter Havelbucht und Havel überwinden. Schließlich geht es nach links auf den Radweg nach Werder/Caputh. Diesem folgen wir am Ufer der Havel und dann des Templiner Sees entlang; dabei kommen wir an der größten Marina Potsdams ebenso vorbei wie am Kongresshotel Potsdam, dessen Gebäude an Luftschiffe erinnern sollen, denn ganz in der Nähe befand sich einst ein großer Luftschiffhafen. Es geht immer in südlicher Richtung, bis wir den Petzinsee erreichen. Auf der Straße Am Petzinsee geht es zur Caputher Chaussee, die wir kreuzen: Dort steht ein Meilenstein, der uns den Weg nach **Baumgartenbrück** weist.

Die historische Gaststätte in Baumgartenbrück dürfte jedem Fontane-Kenner ebenso bekannt sein wie dem Liebhaber der Landschaftsmaler aus der Havelländischen Malerkolonie. Seit 1757 gibt es an der Baumgartenbrücke einen Krug, und diese Gaststätte ist seither fast ununterbrochen ein beliebtes Ausflugslokal, übrigens seit 1831 (andere Quelle: 1826) im Besitz der Familie Hermann, die sie heute noch betreibt. In der Heimatstube des Restaurants sind Bilder, Fotos und Schriftzeugnisse dieser Geschichte ausgestellt. 1869 war Fontane hier, und die Fotografin Marie Goslich (1859–1936) sowie die Maler Karl Hagemeister (1848–1933) und Theo von Brockhusen (1882–1919) waren Dauergäste. Über die damalige Weltenferne des Schwielowsees, an dessen Nordufer sich Baumartenbrück befindet, schrieb Marie Goslich in »Die Mark 3« (1907/08): »Allerdings, wenn jemand gezwungen oder freiwillig der bösen Welt und ihren Lüsten Valet sagen will, so braucht er nicht erst den Ozean zwischen sich und sein frühes Dasein zu legen, hinter den weiten Wäldern, die sich vom Ufer des Schwielow-Sees ins Land hineinziehen, findet er Vergessenheit und kann ebenso als verschollen gelten als im wilden Westen von Amerika.«

Wir überqueren die Brücke und begeben uns am Schwielowsee entlang in Richtung Petzow, aber von wildem Westen oder von Transsilvanien (was ja

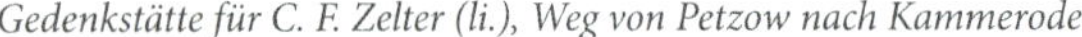
Gedenkstätte für C. F. Zelter (li.), Weg von Petzow nach Kammerode

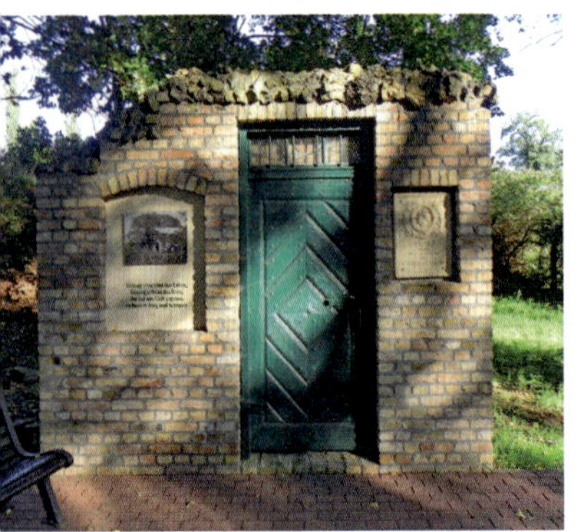

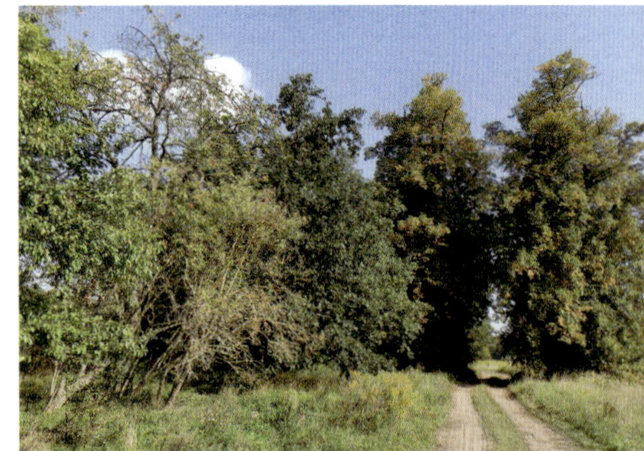

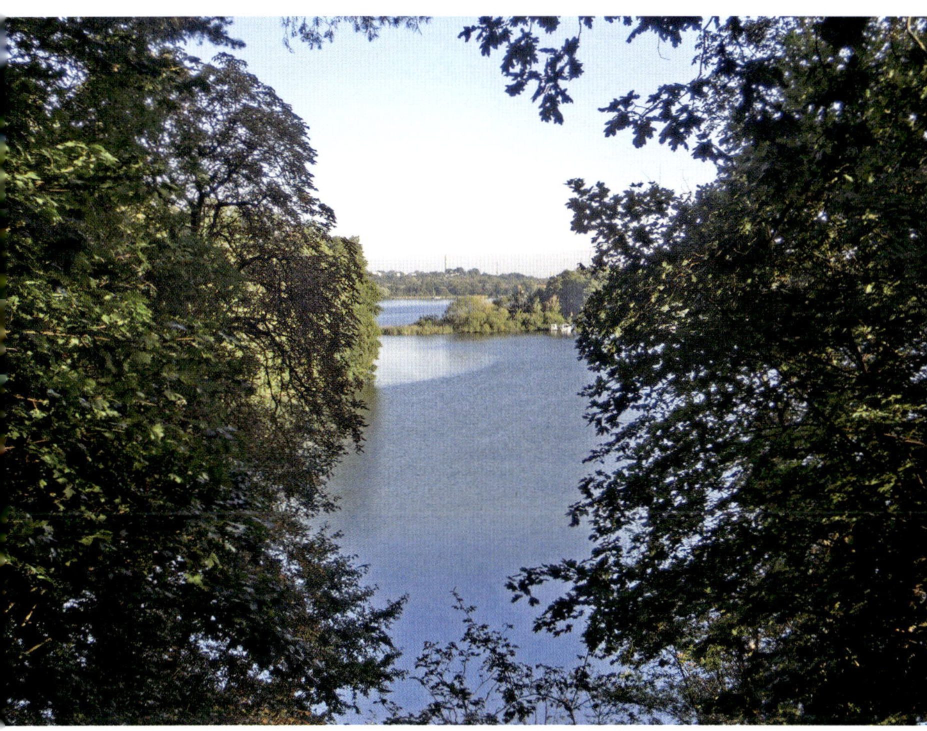

Blick von der Petzower Kirche zum Schwielowsee

Land hinter den Wäldern heißt) ist nichts zu spüren – die Zivilisation ist auch hier angekommen. Und dennoch, der Blick über den Schwielowsee mit den weißen Segeln der Boote und dem Laub der Bäume am gegenüberliegenden Ufer, das sich im Herbst bunt verfärbt, das ist nicht nur Augen-, sondern auch Herzensweide.

Nun also **Petzow**, 1419 erstmals urkundlich erwähnt. Im DEHIO heißt es »(e)ines der am besten erhaltenen ländlichen Ensembles der Romantik in Brandenburg. Das Dorf war 1437 im Besitz des Klosters, später des kurfürstlichen Amtes Lehnin.« Das Lehnschulzengut kam 1640 in den Besitz der Familie Kähne, die 1840 geadelt wurde. Lehnschulze Friedrich August Kähne ist für den Ausbau des Dorfes verantwortlich, er ließ das Herrenhaus mit seinem Park sowie die Kirche neu anlegen, und unter seiner Ägide wurde Petzow 1845 Rittergut, was es bis 1945 blieb. Einer seiner Nachfolger, als »Schieß-Kähne« bekannt, ermordete 1921 einen 16-jährigen Jungen, der angeblich seine Eigentumsrechte verletzt hatte. Daraufhin kam es zu Protestdemonstrationen in Geltow, Glindow und Potsdam, jedoch wurde Kähne vom Potsdamer Schwurgericht im Oktober 1923 freigesprochen.

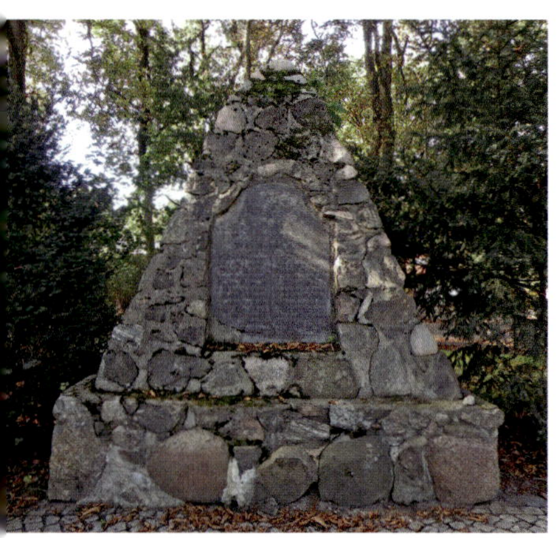
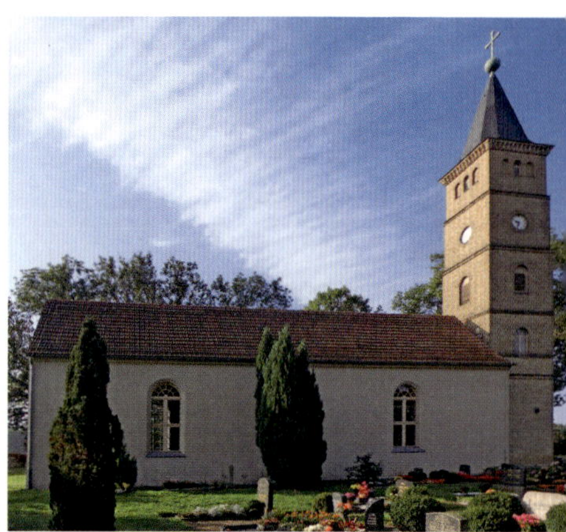

Gedenkpyramide in Kammerode (li.), Bliesendorfer Kirche

Was schreibt Fontane?
»Das Schloss in seiner gegenwärtigen Gestalt wurde nach einem Schinkelschen Plane ausgeführt. Es zeigt eine Mischung von italienischem Kastell- und englischem Tudorstil, denen beiden die gotische Grundlage gemeinsam ist. Der Bau, wie er sich unter Efeu und Linden darstellt, wirkt pittoresk genug, ohne dass er im Übrigen besonders zu loben wäre. Es ist bemerkenswert, dass alles Gotische oder aus der Gotik hergeleitete auf unserm märkischen Boden seit Wiederbelebung dieses Stils (eine Epoche, die kaum zwei Menschenalter zurückliegt) nicht gelingen wollte.«
(Theodor Fontane, Wanderungen durch die Mark Brandenburg, Havelland)

In einem irrt Fontane wohl: Die Urheberschaft Schinkels kann nicht belegt werden und ist vermutlich eine Familienlegende der Kähnes. Die Kirche auf dem Grelleberg stammt hingegen wirklich von Schinkel und wurde 1841/42 erbaut. An dem aus gelben Glindower Ziegeln errichteten Bau fällt ein neuromantisch-italienischer Stil auf, vor allem der isoliert stehende, wenn auch durch eine Bogenhalle mit dem Langhaus verbundene Turm erinnert an einen Campanile – mit einer Pyramidenspitze. Der Landschaftspark ist vermutlich ein Werk von Lenné, und ein paar Bauwerke wie das Fischerhaus oder das Waschhaus beleben ihn; sie wiederum werden Schinkel zugeschrieben. Park und Schloss dienten übrigens als Kulisse für die deutsche Telenovela »Bianca – Wege zum Glück« und ihre Fortsetzung »Julia – Wege zum Glück«.

Wir verlassen den Park bei der Bushaltestelle Schlosspark und überqueren die Fercher Straße. Auf einem Sandweg geht es zur Straße Zum Lindentor, in die wir nach links einbiegen (bei der Bushaltestelle Petzow, Grelle). Auf der rechten Seite erscheint das Denkmal Zelterhaus: Es erinnert an den Komponisten, Musikpädagogen und engen Goethe-Freund Carl Friedrich Zelter (1758–1832), der seine Kindheit und Jugend in Petzow verbrachte; das hier befindliche Haus wurde 1972 abgerissen, nur die Gedenktafel überlebte.

Wenige Meter nach dem Monument geht es nach links in die Straße Zu den Tongruben. Das ist mehr ein teils recht sandiger Feldweg, der uns nach Kammerode führt. Wir gehen dabei an einer Wiese entlang, auf der Sanddornbüsche zur Verbesserung der Vitamin-C-Versorgung einladen, und kurz vor dem Ort erstrecken sich rechter Hand regelrechte Sanddornplantagen, die umzäunt sind, die Zäune sehen allerdings aus, als würden die Plantagen nicht mehr betrieben.

Zweimal kamen wir nach **Kammerode**, einmal zu Fuß, einmal mit dem Rad. Jedes Mal begrüßten uns Hundegebell und Hahnenschrei. Und da zu glücklichen Hähnen immer auch Hennen gehören, fiel uns sofort ein Wunder ein:

Exkurs: Das Hühnerwunder des hl. Jakobus

»Das Wunder des Gehängten oder das Hühnermirakel ist zweifelsohne die meistverbreitete Legende auf dem Jakobusweg nach Santiago de Compostela. Die älteste Version des Mirakels, die auch in der Legenda aurea erzählt wird, spielt sich im Jahre 1080 in der Gegend von Toulouse ab. In späteren Versionen wurde die Handlung nach Santo Domingo de la Calzada verlegt und von dort aus aufgrund des spektakulären Hühnerkäfigs der dortigen Kirche in ganz Europa verbreitet. Nach der ersten Version übernachteten zwei deutsche Pilger, Vater und Sohn, auf dem Weg nach Santiago in einer Herberge in Toulouse. Der habgierige Wirt erstrebte ihr Geld und steckte deshalb nachts einen Pokal in den Ranzen des Sohnes. Anschließend verklagte er die Gäste wegen Diebstahls. Der Sohn wurde aufgrund des gefundenen Gegenstandes als Dieb überführt. Er wurde sofort gehängt. Der Vater reiste weiter nach Santiago de Compostela und kehrte 36 Tage später wieder nach Toulouse zurück. Als er die Stelle, an der sein Sohn gehängt wurde, erreichte, sah er, dass sein Sohn noch lebte, da er – wie der Sohn dem Vater mitteilte – in die Obhut des hl. Jakobus gelangt war. Als der Vater dies hörte, verlangte er von dem Richter die Freilassung seines Sohnes. Der Richter, der am Mittagstisch verweilte, verspottete den Vater und sprach: ›Euer Sohn ist so lebendig wie die gebratenen Hühner auf meinem Tisch.‹ Dann geschah der Legende nach das Hühnerwunder: Der Hahn und die Henne flogen unversehrt vom Tisch auf. Als der Richter das Wunder sah, eilte er zum Galgen, befreite den unschuldigen Sohn und ließ den Wirt hängen.«

Lajos Kukucs, Der mittelalterliche Jakobuskult in Ungarn, in: Der Jakobuskult in Ostmitteleuropa

Da Kammerode mit seinen etwa 50 Einwohnern an einem Mangel an Sehenswürdigkeiten leidet, soll hier wenigstens das pyramidenförmige Gefallenendenkmal aus gemauerten Feldsteinen erwähnt werden, dass an die im Ersten Weltkrieg umgekommenen Kammeroder erinnert. Auf der Kammeroder Straße von Petzow kommend, fällt unser Blick sowieso auf das Denkmal, das an einer platzartigen Erweiterung der Kreisstraße steht. Hier nun weichen wir von der auf der Webseite www.deutsche-jakobswege.de/brandenburgische-jakobswege.html dargestellten Wegeführung ab. Wir raten jedem Pilger, bis zur Ausschilderung dieses Jakobsweges uns zu folgen – der Weg auf der Webseite ist nämlich in realiter unübersichtlich und nur mit der Wünschelroute zu finden, und ein ortskundiger Einheimischer versicherte uns, er selbst würde Tage brauchen, um so nach Lehnin zu gelangen. Das ist zweifellos übertrieben, doch da wir nicht auf Wunder hoffen, nehmen wir die gering befahrene Kreisstraße in nördliche Richtung unter die Sohlen, bis wir die L 90 erreichen. Dort gehen wir ca. 300 m nach links und sehen auf der gegenüberliegenden (der rechten) Straßenseite ein Wildtor. Dieses öffnen wir – sollte es verschlossen sein, muss man den Weg benutzen, der gegenüber der von Kammerode kommenden Straße in den Wald führt. Wer das Wildtor offen findet, kann nun durch den Wald direkt zum Kammeroder Weg nach Bliesendorf wandern, im zweiten Fall gelangt man zur Poststraße und auf dieser nach links auch zum Zwischenziel **Bliesendorf**.

Der Ortsteil der Stadt Werder wurde 1236 erstmals erwähnt, feierte also vor wenigen Jahren sein 780. Ortsjubiläum. Wandern unter kulturhistorischen Aspekten ist dem Bliesendorfer Ortsvorstand sehr wichtig: Neben dem Jakobsweg bildet der Zisterzienserweg von Kloster Lehnin bis nach Berlin-Düppel (via Ferch, Wilhelmshorst, Bergholz) reizvolle Wandermöglichkeiten.

Kloster Lehnin: Kreuzgang

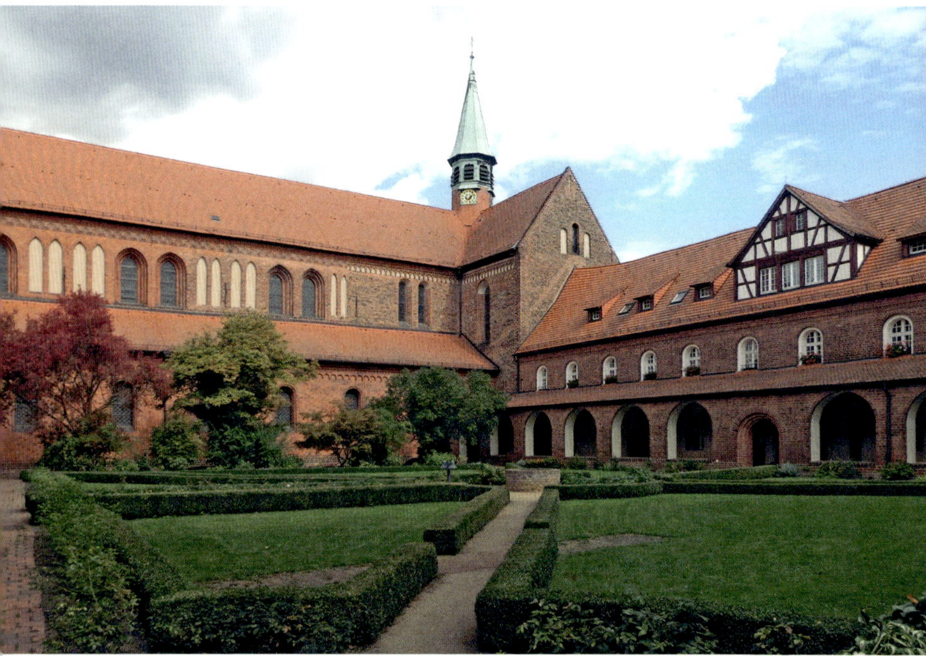

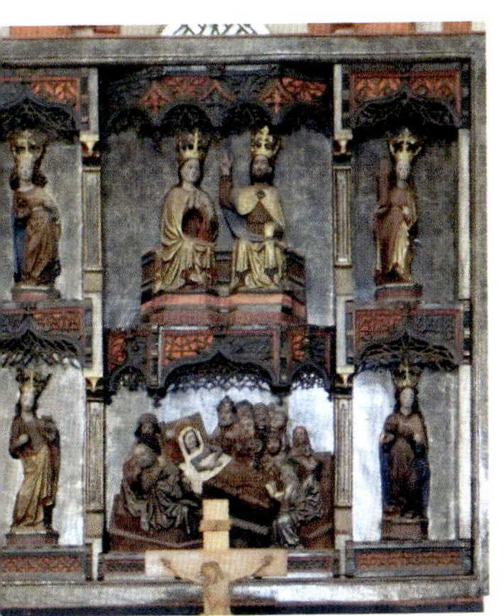
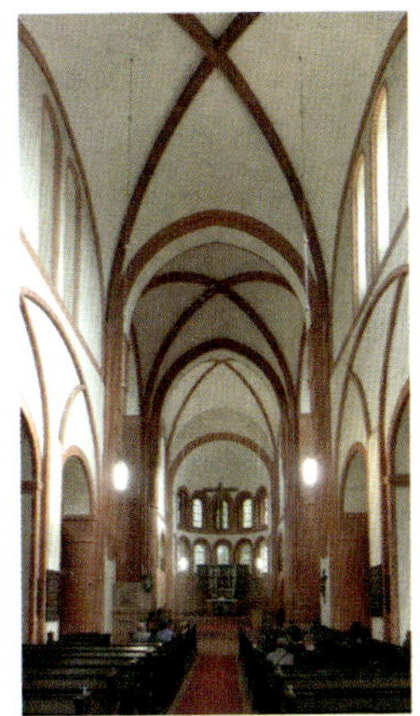
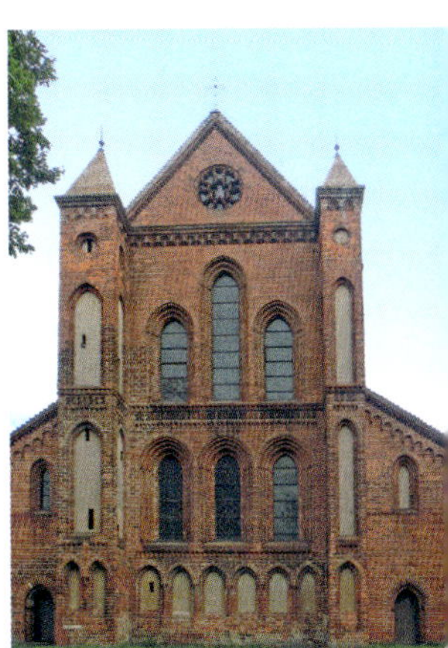

Klosterkirche Lehnin: Altar (li.), Blick in den Chor (Mi.), Chorgiebel

Den Mittelpunkt des Angerdorfes bildet die Dorfkirche, die 1847/48 im uns schon bekannten Rundbogenstil errichtet wurde, und zwar unter Verwendung von Teilen einer Vorgängerkirche aus den Jahren um 1727. Es handelt sich um einen schlichten Putzbau, der von einem Turm aus gelben Ziegeln und mit achteckigem Spitzhelm überragt wird. Sehenswert ist auch das Pfarrhaus (1912) neben Kirche und Gottesacker, das wie die Kirche unter Denkmalschutz steht.

Der Weg von Bliesendorf nach Kloster Lehnin ist ausgeschildert (wenn auch nicht als Jakobsweg), kann also nicht verfehlt werden. Er beginnt als Asphaltweg und wird dann zu einem breiten Sandweg durch das Lehniner Wald- und Seengebiet, und wer im August oder September unterwegs ist, kann an freien Stellen in diesem Waldreservoir die Heide blühen sehen. Wir kommen in ca. 350 m Entfernung am Kolpinsee vorbei, in dem man ein erfrischendes Bad nehmen kann, und erreichen schließlich den Klosterort Lehnin.

Das **Kloster Lehnin** ist wie jenes in Chorin eines der markanten Baudenkmäler des Landes Brandenburg. Es wurde 1180 vom askanischen Markgrafen Otto I. als erstes Zisterzienserkloster der Markgrafschaft und als Hauskloster der Askanier gestiftet und mit Mönchen aus Sittichenbach besetzt; in den Jahren zwischen 1190 und 1260 (Ungefährangaben) wurden die Klostergebäude errichtet. Von Lehnin aus wurden noch im 13. Jahrhundert Filialen gegründet, darunter auch Kloster Chorin.

Die slawische Bevölkerung soll sich gegen die Klostergründung und die Christianisierung zur Wehr gesetzt und den ersten Abt Siebold bald nach 1180 getötet haben, wobei ihn die Legende häufig als Wüstling und Weiberhelden schildert – aber das ist vielleicht auch nur Propaganda. In seinem Roman »Die Hosen des Herrn von Bredow«, wohl seinem bekanntesten Werk, schildert der märkische Schriftsteller Willibald Alexis (1798–1871) die für Zisterzienserabteien typische abgeschiedene Lage so: »Sie (Jürgen von Bredow und sein Knecht Ruprecht – F. G.) waren aus dem Dickicht des Waldes in die sumpfige Niederung hinabgestiegen, die sich in weitem Halbkreis um Ort und Kloster Lehnin fortzog. Hier war kein Steg, kein Pfad zu sehen. Nur Elsenbüsche, verräterisches Schilf und offene Lachen.« Und Ruprecht erzählt dann auch die Geschichte vom Abt Siebold: »Einst kam er in Namitz in eines Fischers Haus. Die junge Frau, die gerade backte, kriegt einen Schreck und wusste sich nicht anders zu verstecken, als dass sie unter den Backtrog kroch. Als der Abt sie nicht sah, setzte er sich auf den Trog und wollte warten, bis sie käme. Doch ihre kleine Tochter lief erschrocken aufs Feld und schrie: ›Vater! Der Abt sitzt auf der Mutter!‹« Und so nahm das Verhängnis seinen Lauf, den der Abt nicht überlebte. Nach Namitz – heute Nahmitz – werden auch wir kommen, aber in Fischerhütten kehren wir nicht ein.

Das Kloster Lehnin erlebte jedenfalls als Hauskloster und Grablege der Askanier und später der Hohenzollern eine enorme Blüte und wurde reich. Dann kam die Reformation ins Land. 1542 wurde Kloster Lehnin säkularisiert, seine weitläufigen Besitzungen wurden zuerst kurfürstliches, dann königliches Domänengut. Teile der Klosteranlage verfielen. Mitte des 17. Jhs. ließ der Große Kurfürst die Ruine des Konversengebäudes zu einem Jagdschloss ausbauen, in der Jagdzeit kam also etwas Leben in die alten Mauern, und wahrscheinlich ist die Ansiedlung flämischer und französischer Kolonisten auf den »Hofbetrieb« zurückzuführen – so entstand der Ort Lehnin beim ehemaligen Kloster. Im 19. Jh. entdeckte die von der Romantik inspirierte Denkmalpflege auch das verfallende Kloster, und namhafte Architekten wie Persius und Stüler entwickelten Restaurierungspläne. 1871 wurde dann mit dem Wiederaufbau der Klosterkirche begonnen, 1877 wurde er abgeschlossen. Die im Kern spätromanisch-frühgotische Kirche ist denn auch das bedeutendste Bauwerk des gesamten Ensembles, aber auch andere Teile der Klosteranlage laden zur Besichtigung ein: die Reste der Klausur, die Ruine des Kornhauses aus dem 14. Jh., das sogenannte Abtshaus, das Königs- und das Amtshaus, die gut erhaltene Klostermauer mit dem Wartturm. Heute beherbergt die Klosteranlage das von Diakonissen betriebene Luise-Henrietten-Stift (seit 1911), während die Klosterkirche als evangelische Pfarrkirche dient.

Entfernung Potsdam Hbf → Klosterkirche Lehnin: ca. 22 km

- Agentur für Tourismus – Touristinfo Lehnin, Markgrafenplatz 1, 14797 Kloster Lehnin, OT Lehnin, Tel.: 03382/236 38 99
- Gaststätte Baumgartenbrück, Baumgartenbrück 4, 14548 Schwielowsee, OT Geltow, Tel.: 03327/552 11
- Orangerie im Sanddorn-Garten Petzow (Sanddorn-Küche), Fercher Str. 60, 14542 Werder (Havel), OT Petzow, Tel.: 03327/469 10
- Fontaneklause Petzow, Zelter Str. 2, 14542 Werder (Havel), OT Petzow, durchgehend warme Küche, Tel.: 03327/423 44
- Hotel-Restaurant Markgraf, Friedensstr. 13, 14797 Kloster Lehnin, OT Lehnin, Tel.: 03382/76 50, auch
- Campingplatz Himmelreich Caputh, Wentorfinsel 38, 14548 Schwielowsee, OT Caputh, Tel.: 033209/704 75, auch
- Pension Himmelreich, Wentorfinsel 1, 14548 Schwielowsee, OT Caputh, Tel.: 033209/88 43 06
- Resort Schwielowsee, Am Schwielowsee 117, 14542 Werder (Havel), Tel.: 03327/569 60, auch
- Gästehaus Kastanienhof, Kammerode 11, 14548 Schwielowsee OT Ferch/Kammerode, Tel.: 033209/210 89
- Unterkunft für Pilger im Zentrum Kloster Lehnin, Klosterkirchplatz 13, 14797 Kloster Lehnin, Tel.: 03382/70 33 21
- Gästehaus am Klostersee, Am Klostersee 12 b, 14797 Kloster Lehnin, OT Lehnin, Tel.: 03382/73 41 00
- Schwielowsee, Museum der Havelländischen Künstlerkolonie in Ferch, Klosterensemble Lehnin.
- Dorfkirche Petzow, Kirche/Turm, Tel.: 033841/914 42
- Dorfkirche Bliesendorf, c/o Evangelisches Pfarramt Bliesendorf, Pfarrer Dr. Andreas Uecker, Bliesendorfer Dorfstr. 18, 14542 Werder (Havel), OT Bliesendorf, Tel.: 03327/427 00
- Klosterkirche Lehnin, https://www.klosterkirche-lehnin.de/
- Heimatmuseum Petzow im Waschhaus am Haussee, Fercher Str. 50 b, 14542 Werder (Havel), OT Petzow, Sonderöffnungen/Führungen: Tel.: 03327/66 83 79
- Zisterziensermuseum im Amtshaus Kloster Lehnin, Anfragen u. Anmeldung v. Führungen: Zisterzienserkloster Lehnin, Besucherdienst/Museumsleitung, Klosterkirchplatz 4, 14797 Kloster Lehnin, OT Lehnin, Tel.: 03382/76 88 41
- Potsdam: IC, RE1, RB20, RB21, RB22, S7, diverse Straßenbahnen und Busse
  Petzow: Bus 607
  Kloster Lehnin: Bus 554 (als Rufbus unter 0331/749 14 00)
- Durchgehend befahrbar, teilweise ausgebaute Radwege, aber auch Feld- und Waldwege.

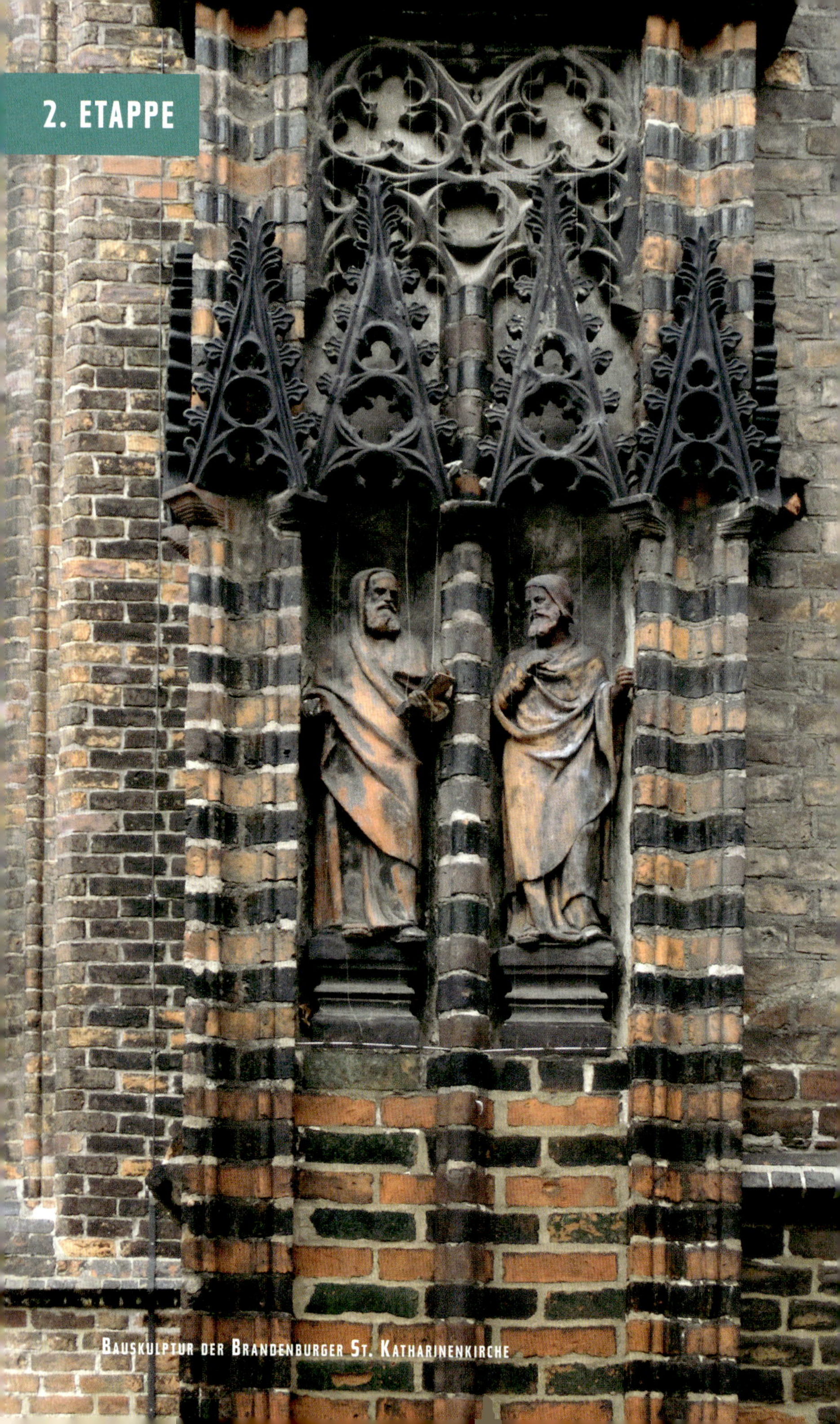

2. ETAPPE

Bauskulptur der Brandenburger St. Katharinenkirche

VON KLOSTER LEHNIN NACH BRANDENBURG/HAVEL

Ausgangspunkt: Kloster Lehnin
Zielpunkt: Dom zu Brandenburg/Havel

Der Wanderweg von Lehnin nach Nahmitz ist ausgeschildert: Er beginnt auf dem Klostergelände und führt durch eine Allee zum Emsterkanal und dann weiter zur Landesstraße L 88. Auf dieser erreicht man dann relativ schnell das Dorf, in dem das Leben Abt Seibolds endete. Unser Weg ist der von Hans Mundt beschriebene; dieser führt von Brandenburg an der Havel »am Nordrand der Zauche am trocknen Talhang entlang auf Prützke, Netzen und Nahmitz zu und war damit auch der älteste Weg nach dem 1180 gegründeten Lehnin«. Wir benutzen ihn eben nur in entgegengesetzter Richtung.

Nahmitz, gelegen am nordwestlichen Ufer des Klostersees und am Emsterkanal, geht auf eine wendische Besiedlung zurück, von deren Existenz noch ein Burgwall am Netzener See zeugt; auch der Name ist slawisch. Der Ort wurde 1193 erstmals erwähnt. Fischerei und Holzwirtschaft bildeten die wichtigsten Einnahmequellen, mit dem Bau des Emsterkanals, der den Klostersee mit der Havel verbindet, kamen im 19. Jh. Schifffahrt, Holzflößerei und Ziegelherstellung hinzu. Die Dorfkirche stammt aus dem Jahre 1744; es handelt sich um einen verputzten, rechteckigen Saalbau mit einem verbretterten, quadratischen Turm.

Durch die Alte Göhlsdorfer Straße und Ausbau führt der Rundweg Netzener See, der auch mit einem gelben Punkt gekennzeichnet ist und dem wir

Dorfkirche Nahmitz (li.), auf den Salzwiesen am Netzener See

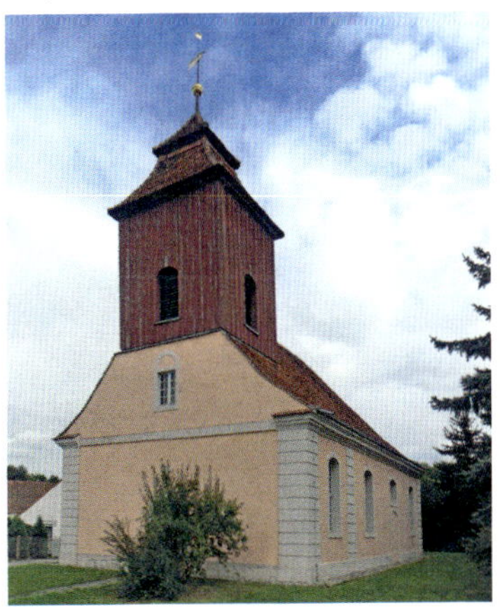

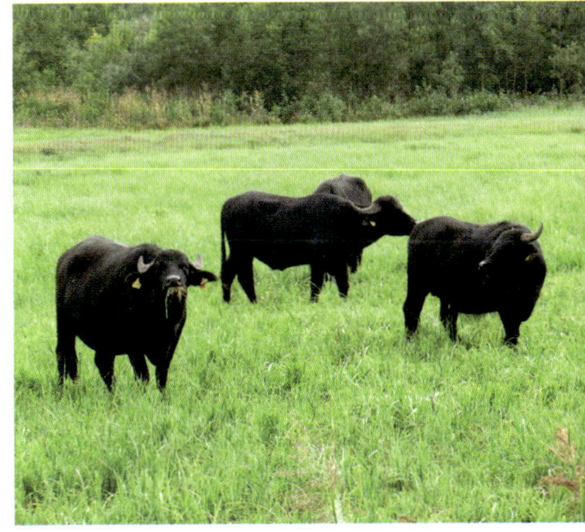

folgen. Zuerst geht es zur Wochenendsiedlung Trechwitzer Berg und dann immer weiter am östlichen Seeufer entlang, wobei wir aber nie direkt an den See gelangen. Wir erreichen dann aber die reizvolle Landschaft der sogenannten Binnensalzstellen. Auf einer Schautafel des Landesumweltamtes Brandenburg heißt es dazu: »Am Netzener See befindet sich eine der am besten ausgebildeten Salzstellen Brandenburgs. Auffälligster Anzeiger ist der dunkelgrüne Bestände entwickelnde Strand-Dreizack. Salz-Hornklee und Sumpf-Knabenkraut können während der Blütezeit auch Nicht-Botaniker leicht erkennen. Auf den im Winter-Halbjahr überfluteten Wiesen wachsen im Sommer große Bestände des Strand-Milchkraut, der Salz-Binse und der Salz-Teichsimse.« Und zur Geschichte der Gegend heißt es: »Das sumpfige und seenreiche Niederungsland zwischen Lehnin im Süden und Gollwitz im Norden ist heute durch den Emsterkanal mit der Havel verbunden. Ziegeleibesitzer machten von 1866 bis 1872 die Emstergewässer schiffbar, um den Transport von Frachten zu erleichtern. Damals wie heute werden die Wasserstände im Emsterkanal, im Rietzer See, im Netzener See und im Klostersee durch Stauanlagen am Mühlendamm in Brandenburg beeinflusst. Die erste Mühle wurde dort 1173, also noch vor der Gründung des Klosters Lehnin, urkundlich erwähnt.«

In diesen grundwassernahen Niederungen steht das Wasser oft bis zu neun Monaten auf den Wiesen oder sehr dicht unter ihrer Oberfläche. Auf den nassen Salzwiesen weiden vor allem Wasserbüffel. Es ist eine sehr weite und flache Landschaft unter hohen Himmeln, manchmal mit dramatischen Wolkengebirgen.

Vom Weg in den Ort Netzen empfehlen wir einen Abstecher zum Strengsee, der ab 1990 durch das Beenden von Entwässerungsmaßnahmen entstand. Seltene und geschützte Vogelarten leben hier, es gibt einen Vogelbeobachtungsturm des NABU.

Knapp 600 Menschen leben in dem 1190 erstmals erwähnten Dorf **Netzen**, das von 1190 bis 1241 dem Domkapitel Brandenburg, dann bis zu seiner Aufhebung dem Kloster Lehnin gehörte. Neben der Landwirtschaft und Fischerei gab es um 1850 auch eine Ziegelproduktion, deren Erzeugnisse bis Berlin und Hamburg verschifft wurden und die dem Ort einen bescheidenen Aufschwung brachte. In dem Erholungsort am See gibt es ein Hotel mit Bootsverleih, das auch Dampfertouren anbietet. Die Netzener Kirche ist ein ungewöhnliches Bauwerk aus Mischmauerwerk, das teilweise sichtbar, teilweise verschiedenfarbig verputzt ist: Der Backsteinbau stammt im Kern aus der Zeit um 1400, wurde dann im 18. Jh. nach Osten verlängert und mit Putz versehen, nach der jüngst erfolgten Sanierung hat dieser eine helle rote Farbe erhalten. Der Turm wurde um 1500 im Untergeschoss aus Feldsteinen errichtet, die darüber liegenden Stockwerke als Fachwerk haben einen weißen Putz er-

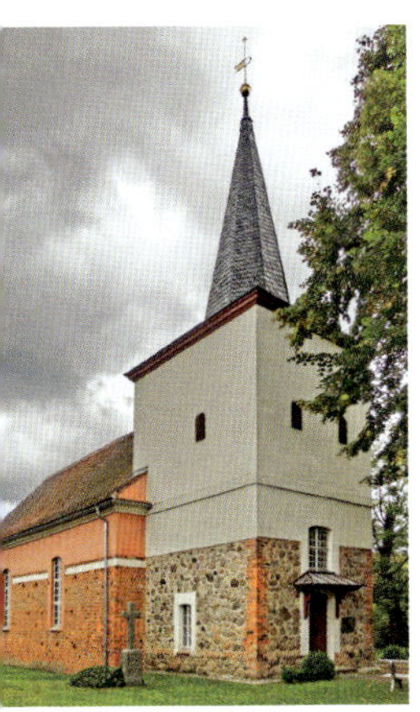
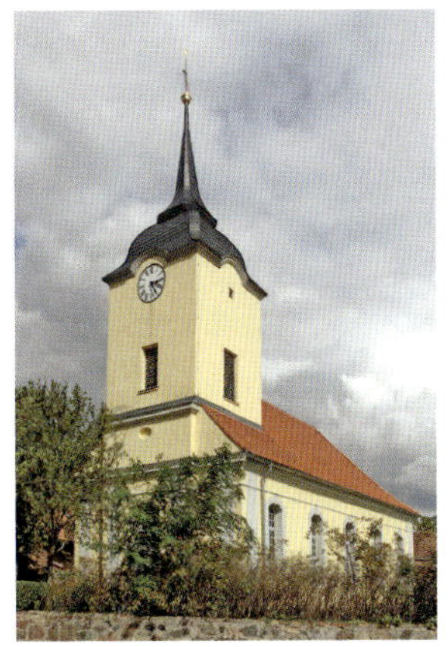
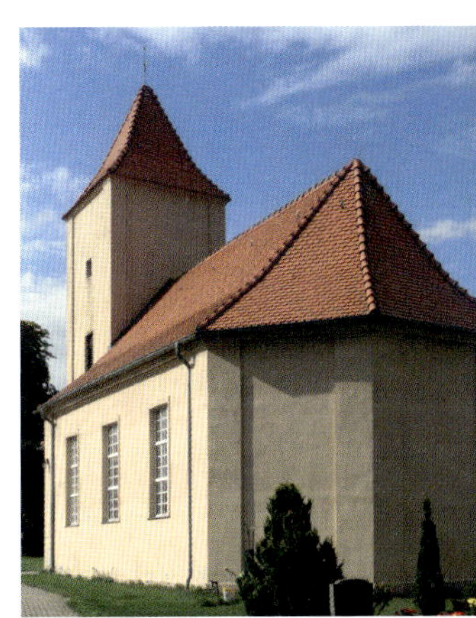

Die Dorfkirchen von Netzen (li.), Prützke (Mi.) und Rietz

halten, die Krönung des Turmes ist eine polygonale Schieferspitze. Kurz und gut, dieses Kirchlein ist eine wahre Augenweide.

Von der Kirche in der Dorfstraße müssen wir ein paar Schritte zurückgehen in die Richtung, aus der wir gekommen sind, und in die Straße zum Kombinat einbiegen. Sie führt zu den Stallungen der Agrargenossenschaft Emster-Land, die gemischte Landwirtschaft betreibt, wozu auch das Halten von Rindern gehört – was wir bereits beim Betreten des Dorfes gerochen haben, bestätigt sich nun.

Aus der Straße zum Kombinat wird ein breiter Landweg, auf dem wir durch eine von vielen Entwässerungskanälen durchzogene weite Weidelandschaft nach **Prützke** wandern, einem Dorf mit etwas über 500 Einwohnern. Ende des 12. Jhs. erstmals erwähnt, war es ein reines Bauerndorf, dann zog die Industrialisierung im 19. Jh. immer mehr Menschen in die Stadt Brandenburg – zumindest zur Arbeit, aber auch zum Leben. Die Saalkirche des Dorfes mit den fünf Stichbogenfenstern auf jeder Seite stammt von 1747, bemerkenswert ist die geschweifte Haube.

Auf der Kreisstraße wandern wir nach **Rietz**, einem 400-Seelen-Dorf, keine 2 km von Prützke entfernt. Der 1273 ersterwähnte Ort liegt am Europäischen Vogelschutzgebiet Rietzer See, wo bereits über 270 Vogelarten gesichtet worden sind. Bemerkenswert ist die hiesige Tradition des ältesten noch existierenden Scheppervereins Brandenburgs, der 1780 gegründet wurde und über den die Berliner Zeitung vom 15./16. Februar 2014 unter der Überschrift »Das Dorf der Totengräber« berichtete: »Schepper kommt aus dem Altniedersächsischen und bedeutet Schiffer. Die Männer (die Mitglieder des Vereins sind, fast die Hälfte der Einwohner – F. G.) haben die Aufgabe, verstorbene Vereinsmitglieder in Rietz unter die Erde zu bringen.« Dazu gehöre, das Grab

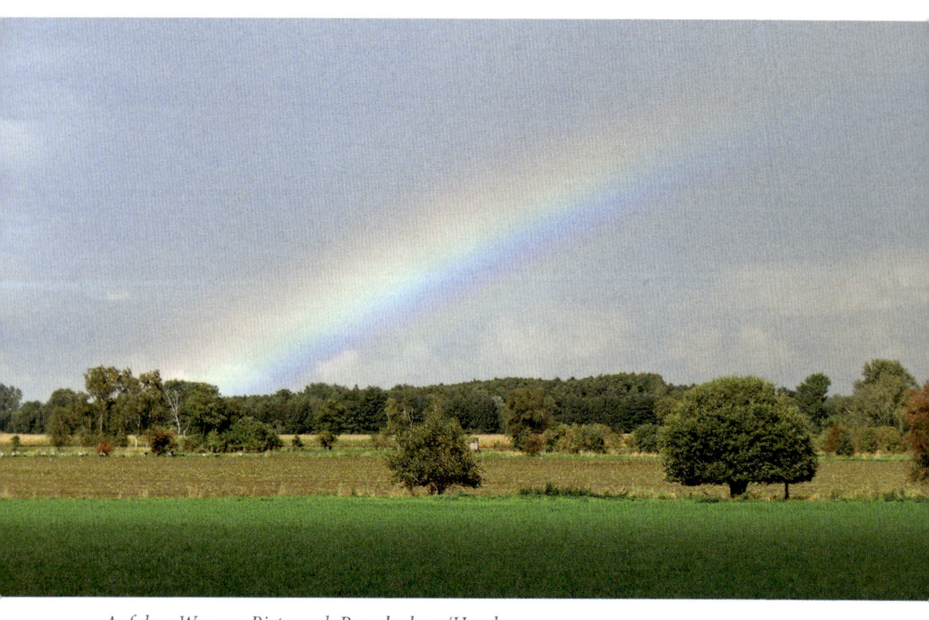

Auf dem Weg von Rietz nach Brandenburg/Havel

auszuheben, die Urne zu tragen und das Grab wieder zu schließen. Die Existenz des Scheppervereins verdankt sich dem Umstand, dass im 18. Jh. viele Hiesige von der Schifffahrt lebten. Eine weitere Tradition ist der Schepperball, der in der Regel am zweiten Januarsonntag stattfindet und bei dem auch ein Kahnmodell aus dem Jahre 1859 zum Einsatz kommt. Die schlichte Rietzer Dorfkirche wurde 1790 erbaut.

Für den weiteren Weg gibt es zwei Möglichkeiten. Auf der Webseite *www.deutsche-jakobswege.de* wird der Vorschlag unterbreitet, nach dem Friedhof und der Bushaltestelle geradeaus durch die Rietzer Dorfstraße weiterzugehen, d. h. der Kreisstraße nicht nach links zu folgen, und so durch eine flache Wiesen- und Ackerlandschaft nahe am Emsterkanal nach **Wust** zu wandern (ggf. auch zu radeln). Hier gibt es keinerlei Ausschilderung, sodass man sehr aufpassen muss; wichtig ist vor allem, sich bei der Weggabelung ca. 750 m nach dem Ortsende nach links zu halten. Von Wust erreicht man dann unkompliziert die Stadt Brandenburg.

Die Alternative wäre die Benutzung der insbesondere am Wochenende wenig befahrenen Asphaltstraße nach Schmerzke, um von dort auf einem die vielbefahrene B 102 begleitenden Fuß- und Radweg ebenfalls in die Havelstadt zu gelangen. Bei dieser Variante kommt man am Landschaftsgarten Rietzer Berg vorbei, wo man die Entstehung eines Waldgartens erleben und Landart bewundern kann.

Entfernung Klosterkirche Lehnin→ Dorfkirche Rietz: ca. 17,5 km

Entfernung Dorfkirche Rietz→ Dom Brandenburg: ca. 10 km via Wust, ca. 8,5 km via Schmerzke

Entfernung Klosterkirche Lehnin→ Dom Brandenburg: ca. 26–27,5 km

- Touristinformation Brandenburg an der Havel, Neustädtischer Markt 3, 14776 Brandenburg/Havel, Tel.: 03381/79 63 60
- Zu Brandenburg a. d. Havel siehe die Touristeninformation sowie das Internet. Hier nur die Einkehr- und Übernachtungsmöglichkeiten am Weg von Lehnin nach Brandenburg.
- Nahmitz-Stübchen, Dorfstr. 22, 14797 Kloster Lehnin, OT Nahmitz, Tel.: 03382/700 104
- Hafen Nahmitz, Dorfstr. 62a, 14797 Kloster Lehnin, OT Nahmitz Tel.: 03382/74 19 51
- Pension Klause am See (Nahmitz/Trechwitz), Zum Trechwitzer Berg 68, 17497 Kloster Lehnin, Tel.: 03382/71 03, auch Camping und
- Hotel Restaurant Seehof Netzen, Am See 51, 14797 Kloster Lehnin OT Netzen, Tel.: 03382/76 70, auch
- Sommermusiken in der Klosterkirche und Floßfest Lehnin, Salzwiesen, Schepperball in Rietz, Dombezirk und historische Stadtkerne von Brandenburg/Havel, Kirchen in Brandenburg, Theaterfestival Brandenburger Klostersommer.
- Landschaftsgarten Rietzer Berg. Land Art/Bödekers Unendlichkeit, Rietzer Berg Landschaft und Kunst Verein.
- Für die Dorfkirchen Nahmitz, Netzen und Prützke ist das Pfarramt in Netzen zuständig: Pfarrer Anselm Babin, Netzener Dorfstr. 12, 14797 Kloster Lehnin, OT Netzen, Tel.: 03382/872. Es sind keine »offiziellen« Offenen Kirchen.
- Dorfkirche Rietz, Anmeldung im Pfarramt Treuenbrietzen, Großstr. 48, Tel.: 033748/701 65
- Dom zu Brandenburg, https://www.dom-brandenburg.de/ (Eintritt, der auch zum Besuch des Dommuseums berechtigt)
- St. Gotthardt Brandenburg (mit Turmbesteigung und Loriot-Ausstellung), https://gotthardtkirche.de/gemeindeleben.html
- St. Katharinen Brandenburg, https://www.ekmb.de/brandenburg-sankt-katharinen/
- Kath. Pfarrkirche St. Nikolaikirche, Anmeldung über Pfarrei bei Pfarrer Matthias Patzelt, Neustädtische Heidestr. 25, Tel.: 03381/28 09 42
- Feuerwehrausstellung im Spritzenhaus Nahmitz, Dorfstr./Alte Göhlsdorfer Str., 14797 Kloster Lehnin, OT Nahmitz, Tel.: 03382/70 26 12
- Stadtmuseum Brandenburg, Museum im Frey-Haus, Ritterstr. 96, 14770 Brandenburg/Havel, Tel.: 03381/58 45 01
- Stadtmuseum Brandenburg, Museum im Steintorturm (Geschichte der Havelschifffahrt), Steinstraße, 14776 Brandenburg/Havel, Tel.: 03381/58 45 01
- Dommuseum Brandenburg, geöffnet wie Dom
- Archäologisches Landesmuseum im Paulikloster, Neustädtische Heidestr. 28, 14776 Brandenburg/ Tel.: 03381/410 41 12

Industriemuseum Brandenburg, August-Sonntag-Str. 5, 14776 Brandenburg/Havel, Tel.: 03381/30 46 46

Straßenbahnmuseum Brandenburg im Alten Straßenbahndepot, Bauhofstr. 2–4, 14776 Brandenburg/Havel, Tel.: Voranmeldung unter 0175/162 69 05

Brandenburg/Havel: RE1, diverse Straßenbahnen und Busse

Durchgehend befahrbar, teilweise asphaltierte Straßen/Wege, Feldweg bei Variante über Wust.

Brandenburg an der Havel

Die Stadt, die 2015 einer der Standorte der Bundesgartenschau war und zugleich 850 Jahre Dom feierte, war einst eine der bedeutendsten Städte östlich der Elbe, wenn nicht gar die bedeutendste – immerhin gab sie der Mark Brandenburg ihren Namen. Der Gewässerreichtum der Gegend zog bereits Jäger und Sammler der Steinzeit an, später siedelten hier bis zur Völkerwanderung germanische Stämme. Dem folgte um 500 u. Z. die Besiedlung durch Slawen, genauer: durch Heveller, denen die Havel ihren Namen verdankt. Auf der

Das Paulikloster in Brandenburg/Havel

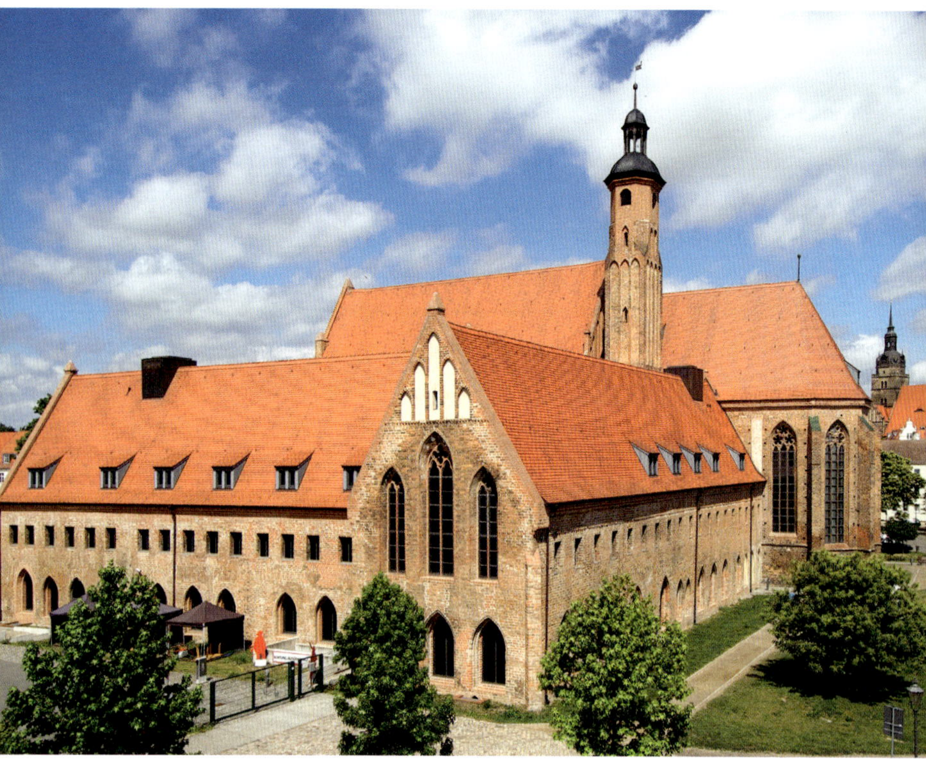

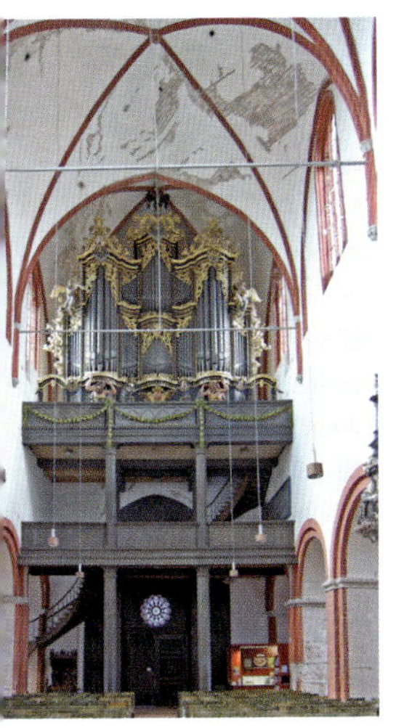
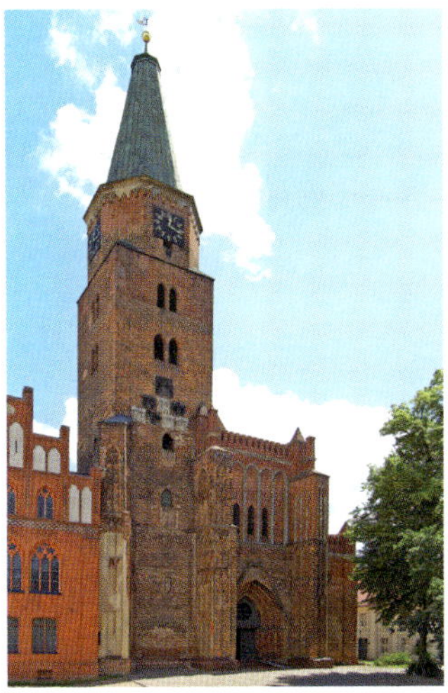
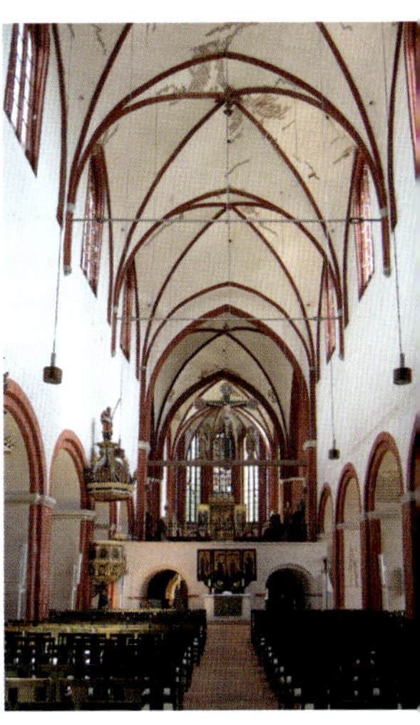

Dom zu Brandenburg: Langhaus (li. + re.), Westturm (Mi.)

heutigen Dominsel entstand eine Siedlung, die sich allmählich zum Hauptort und zur Fürstenresidenz der Heveller entwickelte; es entstand eine Burg, die Brennaburg. Oder Brendanburg, wie sie in der Gründungsurkunde des Bistums genannt wird.

König Heinrich I. eroberte sie 928/29, sein Nachfolger Otto I. unterzeichnete am 1. Oktober 948 die Gründungsurkunde des Bistums, die im Dommuseum betrachtet werden kann. Doch die Slawen wehrten sich gegen die Christianisierung mit einem großen Aufstand im Jahre 983. Der letzte Hevellerfürst, Pribislav, jedoch trat zum Christentum über und unterwarf sich der Lehnshoheit des deutschen Herrschers. Kinderlos, setzte er den Askanier Albrecht den Bären als Nachfolger ein. 1157 übernimmt dieser die Macht im Lande und nennt sich Markgraf von Brandenburg. Im Suburbium Parduin – der späteren Altstadt – wird mit dem Bau einer Kirche begonnen, St. Godehard/Gotthardt, 1161 wird sie für vier Jahre zur Kathedrale, und ein Prämonstratenserkonvent wird als Domkapitel installiert. Bereits 1165 zieht das Domkapitel auf die Burginsel, dort entsteht der Dom, während St. Gotthardt Pfarrkirche der Altstadt wird.

Die Altstadt **Brandenburg** taucht 1170 erstmals in einer Urkunde auf, 1196 wird die Neustadt das erste Mal genannt: Die Markgrafen Otto II. und Albrecht waren ihre Gründer. Die Dreiteilung der Stadt – Alt- und Neustadt Brandenburg, Dombezirk – blieb über die Jahrhunderte erhalten, wenn auch die beiden Städte oft gemeinsam handelten und es ab 1360 ein gemeinsames Rathaus auf der Langen Brücke gab. 1715 wurden sie durch das sogenannte Kombinationsreglement vereinigt, erst 1929 wird die Domgemeinde einge-

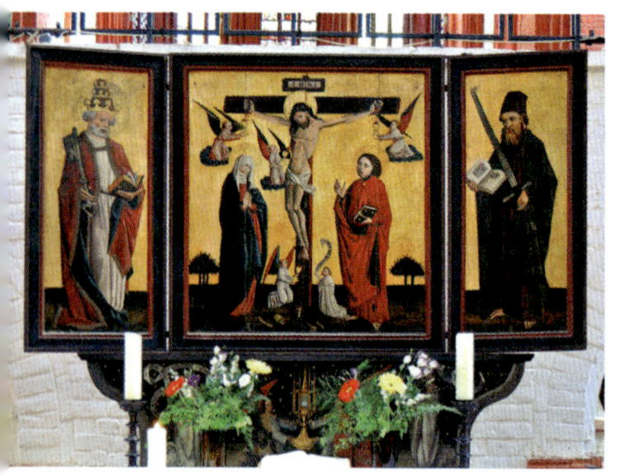

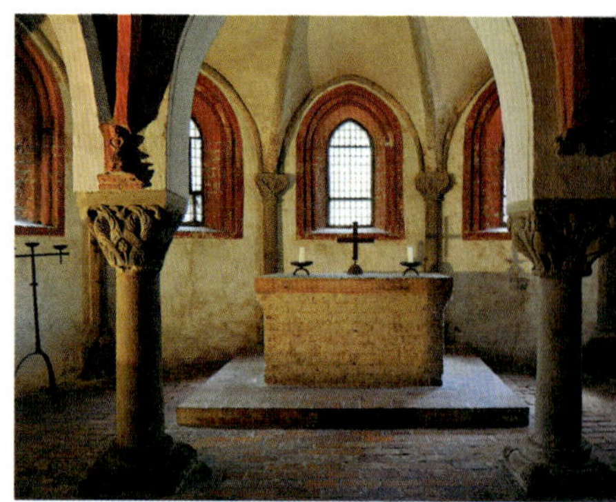

Dom zu Brandenburg: Kreuzigungsaltar um 1500 (li.), Krypta

gliedert, Plaue und Kirchmöser werden 1952 eingemeindet.

Brandenburg war natürlich vor allem als Sitz eines Bischofs von Bedeutung, und das Bistum war sicherlich das wichtigste in der Mark. Aber auch als Handelsstädte konnten die Städte Brandenburg einen erheblichen Aufschwung verzeichnen, wobei die Lage an der Havel und deren Verbindung zur Elbe eine enorme Rolle spielte. In den Jahren 1314/15 traten beide Städte der Hanse bei, und sie gewannen immer mehr Rechte: 1474 wird der noch heute existierende Brandenburger Roland als Symbol der kommunalen Freiheiten auf dem Neustädtischen Markt aufgestellt (heute vor dem Altstädtischen Rathaus). Nach der Bildung des Deutschen Reiches 1871 setzte eine schwunghafte Industrialisierung ein, nachdem Brandenburg schon 1846 Anschluss an die Eisenbahn Berlin-Magdeburg erhalten hatte: Die Brennabor-Werke produzierten Fahrräder, Kinderwagen und später Automobile, eine Schiffswerft wurde gebaut, eine Eisengießerei, Fabriken für Kinderspielzeug aus Blech. Das Stahl- und Walzwerk entstand 1913 und wurde zur DDR-Zeit dann als VEB Stahl- und Walzwerk Brandenburg fast zum Synonym für die Stadt.

Es ist schwer, aus der Vielzahl sehenswerter Orte und Bauwerke in Brandenburg eine gerechte Auswahl zu treffen, wobei vor allem die große Zahl kirchlicher Bauwerke auffällt, die an die einstige Rolle der Stadt als geistliches, aber auch kulturelles Zentrum gemahnt. Es ist uns nicht möglich, auch nur ansatzweise die Schätze allein in den Kirchen darzustellen, und so sollen nur ein paar Highlights herausgehoben werden. Ein Rundgang sollte am Dom begonnen werden, in dem neben vielem anderen die Krypta Beachtung verdient, die mit je zwei großen Rundbögen mit den Schiffen verbunden ist, eine architektonische Besonderheit, wie wir sie im Backsteingebiet nur noch in Jerichow finden, unserem Pilgerziel. Aus dem Dommuseum soll wenigstens das herrliche Hungertuch erwähnt werden, eine um 1300 entstandene

Weißstickerei und das älteste Textil des Domschatzes, dann die Gründungsurkunde des Bistums sowie unter den Handschriften das Evangelistar vom Anfang des 13. Jhs. Vom Dom kann man in die Altstadt pilgern und dort St. Gotthardt in Augenschein nehmen, den Kirchturm besteigen, die schöne Tauffünte aus der Mitte des 13. Jhs. sowie den Einhornteppich bewundern, einen um 1463 entstandenen Wandteppich. Ein Muss ist das Altstädtische Rathaus, vor dem der Brandenburger Roland steht, und es lohnt sich auch, die wenig beachtete St. Nikolaikirche anzuschauen, einst Pfarrkirche der für Niederländer errichteten Siedlung Luckenberg, die 1249 nach der Altstadt eingemeindet wurde – St. Nikolai ist ein ziemlich rein erhaltenes spätromanisches Bauwerk. Beim Überschreiten der Jahrtausendbrücke fällt am Havelufer die Klosterkirche St. Johannis auf, eine inzwischen gesicherte Ruine, und in der Neustadt darf man St. Katharinen nicht versäumen. Baumeister dieses Gotteshauses war Hinrich Brunsberg, für uns ein alter Bekannter, war er doch auch an der Jakobikirche in Stettin und St. Stephan in Gartz/Oder beteiligt. Das viele Maßwerk am Außenbau ist eines seiner Charakteristika. Im Innern sollte man zumindest die Wand- und Gewölbemalereien aus dem 15. Jh. beachten. Im Paulikloster, das einst den Dominikanern gehörte, befindet sich heute das Archäologische Landesmuseum, außerdem sind noch Teile der Stadtmauer erhalten, darunter vier Tortürme (Steintor-, Mühlentor-, Rathenower und Plauer Torturm). Wie gesagt, dies ist nur eine Auswahl – möge sich jeder selbst ein Bild machen von den Reichtürmern dieser ebenso alten wie modernen Stadt.

Brandenburg/Havel: Plauer Torturm (li.), Johanniskirche (Mi.), Altstädter Rathaus

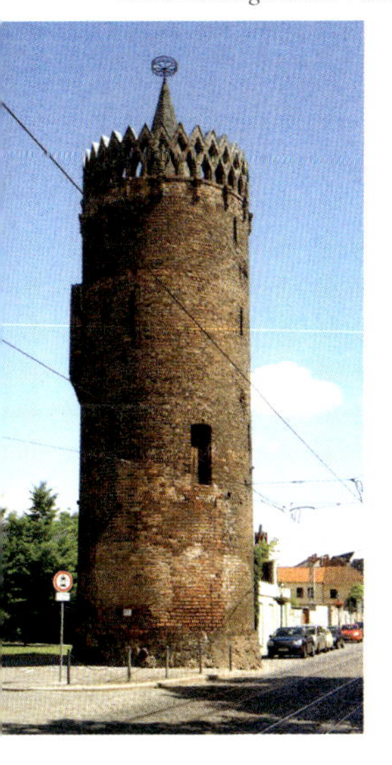

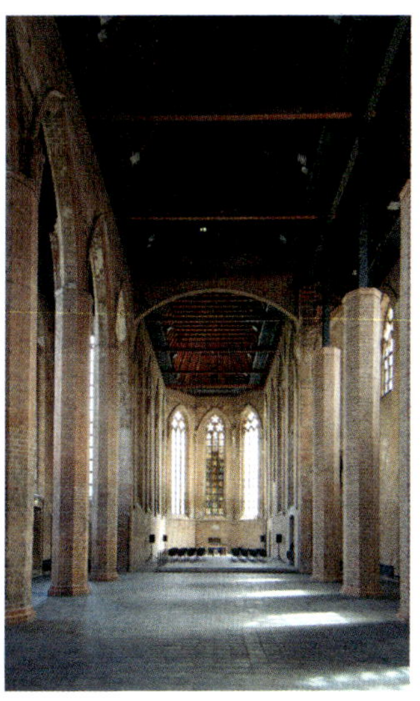

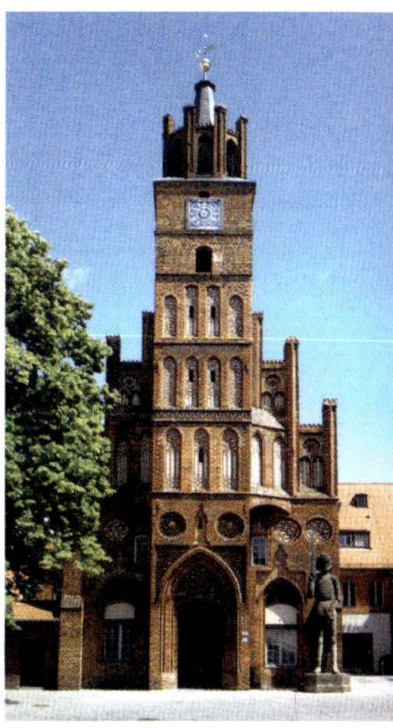

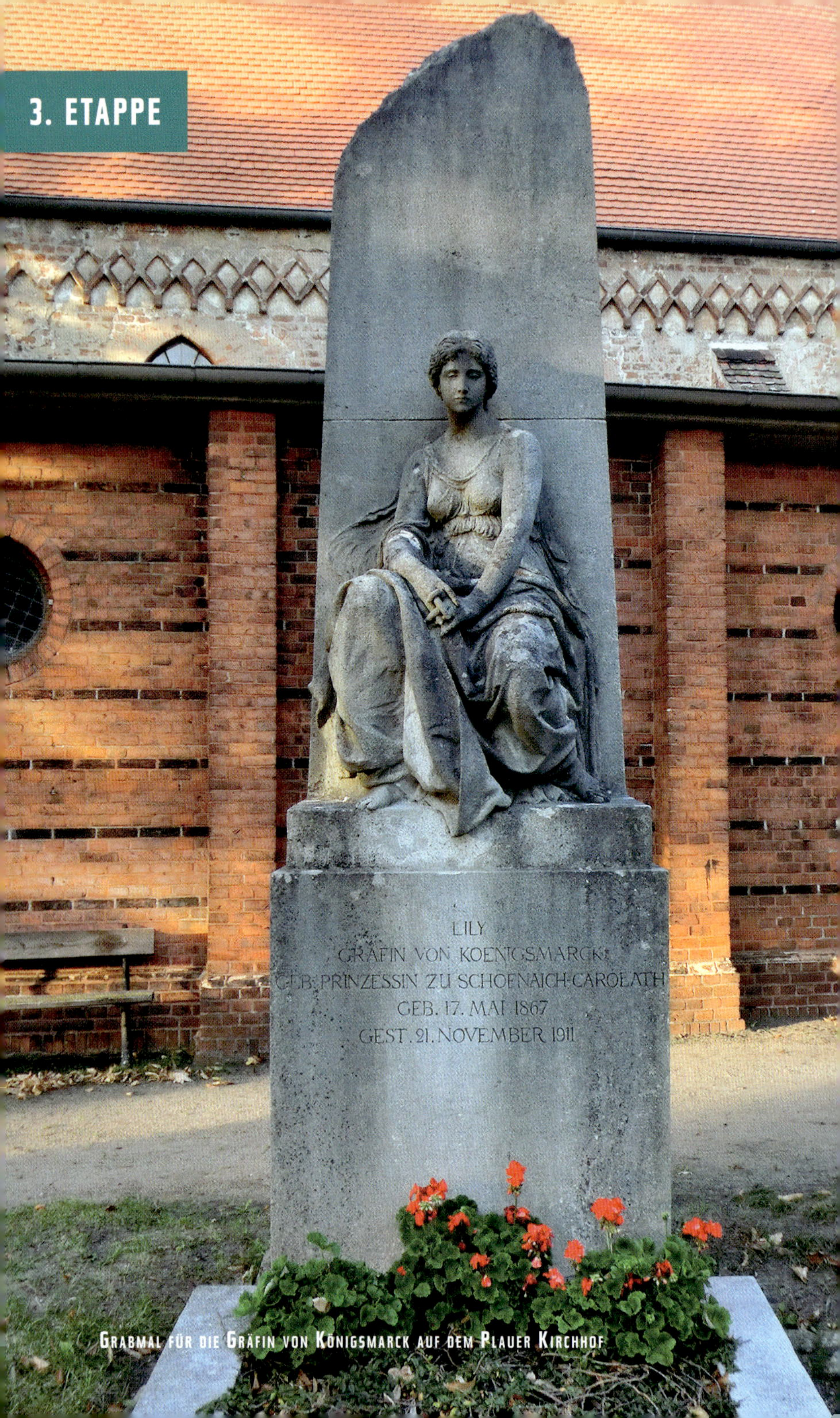

Grabmal für die Gräfin von Königsmarck auf dem Plauer Kirchhof

VON BRANDENBURG/HAVEL NACH JERICHOW

Ausgangspunkt: Dom zu Brandenburg/Havel
Zielpunkt: Klosterkirche Jerichow

Vom Dom wandern wir über den Mühlendamm zum Neustädter Markt, wobei wir am Mühlentorturm vorbeikommen. In der Steinstraße entdecken wir Wegweiser mit der Jakobsmuschel, hoffnungsvolle Zeichen für die Zukunft; wir werden jedoch diese Markierung erst in Sachsen-Anhalt wiederfinden. Beim Steintorturm wird aus der Stein-, die Jakobsstraße, die schnurstracks zum Jakobsgraben und zur Jakobskapelle führt. Sie gehörte zum 1349 erstmals erwähnten Jakobsspital, in dem sicher auch Pilger abstiegen, ohne dass der Name nun hundertprozentige Gewissheit verleiht, dass es auch Jakobspilger waren – wiewohl es sehr wahrscheinlich ist. Die Kapelle wird auch »verrückte Kapelle« genannt, weil sie 1892 aus verkehrstechnischen Gründen um 11 m nach Westen verschoben wurde. Die Gebäude des Spitals wurden 1898 abgebrochen.

Weiter geht es geradeaus auf der Wilhelmsdorfer Straße bis zur Brücke über die Plane, einen Nebenfluss der Havel, der zwei Kilometer westlich von Raben im Hohen Fläming entspringt. Wenige Meter nach der Planebrücke erreichen wir einen Bahnübergang; abweichend von der auf www.deutsche-jakobswege.de vorgeschlagenen Wegführung überqueren wir die Gleise nicht, sondern wir wandern rechts neben ihnen durch den Sandfurthweg (das ist ein Schotterweg mit teilweise großen Schlaglöchern, sollte dieser bei großer Trockenheit oder Nässe für Radfahrer nur schwer zu passieren sein, auf die Zies-

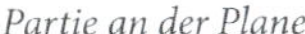
Partie an der Plane

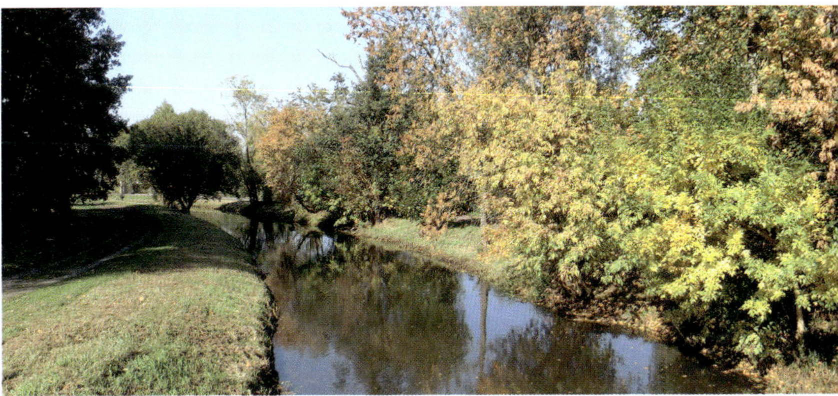

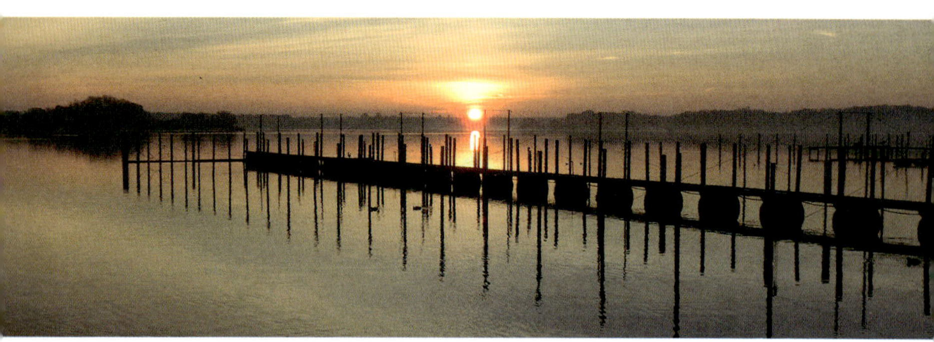

Morgendämmerung am Breitlingsee

arer Landstraße Richtung Wilhelmsdorf ausweichen, das ist dann auch der bei www.deutsche-jakobswege.de beschriebene Weg). Wir erreichen den Schmöllner Weg und halten uns nach rechts. So gelangen wir abermals an die Plane, kurz bevor sie in den Breitlingsee mündet, und vor der Buhnenhausbrücke biegen wir links ein – wir folgen einfach den Radwegen (7-Seen-Tour, Havelradweg, Tour Brandenburg, Radroute historische Stadtkerne) am Südufer des Breitlingsees entlang nach Kirchmöser. Vom asphaltierten Weg geht es mitunter (für Brandenburger Verhältnisse) steil zum Seeufer hinab, und manchmal eröffnen sich weite Blicke über den See, so etwa an einer kleinen Naturbadestelle. Nach etwa 2,5 km erreicht man die Malge, eine Bucht im Breitlingsee, an der es ein Gasthaus, einen Campingplatz und eine Marina gibt. Von hier ab wandern wir durch eine teilweise sehr urwüchsig wirkende Landschaft, eine feuchte Niederung zwischen dem Flüsschen Buckau und dem Hechtgraben, wobei als Zivilisationszeichen die Eisenbahngleise der Verbindung Berlin-Magdeburg sehr nah sind. Wenig später erreichen wir dann das Dorf **Kirchmöser** und damit den ältesten Teil dieses Industriestandortes. In einer Urkunde von 1387, den Verkauf des Dorfes Möser an das Domkapitel von Brandenburg betreffend, fand der Ort erstmals Erwähnung. Am Ende der Gränertstraße befindet sich die Dorfkirche, ursprünglich ein Feldsteinbau aus dem 14. Jh., später (1716) in Backstein erweitert, aber heute sind die Baumaterialien unter einer einheitlichen Putzschicht verschwunden. Unser Weg führt auf der Uferstraße um den Heiligen See und ist Teil des mit Schautafeln ausgestatteten Industrielehrpfades Kirchmöser, von dem es eine kleine und eine große Variante gibt und auf dem man interessante Bauwerke der Industriekultur besichtigen kann. Auf der Uferstraße erreichen wir bald die Siedlung Kirchmöser Ost, eine der beiden 1922–29 errichteten Arbeitersiedlungen im Zeitstil der Gartenstadt (die andere ist Kirchmöser West), in der man sich ruhig etwas umschauen sollte. Wir folgen der Uferstraße weiter, bis sie – als Bahnhofstraße – in die Straße Unter den Platanen mündet.

Am 2. November 1914 beschloss die kaiserliche Regierung, zwischen Möser und Plaue/Havel eine Pulverfabrik zu bauen, und so entstanden im Eiltempo die riesigen Anlagen der Königlich-Preußischen Pulverfabrik. Die mehr als 400 Fabrikbauten waren oftmals vom Stil der Neuen Sachlichkeit inspiriert und wurden vorwiegend aus Ziegeln errichtet; heute erscheint uns diese Industriearchitektur beinahe als schön. Im Zuge dieser Baumaßnahmen wurde ein Bahnhof eingeweiht, und da es bereits einen Bahnhof Möser gab, wurde das Dorf kurzerhand in Kirchmöser umbenannt. Nach den Bestimmungen des Versailler Vertrages wurde die Pulverfabrik aufgelöst und auf dem Werkgelände entstand ein Eisenbahnausbesserungswerk. 1952 wurde Kirchmöser nach Brandenburg an der Havel eingemeindet.

Auf der Brücke zwischen Wend- und Plauer See verlassen wir Kirchmöser und erreichen das Städtchen **Plaue**, ebenfalls seit 1952 ein Ortsteil Brandenburgs. Auf die Bedeutung des Havelübergangs der Straße Brandenburg-Magdeburg an dieser Stelle wurde bereits hingewiesen, bekannt ist Plaue aber auch aus Theodor Fontanes Werk »Fünf Schlösser«. Fontane weilte nachweislich acht Mal in Plaue, davon mehrmals mit seiner Frau. Seine Besuche galten nicht allein der Recherche für seinen Aufsatz, sondern vor allem dem Rittergutsbesitzer Carl Ferdinand Wiesike (1798–1880), einem Unikum, der für Homöopathie ebenso brannte wie für Schopenhauer und einen guten Tropfen.

Die 1197 erstmals erwähnte Siedlung Plaue verfügte anfangs über eine Burg, deren Existenz 1216 als Festes Haus Eingang in eine Urkunde fand. Ungefähr am damaligen Standort der Burg befindet sich heute das von Fontane so detailreich beschriebene Schloss, eine 1711–16 errichtete, dreiflügelige Barockanlage, in die Teile der Vorgängerbauten integriert wurden; unter Karl Albrecht Graf von Königsmark erfolgte in den Jahren 1861–65 eine neubarocke Umgestaltung. Das Schloss wurde 1945 geplündert, zur DDR-Zeit dien-

Kirchmöser: Dorfkirche (li.) und Verwaltung der ehem. Pulverfabrik

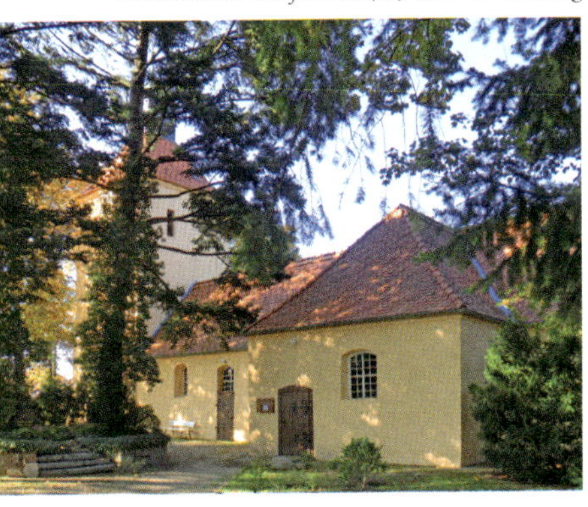

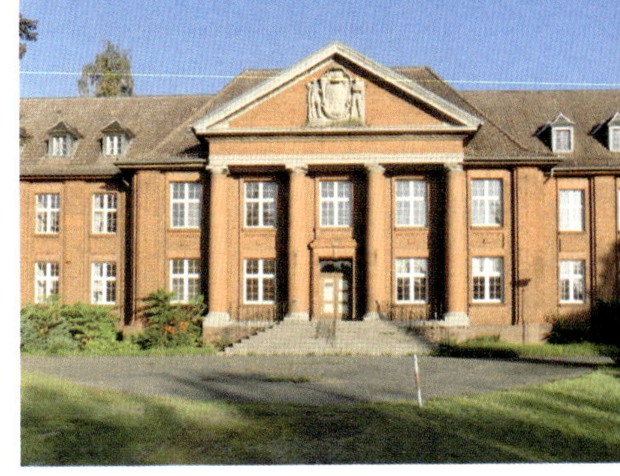

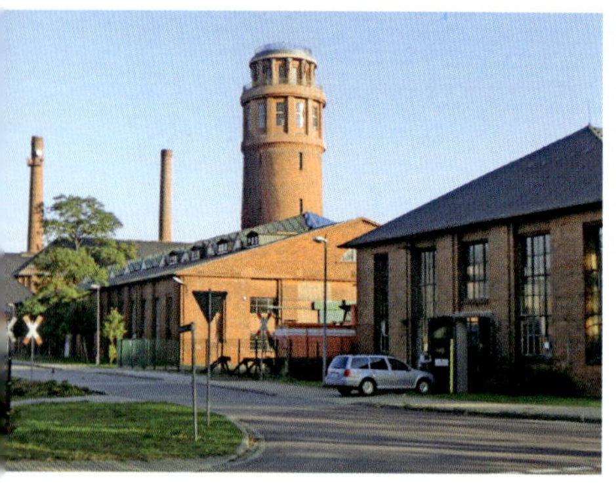

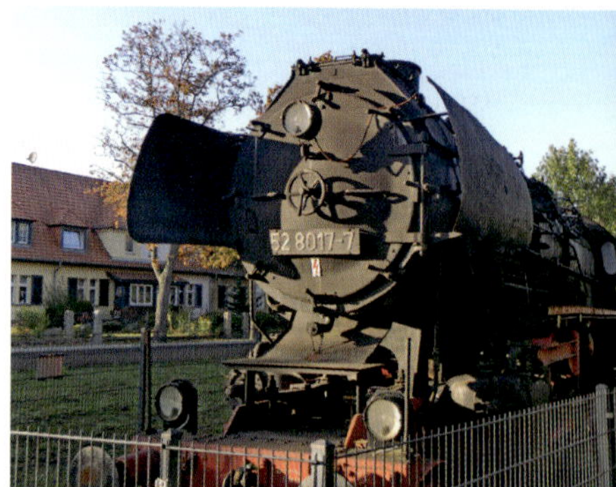

Kirchmöser: Fabrikgebäude (li.) und Lokdenkmal

te es als Sprachenschule für Diplomaten. Nach langem Verfall ist es inzwischen als Hotel und Restaurant sowie als Kultureinrichtung wiederauferstanden.

Plaue lässt sich sehr gut auf dem vom Förderverein Schlosspark Plaue ausgeschilderten und mit Infotafeln versehenen Fontaneweg entdecken, der die leider sehr ruinöse Villa Wiesike und die Grabanlage der Wiesike mit Schloss, Schlosspark und der sehr sehenswerten Pfarrkirche verbindet. Über die Kirche schreibt Günter Dörhöfer in der vom Förderverein herausgegebenen Broschüre »Fontane in Plaue«: »Die ursprünglich spätromanische Dorfkirche aus dem frühen 13. Jh. steht im Ort zentral auf einer Anhöhe. Sie stellt ein bedeutsames Beispiel für den kleinstädtischen Pfarrkirchenbau in der Mark Brandenburg dar. Von dem Kernbau sind noch Umfassungsmauern, Schmuckfriese und vermauerte Rundbögen erhalten. Nach der Reformation wurde die Kirche unter dem Patronat von Saldern 1570 umgebaut. Der Bau wurde zu einer gotischen zweischiffigen, vierjochigen gewölbten Halle verändert … 1715 entstand an der Chornordseite ein Anbau mit Gruft und Patronatsloge.« Im Innern der Kirche sind es vor allem die (restaurierten) Wandmalereien aus der Zeit um 1400, die einen Besucher staunen machen, aber auch neuzeitliche Ausstattungsstücke wie die Luther-Büste von Schadow sind kunsthistorisch bedeutend. Und dann ist da natürlich das Gefühl, an einem Ort zu sein, den Fontane besucht, ja den er regelrecht erforscht hat.

Entfernung Dom zu Brandenburg/Havel→ Pfarrkirche Plaue: ca. 20,5 km

Von der Kirche in Plaue wandern wir durch die Genthiner Straße bis zum Kreisverkehr und dann geradeaus weiter durch die Chausseestraße, die in die B 1 mündet. Etwa 300 m danach biegen wir nach links in die Straße Am Seeblick, und am gleichnamigen Hotel vorbei gelangen wir zur Alt-Plauer Schleuse, erbaut 1884–86. Jenseits der Schleuse befindet sich seit 1848 das Gasthaus Dorotheenhof. Am Südufer des Woltersdorfer Altkanals geht es bis zu einer Asphaltstraße, der Wusterwitzer Straße, dieser folgen wir nach rechts, also nach Norden, und so erreichen wir **Woltersdorf**. Bereits am Ortseingang weist eine Schautafel auf den Radweg Bunter Dörferweg hin, der über Neu- und Altbensdorf nach Vehlen geht, und dorthin wollen wir, also entscheiden für uns für den Dörferweg. Er führt durch die Dorfstraße und an der Woltersdorfer Kirche vorbei zur B 1. Die Kirche mit dem schlanken dreigeschossigen Turm wurde 1827 errichtet, dann 1868 im Rundbogenstil umgestaltet. Die Innenausstattung stammt aus dem Jahre 1868, es lässt sich also die Kirchenausstattung aus der Mitte des 19. Jhs. betrachten. Übrigens war das Gotteshaus seit 1963 baupolizeilich gesperrt und wurde 1971 zum Abriss freigegeben, aber die Einwohner wollten dies nicht dulden und setzten sich für den Erhalt und die Sanierung ihrer Kirche ein. Und da steht sie immer noch …

Wir wandern auf der Dorfstraße bis zur Genthiner Straße (B 1), gehen dort etwa 350 m nach links und begeben uns dann in den Weg nach Altbensdorf. Auf www.deutsche-jakobswege.de ist ein anderer Weg eingezeichnet: Vom Alten Kanal geht es auf direktem Wege durch die Wusterwitzer Straße zur B 1 (Bushaltestelle Woltersdorf, Abzweig) und gegenüber in einen asphaltierten Feldweg, der schließlich in den Weg nach Altbensdorf mündet (ausgeschildert). Es soll hier nur angemerkt werden, dass auch diese Strecke gut für Radfahrer geeignet ist.

Altbensdorf mit seinen knapp 600 Einwohnern erlebte Anfang des 19. Jhs. eine Katastrophe: In der Nacht vom 21. zum 22. September 1810 brannte es. Das Dorf wurde zu etwa einem Drittel zerstört, auch die Dorfkirche traf das Feuer. Es musste ein neues Gotteshaus gebaut werden, und so entstand bis 1820 der heute noch erhaltene klassizistische Putzbau mit eingezogenem, halbrundem Chor und einem quadratischen Westturm, Baumaterial ist Backstein.

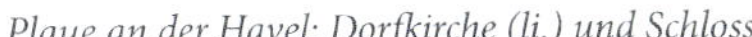

Plaue an der Havel: Dorfkirche (li.) und Schloss

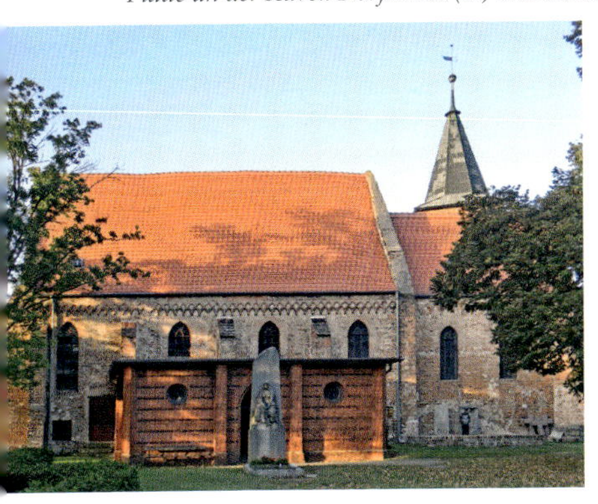

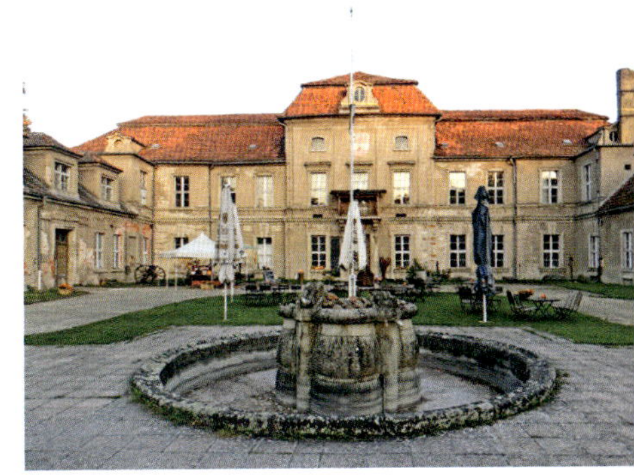

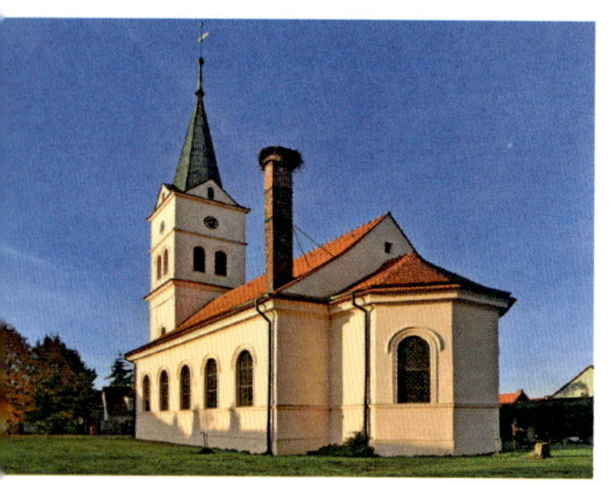

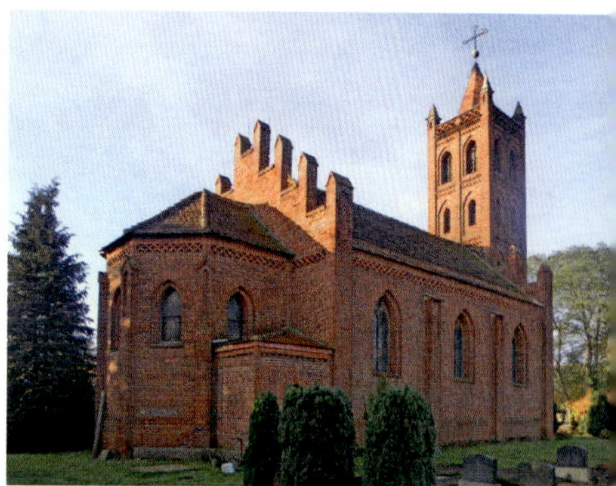

Die Dorfkirchen von Woltersdorf (li.) und Vehlen

Wir folgen dem Bunten Dörferweg, an dem es übrigens Rastplätze gibt, nach **Vehlen**, dem letzten Ort in Brandenburg vor der Grenze zu Sachsen-Anhalt. In Vehlen begrüßt uns dörfliche Ruhe, leben hier doch nur etwas mehr als 100 Menschen. Es gibt einen Gasthof, eine Bushaltestelle und die Dorfkirche, ein neugotischer Backsteinbau aus der Zeit um 1850, versehen mit einer polygonalen Apsis, einem hohen quadratischen Westturm sowie Stufengiebeln mit hohen Fialen – kurzum, er ist bauzeittypisch gotischer als die Gotik. In Vehlen heißt die Dorfstraße Bergstraße: Warum, werden wir gleich erfahren. 200 m nach der Dorfkirche biegen wir nämlich in die Schlagenthiner Straße, und diese führt an den Vehlener Bergen entlang, deren höchste Erhebung schwindelerregende 71,8 m ü NN misst. Wir erreichen das Vorwerk Dunke und überqueren den Grenzgraben – nun sind wir im Bundesland Sachsen-Anhalt, und hier beginnt die konsequente Ausschilderung des Jakobsweges.

Entfernung Pfarrkirche Plaue → Dorfkirche Schlagenthin: ca. 15,5 km

Entfernung Dom zu Brandenburg/Havel → Dorfkirche Schlagenthin: ca. 36 km

Schlagenthin gehört seit dem Jahre 2010 zur Stadt Jerichow und wurde 1378 erstmals urkundlich erwähnt. Der Ort liegt an der Stremme, einem ca. 20 km langen Nebenfluss der Havel, der bei Milow in ebendiese mündet. Im Jahre 1766 kaufte Prinz Ferdinand von Preußen das Dorf für immerhin 100.000 Reichstaler. Unter Friedrich II. wurde die Stremme reguliert, um Sumpfland trockenzulegen und für die Landwirtschaft zu gewinnen, aber der Fluss wurde damit wohl auch schiffbar, denn 1864 erfolgte in Schlagenthin die Gründung des Schiffervereins mit 27 Schiffen. Der Besitzer von Gut Neuenklitsche, unserer nächsten Station, und nachmalige Landrat Christian Karl Wilhelm von Katte (1750–1821), leitete diese Arbeiten. Schlagenthin erhielt 1899 Anschluss an die Kleinbahn Genthin-Milow, allerdings wurde der Bahnbetrieb in den 1960er-Jahren eingestellt und die Gleise wurden 1965 demontiert.

Bemerkenswertestes Bauwerk des Ortes ist die turmlose Dorfkirche; wenn man wie wir aus Richtung Vehlen in die Breite Straße kommt, sieht man zunächst die sogenannte Glockenschauer, einen für die 1658 abgebrannte Dorfkirche provisorisch errichteten Glockenturm aus Fachwerk – und wie das mit Provisorien so ist, manche bestehen ewig. Der Kern der Kirche stammt aus dem 13. Jh., erhalten ist noch der romanische Chor aus Backstein mit der Priesterpforte und – innen – dem Triumphbogen. An den Chor wurde dann im 17. Jh. ein Fachwerkanbau gefügt, der Chor selber ist verputzt.

Von Schlagenthin geht es auf ausgeschilderten Feldwegen nach Neuenklitsche, wo der genannte Landrat von Katte am 24. April 1821 starb. Das Straßendorf **Neuenklitsche** ist ebenfalls Teil der Stadt Jerichow, so wie unsere nächsten Stationen Altenklitsche und Großwulkow auch. Die Landschaft ist flaches, überwiegend landwirtschaftlich genutztes Land mit einer Reihe von Meliorationsgräben. Vor dem Dorfgemeinschaftshaus in Neuenklitsche gibt es einen Rastplatz mit Tisch und Bänken, dahinter befindet sich die 1371–75 erbaute Backsteinkirche, die an der Stelle eines von Jerichower Mönchen 1150–80 errichteten Vorgängerbaues entstand. Bis 1649 gehörte sie dem Stift Jerichow, danach gingen die Patronatsrechte an die Gutsherren von Katte über. Im 17. Jh. wurde die Kirche umgebaut und barockisiert. Unter den Ausstattungsgegenständen ist das romanische Taufbecken besonders interessant. Ein weiteres sehenswertes Bauwerk in Neuenklitsche ist das Gasthaus zur Post, ein mit Schmuckklinkern verziertes großes Gasthaus mit Saalanbau und einem Obergeschoss aus Fachwerk.

Die Dorfstraße verbindet Neuen- mit **Altenklitsche**, einem Dorf mit einer beachtlichen denkmalgeschützten Kirche, die in den Jahren 1712–15 als ver-

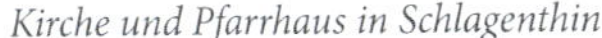
Kirche und Pfarrhaus in Schlagenthin

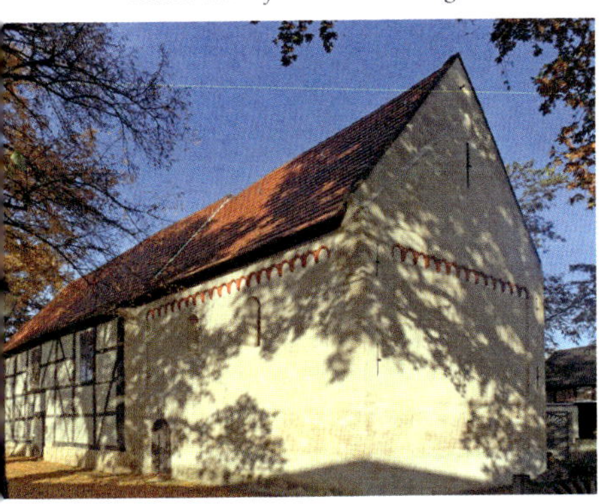

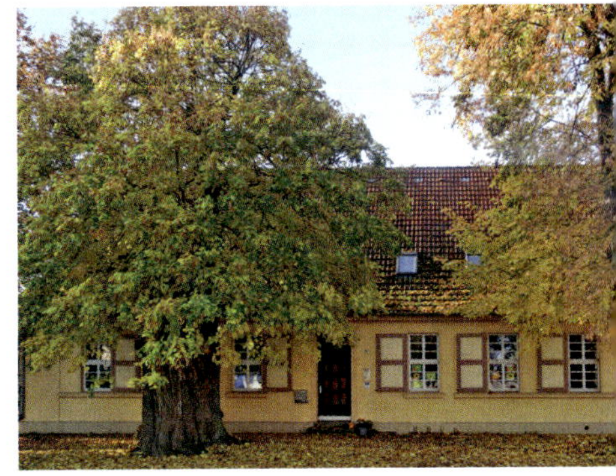

putzter Backsteinbau in barocken Formen errichtet wurde; über der Tür im Süden ist eine Tafel angebracht, die das Stifterpaar der Kirche nennt, den Landrat Balthasar (Baltzer) Friedrich von Katte und seine Ehefrau. Eine Inschrift erwähnt auch den Baumeister der Kirche, den Magdeburger Christoph Behse. Die einheitliche Innenausstattung mit Kanzelaltar, Emporen, Patronatsloge und Engelgruppe ist unbedingt sehenswert, auch wenn die Ausführung wohl eher einem Handwerksmeister als einem Künstler zu verdanken ist.

Nach Großwulkow geht es durch den Wald. Wir erreichen den Rastplatz am Hügelgräberfeld Havemark, dem bedeutendsten Gräberfeld der Bronzezeit, wo es eine überdachte Schutzhütte und verschiedene Schautafeln gibt, auch eine, die unter dem Motto »Die Muschel weist den Weg« Auskunft gibt über den Jakobspilgerweg im Jerichower Land. Der Jakobspilgerweg ist hier zugleich auch Teil des Altmark-Rundkurses für Radfahrer. Wir erreichen eine Wegscheide und halten uns nach Groß-, nicht nach Klein Wulkow!

Großwulkow wird in der Stiftungsurkunde des Klosters Jerichow 1144 erstmals erwähnt, und eine Urkunde des Magdeburger Erzbischofs Wichmann aus dem Jahre 1172 verweist auf die Kirche, ein sehr schönes romanisches Bauwerk aus Backstein auf Feldsteinfundamenten. Auch die um 1200 gegossene Glocke in dem später hinzugefügten Fachwerkturm gehört der Zeit der Romanik an, und so nimmt es nicht wunder, dass Großwulkow ein Ort an der Straße der Romanik ist. Ebenso erwähnenswert ist das Triumphkreuz, das zu den wenigen erhaltenen Zeugnissen romanischer Holzplastik in der Region gezählt wird. Die recht große Kirche mit eingezogenem Chor und runder Apsis verfügt auch über auffallende Schmuckfriese. Sie ist der hl. Anna geweiht, der Mutter Marias.

Entfernung Pfarrkirche Plaue → St. Anna-Kirche Großwulkow: ca. 28,5 km

Die Dorfkirchen von Neuenklitsche (li.) und Altenklitsche

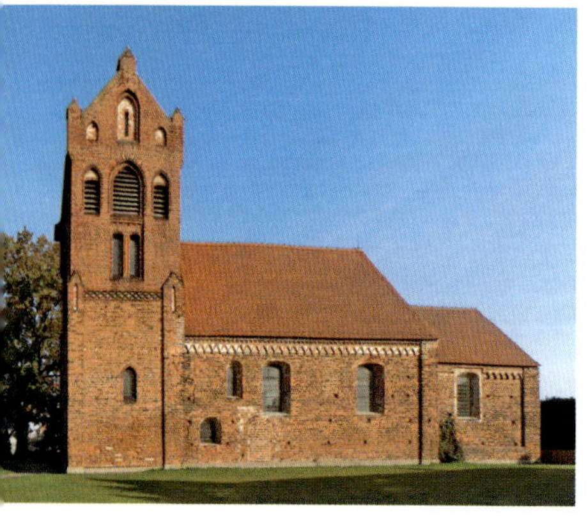

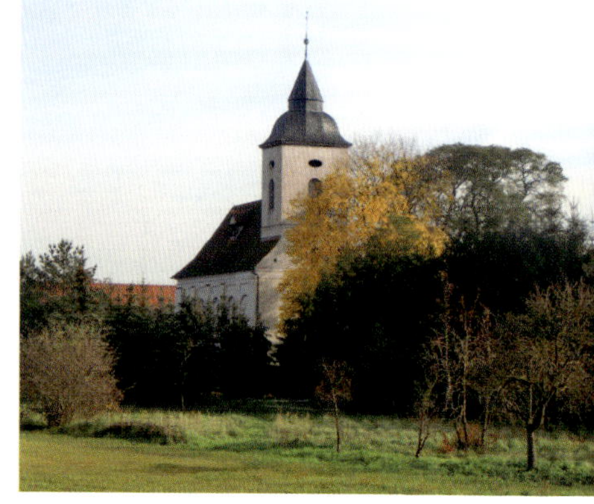

Wir verlassen Großwulkow auf dem Jerichower Weg, auf dem wir nach ca. 6,5 km **Jerichow** erreichen, wobei anzumerken ist, dass der Weg – obwohl als Radweg ausgewiesen – für Radfahrer bei großer Trockenheit oder Nässe nahezu unpassierbar ist. Eine Alternativ-Empfehlung für Radfahrer enthält die Tabelle: Der beschriebene Weg hat den Vorteil, dass Orte wie Melchow und Mangelsdorf (wie auch Jerichow selbst) an der Route der Romanik liegen und daher schöne romanische Dorfkirchen bewundert werden können.

Jerichow mit dem bekannten Kloster, einem romanischen Baudenkmal und dem ältesten Backsteinbau östlich der Elbe, ist das Ziel dieser unserer Pilgertour. Wer noch nicht fußlahm ist, kann über Fischbeck nach Tangermünde weiterwandern, wo sich dieser Weg mit dem von Havelberg kommenden vereinigt. Eines soll zu Tangermünde unbedingt erwähnt werden: Das dortige Rathaus ist ein Werk des Baumeisters Hinrich Brunsberg.

Entfernung Pfarrkirche Plaue → Klosterkirche Jerichow: ca. 36,5 km

Entfernung Dom zu Brandenburg/Havel → Klosterkirche Jerichow: ca. 57 km

- Jerichow hat keine eigene Touristeninformation. Für Anfragen/Buchungen zuständig ist die Touristinformation Genthin, Dattelner Straße 1, 39307 Genthin, Mo, Di, Do, Fr 10–17 Uhr, Tel.: 03933/80 22 25
- Für Woltersdorf, Bensdorf und Vehlen ist zuständig: Touristen-Information des Amtes Wusterwitz, Ernst-Thälmann-Str. 72, 14789 Wusterwitz, Tel.: 033839/581
- Traditionsgaststätte Buhnenhaus, Buhnenhaus 1, 14776 Brandenburg/Havel, OT Wilhelmsdorf, Tel.: 03381/61 900 90
- Gasthaus Malge am See (mit großem Biergarten), Malge 2, 14776 Brandenburg/Havel, Tel.: 03381/79 89 691, auch
- Gaststätte Lindenkrug, Bahnhofstr. 51, 14774 Brandenburg/Havel, OT Kirchmöser, Tel.: 03381/80 25 17
- Schloss-Schänke Plaue (mit Havel-Terrasse), Schlossstr. 27a, 14774 Brandenburg/Havel, OT Plaue, Tel.: 03381/30 62 362
- Restaurant Seeblick, Schleusenweg 2, 14774 Brandenburg/Havel, OT Plaue, Tel.: 03381/40 32 24, auch (Hotel Ikarus)
- Gästehaus Schloss Plaue, Schloss Plaue GmbH, Schlossstr. 27 a, 14774 Brandenburg/Havel, OT Plaue, Tel.: 03381/30 62 362
- Villa Lindenhof, Chausseestr. 21, 14774 Brandenburg/Havel, OT Plaue, Tel.: 03381/40 430, auch
- Pilgerherberge Schlagenthin, Evangelisches Pfarramt, Breite Str. 27, 39307 Schlagenthin, Tel.: 039348 /205 (Pilgerstempel erhältlich)
- Pilgerherberge Altenklitsche, Fam. Knobel, Dorfstr. 13, 39307 Altenklitsche, Tel.: 039348/99 98 13
- Industrielehrpfad Kirchmöser, Fontaneweg Plaue, Dorfensemble Schlagenthin, Klosteranlage Jerichow.

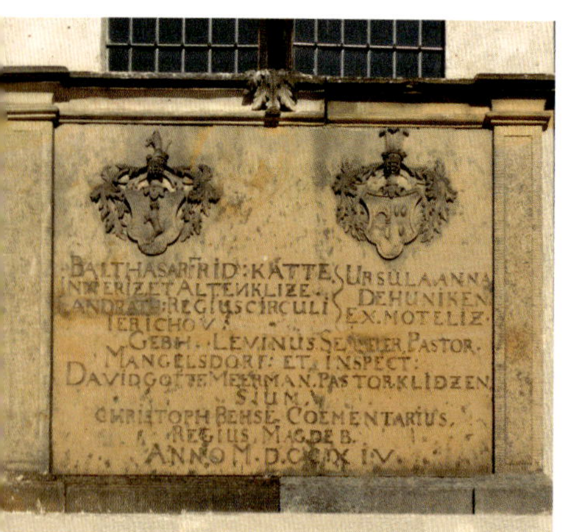

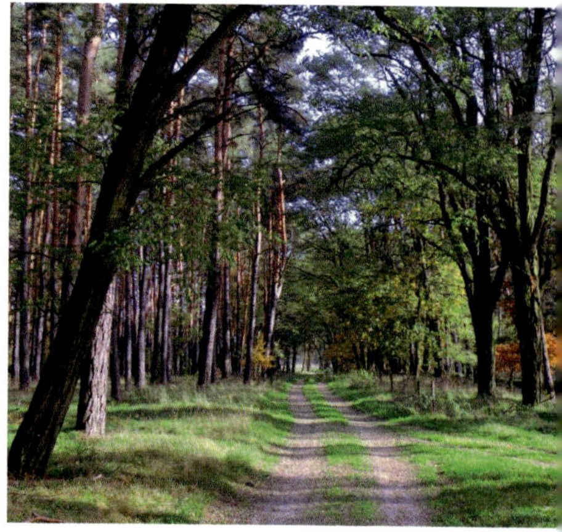

Gedenktafel für den Landrat von Katte in Altenklitsche (li.), im Wald vor Großwulkow

- ✝ Kirche in Kirchmöser Dorf, Schlüssel bei Fam. Scheike, Gränertstr. 2 (Platz am Kriegerdenkmal), www.ekmb.de
- ✝ Pfarrkirche Plaue, beim Friedhofsgärtner melden, ansonsten Schlüssel im Pfarramt Plaue, Kirchstr. 8, Tel.: 03381/40 31 88
- ✝ Die Dorfkirchen Woltersdorf, Altbensdorf und Vehlen gehören zum Pfarrbereich Wusterwitz, Hauptstr. 30, 14789 Wusterwitz, Tel.: 033839/448. Hier wegen evtl. Besichtigungen nachfragen.
- ✝ Dorfkirche Schlagenthin, c/o Evangelisches Pfarramt, Breite Str. 27, 39307 Schlagenthin, Tel.: 039348/205
- ✝ Dorfkirche Altenklitsche, Erika Später, Dorfstr. 20, Tel.: 039348/500 23. Führungen anmelden bei Friederike v. Katte, Tel.: 0172/454 27 93
- ✝ Dorfkirche von Großwulkow, Kirchenschlüssel und -führungen über GuM Geschichtskreis und Marionettenbühne im Kirchspiel Wulkow-Wust, Tel.: 01522/305 21 89 (Herr Schulz) oder Tel.: 01525/29 61 33 (Frau Schönfeld)
- 🚆 Kirchmöser: RE1, Bus E/525
- 🚲 Fast durchgehend befahrbar, größtenteils als Radwege ausgewiesen, teilweise asphaltierte Straßen/Wege, aber auch Feld-, Wald und holprige Betonplattenwege – nahezu unpassierbar ist der (Rad)weg von Groß Wulkow nach Jerichow. Hier empfiehlt sich, auf der K 1029 in nördlicher Richtung über Briest nach Melkow zu fahren, dort nach links in die K 1030 einzubiegen und via Mangelsdorf nach Jerichow zu radeln.

TIPP für Alternativsucher: Wie bereits erwähnt, stellen die Autoren Elisabeth Bröhl und Klaus Krum in ihrem Wegführer für Jakobspilger »Von Berlin nach Magdeburg« weitere Pilgerwege durch Brandenburg dar, deren Wegführung durchaus ein hohes Maß an historischer Wahrscheinlichkeit beanspruchen kann, handelt es sich doch um z. T. wichtige Handelsstraßen, auf denen auch Pilger unterwegs gewesen sein dürften. Aus Platzgründen erübrigt sich eine ausführlichere Darstellung – wir verweisen hier nur grob auf die Stationen und empfehlen Interessierten den Erwerb des Büchleins (ISBN 3-934159-09-5). Teilweise überlagern sich die von dem Autorenduo vorgeschlagenen Wege mit denen in unserem Buch dargestellten.

Bröhl und Krum unterscheiden eine Nord- von einer Südroute. Die Nordroute führt von Spandau bzw. Staaken (oder von Nauen) über Tremmen – einem heute wenig bekannten, ehedem aber wichtigen Wallfahrtsort mit entsprechender Wallfahrtskirche – nach Brandenburg/Havel und von dort weiter via Wusterwitz, Genthin und Burg nach Magdeburg. Die Südroute beginnt in Marienfelde, geht von dort über Großbeeren und Saarmund nach Beelitz, von Beelitz nach Lehnin und von dort auf verschiedenen Wegen, z. B. via Brandenburg, nach Golzow. Von Golzow führt der Weg über Ragösen, Belzig, Wiesenburg (mehrereVarianten) schließlich nach Zerbst und dann nach Magdeburg. Außerdem gibt es ein Unterkunftsverzeichnis und ein Itinerar Berlin-Santiago.

Die romanische Dorfkirche von Großwulkow

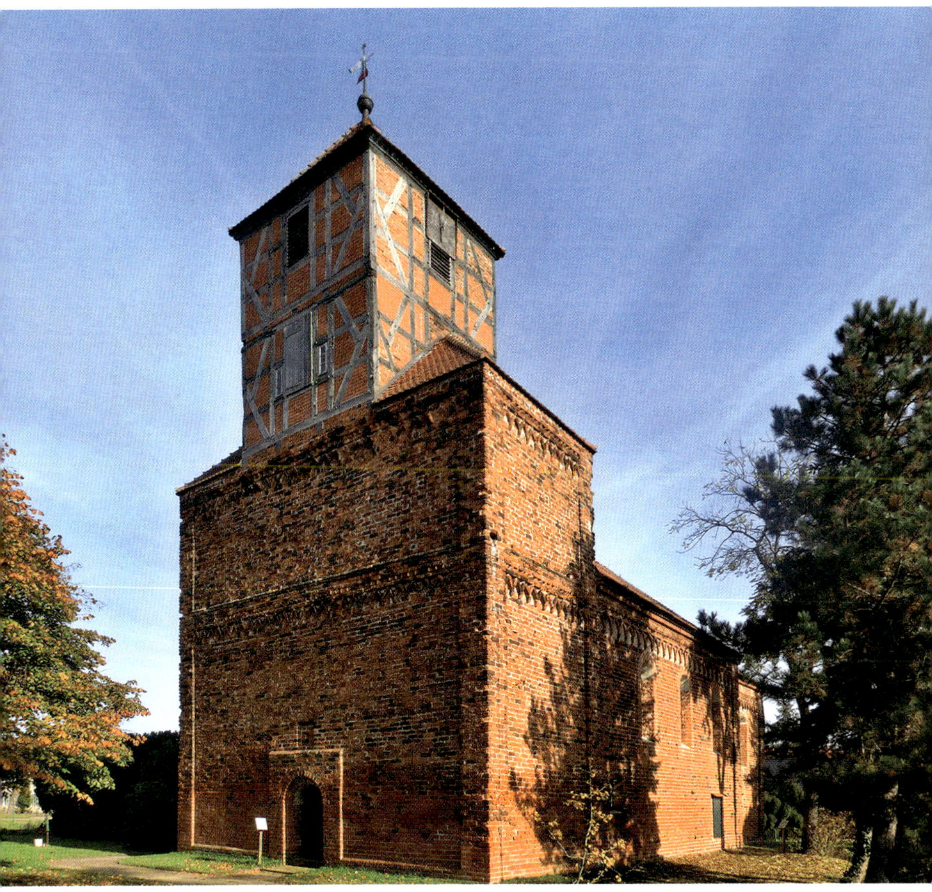

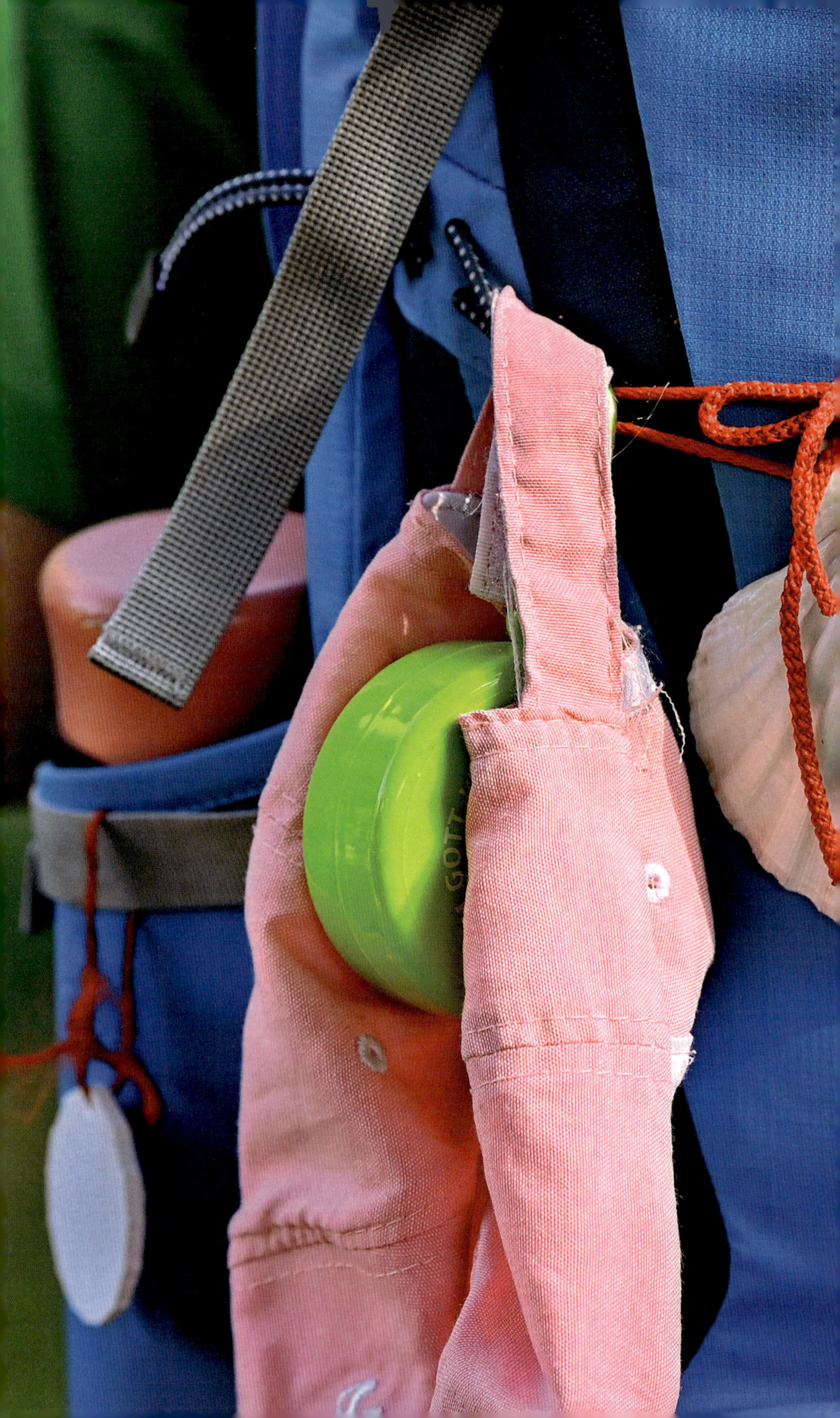

ANHANG

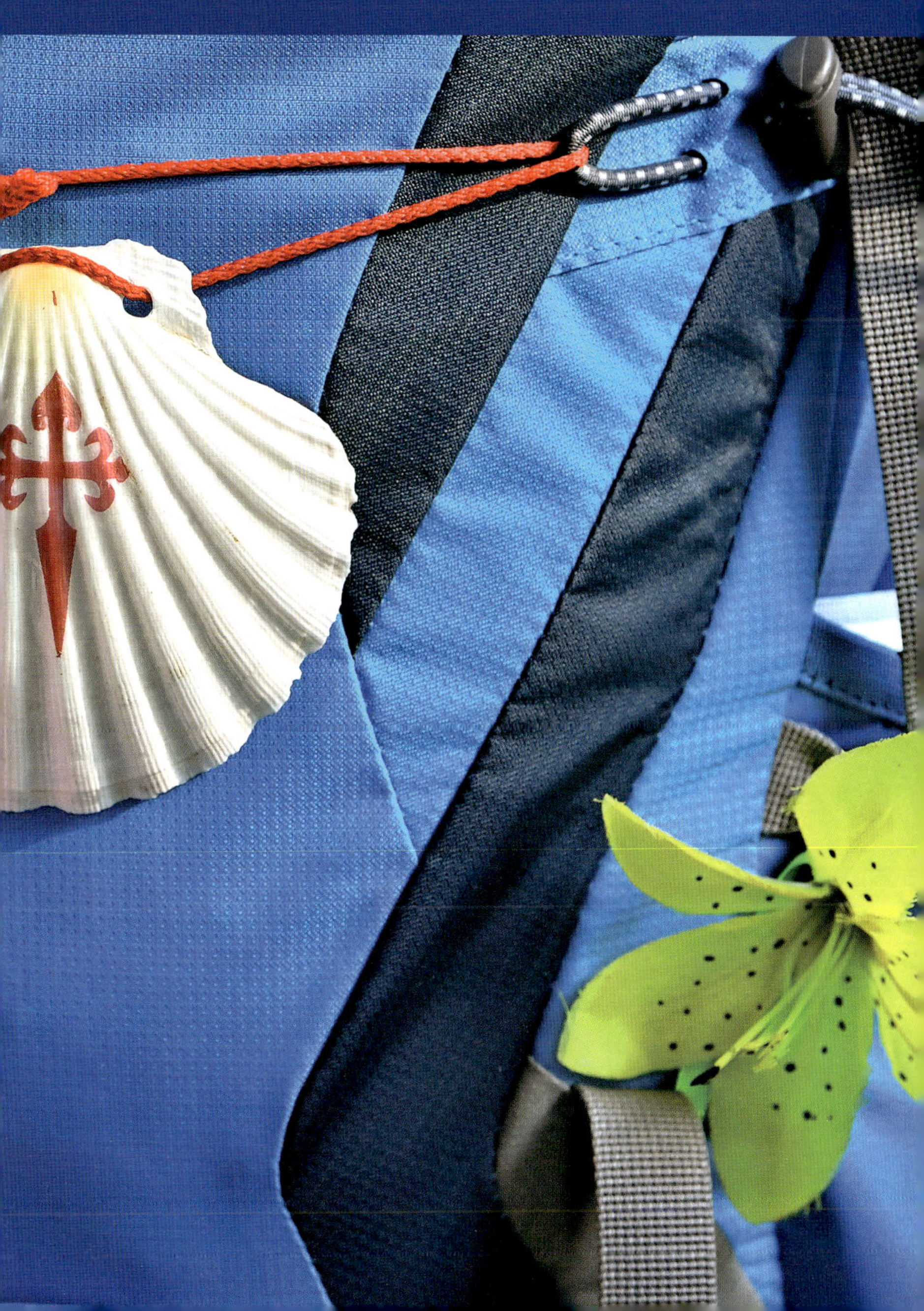

WEITERFÜHRENDE LITERATUR

Baukunst in Brandenburg, hrsg. von der Landesregierung in Brandenburg; Köln 1992

Brandenburgische Geschichte, hrsg. von Ingo Materna und Wolfgang Ribbe, Berlin 1995

Elisabeth **Bröhl**/Klaus Krum: Von Berlin nach Magdeburg. Wegführer für Jakobspilger; Solingen 2008 (2., korr. Nachdruck)

Georg **Dehio**: Handbuch der deutschen Kunstdenkmäler. Brandenburg; München, Berlin 2000

Denkmalpflege in Berlin und Brandenburg: Kirchen des Mittelalters, hrsg. vom Landesdenkmalamt Berlin und dem Brandenburgischen Landesamt für Denkmalpflege und Archäologisches Landesmuseum, Arbeitsheft 3/2006, Berlin 2007

Dom und Domschatz Brandenburg (Schnell, Kunstführer Nr. 1920), Regenburg 2003 (5. Auflage)

Ev. Kirche St. Nikolai Bad Wilsnack (Schnell, Kunstführer Nr. 2125), Regenburg 1994 (1. Auflage)

Theodor **Fontane**: Wanderungen durch die Mark Brandenburg, hrsg. von Bodo von Petersdorf, Essen o. J.

Fontanes Plaue. Mit Originaltexten von Theodor Fontane zu Plaue a. d. Havel, begleitenden Illustrationen und erläuternden Beiträgen von Gunter Dörfhöfer und Annette Geiseler, hrsg. im Auftrag des Förderverein Schlosspark Plaue e. V. (zu beziehen über den Verein)

Gerhard **Drexel**: Klöster und Kirchen in Brandenburg. Himmlische Touren durch die Mark; Berlin 2012

Theodor **Fontane:** Wanderungen durch die Mark Brandenburg, hrsg. von Bodo von Petersdorf, Essen o. J.

Förderkreis Alte Kirchen Berlin-Brandenburg: Offene Kirchen 2010, Berlin 2010

Förderkreis Alte Kirchen Berlin-Brandenburg: Offene Kirchen 2013, Berlin 2013

Förderkreis Alte Kirchen Berlin-Brandenburg e.V. und Lehrstuhl für christliche Archäologie, Denkmalkunde und Kulturgeschichte der Theologischen Fakultät der Humboldt-Universität zu Berlin (Hg.), Von Berlin nach Wilsnack. Ein kulturhistorischer Wegbegleiter zu den Stationen einer vergessenen Wallfahrt, Berlin 2005

Hansische Handelsstraßen. Auf Grund der Vorarbeiten von Friedrich Bruns bearbeitet von Hugo Weczerka. Quellen und Darstellungen zur Hansischen Geschichte, hrsg. vom Hansischen Geschichtsverein, Weimar 1967

Havelland. Ein Wegbegleiter. Von Joachim Nölte. Berlin 2015 (2., aktualisierte Auflage)

Geschichte Berlins in zwei Bänden, Erster Band: Von der Frühgeschichte bis zur Industrialisierung, hrsg. von Wolfgang Ribbe, Berlin 2002 (3., erweiterte und aktualisierte Auflage)

Das große **Heiligenlexikon**, von Clemens Jöckle, Köln 2003

Der **Jakobuskult** in Ostmitteleuropa, hrsg. von Klaus Herbers und Dieter R. Bauer (Jakobus-Studien 12), Tübingen 2003

Lina Lisa **Kolbitz**/Laura Murzik: Auf dem Jakobsweg durch Brandenburg. Von der Oder bis nach Berlin, hrsg. von Ulrich Knefelkamp, Berlin 2009 (2., verbesserte Auflage)

Harmut **Kühne**, Anne-Katrin Ziesack (Hg.), Wunder Wallfahrt Widersacher. Die Wilsnackfahrt, Regensburg 2005

Landesdenkmalamt Berlin: Denkmale in Berlin. Bezirk Mitte. Ortsteile Mitte; Berlin 2003

Landesdenkmalamt Berlin: Denkmale in Berlin. Bezirk Tempelhof Schöneberg; Berlin 2007

Die **Mark**, Heft 3, (1907/08)

Die **Mark** Brandenburg, Heft 57 (2005)

Hans **Mundt**: Die Heer- und Handelsstraße der Mark Brandenburg vom Zeitalter der ostdeutschen Kolonisation bis zum Ende des 18. Jahrhunderts, Berlin 1932

Musen und Grazien in der Mark. 750 Jahre Literatur in Brandenburg. Ein Lesebuch, hrsg. von Jürgen Israel und Peter Walther, Berlin 2002 (Auszüge aus Stiftungsurkunde der Viadrina, Willibald Alexis, Die Hosen des Herrn von Bredow, und Tagebuch Rahel v. Varnhagen)

Rainer **Oefelein**, Brandenburg: Mittelalterlicher Jakobsweg. Berlin – Wilsnack – Tangermünde, (Outdoor-Handbuch), Welver, 2011 (3., aktualisierte Auflage)

Preußen und Sachsen: Szenen einer Nachbarschaft. Katalog der Ersten Brandenburgischen Landesausstellung Schloss Doberlug 2014, Dresden 2014

Rolf **Schneider**, Ritter, Ketzer, Handelsleute. Brandenburg und Berlin im Mittelalter, Berlin 2012

Christine **Stelzer**, Deutschlands Osten –Polens Westen. Usedom –Stettiner Haff – Wollin – Szczecin, Berlin 2014

Christine **Stelzer**, Deutschlands Deutschlands Osten –Polens Westen. Unteres Odertal – Oderbruch – Warthebruch – Lebuser Land, Berlin 2014

Transit Brügge – Novgorod. Eine Straße durch die europäische Geschichte. Katalog des Ruhrlandmuseums Essen, 1997

Uckermark. Ein Wegbegleiter. Von Joachim Nölte und Marc Dannenbaum, Berlin 2011

Wanderführer auf dem Jakobusweg durch Sachsen-Anhalt, hersg. St. Jakobus-Gesellschaft Sachsen-Anhalt, bestellbar via E-mail jw-lsa@web.de bei Dr. Rainer Schulz oder via Kontaktformular. http://www.jakobusweg-sachsen-anhalt.de/pilgern/de/6991,,/Literatur-und-Links/Wanderfuehrer.html
Ehm **Welk**: Mein Land, das ferne leuchtet. Rostock, 1952

ORTSVERZEICHNIS

Altbensdorf 347, 352
Altenklitsche 349-352
Alt Madlitzer Mühle 209
Alt Zeschdorf 206-207
Angermünde 14, 18, 43-44, 47, 49, 51-57, 59, 64, 205
Arensdorf 211, 213-215, 219

Bad Wilsnack 8, 265-266, 269, 303, 308-311, 313
Barenthin 304, 311
Barsikow 293-295, 301
Baumgartenbrück 324, 331
Beelitz 76, 80, 100-105, 107-108, 110, 113, 353
Beeskow 122, 126-127, 138-139, 141-145, 147-150, 152, 156-157, 191, 250
Beilrode 180, 183-184, 186
Berkenbrück 249-251, 253-254
Berlitt 303-304, 311
Bernau 18, 43, 66-67, 70-75, 191, 197, 230-233, 235-237
Beyern 181-183, 187
Biebersdorf 149-152, 154, 157
Biesenthal 69-70, 73-75
Birkholz 96
Bliesendorf 328-329, 331
Blumenhagen 18, 40-41
Booßen 197, 200, 202, 207
Börnicke 191, 230, 234, 236-237
Bötzow 271, 273, 275, 277-279, 281-282, 288
Brandenburg 8, 13, 18-19, 34, 41, 45-46, 49, 51, 53-54, 64, 71, 73, 80-81, 83, 89-91, 95, 101, 110-111, 127, 133, 144, 150, 153-154, 163, 190, 197, 205, 212, 214, 225, 228, 233, 235, 251, 254, 266, 269, 272, 274, 286, 297, 307, 310, 316, 319-321, 325-326, 329, 333-341, 343-346, 348, 351-353
Briesen (Mark) 219, 241, 246-247, 249

Cahnsdorf 160-161, 165
Chorin 43, 48, 56-61, 64-65, 329

Dietersdorf 116, 121
Dobberzin 51-52, 55
Döbrichau 183-184, 187

Eberswalde 18, 43, 57, 62-65, 67, 70, 73, 126, 191
Elsholz 107-108, 113
Erkner 83, 197, 241, 257-263, 323
Falkenhagen (Mark) 211, 218-219

Fehrbellin 192, 281, 284-289, 291, 293, 298, 300
Feldheim 116-117, 121
Flatow 282-283, 288
Frankfurt 19, 83, 122, 126-137, 150, 153, 161, 173, 189-207, 213, 226, 239, 241-247, 249, 257-258, 320, 323
Friedrichthal 33
Fürstenwalde 142, 144, 204-205, 211, 241, 244, 248-255, 257, 261

Garz 291-294, 301
Garzau 221, 224, 227, 229
Gehegemühle 57, 61
Gehren 167, 169
Görike 304-305, 307-308, 311
Großbeeren 84, 87, 95-97, 99, 353
Groß Leppin 305-306, 311
Großrössen 181-182
Großwulkow 349-353
Groß-Ziethen 57-58, 61
Grünow 49-50, 71
Güldendorf 133-134, 137
Güterfelde 92-94

Hakenberg 284-286, 288-289
Hasenfelde 214, 216, 219
Havelberg 265-266, 286, 292, 305, 307, 312-313, 315-317, 351
Heinersdorf 214-216, 219
Heinrichshof 18, 40-41
Helenenau 234, 237
Helenesee 133-134, 137
Hennigsdorf 269, 271, 275-279
Herzberg 122, 126-127, 148, 170-171, 174-179, 181-182, 187, 191, 295
Hohenfelde 40-41, 43-45, 55
Hohenreinkendorf 18-19, 37, 39, 41, 43

Jacobsdorf 207, 240, 244-245, 247
Jerichow 319, 321, 340, 343, 348-352

Kähnsdorf 102, 105
Kammerode 324, 326-328, 331
Kirchmöser 340, 344-346, 351-352
Kleinbeeren 96, 99
Klein Leppin 305-306
Klein Leuthen 150-151, 157
Kleinmachnow 90-92, 94
Kliestow 199-200, 202, 207
Kloster Lehnin 59, 323, 328-331, 333-335, 337, 339, 341
Kohlsdorf 147-149
Kreischau 183, 186-187
Kropstädt 118-121
Kummerow 43, 45-46, 52, 55
Kunow 43, 45, 55
Kyritz 291, 298-301, 303-305, 308

Ladeburg 71, 74-75
Lebus 19, 129, 143-144, 193, 197, 202-207, 211, 251, 254, 266
Legde 313-315, 317
Lennewitz 313-314, 317
Linum 283-285, 288-289
Lobetal 70-71, 74
Löhme 233, 235-237
Lübben 122, 126-127, 147-159, 161-162, 165, 169, 191
Luckau 122, 127, 148, 159-166, 169
Luisenfelde 57, 61
Lutherstadt Wittenberg 76, 115, 120-121, 181

Malitschkendorf 174-175, 179
Manker 292-293
Marzahna 117-118, 121
Melchow 68-69, 74-75, 351
Merz 139-140, 145

Mescherin 28-29, 31, 41
Metzelthin 295-296
Mönchwinkel 256-257, 262
Müllrose 127, 133-137, 139, 144-145, 150
Müncheberg 169, 197, 208-209, 212, 216-219, 221-223, 228-229, 243, 254-255
Mürow 42, 50-52, 55

Nahmitz 321, 330, 333, 337
Naundorf 172, 174
Netzen 321, 333-335, 337
Neubeeren 97, 99
Neuenklitsche 348-350
Neuwerben 315-316
Niebel 107-110, 113

Oegeln 141, 145
Osteroda 175

Petzow 169, 322, 324-327, 331
Philippsthal 92-94, 98, 323
Pillgram 200, 242-244, 247
Pinnow 40-41, 43, 49-50, 55
Plattenburg 305-308, 311
Plaue 320, 340, 345-348, 350-352
Potsdam 83, 101-102, 323-325, 330-331
Proßmarke 171, 174
Protzen 291-292, 301
Prützke 321, 333, 335, 337

Quitzöbel 313-317

Ragow 140-141, 145, 150, 159
Rohrlack 294, 300-301
Rosow 38

Saarmund 80, 83, 89, 92-95, 97, 99, 101-105, 109, 353
Salzbrunn 107-108, 113
Sandkrug 61, 65
Schenkenhorst 98-99
Schlagenthin 348-349, 351-352
Schlieben 171-176, 179
Schlunkendorf 102-103, 105
Schmögelsdorf 116-117, 121
Schönermark 47-49, 51, 55
Schönfließ 202, 205-207
Schönholz 67-68, 73
Schwabeck 115-117, 121
Schwarzenburg 171, 174
Schwedt 18-19, 27, 29-30, 32-38, 41, 43-47, 50, 55
Senftenhütte 58-59
Sieversdorf 7, 198, 200-202, 206-207, 209, 213, 215, 218
Söllenthin 305, 311
Spechthausen 67, 73
Sputendorf 97-99
Staffelde 27-28, 31, 43
Stahnsdorf 90-91, 94, 323
Stendell 44-47, 55
Stettin 18-20, 25, 27, 36, 38-39, 41, 43, 45-46, 48, 73, 126, 191-192, 205, 267, 341
Strausberg 197, 220-221, 225-229, 231, 233, 235-237, 254
Stremmen 147-149
Szczecin 11, 14, 19-25, 27-29, 31, 33-34, 37-38, 41, 43, 80

Tantow 18, 31, 37, 39, 41
Tarmow 286, 288
Teerofenbrücke 33, 37
Teltow 80, 83, 87-91, 94, 101, 241, 263, 323
Terpt 159-160, 165
Thießen 120
Torgau 122, 126-127, 176, 181-182, 185-187

Treuenbrietzen 76, 80, 93, 102, 106-107, 109-113, 115, 120-121, 309, 337
Vehlen 347-349, 351-352
Vierraden 18-19, 33-35, 37, 41, 44, 73
Walddrehna 159, 168-169, 171, 174, 179
Waltersdorf 166-167, 169
Werder 221-223, 229, 321, 324, 328, 331
Werder (Havel) 331
Wergzahna 117-119
Werneuchen 232-233, 235-237
Wesendahl 231-232, 236-237
Wesendahler Mühle 231
Wiese 9, 51, 68-69, 150, 157, 167, 327
Wildenbruch 102, 105
Wittmannsdorf 150, 166
Wust 336-338
Wusterhausen 150, 290, 295-298, 300-301
Zeisigberg 139, 145
Zuchenberg 57, 61

ADRESSEN

Deutsche St. Jakobusgesellschaft e. V.
Tempelhofer Str. 21
52068 Aachen
Tel.: 02 41 / 51 00 062
Fax: 02 41 / 51 00 063
E-Mail: info@deutsche-jakobus-gesellschaft.de
Geschäftstelle Mo–Fr 9–12 Uhr (Frau Henseler, Frau Schlösser)
Beratung für Pilgerfahrten, Ausstellung eines Pilgerausweises

Jakobusgesellschaft Brandenburg-Oderregion e. V.
c/o Dr. Christopher Frantzen
Joachimsthaler Straße 12
10719 Berlin
E-Mail: info@brandenburger-jakobswege.de

St. Jakobus-Gesellschaft Berlin-Brandenburg e. V.
Dr. Cornelia Oefelein
Moorhof 1
16766 Kremmen
Tel.: 03 30 55 / 21 292
E-Mail: info@corneliaoefelein.de

PILGERWEGE IN BRANDENBURG

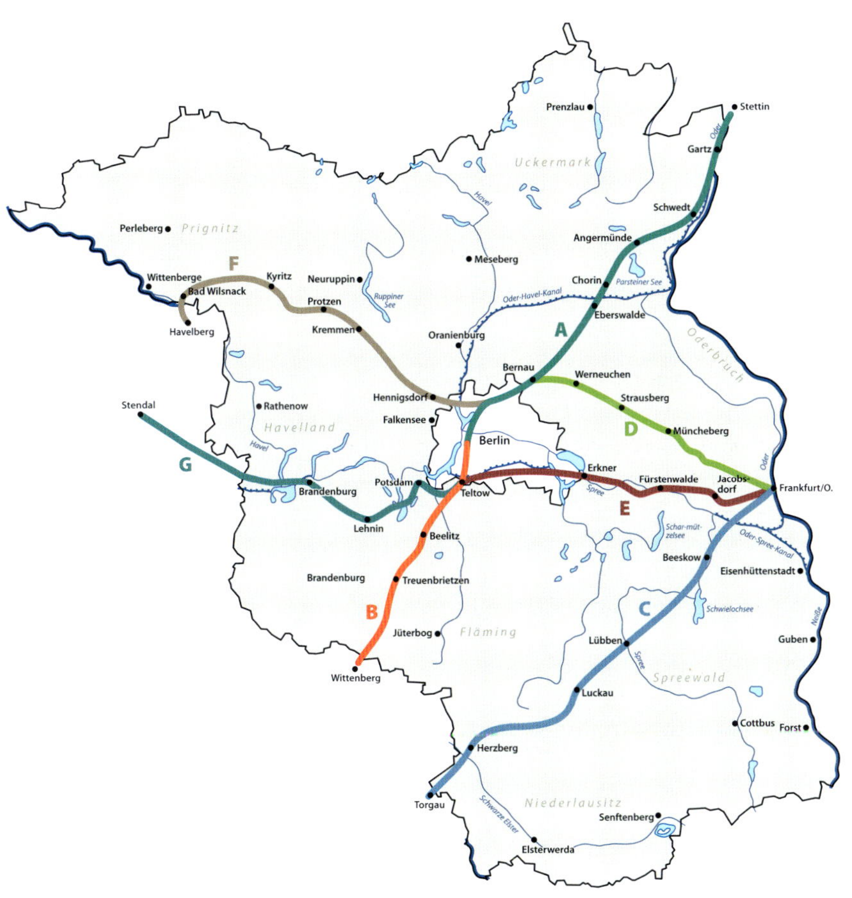

HAFTUNGSAUSSCHLUSS

Die Angaben in diesem Wanderführer wurden gewissenhaft und mit größtmöglicher Sorgfalt teilweise sogar mehrfach überprüft, doch für ihre Aktualität, Vollständigkeit und Korrektheit wird keine Haftung übernommen. Das gilt auch für den derzeitigen und jeden künftigen Inhalt der aufgeführten und/oder zitierten Webseiten, auf deren Inhalt, deren Gestaltung oder deren Urheber wir keinen Einfluss haben. Alle Bewertungen zur Befahrbarkeit der Wege durch Radfahrer sind rein subjektiv und entheben den Nutzer nicht eigener Einschätzungen und selbstverantwortlichen Handelns.

DER AUTOR

Frank Goyke, geboren 1961 in Rostock, arbeitete nach dem Studium der Theaterwissenschaften in Leipzig als Lektor und Dramaturg. Seit 1997 ist er freier Schriftsteller. Frank Goyke lebt in Berlin, wo er als ausgebildeter Wanderleiter auch Stadt- und Landschaftsführungen anbietet.

ABBILDUNGSNACHWEIS

Adobe Stock S. 194

Friedrich, Uwe S. 54, 66, 74, 75re., 103li., 128, 129, 132, 144, 194, 196, 199li., 338, 339, 340, 341

Picture Alliance S. 2 (ZB / Patrick Pleul), 7 (dpa /dpa-Zentralbild / Patrick Pleul), 8 (ZB / Karlheinz Schindler), 354/355 (dpa /dpa-Zentralbild / Patrick Pleul)

Wikimedia S. 11re. (Graham Stanley), 20 (Horvat), 81 (Lienhard Schulz)

Zimmermann, Matthias S. 156

Alle anderen Fotos stammen von Frank Goyke.

Karten: GeoBasis-DE / BKG 2013 (Bearbeitung: typegerecht, Berlin)

ENTDECKEN SIE BRANDENBURG!

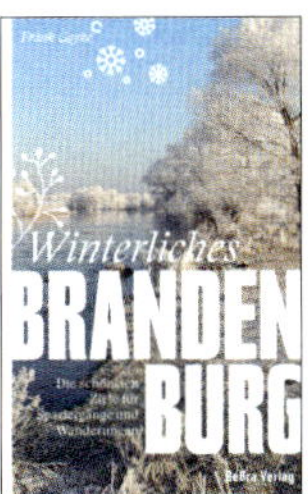

Frank Goyke
Winterliches Brandenburg
Die schönsten Ziele für Spaziergänge und Wanderungen
ISBN 978-3-86124-757-9

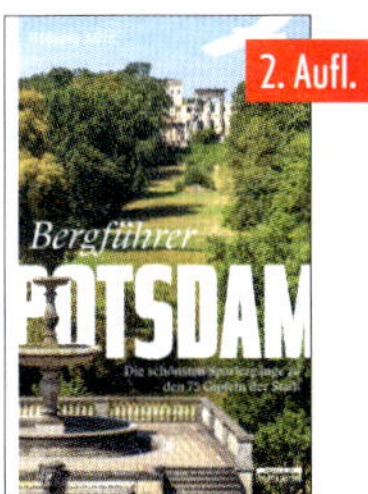

Wolfgang Mörtl
Bergführer Potsdam
Die schönsten Spaziergänge zu den 75 Gipfeln der Stadt
ISBN 978-3-86124-745-6

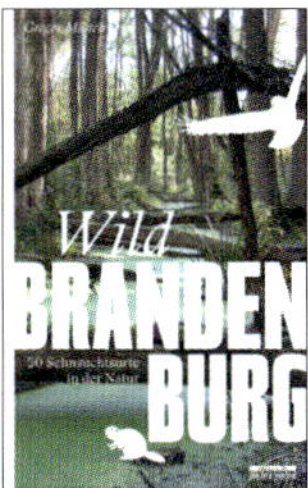

Gregor Münch
Wild Brandenburg
50 Sehnsuchtsorte in der Natur
ISBN 978-3-86124-755-5

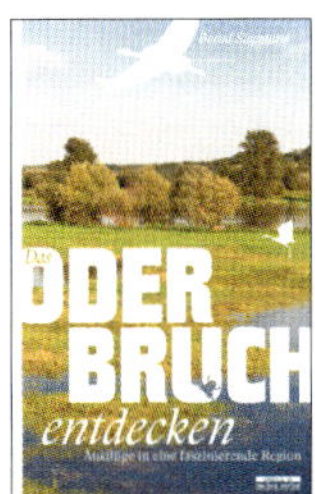

Bernd Siegmund
Das Oderbruch entdecken
Ausflüge in eine faszinierende Region
ISBN 978-3-86124-747-0

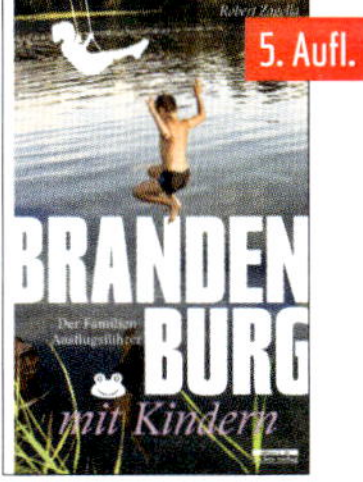

Robert Zagolla
Brandenburg mit Kindern
Der Familien-Ausflugsführer
ISBN 978-3-86124-754-8

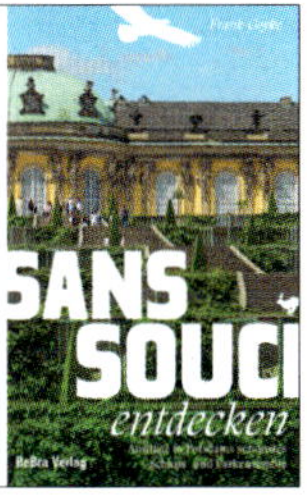

Frank Goyke
Sanssouci entdecken
Ausflüge in Potsdams schönstes Schloss- und Parkensemble
ISBN 978-3-89809-220-3

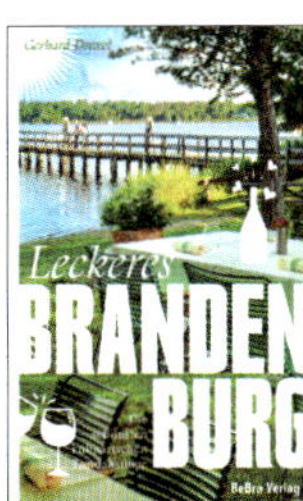

Gerhard Drexel
Leckeres Brandenburg
Die schönsten kulinarischen Landausflüge
ISBN 978-3-89809-219-7

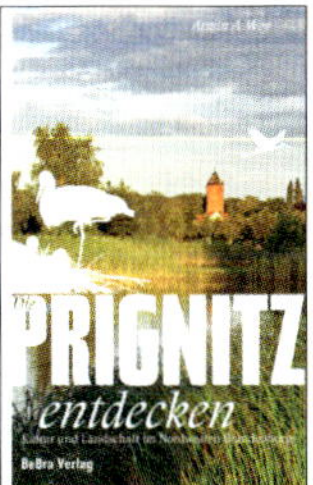

Armin A. Woy
Die Prignitz entdecken
Kultur und Landschaft im Nordwesten Brandenburgs
ISBN 978-3-89809-218-0

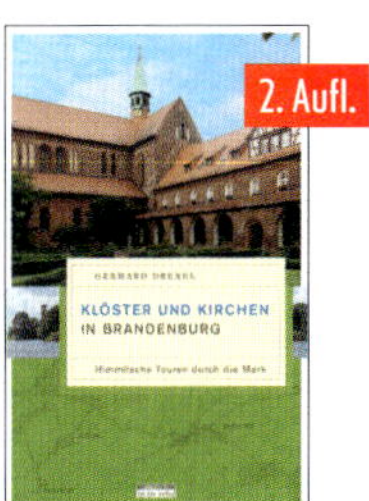

Gerhard Drexel
Klöster und Kirchen in Brandenburg
Himmlische Touren durch die Mark
ISBN 978-3-86124-702-9

ENTDECKEN SIE BRANDENBURG!

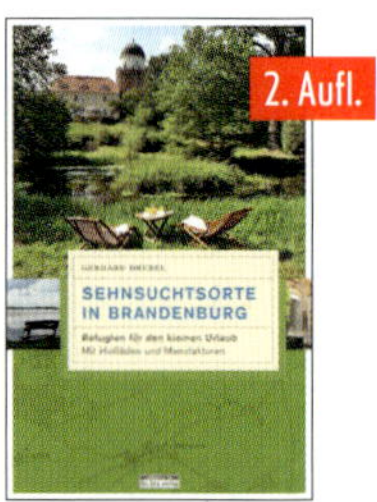

Gerhard Drexel
Sehnsuchtsorte in Brandenburg
Refugien für den kleinen Urlaub
ISBN 978-3-86124-735-7

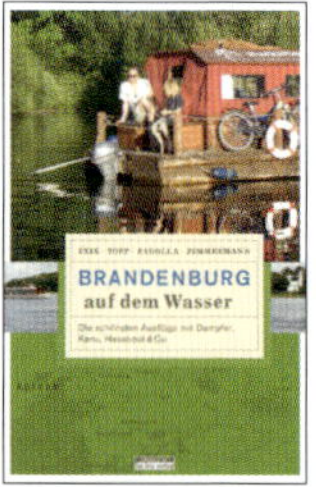

Feix, Topp, Zagolla, Zimmermann
Brandenburg auf dem Wasser
Die schönsten Ausflüge mit Dampfer, Kanu, Hausboot & Co
ISBN 978-3-86124-687-9

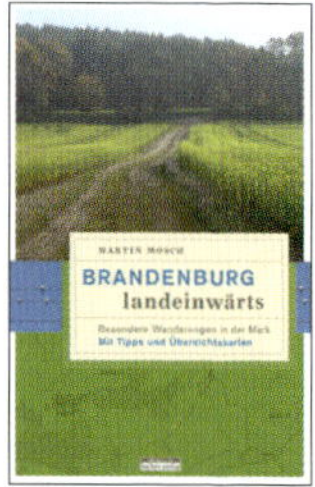

Martin Mosch
Brandenburg landeinwärts
Besondere Wanderungen in der Mark
ISBN 978-3-86124-664-0

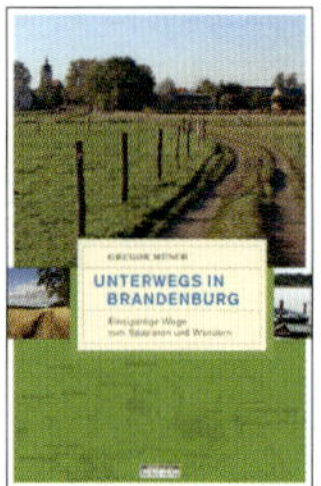

Gregor Münch
Unterwegs in Brandenburg
Einzigartige Wege zum Spazieren und Wandern
ISBN 978-3-86124-727-2

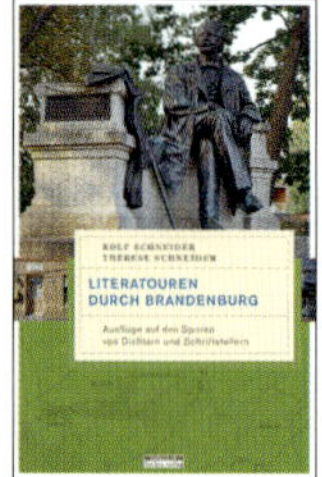

Rolf Schneider, Therese Schneider
Literatouren durch Brandenburg
Ausflüge auf den Spuren von Dichtern und Schriftstellern
ISBN 978-3-86124-705-0

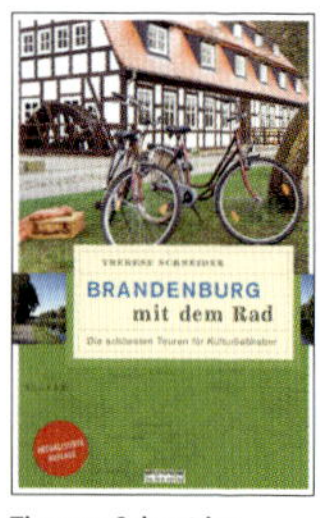

Therese Schneider
Brandenburg mit dem Rad
Die schönsten Touren für Kulturliebhaber
ISBN 978-3-86124-749-4

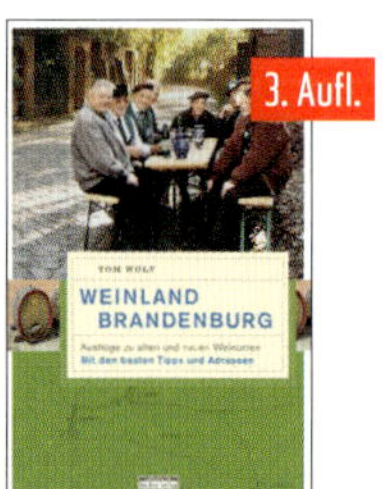

Tom Wolf
Weinland Brandenburg
Ausflüge zu alten und neuen Weinorten
ISBN 978-3-86124-695-4

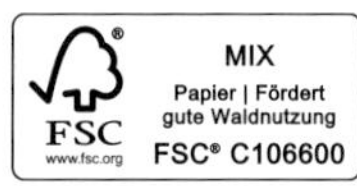

Stand der Informationen: Januar 2023

Bibliografische Information der Deutschen Nationalbibliothek
Die Deutsche Nationalbibliothek verzeichnet diese Publikation in der Deutschen Nationalbibliografie; detaillierte bibliografische Daten sind im Internet über http://dnb.d-nb.de abrufbar.

Asternplatz 3, 12203 Berlin
post@bebraverlag.de
Lektorat: Matthias Zimmermann, Berlin
Satzbild: Friedrich, Berlin
Umschlag: Fernkopie, Berlin (Titelfoto: picture alliance/photothek/Janine Schmitz)
Schrift: Minion Pro 9,5/11 pt
Druck und Bindung: DZS GRAFIK, Ljubljana
ISBN 978-3-89809-221-0

www.bebraverlag.de